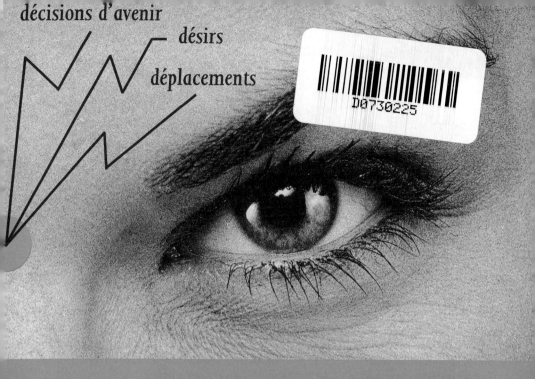

décisions d'avenir
désirs
déplacements

devenait
forte **?**

le plan **D** · étudiants

Desjardins

Les carrières d'avenir au Québec

L'avenir est à vous!

Revue, augmentée, encore plus fouillée… La toute nouvelle édition du guide *Les carrières d'avenir au Québec* contient une mine d'or de renseignements destinés à toutes les personnes préoccupées par la recherche d'une formation, le choix d'une carrière ou qui, simplement, souhaitent mieux comprendre la dynamique actuelle du marché du travail.

Les carrières d'avenir au Québec constitue un outil dont la portée et la crédibilité ne sont plus à démontrer. Cette seconde édition réunit une panoplie d'informations de sources variées et incontournables, fruit d'une recherche approfondie sur le terrain effectuée entre juillet et novembre 1999. Cette vaste enquête a fait appel à l'expérience de plus de 800 intervenants issus du réseau de l'éducation, des différents secteurs de l'industrie au Québec, de divers organismes clés reliés au monde du travail et aux deux paliers de gouvernement.

En plus de la revue des formations prometteuses et de la tournée des secteurs économiques, cette édition d'envergure s'enrichit d'une toute nouvelle section portant sur les 17 régions du Québec, ainsi que d'un dossier sur l'entrepreneurship, une force importante dans le cadre de la nouvelle économie.

Alors, qu'en est-il en ce début de millénaire? Dans l'ensemble, notre recherche a permis de recenser un plus grand nombre de programmes aux perspectives particulièrement prometteuses, surtout du côté de la formation professionnelle et technique. Si les programmes retenus se sont en général bien ancrés au palmarès des «carrières d'avenir» dans les dernières années, d'autres font une entrée remarquée et sont répertoriés dans la nouvelle section «À surveiller». Par ailleurs, selon les dernières enquêtes «Relance» du ministère de l'Éducation du Québec, on observe une diminution constante du taux de chômage des diplômés de la formation professionnelle et technique depuis les trois dernières années. En 1999, il s'établissait à 15,1 % pour la formation professionnelle, et à 6,8 % pour la formation technique, dans ce dernier cas inférieur au taux de chômage général enregistré au Québec en novembre 1999, soit 8,4 %.

La reprise économique annoncée est donc une réalité. Par ailleurs, que l'on se tourne du côté des régions ou des différents secteurs économiques, un constat que nous avons énoncé maintes fois se confirme très clairement : l'avenir appartient aux détenteurs d'une formation terminale, qu'elle soit de niveau professionnel, collégial ou universitaire. Sans formation donc, peu de salut. Cette problématique est très nettement présente dans certaines régions aux prises avec des difficultés économiques et un bas taux de scolarisation.

Pas de salut non plus sans formation continue. C'est aussi vrai dans le contexte de la nouvelle économie que dans celui du Québec de demain, qui devra faire face à une courbe démographique radicalement à la baisse vers 2013, selon les spécialistes consultés. De grands enjeux se présentent à l'horizon dans le marché du travail, enjeux desquels on se préoccupe encore peu parce qu'ils semblent si loin de la réalité actuelle. Assisterons-nous un jour à une pénurie généralisée de main-d'œuvre? Comment cela se traduira-t-il selon les professions? La formation continue, la polyvalence et la capacité d'adaptation seront-elles suffisantes? Verrons-nous l'âge de la retraite repoussé à ses ultimes limites? Dans un Québec déjà aux prises avec le problème de l'exode des cerveaux et, souvent, celui de l'exode de la main-d'œuvre en région, saurons-nous soutenir le rythme de productivité nécessaire à notre qualité de vie? À quel prix? Des questions importantes, auxquelles il faudra bien répondre un jour...

En attendant, les nouvelles technologies de l'information continuent leur avancée fulgurante dans toutes les sphères de la société. Voilà qui a des retombées bénéfiques et rafraîchissantes dans le monde la de la carrière et de la formation. En effet, les outils servant au soutien à l'orientation et à l'exploration des carrières se multiplient, notamment grâce à Internet, en passe de transformer radicalement toute cette industrie. Les avantages? Plus d'information, rendue plus accessible, ce qui responsabilise davantage chacun au regard de son avenir professionnel. Les sources de renseignement sont variées, riches et nombreuses : à vous de jouer!

Mais en cette ère où la technologie paraît souveraine, la réalité réserve encore des surprises : quel secteur économique connaît le taux de croissance le plus élevé au Québec? Celui des industries des portes et fenêtres, du meuble et des armoires de cuisine (21,8 %)! Voilà un domaine en pleine effervescence, favorisé par l'exportation de ses produits reconnus pour leur qualité, toujours à la recherche d'une main-d'œuvre diversifiée et qualifiée. De la même façon que certaines régions ou villes du Québec connaissent la prospérité grâce à des secteurs très traditionnels, on peut affirmer que rigueur, recherche de la qualité, concertation et esprit entrepreneurial sont des atouts qui passeront le cap du temps, millénaire ou pas!

L'avenir appartient donc à ceux qui sauront s'approprier les outils et les connaissances de demain en les combinant aux qualités qui ont de toujours été gages de succès, quels que soient le domaine et l'époque! Mais rien de tout cela n'est possible sans la curiosité et le désir de se prendre en main. Toutes les ressources sont là : utilisez-les!

François Cartier, éditeur

Patricia Richard, directrice des publications

Les projets
de Ma Carrière

C'est dans le cadre d'un projet de fin d'études que la collection des guides Ma Carrière a vu le jour il y a 10 ans. Étant alors étudiants, nous nous sommes rendu compte à quel point les outils destinés à l'exploration du marché du travail et de la formation s'avéraient limités, souvent incomplets et peu attrayants. C'est ainsi que nous avons voulu créer des guides qui rendraient l'information accessible au grand public tout en couvrant de larges aspects encore non documentés du monde de l'emploi et de la formation.

Nous sommes aujourd'hui une équipe de quatorze jeunes employés permanents et de plus de cinquante recherchistes et rédacteurs. Cinq conseillers d'orientation et autant de conseillers en information scolaire et professionnelle sont associés directement ou indirectement à nos réalisations alors que 1 190 professionnels du soutien à la recherche d'emploi et au choix de carrière ont fait l'objet de consultations de validation cette année. Nous comptons à notre actif une centaine de documents, dont quinze grands best-sellers, réalisés avec la collaboration de quelque 450 partenaires. Parmi nos plus impressionnantes réalisations figure le guide *Les carrières d'avenir au Québec* tiré à quelque 74 000 exemplaires au cours des treize derniers mois et qui s'impose dorénavant comme la référence annuelle la plus complète traitant du marché du travail du Québec. En l'an 2000, nous réaliserons plus de 2 500 entrevues auprès de recruteurs, d'enseignants, de chercheurs et de jeunes professionnels afin d'offrir au public le portrait le plus juste de la situation du marché du travail et de la formation. Au cours de l'année à venir, nos publications feront l'objet d'une diffusion dans 121 pays et leurs contenus rejoindront plus de deux millions de lecteurs.

%

Premier éditeur québécois du milieu à avoir été associé au développement de services interactifs sur le Web (idclic.qc.ca) il y a quatre ans, nous avons aussi largement contribué à la création du Conseiller d'orientation virtuel, du Mentorat virtuel (Cybermentorat), du Bulletin électronique portant sur les métiers de la nouvelle économie, de la Chronique interactive et, plus récemment, de la Chronique Cyberemploi. Tous ces services ont suscité un vif intérêt chez les internautes et certains sont maintenant offerts à l'échelle pancanadienne dans les deux langues officielles. Plus récemment, nous mettions en ligne la première librairie virtuelle transactionnelle de la carrière et de l'orientation permettant au public de se procurer plus d'une trentaine de documents et Cdrom spécialisés par un simple «clic» (macarriere.qc.ca).

C'est avec grand plaisir que nous vous présentons aujourd'hui le résultat de nos plus récents travaux. Nous vous encourageons à utiliser ce guide dans le cadre d'une démarche structurée d'exploration et d'orientation.

François Cartier
Marcel Sanscartier
Éditeurs

Pour commentaires ou information :   tél. : 1 877-macarriere • info@macarriere.net

table des matières

Les carrières d'avenir au Québec

4 Présentation

6 L'équipe des Éditions Ma Carrière

22 Comment interpréter l'information

Dossiers

35 Villes-phares : des cités du plein emploi

Certaines villes du Québec vivent une situation économique enviable, ce qui a d'heureuses conséquences sur le plan de l'emploi. Portraits de quatre villes en ébullition...

43 Emploi : le choc démographique

L'évolution démographique au Québec suit une courbe déclinante. Et l'emploi dans tout ça?

59 L'entrepreneurship : ça s'apprend!

La bosse des affaires, ça s'apprend! L'entrepreneurship est une force sur laquelle s'appuie une importante part de l'économie québécoise. Découvrez les nombreuses activités, formations et concours qui s'y rapportent. Répondez au test : ai-je le profil de l'entrepreneur?

75 Dossier spécial : le grand virage Internet

Comment Internet change-t-il la manière d'orienter sa carrière et de chercher de l'emploi? Spécialistes et experts se prononcent. En plus : des sites incontournables, des coordonnées utiles, etc.

99 La formation professionnelle : une voie à explorer!

La formation professionnelle offre de nombreuses possibilités de carrières prometteuses et souvent méconnues. Question d'en savoir plus, cette section explique les multiples aspects de ce type de formation, en plus de présenter une sélection de programmes offrant de belles perspectives d'emploi.

116 Les emplois stratégiques des 17 régions du Québec

Découvrez la structure économique des 17 régions du Québec et les perspectives d'emploi les plus prometteuses. (Voir index en page 20).

156 Grande tournée de 36 secteurs économiques

Les grandes tendances d'aujourd'hui et de demain pour le marché de l'emploi au Québec dans 36 secteurs économiques. (Voir index en page 21).

À ne pas manquer

250 Le Top 160 des formations

Des formations à découvrir, sous forme de fiches techniques qui font le point sur le placement, les perspectives, le salaire et les conditions de travail. (Voir index alphabétique et index par secteur en page 10 et 14). NOUVEAU! Consultez la section «À surveiller» en pages 369 et 376.

En complément

390 Les 100 meilleurs sites Internet de la carrière et de la formation

Pêle-Mêle

Top 160 - Index alphabétique des formations 10
Top 160 - Index des formations par secteur 14
Top 160 - Index des formations à surveiller . . . . .18 et 19
Index des 17 régions 20
Index des 36 secteurs économiques 21
Répertoire des établissements d'enseignement 416
Index des annonceurs 423
Bulle technique 425

Index des programmes

Voici la liste alphabétique des formations offrant de bonnes perspectives d'emploi et apparaissant de la page 250 à la page 368.

A Actuariat . . . . BAC 320

Agronomie . . . . BAC 321

Assemblage de structures métalliques . . . . DEP 252

Assistance dentaire . . . . DEP 253

Assistance technique en pharmacie . . . . DEP 254

Audiologie / Orthophonie . . . . M.Sc. 322

Avionique . . . . DEC 286

C Chimie . . . . BAC 323

Commercialisation de la mode . . . . DEC 287

Comptabilité et sciences comptables . . . . BAC 324

Conduite et réglage de machines à mouler . . . . DEP 255

D Design et communication graphiques . . . . BAC 325

Diesel (injection et contrôles électroniques) . . . . ASP 280

Diététique / Nutrition . . . . BAC 326

E Ébénisterie . . . . DEP 256

Économie et gestion agroalimentaires . . . . BAC 327

Enseignement au secondaire : français . . . . BAC 328

Enseignement au secondaire : mathématiques . . . . BAC 329

Enseignement au secondaire : sciences . . . . BAC 330

Entretien d'aéronefs . . . . DEC 288

Ergothérapie . . . . BAC 331

Estimation en électricité . . . . ASP 281

F Fabrication de moules . . . . ASP 282

Fabrication en série de meubles et de produits en bois ouvré . . . . DEP 257

Ferblanterie-tôlerie . . . . DEP 258

Finance . . . . BAC 332

Finition de meubles . . . . DEP 259

Fonderie . . . . DEP 260

G Génie alimentaire . . . . .BAC 333

Génie chimique . . . . BAC 334

Génie civil . . . . .BAC 335

Génie de la production automatisée . . . . .BAC 336

Génie des matériaux et de la métallurgie . . . . .BAC 337

Génie des systèmes électromécaniques / Génie électromécanique . . . . BAC 338

Génie du bois . . . . .BAC 339

Génie électrique . . . . .BAC 340

Génie industriel . . . . .BAC 341

Génie informatique . . . . .BAC 342

Génie mécanique . . . . .BAC 343

Génie physique . . . . .BAC 344

Gestion de la production du vêtement . . . . .DEC 289

Gestion des opérations et de la production . . . . .BAC 345

Gestion des ressources humaines / Relations industrielles . . . . .BAC 346

Gestion des systèmes d'information / Gestion de l'information des systèmes . . . . .BAC 347

Gestion et exploitation d'entreprise agricole . . . . .DEC 290

I Infographie en préimpression . . . . .DEC 291

Informatique . . . . .BAC 348

Informatique de gestion . . . . BAC 349

Installation et réparation d'équipements de télécommunication . . . . .DEP 261

M Marketing . . . . .BAC 350

Mathématiques-informatique . . . . .BAC 351

Mécanique agricole . . . . .DEP 262

Mécanique d'ascenseurs . . . . .DEP 263

Mécanique d'engins de chantier . . . . .DEP 264

Mécanique de machines fixes . . . . .DEP 265

Mécanique de véhicules lourds routiers . . . . .DEP 266

Mécanique industrielle de construction et d'entretien . . . . .DEP 267

Médecine : anesthésie-réanimation . . . . .DES 352

Médecine : gériatrie . . . . DES 353

Médecine : néphrologie . . . . .DES 354

Médecine : psychiatrie . . . . .DES 355

Médecine : radio-oncologie . . . . .DES 356

▶

► Médecine : rhumatologie . . . . .DES 357

Métallurgie : contrôle de la qualité . . . . .DEC 292

Métallurgie : procédés métallurgiques . . . . .DEC 293

Métallurgie : soudage . . . . .DEC 294

Montage de câbles et de circuits en aérospatiale . . . . .DEP 268

Montage de structures en aérospatiale . . . . .DEP 269

O Opération d'usine de traitement des eaux . . . . .DEP 270

Opérations forestières . . . . .BAC 358

Orthopédagogie . . . . .BAC 359

Outillage . . . . .ASP 283

P Pharmacie . . . . .BAC 360

Physiothérapie . . . . .BAC 361

Pose de systèmes intérieurs . . . . .DEP 271

Production laitière . . . . .DEP 272

R Recherche opérationnelle / Méthode quantitative de gestion . . . . .BAC 362

Rembourrage industriel . . . . .DEP 273

S Santé, assistance et soins infirmiers . . . . DEP 274

Sciage . . . . .DEP 275

Sciences et technologies des aliments . . . . .BAC 363

Sciences géomatiques . . . . .BAC 364

Sciences infirmières . . . . .BAC 365

Service social . . . . .BAC 366

Soins infirmiers . . . . .DEC 295

Sommellerie . . . . .ASP 284

Soudage-montage . . . . DEP 276

Statistique . . . . .BAC 367

T Techniques administratives : assurances . . . . .DEC 296

Techniques d'éducation en services de garde . . . . .DEC 297

Techniques d'entretien d'équipement de bureau . . . . .DEP 277

Techniques d'orthèses et prothèses orthopédiques . . . . .DEC 298

Techniques d'orthèses visuelles . . . . .DEC 299

Techniques d'usinage . . . . .DEP 278

Techniques de chimie analytique . . . . .DEC 300

Techniques de chimie-biologie . . . . .DEC 301

Techniques de gestion des services alimentaires et de restauration . . . . .DEC 302

Techniques de l'informatique . . . . .DEC 303

Techniques de la logistique du transport . . . . .DEC 304

Techniques de procédés chimiques . . . . .DEC 305

Techniques de production manufacturière . . . . .DEC 306

Techniques de thanatologie . . . . .DEC 307

Techniques du meuble et du bois ouvré . . . . .DEC 308

Techniques papetières . . . . .DEC 309

Technologie de l'estimation et de l'évaluation du bâtiment . . . . .DEC 310

Technologie de la cartographie . . . . .DEC 311

Technologie de la production textile . . . . .DEC 312

Technologie de la transformation des aliments . . . . .DEC 313

Technologie de la transformation des produits forestiers . . . . .DEC 314

Technologie de maintenance industrielle . . . . .DEC 315

Technologie de systèmes ordinés . . . . .DEC 316

Technologie des matières textiles . . . . .DEC 317

Technologie du génie industriel . . . . .DEC 318

Technologie physique . . . . .DEC 319

Traduction . . . . .BAC 368

U Usinage sur machines-outils à commande numérique . . . . .ASP 285

V Vente-conseil . . . . .DEP 279

■

Index des formations à surveiller pages 18 et 19.

Index des programmes par secteur de formation

Voici la liste des programmes offrant de bonnes perspectives d'emploi et apparaissant de la page 250 à la page 368. Ils sont classés en fonction des secteurs établis par le ministère de l'Éducation du Québec en formation professionnelle et technique. Nous avons arbitrairement réparti les programmes universitaires dans ces mêmes secteurs.

Secteur **01** Administration, commerce et informatique

Vente-conseil	DEP	279
Techniques administratives : assurances	DEC	296
Techniques de l'informatique	DEC	303
Actuariat	BAC	320
Comptabilité et sciences comptables	BAC	324
Finance	BAC	332
Génie informatique	BAC	342
Gestion des opérations et de la production	BAC	345
Gestion des ressources humaines / Relations industrielles	BAC	346
Gestion des systèmes d'information / Gestion de l'information des systèmes	BAC	347
Informatique	BAC	348
Informatique de gestion	BAC	349
Marketing	BAC	350
Mathématiques-informatique	BAC	351
Recherche opérationnelle / Méthode quantitative de gestion	BAC	362
Statistique	BAC	367

Secteur **02** Agriculture et pêches

Production laitière	DEP	272
Gestion et exploitation d'entreprise agricole	DEC	290
Agronomie	BAC	321
Économie et gestion agroalimentaires	BAC	327

Secteur **03** Alimentation et tourisme

Sommellerie	ASP	284
Techniques de gestion des services alimentaires et de restauration	DEC	302
Technologie de la transformation des aliments	DEC	313
Génie alimentaire	BAC	333
Sciences et technologies des aliments	BAC	363

Secteur 04 Arts

Design et communication graphiques . . . . .BAC 325

Secteur 05 Bois et matériaux connexes

Ébénisterie . . . . .DEP 256
Fabrication en série de meubles et de produits en bois ouvré . . . . .DEP 257
Finition de meubles . . . . .DEP 259
Rembourrage industriel . . . . .DEP 273
Techniques du meuble et du bois ouvré . . . . .DEC 308

Secteur 06 Chimie et biologie

Opération d'usine de traitement des eaux . . . . .DEP 270
Techniques de chimie analytique . . . . .DEC 300
Techniques de chimie-biologie . . . . .DEC 301
Techniques de procédés chimiques . . . . .DEC 305
Chimie . . . . .BAC 323
Génie chimique . . . . .BAC 334

Secteur 07 Bâtiments et travaux publics

Mécanique de machines fixes . . . . .DEP 265
Pose de systèmes intérieurs . . . . .DEP 271
Technologie de l'estimation et de l'évaluation du bâtiment . . . . .DEC 310
Technologie de la cartographie . . . . .DEC 311
Génie civil . . . . .BAC 335
Sciences géomatiques . . . . .BAC 364

Secteur 09 Électrotechnique

Installation et réparation d'équipements de télécommunication . . . . .DEP 261
Techniques d'entretien d'équipement de bureau . . . . .DEP 277
Estimation en électricité . . . . .ASP 281
Avionique . . . . .DEC 286
Technologie de systèmes ordinés . . . . .DEC 316
Technologie physique . . . . .DEC 319
Génie des systèmes électromécaniques / Génie électromécanique . . . . .BAC 338
Génie électrique . . . . .BAC 340
Génie physique . . . . .BAC 344

Secteur 10 Entretien d'équipement motorisé

Mécanique agricole . . . . .DEP 262
Mécanique d'engins de chantier . . . . .DEP 264
Mécanique de véhicules lourds routiers . . . . .DEP 266
Diesel (injection et contrôles électroniques) . . . . .ASP 280
Entretien d'aéronefs . . . . .DEC 288

▶

Secteur **11 Fabrication mécanique**

Conduite et réglage de machines à mouler . . . . .DEP 255
Montage de câbles et de circuits en aérospatiale . . . . .DEP 268
Montage de structures en aérospatiale . . . . .DEP 269
Techniques d'usinage . . . . .DEP 278
Fabrication de moules . . . . .ASP 282
Outillage . . . . .ASP 283
Usinage sur machines-outils à commande numérique . . . . .ASP 285
Techniques de production manufacturière . . . . .DEC 306
Technologie du génie industriel . . . . .DEC 318
Génie de la production automatisée . . . . .BAC 336
Génie industriel . . . . .BAC 341
Génie mécanique . . . . .BAC 343

Secteur **12 Foresterie et papier**

Sciage . . . . .DEP 275
Techniques papetières . . . . .DEC 309
Technologie de la transformation des produits forestiers . . . . .DEC 314
Génie du bois . . . . .BAC 339
Opérations forestières . . . . .BAC 358

Secteur **13 Communication et documentation**

Infographie en préimpression . . . . .DEC 291
Traduction . . . . .BAC 368

Secteur **14 Mécanique d'entretien**

Mécanique d'ascenseurs . . . . .DEP 263
Mécanique industrielle de construction et d'entretien . . . . .DEP 267
Technologie de maintenance industrielle . . . . .DEC 315

Secteur **16 Métallurgie**

Assemblage de structures métalliques . . . . .DEP 252
Ferblanterie-tôlerie . . . . .DEP 258
Fonderie . . . . .DEP 260
Soudage-montage . . . . .DEP 276
Métallurgie : contrôle de la qualité . . . . .DEC 292
Métallurgie : procédés métallurgiques . . . . .DEC 293
Métallurgie : soudage . . . . .DEC 294
Génie des matériaux et de la métallurgie . . . . .BAC 337

Secteur **17 Transport**

Techniques de la logistique du transport . . . . .DEC 304

Secteur
18 Cuir, textile et habillement

Commercialisation de la mode . . . . .DEC 287
Gestion de la production du vêtement . . . . .DEC 289
Technologie de la production textile . . . . .DEC 312
Technologie des matières textiles . . . . .DEC 317

Secteur
19 Santé

Assistance dentaire . . . . .DEP 253
Assistance technique en pharmacie . . . . .DEP 254
Santé, assistance et soins infirmiers . . . . .DEP 274
Soins infirmiers . . . . .DEC 295
Techniques d'orthèses et prothèses orthopédiques . . . . .DEC 298
Techniques d'orthèses visuelles . . . . .DEC 299
Techniques de thanatologie . . . . .DEC 307
Diététique / Nutrition . . . . .BAC 326
Ergothérapie . . . . BAC 331
Médecine : anesthésie-réanimation . . . . .DES 352
Médecine : gériatrie . . . . .DES 353
Médecine : néphrologie . . . . .DES 354
Médecine : psychiatrie . . . . .DES 355
Médecine : radio-oncologie . . . . .DES 356
Médecine : rhumatologie . . . . .DES 357
Pharmacie . . . . .BAC 360
Physiothérapie . . . . .BAC 361
Sciences infirmières . . . . .BAC 365
Audiologie / Orthophonie . . . . .M.Sc. 322

Secteur
20 Services sociaux, éducatifs et juridiques

Techniques d'éducation en services de garde . . . . .DEC 297
Enseignement au secondaire : français . . . . .BAC 328
Enseignement au secondaire : mathématiques . . . . .BAC 329
Enseignement au secondaire : sciences . . . . .BAC 330
Orthopédagogie . . . . .BAC 359
Service social . . . . BAC 366

Note : Aucun des programmes issus du secteur 8 «Environnement et aménagement du territoire»,
du secteur 15 «Mines et travaux de chantier» et du secteur 21 «Soins esthétiques» n'a été
retenu dans cette sélection.   ■

Index des formations à surveiller pages 18 et 19.

D'autres formations prometteuses!

Index

Voici la liste alphabétique des formations brièvement abordées dans la nouvelle rubrique «À surveiller : d'autres formations prometteuses!». À lire en page 369.

Affûtage	.DEP	.369
Charpenterie-menuiserie	.DEP	.369
Classement des bois débités	.DEP	.370
Conduite de machines industrielles	.DEP	.370
Construction aéronautique	.DEC	.372
Dessin animé	.DEC	.372
Matriçage	.ASP	.371
Montage mécanique en aérospatiale	.DEP	.370
Pâtes et papier (opérations)	.DEP	.371
Réfrigération	.DEP	.371
Techniques administratives : commerce international	.DEC	.372
Techniques d'inhalothérapie	.DEC	.373
Techniques d'intégration multimédia	.DEC	.373
Techniques de génie mécanique	.DEC	373
Techniques de gestion hôtelière	.DEC	.374
Techniques de tourisme	.DEC	.374
Technologie de la mécanique du bâtiment	.DEC	.374
Technologie de laboratoire médical	.DEC	.375
Technologie de radio-oncologie	.DEC	.375
Technologie du génie civil	.DEC	.375

■

Les grandes surprises!

Index

Voici la liste alphabétique des formations pour lesquelles est publié un bilan statistique dans la nouvelle rubrique «À surveiller : les grandes surprises!». À consulter en page 376.

Archives médicales . . . . .DEC 378
Assistance aux bénéficiaires en établissement de santé . . . . .DEP 376
Assistance familiale et sociale aux personnes à domicile .DEP 376
Audioprothèse . . . . .DEC 378
Conduite de camions . . . . .DEP 377
Cuisine actualisée . . . . .ASP 377
Impression et finition . . . . .DEP 377
Mécanique de protection contre les incendies . . . . .DEP 377
Mécanique de tôlerie aéronautique . . . . .DEP 377
Montage d'acier de structure . . . . .DEP 377
Pâtisserie de restaurant . . . . .ASP 377
Production porcine . . . . .DEP 377
Techniques d'éducation spécialisée . . . . .DEC 378
Techniques d'électrophysiologie médicale . . . . .DEC 378
Techniques d'hygiène dentaire . . . . .DEC 378
Techniques de bureautique . . . . .DEC 378
Techniques de gestion de l'imprimerie . . . . .DEC 378
Techniques de santé animale . . . . .DEC 379
Techniques dentaires . . . . .DEC 379
Technologie de l'électronique industrielle . . . . .DEC 379
Technologie de radiodiagnostic . . . . .DEC 379
Technologie des équipements agricoles . . . . .DEC 379
Technologie des productions animales . . . . .DEC 379

■

Index
des régions

Voici l'index alphabétique des 17 régions du Québec pour lesquelles nous présentons un dossier complet dans la section commençant en page 116.

Abitibi-Témiscamingue (08) 132

Bas-Saint-Laurent (01) 118

Centre-du-Québec (17) 150

Chaudières-Appalaches (12) 140

Côte-Nord (09) 134

Estrie (05) 126

Gaspésie/Îles-de-la-Madeleine (11) 138

Lanaudière (14) 144

Laurentides (15) 146

Laval (13) 142

Mauricie (04) 124

Montérégie (16) 148

Montréal (06) 128

Nord-du-Québec (10) 136

Outaouais (07) 130

Québec (03) 122

Saguenay/Lac-Saint-Jean (02) 120

Index
des secteurs économiques

Voici la liste alphabétique des 36 secteurs économiques dont nous présentons un bilan dans la section commençant en page 156.

Aérospatiale 158
Agroalimentaire 160
Architecture, design et communication graphiques 162
Arts et culture 164
Automobile 166
Biotechnologie 168
Chimie 172
Commerce de détail 176
Communications 178
Comptabilité 180
Construction 184
Éducation 186
Énergie 188
Environnement 190
Finance 192
Foresterie 194
Géomatique 196
Informatique 198
Ingénierie 200
Logiciel 202
Matériaux de pointe 204
Métallurgie 206
Meuble 208
Mines 210
Multimédia 212
Outillage 214
Pharmaceutique 216
Plasturgie 222
Santé 224
Service-conseil aux entreprises 226
Technologies de fabrication de pointe 228
Télécommunications 230
Textile 232
Tourisme 234
Transport 236
Vêtement 238

Les carrières d'avenir au Québec
Comment interpréter l'information

> Ce guide s'appuie sur une recherche considérable. Nous précisons ici notre démarche.

Emploi-Québec, le ministère de l'Éducation du Québec, les services de placement des établissements d'enseignement universitaire, collégial et secondaire, de même que des acteurs clés comme Développement des ressources humaines Canada (notamment le site Emploi-Avenir Québec), Industrie Canada, le ministère de l'Industrie et du Commerce, le ministère de la Recherche, de la Science et de la Technologie, les comités sectoriels de main-d'œuvre, les associations et les ordres professionnels, le Conseil de la science et de la technologie, ainsi que plusieurs personnes-clés issues de régions, de municipalités et d'entreprises diverses sont les principales sources nous ayant permis d'enrichir nos recherches, notre réflexion et l'information que nous publions dans ce guide. Nous remercions de leur disponibilité toutes les personnes jointes au cours de cette recherche.

■ Au sujet des 160 formations «gagnantes»

La sélection de ces programmes fut d'abord basée sur les formations traitées précédemment dans *Le Guide pratique des carrières d'avenir au Québec*, paru en janvier 1999.

Entre juillet et novembre 1999, nous avons mené près de 600 entrevues avec des spécialistes et des personnes-ressources issus des milieux scolaire et professionnel. Ces personnes ont tour à tour validé et corroboré, de façon quantitative et qualitative, la pertinence de retenir les formations qui figurent dans cette présente publication.

À la lumière des résultats de cette vaste enquête, 13 programmes qui avaient été retenus l'an dernier ont finalement été éliminés et 10 nouveaux se sont ajoutés, sans compter les quelque 45 formations dignes de mention classées dans notre nouvelle rubrique «À surveiller».

• Formations professionnelles et techniques :

De plus, en novembre 1999, le ministère de l'Éducation rendait publics les plus récents résultats de *La Relance au secondaire en formation professionnelle* et *La Relance au collégial en formation technique*, portant sur la situation des diplômés 10 mois après l'obtention de leur diplôme. Ainsi, les statistiques publiées concernent la situation des diplômés en 1999 (promotions 1997-1998). Était aussi rendue disponible à cette date la liste actualisée des «50 programmes offrant les meilleures perspectives d'insertion au marché du travail» préparée par Emploi-Québec avec la Direction générale de la formation professionnelle et technique (voir page 110). D'après ces informations, nous avons choisi d'ajouter ou d'éliminer des programmes, selon leur correspondance aux critères statistiques suivants :

- • Proportion de diplômés en emploi (PDE) : 80 % et plus
- • Taux d'emploi en rapport avec la formation : 80 % et plus
- • Taux de chômage : 12 % et moins

Le nombre de diplômés (préféré supérieur à 10) et le taux de travail à temps plein (préféré autour de 80 %) constituaient des données complémentaires nous permettant de trancher entre deux formations au profil similaire selon les critères précédents.

• Formations universitaires :

Nous avons jumelé les résultats (qualitatifs et quantitatifs) de notre enquête à ceux de la plus récente étude *Qu'advient-il des diplômé(e)s des universités,* publiée en 1998 par le ministère de l'Éducation du Québec et, sauf exception, appliqué les mêmes critères de sélection qu'aux niveaux professionnel et technique.

Cependant, l'étude *Qu'advient-il des diplômé(e)s des universités* recense la situation des diplômés 24 mois (comparativement à 10 mois pour les diplômés de formations professionnelles et techniques) après l'obtention de leur diplôme; elle ne fournit pas l'information concernant la Proportion de diplômés en emploi (PDE); on y effectue, dans certains cas, des regroupements de programmes. Les données ne s'appliquent donc pas toujours à une formation très précise mais bien à un ensemble de programmes reliés. Le cas échéant, chaque fiche comprend une mention précisant la catégorie dont les renseignements sont issus.

Par ailleurs, sur le site Emploi-Avenir Québec de Développement des ressources humaines Canada (DRHC), plusieurs groupes de professions (CNP) auxquels mènent les formations universitaires traitées affichent un taux de croissance annuel supérieur à la moyenne entre 1997 et 2002 (données affichées sur ce site à l'été 1999). Néanmoins, si les taux de croissance annuels annoncés étaient égaux ou inférieurs à la moyenne, la pertinence des formations universitaires traitées a été validée par plusieurs autres sources (services de placement, associations et ordres professionnels, employeurs en recherche de main-d'œuvre, etc.)

De plus, sur le site Emploi-Avenir Canada, Développement des ressources humaines Canada annonce des perspectives d'emploi favorables entre 1996 et 2001 (assez bonnes et/ou bonnes) pour la plupart de ces groupes de professions (données affichées sur ce site à l'été 1999).

Exceptions :

dans tous les cas, si notre recherche approfondie sur le terrain effectuée entre juillet et novembre 1999 (entrevues, documentation, etc.) ne permettait pas de valider de manière concluante le caractère prometteur d'une formation sélectionnée au départ sur les bases décrites ci-dessus, cette dernière était éliminée. Nous avons aussi inclus quelques programmes dont le caractère prometteur a été prouvé au moyen de sources crédibles et officielles, parfois qualitatives, parfois quantitatives, et ce, malgré un bilan statistique actuellement moins satisfaisant ou non disponible.

Attention :

qu'une formation soit absente de cette sélection ne signifie aucunement qu'elle est une impasse sur le marché du travail. À l'inverse, tous les programmes choisis ne garantissent pas nécessairement un emploi à la fin des études. Cependant, nous croyons qu'ils présentent des ouvertures prometteuses, en fonction des données dont nous disposons aujourd'hui.

■ Pour interpréter les statistiques

Généralement, ces définitions s'appliquent aux catégories statistiques tirées des enquêtes provinciales portant sur les diplômés des trois niveaux scolaires. Toutefois, les données doivent être utilisées À TITRE INDICATIF seulement, vu l'évolution rapide du marché du travail. Il faut aussi tenir compte du fait qu'il peut y avoir de légères différences de méthode, les enquêtes n'étant pas conduites sous les mêmes équipes de supervision.

Proportion de diplômés en emploi (PDE) :

proportion de personnes diplômées ayant déclaré travailler à leur compte ou pour autrui, sans étudier à temps plein. Donnée inexistante au niveau universitaire. ▶

▶ **Taux de chômage :**
résultat en pourcentage du rapport entre le nombre de personnes diplômées à la recherche d'un emploi et l'ensemble de la population active (personnes en emploi et à la recherche d'un emploi).

Temps plein :
sont dites «à temps plein» les personnes diplômées en emploi, c'est-à-dire qui travaillent, en général, au moins 30 heures par semaine.

En rapport avec la formation :
sont dits avoir un emploi «en rapport avec la formation» les travailleurs à temps plein qui jugent que leur travail correspond à leurs études.

Salaire hebdomadaire moyen :
salaire moyen gagné par les travailleurs à temps plein au cours d'une semaine normale de travail.

Attention :
les statistiques (taux de placement, etc.) mentionnées par les personnes-ressources ou simplement indiquées dans les fiches techniques ainsi que dans les textes de la rubrique «À surveiller», renvoient souvent à une situation locale propre à un établissement d'enseignement particulier. Elles peuvent donc parfois différer des résultats provinciaux publiés plus spécifiquement dans les blocs «Statistiques».

■ Renseignements supplémentaires

Les fiches techniques figurant en pages 252 à 368 affichent ces entrées :

secteur :
le ministère de l'Éducation du Québec a effectué un regroupement des programmes selon 21 secteurs de formation. Consultez l'index en page 14.

nom et numéro du programme :
nom et numéro en vigueur du programme, en accord avec le répertoire du ministère de l'Éducation du Québec (décembre 1999).

code CNP :
le code CNP correspond à la description de la ou des fonctions principales auxquelles mène le programme, selon la Classification nationale des professions établie par Développement des ressources humaines Canada (DRHC).

code CUISEP :
le code CUISEP sert notamment à la consultation du logiciel Repères, base de données portant sur les métiers et professions utilisée principalement au Québec.

■ Données tirées du site Emploi-Avenir Québec de DRHC

Nous avons été avertis que Développement des ressources humaines Canada apporte certaines modifications au contenu du site Emploi-Avenir Québec au cours de l'automne 1999, ainsi qu'à l'hiver 2000. Des données issues de ce site, comme le taux de croissance annuel pour une profession donnée par exemple, ont été publiées dans notre guide. Nous avons toutefois utilisé ces renseignements à titre complémentaire seulement. À noter que ces informations étaient encore affichées sur ce site au moment de terminer la rédaction, soit à la fin novembre 1999, mais qu'elles peuvent avoir été modifiées depuis. ■

MINIMUM
9 CHANCES SUR 10

DES **TAUX DE PLACEMENT**
SUR LE MARCHÉ DE L'EMPLOI DE 90% ET PLUS
DANS 70 PROGRAMMES TECHNIQUES AU CÉGEP.

MOI, JE RÉUSSIS AVEC MON DEC TECH!

Fédération des cégeps

CHAMBRE DE COMMERCE DU QUÉBEC

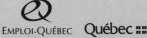
EMPLOI-QUÉBEC

Québec

conception : épicentre

PRENDS TON AVENIR EN MAIN!

 Gouvernement du Canada   Government of Canada

Canada

LE SITE WEB DE L'EMPLOI POUR LES JEUNES

Stratégie emploi jeunesse / Youth Employment Strategy

POUR CHOISIR UN TRAVAIL INTÉRESSANT...

POUR REPÉRER LES PROFESSIONS D'AVENIR...

POUR DÉCROCHER UN EMPLOI...

POUR OBTENIR DE L'AIDE...

VIENS VOIR SI ÇA CLIQUE !

www.qc.hrdc-drhc.gc.ca/jeunes

LES CARRIÈRES TECHNOLOGIQUES:
un monde à explorer

Québec ✚

Éducation
Québec

TU AIMES LA
TECHNOLOGIE
ET TU CHERCHES UN BON FILON ?

Alors, tu as l'embarras du choix :

▶ **multimédia;**
▶ **dessin animé;**
▶ **infographie;**
▶ **systèmes ordinés;**
▶ **design industriel;**

et bien d'autres carrières à caractère technologique.

Pour en savoir davantage, il suffit de consulter les sites Web suivants :

 http://www.meq.gouv.qc.ca/

 http://www.inforoutefpt.org

Objectif: emploi

Nos priorités
- Permettre aux personnes sans emploi d'intégrer le plus rapidement possible le marché du travail dans un emploi durable
- Aider les entreprises dans la gestion de leurs ressources humaines pour le maintien et la création d'emplois

Des outils efficaces
- Des équipements informatiques pour préparer votre curriculum vitæ et vos demandes d'emploi
- De l'information sur le marché du travail et sur ses exigences
- Les guichets Info-emploi: une banque d'emplois... au bout des doigts
- Un service de placement électronique, pour aider les employeurs à recruter du personnel

Des services personnalisés
- L'identification des besoins des personnes et des entreprises
- L'aide individuelle à la recherche d'emploi
- L'orientation et la formation
- L'aide conseil aux entreprises

Un réseau près des gens
- 151 centres locaux d'emploi (CLE) répartis sur le territoire québécois

Région de Québec: **(418) 643-4721**
Ailleurs au Québec: **1 888 643-4721**
Site Internet: **http://mss.gouv.qc.ca**

Québec ✚✚
Emploi-Québec

FONDATION CANADIENNE D'ÉDUCATION ÉCONOMIQUE
Travaille à améliorer les compétences économiques des Canadiens

La Fondation canadienne d'éducation économique (FCEE), organisme non partisan et sans but lucratif, a produit un large éventail de ressources destinées aux jeunes et aux enseignants. Celles-ci traitent des finances personnelles, des affaires, de l'exploration de carrière, du partenariat, et de l'économie de base sous forme imprimée, vidéo et cédérom. Pour en savoir plus sur les programmes et les ressources de la FCEE, veuillez consulter notre site web (www.cfee.org). Les ressources en question comprennent :

Entrepreneurship : l'esprit d'aventure
Cette trousse didactique s'adresse tant au personnel enseignant qu'aux élèves du secondaire avancé. Elle contient six documents vidéos d'une demi-heure chacun dans lesquels de vrais entrepreneurs parlent de leur expérience.

Planifiez votre succès
Cette trousse d'enseignement multimédia sur l'entreprenariat renferme trois vidéos et un cédérom. Elle s'adresse à trois groupes d'âge, soit les 12 à 14 ans, les 15 à 17 ans ainsi que les 18 ans et plus. Une aventure d'apprentissage tout à fait interactive!

Soyez dans le coup : Cadre pour le succès des jeunes entrepreneurs
Ce rapport de recherche sur les facteurs de motivation et de réussite liés à l'entreprenariat intéressera toutes les personnes œuvrant dans les domaines de la formation et de l'enseignement en entreprenariat ou en entreprise.

FCEE FONDATION CANADIENNE D'ÉDUCATION ÉCONOMIQUE
CANADIAN FOUNDATION FOR ECONOMIC EDUCATION

2, avenue St-Clair ouest, bureau 501, Toronto, Ontario M4V 1L5 Tél. : (416) 968-2236
Sans frais interurbain : 1-888-570-7610 Téléc. : (416) 968-0488
Adresse électronique : mail@cfee.org Site web : www.cfee.org

Les jeunes du Canada reçoivent de l'aide pour construire leur avenir.

Le guide **Les jeunes et l'argent** renseigne les élèves sur toutes sortes de questions importantes auxquelles ils seront confrontés en vue de devenir des personnes indépendantes et accomplies, dans le monde actuel en constante évolution :

- se donner des objectifs personnels et un système de valeurs
- choisir une carrière et comprendre l'importance de la formation permanente
- rédiger un CV et chercher un emploi
- savoir gérer son argent

Les jeunes et l'argent est un guide de formation récent et à jour conçu par le Groupe Investors et la Fondation canadienne d'éducation économique (FCEE), en collaboration avec des pédagogues de tout le Canada.

Plus de 45 000 exemplaires ont déjà été distribués dans les écoles secondaires du Canada. Pour en savoir plus sur les programmes et les ressources de la FCEE, veuillez consulter notre site web www.cfee.org où vous pouvez aussi commander ou télécharger une copie de la publication **Les jeunes et l'argent**.

FCEE FONDATION CANADIENNE D'ÉDUCATION ÉCONOMIQUE
CANADIAN FOUNDATION FOR ECONOMIC EDUCATION

Tél. : (416) 968-2236
Téléc. : (416) 968-0488
Adresse électronique : mail@cfee.org
Site web : www.cfee.org

La formation professionnelle
une stratégie pour le développement du Québec

La Fédération
des commissions
scolaires
du Québec

L'ASSOCIATION DES DIRECTEURS GÉNÉRAUX
DES COMMISSIONS SCOLAIRES DU QUÉBEC

ASSOCIATION DES CADRES SCOLAIRES
DU QUÉBEC

La table des responsables de l'éducation
des adultes et de la formation professionnelle
des commissions scolaires du Québec

Créer la prospérité!

par **Martine Roux**

Loin de concentrer son activité économique en un seul endroit, le Québec compte plusieurs villes locomotives qui génèrent emploi et croissance. Il y a ces villes nostalgiques de l'époque où tous les habitants travaillaient pour la grande entreprise locale. Et il y a les autres, qui se sont reprises en main et qui jonglent avec d'heureux problèmes, comme des pénuries de main-d'œuvre ou un parc industriel trop exigu pour accueillir une multitude de PME à la fine pointe de la technologie. En voici quatre exemples. Quel est donc le secret de leur succès?

À Montmagny, on vise juste

Jadis ville à vocation industrielle, une tradition qu'elle doit au développement du chemin de fer au début du siècle, Montmagny s'est acquis une expertise dans les secteurs du métal, du bois, de l'imprimerie et du textile. À l'ombre de la Beauce, la principale ville d'importance entre Québec et Rimouski accueille 120 entreprises manufacturières qui brassent annuellement quelque 400 millions de dollars et qui ont su négocier le virage de la mondialisation, entraînant à leur suite un chapelet de PME.

«Les entreprises de Montmagny ont pris le virage des nouvelles technologies et de la mondialisation d'une façon très marquée, explique Suzanne Lacombe, directrice générale de la Corporation de développement économique de la MRC de Montmagny. Ce virage a permis l'implantation de plusieurs petites et moyennes entreprises qui font de la sous-traitance et ▶

- 11 885 habitants
- 126 km²
- Région administrative : Chaudière-Appalaches (taux de chômage : 5,1 % au dernier trimestre 1999)
- Secteurs forts : bois, meuble, métal
- Nombre d'entreprises manufacturières : 119

(Source : Corporation de développement économique de la MRC de Montmagny.)

Photo : Jean Beaulieu

▶ du réseautage, créant ainsi de nouveaux emplois.» En 1999, les PME représentaient environ 35 % des emplois, indique-t-elle.

Son parc industriel étant devenu trop étroit, la Ville de Montmagny en a doublé la superficie à l'automne 1998. «Cela a eu des retombées importantes pour les entreprises d'ici, non seulement sur le plan provincial, mais aussi sur le plan national.»

Il a coulé bien de l'eau sous les ponts depuis que Paul-Amable Bélanger a fondé sa petite fonderie, en 1867. Passée aux mains d'un consortium propriétaire d'Admiral Canada près de 100 ans plus tard, devenue par la suite Inglis, l'entreprise œuvre dans la fabrication et l'assemblage de cuisinières électriques. Ce n'est pas la seule : l'industrie du métal compte une vingtaine d'entreprises qui misent notamment sur la recherche et le développement ainsi que sur l'exportation. «L'ancienne fonderie de M. Bélanger a amené des industries métalliques, et aujourd'hui, la transformation du métal est l'une des spécialités de Montmagny, précise Mme Lacombe. Plusieurs PME gravitent autour d'Inglis. C'est le principal secteur d'embauche et celui qui connaît la plus forte croissance.»

Chômage? Connaît pas! «C'est presque le plein emploi à Montmagny! se réjouit Jean-Claude Lavoie, agent de développement et de promotion à la Corporation du parc industriel de Montmagny. La municipalité a gardé son passé industriel, mais a aussi donné naissance à plusieurs PME. Ainsi, si une entreprise ou un secteur est en difficulté, ce n'est pas toute la ville qui en souffre.»

Selon lui, l'une des principales clés du succès économique réside dans l'exceptionnelle capacité de concertation de tous les intervenants politiques et économiques. *Exit* les comités où l'on pelte des nuages une fois par mois! «Un plan quinquennal, à Montmagny, c'est un plan de cinq jours et non de cinq ans! Il y a une concertation intelligente et active. Vers 1993-1994, les intervenants locaux ont commencé à se mobiliser. Tout le monde a tiré dans le même sens et ça ne peut faire autrement que porter des fruits.»

«C'est un milieu dynamique, renchérit Suzanne Lacombe. Depuis quelques années, les intervenants ont vraiment foncé pour promouvoir la région. Même sur le plan touristique, Montmagny est une destination de plus en plus populaire. Nous constatons aujourd'hui que la région est connue et que cette stratégie a amené plusieurs nouvelles entreprises à s'établir chez nous.»

Trouver la main-d'œuvre

Les entreprises ont cependant du mal à recruter une main-d'œuvre de qualité, comme des soudeurs et des assembleurs compétents. «Les établissements d'enseignement mettent de plus en plus l'accent sur la formation sur mesure, axée sur les besoins des entreprises, explique Mme Lacombe. Par exemple, la commission scolaire a mis sur pied des unités mobiles de formation en entreprise. Cela a été un vœu pieux pendant plusieurs années, mais cette volonté prend maintenant son envol.»

Pour compenser, la région tente de recruter à l'est, comme en Gaspésie ou dans le Bas-Saint-Laurent, où la situation économique est moins réjouissante. Et elle traite les nouveaux venus aux petits oignons. En novembre dernier, par exemple, la municipalité a organisé une journée d'accueil. «Tous les intervenants politiques et économiques y étaient, raconte M. Lavoie. Parmi les nouveaux habitants de Montmagny, on comptait beaucoup de jeunes familles. Au-delà des dimensions économiques, c'est une image d'espoir et de relève pour la ville.»

Pour insuffler davantage d'énergie à l'économie locale, Jean-Claude Lavoie et ses collègues font actuellement la promotion de ce qu'il appelle l'essaimage. Il s'agit d'amener les entrepreneurs à encourager leurs employés à se lancer en affaires afin qu'ils deviennent ensuite les fournisseurs attitrés de l'usine. «Ainsi, au lieu de s'approvisionner ailleurs en Amérique du Nord, les entreprises commandent une pièce particulière à la petite entreprise nouvellement créée. Cela leur évite d'avoir à entreposer et permet d'économiser. En Europe, l'essaimage est une réussite, et à Montmagny, ça débute actuellement.»

Bref, en ce coin de pays, la croissance économique va bon train. «La ville est en effervescence, dit-il. Plusieurs entreprises sont récemment passées de deux à trois équipes de travail par jour, par exemple. C'est signe que ça bouge. C'est une roue qui tourne : plus ça va bien, plus il y a d'activité économique. Les contrats arrivent de tous bords tous côtés!»

- 44 882 habitants
- 70 km²
- Région administrative : Centre-du-Québec (taux de chômage : 10,8 % au dernier trimestre 1999 - inclut la Mauricie)
- Secteurs forts : bois, papier, matériaux composites
- Nombre d'entreprises manufacturières : 443

(Source : MRC de Drummond.)

Drummondville : D comme dans... dynamisme!

Drummondville n'est pas une ville : c'est une ruche. Loin est l'époque où ce coin des Bois-Francs, situé à mi-chemin entre Montréal et Québec, n'était que l'épave de l'industrie du textile. Aujourd'hui, le taux de chômage y est toujours plus bas que la moyenne provinciale, sa cote de crédit est excellente (A- en septembre 1999, selon la Société canadienne d'évaluation de crédit), les PME croissent à un rythme exponentiel et exportent sur les marchés internationaux, son solde migratoire est à la hausse.

La ville enregistre une nette progression du nombre d'emplois industriels (soit ceux dans l'industrie manufacturière) depuis au moins trois ans : en 1998, on dénombrait 1 835 nouveaux emplois industriels, contre 1 600 en 1997 et 1 400 en 1996. «Et chaque fois qu'un emploi industriel est créé, l'impact est de trois dans les services et les commerces, explique Martin Dupont, commissaire industriel et directeur général de la Société de développement économique de Drummondville. En 1998, les entreprises ont investi 140 millions de dollars à Drummondville, ce qui nous met en troisième place pour les investissements au Québec, après Saint-Laurent et Laval.»

Toutefois, le succès de Drummondville ne relève pas seulement du hasard ou de sa situation géographique. Si Martin Dupont a remporté le titre de «Meilleur commissaire industriel du Québec 1999» du ministère de l'Industrie et du Commerce du Québec, il traîne aussi dans son sillon quantité d'intervenants économiques et politiques qui «vendent» Drummondville comme un produit aux quatre coins de l'Amérique, voire de la planète. «L'administration municipale n'a pas hésité à se doter d'une structure de développement économique forte. Nous possédons plusieurs outils de développement, dont un incubateur industriel, un parc industriel et une corporation de développement international. Cela fait en sorte que lorsqu'on a un projet, tous travaillent dans le même sens.» La Ville essaie de maintenir les taxes et le coût des terrains au plus bas, pour «ne pas que ces détails deviennent des irritants». Drummondville a vendu 12 nouveaux terrains industriels à l'automne 1999 et le parc industriel comptait à la même période 11 chantiers de construction!

«Au fil des ans, la Ville de Drummondville s'est beaucoup préoccupée du développement économique, renchérit Denis Perron, économiste au Centre des ressources humaines du Canada. Elle s'organise pour favoriser la croissance des industries présentes tout en faisant de la prospection pour en attirer d'autres.»

La règle d'or : innovation. En juin 1998, par exemple, la Société de développement économique de Drummondville a organisé une foire d'embauche baptisée «Défi Emploi Drummond». Pour remédier aux pénuries de main-d'œuvre, elle a réuni 53 entreprises qui désiraient pourvoir à 1 133 postes. En deux jours, la ville a été prise d'assaut par 5 000 personnes venues ▶

► d'aussi loin que la Gaspésie ou l'Abitibi! «On a réussi à pourvoir à 900 postes, poursuit M. Dupont. Nous avons déniché en quelques heures des candidats spécialisés que les entreprises auraient mis des semaines à recruter. Et parmi eux, 200 nouvelles familles se sont installées à Drummondville.» Autre innovation, Drummondville aura sous peu son carrefour de la nouvelle économie, annonce-t-il.

L'économie drummondvilloise est fort diversifiée : elle compte près de 500 entreprises manufacturières qui représentent une dizaine de secteurs industriels, dont le bois et le papier, les matériaux composites, le métal et le textile. «Parmi ces entreprises, la plupart sont des PME en forte croissance, constate M. Dupont. Après un an, les 10 employés deviennent 25; après deux ans, ils sont 50. Ce sont elles qui créent l'emploi.»

Plus les entreprises croissent, plus elles exportent... et plus elles créent de l'emploi, explique-t-il. Martin Dupont et son équipe organisent des missions de prospection à l'étranger, histoire d'aider les entrepreneurs locaux à explorer de nouveaux marchés. «Nos entreprises sont présentes sur les marchés américains et européens. De 40 à 45 % des biens produits à Drummondville sont exportés à l'étranger. Nous avons un excellent taux d'exportation.»

Conséquence : Drummondville exerce une force d'attraction à l'échelle de la province et plusieurs travailleurs quittent leur région d'origine pour y élire domicile. De 1993 à 1998, la MRC de Drummondville attirait 73,6 % des nouveaux habitants de la région administrative du Centre-du-Québec. C'était également la seule à afficher un solde migratoire positif chez les 18-24 ans. «L'attrait de Drummondville est indéniable, confirme M. Perron. On remarque une concentration de nouveaux arrivants dans le groupe d'âge des 25-44 ans, une population en pleine force de l'âge qui s'établit chez nous pour venir travailler.»

Selon Martin Dupont, les entrepreneurs drummond-villois apprécient la loyauté de leurs employés, qui ne changent pas d'emploi pour un oui, pour un non, comme c'est parfois le cas dans les régions métropolitaines. «En plus, les coûts de la main-d'œuvre locale sont concurrentiels, ajoute M. Perron. Les salaires sont adaptés à la réalité des petites et des moyennes entreprises. C'est un facteur que les entreprises étudient lorsqu'elles évaluent la possibilité de s'établir ici.»

Saint-Laurent inc.

Nichée au nord-ouest de l'île de Montréal, Saint-Laurent ressemble davantage à un immense parc industriel qu'à une ville dortoir. Selon les vœux de l'ancien maire de la ville, Marcel Laurin, 70 % du territoire de la municipalité est consacré à l'industrie et aux commerces. C'est le terrain de jeu des Nortel, CAE Électronique, Astra Pharma et Canadair, ce qui fait de Saint-Laurent la capitale technologique du Québec et la seconde plus grande concentration d'industries de pointe au pays, après l'agglomération de Toronto.

«De combien de temps disposez-vous?» lance à la blague le directeur du service de développement économique, Réjean Laliberté, lorsqu'on lui demande la recette du succès économique de sa municipalité. Sa philosophie tient pourtant en deux temps : primo, aller au-devant des besoins des entrepreneurs. Secundo, travailler de concert les autres intervenants de la région montréalaise.

Déjà, en 1964, le maire Marcel Laurin avait embauché un commissaire industriel, le premier poste du genre au Québec. Vingt-cinq ans plus tard, le maire Bernard Paquet crée un Technoparc qui n'a pris son véritable envol que vers 1996, après que l'administration municipale eut mis en place une véritable armada de commissaires industriels. Neuf compagnies s'y sont établies depuis lors (dont Astra Pharma, Nortel et Sextant Avionique), créant un total de 2 000 emplois dans le seul Technoparc.

La croissance économique à Saint-Laurent, c'est du sérieux : la Ville a même ouvert un bureau d'affaires à Bogota, en Colombie, et développe des partenariats stratégiques avec les États-Unis, l'Europe, le Brésil... «On dérange beaucoup de monde! Toutefois, notre stratégie de développement profite non seulement à Saint-Laurent, mais dépasse les frontières de la municipalité. On veut préparer les entreprises à aborder les nouveaux défis mondiaux, comme la zone de libre-échange des Amériques.»

En partenariat

Saint-Laurent n'est pas en compétition avec Montréal, estiment les grands manitous du développement, mais avec les grandes villes du monde. «Nous avons initié

Photo : Franca Persechino

- 74 240 habitants
- 46 km²
- Région administrative :
  Montréal
  (taux de chômage : 8,9 %
  au dernier trimestre 1999)
- Secteurs forts : aérospatiale,
  télécommunications,
  pharmaceutique
- Nombre d'entreprises de
  fabrication : 830

(Source : Service de développement
économique de Saint-Laurent.)

énormément de partenariats régionaux, comme l'organisme Montréal TechnoVision, en collaboration avec Laval et Montréal. Compte tenu du contexte mondial et de la compétition internationale, il faut arrêter de se concurrencer l'un l'autre.» Objectif? Demander aux entrepreneurs de définir les problèmes auxquels ils font face — les pénuries de main-d'œuvre, par exemple — et déployer des solutions avec d'autres partenaires, tels les ministères et les universités.

Une philosophie qui réjouit Alex Harper, président de la Chambre de commerce de Saint-Laurent. «Les industries et les commerces nous disent que l'administration municipale est très sensible à leurs réalités. Personne ne leur met de bâtons dans les roues et, ça, les entrepreneurs apprécient beaucoup.»

Au Technoparc, par exemple, on privilégie les projets «clés en main». «La Ville est à la fois gérant de projet, gestionnaire du Technoparc et gestionnaire immobilier, explique M. Laliberté. On construit donc exactement ce que le client demande et nous lui livrons le tout dans un délai maximal de trois mois. Car une fois que leur projet est mûr, les entrepreneurs veulent démarrer tout de suite. Sinon, ils vont ailleurs.»

Le service de développement économique a également conçu des outils inexistants à Saint-Laurent avant 1996, comme une base de données des industries du territoire ainsi qu'un répertoire de la sous-traitance. Il a aussi créé le réseau des partenaires Opti, qui regroupe autour d'une même table différents décideurs régionaux et provinciaux. Encore une fois, on vise les solutions sur

mesure pour les entrepreneurs, peu importe l'allégeance politique des interlocuteurs. «Moi, je fais du développement, pas de la politique! On se développe avec la région ou on coule avec elle. C'est notre principe de base.»

Création d'emplois? Et comment! «On coupe des rubans presque toutes les semaines! dit Alex Harper. D'année en année, un nombre croissant d'emplois sont créés à Saint-Laurent.» Ainsi, alors qu'elle comptait 94 000 emplois en 1995, Saint-Laurent fait aujourd'hui travailler quelque 103 000 personnes. «Et nous devrions atteindre 110 000 emplois d'ici trois ans», estime le directeur du service économique. Pourtant, seulement un cinquième de ses 75 000 habitants travaillent dans la municipalité. «Nos efforts ont eu un effet non seulement sur le volume d'emplois, mais aussi sur la qualité, car le nombre d'emplois industriels augmente.»

Saint-Laurent recense aussi plusieurs PME : sur les 1 400 entreprises du secteur manufacturier, au-delà de 800 comptent moins de 50 employés. «Plusieurs ont investi des secteurs de technologie de pointe et sont déjà sur les marchés internationaux. En fait, la PME est présente dans tous les secteurs d'activité.»

En somme, Saint-Laurent réunit tous les ingrédients du succès. «Il n'y a pas de formule magique, ajoute M. Harper. Le succès commence avec du bon sens. Bien sûr, nous bénéficions d'une situation géographique formidable, à proximité de l'aéroport de Dorval. Plusieurs villes peuvent en dire autant et ne connaissent pas les mêmes succès...»

▶

- 20 057 habitants
- 26 km²
- Région administrative : Chaudière-Appalaches (taux de chômage : 5,1 % au dernier trimestre 1999)
- Secteurs forts : bois, acier, textile, matériaux composites
- Nombre d'entreprises manufacturières : 234

(Source : Conseil économique de Beauce.)

► Saint-Georges : royaume de la PME

Les Beaucerons se sont approprié le slogan «Maîtres chez nous» : propriétaires de leurs entreprises, ils réinvestissent les profits localement. Ainsi, au début des années 1990, alors que l'économie du reste du Québec tournait au ralenti, la Beauce besogneuse continuait de maintenir un taux de chômage inférieur à 10 %. La récession? Quelle récession?

La possession des capitaux beaucerons par des «gens de chez nous» explique en grande partie l'excellente performance économique de Saint-Georges, selon le maire Roger Carette. «Nos grandes entreprises sont pratiquement toutes la propriété de Beaucerons. Les sièges sociaux sont chez nous, les dirigeants vivent chez nous. Cela crée une espèce de responsabilité sociale vis-à-vis de la communauté : les entrepreneurs fréquentent les mêmes terrains de golf, les mêmes églises, les mêmes centres sportifs que les autres citoyens.»

«Il n'y a pas de miracle beauceron, ajoute Claude Morin, commissaire industriel et directeur général du Conseil économique de Beauce. Le succès repose sur une combinaison d'éléments.» Le gène de l'entrepreneurship typiquement beauceron a bien sûr quelque chose à voir dans cette réussite. «Les entrepreneurs ont des idées et les mettent en œuvre, ont du cran et

risquent. Ils n'ont pas que de la volonté; ils ont la tête dure!»

La capitale beauceronne ne compte peut-être que 21 000 habitants, mais les gens de la banlieue et des couronnes y affluent chaque matin pour aller au boulot. Son tissu industriel est extrêmement diversifié : la transformation du bois, l'acier, les matériaux composites et les textiles en forment les principaux secteurs, «mais on remarque une forte poussée du côté de la nouvelle économie depuis cinq ans, soutient le maire. Une vingtaine d'entreprises concevant des logiciels ou des systèmes de contrôle robotisé des chaînes de production, par exemple, ont vu le jour et progressent.» Bon an, mal an, la ville recense entre 260 et 275 nouveaux emplois industriels. La population croît aussi d'environ 2 à 3 % par année, estime M. Carette.

Sur le territoire de la MRC Beauce-Sartigan, dont Saint-Georges fait partie, la valeur des livraisons des entreprises manufacturières (ou leur chiffre d'affaires) a presque triplé depuis le début de la décennie, passant de 556 millions en 1990 à 1,4 milliard huit ans plus tard. Les PME exportaient hors du Québec en 1998 plus de 50 % de leur production totale. Le taux d'emploi épouse la même courbe ascendante : la MRC dénombrait 6 400 emplois en 1990, et 10 600 en 1998! «Le taux de chômage est d'environ 5 % dans la MRC, précise Claude Morin. C'est problématique pour les entreprises, car en deçà de 10 %, elles ont du mal à recruter du personnel compétent.»

Derrière la détermination toute beauceronne se cache aussi un grand sentiment d'entraide, dit-il. «Jadis, quand une grange passait au feu, tout le monde se mettait à la tâche pour aider le fermier éploré. Dans les affaires, aujourd'hui, on a trouvé quelque chose de similaire : le réseautage. Quelqu'un se lance à son compte? Deux ou trois amis, également en affaires, l'aident et consacrent du temps au démarrage de l'entreprise.»

La main-d'œuvre locale a aussi développé un sentiment d'appartenance à l'endroit de la région, de l'entreprise et même du patron. «Les gens ne disent pas qu'ils travaillent pour l'entreprise X, mais qu'ils travaillent pour Michel Untel, poursuit le commissaire industriel. La main-d'œuvre est peu mobile et loyale.»

De l'initiative!

Il y a deux ans, la municipalité s'est dotée d'un parc technologique en s'imaginant qu'il mettrait cinq ans à se remplir. Surprise : en sept mois, tous les terrains étaient vendus! «On a acheté une autre superficie de 2,8 millions de pieds carrés qui pourrait aussi être complètement occupée d'ici à Noël», constate Roger Carette. L'ensemble des investissements dans le parc depuis son ouverture s'est soldé par la création de plus de 250 emplois.

Ce n'est pas tout : Saint-Georges a donné naissance au Centre intégré de mécanique industrielle de la Chaudière (CIMIC), une école regroupant sous un même toit des programmes de formation secondaire, collégiale et universitaire (dont un baccalauréat en administration des PME!). «Le CIMIC est une école-entreprise unique au Canada, affirme Claude Morin. On y forme des diplômés en fonction des besoins de l'entreprise.»

Saint-Georges aura bientôt son carrefour de la nouvelle économie, à la grande joie de son maire, qui s'est démené comme un diable dans l'eau bénite pour que cette initiative du gouvernement du Québec ne s'applique pas uniquement aux six villes centres. «Nous pourrons enfin rétribuer nos ingénieurs et nos cerveaux à des salaires comparables à ceux offerts dans le reste du Québec et de l'Ontario.» Dans ce contexte, la proximité du marché américain est un atout pour Saint-Georges. «Silicon Valley s'est lentement déplacée vers le corridor BAR (Boston-Atlanta-Raleigh) et les maîtres de l'industrie manufacturière américaine s'y trouvent. Nous sommes tout près de ce corridor et nos gens d'affaires ont toujours entretenu d'excellentes relations avec les décideurs de la Nouvelle-Angleterre.»

Saint-Georges ne compte pas de commissaire industriel, mais le maire consacre environ 80 % de sa tâche au développement économique. «Pour moi, c'est une priorité. Sinon, aussi bien m'en retourner chez moi cultiver mon jardin», conclut-il avant de filer en vitesse pour Montréal. ■

Note : Les données sur la population et la superficie proviennent du Répertoire des municipalités du Québec, ministère des Affaires municipales du Québec, 1999.

Les clés du succès

En vrac, voici quelques-unes des clés du succès des villes phares du Québec :

- situation géographique enviable (proximité des réseaux et des infrastructures de transport);
- taux de chômage peu élevé;
- croissance des PME;
- taux d'exportation élevé;
- présence de grandes entreprises exportatrices, qui créent des occasions d'affaires pour les sous-traitants;
- concertation entre les intervenants des trois paliers gouvernementaux;
- vigueur entrepreneuriale;
- dynamisme des commissaires industriels et des intervenants économiques;
- culture d'affaires : traiter les entrepreneurs aux petits soins et leur faciliter la tâche;
- croissance de la population;
- faible mobilité de la main-d'œuvre.

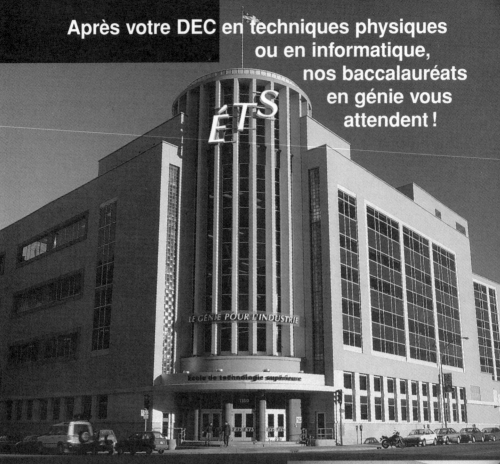

Emploi : le choc démographique

Les nouveaux défis du marché du travail

par **Sylvie Lemieux**

Que sera le marché du travail au XXIe siècle? Alors que les années 80 et 90 ont été marquées par les restructurations d'entreprises, la hausse du taux de chômage, l'augmentation du nombre de travailleurs autonomes et la précarité de l'emploi, on voit poindre à l'horizon la retraite des baby-boomers. Eux que l'on a accusés de bloquer l'accès au marché du travail pour les plus jeunes vont maintenant céder leur place. Est-ce autant de portes qui vont s'ouvrir pour les générations suivantes? ▶

Comment les entreprises vont-elles réagir à ces départs? Comment les jeunes travailleurs vont-ils tirer leur épingle du jeu? Même s'il est difficile de prévoir exactement comment une situation évoluera, il reste certain que de nombreux défis attendent les travailleurs en ce nouveau siècle.

Main-d'œuvre en décroissance

Tous les trois ans, la Régie des rentes du Québec (RRQ) procède à une analyse actuarielle qui permet de projeter le nombre de prestataires au régime des rentes et le montant des prestations qui leur seront versées. En plus de ces données quantitatives, cette étude fondée sur l'évolution de la démographie met en lumière les grandes tendances qui vont marquer le marché du travail au cours des prochaines années.

> «Il y a des secteurs où les traditions sont plus importantes. Par exemple, la profession d'infirmière. Voilà un métier où l'expérience est longue à acquérir! Pour maintenir les connaissances, il est donc important de conserver un équilibre entre la main-d'œuvre plus âgée et celle plus jeune.»
>
> — Alain Rondeau

«À partir de 2010 jusqu'en 2030, les baby-boomers vont graduellement transiter vers la retraite. Cette génération nombreuse va être remplacée par une autre qui compte un plus petit effectif. Nous allons donc assister à une décroissance de la main-d'œuvre», explique Denis Latulippe, actuaire en chef de la RRQ. Selon ce dernier, la société fera alors face à de nouveaux enjeux. «Les pressions qui se sont exercées récemment sur le marché du travail seront moins fortes et sont même susceptibles de s'inverser. Comme le nombre de personnes qui quittent le marché du travail excède le nombre de celles qui y entrent, on sera peut-être désireux de garder les travailleurs âgés plus longtemps qu'on ne le fait actuellement. Cela interpelle toute la question de la formation continue», soutient-il.

La croissance économique de la province est aussi au cœur des préoccupations. «Quand on a une main-d'œuvre abondante, les entreprises peuvent accroître leur production en engageant plus de monde. Par contre, lorsqu'il y a moins de gens disponibles pour travailler, il faut rendre la main-d'œuvre plus productive pour maintenir une bonne croissance économique. On pense alors au développement technologique pour faire des gains de productivité», poursuit l'actuaire en chef.

Pour Alain Rondeau, directeur du Centre de transformation des organisations de l'École des hautes études commerciales (HÉC), le défi de la productivité se pose différemment selon le secteur d'activité de l'entreprise. «Il y a des secteurs où les traditions sont plus importantes, affirme-t-il. Par exemple, la profession d'infirmière. Voilà un métier où l'expérience est longue à acquérir! Pour maintenir les connaissances, il est donc important de conserver un équilibre entre la main-d'œuvre plus âgée et celle plus jeune.» M. Rondeau cite également le cas du secteur de l'aérospatiale qui évolue très vite et où la compétence acquise par les travailleurs plus vieux est essentielle pour maintenir des critères de qualité et de sécurité élevés. «En cas de perte de cette compétence, le déficit est important et il se fait ressentir plus fortement. Par contre, le défi ne se pose pas dans un domaine comme l'informatique, par exemple,

Saviez-vous que?

Les retraités sont plus jeunes que jamais. Selon les données de Statistique Canada, l'âge de la retraite tend à s'abaisser au Canada passant de 64,9 ans en 1976 à 62,3 ans en 1995. La réduction de l'effectif des entreprises qui a contribué à la popularité des programmes de retraite anticipée, l'accès au Régime de pensions du Canada à partir de 60 ans au lieu de 65 sont quelques-uns des facteurs qui ont contribué au phénomène.

parce que la technologie évolue tellement vite que l'on n'a pas besoin de conserver une expérience. Il est plus important pour la main-d'œuvre de se maintenir à jour», poursuit-il.

Une compétence qui se perd

Le départ à la retraite des travailleurs âgés, c'est aussi une compétence qui se perd. Comment cela affecte-t-il les entreprises? Est-ce que cela crée une insécurité pour la nouvelle main-d'œuvre qui ne peut s'appuyer sur des travailleurs expérimentés pour faire son apprentissage?

> «Il faut penser que les jeunes qui arrivent sur le marché du travail, s'ils n'ont pas d'expérience, sont de façon générale plus instruits qu'avant. Un très grand nombre d'entre eux possèdent donc des capacités d'apprentissage et d'adaptation non négligeables.»
> — André Grenier

«C'est très rare que les jeunes se plaignent du départ des vieux, soutient M. Rondeau. En fait, les jeunes qui entrent sur le marché du travail ont hâte de prendre la place des vieux même s'ils n'ont pas toute la compétence de ces derniers. Ils vont compenser leur manque d'expérience par de nouvelles façons de faire. Ce sont les gens qui effectuent la supervision du travail qui constatent plus la perte de compétence. Mais il faut se dire que chaque fois qu'une entreprise perd un leader, il en émerge un autre qui ne l'est pas forcément pour les mêmes raisons et avec les mêmes convictions que le premier. Pourtant, il réussit à prendre la place et à exercer son influence.»

André Grenier, économiste à Emploi-Québec, partage l'opinion d'Alain Rondeau quant à la capacité de la nouvelle main-d'œuvre de prendre le relais. «Il faut penser que les jeunes qui arrivent sur le marché du travail, s'ils n'ont pas d'expérience, sont de façon générale plus instruits qu'avant. Un très grand nombre d'entre eux possèdent donc des capacités d'apprentissage et d'adaptation non négligeables. À mon point de vue, ils vont être capables de relever les défis dans la mesure où les entreprises prennent garde de ne pas perdre l'expérience des aînés de façon massive et qu'elles s'assurent que le transfert de cette expérience se fasse en continu.» ▶

▶ Baisse du taux de chômage?

Si la retraite prochaine de la cohorte des baby-boomers propose des défis intéressants, elle améliore en même temps les perspectives d'emploi pour la jeune génération. Est-ce à dire que le taux de chômage va diminuer? Personne ne veut réellement s'avancer sur ce terrain glissant puisque le taux de chômage est tributaire de nombreux facteurs.

> «S'il reste encore quelques emplois de manœuvres ou dans le secteur du commerce où il n'est peut-être pas nécessaire d'avoir suivi des études secondaires, il ne fait pas de doute que les champs d'emploi rétrécissent de plus en plus pour les personnes faiblement scolarisées.»
> — Madeleine Gauthier

Selon André Grenier, l'optimisme est toutefois de mise. «Actuellement, plusieurs éléments sont en train de se mettre en place qui vont offrir aux jeunes de meilleures perspectives que celles que nous avons connues dans les années 80 et 90»,

explique-t-il. Quels sont ces éléments? «D'une part, il y a eu l'assainissement des finances publiques et le contrôle de l'inflation. Le facteur démographique contribue également à la situation puisque l'on a besoin de créer beaucoup moins d'emplois qu'avant pour faire place aux nouveaux arrivants sur le marché du travail. L'autre élément important, c'est que les jeunes s'instruisent davantage qu'avant.»

Selon Alain Rondeau, l'arrivée d'une nouvelle main-d'œuvre amène un autre point positif puisqu'elle permet aux entreprises de procéder à une réorganisation du travail. «Cela amène un renouveau, de nouvelles façons de faire, soutient-il. En fin de carrière, les gens ne sont habituellement pas très ouverts à un changement dans l'organisation de leur travail. Leurs références sont beaucoup trop ancrées, et ils hésitent à se lancer dans l'apprentissage de nouvelles technologies ou dans de nouvelles formes de rapport humain au travail.»

Des exigences accrues

Comment la main-d'œuvre pourra-t-elle tirer son épingle du jeu dans ce nouveau contexte? Tout le monde s'entend pour dire que la clé du succès réside dans la formation. «Il reste de moins en moins d'espace sur le marché du travail aux gens moins scolarisés, explique Madeleine Gauthier, chercheuse à l'Institut national de la recherche scientifique (INRS). Même les entreprises industrielles traditionnelles embauchent des travailleurs qui détiennent au moins un diplôme de niveau secondaire. Pourquoi? À cause des nouvelles technologies, de la documentation à lire, des formulaires à remplir qui exigent un minimum de formation. S'il reste encore quelques emplois de manœuvres ou dans le secteur du commerce où il n'est peut-être pas nécessaire d'avoir suivi des études secondaires, il ne fait pas de doute que les champs d'emploi rétrécissent de plus en plus pour les personnes faiblement scolarisées.»

Pour David K. Foot, auteur du livre *Entre le boom et l'écho* qu'il vient de rééditer, la solution passe par la flexibilité de la main-d'œuvre où les individus vont pouvoir changer facilement d'employeurs et même de carrière. De là l'importance pour les travailleurs d'acquérir une variété de compétences.

> «Une main-d'œuvre flexible
> ne serait pas seulement plus
> heureuse et en meilleure santé,
> elle serait plus productive
> parce qu'elle utiliserait
> mieux ses compétences.»
> - David K. Foot

«Le temps est venu de prendre au sérieux le besoin de créer une main-d'œuvre flexible au Canada, ▶

47

► écrit-il. Une main-d'œuvre flexible ne serait pas seulement plus heureuse et en meilleure santé, elle serait plus productive parce qu'elle utiliserait mieux ses compétences. Il s'agit d'une main-d'œuvre où les individus, au lieu de garder le même emploi toute leur vie, changent facilement d'employeurs et même de domaines. C'est également une main-d'œuvre qui permet à l'individu de commencer et de finir sa carrière graduellement et qui lui fournit de nombreuses occasions de se recycler.» L'auteur affirme qu'il faut planifier sa carrière comme on planifie ses finances. Si on met son argent dans une seule sorte de placement, l'immobilier, par exemple, on risque la débandade en cas de chute du marché. C'est la même chose du côté du travail, selon lui.

Des professions plus touchées que d'autres

Certaines professions seront plus touchées que d'autres lorsque les baby-boomers commenceront à prendre le chemin de la retraite. À ce jour, toutefois, on ne trouve pas beaucoup d'études prévisionnelles sur le sujet. Les cas connus ont été amplement médiatisés, surtout à cause de leurs implications politiques, notamment celui des infirmières.

Une étude effectuée en 1998 par l'Ordre des infirmières et infirmiers du Québec (OIIQ) laisse entrevoir une pénurie importante à compter de 2005. Selon les données obtenues, entre 2001 et 2015, plus de 38 000 infirmières de la génération

Évolution du nombre de personnes âgées de 20 ans et 65 ans

Ce tableau indique le nombre de personnes âgées de 20 ans et de 65 ans entre 1993 et 2048. On peut constater que jusqu'en 2008, il y a une croissance de la population en âge de travailler. À partir de 2013, le nombre de retraités excède le nombre de jeunes entrant sur le marché du travail.

Année	20 ans	65 ans	Écart
1993	91080	60161	30919
1998	99970	60460	39510
2003	93946	63066	30880
2008	91739	80810	10929
2013	97482	99143	- 1661
2018	85922	108904	- 22982
2023	89156	123041	- 33885
2028	93124	122729	- 29605
2033	93027	100035	- 7008
2038	92762	94137	- 1375
2043	91039	102147	- 11108
2048	89588	98782	- 9194

Source : Analyse actuarielle du Régime des rentes du Québec au 31 décembre 1997.

des baby-boomers quitteront le marché du travail alors qu'à peine 27 000 jeunes accèderont à la profession. Pour l'OIIQ, la situation est d'autant plus préoccupante qu'elle est conjuguée au vieillissement de la population qui aura besoin de services accrus en soins de santé.

Même situation chez les enseignants. Une étude (1) de l'Institut de la statistique du Québec (ISQ) montre que cette profession connaît un vieillissement très prononcé de son effectif. En effet, entre 1981 et 1991, l'âge médian de la profession d'enseignants a connu une forte hausse passant de 36,6 à 43,3. Cette situation s'explique entre autres par le fait qu'une forte période d'embauche a été suivie d'une période de faible recrutement. Les directeurs et cadres supérieurs, les travailleurs de la transformation et les usineurs sont d'autres professions qui comptent dans leurs rangs un nombre élevé de personnes appartenant à la génération des baby-boomers.

L'OIIQ a commencé à sonner l'alarme et a élaboré quelques pistes de solution comme l'amélioration des conditions d'entrée à la profession, le recrutement d'un surplus de jeunes infirmières et la réintégration des jeunes professionnelles qui ont déserté le système de santé.

Du côté des enseignants, le départ à la retraite des baby-boomers semble moins problématique en raison de la baisse du taux de natalité. «En 1999, on compte environ 60 000 jeunes âgés de 0 à 15 ans de moins, explique André Grenier. Les besoins en effectif d'enseignants au secteur primaire seront à la baisse au cours des prochaines années, une situation qui se répercutera au niveau secondaire un peu plus tard.»

Selon Jacques Légaré, professeur de démographie à la retraite de l'Université de Montréal, on ne se préoccupe pas assez de l'impact de la retraite des baby-boomers sur le marché du travail. Il s'interroge notamment sur la capacité d'une main-d'œuvre nettement moins nombreuse à combler les besoins d'une cohorte importante de retraités. On sait qu'en 2050, il n'y aura que deux personnes en âge de travailler par retraité comparativement à cinq travailleurs par retraité en 1998. «Je dis qu'on peut faire face à ce nouveau phénomène de société mais à la condition qu'on en parle, qu'on se donne les moyens d'agir. Je crois que c'est une question sur laquelle il faudra se pencher au cours des prochaines années.» ■

1. *D'une génération à l'autre : évolution des conditions de vie*, vol. 1 et 2, ISQ, 1998.

NOS PROGRAMMES offerts en

formation
professionnelle

70% DES EMPLOIS ACTUELS EXIGENT UNE FORMATION PROFESSIONNELLE DE QUALITÉ. SOYEZ PARMI CELLES ET CEUX QUI PRENDRONT EN MAIN LEUR AVENIR...

DIPLÔME D'ÉTUDES PROFESSIONNELLES

▸ CARROSSERIE*	1590 h
▸ COIFFURE	1350 h
▸ COMMERCIALISATION DES VOYAGES	900 h
▸ COMPTABILITÉ	1350 h
▸ DÉCORATION INTÉRIEURE ET ÉTALAGE	1800 h
▸ DESSIN DE BÂTIMENT*	1800 h
▸ DESSIN INDUSTRIEL	1800 h
▸ ÉBÉNISTERIE	1650 h
▸ ÉLECTRICITÉ*	1800 h
▸ ENTRETIEN GÉNÉRAL D'IMMEUBLES	900 h
▸ ESTHÉTIQUE	1350 h
▸ INFORMATIQUE (SOUTIEN AUX USAGERS)	900 h
▸ INSTALLATION ET RÉPARATION D'ÉQUIPEMENTS DE TÉLÉCOMMUNICATION*	1800 h
▸ MÉCANIQUE AUTOMOBILE	1800 h
▸ MÉCANIQUE INDUSTRIELLE DE CONSTRUCTION ET D'ENTRETIEN	1800 h
▸ MÉCANIQUE DE MACHINES FIXES	1800 h
▸ MISE EN OEUVRE DE MATÉRIAUX COMPOSITES	900 h
▸ MODELAGE	1500 h
▸ PROCÉDÉS INFOGRAPHIQUES	1800 h
▸ RÉCEPTIONNISTE BILINGUE EN HÔTELLERIE	645 h
▸ RÉFRIGÉRATION*	1800 h
▸ RÉPARATION ET INSTALLATION D'APPAREILS ÉLECTRONIQUES DOMESTIQUES*	1800 h
▸ SECRÉTARIAT (APPLICATIONS BUREAUTIQUES)	1485 h
▸ SOUDAGE-MONTAGE*	1800 h
▸ TECHNIQUES D'USINAGE*	1800 h
▸ VENTE-AUTOMOBILE	900 h
▸ VENTE-CONSEIL	900 h
▸ VENTE-PRODUITS COSMÉTIQUES	900 h

ATTESTATION DE SPÉCIALISATION PROFESSIONNELLE

▸ COIFFURE SPÉCIALISÉE	480 h
▸ ÉPILATION À L'ÉLECTRICITÉ	450 h
▸ FABRICATION DE MOULES	1200 h
▸ LANCEMENT D'UNE ENTREPRISE	330 h
▸ RÉPARATION DE MAGNÉTOSCOPES ET DE CAMÉSCOPES*	675 h
▸ RÉPARATION DE MICRO-ORDINATEURS*	450 h
▸ USINAGE SUR MACHINES-OUTILS À COMMANDE NUMÉRIQUE*	900 h

* Ces programmes sont aussi disponibles en anglais

Tous les diplômes et attestations sont décernés par le Ministère de l'Éducation du Québec

Nos centres de formation sont situés à Kirkland, Lachine, LaSalle, Verdun et Ville Saint-Laurent

Nous offrons à nos finissants(es) un service d'aide au placement personnalisé et performant qui répond aux besoins de main-d'oeuvre des employeurs

Vous désirez en savoir davantage sur nos modalités d'inscription et nos programmes? N'hésitez pas à nous contacter au

(514) 765-7500

BUREAU DES ADMISSIONS MARGUERITE-BOURGEOYS
1100, 5ᵉ AVENUE
VERDUN, QUÉBEC
H4G 2Z7

COMMISSION SCOLAIRE MARGUERITE-BOURGEOYS

METRO Jolicoeur

« entre **vos mains** se dessine **l'avenir** »

négocier

ommuniquer

l y a le CA

dynamiser

entreprendre

LES ÉDITIONS DE LA FONDATION DE l'entrepreneurship

MES MEILLEURS CONSEILLERS
POUR LE DÉMARRAGE ET LA GESTION DE MON ENTREPRISE !

Suis-je un entrepreneur?

Informez-vous sur nos différents tests du potentiel entrepreneurial

Évaluez votre potentiel entrepreneurial gratuitement « en ligne »

www.entrepreneurship.qc.ca/Fondation/Potentiel/questionnaire.html

Ces nouveautés font partie de la collection « Entreprendre »
qui regroupe plus de 150 livres, guides de gestion et logiciels.
Pour commander ou pour recevoir notre catalogue gratuit :
Téléphone : (418) 646-5400 ou 1-800-661-2160

www.entrepreneurship.qc.ca

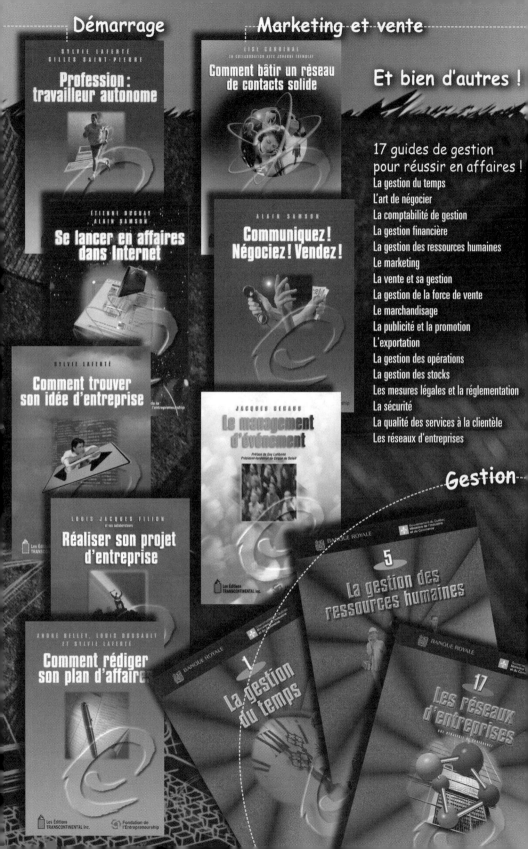

Démarrage

Profession : travailleur autonome
SYLVIE LAFERTÉ
GILLES SAINT-PIERRE

Se lancer en affaires dans Internet
ÉTIENNE DUGUAY
ALAIN SAMSON

Comment trouver son idée d'entreprise
SYLVIE LAFERTÉ

Réaliser son projet d'entreprise
LOUIS JACQUES FILION
et ses collaborateurs

Comment rédiger son plan d'affaires
ANDRÉ BELLEY, LOUIS DUSSAULT
ET SYLVIE LAFERTÉ

Marketing et vente

Comment bâtir un réseau de contacts solide
LISE CARDINAL
en collaboration avec Johanne Tremblay

Communiquez! Négociez! Vendez!
ALAIN SAMSON

Le management d'événement
JACQUES DEGAUD
Préface de Guy Laliberté
Président-fondateur du Cirque du Soleil

Et bien d'autres !

17 guides de gestion pour réussir en affaires !
La gestion du temps
L'art de négocier
La comptabilité de gestion
La gestion financière
La gestion des ressources humaines
Le marketing
La vente et sa gestion
La gestion de la force de vente
Le marchandisage
La publicité et la promotion
L'exportation
La gestion des opérations
La gestion des stocks
Les mesures légales et la réglementation
La sécurité
La qualité des services à la clientèle
Les réseaux d'entreprises

Gestion

BANQUE ROYALE

5 La gestion des ressources humaines

1 La gestion du temps

17 Les réseaux d'entreprises

Venez nourrir
vos ambitions.

PROVIGO

L'entrepreneurship

Ça s'apprend!

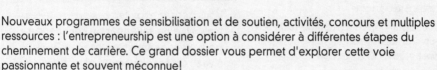

Recherche et rédaction : **Christine Daviault**

Nouveaux programmes de sensibilisation et de soutien, activités, concours et multiples ressources : l'entrepreneurship est une option à considérer à différentes étapes du cheminement de carrière. Ce grand dossier vous permet d'explorer cette voie passionnante et souvent méconnue!

La Fondation de l'entrepreneurship (voir l'encadré page 60) définit l'entrepreneurship comme étant l'action de personnes qui organisent et dirigent des entreprises et en assument les risques en vue de réaliser des profits. Elle y voit aussi un état d'esprit, une idéologie, une manière de penser et de vivre.

Bien qu'il soit très difficile d'évaluer le nombre d'entreprises de façon précise, ce chiffre fluctuant sur une base quotidienne, Statistique Canada a répertorié 195 925 employeurs au Québec en 1996, comparativement à 150 870 en 1983*. En 1996, environ 6,2 % de ceux-ci se trouvaient dans le secteur primaire (agriculture, pêche, forêt et mines), 18,3 % dans le secteur secondaire (industries manufacturières et de la construction) et 74,8 % dans le secteur tertiaire (commerce, finance, communications, etc.).

La Fondation canadienne d'éducation économique (FCEE) (voir l'encadré ci-dessous) privilégie une définition large de l'entrepreneurship. «Une personne peut être **entreprenante**, c'est-à-dire qu'elle peut avoir ou développer des compétences, attitudes et attributs qu'on associe généralement avec l'entrepreneur, sans pour autant créer une entreprise, explique Luc Lapointe, directeur des réseaux et programmes francophones. Elle peut aussi être **entrepreneur**, qui est le terme

qu'on utilise le plus couramment, c'est-à-dire une personne qui fait le lancement d'une entreprise avec les risques et les profits qui y sont rattachés. Enfin, elle peut aussi être **extrapreneur**, c'est-à-dire une personne qui a sa propre entreprise et qui désire exporter, ou explorer les marchés extérieurs.»

«Lorsqu'on parle d'entrepreneurship aux jeunes, ils s'imaginent tout suite que l'on parle de lancement d'entreprises, ajoute M. Lapointe. On cherche donc à leur montrer qu'on peut avoir des qualités entreprenantes dans n'importe quel métier sans forcément créer son entreprise. À l'inverse, il est aussi possible d'avoir des qualités entreprenantes et d'éventuellement devenir entrepreneur.»

«On cherche donc à démythifier la notion qu'une carrière et une entreprise sont deux mondes à part. En ce moment, les gens croient qu'on ne peut être entrepreneur et avoir une carrière, ou qu'on devient entrepreneur lorsqu'on n'a pas de carrière. On dit aux jeunes que peu importe le métier qu'ils choisissent, il y aura toujours de la place pour l'entrepreneurship.» ▶

---

*Source : Statistique Canada, Division des petites entreprises et des enquêtes spéciales, Variation de l'emploi selon l'agrégation industrielle, la taille et la situation de l'entreprise. Données produites dans le cadre du Programme pancanadien de statistiques sur les petites entreprises (PSPE).

Fondation canadienne d'éducation économique (FCEE)

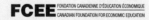

Créée en 1974, la Fondation canadienne d'éducation économique (FCEE) est une organisation sans but lucratif qui cherche à aider les Canadiens à acquérir de meilleures connaissances en économie. Au moyen de ressources pédagogiques sur l'économie et l'entrepreneurship, de l'organisation de programmes, de séminaires et de conférences, la FCEE joue un rôle important pour stimuler et soutenir l'entrepreneurship au pays.

• Pour plus d'information sur les programmes et les ressources de la Fondation canadienne d'éducation économique, nous vous invitons à consulter le site Internet www.cfee.org ou à nous appeler au 1 888 570-7610.

Fondation de l'entrepreneurship

Chef de file du mouvement entrepreneurial québécois, la Fondation de l'entrepreneurship poursuit avec détermination, créativité et enthousiasme sa mission de promouvoir l'entrepreneurship comme moyen privilégié pour assurer le développement économique et social du Québec.

Depuis sa création en 1980, la Fondation de l'entrepreneurship établit de nombreux partenariats avec des organismes privés et publics issus des diverses sphères de la vie socio-économique.

Elle propose une grande variété de produits et services adaptés aux besoins des entrepreneurs et de leurs conseillers.

Les Éditions de la Fondation de l'entrepreneurship

La collection « Entreprendre » est devenue la plus grande collection de langue française dédiée au démarrage et à la gestion de PME. L'actualité des sujets traités, l'adaptation aux besoins des entrepreneurs québécois et l'approche pratico-pratique font la renommée de nos quelque 150 volumes, guides, logiciels, cassettes vidéo et audio. Demandez notre catalogue gratuit.

L'Institut de la Fondation de l'entrepreneurship

Notre Institut a pour mission de veiller à l'introduction des valeurs entrepreneuriales à tous les niveaux du système scolaire québécois.

Colloque annuel

Chaque année, le colloque annuel réunit près de 600 décideurs socio-économiques provenant de toutes les régions du Québec. C'est le plus important rassemblement québécois consacré exclusivement à l'entrepreneurship.

Service de parrainage

Créer un réseau panquébécois d'organismes offrant aux entrepreneurs des services de parrainage, voilà l'ambitieux objectif que s'est fixée la Fondation en lançant le Service de parrainage.

Site Internet

Grâce à ses mises à jour régulières, notre site Internet est devenu l'un des principaux sites de référence en entrepreneurship au Québec ! www.entrepreneurship.qc.ca

PAIE

Le programme d'aide à des initiatives en entrepreneurship finance des actions innovatrices visant le développement de la culture entrepreneuriale.

Pour en savoir plus : (418) 646-1994 ou www.entrepreneurship.qc.ca

Ça commence à l'école...

Vous pensez avoir la bosse des affaires, mais vous ne savez par où commencer pour créer votre entreprise? Les trois niveaux d'enseignement offrent des formations et des ressources, histoire de vous permettre d'acquérir les connaissances de base et de partir du bon pied. N'hésitez pas à en profiter!

Selon Jean-Pierre Gaumont, président de l'organisme Les Jeunes Entreprises, il y a un intérêt grandissant pour l'entrepreneurship chez les jeunes, de plus en plus d'entre eux y voyant la chance de créer leur propre emploi. «Cette année, notre programme Mini-Entreprises (voir l'encadré Des programmes et des activités sur mesure en page 68), couvre 60 projets seulement à Montréal et on pourrait en faire plus d'une centaine si on avait les ressources financières et humaines.» Annuellement, ce programme touche 2 500 jeunes à l'échelle du Québec.

Le Centre de création et d'expansion d'entreprises du Collège de Limoilou, en collaboration avec le Centre de formation professionnelle de Neuchâtel à Québec, offre l'attestation de spécialisation professionnelle (ASP) en lancement d'une entreprise. «C'est une formation de 330 heures, dont 144 de formation de groupe, 10 de suivi individuel pendant lesquelles les élèves peuvent consulter divers experts, et 176 de travail personnel, notamment pour la conception d'un plan d'affaires», explique Christiane Néron, adjointe du directeur. Ce cours est offert dans la plupart des commissions scolaires au Québec (communiquez avec celle de votre région; voir la liste en page 416).

Au niveau collégial, l'attestation d'études collégiales (AEC) en démarrage d'entreprise permet de se familiariser avec les différentes facettes de l'entrepreneurship et de déterminer si l'on a le bon profil pour réussir en affaires. «L'entrepreneurship est un mode d'intégration à l'emploi comme un autre, affirme Michel Besner, conseiller en formation et responsable du Centre de création et d'expansion d'entreprises du Cégep André-Laurendeau. Certains choisissent cette voie après avoir maîtrisé un certain champ de compétences. Notre clientèle couvre surtout les 30 à 45 ans.» Le Centre met à la disposition de ses élèves un laboratoire d'entrepreneurship abritant des ressources matérielles et techniques : ordinateurs reliés à Internet, télécopieurs, logiciels d'applications diversifiés, scanners couleur, documentation pertinente, abonnement à des périodiques spécialisés, etc. Ce programme est offert dans plusieurs collèges du Québec (communiquez avec le ou les établissements de votre région; voir en page 416).

Plusieurs universités offrent aussi des programmes pour encourager leurs étudiants à explorer l'entrepreneurship. À l'École des hautes études commerciales, par exemple, le baccalauréat en administration des affaires est donné avec une spécialisation en management qui vise, entre autres, à encadrer et à former les créateurs d'entreprise et les releveurs d'entreprise familiale. «Les étudiants présentent un projet au départ et on se rencontre toutes les deux semaines pour en parler», explique Jean-Pierre Béchard, professeur au service de l'enseignement de la direction et de la gestion des organisations. Durant l'année, les étudiants doivent accomplir quatre tâches principales : faire une note sectorielle sur le domaine qui les intéresse, c'est-à-dire une étude approfondie du milieu, décrire en termes concrets l'entreprise qu'ils ont en tête, calculer combien ça va coûter et élaborer un plan d'affaires qu'ils doivent défendre.

L'Université du Québec à Trois-Rivières propose, pour sa part, un programme court en entrepreneurship, soit une attestation d'études universitaires de 12 crédits. «Les quatre cours couvrent la créativité et l'innovation, le démarrage d'entreprise, le cheminement entrepreneurial et le management de la PME», explique André Belley, directeur du département des sciences de la gestion. (Voir d'autres programmes offerts dans les universités en page 68.)

D'autres activités

Les établissements d'enseignement n'ont pas le monopole des activités en matière de sensibilisation et de soutien à l'entrepreneurship. Plusieurs organismes offrent des ateliers, des publications et des services-conseils à ceux, jeunes ou moins jeunes, qui caressent l'idée de devenir leur propre patron.

Les chambres de commerce, par exemple, jouent un rôle de soutien important. Elles organisent diverses activités, comme des ateliers de formation, des déjeuners-causeries et autres conférences pour permettre aux entrepreneurs, qui débutent ou non, de parfaire leurs connaissances dans certains domaines et de se bâtir un réseau de contacts.

Le ministère de l'Industrie et du Commerce (MIC), en collaboration avec la Fondation de l'entrepreneurship et la Banque Royale du Canada, offre une collection de 17 guides de gestion spécialement adaptés aux jeunes entreprises de six mois à cinq ans d'existence pour une dizaine de dollars chacun. Remplissez un bon de commande au www.mic.gouv.qc.ca/guide-gestion/index.html.

La Fondation canadienne d'éducation économique (FCEE) propose aussi plusieurs publications sur l'entrepreneurship et l'économie en général, dont *Entrepreneurship : l'esprit d'aventure*, une trousse comprenant six vidéos dans lesquelles des entrepreneurs parlent de leurs expériences, ou *Soyez dans le coup : Cadre pour le succès des jeunes entrepreneurs*, un rapport de recherche sur les facteurs de motivation et de réussite liés à l'entrepreneuriat. Consultez la liste www.cfee.org, sous la rubrique «Programmes et ressources».

Pour en savoir plus, consultez la section Des ressources à connaître en page 67. ■

Des visages de l'entrepreneurship

COMMUNICATION

Photo - PPM

Carl Grenier, président-directeur général et copropriétaire

Âge :	33 ans
Formation :	Baccalauréat en administration, option marketing
Entreprise :	Zoom Média
Chiffre d'affaires :	Plus de 15 millions de dollars
Nombre d'employés :	120
Succursales :	Montréal, Québec, Toronto, Vancouver, Boston, New York, Chicago, Los Angeles, San Francisco, Phoenix, Porto Rico

S i la présence de panneaux publicitaires dans les toilettes nous semble naturelle aujourd'hui, Carl Grenier y est pour quelque chose. «C'est en cherchant à démythifier les maladies transmises sexuellement, alors que j'étais directeur de l'information pour l'association étudiante à l'Université du Québec à Trois-Rivières, que l'idée m'est venue. Ce média est idéal pour rejoindre les filles et les garçons de façons complètement distinctes.»

Mon entreprise

Zoom Média a vu le jour en 1991; les choses n'ont pas été faciles au début. «On s'est fait traiter de vendeurs de toilettes!» Pour prouver leur sérieux, Carl et son associé ont signé des ententes avec des clients pour installer des panneaux dans leurs toilettes; en contrepartie, ces derniers bénéficiaient d'une exclusivité d'un an pour y mettre des annonces. Mais les agences de publicité étaient peu réceptives. «On a dû les convaincre que les toilettes n'ont pas de connotation négative chez les 18 à 34 ans, notre marché cible, mais qu'elles sont un autre moyen de faire passer un message.» Zoom Média compte aujourd'hui 30 000 panneaux dans les collèges, les universités, les bars, les centres sportifs, les centres médicaux et, depuis peu, les restaurants McDonald's.

Ma journée de travail

Carl compare son rôle à celui d'un chef d'orchestre. «Il ne joue pas du violon, mais il s'assure que tous les musiciens jouent en harmonie.» La majeure partie de son temps est consacrée à des réunions. Les mardis, il appelle les directeurs de succursales disséminés au Canada et aux États-Unis. «Nos employés ayant 28 ans, en moyenne, je fais beaucoup de *coaching*. Je veille à ce qu'ils comprennent la culture de l'entreprise et je les aide à gérer leurs responsabilités.»

Toutes les deux semaines, il participe aux sessions de travail de différents comités, histoire de faire le point sur les projets en cours et de réajuster le tir si nécessaire. «Je rencontre aussi les directeurs de services, celui des communications, par exemple, pour discuter des magazines dans lesquels on va annoncer notre entreprise.»

Ma philosophie

«J'ai la chance d'être entouré d'une équipe superbe, ce qui m'a beaucoup aidé à moins intervenir dans tous les dossiers», explique Carl. Selon lui, un bon jugement et de l'intuition sont à la base du succès. «De l'audace, de la créativité, de la volonté et de l'autonomie sont essentiels, mais le travail d'équipe est aussi important.» Et puis, il faut savoir admettre qu'on n'est pas toujours la personne la mieux qualifiée. «Avec le temps, il faut être prêt à embaucher quelqu'un de plus fort que soi. Mon rôle consiste alors à guider cette personne en lui fournissant les outils dont elle a besoin pour faire avancer l'entreprise.»

SERVICE

Photo : PPM

Judith Fleurant, vice-présidente et copropriétaire

Âge :	33 ans
Formation :	Baccalauréat en éducation physique
Entreprise :	Énergie Cardio
Chiffre d'affaires :	20 millions de dollars
Nombre d'employés :	600
Nombre de membres :	60 000
Succursales :	47 au Québec

C'est un peu par hasard que Judith Fleurant est devenue entrepreneure. Diplômée en éducation physique, elle voulait enseigner cette matière dans les écoles. Mais voilà, il y avait très peu de débouchés. Entraîneuse dans un centre de conditionnement physique de Saint-Jérôme, elle proposait en 1990 à son patron de l'époque, devenu l'un de ses deux associés aujourd'hui, d'ouvrir un autre centre. C'est ainsi que tout a commencé.

Mon entreprise

Selon Judith, les centres de conditionnement physique Énergie Cardio, disséminés au Québec, offrent la chance d'améliorer sa condition physique dans une ambiance chaleureuse. Victimes de la mode et gros muscles sous camisole s'abstenir; Énergie Cardio s'affiche comme un centre pour Monsieur et Madame Tout-le-Monde. La formule semble répondre à un besoin puisqu'il existe 42 franchises Énergie Cardio et cinq centres corporatifs, en plus de 13 franchises à venir au cours de la prochaine année.

«Les centres de conditionnement physique n'ont pas toujours une très bonne réputation, souligne Judith. Ils sont souvent ouverts par des gens qui n'ont pas de notions d'administration et de marketing. On a dû se battre au départ pour convaincre les banquiers, les fournisseurs, et autres, de notre sérieux. Aujourd'hui, les gens nous font confiance.»

Ma journée de travail

«Mon rôle consiste à créer des programmes, à m'assurer qu'ils soient bien implantés et que les clients en soient satisfaits.» Judith s'occupe aussi de la formation des employés, en organisant des congrès par exemple, et veille à la mise sur pied d'événements spéciaux, tels que la compétition provinciale annuelle de danse aérobique, à laquelle participent trente équipes composées d'un professeur et de cinq clients.

Avec l'aide de ses associés, Caroline Pitre et Alain Beaudry, Judith passe aussi beaucoup de temps au téléphone à conseiller les franchisés pour l'achat d'équipement, la gestion du personnel ou la prise de décisions importantes, comme un agrandissement. «J'essaie également de garder du temps pour penser et chercher de nouvelles idées. Beaucoup d'entrepreneurs oublient l'importance de cela.»

Ma philosophie

Selon Judith, le succès commence par un rêve et une bonne dose de détermination. «Il ne faut pas attendre indéfiniment le "bon moment", parce que ton rêve ne se réalisera jamais, conseille-t-elle. Il faut aussi accepter les échecs comme faisant partie du quotidien et ne pas se laisser décourager, mais plutôt apprendre d'eux.» Judith croit que la formule idéale pour les jeunes qui veulent se lancer en affaires est d'acheter une franchise. «L'âge moyen de nos franchisés est de 33 ans, et plusieurs en sont à leurs premières armes. Le concept de franchise leur permet d'apprendre sans faire d'erreurs fatales.»

▶

▶ SECTEUR INDUSTRIEL

Photo : PPM

Magalie Houle, vice-présidente
et actionnaire

Âge :	25 ans
Formation :	Baccalauréat en administra-tion, option entrepreneurship
Entreprise :	Bois-Francs St-Charles
Chiffre d'affaires :	20 millions de dollars
Nombre d'employés :	135

Toute petite, Magalie Houle collait aux talons de son père, qui travaillait dans le domaine du bois, chaque fois qu'il quittait la maison pour se rendre au travail. Lorsqu'il a lancé son entreprise de fabrication de planchers de bois franc en 1989, il n'est donc pas étonnant qu'elle lui ait annoncé du haut de ses 16 ans qu'elle prendrait un jour sa relève. «J'ai toujours choisi mes cours en fonction de cette promesse et travaillé dans l'entreprise tous les étés et durant l'année à temps partiel, jusqu'à ce que je termine mes études en 1996.»

Mon entreprise

Bois-Francs St-Charles fabrique des lamelles de planchers de bois franc à son usine de Drummondville. Celles-ci sont vendues telles quelles ou prévernies. «L'étape du bois préverni est faite chez notre associé,

Planchers Mercier, à Montmagny. Ils font également la distribution dans les magasins spécialisés au Québec, mais aussi un peu partout dans le monde.»

Bien qu'il soit toujours actionnaire majoritaire, le père de Magalie se retire graduellement, s'occupant surtout de la gestion globale. «Quand on prend la relève de l'entreprise familiale, on se heurte à des obstacles différents de ceux rencontrés par les nouveaux entrepreneurs, explique-t-elle. Je n'ai pas eu à trouver de financement, par exemple, mais au début, les gens disaient que j'étais là uniquement parce que j'étais la fille du propriétaire. J'ai donc dû redoubler d'efforts pour gagner leur confiance.»

Ma journée de travail

Responsable de la production, Magalie planifie le travail de l'usine. «Une bonne partie de ma journée est consacrée à des réunions. Par exemple, je rencontre les contremaîtres et le service de mécanique pour voir comment se déroule la production, s'il y a des problèmes, et pour connaître les résultats de chaque équipe de travail.»

> «Si je m'absente, il y a
> une file d'attente à mon bureau
> lorsque je reviens. J'ai beau avoir
> des bras droits, ils ont aussi
> des questions à poser!»

Elle passe plusieurs heures par jour à régler des problèmes, allant de sanctions disciplinaires contre un employé à la négociation d'une convention collective. «Si je m'absente, il y a une file d'attente à mon bureau lorsque je reviens. J'ai beau avoir des bras droits, ils ont aussi des questions à poser!»

Ma philosophie

«Pour réussir, il faut avoir de la volonté, du courage et du leadership. Il faut s'engager à 100 % parce que le travail ne s'arrête pas une fois la porte fermée.» Magalie croit que les années qu'elle a consacrées à l'entreprise l'ont aidée à développer son sens entrepreneurial. Toutefois, elle est convaincue qu'elle serait une meilleure gestionnaire si elle avait travaillé ailleurs. Pour pallier cela, elle s'entoure de gens qui lui apportent l'expérience qui lui manque.

Au fil des ans, elle a appris à réduire son nombre d'heures de travail. «J'ai pris deux semaines de vacances d'affilée pour la première fois cette année et l'usine ne s'est pas arrêtée», dit-elle en riant.

SOCIÉTÉ

Photo : PPM

Nathalie Dufresne, directrice générale
et propriétaire

Âge :	29 ans
Formation :	5e secondaire et des cours professionnels dans les CLSC
Entreprise :	Répit Maison St-Michel
Nombre d'employés :	6

C'est lorsqu'elle travaille au Journal de St-Michel comme conseillère en publicité que Nathalie Dufresne voit l'annonce d'un programme de création d'entreprise. Attirée par une carrière dans les services sociaux, elle se met à étudier les besoins du quartier et prend conscience de lacunes dans les services pour enfants. Qu'à cela ne tienne, elle décide de créer une maison d'hébergement!

Mon entreprise

En janvier 2000, Répit Maison St-Michel aura ouvert ses portes après presque deux années de planification. «Ce sera un lieu de soutien et d'hébergement de courte durée pour les enfants âgés de 12 ans et moins. On va offrir un milieu sécuritaire et préventif, de l'aide aux

devoirs, des repas variés et équilibrés, des gestes et des paroles d'appréciation avec renforcement positif, des jeux et des activités ainsi qu'un service d'accompagnement (école, hôpital, CLSC...).»

Les enfants seront dirigés vers le centre sur la recommandation d'intervenants sociaux dans les CLSC, les Centres Jeunesse et les Forces armées canadiennes, par exemple. L'accueil-répit de 24 à 48 heures permettra aux parents de prendre une pause. L'accueil-répit de 72 heures répondra à des besoins particuliers. Par exemple, une mère ayant perdu son logement dans un incendie pourra y laisser ses enfants; les services sociaux leur trouveront un foyer d'accueil, où ils resteront jusqu'à ce que la mère puisse leur offrir un logement adéquat. Quant à l'accueil-répit urgence de 24 heures, il peut s'appliquer dans un cas de dispute entre parents où la police doit intervenir, notamment.

Ma journée de travail

En tant que directrice générale, Nathalie s'occupera de la gestion quotidienne. «Mon rôle va consister à encadrer les intervenants au moyen de rencontres en équipe et individuelles pour savoir ce qui s'est passé dans une semaine et s'il y a des choses à améliorer. Je vais aussi faire le recrutement du personnel, planifier les horaires des employés et superviser les stagiaires en provenance du programme d'Accès à l'emploi.»

> «Il faut avoir de la persévérance
> et de la motivation. On doit
> croire en ce qu'on fait et être
> passionné par son projet.»

Nathalie exercera aussi un rôle d'intermédiaire entre la maison et différents organismes sociaux. «Je vais devoir rédiger plusieurs rapports sur les enfants qui nous sont envoyés pour les Centres Jeunesse et les CLSC, et approuver les cas d'urgence.»

Ma philosophie

«Il faut avoir de la persévérance et de la motivation, explique Nathalie. On doit croire en ce qu'on fait et être passionné par son projet.» Et puis, il ne faut pas avoir peur de demander des appuis. «J'ai obtenu de l'aide de Solution travail-autonome, de la Fondation du maire de Montréal, des Services d'aide aux jeunes entrepreneurs (SAJE), du Fonds de lutte contre la pauvreté et du Fonds d'économie sociale.»

▶

▶ FABRICATION ARTISANALE

Photo : Collection personnelle

Vincent Lalonde, président, fromager
et copropriétaire

Âge :	35 ans
Formation :	5ᵉ secondaire et un stage en France pour apprendre à faire des fromages
Entreprise :	Fromagerie du pied-de-vent
Chiffre d'affaires :	Entre 400 000 et 500 000 $
Nombre d'employés :	7

C harmé par la beauté des Îles-de-la-Madeleine, où il habite depuis sept ans, Vincent Lalonde voulait mettre ses particularités en valeur. «Depuis toujours, les Îles produisent une crème au lait cru — à base de lait non pasteurisé — qui est très riche et absolument délicieuse, alors pourquoi pas un fromage!»

Mon entreprise

La Fromagerie du pied-de-vent, qui existe depuis 1998, n'est pas née du jour au lendemain. Tout d'abord, il fal-

lait convaincre le propriétaire de la seule ferme des Îles — aujourd'hui un des actionnaires — de transformer sa ferme de boucherie en ferme laitière, ce qui impliquait l'importation d'un troupeau de vaches. À l'heure actuelle, tout le lait de la ferme est acheté par la fromagerie.

Il fallait aussi rassurer le ministère de l'Environnement, qui s'inquiétait du déversement des quelque 1 000 mètres cubes d'eau usée produits par la fromagerie. «Ils demandaient beaucoup de données. On a dû négocier pour trouver des façons d'obtenir ces renseignements sans dépenser des dizaines de milliers de dollars.»

Ma journée de travail

Responsable de la production et du contrôle de la qualité, Vincent commence sa journée en démoulant les fromages fabriqués la veille et en les mettant en saumure, c'est-à-dire dans une solution d'eau salée pour les préserver. Quand le lait arrive de la ferme, il commence la fabrication des fromages.

Vient ensuite l'affinage (60 jours) pendant lequel la flore (moisissures, bactéries) pousse sur les fromages. «J'examine les fromages tous les deux jours et je change les planches sur lesquelles ils sont déposés. Comme certaines moisissures poussent à l'air, il faut retourner les fromages pour que cette étape s'effectue également des deux côtés.» Après 45 jours, ceux-ci sont emballés. «L'emballage ralentit l'affinage extérieur, forçant ce processus à agir vers l'intérieur du fromage.» Le produit étant encore à une étape d'élaboration, Vincent laisse souvent ses employés accomplir cette tâche et appelle les détaillants pour avoir leurs commentaires.

Ma philosophie

La philosophie d'entrepreneur de Vincent est simple : il faut avoir la tête dure, croire en ce qu'on fait et apporter quelque chose de nouveau et d'intéressant. «Je crois qu'il faut produire quelque chose de tangible. Les créateurs de Pokémon, par exemple, gagnent beaucoup d'argent, mais je trouve qu'ils n'apportent rien à la société. En tant qu'entrepreneur, j'ai décidé de me donner une certaine vision sociale. Si on doit perdre un dollar pour aider la communauté, et bien ça vaut la peine.» ■

Des ressources à connaître

Les organismes d'aide à l'entrepreneurship et au lancement d'entreprise sont nombreux et offrent des services variés. En voici quelques-uns, ainsi qu'une liste de sites Internet utiles.

• Services d'aide aux jeunes entrepreneurs (SAJE)
(819) 868-7253 ou www.saje.qc.ca

La centaine de SAJE à travers le Québec sont voués au lancement d'entreprise et à la promotion de l'entrepreneurship chez les 18-35 ans. Ils offrent de l'aide pour élaborer un plan d'affaires ou rechercher des sources de financement et font le suivi auprès des entreprises une fois qu'elles sont créées. Consultez leur site pour obtenir le répertoire des entrepreneurs ou des liens vers une centaine d'organismes voués à l'entrepreneurship.

• Info entrepreneurs
1 800 322-INFO ou infoentrepreneurs.org

Service d'orientation complet vers l'information gouvernementale reliée aux affaires et d'intérêt pour les entrepreneurs à toutes les phases d'évolution de leur projet d'entreprise. Les employés se chargent de cerner les besoins d'information des entrepreneurs et d'y répondre. Consultez l'info-guide Démarrage d'une entreprise au Québec : sources d'aide financière et technique.

• Centre d'entrepreneurship HÉC-Poly-U de M
(514) 340-5693 ou www.hec.ca/entrepreneurship/

Vous êtes étudiant, diplômé, professeur ou employé de l'École des hautes études commerciales, de l'École polytechnique ou de l'Université de Montréal? Vous voulez créer une entreprise? Ce centre vous offre des ateliers de formation, un centre de documentation et les services de conseillers. Moyennant une cotisation annuelle de 20 $ pour les étudiants à temps plein et de 50 $ pour les autres, vous pouvez accéder aux bureaux complets du Club entrepreneur HELYUM, tout en bâtissant un réseau de contacts.

• Centre d'entreprises et d'innovation de Montréal (CEIM)
(514) 866-0575 ou www.ceim.org

Situé au cœur de la Cité du multimédia à Montréal, le CEIM s'adresse particulièrement aux entreprises qui veulent commercialiser un produit ou un service innovateur.

• Le Réseau canadien de technologie (RCT)
rct.nrc.ca

Le RCT est un regroupement d'organismes offrant une gamme complète de services en vue d'aider à gérer les projets de nature technologique.

• Chambre de commerce du Montréal métropolitain (CCMM)
(514) 871-4000 ou www.ccmm.qc.ca/

Moyennant une certaine cotisation, les membres de la CCMM ont accès à une variété de services et de rabais de groupe. Consultez le site pour avoir une liste de sites Internet pratiques pour les entrepreneurs.

• Fondation du maire de Montréal pour la jeunesse
(514) 872-8401 ou www.ville.montreal.qc.ca/fondation

La Fondation du maire de Montréal pour la jeunesse apporte aux jeunes à faible revenu un soutien financier pour le lancement de leur entreprise ainsi qu'un soutien technique à long terme.

• Centre d'entrepreneurship technologique
(514) 396-8827 ou www.etsmtl.ca/centech/

Organisme de sensibilisation à l'entrepreneurship technologique et de soutien à l'intention des finissants et des jeunes diplômés de l'École de technologie supérieure.

• Institut d'entrepreneuriat de l'Université de Sherbrooke
(819) 821-8000, poste 3316 ou www.usherb.ca/ADM/autres/ient/

L'Institut a pour mission de développer le potentiel entrepreneurial des étudiants de l'Université de Sherbrooke. Il offre des cours, organise des activités, comme les «Journées Partir en affaires» ou la «Quinzaine de l'entrepreneurship et du travail autonome».

Des adresses Internet utiles
• ENTERWeb
www.enterweb.org

Véritable mine d'information pour les entrepreneurs, ENTERWeb répertorie les meilleurs sites offrant des renseignements sur la finance, la technologie et le transfert

▶

Entrepreneurship

▶ technologique, la formation et les services d'appui conseil, le développement de l'entrepreneurship et les incubateurs d'entreprises, le développement économique, etc.

• **Le Service d'information et de référence pour le lancement d'entreprise de Communication-Québec**
www.comm-qc.gouv.qc.ca
Offre de l'aide aux futurs entrepreneurs dans leurs démarches et une banque de renseignements qui contient des dossiers sur le lancement d'entreprise.

Consultez le guide de 92 pages intitulé *Fonder une entreprise*.

• **Ministère de l'Industrie et du Commerce**
www.mic.gouv.qc.ca/entrep/demarrage.html
Consultez un plan détaillé des étapes à suivre pour créer une entreprise et rédiger un plan d'affaires.

• **Réseau d'information jeunesse du Canada**
207.61.100.12/selfemp_f.shtml
Le volet Entrepreneuriat vous montre comment créer votre propre entreprise, étape par étape. ■

Des programmes et des activités sur mesure

Vous voulez acquérir des aptitudes en entrepreneurship ou parfaire celles que vous avez? Voici une liste des programmes offerts par les trois niveaux d'enseignement, ainsi que certaines activités que proposent divers organismes.

Programmes :
• Au secondaire, plusieurs commissions scolaires offrent l'attestation d'études professionnelles (ASP) intitulée «Lancement d'une entreprise». Consultez votre commission scolaire régionale (voir notre répertoire en page 416).
• Au collégial, de nombreux cégeps et collèges offrent une attestation d'études collégiales (AEC) en démarrage d'entreprise. Consultez votre établissement régional (voir notre répertoire en page 416).
• À l'université :
 - Baccalauréat en administration des affaires, option management avec profil gestionnaire ou entrepreneur ou option entrepreneurship (dans la plupart des universités offrant le BAA);
 - Attestation d'études universitaires en entrepreneuriat (Université du Québec à Trois-Rivières, Télé-université);
 - Certificat en entrepreneurship et développement économique (Université du Québec à Rimouski);
 - Programme court de deuxième cycle en développement d'entreprise (Université du Québec à Montréal);
 - Mineure en *Entrepreneurship and Small Business Management* (Université Concordia);
 - B.Comm., cours en *Management of New Enterprises; Management of Small Enterprises; Technological Entrepreneurship* (Université McGill);
 - Baccalauréat en sciences commerciales, option gestion entrepreneuriale (Université d'Ottawa).
D'autres établissements peuvent aussi offrir des programmes pertinents non répertoriés ici. Pour en savoir plus, consultez les établissements universitaires (voir notre répertoire en page 416).

Activités :

• **Programme Mini-Entreprises**
Organisée par Les Jeunes Entreprises du Québec, cette activité parascolaire offre aux élèves du 5e secondaire et du cégep la possibilité de lancer et d'exploiter une entreprise à raison d'un soir par semaine, durant 25 semaines. Guidés par une équipe de deux à quatre conseillers bénévoles, ils apprennent, entre autres, à établir les objectifs de l'entreprise; à constituer une société et à en assumer la capitalisation; à fabriquer et à mettre en marché un produit ou un service et à tenir les livres comptables informatisés.
Pour en savoir plus : (514) 285-8944 ou www.jeq.org

• **L'Association des clubs d'entrepreneurs étudiants (ACEE) du Québec**
Organisme qui cherche à sensibiliser les jeunes à l'entrepreneuriat. Les 42 clubs répartis dans les cégeps et les universités au Québec invitent des entrepreneurs pour parler de différents sujets d'intérêt; on organise des visites d'entreprises en compagnie de l'entrepreneur et des stages en milieu de travail.
Pour en savoir plus : (819) 478-4671 poste 328 ou www.acee.qc.ca

• **Fondation de l'entrepreneurship**
Vous voulez participer au débat sur l'avenir de l'entrepreneurship? Sous le thème «Mêlez-vous donc de vos affaires», la Fondation vous invite à donner votre opinion sur la façon dont on devrait sensibiliser les jeunes à l'entrepreneurship, sur les formes de soutien offertes à ceux qui veulent créer une entreprise et sur les mesures à prendre pour favoriser la survie des entreprises nouvellement établies.
Pour en savoir plus : www.entrepreneurship.qc.ca

Des concours à connaître

Participer à un concours est une bonne façon d'aller chercher du financement ou du prestige. Comme la plupart des concours demandent d'élaborer un plan d'affaires, ils permettent aussi de raffiner le projet qu'on veut présenter. En voici quelques-uns.

• **Concours québécois Entrepreneur-e à tout âge**
Organisé par le réseau de l'éducation et ses partenaires pour promouvoir l'esprit d'entrepreneurship et la création d'entreprises au Québec. Les élèves et les étudiants des trois niveaux d'enseignement qui ont réalisé des projets faisant appel à leurs habiletés d'entrepreneur au cours des deux dernières années peuvent s'inscrire au volet «Initiatives entrepreneuriales». Les adultes qui veulent se lancer en affaires ou les nouveaux propriétaires d'entreprise peuvent s'inscrire au volet «Création d'entreprise».
Bourses : entre 300 $ et 15 000 $
Date limite d'inscription : 31 mars 2000
Pour en savoir plus :
(418) 644-4255 ou inforoutefpt.org/concours/

• **Bourse jeunesse Raymond Blais**
Octroyée par la Fondation Desjardins pour apporter une aide financière à des jeunes de 18 à 30 ans, résidant au Québec, qui ont besoin d'appui pour soutenir une jeune entreprise déjà créée ou en création.
Bourses : 20 bourses de 1 000 $
Date limite d'inscription : 30 novembre 2000
Pour en savoir plus :
1 800 443-8611 ou www.desjardins.com, cliquez sur Le Mouvement > Engagement social > Communauté > Les bourses.

• **Bourse Desjardins - Jeunes Entrepreneurs**
Octroyée par la Fondation Desjardins pour reconnaître la créativité et l'entrepreneurship des jeunes, et stimuler la création d'emplois. Sont admissibles : les entreprises mises sur pied ou prises en charge et dirigées par des jeunes de 18 à 35 ans; ayant plus de deux ans et moins de cinq ans d'existence l'année de la demande; ayant bénéficié de l'aide financière d'une caisse populaire ou d'une caisse d'économie, ou encore de l'appui technique de l'une ou de l'autre.
Bourse : 10 000 $ et des mentions pour un total de 7 500 $
Date limite d'inscription : janvier de chaque année
Pour en savoir plus :
1 800 443-8611 ou www.desjardins.com, cliquez sur Le Mouvement > Engagement social > Communauté > Les bourses.

• **Gala des Forces AVENIR**
Pour les étudiants à temps plein de premier cycle universitaire, âgés d'au plus 35 ans. Ce concours vise à reconnaître et à promouvoir l'initiative, le dynamisme et l'entrepreneurship d'étudiants qui se sont illustrés, individuellement ou en groupe.
Bourses : Projets AVENIR : 7 000 $;
AVENIR par excellence : 20 000 $
Date limite d'inscription : avril 2000
Pour en savoir plus :
Consultez le service aux étudiants de votre université
www.forcesavenir.qc.ca/

• **Fondation du maire de Montréal pour la jeunesse**
Permet à des jeunes de 18 à 35 ans, ayant un faible revenu, de réaliser un projet d'entreprise grâce à l'octroi de bourses à titre de mise de fonds initiale. Vous devez lancer votre entreprise l'année suivant la demande ou être lancé en affaires depuis moins de trois mois. Votre entreprise doit demeurer active à Montréal pendant au moins deux ans.
Bourse : jusqu'à 20 000 $
Date limite d'inscription : derniers jours ouvrables de janvier, de mai et de septembre
Pour en savoir plus :
(514) 872-8401 ou www.ville.montreal.qc.ca/fondation

• **Prix aux jeunes entrepreneurs de la BDC**
Octroyé par la Banque de développement du Canada pour reconnaître et souligner le talent des entrepreneurs de 30 ans ou moins de tous les coins du pays. Les lauréats sont reconnus à l'échelle nationale et jumelés pendant un an à une personnalité du monde des affaires.
Date limite d'inscription : juin 2000
Pour en savoir plus :
www.bdc.ca/bdc/home/francais/Default.asp

• **Concours De l'idée au projet**
Organisé par le Centre d'entrepreneurship HÉC-Poly-U de M, ce concours permet aux étudiants de l'École des hautes études commerciales, de l'École polytechnique ou de l'Université de Montréal de faire valoir leurs idées novatrices dans les domaines commercial, social, technologique et scientifique.
Bourse : jusqu'à 10 000 $
Date limite d'inscription : 11 février 2000
Pour en savoir plus :
(514) 340-5693 ou
www.hec.ca/entrepreneurship/ ■

Entrepreneurship

Autoévaluation

FONDATION DE
l'entrepreneurship
20e anniversaire

Avez-vous le profil entrepreneurial?

L'Instrument de sensibilisation sur vos caractéristiques entrepreneuriales (ISCE) sert à mesurer votre potentiel entrepreneurial; il faut y répondre en toute bonne foi. Il ne comporte ni bonnes ni mauvaises réponses, c'est votre perception qui compte. Le résultat obtenu est comparé avec celui des entrepreneurs et celui de la population en général.

Il importe que vous répondiez à tous les énoncés sans exception. Soyez franc et spontané en indiquant votre degré d'accord avec chaque énoncé. L'ISCE est calibré pour la spontanéité et vos résultats pourraient ne pas vous représenter si vous prenez beaucoup de temps à analyser vos réponses. De 5 à 10 minutes suffisent pour compléter le questionnaire. ATTENTION : votre résultat pourrait être non valide si vous tentez de projeter une image trop favorable ou trop défavorable de vous-même!

Répondez aux 47 questions qui correspondent à votre degré d'accord selon l'échelle suivante :

Totalement en accord = **A**   Plutôt en accord = **B**

Plutôt en désaccord = **C**   Totalement en désaccord = **D**

Ce questionnaire a été conçu et réalisé par M. Yvon Gasse, auteur des Éditions de la Fondation de l'entrepreneurship.

Questionnaire

Définition des réponses	Totalement en accord A	Plutôt en accord B	Plutôt en désaccord C	Totalement en désaccord D	Réponse ▼
1 Quand j'entreprends un projet personnel, même s'il est difficile, je vais toujours jusqu'au bout.					☐ ___
2 J'exprime toujours mes opinions avec assurance.					☐ ___
3 Je ne crains jamais de travailler de longues heures sans interruption.					☐ ___
4 J'aime influencer les autres et les amener à faire ce que je veux qu'ils fassent.					☐ ___
5 Un travail où l'on doit prendre des décisions rapides me convient.					☐ ___
6 J'aime mieux prendre moins de responsabilités afin de m'assurer d'être à la hauteur de ce que l'on me confie.					☐ ___
7 Je ne me suis jamais plaint des services gouvernementaux.					☐ ___
8 Je vois de multiples occasions d'affaires dans les événements qui surviennent.					☐ ___

Définition des réponses	Totalement en accord A	Plutôt en accord B	Plutôt en désaccord C	Totalement en désaccord D	Réponse ▼

9 Je trouve plus efficace de considérer plusieurs choix à la fois quand je résous un problème. ☐ ____

10 J'aime être le patron. ☐ ____

11 La compétition me stimule à être plus efficace. ☐ ____

12 Je m'adapte facilement à des changements importants. ☐ ____

13 Je me sens à la hauteur quand je dois prendre la parole devant un groupe. ☐ ____

14 Je suis parfois découragé devant les difficultés. ☐ ____

15 J'ai un talent de motivateur. ☐ ____

16 Je ne m'énerve jamais devant les difficultés d'un nouveau travail. ☐ ____

17 Il me vient toujours des idées originales pour créer toutes sortes de choses. ☐ ____

18 Je suis toujours persuadé de réussir tout ce que j'entreprends. ☐ ____

19 Je n'aime pas les situations où je dois respecter les conventions. ☐ ____

20 J'ai besoin d'accomplir des choses difficiles pour être satisfait de moi. ☐ ____

21 Je ne m'inquiète jamais de mon apparence physique. ☐ ____

22 Je ne me sens bien qu'au cœur de l'action. ☐ ____

23 Je sais tirer profit des circonstances. ☐ ____

24 Je me sens toujours à l'aise devant les personnes en autorité. ☐ ____

25 Pour réussir, l'entrepreneur doit être capable de créer des changements dans la structure même de son entreprise. ☐ ____

26 La concurrence oblige les entreprises à être plus efficaces. ☐ ____

27 Je me sens à l'aise quand je prends des décisions, même si elles peuvent affecter les autres. ☐ ____

28 Il m'est déjà arrivé de souhaiter du mal à certaines personnes. ☐ ____

29 J'établis rapidement des contacts avec les bonnes personnes pour m'aider dans des projets. ☐ ____ ▶

Entrepreneurship

Définition des réponses	Totalement en accord **A**	Plutôt en accord **B**	Plutôt en désaccord **C**	Totalement en désaccord **D**	Réponse

▶ **30** Je discute aisément avec des dirigeants lorsque je ne suis pas d'accord avec eux sur leurs décisions.

31 Je me conforme facilement aux directives que je reçois.

32 J'ai toujours des idées nouvelles qui emballent tout le monde.

33 J'aime beaucoup diriger les groupes de travail.

34 Pour être efficace, j'ai besoin qu'on me laisse une bonne marge de manœuvre.

35 Lorsqu'on me fait des reproches, cela ne m'atteint jamais.

36 Je m'efforce toujours de connaître les nouveautés dans mon champ d'activité.

37 Je me perçois comme une personne ayant beaucoup plus d'énergie que la plupart des gens.

38 Je suis souvent le premier à essayer les nouveaux produits qui sortent sur le marché.

39 Quand j'ai une tâche importante à accomplir, les obstacles ne m'arrêtent pas.

40 Je suis habile à dénouer des situations très complexes.

41 Je fréquente les salons et les expositions commerciales.

42 Je bavarde parfois dans le dos des gens.

43 Je préfère les activités où je n'ai pas à suivre de directives préétablies.

44 On pourrait dire que j'ai une vision toujours très positive des choses.

45 J'imagine sans cesse d'autres méthodes pour mieux faire mon travail.

46 Je suis plus productif quand le niveau de stress est élevé.

47 J'aime m'intégrer à des groupes pour y faire des rencontres amicales.

Total : ____

Clé de calcul

1re étape

Pour les énoncés 6, 14, 28, 31 et 42,
inscrivez (dans les colonnes prévues
sur les feuilles de réponses) :

1 point pour la réponse «Totalement en accord»;
2 points pour la réponse «Plutôt en accord»;
3 points pour la réponse «Plutôt en désaccord»;
4 points pour la réponse «Totalement en désaccord».

2e étape

Pour **tous les autres énoncés,**
inscrivez (dans les colonnes prévues
sur les feuilles de réponses) :

4 points pour la réponse «Totalement en accord»;
3 points pour la réponse «Plutôt en accord»;
2 points pour la réponse «Plutôt en désaccord»;
1 point pour la réponse «Totalement en désaccord».

3e étape

Additionnez les points de tous les énoncés (sauf les
énoncés 7, 14, 21, 28, 35 et 42 servant à valider votre
profil - voir la 4e étape et la section Validité du profil)
et inscrivez votre résultat brut dans le profil.

4e étape

Les résultats pourraient ne pas vous représenter si vous
n'avez pas donné une réponse franche et spontanée à
chacun des énoncés. Pour vérifier la validité de votre
profil, faites le total des points obtenus aux énoncés :

7   14   21   28   35   42

Le profil est considéré comme valide si ce résultat
est compris entre 11 et 17 inclusivement.

Validité du profil

Certains énoncés permettent de révéler jusqu'à quel point une personne se laisse tenter par le besoin de plaire ou
qu'elle a tendance à se déprécier. Ce regroupement d'énoncés permet de valider, en quelque sorte, le profil.

Un résultat trop élevé (>17) peut signifier soit que vous avez tenté d'analyser les énoncés, soit que vous avez voulu vous
montrer sous un meilleur jour, soit que vous aviez tendance à être d'accord avec tous les énoncés, soit que vous avez
essayé de réaliser une bonne performance alors que ce n'est pas le but de l'instrument. Un résultat trop faible (<11)
peut indiquer que vous avez tendance à vous critiquer sévèrement ou à avoir une faible estime de vous-même.

Si le résultat se situe entre 11 et 17 inclusivement, votre profil est considéré comme valide.

Dans le cas des résultats trop faibles ou trop élevés, la personne désignée pour interpréter les profils peut choisir
de ne pas les interpréter. Si elle doit quand même fournir un compte rendu au candidat, elle le fera avec plus de
retenue et gardera en tête que le profil ne le représente peut-être pas vraiment sur le plan des caractéristiques
entrepreneuriales.

Interprétation des résultats

157 et plus

Votre résultat est plus élevé que la moyenne des entrepreneur(e)s. Vous possédez des caractéristiques entrepreneuriales, dont certaines sont très marquées. Peut-être devriez-vous en tempérer les effets pour vous ajuster de
façon plus réaliste aux besoins d'un projet concret.

Entre 136 et 156

Vous possédez des caractéristiques semblables à celles des entrepreneur(e)s. Vous devriez songer à créer votre
propre emploi (si ce n'est pas déjà fait) et, par la même occasion, celui d'autres personnes. Il semble que cette
orientation professionnelle correspond bien à vos caractéristiques personnelles.

Entre 126 et 135

Vous êtes situé(e) dans une section où se trouvent des entrepreneur(e)s et des gens de la population en général.
Vous possédez donc certaines caractéristiques entrepreneuriales, mais si vous désirez lancer une entreprise, il vous
faudra modifier certains comportements et attitudes.

▶

73

▶ **Entre 101 et 125**

Vous vous rapprochez plus de la population en général que des entrepreneur(e)s. Si vous désirez lancer votre entreprise, il faudrait peut-être songer à vous associer avec une personne dont les compétences seraient complémentaires aux vôtres.

100 et moins

La création d'une entreprise semble moins correspondre à vos intérêts, attitudes et motivations. Si vous désirez tenter l'aventure, il vous faudra être sensibilisé(e) aux contraintes et exigences de cette carrière.

Précisions

Le total de l'ISCE est obtenu par l'ensemble des énoncés qui mesurent plus particulièrement des caractéristiques entrepreneuriales telles que la confiance en soi, la tolérance au stress, le besoin d'autonomie, l'intérêt pour l'innovation, le comportement relié à l'action et le besoin de pouvoir. D'autres caractéristiques entrepreneuriales contribuent aussi au total de façon importante : l'énergie, la persévérance, la recherche de l'information, la vision positive de la concurrence et l'aptitude à la conceptualisation. Viennent enfin des éléments tels que le besoin d'accomplissement, le goût de l'action et des responsabilités, l'acceptation du changement et l'aptitude au leadership qui sont présents sans toutefois participer au total autant que les caractéristiques ci-haut mentionnées.

Le résultat fournit donc un indice global de votre orientation entrepreneuriale. Ce résultat est interprété par rapport aux entrepreneurs et par rapport à la population en général. Vous pouvez d'abord constater si votre résultat sur le profil se situe à l'intérieur ou au-dessus de la zone de variation des résultats des entrepreneurs, ou bien à l'intérieur ou en dessous de la zone de variation des résultats de la population en général. Cela vous indiquera à quel groupe vous vous comparez le plus en ce qui a trait aux caractéristiques entrepreneuriales.

Si votre résultat se situe à l'intérieur de la zone de variation des résultats des entrepreneurs (entre 126 et 150) ou si vous vous rapprochez de leur moyenne, vous montrez probablement des caractéristiques semblables à celles des entrepreneurs.

Si votre résultat se situe à l'intérieur de la zone de variation des résultats de la population en général (entre 100 et 125) ou si vous vous rapprochez de sa moyenne, vous ressemblez davantage à la population en général en ce qui a trait aux caractéristiques entrepreneuriales.

Si votre résultat dépasse la zone supérieure des résultats des entrepreneurs (entre 151 et plus), vous présentez probablement des caractéristiques semblables à celles des entrepreneurs, mais aussi des éléments plus dominants dont vous devriez tempérer les effets de façon à mieux vous ajuster aux besoins d'un projet entrepreneurial.

Finalement, si votre résultat est en dessous de la zone inférieure des résultats de la population en général (99 et moins), vous vous éloignez des caractéristiques entrepreneuriales mesurées dans l'ISCE et vous ressemblez moins aux entrepreneurs et à la population en général sur le plan de ces caractéristiques.

Le résultat obtenu ne constitue toutefois pas une mesure directe du degré de réussite qui peut être atteint dans un projet entrepreneurial. Il est plutôt une mesure des réponses à un ensemble d'énoncés qui ont démontré une discrimination entre un groupe d'entrepreneurs et un autre groupe identifié à la population en général. La façon de répondre d'une personne et sa situation bien particulière peuvent varier dans le temps et influencer son résultat. ■

Pour toute information supplémentaire, s'adresser à :

Fondation de l'entrepreneurship :   160, 76ᵉ rue Est, bureau 250, Charlesbourg (Québec)   G1H 7H6
Téléphone : (418) 646-5400   Télécopieur : (418) 646-2246

INTERNET ET VOTRE CARRIÈRE

le grand vir@ge

Dossier rédigé par Mario Dubois

Au cours des dernières années,
le développement des technologies
a généré des services en ligne permettant
de préparer soi-même son avenir avec plus
de chances de réussite qu'auparavant.

Ce grand virage a vu apparaître une panoplie
de sites abordant une multitude de facettes
de la formation et de l'emploi depuis
le primaire jusqu'à la prise de retraite.
On parle de recrutement, de placement, ▶

76

d'auto-orientation, d'exploration de carrières, de mentorat, de visites virtuelles de métiers et d'entreprises, de tests de compétences, de marketing de postes, de consultation à la carte…

Selon la banque d'affaires Thomas Weisel Partners, la moitié des emplois seront trouvés sur l'inforoute dans 10 ans. «Il est très clair que la plupart des *jobs*, en ce qui concerne les nouvelles comme les

Photo : PPM

MICHEL CARTIER

«IL EST TRÈS CLAIR QUE LA PLUPART DES *JOBS*, EN CE QUI CONCERNE LES NOUVELLES COMME LES VIEILLES PROFESSIONS, SERONT OBTENUS GRÂCE À INTERNET.»

vieilles professions, seront obtenus grâce à Internet», renchérit Michel Cartier, professeur au département de communication à l'UQAM et auteur du livre *2005 : la nouvelle société du savoir et son économie.*

Gérer ou planifier sa carrière arrive au troisième rang parmi les motivations poussant les individus à aller dans le Net, selon un sondage maison réalisé par le magazine en ligne *ZDNet*. Environ 52 % des internautes québécois affichent cette préférence, montre un sondage du Centre francophone de recherche en informatisation des organisations (CEFRIO) datant de novembre 1998. «L'information sur les programmes et les débouchés est disponible dans les réseaux. Le spécialiste en orientation est appelé à jouer son véritable rôle de conseiller dans la prise de décision des gens», lance Bruno Carpentier, coordonnateur de l'Inforoute FPT du Québec.

Des observateurs optimistes évaluent à près de deux cents millions le nombre de personnes surfant dans Internet aujourd'hui. «Elles seront trois fois plus nombreuses dans cinq ans…», avance Michel Cartier. C'est un média procurant une visibilité locale, régionale, nationale et planétaire. On dit que 85 % des emplois sont cachés de nos jours. Le vôtre se trouve peut-être dans le Net? Pourvu que vous y soyez actif et que vous ayez privilégié un champ d'études approprié… @

Chercher la perle r@re

Internet est en train de détrôner les méthodes traditionnelles de recherche d'emploi et de sélection du personnel. C'est la tendance non seulement dans le secteur des technologies de pointe au Canada, mais également dans un nombre croissant de disciplines. Une véritable vague de fond semble se dessiner avant même que le Web ne fasse partie des meubles dans la majorité des foyers canadiens.

Internet devient graduellement un canal privilégié dans le domaine de la recherche d'emploi, laisse entendre une enquête menée par Computer Economics. À l'heure actuelle, il y aurait environ 4,5 millions de curriculum vitæ (dont 500 000 au Canada) affichés dans les 300 sites de placement électronique. Leur nombre était évalué à 25 000 seulement voilà six ans!

En 1994, The Monster Board — le 454e site enregistré sur le WWW — a défini le genre en matière de recherche d'emplois et de recrutement dans Internet. Il était d'abord consacré à l'affichage de postes et de curriculum vitæ. «On a perçu rapidement les avantages de rejoindre les chercheurs d'emploi passifs. Ce sont des gens expérimentés, qui ont un emploi, mais qui ne pourraient refuser le poste idéal leur permettant d'améliorer leur situation», explique Gabriel Bouchard, vice-président et directeur général de Monster.ca - le site de carrière le plus achalandé et connu au Canada et dans le monde. En effet, les visiteurs de Monster.ca ont accès 24 heures sur 24 et sept jours sur sept à une méga-banque de postes (260 000), gratuitement et en toute confidentialité. De leur côté, les entreprises puisent dans un réservoir contenant quelque 150 000 CV au Canada et plus de deux millions dans le monde, moyennant certains frais.

La révolution

Considérés au début principalement comme des courroies de transmission, les sites d'emploi au pays, qu'ils soient généralistes ou spécialistes, ont joué un rôle de «traits d'union» plus actif.

L'agent de recherche virtuel, par exemple, a fait son apparition aux alentours de 1997, au moment où les échanges commerciaux numériques (intranet et extranet) s'installaient dans les mœurs et que le monde des affaires saisissait les retombées du commerce électronique. Cette innovation informatique permet à l'internaute de décrire le poste idéal pour lui et d'enregistrer ensuite cette description dans un site d'appariement d'emploi. Dès qu'un employeur offre un emploi correspondant aux aspirations du postulant, ce dernier reçoit un message électronique. Il renferme les renseignements liés au poste et les coordonnées de la personne-ressource. Le candidat postule en ligne : plus besoin de se déplacer dans un centre d'emploi, de mettre son CV à la poste ou d'aller se présenter chez l'employeur, ou encore de «pitonner» tous les jours dans les sites de recrutement.

On s'attend à ce que le postulant n'ait bientôt plus à consulter l'écran cathodique à tout moment. Avec l'intégration des grands réseaux de télécommunication, les chercheurs d'emploi — et les gens d'affaires — recevront leurs renseignements sur un ordinateur de poche (Palm Pilot) ou sur l'écran de leur téléphone cellulaire dans l'espoir de gagner la course à la meilleure affaire, peu importe où sur la planète. Cela vaut autant pour l'emploi. Beaucoup de personnes ont déjà adopté cet appareil aux États-Unis, comme elles ont adopté les téléavertisseurs chez nous.

Faciliter l'embauche

En 1999, Monster.ca a introduit l'automatisation du processus de sélection des candidats permettant aux employeurs de sélectionner rapidement les meilleurs candidats sans avoir à lire des centaines de CV comme c'est souvent le cas à la suite d'un appel de candidatures. Ce système propose à l'employeur d'établir cinq critères correspondant aux qualifications et aux habiletés nécessaires pour l'exercice du métier ou de la profession. Les aspirants au poste répondent à chacun des segments, lesquels sont notés suivant leur importance relative. Les curriculum vitae ainsi que la note obtenue sont ensuite acheminés par courriel au recruteur, qui prend contact ensuite avec les candidats capables de répondre le plus adéquatement aux besoins de l'entreprise. Il y a un gain de productivité : au lieu de gérer du papier, le service des ressources humaines passe davantage de temps à évaluer chaque recrue.

Cette pratique a permis de rationaliser la gestion des dossiers électroniques des entreprises, d'en accélérer le traitement optimal et de favoriser la mise à jour des banques de CV par les internautes eux-mêmes. En effet, ces derniers peuvent maintenant mettre à jour régulièrement leur CV en utilisant un code d'accès et un mot de passe. La procédure limite l'envoi de documents multiples et la perte de

temps. «On est en train de repenser l'organisation de l'information des curriculum vitæ. Un nombre grandissant de gestionnaires délaisseront la formule descriptive de l'itinéraire d'un individu (CV traditionnel) en faveur d'un profil cernant les compétences et la personnalité que l'on obtiendra en demandant au candidat de répondre à toute une série de questions», indique Gabriel Bouchard.

Permettant d'économiser plus d'argent et de combler rapidement des postes, l'entrevue de sélection à l'aide de la vidéophonie (l'employeur et le futur employé discutent entre eux à distance devant les ordinateurs munis chacun d'une caméra) devrait se répandre au début de la prochaine décennie. On pourrait aussi faire passer des tests de présélection en ligne, négocier certaines clauses de contrat de travail durant les séances de bavardage privées, etc. Imaginez les gains en ce qui a trait aux déplacements d'affaires si la perle rare convoitée pour l'expansion d'un groupe industriel québécois vivait en Russie! «Tout comme l'économie, le recrutement se mondialise», fait remarquer le vice-président et directeur général de Monster.ca.

Des besoins à l'horizon

Puisqu'on prévoit un manque de travailleurs spécialisés au Québec lié à la décroissance démographique et au départ massif des *baby-boomers* à la retraite d'ici les 10 prochaines années, les entreprises n'ont pas le choix d'adopter des méthodes de recherche et de sélection du personnel plus proactives. «Selon nous, la notion d'affichage de postes va perdre beaucoup d'adeptes, affirme Gabriel Bouchard. Beaucoup d'organisations se constituent des banques de CV électroniques privées. Elles feront appel à des banques de CV complémentaires comme la nôtre lorsque viendra le temps de combler des besoins pressants et plus pointus.»

La rareté des ressources prévue dans certains secteurs est en train d'inverser le rapport de force entre l'offre et la demande au profit des travailleurs de la nouvelle économie. «Depuis trois à quatre ans, un bon nombre d'entre eux jouissent du luxe de choisir le meilleur milieu de travail.» De plus, les finissants d'une quinzaine de programmes en formation universitaire, collégiale et secondaire professionnelle (finance, ingénierie, biotechnologie, technologies de l'information, soudure, mécanique, avionique, etc.) ont vu leur salaire grimper substantiellement dans ce nouveau contexte.

La relève étant une denrée rare, les entreprises sont forcées de séduire davantage cette main-d'œuvre spécialisée. On assiste à la montée du marketing de postes. «Les entreprises doivent "vendre" leur philosophie de gestion, leurs perspectives de développement, les conditions d'exercice et le mode de vie dans leur région», souligne Gabriel Bouchard. Monster.ca, par exemple, prépare à cette fin des portraits d'entreprises, des campagnes de publicité et des sites promotionnels au profit d'employeurs soucieux de leur image.

Au cours des prochaines années, les services à la carte (payants) vont se greffer aux activités gratuites des portails de recrutement. Question de répondre aux besoins particuliers, à la fois des jeunes et des entreprises, nous verrons apparaître (sous forme de liens, *flashs* et bandes-annonces) des firmes de consultants spécialisées dans différents domaines : psychologie industrielle, immigration, évaluation des coûts de déménagement, etc. @

79

Photo : PPM

GABRIEL BOUCHARD

« POUR SÉDUIRE LA MAIN-D'ŒUVRE SPÉCIALISÉE, LES ENTREPRISES DOIVENT ¨VENDRE¨ LEUR PHILOSOPHIE DE GESTION, LEURS PERSPECTIVES DE DÉVELOPPEMENT, LES CONDITIONS D'EXERCICE ET LE MODE DE VIE DANS LEUR RÉGION. »

UNE CARRIÈRE
au bout des doigts

Internet facilite le choix d'une carrière. En effet, ceux qui sont en quête d'informations sur l'école et le marché du travail peuvent désormais explorer virtuellement ces univers pour s'en faire une idée plus juste et, ainsi, prendre une décision éclairée.

La première génération de services d'information et d'orientation scolaire en ligne a commencé avec les Centres d'enrichissement en micro-informatique scolaire (CEMIS). Au milieu des années 1990, le ministère de l'Éducation du Québec a autorisé la mise en valeur des programmes de formation professionnelle et technique dans le Net.

En 1996, le site Inforoute FPT du Québec (www.inforoutefpt.org/) a lancé ses activités à l'intention des jeunes. Les parents, les conseillers d'orientation et les gestionnaires l'ont vite adopté au fil des ans. Par exemple, il est maintenant possible de prendre connaissance du contenu des cours, des préalables, des débouchés ainsi que des établissements où sont dispensées les formations. À l'aide du moteur de recherche, l'utilisateur est en mesure de savoir combien il reste de places dans un programme. «Au lieu de passer des heures à examiner les options dans les livres, le conseiller d'orientation peut davantage centrer ses interventions sur les champs d'intérêt, les besoins et les habiletés du jeune», précise Bruno Carpentier, coordonnateur de l'Inforoute FPT du Québec.

D'ici à la fin de l'an 2000, ce portail éducatif prévoit intégrer des «visites pédagogiques virtuelles». Ainsi, d'un simple clic sur un bouton, l'utilisateur pourra visiter les ateliers de formation comme s'il y était! Voici une mise en situation : à la page d'accueil apparaît la photo d'une école, invitant l'utilisateur à entrer. Dans ces corridors virtuels où des portes donnent sur des classes, celle de la fabrication mécanique attire son attention.

Photo : PPM

BRUNO CARPENTIER

«AU LIEU DE PASSER DES HEURES À EXAMINER LES OPT
DANS LES LIVRES, LE CONSEILLER D'ORIENTATION
DAVANTAGE CENTRER SES INTERVENTIONS SUR LES CH.
D'INTÉRÊT, LES BESOINS ET LES HABILETÉS DU JEU

À l'intérieur, il voit quantité d'objets. Il sélectionne une machine-outil, le tour, et une voix lui explique comment fonctionne l'appareil. Par exemple, il assiste aux opérations de taillage, de laminage et de taraudage d'une pièce métallique. Curieux d'en savoir plus sur le programme, l'utilisateur dirige la souris vers le bureau du professeur en train d'exposer les grandes orientations et le contenu de la matière.

«Nous préparons une douzaine de capsules du genre. Nous comptons couvrir sur cinq ans la sélection des professions offrant les meilleures perspectives d'avenir (voir en page 110)», confie Bruno Carpentier. On envisage d'ajouter de courtes séquences vidéo décrivant les tâches des différents métiers à l'aide d'animations. Et la prochaine étape? On parle d'insérer des «visites pédagogiques de milieux de travail». Par exemple, un élève en mécanique automobile inscrit au régime d'apprentissage en alternance travail-études (ATE) pourrait parcourir le site du fabricant Toyota montrant les apprentis mécanos en action sur la chaîne de production. Ce serait là une façon originale d'inciter l'internaute à trouver un endroit de stage et à amorcer sa recherche d'emploi.

Voir pour croire!

En parallèle, les travaux de la Table régionale de concertation secondaire/collégial de l'île de Montréal ont conduit à la mise en place d'un réseau d'exploration de métiers et de professions dans le site IDclic (idclic.qc.ca), une coréalisation du Collège de Bois-de-Boulogne et

des Éditions Ma Carrière. En mots et en images, les visites virtuelles de 16 programmes de formation professionnelle (DEP) et de 15 programmes techniques (DEC) offerts dans les commissions scolaires et les collèges de l'île de Montréal permettent l'exploration de carrières sous de multiples angles.

Photo : PPM

MADO DESFORGES

«L'OBJECTIF DES VISITES VIRTUELLES EST D'INCITER LE JEUNE, DÈS L'ÂGE DE 12 ANS, À CONCRÉTISER OU À ÉVALUER SON RÊVE DE CARRIÈRE...»

Chaque module comporte une description du métier, suivie du témoignage d'un diplômé en emploi, d'un aperçu des champs d'intérêt nécessaires, des qualités recherchées et de la formation exigée. On aborde en plus les salaires, les taux de placement et les milieux de travail potentiels. «L'objectif est d'inciter le jeune, dès l'âge de 12 ans, à concrétiser ou à évaluer son rêve de carrière. Utilisable à partir de la maison et de l'école, cet outil peut l'encourager à visiter les sites des établissements d'enseignement et ceux des milieux de travail», explique Mado Desforges, consultante et responsable de la mise en œuvre du concept innovateur.

►

► Amenés à circuler sur ces tronçons d'autoroute électronique reliés aux commissions scolaires, aux collèges, aux universités et aux sites d'entreprises, les visiteurs seront un jour en mesure

Photo : PPM

MARIO CHARETTE

«LE CONSEILLER D'ORIENTATION VIRTUEL DONNE UN COUP DE POUCE À CEUX QUI S'INTERROGENT, PAR EXEMPLE SUR LES FORMATIONS, LE MARCHÉ DU TRAVAIL ET LES PERSPECTIVES D'EMPLOI. »

de faire le tour du jardin dans tous les champs d'activité. IDclic propose déjà une visite virtuelle d'entreprise, celle de Bell Helicoper Textron. C'est une formule assez descriptive contenant des textes, des commentaires des employés, des jeux et des photos. Au cours des prochaines années, l'intégration du multimédia (son, animations graphiques) enrichira l'interactivité et l'expérimentation.

«Je suis persuadée que ce type d'approche aura un effet psychologique important sur la jeunesse. Elle préfère voir et entendre comment ça se passe sur le terrain. Cela motive bien du monde à persévérer jusqu'à la fin des études», fait remarquer Mado Desforges.

Des besoins et des services

En 1997, le conseiller d'orientation virtuel a fait une entrée très remarquée dans IDclic. Les utilisateurs sont invités à poser leurs questions au conseiller, qui y répond dans les meilleurs délais. La popularité de ce service a augmenté sans cesse, passant de 550 questions la première année à 2000 en 1999! Un tel service aide les gens à choisir, à se «brancher». «On donne un léger coup de pouce à ceux qui s'interrogent, par exemple sur les formations, le marché du travail, les perspectives d'emploi. Notre mandat est de les informer dans les deux langues (officielles). Nous n'évaluons ni les aptitudes des personnes ni la pertinence des choix de carrière», précise Mario Charette, CO virtuel et responsable du projet.

Pour donner l'heure juste sur la réalité du marché du travail, on a également développé le «cybermentorat» dans IDclic en 1998. Ce projet, à l'origine destiné à sensibiliser les adolescents (âgés de 14 à 17 ans) aux métiers dans le domaine des sciences et des technologies, s'est s'élargi peu à peu à tous les secteurs d'activité. Par courriel, l'utilisateur adresse des questions à un professionnel œuvrant dans son champ d'intérêt. «Les personnes gênées de consulter un conseiller d'orientation (en face-à-face) ont la chance de profiter d'un bagage de connaissances et d'expériences de façon anonyme», souligne Christine Daviault, coordonnatrice du service. On souhaite créer une section féminine, car encore peu de femmes privilégient les carrières techniques et scientifiques. À preuve, 70 % des mentors sont des hommes.

L'addition de services connexes, comme l'accompagnement et la consultation d'un CO en direct, les tests de compétences en ligne, l'autoconfection de programmes de perfectionnement sur mesure et les forums de discussion *ad hoc*, figurent parmi les améliorations envisageables. «Le potentiel de développement est extraordinaire», signale Bernard Lachance, directeur général du Collège de Bois-de-Boulogne. IDclic en propose un avant-goût avec l'apparition de la section Cyberemploi il y a un an. Il s'agit d'une chronique hebdomadaire qui traite des retombées favorables des nouvelles technologies sur le plan de l'emploi. Cette initiative récente fait partie du Bulletin de la nouvelle économie, une section connexe du site actuel.

«L'ensemble des services en ligne mis en place par IDclic et par d'autres organismes ou sites renouvelle de fond en comble la façon de préparer et de gérer sa carrière, fait remarquer François Cartier, président et éditeur des Éditions Ma Carrière. Ces outils vont favoriser la prise en charge, par l'individu, de sa propre démarche d'orientation, et leur utilisation deviendra incontournable pour l'amélioration des connaissances et le développement des compétences du spécialiste de l'orientation et de l'exploration des carrières.»

Les formules du cybermentorat et du conseiller d'orientation virtuel du site IDclic sont appelées à se raffiner au fil des ans. Lorsqu'une somme importante de questions et de réponses typiques aura été amassée et classée, un moteur de recherche pourra accélérer le délai de traitement des demandes. On imagine même des renvois à d'autres sites qui téléchargeraient des renseignements complémentaires sous diverses formes : topos sur les carrières avec liens multiples, vidéos interactives des carrières, visites virtuelles pédagogiques, de lieux de formation et d'entreprise. @

Photo : PPM

BERNARD LACHANCE

À PROPOS D'**ID**CLIC, «LE POTENTIEL DE DÉVELOPPEMENT EST EXTRAORDINAIRE.»

monster.ca

www.monster.ca/

Version canadienne du principal réseau de carrières d'envergure internationale dans Internet, Monster.ca joue les traits d'union entre les employeurs et les chercheurs d'emploi au pays.

Une section intitulée «Mon Monster» permet d'afficher son CV et d'être prévenu des nouvelles offres par un agent de recherche intelligent. Le site comprend également un répertoire d'employeurs et une section «conseils» destinée aux chasseurs d'emploi et aux professionnels du recrutement.

Monster.ca recèle plus d'un quart de million d'offres d'emplois à l'échelle mondiale, des milliers (5000) à l'échelle canadienne, gère la plus grosse banque de curriculum vitæ au pays (150 000 en janvier 2000) et favorise le recrutement en temps réel. Il diffuse aussi bien de l'information sur le marché du travail que sur le développement et la gestion de carrière. Les entreprises bénéficient de différents services, tels que l'affichage, la présélection automatisée, et la rédaction de portraits d'employeurs.

Chaque mois, des centaines de milliers de visiteurs (par ex.: étudiants, chômeurs, personnes en réorientation de carrière, spécialistes en ressources humaines, recruteurs et gens d'affaires) vont «surfer» dans Monster.ca à la recherche de la perle rare ou d'un meilleur emploi.

En plus des outils de recherche d'emploi, l'interface très conviviale présente une gamme de rubriques informatives, éducatives et transactionnelles. En voici un aperçu :

Le début de carrière
debut.monster.ca/

Cette rubrique épouse la même approche que la précédente, mais concerne davantage les étudiants et les nouveaux venus sur le marché du travail ou encore ceux qui cherchent une nouvelle discipline. Il existe beaucoup de liens vers des sites hébergeant des textes propices à la réflexion. On aborde divers thèmes, comme le travail d'équipe.

Les carrières en développement
developpement.monster.ca/

En cliquant sur cette bulle du portail, l'internaute accède à des nouvelles sur l'évolution de différentes professions. Des articles — conservés en archives — donnent des suggestions quant à la manière d'améliorer son profil de chercheur d'emploi, d'enrichir les conditions de travail de la fonction exercée ou de réorienter sa carrière. Plusieurs offres d'emploi apparaissent également sur la page.

Rubrique télétravail
teletravail.monster.ca/

Autre réalité du marché du travail couverte par Monster.ca, le télétravail se situe à l'avant-plan des ressources disponibles dans le Web. Des experts se prononcent sur cette réalité socioéconomique au Canada et dans le monde. Des études sérieuses sont mises à la disposition des lecteurs. Cette page renvoie aussi à un éventail d'articles complémentaires et à des références utiles dans le milieu.

Défis de gestion
gestion.monster.ca/

Devenir plus efficace dans une organisation de travail et mieux s'y intégrer sont des aspects qui préoccupent beaucoup les gestionnaires. Ils trouveront ici des trucs pour atteindre leur objectif. Le style de gestion, le travail en équipe, la boulimie du boulot et beaucoup d'autres sujets sont abordés. Les cadres ont accès à un babillard d'emplois concocté spécialement à leur intention.

Ressources humaines (RH)
rh.monster.ca/

Vous remarquez un changement d'humeur chez un employé? Il arrive souvent en retard, se montre irritable, triste… La section RH indique comment dépister certains problèmes et y remédier. Sur cette page, Les Recruteurs proposent aussi des moyens de dénicher les meilleurs candidats. Il y a un lien qui renvoie à un site canadien consacré aux pratiques des ressources humaines.

International
international.monster.ca/fr/

Si vous souhaitez travailler à l'étranger, peu importe où dans le monde, cette section internationale contient peut-être le poste convoité. Une petite recherche par zones géographiques ouvre une multitude de perspectives intéressantes. Préparez vos valises!

Info emploi
contenu.monster.ca/jobinfo/

Cette rubrique livre des conseils pratiques en vue d'une entrevue. Comment s'adresser à l'employeur au téléphone? Comment gérer le stress? Comment préparer les réponses aux questions possibles?

Une véritable petite trousse de survie… On montre aussi de quelle manière postuler par voie électronique.

85

CV et lettres
contenu.monster.ca/resume/

La première impression est souvent la bonne. Il vaut donc mieux faire une présentation séduisante de ses compétences. Cette page dévoile les clés du succès. La composition et la présentation du CV ont bien changé depuis 10 ans!

Gestion de carrière
contenu.monster.ca/career/

Cette section aide à faire face plus efficacement aux aléas du travail quotidien, aux promotions et aux changements de carrière. Soigner ses relations, savoir évoluer en équipe et s'organiser constituent des atouts majeurs à développer tout au long de sa vie professionnelle.

Saviez-vous que?
Selon Andover Research, 17 % des adultes canadiens à la recherche d'un emploi ont consulté au moins une fois des sites d'appariement d'emploi.

Questionnaires et outils
contenu.monster.ca/tools/

Devriez-vous changer de carrière ou réorienter vos recherches? La présente rubrique vous met sur la piste. Elle fournit quelques éléments de solution. Une boussole précieuse dans les moments de brouillard!

Le coin Ma Carrière
macarriere.monster.ca/

Rattachée au site de Monster.ca, cette page se consacre aux activités des Éditions Ma Carrière, une maison productrice d'ouvrages de grande qualité traitant du travail et de la formation. Elle propose la

▶

BiblioCarrière, sorte de librairie virtuelle recensant toute sa collection de livres. Et l'on peut se les procurer en ligne, très vite! (Voir page 89)

Regards sur l'avenir
`macarriere.monster.ca/regards.stm`

Lisez des extraits d'articles éclairants qui jettent un regard sur les tendances de l'avenir. On y découvre des filons prometteurs parmi les programmes d'études secondaires, collégiaux et universitaires. On peut prendre connaissance des perspectives d'avenir, des taux de placement des diplômés, des atouts nécessaires pour se tailler une place sur le marché du travail, etc.

idclic.qc.ca/

Destiné surtout aux adolescents et aux jeunes adultes, IDclic est le plus important site francophone d'exploration de la carrière au Canada. Il renferme des descriptions de secteurs économiques en croissance, des témoignages de travailleurs et de professionnels. On y trouve des dossiers de presse portant sur l'emploi, des conseils à l'intention des élèves et des chercheurs d'emploi. Cela sans parler du service de cybermentorat, du module d'exploration d'une trentaine de métiers de la formation professionnelle et technique (FPT) à Montréal, des visites virtuelles (par ex. : Bell Helicopter, École polytechnique). Ce document contient plus de 3 000 pages d'information à jour sur le marché du travail et de la formation. Ses principales sections sont : IDzine, les Cybermentors, le CO virtuel et Les statistiques de l'emploi. IDclic reçoit environ 150 000 visites annuelles.

Ce site est une coréalisation du Collège de Bois-de-Boulogne et des Éditions Ma Carrière.

IDzine
`idclic.qc.ca/a_la_une/la_presse/`
`main_idzine.html`

Mettez-vous au fait des retombées des nouvelles technologies sur le marché de l'emploi. Au fil des semaines, découvrez de nouveaux débouchés dans les secteurs des technologies de l'information, des télécommunications et du multimédia. IDzine, le Bulletin de la nouvelle économie, en fait largement écho chaque semaine. Et la chronique hebdomadaire Cyberemploi, aussi publiée chaque samedi dans *La Presse*, explore également les métiers du futur à saveur technologique. Chacun des sujets examinés est archivé.

Voilà deux boules de cristal à consulter à tout prix... gratuitement avant de choisir une carrière comportant de belles perspectives!

Les Cybermentors
`idclic.qc.ca/interactif/cyber/`
`main_cyber.html`

Voici un lieu de rencontre privilégié visant à rapprocher les professionnels des milieux scientifiques et technologiques (principalement) ainsi que les jeunes désireux d'en savoir plus sur le monde du travail. Au moyen du courrier électronique, vous posez des questions aux praticiens œuvrant dans les disciplines de votre choix. Il existe un répertoire d'une cinquantaine de Cybermentors. Avant de prendre contact avec l'un d'eux, un portrait de chacun décrit leurs principales activités. Cette formule, intéressante notamment parce qu'anonyme, permet d'avoir l'heure juste sur la réalité des différents métiers et professions.

Le CO virtuel

`idclic.qc.ca/questions/main_co.html`

Le temps presse. Vous vous posez des questions sur les études, le marché du travail et les perspectives d'emploi? Faites alors signe au conseiller d'orientation virtuel (CO) en ligne. Il détient les réponses! Son nom : Mario Charette. Comment le joindre? Il s'agit de formuler une requête dans la section qui lui est consacrée en indiquant votre statut et le groupe d'âge auquel vous appartenez, sans oublier bien sûr d'inscrire l'adresse électronique de retour. En principe, au bout de 48 heures, vous serez informé sur le sujet par courriel. Toutefois, ce délai n'est pas garanti, en raison de la demande croissante du service. C'est pourquoi il serait préférable de consulter les archives du CO avant de traiter avec lui. Il a peut-être déjà répondu à une interrogation similaire! Lisez donc les sections anglaise et française à cet effet. Le conseiller virtuel signale les formations disponibles, indique les tendances de l'emploi, propose des trucs, des références. Il n'a pas le mandat d'évaluer les aptitudes et les choix de carrière des gens. Le CO ne donne que le petit coup de pouce nécessaire pour poursuivre la réflexion et les démarches personnelles.

Le module d'exploration de la FPT à Montréal

`idclic.qc.ca/interactif/fpt/index.html`

Tronçon interactif du site IDclic, cette section invite les jeunes à découvrir une trentaine de métiers en formation professionnelle (au secondaire) et technique (au collégial) parmi plus de 200 possibilités de carrière sur l'île de Montréal. Ce sont de courts portraits qui résument les tâches d'ouvriers spécialisés et de techniciens que les employeurs recherchent sur le marché du travail. On cite les principaux débouchés et milieux de travail reliés à chaque titre d'emploi. En plus, cette fiche descriptive indique où se donne la formation et quelle est sa durée.

La page d'accueil de la FPT à Montréal explique le cheminement des études menant aux diplômes DEP, ASP ou DEC technique. La liste des écoles, des commissions scolaires de l'île de Montréal et des autres régions québécoises figure dans l'interface. Cela inclut les institutions anglophones. Un autre outil d'orientation fort original!

SAVIEZ-VOUS QUE?

Une enquête de la Commission de la fonction publique du Canada réalisée en 1998 signale que 76 % des étudiants privilégient Internet comme outil de recherche dans la chasse aux emplois disponibles.

Les statistiques de l'emploi

`idclic.collegebdeb.qc.ca/questions/relance/main_relance.html`

Suivez à la trace l'évolution rapide des grandes tendances du marché du travail, chiffres à l'appui! Un système de recherche donne accès à plus de 3 000 données statistiques. Cette compilation porte sur le placement des diplômés dans quelque 640 programmes de formation au sein des réseaux d'enseignement secondaire, collégial et universitaire.

Comment ça marche? Il suffit de taper un mot clé correspondant à votre champ d'intérêt. Vous obtenez alors la liste des programmes d'études, ainsi que des renseignements sur le taux de placement et le salaire moyen de départ. Ce service apporte un éclairage complémentaire pouvant influencer le choix d'une formation ou d'une carrière. Les informations

▶

disponibles sur l'emploi sont tirées des résultats des enquêtes «Relance» en formation professionnelle et technique et *Qu'advient-il des diplômé(e)s universitaires?* menées par le ministère de l'Éducation du Québec.

Inforoute FPT du Québec
www.inforoutefpt.org

Destiné avant tout aux jeunes, le réseau télématique de la formation professionnelle et technique du Québec s'est imposé comme l'un des sites les plus fréquentés au Québec dans le domaine de l'éducation. En 1999, entre 12 000 et 15 000 internautes de tous âges se rendaient dans le site chaque mois. Voilà une démarche pouvant se révéler utile avant de rencontrer un conseiller d'orientation. Les élèves peuvent se renseigner sur les programmes de formation reliés aux métiers qu'ils aimeraient exercer. Question de répondre aux besoins régionaux, des modules plus pointus sont en voie de construction pour l'île de Montréal, la Beauce et Québec. En Montérégie, par exemple, celui de la Commission scolaire des Hautes-Rivières est déjà branché sur le réseau. L'Inforoute FPT est également en lien avec le site du ministère de l'Éducation du Québec.

Programmes professionnels et techniques
inforoutefpt.org/secteurs/secteurs3.htm

En cliquant sur ce bouton du menu FPT, l'internaute a le loisir de passer en revue une vingtaine de secteurs de formation. Chaque icône donne accès à la liste, au contenu et aux préalables des programmes de la formation professionnelle et technique. Si l'usager choisit un cours en particulier, il peut savoir s'il y a des places disponibles, quand et où la formation est dispensée. Si des études supérieures l'intéressent, on le renvoie à des sites d'institutions universitaires. Un répertoire connexe fournit également des adresses Internet pouvant l'aider dans la recherche d'un emploi et la rédaction d'un curriculum vitæ.

La page d'accueil contient d'autres rubriques utiles aux élèves, aux parents, aux professeurs et aux gestionnaires : des ressources pédagogiques, l'annuaire FPT (qui fait quoi à la direction générale de la FPT du ministère de l'Éducation), les dossiers en cours (par ex. : études et enquêtes, plan quinquennal, placement, régime d'apprentissage) et trois forums de discussion. Le Vocational Education Network constitue la portion anglaise du site. Précieux outil!

Ministère de l'Éducation du Québec
www.meq.gouv.qc.ca

Véritable mine de renseignements généraux sur l'ensemble des activités du ministère de l'Éducation du Québec (MÉQ), depuis les services à la petite enfance jusqu'au niveau universitaire. Programmes, politiques, orientations, interventions, études, communiqués de presse, on trouve tout ce qu'il faut savoir dans le domaine de l'éducation. En complément de l'aspect des études, un chapitre est consacré à la dimension des loisirs et des sports dans le réseau. Facile à explorer, ce site donne des points de repère aux visiteurs parfois un peu perdus dans la grande maison du savoir! @

SAVIEZ-VOUS QUE?
Selon un article paru en octobre 1999 dans le journal Les Affaires, *à peine 30 % de la population du Québec a accès à Internet. C'est le plus bas taux au Canada.*

bibliocarriere.monster.ca/

Vous cherchez une carrière à votre mesure? Ou vous désirez mieux orienter votre entourage vers des carrières stimulantes et des débouchés sur le marché du travail? Allez bouquiner dans le Net...

En octobre dernier, la première librairie virtuelle de l'orientation et de la carrière au Canada (français) est née! Elle se trouve dans Monster.ca qui fait partie du réseau global Monster, le plus gros site de gestion de carrière dans Internet au monde. Son nom : BiblioCarrière.

On y trouve une vingtaine de livres, de vidéos et de cédéroms que l'internaute a la possibilité d'acheter en ligne de façon sécuritaire. Au total, quelque 1 150 professions sont abordées. C'est la collection entière des Éditions Ma Carrière, une entreprise montréalaise spécialisée dans la production d'ouvrages de grande qualité traitant du marché du travail et de la formation.

«Si notre service d'appariement d'emploi demeure au centre de nos activités, cette association traduit la première manifestation de notre intention de nous positionner comme le plus important carrefour de la carrière au Québec», souligne Gabriel Bouchard, vice-président et directeur général de Monster.ca au Canada. Pour sa part, ce partenariat vise entre autres à améliorer la richesse du contenu du site et à établir une collaboration avec le réseau de l'enseignement québécois. Il devrait générer également encore plus d'achalandage dans le portail. Cela offre une vitrine commerciale et un réseau de distribution intéressant aux Éditions Ma Carrière. Monster.ca enregistre en effet un million de visites par mois. Plus du tiers du trafic, dont environ 240 000 visiteurs francophones, proviendrait du Québec. «Cela va permettre de tester le potentiel du commerce électronique pour la vente de nos produits dans le plus important site de l'emploi au pays, en plus de nous positionner sur ce marché avant les autres», explique François Cartier, président et éditeur des Éditions Ma Carrière. La BiblioCarrière ne constitue que l'un des services de cette maison d'édition mis en valeur à l'enseigne Le Coin Ma Carrière (macarriere.monster.ca), qui fait l'objet d'une présentation à la page d'accueil de Monster.ca. @

« Quand je serai grand, je ferai des chaînes avec des trombones. »

Et vous, que vouliez-vous faire ?

Si vous cherchez encore le poste de vos rêves, laissez Monster.ca, le site commercial de recrutement dans Internet le plus visité au Canada et au Québec, vous aider grâce à l'outil de gestion de carrière le plus puissant et personnalisé, Mon Monster.

Prenez le contrôle de votre carrière en créant et en stockant en ligne votre curriculum vitæ et vos lettres de présentation, en restant à l'affût de tous les emplois vacants, même quand vous n'êtes pas en ligne, et en demeurant informé du nombre de fois où des employeurs ont accédé à votre curriculum vitæ. Avec plus de 1000 postes affichés au Québec, Monster.ca est vraiment l'outil à utiliser durant toute votre vie professionnelle, de votre premier stage à la présidence.

 **monster.ca**

Un meilleur emploi vous y attend.

Objectif: emploi

Votre objectif est de vous trouver un emploi stable?

Emploi-Québec vous offre des conseils et des moyens pour atteindre votre but.
Par exemple:

- De l'information utile sur le marché du travail et sur les ressources de votre milieu
- Une banque informatisée d'offres d'emploi
- De l'équipement de bureau en libre-service pour préparer, reproduire et envoyer vos demandes d'emploi

Informez-vous!

Région de Québec: **(418) 643-4721**
Ailleurs au Québec: **1 888 643-4721**
Site Internet: **http://mss.gouv.qc.ca**

Québec ✚✚
Emploi-Québec

DES FORMATIONS D'AVENIR

Le génie

c'est de
choisir
la bonne
porte
d'entrée

(poly

LES PROGRAMMES EN GÉNIE

Chimique

Civil

Électrique

Géologique

Industriel

Informatique

Matériaux

Mécanique

Mines

Physique

Notre institution hautement reconnue offre le baccalauréat dans dix spécialités de génie. Elle propose une solide formation en sciences et en technologie. Des cours dispensés par des professeurs du plus haut niveau dans un milieu de vie stimulant qui favorise le succès des candidats. La possibilité qu'ont les étudiants d'effectuer une ou deux années d'études à l'étranger rend la formation plus attrayante et notre collaboration avec des établissements renommés tant au pays que dans le reste du monde est un atout certain. Dix programmes de génie qui, dans certains cas, sont offerts en mode « coopératif », intégrant le travail aux études.

Renseignez-vous !

Bureau du service
des études
**École Polytechnique
de Montréal**
Téléphone :
(514) 340-4724
Télécopieur :
(514) 340-5859
ses@courrier.polymtl.ca
www.polymtl.ca

ÉCOLE
POLYTECHNIQUE
M O N T R É A L

Même les dieux ne sont pas invincibles!

Un accident de travail, ça peut changer tes plans rapidement.

Dans l'immédiat, avoir un revenu, c'est une de tes priorités? Ça se comprend! Un emploi payant te garantit ton autonomie, ton indépendance et te permet aussi quelques folies!

Mais si demain un accident au travail ou une maladie liée aux conditions dans lesquelles tu travailles te rendaient incapable de poursuivre tes études, d'amorcer la carrière que tu envisages ou d'avoir une vie à la hauteur de tes attentes?

Tu as droit à des conditions de travail saines et sécuritaires.

Que tu occupes un emploi à temps partiel ou à temps plein, que tu sois syndiqué(e) ou non, ton employeur doit, en vertu de la loi, prendre les mesures nécessaires pour protéger ta santé et ta sécurité.

Il doit t'informer des risques reliés à ton travail, te fournir la formation, l'équipement de protection et la surveillance nécessaires pour que tu effectues en toute sécurité le travail qui t'est demandé.

Comme employé(e), tu dois t'informer auprès de ton employeur des mesures de prévention en vigueur dans ton lieu de travail et les appliquer avec vigilance. Tu dois aussi participer activement à l'identification des risques et prendre les moyens immédiats pour corriger une situation problématique pouvant affecter ta sécurité ou celle de tes collègues de travail.

Près de 9 000 jeunes de ton âge se sont blessés au travail l'an dernier. Cela s'explique, entre autres, par le manque d'expérience, de formation et d'information.

Au même titre que tous les travailleurs et les travailleuses du Québec, la Loi sur la santé et la sécurité du travail te protège.

Tu as des questions? Communique avec le bureau de la Commission de la santé et de la sécurité du travail (CSST) de ta région ou encore visite notre site Web : **www.csst.qc.ca**

CSST
Commission
de la santé
et de la sécurité
du travail

Québec

La santé pour tous

Jeunes et moins jeunes ignorent souvent que BioChem Pharma a découvert le 3TC®, le médicament le plus prescrit dans le monde pour le traitement de l'infection par le VIH et du SIDA, ainsi que Zeffix^{MC}, le seul antiviral pour le traitement de l'hépatite B.

Peut-être ne savent-ils pas non plus que BioChem Pharma est fermement engagée dans la lutte contre d'autres maladies, telles que la grippe, la méningite, l'hépatite C, la leucémie et d'autres formes de cancer.

Mais, de plus en plus, ils profiteront des innovations scientifiques de BioChem, qui consacre en effet d'importantes ressources à la recherche et au développement de vaccins et de médicaments pour améliorer la qualité de vie de tous les Canadiens.

BioChem Pharma, un chef de file à l'échelle internationale et la plus grande société biopharmaceutique au Canada, met tout en œuvre pour atteindre son but : la santé pour tous.

BioChem Pharma

www.biochempharma.com

3TC® est une marque déposée de Glaxo Wellcome plc © BioChem Pharma, 1999

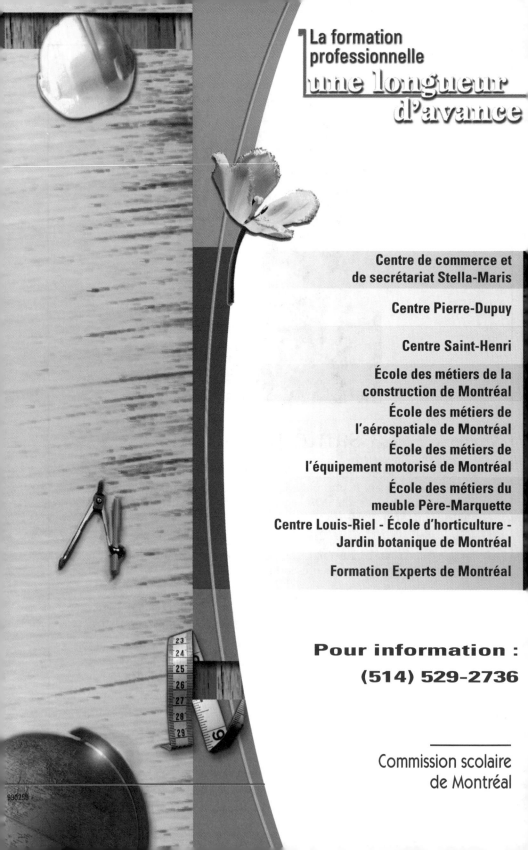

La formation
professionnelle
**une longueur
d'avance**

Centre de commerce et
de secrétariat Stella-Maris

Centre Pierre-Dupuy

Centre Saint-Henri

École des métiers de la
construction de Montréal

École des métiers de
l'aérospatiale de Montréal

École des métiers de
l'équipement motorisé de Montréal

École des métiers du
meuble Père-Marquette

Centre Louis-Riel - École d'horticulture -
Jardin botanique de Montréal

Formation Experts de Montréal

**Pour information :
(514) 529-2736**

Commission scolaire
de Montréal

La formation professionnelle et technique

Des voies à explorer

Explorez le monde de la formation professionnelle et technique (FPT) : des exemples et des témoignages illustrent différents aspects de ces voies bien branchées sur le marché du travail. À lire pour tout savoir sur la situation de l'emploi, l'alternance travail-études, les Olympiades québécoises et canadiennes de la FPT et plus!

- Un monde à découvrir 100

- Une formation branchée sur l'entreprise 102

- Pour les jeunes et pour les adultes ..104

- Le partenariat à l'école 107

- 50 programmes prometteurs 110

- La Relance 1999 112

- La bonne adresse 114

En collaboration avec :

Québec ✦✦

Ministère
de l'Éducation

Photo : PPM

La formation professionnelle

Un monde à découvrir!

Textes : Martine Roux

La formation professionnelle a gagné ses épaulettes. Ses programmes, sans cesse révisés et améliorés, proposent des formations concrètes et branchées sur le marché du travail. De l'aérospatiale à la fabrication de meubles, elle conduit à une foule de métiers passionnants, dans des domaines où plusieurs cherchent activement des candidats!

Au Québec, la formation professionnelle regroupe environ 170 programmes répartis dans 21 secteurs d'activité et 183 centres publics de formation professionnelle répartis dans 70 commissions scolaires.

> «Comme ils sont formés selon des normes de qualité élevées, nos étudiants ont la capacité d'aider les entreprises à progresser. Ils peuvent même occuper des postes de contremaître.»
> — Malik Hammadouche

Il y en a pour tous les goûts : boucherie, bijouterie, mécanique automobile, coiffure, production laitière, comptabilité, ébénisterie, plomberie, montage de lignes électriques, extraction de minerai, aménagement de la forêt, impression... Le menu est varié!

Dans certains secteurs d'activité, un emploi attend presque assurément les candidats à la fin de leurs études. Selon Malik Hammadouche, directeur adjoint du Centre de formation professionnelle Qualitech du Cap-de-la-Madeleine, il en va ainsi des finissants en fonderie, un programme qui a vu le jour en 1997.

«Comme ils sont formés selon des normes de qualité élevées, nos étudiants ont la capacité d'aider les entreprises à progresser. Ils peuvent même occuper des postes de contremaître. Ils ont une excellente vision du métier, une grande facilité d'adaptation et sont très polyvalents.»

La passion et l'expérience du personnel enseignant sont aussi des gages de qualité pour la formation. «Je veux que tous mes élèves réussissent, lance Luc Dicaire, enseignant en cordonnerie au Centre de formation Le Chantier, de Laval. J'ai été cordonnier pendant plusieurs années; je suis donc en mesure de bien les encadrer et de les aider à acquérir des notions connexes, comme la gestion d'un atelier ou le service à la clientèle.» Le métier de cordonnier, ajoute-t-il, ne concerne plus seulement la pose de semelles ou de talons, et la formation professionnelle prépare aussi les élèves à travailler dans toutes sortes d'entreprises : laboratoire orthopédique, cirque, entreprise de maroquinerie. Elle leur permet même de lancer leur propre atelier de cordonnerie.

Photo : PPM

préimpression (ce DEP se nomme aujourd'hui «Procédés infographiques» au Centre de formation Rochebelle de Sainte-Foy.

«J'avais envie d'une formation concrète et précise, raconte-t-elle. Le programme d'infographie en préimpression abordait tant les côtés techniques qu'artistiques, et c'est ce qui m'attirait dans ce métier.» Après avoir travaillé pendant trois ans pour une entreprise de graphisme à Lévis, Josée est actuellement contractuelle pour la firme Blitz, une filiale de Communications Cossette.

> «La formation professionnelle,
> c'est court, c'est concret, on fait
> ce qu'on aime et ça finit là.
> Et les professeurs sont
> vraiment compétents.»
>
> — Annabelle Roy

C'est aussi le grand amour de son métier qui a conduit Monique Roy à enseigner l'esthétique au Centre de formation professionnelle Bel Avenir, à Trois-Rivières. Afin de mieux préparer ses élèves au marché du travail, elle tente de recréer les conditions d'un salon d'esthétique. «En plus de la formation théorique et pratique, j'essaie de développer l'autonomie et la vitesse d'exécution des élèves. Je les encourage aussi à mettre leurs connaissances en pratique, que ce soit lors du stage en entreprise ou au centre d'esthétique de l'école, qui offre des services à de vrais clients!»

Du concret!

Après avoir obtenu un DEC en sciences de la santé, Josée Lévesque a décidé de changer de branche. Douée pour le dessin et pour l'informatique, elle a tout naturellement opté pour un DEP en infographie en

Annabelle Roy avait aussi besoin d'une formation concrète. Son diplôme d'études secondaires en poche, elle a passé une session sur les bancs du cégep avant de tout abandonner. Pendant trois ans, elle a occupé un poste de vendeuse dans un grand magasin jusqu'à ce qu'un collègue prononce un jour le mot magique : sylviculture, c'est-à-dire l'étude des arbres et de la forêt. «Je ne savais pas trop ce que c'était mais je savais que je voulais travailler dans la nature. Quelques appels téléphoniques et je prenais la direction du Centre de formation professionnelle de Mont-Laurier!»

Dès lors, Annabelle s'est découvert une passion pour la sylviculture. Élève brillante et fonceuse, elle a même remporté deux ➤

➤ prix *Chapeau les filles!* Au moment de l'entretien, elle revenait tout juste d'un stage en agroforesterie au Nicaragua, où elle a travaillé à planter des arbres pendant trois mois... avant que l'ouragan Mitch n'emporte tout sur son passage. «Malgré tout, je ressors grandie de mon expérience et de ma formation, raconte-t-elle. J'ai vécu les plus belles années de ma vie. La formation professionnelle, c'est court, c'est concret, on fait ce qu'on aime et ça finit là. Et les professeurs sont vraiment compétents.»

Une formation branchée sur l'entreprise

Le concept d'alternance travail-études permet aux élèves inscrits dans différents programmes de la formation professionnelle d'effectuer des stages en entreprise. Fruit d'une étroite collaboration entre le milieu scolaire et le milieu du travail, l'alternance plonge les élèves «dans le bain» et prévoit qu'au moins 20 % du temps de formation se passe en entreprise. Le ministère de l'Éducation encourage fortement les établissements scolaires et les entreprises à suivre cette voie, notamment au moyen de mesures telles que le programme de soutien financier pour les établissements scolaires et le programme de crédit d'impôt remboursable à la formation pour les entreprises.

La combinaison des études et du travail représente, selon plusieurs, la forme d'enseignement la plus complète. Ainsi, même

Tu veux en savoir plus sur la formation professionnelle?

www.inforoutefpt.org

si la majeure partie de la formation se déroule à l'école, le programme de mécanique industrielle de construction et d'entretien offert à l'École polymécanique de Laval compte quelque 200 heures — ou 14 semaines — passées en entreprise.

> «Même si le stage n'est généralement pas rémunéré, il s'agit d'une expérience de travail concrète.»
>
> — Josette LeBel

«L'élève est placé en situation réelle de travail, avec des contraintes de productivité et de négociation avec ses pairs et un patron, explique Josette LeBel, conseillère pédagogique à l'École polymécanique de Laval et présidente de l'Association provinciale de l'alternance travail-études. Il peut ainsi développer une culture d'entreprise, ce qui lui est utile lors d'entrevues de sélection pour un poste éventuel. Même si le stage n'est généralement pas rémunéré, il s'agit d'une expérience de travail concrète. L'élève pourra ainsi recevoir des lettres de références et son diplôme mentionnera qu'il a adhéré à une démarche d'alternance travail-études. Il acquiert des habiletés pratiques en entreprise que l'école ne peut pas donner.» Le projet est rigoureusement encadré par une personne responsable du stage et l'élève peut lui-même trouver l'entreprise qui l'accueillera.

Photo : Magalie Dagenais

Afin de connaître les programmes en alternance travail-études et les établissements où ils sont offerts, il suffit de visiter le site Internet suivant : www.inforoute fpt.org/services/ate/accueil.htm. Vous trouverez aussi d'autres renseignements en page 106.

Des métiers non traditionnels

Les métiers traditionnellement dévolus aux hommes offrent souvent de belles perspectives d'emploi pour les filles. Celles-ci démontrent dans bien des cas des qualités de persévérance et de minutie qu'apprécient les employeurs.

La plupart des hommes voient d'un bon œil la présence des femmes dans les métiers non traditionnels. «Ma hantise était de ne pas me faire accepter, raconte Line Ratté, une élève en fonderie. Mais j'ai été agréablement surprise de l'accueil que m'ont réservé les professeurs et les élèves.»

L'électricienne Nancy Soucy, quant à elle, estime être choyée par ses collègues. «À l'école, on ne m'a jamais harcelée, j'ai toujours été appuyée. Et sur le chantier, les gars s'offrent d'eux-mêmes pour soulever de l'équipement lourd à ma place.»

«En cordonnerie, les filles sont bienvenues, renchérit l'enseignant Luc Dicaire. Grâce aux équipements perfectionnés avec lesquels on travaille aujourd'hui, les filles n'ont plus à faire des efforts physiques intenses. Et on se rend compte que dans les travaux de finition, elles sont plus douées que leurs collègues...» ■

Pour les jeunes et pour les adultes !

Que ce soit pour effectuer un virage à 180° ou simplement pour ajouter une corde à leur arc, nombreux sont les adultes qui retournent faire leurs devoirs. Avec, dans bien des cas, un véritable métier au bout du compte.

Jusqu'à 25 ans, Richard Godin a exercé trente-six métiers : travaux de construction ou de rénovation par-ci, aménagement paysager par-là... Un bon matin, il a décidé de passer un test d'aptitudes professionnelles et a découvert que le métier d'horloger lui irait comme un gant! Il s'est donc inscrit à un DEP en horlogerie-bijouterie de l'École nationale d'horlogerie, à Trois-Rivières.

«Pendant mon cours, je me suis donné à fond. J'ai été choisi pour effectuer un stage à la compagnie Rolex, ce qui a beaucoup enrichi mon CV, car peu d'horlogers sont familiers avec ces mécanismes.»

Trois semaines après avoir obtenu son diplôme, Richard a commencé à travailler chez Montres ADM, une division de la société Lise Watier. Quelques mois plus tard, il devenait horloger chez Birks, où il travaille toujours à réparer des montres.

«Mon "trip", c'est de prendre une bonne vieille montre mécanique, de la remonter de A à Z et de la polir jusqu'à ce qu'elle ait l'air neuve! J'ai vraiment découvert quelque chose. Je n'aurais jamais pensé vivre d'aussi belles expériences. Mais je m'ennuie beaucoup de l'école!»

«La formation professionnelle m'a donné la chance de faire ce que j'aimais. Ç'a été un tournant dans ma vie.»
— Jean-Guy Paradis

C'est à 40 ans que Jean-Guy Paradis a entendu l'appel de la formation professionnelle. Son métier de vendeur ne le satisfaisait plus depuis longtemps : il volait d'un boulot à l'autre entre de brèves périodes de chômage. «J'ai vendu à peu près tout ce qui se vendait! À la fin, je ne pouvais plus supporter de voir un client. Comme j'ai toujours été bricoleur de nature, j'ai décidé de passer le reste de ma vie à faire ce que j'aimais : de la mécanique.»

Quelques mois après avoir décroché son diplôme en mécanique industrielle de construction et d'entretien, au début des années 1990, il entrait dans le groupe gaspésien Cedrico. D'abord commis, puis mécanicien d'entretien à la scierie Causaps de Causapscal, il est maintenant contremaître depuis mai 1998! «Inutile de dire que je suis très heureux de mon sort! La formation professionnelle m'a donné la chance de faire ce que j'aimais. Ç'a été un tournant dans ma vie.»

Une cordonnière bien chaussée

Ancienne conductrice d'autobus scolaires, Louise Caza a toujours été attirée par les métiers qui sortent de l'ordinaire. De travaux de couture en travaux ménagers, elle nourrissait secrètement le désir de reprendre ses études, sans pourtant trouver chaussure à son pied. Lorsqu'un voisin lui a fait remarquer qu'une cordonnerie faisait défaut dans leur village de Saint-Anicet, près de Valleyfield, ce fut la révélation! Louise a aussitôt foncé au bureau d'assurance-emploi, pris une année sabbatique et s'est inscrite au DEP en cordonnerie au Centre de formation Le Chantier de Laval.

> «Tous les jours, j'apprends de nouvelles choses.
> Malgré tous les obstacles et les sacrifices, je recommencerais demain matin.»
>
> — Louise Caza

«On imagine toujours les cordonniers comme des gens qui travaillent dans des recoins poussiéreux, raconte-t-elle. C'est tellement plus que ça. De fil en aiguille, j'ai développé une vraie passion pour ce métier. Ça me ressemble vraiment.»

Louise Caza a fait un stage chez un sellier afin d'apprendre à reconditionner les selles et les attelages, une spécialité peu commune. Comme l'équitation est très populaire dans sa région, elle se disait que les clients n'auraient plus à se rendre à Montréal pour une réparation. Pendant ses études, elle a aussi acquis les stocks de deux cordonneries et a passé l'hiver à aménager le garage attenant à sa maison en un vaste atelier. L'Atelier-Boutique ouvrait en avril 1998, un mois après l'obtention de son diplôme!

«J'ai beaucoup investi dans la boutique, mais cela fonctionne au-delà de mes espérances! J'ai mis sur pied 22 comptoirs de services dans la Montérégie, et ça va très bien. L'été dernier, j'étais tellement débordée que j'ai dû appeler un de mes anciens professeurs à la rescousse...»

Louise Caza apprécie la diversité de son travail : en plus de la réparation des chaussures et articles de cuir, elle effectue aussi des travaux de couture, répare des toiles de bateaux et aussi, bien sûr, des selles de chevaux. «C'est clair, la cordonnerie, j'en mange! Avoir ma propre entreprise, c'est tellement valorisant. Tous les jours, j'apprends de nouvelles choses. Malgré tous les obstacles et les sacrifices, je recommencerais demain matin.» ➤

Photo : Les éditions Ma Carrière

> ### L'alternance travail-études (ATE) en formation professionnelle
>
> ## Quand la théorie rencontre la pratique!
>
> Vous aimeriez apprendre un métier, où il vous serait possible pendant votre formation d'effectuer des stages encore plus significatifs en milieu de travail?
>
> Cela est de plus en plus possible au Québec. Plus de soixante programmes d'études professionnelles différents sont offerts en ATE par une quarantaine de commissions scolaires. Ce mode de formation permet de mieux faire le lien entre les apprentissages et le réalisme de la pratique de l'entreprise, et par le fait même, d'ajuster sa perception du métier choisi. De plus, l'expérience en milieu de travail dans le cadre d'un programme ATE facilite l'accès à un emploi à la fin de ses études.
>
> Ce mode de formation vous convient? Renseignez-vous auprès de votre commission scolaire.

Une formule gagnante!

Où est offert ce mode de formation?

Dans un centre de formation professionnelle qui a choisi d'offrir un ou des programmes d'études en ATE. Au-delà de 50 % des commissions scolaires du réseau de l'éducation offrent des programmes d'études professionnelles en ATE.

Clientèle en ATE en 1998-1999

Plus de 3 700 élèves inscrits en formation professionnelle ont profité de ce mode de formation. Les stages pour l'ensemble de ces formations ont nécessité 2 540 ententes de collaboration avec les entreprises. Les données le confirment : l'ATE connaît une augmentation du nombre de programmes d'études offerts, du nombre d'élèves qui s'y inscrivent, ainsi que du nombre d'entreprises qui y contribuent.

Caractéristiques d'un programme ATE

Le programme d'études offert en ATE impose les mêmes conditions d'entrée dans la formation, mais comporte des caractéristiques particulières quant à l'organisation. Le plan de formation doit combiner, de façon structurée, des périodes d'apprentissage à l'école et des stages en milieu de travail. Le programme d'études doit viser une sanction et s'inscrire à l'intérieur d'études à temps plein. La période en milieu de travail doit correspondre à au moins 20 % de la durée officielle du programme d'études. Le programme ATE doit comporter plus d'un stage en milieu de travail dans le processus de formation. Un retour en milieu scolaire doit être prévu après le dernier stage.

Pour une formation gagnante, n'hésitez pas à consulter le site de l'ATE : www.inforoutefpt.org/services/ate/accueil.htm ∎

Les centres à vocation nationale

Le partenariat à l'école

Véritables fleurons de notre système éducatif, les centres de formation professionnelle à vocation nationale assoient à la même table écoles, industrie, patrons et syndicats. La grande gagnante? La formation!

Le titre de centre à vocation nationale n'est pas attribué à n'importe quelle institution. L'établissement qui affiche cette désignation doit d'abord faire l'objet d'une entente avec des intervenants nationaux, comme un ministère ou une organisation représentant les différents intervenants d'une industrie. Habituellement, un tel centre offre des programmes de formation en exclusivité et développe des expertises pointues au sein d'un secteur d'activité.

Les centres à vocation nationale se sont multipliés depuis le début des années 1990. On trouve aujourd'hui les écoles des métiers et occupations de l'industrie de la construction de Québec et de Montréal, le Pavillon des métiers de la construction de Longueuil, les Centres nationaux de conduite d'engins de chantier, le Centre de formation en sécurité incendie de Laval et le Centre de formation des métiers de l'acier d'Anjou. Par la suite, la famille pourrait aussi comprendre le Centre de formation en transport routier de Charlesbourg, le Centre de formation en transport routier de Saint-Jérôme et le Centre de foresterie et de technologie du bois de Duchesnay.

Dans un centre à vocation nationale, un comité de gestion regroupant l'industrie, l'école et le ministère de l'Éducation (MEQ) peut-être mis en place au lieu d'un conseil d'établissement des centres de formation professionnelle. «Ce comité permet aux représentants du monde du travail de s'engager concrètement dans la gestion d'un centre de formation, explique Jocelyn Sanfaçon, de la Direction générale de la formation professionnelle et technique du MEQ. Toutes les questions en rapport avec la gestion d'un centre, son fonctionnement et la formation y sont abordées.»

Formation = travail

La formation offerte dans un centre à vocation nationale compte ainsi plusieurs atouts.

> «Aujourd'hui, nous ne formons pas des gens pour le plaisir, mais pour les destiner au marché du travail. Ils sont donc pratiquement assurés de trouver un emploi.»
> — Jean-Guy Lacasse

Première étape : on veille à ne pas produire de futurs chômeurs! «Nous répondons à un besoin réel de l'industrie, estime Jean-Guy Lacasse, directeur du Centre national de conduite d'engins de chantier, situé aux Cèdres, près de Vaudreuil. Jadis, je pouvais prendre une décision qui ne correspondait pas nécessairement aux tendances du marché. Aujourd'hui, nous ne formons pas des gens pour le plaisir, mais pour les destiner au marché du travail. Ils sont donc pratiquement assurés de trouver un emploi.» ➤

➤ À l'École des métiers et occupations de l'industrie de la construction de Québec de la C.S. de la Capitale, une douzaine de métiers sont enseignés sous un même toit. Les élèves apprennent donc à se côtoyer comme dans la vraie vie! «C'est exactement comme sur un chantier, fait valoir Chantal Dubeau, directrice de la formation professionnelle à la Commission de la construction du Québec. Les charpentiers commencent à travailler, puis arrivent les plombiers, les électriciens, les couvreurs, le plâtrier, le peintre. Notre objectif est de concentrer les métiers qui vont effectivement évoluer ensemble sur un chantier.»

Avec l'industrie

Les centres à vocation nationale nécessitent souvent des installations et des équipements coûteux. Grâce aux liens qu'ils établissent avec l'industrie, ils peuvent mieux tirer leur épingle du jeu et offrir une formation collée au marché du travail. «Le lien industrie-école est très présent, mais nous créons aussi des partenariats avec des fournisseurs de briques ou de peinture, soutient Denis Lemieux, directeur de l'École des métiers et occupations de l'industrie de la construction de Québec. Nous établissons aussi des ponts avec différentes associations, comme l'Association provinciale des constructeurs en habitation du Québec (APCHQ) : elle nous fournit notamment des plans que nous utilisons lors de la réalisation de travaux ou d'ateliers. La formation est ainsi plus concrète, plus réaliste.

«Les membres siégeant au comité de gestion comprennent la réalité de l'école, poursuit M. Lemieux. C'est la présence de l'industrie qui fait évoluer les programmes de formation et qui fait en sorte qu'ils ne soient pas décalés en regard des exigences du marché. Même s'il est impossible de faire des stages dans le secteur de la construction – l'accès aux chantiers est très réglementé – un jour ou l'autre, nous pourrions même réaliser des projets d'alternance travail-études.» ■

Photo : PPM

Nouveaux programmes

Un éventail élargi

Afin de mieux adapter la formation professionnelle aux réalités changeantes du monde du travail, le ministère de l'Éducation du Québec (MÉQ) travaille à l'amélioration des programmes existants. Lorsqu'une industrie fait valoir des besoins de formation pour un métier, il crée, en collaboration étroite avec elle, de nouveaux programmes.

En 1999-2000 à titre d'exemple, deux nouveaux programmes de formation devraient voir le jour au Québec : il s'agit du DEP en conduite de machines industrielles et du DEP en soutien informatique. Le premier vise à former des opérateurs de machines industrielles en mesure de travailler dans divers types d'industries : transformation alimentaire, fabrication métallique, fabrication de produits électriques et électroniques, fabrication de pièces de plastique ou de caoutchouc, industrie du bois, des meubles et des fenêtres.

C'est à la suite d'une étude préliminaire que le ministère a constaté qu'on avait besoin d'une formation accrue pour ce métier un peu partout au Québec. «Le marché du travail est de plus en plus exigeant quant à la formation des opérateurs, explique Claude Proulx, du MEQ. Ce n'est pas une formation aussi spécialisée que celle de certains conducteurs de machines, comme les machinistes, mais le métier exige tout de même un niveau de compétence assez élevé. Elle vise à développer une polyvalence chez des travailleurs qui, par exemple, préparent la matière première, conduisent ou entretiennent une machine, ou vérifient la qualité des produits.» Le Ministère souhaite grandement que les commissions scolaires implantent ce programme dans une optique d'alternance travail-études.

Le programme de DEP en soutien informatique, quant à lui, concerne le soutien aux usagères et aux usagers de micro-ordinateurs dans un environnement de poste de travail individuel ou d'un poste en réseau.

Son but est de développer des compétences pour l'application de méthodes essentielles à la pratique du métier telles qu'une méthode de résolution de problèmes, une méthode de recherche d'information et une méthode de gestion du temps. Des compétences relatives à l'utilisation optimale des logiciels sont aussi développées. Enfin, le programme permet de développer des compétences nécessaires pour l'exécution des tâches sur des postes informatiques autonomes ou reliés en réseau. ■

D'autres programmes de formation ont fait peau neuve. Mineures ou majeures, les révisions se font avec les partenaires du marché du travail et peuvent concerner le nombre d'heures, la nature des tâches, etc. Il s'agit des programmes d'entretien général d'immeubles, de protection et exploitation de territoires fauniques (anciennement conservation de la faune), de carrosserie, de pâtes et papiers (opérations), de classement des bois débités, de procédés infographiques (anciennement préparation à l'impression), de conduite de grues, de conduite d'engins de chantier, de dessin de patron (anciennement conception et techniques vestimentaires) et de confection de vêtements (façon tailleur).

Les 50 programmes de formation professionnelle et technique offrant les meilleures perspectives d'insertion au marché du travail

Parmi les 300 programmes de formation professionnelle et technique, la Direction générale de la formation professionnelle et technique (DGFPT) du ministère de l'Éducation du Québec a dressé la liste des 50 programmes offrant les meilleures perspectives d'emploi.

Pour parvenir à ce résultat, la DGFPT a analysé une série d'indicateurs socio-économiques, les tendances qui se dégagent au Québec en matière d'emploi et les résultats de *La Relance au secondaire en formation professionnelle* et de *La Relance au collégial en formation technique*. Des 50 programmes retenus pour les bonnes perspectives d'emploi qu'ils présentent, 40 programmes de formation professionnelle et technique visent plus de 100 nouvelles inscriptions annuellement. Dix autres programmes, dont l'effectif visé est inférieur à 100, ont cependant été retenus en raison de leur performance en matière de perspectives d'emploi et de leur caractère stratégique pour le développement du Québec et de ses régions.

Les 50 programmes présentant les meilleures perspectives d'insertion au marché du travail en formation professionnelle et technique, selon l'effectif visé par année au Québec

152.03	Gestion et exploitation d'entreprise agricole	DEC
154.A0	Technologie de la transformation des aliments	DEC
180.01	Soins infirmiers	DEC
190.A0	Transformation des produits forestiers	DEC
210.01	Techniques de chimie analytique	DEC
210.03	Techniques de chimie-biologie	DEC
221.03	Technologie de la mécanique du bâtiment	DEC
232.01	Techniques papetières	DEC
233.01	Techniques du meuble et bois ouvré	DEC
235.A0	Techniques de production manufacturière	DEC
241.05	Techniques de la maintenance industrielle	DEC
241.06	Techniques de génie mécanique	DEC
243.14	Technologie physique	DEC
243.15	Technologie de systèmes ordinés	DEC
280.03	Entretien d'aéronefs	DEC
280.04	Avionique	DEC
322.A0	Techniques d'éducation en services de garde	DEC

410.A0 . . . . . Techniques de la logistique du transport . . . . .DEC

420.01 . . . . . Techniques de l'informatique . . . . .DEC

500999 . . . . . Diesel (injection et contrôles électroniques) . . . . .ASP

502099 . . . . . Assemblage de structures métalliques . . . . .DEP

502899 . . . . . Fabrication en série de meubles et de produits en bois ouvré . .DEP

503099 . . . . . Ébénisterie . . . . .DEP

503199 . . . . . Rembourrage industriel . . . . .DEP

514299 . . . . . Finition de meubles . . . . .DEP

514699 . . . . . Mécanique de machines fixes . . . . .DEP

516799 . . . . . Production laitière . . . . .DEP

519399 . . . . . Conduite et réglage de machines à mouler . . . . .DEP

519599 . . . . . Soudage-montage . . . . .DEP

519799 . . . . . Montage de structures en aérospatiale . . . . .DEP

520199 . . . . . Pâtes et papiers - opérations . . . . .DEP

520899 . . . . . Classement de bois débités . . . . .DEP

522399 . . . . . Techniques d'usinage . . . . .DEP

522499 . . . . . Usinage sur machines-outils à commande numérique . . . . .ASP

523099 . . . . . Conduite de machines industrielles . . . . .DEP

523399 . . . . . Ferblanterie-tôlerie . . . . .DEP

571.B0 . . . . . Gestion de la production du vêtement . . . . .DEC

571.C0 . . . . . Commercialisation de la mode . . . . .DEC

581.07 . . . . . Infographie en préimpression . . . . .DEC

582.A0 . . . . . Techniques d'intégration multimédia . . . . .DEC

Programmes où le nombre d'inscriptions annuelles visé est inférieur à 100 mais présentant une importance stratégique

251.B0 . . . . . Techniques de la production textile . . . . .DEC

270.04 . . . . . Procédés métallurgiques . . . . .DEC

504199 . . . . . Matriçage . . . . .ASP

504299 . . . . . Outillage . . . . .ASP

507399 . . . . . Affûtage . . . . .DEP

508899 . . . . . Sciage . . . . .DEP

515899 . . . . . Fabrication de moules . . . . .ASP

518899 . . . . . Montage mécanique en aérospatiale . . . . .DEP

519899 . . . . . Montage de câbles et de circuits en aérospatiale . . . . . .DEP

574.A0 . . . . . Dessin animé . . . . .DEC

La Relance 1999

Des résultats concluants

En 1999, l'enquête *La Relance au secondaire en formation professionnelle* montre que la proportion des personnes diplômées de la formation professionnelle qui ont un emploi, neuf mois après l'obtention de leur diplôme, est de 74,5 % pour les DEP et de 77,3 % pour les ASP. Celles qui n'ont pas d'emploi sont surtout en recherche d'emploi et aux études.

La proportion des personnes en emploi est à la hausse depuis 1996 :

- dans le cas des DEP, elle était de 59,0 % en 1996, de 65,6 % en 1997 et de 73,2 % en 1998;

- dans le cas des ASP, elle était de 65,7 % en 1996, de 69,5 % en 1997 et de 74,3 % en 1998.

Au collégial, la proportion des diplômés de la formation technique qui ont un emploi, 10 mois après l'obtention de leur diplôme, est aussi à la hausse depuis 1996. Elle est passée de 68,1 % en 1996 à 73,2 % en 1999. Une proportion de 19,3% des diplômés poursuivent leurs études.

L'enquête *La Relance au collégial en formation technique* montre aussi que le renforcement du lien entre la formation et l'emploi chez les titulaires d'un DEC technique se poursuit. Selon le sondage, 82,6 % des emplois à temps plein sont en lien avec la formation reçue.

Des enquêtes fiables

La méthode utilisée par le ministère de l'Éducation est celle des recensements, c'est-à-dire qu'on essaie de rejoindre toutes les personnes visées par l'enquête, et pas seulement un échantillon d'entre elles comme dans le cas des sondages téléphoniques habituels.

Les résultats de l'opération Relance 1999 confirment que l'évolution de la situation est sur la bonne voie en matière de formation professionnelle et technique, tant au collégial qu'au secondaire.

Selon Pierre Michel, coordonnateur des deux enquêtes Relance, la situation s'améliore : «On produit de plus en plus de diplômés qui trouvent un emploi directement lié à leur formation. Plusieurs facteurs expliquent ce phénomène : d'une part, les programmes ont été retouchés afin d'être mieux adaptés au marché du travail et, d'autre part, la formation professionnelle a meilleure réputation au sein de la population.»

Le défi du long terme

Les enquêtes Relance constituent l'un des moyens que le ministère de l'Éducation du Québec met en œuvre pour évaluer l'insertion en emploi des personnes diplômées. Elles permettent de mesurer annuellement le succès des formations professionnelles et techniques existantes.

Photo : Magalie Dagenais

Elles aident également à percevoir certaines tendances du marché du travail.

« La perception de l'éducation se modifie, avance aussi Pierre Michel. On s'attarde désormais davantage aux compétences qu'au diplôme. Il y a de moins en moins de hiérarchisation des formations. Tout se fait en continuité. Un DEC, par exemple, peut être le prolongement d'un DEP. La formation professionnelle acquiert lentement ses lettres de noblesse. »

Des employeurs s'expriment

Chez Bouchon MAC, un fabricant de bouchons de plastique de Waterloo, on embauche notamment des titulaires du DEP en conduite et réglage de machines à mouler et du DEP en conduite de machines industrielles. « De façon générale, nous sommes très satisfaits de ces employés, indique Carmen Bourgeois, directrice des

ressources humaines. Un diplômé de la formation professionnelle possède des compétences nettement supérieures à celles d'un travailleur non diplômé. »

Gérant de services chez Paré - Centre de camions Volvo, Gilles Bédard se décrit comme un chaud partisan de la formation professionnelle. « Aujourd'hui, nous avons besoin de mécaniciens qui savent utiliser l'ordinateur, qui comprennent le fonctionnement des composantes électroniques des moteurs et qui peuvent progresser avec les changements technologiques. »

« Nous n'embauchons pratiquement plus de travailleurs sans diplôme, affirme Marthe Carrier, directrice des ressources humaines à la Compagnie minière Québec-Cartier. Nos soudeurs, mécaniciens et conducteurs d'engins de chantier doivent non seulement avoir appris, mais être capables d'apprendre à nouveau. La technologie évolue si rapidement qu'ils doivent apprendre à évoluer avec elle. » ∎

6ᵉˢ Olympiades
québécoises et canadiennes de la FPT

Du 31 mai au 6 juin 2000, le Centre de foires de Québec sera le théâtre des 6ᵉˢ Olympiades québécoises et canadiennes de la formation professionnelle et technique. C'est un événement unique où les compétitions portent sur la compétence professionnelle et technique des jeunes diplômé(e)s.

Les Olympiades permettent au grand public d'assister à une démonstration concrète de métiers et de techniques et d'apprécier la qualité de la jeune main-d'œuvre. C'est un événement majeur qui donne l'occasion aux spécialistes de l'éducation et de l'industrie d'échanger sur leurs pratiques professionnelles.

«Les Olympiades de la formation professionnelle et technique sont une excellente occasion pour les jeunes de démontrer avec brio la qualité de la formation reçue dans les centres de formation professionnelle et dans les établissements d'enseignement collégial, soutient M. François Legault, ministre de l'Éducation. Les Olympiades constituent aussi un forum au cours duquel les membres du personnel enseignant et les spécialistes des entreprises québécoises peuvent échanger leurs points de vue sur la nécessaire interface entre l'enseignement et les pratiques industrielles.»

Le Québec organise des Olympiades de la formation professionnelle et technique depuis 1992, et ce, tous les deux ans. Plus de 150 centres de formation professionnelle et collèges ont contribué au succès de l'événement et quelque 350 spécialistes de l'industrie ont rendu possible la tenue des compétitions. Les 6ᵉˢ Olympiades québécoises se dérouleront du 31 mai au 3 juin 2000 et seront suivies des 6ᵉˢ Olympiades canadiennes dans la Vieille Capitale, du 3 au 6 juin 2000.

Soyez de la fête avec près d'un millier de jeunes championnes et champions, les meilleurs au Québec et au Canada, nos entrepreneurs de demain. ∎

Les finales canadiennes offrent l'occasion aux lauréates et aux lauréats des Olympiades québécoises de se mesurer à la relève des neuf autres provinces et des trois territoires du Canada. Lors des deux dernières éditions du concours canadien, le Québec a terminé au premier rang dans les disciplines où il était représenté. En 1996 et en 1998, le Québec s'est classé premier au Canada et a remporté des médailles sur la scène internationale.

www.inforoutefpt.org
La bonne adresse!

Explorez tous les programmes de la formation professionnelle et technique au moyen d'Internet : le Réseau télématique de la formation professionnelle et technique du Québec, grâce à l'Inforoute FPT, comporte tout ce qu'il faut savoir pour comprendre ces voies prometteuses. Les descriptions de cours, les conditions d'admission, les lieux de formation et le nombre de places disponibles sont à la portée de vos doigts! De plus, on offre un service de rédaction de CV, de recherche d'emploi, des ressources pédagogiques, etc. Une adresse à retenir! ∎

**Commission scolaire
de la Pointe-de-l'Île**

Tout un réseau...
à votre service

NOS PROGRAMMES DE FORMATION

MÉTALLURGIE
Assemblage de structures métalliques
Chaudronnerie
Montage d'acier de structure
Pose d'armature du béton
Serrurerie de bâtiment
Soudage-montage
Soudage sur tuyaux
Welder fitter

ENTRETIEN D'ÉQUIPEMENT MOTORISÉ
Mécanique automobile
Ventes de pièces mécaniques
et d'accessoires

COMMUNICATION ET DOCUMENTATION
Impression et finition
Procédés infographiques
Reprographie et façonnage

ÉLECTROTECHNIQUE
Électromécanique
de machines distributrices
Électromécanique
de systèmes automatisés
Réparation d'appareils
électroménagers

SOINS ESTHÉTIQUES
Coiffure
Coiffure spécialisée
Épilation à l'électricité
Esthétique

ADMINISTRATION, COMMERCE ET INFORMATIQUE
Comptabilité
Comptabilité informatisée et finance
Lancement d'une entreprise
Représentation
Secrétariat
Secrétariat bilingue
Secrétartiat bureautisé
Secrétariat juridique
Secrétariat médical
Vente-conseil

FABRICATION MÉCANIQUE
Conduite de machines
industrielles
Techniques d'usinage
Usinage sur machines-outils
à commande numérique

ALIMENTATION ET TOURISME
Boucherie
Cuisine d'établissement
Cuisine actualisée
Pâtisserie
Pâtisserie de restaurant
Service de la restauration

BÂTIMENT ET TRAVAUX PUBLICS
Plomberie-chauffage
Réparation d'appareils
au gaz naturel

NOS CENTRES DE FORMATION

**Centre
Laurier-Macdonald**
5025 Jean-Talon Est
Saint-Léonard (Qc)
Tél.: (514) 374-3133
Fax: (514) 325-2694

**Centre de Formation
des Métiers de l'Acier**
9200, rue de l'Innovation
Anjou (Qc)
Tél.: (514) 353-0801
Fax: (514) 353-8733

**Centre
Daniel-Johnson**
1100 boul. du Tricentenaire
Montréal (PAT) (Qc)
Tél.: (514) 642-0245
Fax: (514) 642-6122

**Centre
Calixa-Lavallée**
4555, rue d'Amos
Montréal-Nord (Qc)
Tél.: (514) 955-4555
Fax: (514) 955-4550

Centre Anjou

5515, ave. de l'Aréna
Anjou (Qc)
Tél.: (514) 354-0120
Fax: (514) 353-7708

**Centre Antoine-de
Saint-Exupéry**
5150, boul. Robert
Saint-Léonard (Qc)
Tél.: (514) 325-0201
Fax: (514) 325-2694

TOUT UN RÉSEAU DE SERVICES
- *Accueil et référence*
- *Aide financière aux études*
- *Évaluation des connaissances
  et des compétences*
- *Expertise des agents de formation*
- *Formation aux métiers
  semi-spécialisés*
- *Formation initiale et
  perfectionnement*
- *Formation sur mesure*
- *Formations axées sur l'employabilité*
- *Reconnaissance des acquis
  extrascolaires*
- *Service d'aide au placement*
- *Stage en entreprise*
- *Suivi personnalisé*

POUR NOUS JOINDRE . . . UN SEUL NUMÉRO

(514) 353-INFO

*LE RÉSEAU
DE L'ÉDUCATION DES ADULTES
ET DE LA FORMATION PROFESSIONNELLE*

PROPULSION
COMPÉTENCE

Les 17 régions

Ça bouge!

Le Québec compte 17 grandes régions, chacune présentant une situation économique et un marché de l'emploi influencés par leur contexte propre : emplacement géographique, répartition des ressources naturelles, importance relative des secteurs primaire, secondaire et tertiaire, principaux acteurs politiques et économiques, etc.

Voici donc un portrait pour chacune de ces régions, rendant compte des principaux enjeux économiques, des secteurs d'emploi en déclin et en émergence, ainsi que des professions parmi les plus recherchées.

Retenons tout de suite que l'ère est à la diversification : en effet, certaines régions dont l'économie a longtemps reposé sur un domaine principal de développement se heurtent aujourd'hui à certaines difficultés face au déclin ou au ralentissement de leur marché dans le contexte de la mondialisation. De façon générale, le secteur tertiaire (services) mobilise la plus grande part des emplois et on constate la progression du secteur des nouvelles technologies de l'information et de celui de l'industrie touristique.

Cette tournée régionale fait aussi ressortir très clairement que la formation est une exigence incontournable pour faire face aux défis du marché de l'emploi dans le contexte de la nouvelle économie, et ce, quel que soit le domaine. Voilà qui commence à ressembler à un véritable credo pour l'avenir!

Population
206 064 (2,9 % du Québec)
13ᵉ région administrative sur 17
Source : Statistique Canada, Recensement 1996.

Région
01

Superficie
22 404 km² (1,5 % du Québec)
7ᵉ région administrative sur 17
Source : Bureau de la statistique du Québec.

Secteurs développés
Extraction de la tourbe
Forêt : exploitation et transformation
Pêche (crevette, crabe, flétan, anguille)
Productions laitière, porcine et ovine
Services et soins de santé

Secteurs en croissance
Recherche et développement (tourbe, produits maricoles, bioalimentaire)
Technologies de l'information et des télécommunications

Bas-Saint-Laurent

par **Sylvie Lemieux**

Le Bas-Saint-Laurent s'étire sur 320 km le long du fleuve, entre Les Méchins et La Pocatière. La région présente aussi des montagnes et des forêts qui s'étendent principalement dans les vallées de la Matapédia et du Témiscouata.

Si la forêt constitue la richesse la plus importante de la région, le Bas-Saint-Laurent a su capitaliser sur ses autres ressources et a réussi à diversifier son économie. L'industrie bioalimentaire y est en voie de consolidation. Grâce au fort niveau d'activité d'extraction de la tourbe, la région se positionne avantageusement à l'échelon mondial. Le secteur des nouvelles technologies de l'information a le vent dans les voiles.

Le Bas-Saint-Laurent connaît sa meilleure année sur le plan économique : son taux de l'emploi accusait une hausse de 18,5 % en mai 1999, et avec la création de 13 300 nouveaux postes, la région est responsable de 27 % de la croissance de l'emploi du Québec.

LA STRUCTURE ÉCONOMIQUE

Quelque 8 % de la main-d'œuvre du Bas-Saint-Laurent travaille dans les entreprises du secteur primaire, où prédomine l'agriculture. Si celle-ci compte une majorité de producteurs laitiers, on y trouve également des éleveurs porcins et des entreprises spécialisées dans la production ovine.

Par ailleurs, les succès de l'industrie forestière sont en grande partie dus au fait que les entrepreneurs locaux font à la fois la récolte et la transformation des arbres, principalement le sapin et l'épinette. Cette industrie emploie plus de 5 000 personnes. «Nos usines de bois de sciage et de pâtes et papiers fonction-

nent à plein régime», affirme Gérald Dubé, économiste au Centre des ressources humaines Canada (CRHC) de Rimouski.

La région compte une vingtaine de producteurs de tourbe qui fournissent, à eux seuls, 45 % de la production totale du Québec et exportent 90 % de leur récolte de mousse de sphaigne vers les marchés étrangers. C'est même un domaine actif sur le plan de la recherche et du développement (R&D). Un centre de recherche privé, Premier Tech, filiale de l'entreprise canadienne Premier CDN, consacre 23 millions de dollars au développement de nouveaux produits de la tourbe axés sur l'environnement et la biotechnologie[1].

L'industrie de la pêche occupe aussi une place dynamique. Elle repose principalement sur l'exploitation de la crevette, du crabe, du flétan et de l'anguille. La plus importante usine de transformation de produits marins, Fruits de mer de l'Est, est située à Matane.

«Le secteur manufacturier va très bien», indique Gérald Dubé. L'activité industrielle est particulièrement intense à La Pocatière, où est établie l'usine de Bombardier Transport, qui fabrique des caisses en acier inoxydable pour les wagons de métro et les trains de banlieue. «Le carnet de commandes de la compagnie est plein, poursuit l'économiste, et de nombreux sous-traitants profitent de la manne. On pense que Bombardier sera en situation de plein emploi jusqu'en 2002-2003, employant ainsi 1 400 travailleurs.» Le domaine du textile fait également bonne figure, particulièrement dans la région de Matane, où une usine de confection de vêtements et de sous-vêtements manque même de couturières pour maintenir son rythme de production. Cette région accueille la seule entreprise nationale spécialisée dans la confection de vêtements adaptés aux personnes en perte d'autonomie (Mode Ézé Itée) dont les produits sont distribués à l'échelle du Canada.

Par ailleurs, le Bas-du-Fleuve tire bien son épingle du jeu dans le domaine des nouvelles technologies de l'information et des télécommunications. «Nous avons des compagnies performantes dans les domaines du multimédia, des nouvelles technologies et du développement de logiciel, qui sont principalement liées à la présence du Groupe QuébecTel», explique Gérald Dubé. Ce joueur important du monde des télécommunications emploie 1 600 personnes et a contribué à l'émergence de nombreuses entreprises spécialisées, telles que RGB Technologies et GlobeTrotter. Globalement, le secteur regroupe plus de 70 entreprises, qui procurent de l'emploi à environ 600 personnes.

Enfin, le Bas-Saint-Laurent bénéficie de la présence d'institutions d'enseignement et de centres de recherche, tels l'Université du Québec à Rimouski, l'Institut maritime du Québec, l'Institut Maurice Lamontagne, l'Institut des sciences de la mer, le Centre spécialisé de technologie physique du Québec, le Centre d'expertise en production ovine du Québec, le Centre de développement bioalimentaire du Québec, etc.

LE MARCHÉ DU TRAVAIL

Le Bas-Saint-Laurent affichait en novembre 1999 un taux de chômage légèrement supérieur à celui de l'ensemble du Québec à la même période, soit 8,5 %, comparativement à 8,4 %[2]. Ce taux de chômage apparaît comme un excellent résultat si l'on tient compte des nombreuses réductions de personnel effectuées dans le secteur public en 1997 et en 1998. «C'est la région de Rimouski qui a été le plus affectée. On y trouve les directions régionales de plusieurs ministères de même que de nombreux établissements dans les domaines de la santé et de l'éducation», explique Gérald Dubé. Si la plupart des secteurs d'activité économique profitent de la croissance de l'emploi, ce sont surtout ceux de l'agriculture, de la construction, de la fabrication, du commerce et des soins de santé qui enregistrent les meilleurs résultats[3].

La région a besoin de main-d'œuvre spécialisée surtout, tant dans le domaine des nouvelles technologies de l'information et des télécommunications que dans le domaine manufacturier, entre autres. «Ceux qui ont un diplôme terminal de niveau secondaire, collégial ou universitaire n'ont pas de problème à trouver un emploi», soutient Gérald Dubé.

À l'instar de la Gaspésie, le Bas-du-Fleuve connaît une pénurie de médecins spécialistes et d'omnipraticiens[4] à cause de son éloignement des grands centres urbains. On recherche notamment des infirmières diplômées, des infirmières en chef, des ergothérapeutes.

De plus, étant donné la bonne performance des entreprises en général, celles-ci ont plusieurs postes à pourvoir dans le domaine de la gestion et de l'administration. Enfin, les entreprises de la nouvelle économie sont prêtes à engager des programmeurs, des analystes des systèmes informatiques, des concepteurs-graphistes, des ingénieurs électriques et électroniciens, entre autres. ■ ■ 11/99

1. Conseil régional de concertation et de développement du Bas-Saint-Laurent.
2. Statistique Canada, Enquête sur la population active, novembre 1999.
3. Bulletin sur le marché du travail — région économique du Bas-Saint-Laurent, CRHC, mai 1999.
4. Évaluation des possibilités d'emploi pour les professions significatives (Région du Bas-Saint-Laurent), IMI.

Taux de chômage
8,5 % (8,4 % pour l'ensemble du Québec)
Source : Statistique Canada, novembre 1999.

Revenu per capita (1998)
18 500 $ (22 000 $ pour l'ensemble du Québec)
Source : Ministère de l'Industrie et du Commerce, Direction de l'analyse des PME et des régions, 1999.

Investissements
690,120 milliers de dollars, soit 2,1 % des investissements au Québec
Source : Bureau de la statistique du Québec, Investissements privés et publics, Québec et ses régions, perspectives revisées, 1998.

Emploi selon le secteur d'activité (1998)
• Primaire : 8,1 % (3,6 % pour l'ensemble du Québec)
• Secondaire :
   Manufacturier : 12,6 % (18,4 % pour l'ensemble du Québec)
   Construction : 3,5 % (4,0 % pour l'ensemble du Québec)
• Tertiaire : 75,9 % (74,0 % pour l'ensemble du Québec)
Source : Ministère de l'Industrie et du Commerce, Direction de l'analyse des PME et des régions, 1999.

Recherchés

• **Secondaire**
   Mécaniciens de machines fixes et opérateurs de machines auxiliaires

• **Collégial**
   Techniciens en informatique
   Technologues et techniciens en biologie
   Technologues et techniciens en chimie appliquée
   Technologues et techniciens en dessin
   Technologues et techniciens en génie électronique et électrique

• **Université**
   Biologistes
   Ingénieurs électriques ou électroniques
   Médecins spécialistes
   Omnipraticiens
   Programmeurs

Source : Document d'information sur les professions significatives, 1998. CRHC Rimouski.

Sites Internet
CRHC Rimouski
www.qc.hrdc-drhc.gc.ca/imt/html/rimouski.html

Conseil régional de concertation et de développement du Bas-Saint-Laurent
www.bas-saint-laurent.org

Saviez-vous que?
Pour contrer la menace de fuite des entreprises spécialisées en technologies de l'information vers Montréal et Québec, la région du Bas-Saint-Laurent veut se doter d'un Carrefour de la nouvelle économie (CNE). Sur ce vaste territoire, les intervenants de la région ont décidé de créer cinq campus où les entreprises pourront se regrouper. Le projet CNE prévoit déjà établir des campus à La Pocatière, à Rivière-du-Loup, à Rimouski, à Matane et un autre en milieu rural. L'objectif : doubler le nombre d'emplois en trois ans.

Population
286 649 (4,0 % du Québec)
9ᵉ région administrative sur 17
Source : Statistique Canada, Recensement 1996.

Superficie
104 018 km² (6,8 % du Québec)
3ᵉ région administrative sur 17
Source : Bureau de la statistique du Québec.

Secteurs développés
Forêt
Hydroélectricité
Pâtes et papiers
Production d'aluminium

Secteurs en croissance
Deuxième et troisième transformations du bois et de l'aluminium
Tertiaire (commerces, principalement)

Région **02**

Saguenay-Lac-Saint-Jean

par **Stéphanie Filion**

Le Saguenay-Lac-Saint-Jean est une région bien caractérisée. Ses bleuets, sa population hospitalière à l'accent coloré qui nourrit un fort sentiment d'appartenance, sa réputation d'être souverainiste et même les inondations de 1996 ont fait sa renommée à l'échelle provinciale. Malgré le haut taux de chômage et l'exode des jeunes, les Janois et les Saguenéens gardent un optimisme inébranlable!

D éveloppée autour des entreprises forestières, hydroélectriques et de la production d'aluminium, l'économie régionale est sensible aux soubresauts de la conjoncture mondiale, ce qui explique le fléchissement fréquent de plusieurs industries dans ces secteurs. Toutefois, pour solidifier sa structure industrielle et stimuler la création d'emplois, le Saguenay-Lac-Saint-Jean semble être prêt à faire fonctionner ses turbines à fond de train. «Nos objectifs sont l'accroissement des industries de deuxième et de troisième transformations de nos ressources naturelles; le développement technologique de nos entreprises; le développement de l'industrie touristique», annonce Clément Desbiens, économiste régional à Emploi-Québec.

LA STRUCTURE ÉCONOMIQUE

«Ça va très bien en ce moment. Des projets majeurs ont d'excellentes retombées sur l'économie et profitent, en particulier, au secteur manufacturier», souligne l'économiste. La construction de la nouvelle aluminerie d'Alcan à Alma implique, à elle seule, un investissement de 2,2 milliards de dollars sur

trois ans : «l'investissement privé le plus important en Amérique du Nord», au dire de la compagnie elle-même. «L'investissement créera 225 emplois, bien rémunérés, dans la production d'aluminium. C'est le moteur de la croissance actuelle», poursuit Clément Desbiens.

Alcan est d'ailleurs la principale industrie de la région. Elle emploie plus de 5 000 travailleurs dans ses différentes usines. Elle a aussi investi 135 millions de dollars dans la réfection de digues et de barrages à Alma en 1998, selon les données de la Commission de la construction du Québec. Modernisation d'usines et réaménagement de routes sont d'autres projets de taille qui dynamisent les activités.

Outre ces investissements ponctuels, l'économie du Saguenay-Lac-Saint-Jean repose sur la forêt, le bois, les pâtes et papiers et l'aluminium. De fait, la région est la plus grande productrice d'aluminium au Canada et ses forêts fournissent une part importante des récoltes en bois de la province. Avec 4 % des recettes du Québec, l'agriculture conserve une place honorable.

Ces secteurs vont relativement bien, selon Clément Desbiens. «Même s'il crée peu d'emplois, le secteur du bois est très dynamique : il y a eu, entre autres, l'ouverture de quelques scieries ces dernières années et, comme dans la production d'aluminium, les infrastructures commencent à s'installer pour permettre le développement des entreprises de deuxième et de troisième transformations de ces ressources.»

Bonne nouvelle aussi du côté des pâtes et papiers : la rationalisation tire à sa fin. «En 2000, la majorité des mises à pied sera terminée. Il restera entre 3 000 et 3 200 emplois stables.»

Si le Saguenay-Lac-Saint-Jean est riche en ressources naturelles, la situation est moins facile du côté du centre urbain concentré dans la MRC Fjord-du-Saguenay, qui regroupe trois des plus grandes villes de la région (Chicoutimi, Jonquière et La Baie) et 175 000 habitants, soit 60 % de la population. L'économie de tout le territoire est donc influencée par ce qui s'y passe. Comme cette capitale administrative récolte souvent la première place à l'échelle nationale pour son taux de chômage, on comprend mieux la situation globale de la région à cet égard.

Le directeur de la Société de promotion économique de Chicoutimi, Lucien Turcotte, est néanmoins optimiste. «Nous possédons des avantages considérables, comme une bonne qualité de vie et une main-d'œuvre qualifiée (dans plusieurs branches du génie entre autres, à cause de la proximité de l'université), qui devraient attirer plus d'investisseurs dans des domaines autres que la forêt et l'aluminerie. Déjà, les technologies amènent quelques projets, comme une petite entreprise spécialisée en géomatique», souligne-t-il.

LE MARCHÉ DU TRAVAIL

«Durant les 20 dernières années, il y a eu d'importantes rationalisations du côté des grosses entreprises. Nous fabriquons de plus en plus, avec de moins en moins; c'est une réalité avec laquelle il faut vivre.» Clément Desbiens est même plutôt satisfait de remarquer que ce sont les secteurs de la technologie de pointe, comme l'informatique et le génie, qui ont favorisé la création d'emplois ces derniers temps.

Selon l'économiste, le problème de l'exode des jeunes commence à se résorber ou, du moins, à s'amenuiser. «Depuis les années 1980, alors que la conjoncture est devenue plus difficile, les grands centres urbains ont eu un pouvoir d'attraction sur les jeunes. Cependant, la baisse du taux de natalité depuis 25 ans et le vieillissement de la population devraient leur être profitables prochainement, en leur ouvrant davantage de portes sur le marché du travail.»

Comme ailleurs, le taux de chômage du Saguenay-Lac-Saint-Jean est plus élevé chez les personnes sans formation (17 %), alors qu'il n'est que de 5 % chez les bacheliers, d'après les données de 1997 d'Emploi-Québec. Cela ne veut pourtant pas dire que tous doivent envisager absolument des études universitaires, estime M. Desbiens. «Nous avons toujours besoin de gens dans les métiers traditionnels, comme coiffeurs, cuisiniers, commis. Les secteurs qui devraient progresser davantage que les autres, à court terme, se situent d'ailleurs à tous les niveaux : il y a l'extraction forestière, les métiers du transport et tout le domaine des sciences naturelles et appliquées.»

Aucun domaine n'offre d'emplois garantis, selon Clément Desbiens. Pour celui qui est qualifié et qui a la volonté de travailler, les probabilités seraient toutefois plus fortes. ■ 11/99

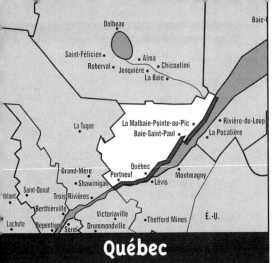

Population
633 511 (8,9 % du Québec)
3ᵉ région administrative sur 17
Source : Statistique Canada, Recensement 1996.

Région
03

Superficie
19 312 km² (1,3 % du Québec)
10ᵉ région administrative sur 17
Source : Bureau de la statistique du Québec.

Secteurs développés
Administration publique
Pâtes et papiers
Services récréotouristiques

Secteurs en croissance
Biochimie
Électronique
Technologies de pointe

Québec

par **Tommy Chouinard**

La région de Québec est caractérisée à la fois par les paysages renommés de Charlevoix et par les édifices administratifs du centre-ville de la capitale provinciale, le tout sur une superficie modeste. Berceau des premiers colons et terreau fertile des premières formes de production, aussi bien agricole qu'industrielle, cette région représente depuis toujours l'un des poumons de la province.

Avec son secteur tertiaire vital, notamment grâce aux domaines touristique et administratif, l'économie de la région semble avoir le vent dans les voiles et emprunte maintenant de nouvelles avenues.

«En 1998, on comptait 299 500 emplois dans la région, une marque historique, note Yves Lefrançois, agent de recherche à la direction générale d'Emploi-Québec de la région de Québec. Et pour 1999, les prévisions indiquent un peu moins de 301 000 emplois. Deux années de croissance de l'emploi consécutives : du jamais vu.»

LA STRUCTURE ÉCONOMIQUE

Après l'Outaouais, c'est dans la région de Québec que le secteur tertiaire — les services aux entreprises et aux individus — est le plus actif dans la province. Selon Statistique Canada, 85,1 % des personnes occupées travaillaient dans ce secteur en 1998. De plus, les dépenses en immobilisations (investissements privés et publics) dans ce secteur, enregistrées par le Bureau de la statistique du Québec la même année, s'élevaient à 2,4 millions de dollars, soit 91,3 % du total des investissements dans cette région. Toujours en bonne santé, le secteur tertiaire constitue le pilier économique régional.

L'administration publique, malgré des diminutions de l'emploi depuis une quinzaine d'années, domine toujours le tertiaire. «Entre 35 000 et 40 000 emplois dépendent essentiellement de ce domaine, précise Denis Gagnon, économiste régional au ministère du Développement des ressources humaines Canada. Et, en additionnant le secteur public au parapublic (éducation et santé), c'est d'un peu moins de 100 000 emplois dont on parle.»

Bien que le secteur secondaire soit en général très peu développé, on constate une importante activité dans le domaine des pâtes et papiers. Des dix principaux employeurs manufacturiers de la région, relevés par le Centre de recherche industrielle du Québec (CRIQ), quatre appartiennent directement à ce domaine. De plus, en 1998, près de 11 000 emplois étaient reliés aux pâtes et papiers, selon Statistique Canada. L'investissement y est important : ainsi, 275 millions de dollars ont été injectés pour la modernisation de l'usine des Produits forestiers Alliance à Donnacona, le plus gros chantier de la région.

Animée par l'agitation du centre-ville de Québec, la construction semble timidement sortir de sa torpeur. «On n'a pas encore retrouvé l'effervescence des belles années de la décennie 1980; cependant, hôtels, centres commerciaux et mégacomplexes de cinéma sont autant de projets qui relancent la construction depuis peu», explique M. Gagnon.

Une lente descente, voilà comment l'économiste qualifie l'état du secteur primaire. En 1998, seulement 2 % des personnes occupées œuvraient dans le secteur, soit environ 6 000 emplois. Plus de la moitié de ces emplois se trouvent dans le milieu agricole. «C'est un secteur qui, sans être en croissance, se diversifie, explique-t-il. En raison de fusions, il existe de moins en moins de fermes, mais elles sont plus grandes. Les revenus agricoles atteignent 160 millions de dollars, ce qui est élevé.» Denis Gagnon voit poindre des possibilités d'avancement dans ce secteur. «De nouvelles techniques sont à l'étude, comme la prolongation de la durée de production du maïs jusque tard en automne. La recherche agricole est active dans la région.»

LE MARCHÉ DU TRAVAIL

À côté de la fonction publique, le tourisme représente le second pilier du secteur tertiaire. L'emploi, bien que saisonnier en grande partie, y est continuellement en croissance. «Le tourisme crée des emplois chaque année, surtout pour les jeunes, affirme Denis Gagnon. La restauration et l'hôtellerie demeurent d'excellents employeurs; environ 24 000 personnes travaillent dans le domaine. Ainsi, en 1999, l'agrandissement du Manoir Richelieu, hôtel et casino (représentant un investissement de 140 millions de dollars), a permis une baisse du chômage dans Charlevoix.»

> «Avec le Parc technologique
> du Québec métropolitain (un
> quartier de la ville comprenant
> des entreprises biomédicales
> et informatiques), le domaine
> des technologies est
> en effervescence.»
>
> - Denis Gagnon

Québec a des ambitions de «technorégion». L'enjeu est de taille : investir dans les nouvelles technologies pour assurer la croissance économique.

«Avec le Parc technologique du Québec métropolitain (un quartier de la ville comprenant des entreprises biomédicales et informatiques), le domaine des technologies est en effervescence», estime Denis Gagnon. La région souffre d'une pénurie de travailleurs qualifiés dans ce domaine, ajoute Yves Lefrançois d'Emploi-Québec : «C'est un secteur qui a un besoin urgent de main-d'œuvre, comme des analystes et des programmeurs-analystes ayant un diplôme collégial ou universitaire.»

La région de Québec ne connaît pas le problème de l'exode des jeunes. Au contraire, affirme Yves Lefrançois : «Les nouvelles possibilités d'emploi attirent les jeunes d'autres régions, plus agricoles. La présence de nombreuses institutions d'enseignement n'est pas étrangère à ce phénomène.» Par contre, l'exode des cerveaux sévit. «Plusieurs professionnels de la santé décident de pratiquer ailleurs, comme aux États-Unis, indique-t-il. Il y a donc ici une demande accrue de spécialistes en médecine.» ■ 11/99

Québec

Taux de chômage
1998 : 9,1 % (8,4 % pour l'ensemble du Québec)
Source : Statistique Canada, novembre 1999.

Revenu *per capita* (1998)
23 400 $ (22 000 $ pour l'ensemble du Québec)
Source : Ministère de l'Industrie et du Commerce,
Direction de l'analyse des PME et des régions,1999.

Investissements
2 491 050 milliers de dollars, soit 7,7 % des investissements au Québec
Source : Bureau de la statistique du Québec, Investissements privés et publics,
Québec et ses régions, perspectives révisées, 1998.

Emploi selon le secteur d'activité (1998)
- Primaire : 2,0 % (3,6 % pour l'ensemble du Québec)
- Secondaire :
  Manufacturier : 9,8 % (18,4 % pour l'ensemble du Québec)
  Construction : 3,1 % (4,0 % pour l'ensemble du Québec)
- Tertiaire : 85,1 % (74,0 % pour l'ensemble du Québec)
Source : Ministère de l'Industrie et du Commerce, Direction de l'analyse
des PME et des régions,1999.

Recherchés
- Secondaire
  Commis aux services à la clientèle
  Cuisiniers
- Collégial
  Techniciens en chimie analytique
  Techniciens en chimie biologie
  Techniciens en génie industriel, mécanique et électronique
- Université
  Analystes de systèmes informatisés
  Comptables
  Ingénieurs mécaniciens, chimistes, électriciens et électroniciens
  Médecins spécialistes
  Pharmaciens
Source : Les métiers et les professions offrant de bonnes perspectives d'emploi, tendances
de l'an 2000 dans la région de Québec, Emploi-Québec (direction régionale de Québec).

Sites Internet
Chambre de commerce et d'industrie du Québec métropolitain
www.cciqm.qc.ca
CRHC Québec
www.qc.hrdc-drhc.gc.ca/qcmetro/commun/imt_f.html#locale
Information organismes travail de la région de Québec
www.inforgtravail.qc.ca
Ministère de l'Industrie et du Commerce
www.mic.gouv.qc.ca/PME-REG/regions/pagehtml/03/03.htm
Société de promotion économique du Québec métropolitain
www.speqm.qc.ca

Saviez-vous que?
«Les secteurs reliés à la recherche pharmaceutique et médicale sont en expansion, souligne Denis Gagnon. Les centres de recherche sont nombreux dans ce domaine, mais également en génie chimique, électrique et électronique. On mise là-dessus pour renouveler l'économie régionale. Quelqu'un ayant une solide formation et qui se dirige dans le secteur des nouvelles technologies et de l'ingénierie est presque assuré d'obtenir un emploi.»

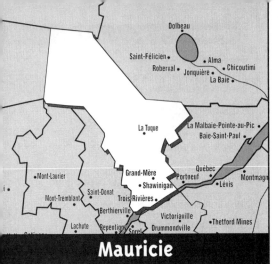

Population
261 208 (3,7 % du Québec)
11e région administrative sur 17
Trois-Rivières métropolitain : 139 956
Source : Statistique Canada, Recensement 1996.

Superficie
39 736 km² (2,6 % du Québec)
5e région administrative sur 17
Source : Bureau de la statistique du Québec.

Secteurs développés
Bois et meuble
Pâtes et papiers
Première transformation des métaux
Textile

Secteurs en croissance
Services récréotouristiques
Technologie de pointe (ex. : aéronautique)

Région
04

Mauricie

par **Stéphanie Filion**

Mélange d'immenses espaces verts, de forêts, de grandes industries et de centres urbains, la Mauricie est quelque peu hybride, entre Montréal et Québec, entre le Saguenay et l'Abitibi. Principale ville de la région, Trois-Rivières est reconnue d'un océan à l'autre pour ses deux particularités : d'un côté, elle est la capitale des pâtes et papiers; de l'autre, celle du chômage. La Mauricie plonge pourtant dans le troisième millénaire avec optimisme. Espérant satisfaire la plus grande part de sa population active, elle se tourne autant vers les industries de pointe que vers les secteurs traditionnels.

« **N**otre économie a toujours été dépendante des pâtes et papiers, rappelle Roger Béland, directeur du Centre local de développement de la MRC de Francheville. Cette industrie demeure importante et va le rester, mais nous tentons d'utiliser cette expertise pour amener des investissements de plus haut niveau. » Entre la tradition et la technologie, il n'y a plus qu'un pas : la région se tourne vers les secteurs en expansion. Finie la belle époque des maîtres draveurs. La diversification est le mot d'ordre pour réduire le taux de chômage chronique chez les jeunes, revigorer l'économie du Trois-Rivières métropolitain et refaire une santé au «cœur du Québec».

LA STRUCTURE ÉCONOMIQUE

La Mauricie génère 16 % des recettes du Québec en agriculture et près de 12 % de ses récoltes de bois. Près de

10 000 emplois dans la région proviennent des industries du bois, du papier et de première transformation des métaux, soit la moitié des emplois du secteur manufacturier.

Cette concentration est paradoxalement responsable du taux de chômage élevé. «La présence de très grandes entreprises concentrées dans quelques secteurs seulement a toujours posé un problème de création d'emplois, souligne Jules Bergeron, économiste régional à Emploi-Québec. La grande industrie est soumise aux affres de la conjoncture économique et la modernisation de nombreuses usines a fait disparaître plusieurs postes ces dernières années. Nous commençons, avec l'implantation de différentes PME, à entrevoir des débouchés. Celles-ci étaient peu présentes en Mauricie.»

Bien que les PME soient actuellement surtout concentrées dans le domaine de la transformation du bois et de la fabrication de meubles, des investissements importants commencent à accroître la représentativité des entreprises de technologie de pointe dans la fabrication de matériel de transport et de caoutchouc et plastique.

Du côté des services aux entreprises, le tout nouveau Centre de recherche en papier couché témoigne aussi d'un vent de changement. Autre exemple : cinq petites entreprises connexes à l'aéronautique tracent une voie intéressante pour la région dans ce secteur de pointe. «La Mauricie est légèrement sous-représentée par rapport au Québec pour les industries à savoir élevé et moyen. L'écart devrait diminuer tranquillement», assure Jacques Trottier, économiste régional au ministère du Développement des ressources humaines Canada (DRHC). Il signale aussi que, malgré cette présence croissante, c'est le secteur traditionnel de la transformation du bois qui a connu la plus forte expansion depuis le début des années 1990, grâce à l'implantation de plusieurs scieries.

Malgré un taux de chômage supérieur de deux ou trois points à celui de la moyenne provinciale, toutes ces activités ont permis à la Mauricie de bénéficier d'un taux de croissance de l'emploi fort respectable. De 1997 à 1998, il est passé de 2,2 % à 4,0 %, comparativement à 1,5 % et 2,1 % pour le Québec. En 1999, l'activité s'est maintenue grâce aux investissements manufacturiers et touristiques et à la rénovation du barrage de Grand-Mère (450 millions de dollars), projet majeur de la région qui s'étend sur plus de quatre ans.

Pour que la Mauricie prenne son essor, les difficultés du Trois-Rivières métropolitain doivent pourtant être surmontées. Le centre urbain rassemble 50 % de la population de la région et la main-d'œuvre la plus scolarisée. Paradoxalement, il est touché par un fort taux de chômage (13 % en 1998). Cette piètre performance lui a valu depuis plus de trois ans le titre de capitale nationale du chômage. «Trois-Rivières s'est remise difficilement de la restructuration des services publics, principalement dans la santé, mais aussi dans l'enseignement, et elle attire peu de grands projets», explique M. Trottier. Ces quatre dernières années, 70 % des investissements se sont concentrés en périphérie.

LE MARCHÉ DU TRAVAIL

Trois-Rivières, qui abrite une université et un cégep, souffre d'une situation particulière : elle possède trop de main-d'œuvre qualifiée pour les emplois disponibles actuellement. «Nous exportons nos diplômés, déplore Jacques Trottier. C'est pour cela que nous avons grand besoin d'industries qui emploient une main-d'œuvre de haute compétence.» Les chiffres annoncent de bonnes nouvelles dans ce sens. Selon la liste des professions significatives pour 1999 (qui touche la période 1998-2001) effectuée par DRHC/Mauricie, 41,1 % des professions avec de bonnes possibilités d'embauche nécessitent des compétences de niveau universitaire, 33,7 %, de niveau collégial ou secondaire professionnel, et 25,2 %, un diplôme d'études secondaires ou moins.

Puisque les normes de qualité des entreprises ont augmenté et que beaucoup d'usines ont modernisé leurs équipements, plusieurs métiers semi-spécialisés exigent maintenant, au minimum, une formation professionnelle, selon Jules Bergeron. «Les secteurs du meuble et du métal, en expansion, ont des problèmes de recrutement à cause du manque de scolarisation», fait remarquer l'économiste. Pour les professions plus spécialisées, ce sont les industries du savoir (recherche et développement, technologies de l'information, aéronautique) qui offrent les meilleures perspectives d'emploi.

Pour trouver remède au chômage de sa population moins scolarisée, la Mauricie développe aussi les secteurs traditionnels qui demandent un diplôme d'études professionnelles. Des projets sont d'ailleurs en cours dans le bois, le meuble, l'hébergement et la restauration.

Ainsi, à plus ou moins long terme, cette diversification devrait profiter à la tranche des 15-24 ans qui souffrent d'un taux de chômage de 20,9 %, contre 17,2 % pour le Québec, selon les données de 1998 de Statistique Canada. «Le Trois-Rivières métropolitain a un taux de croissance de la population supérieur à l'ensemble du Québec, dit Jacques Trottier. C'est l'aspect positif des difficultés actuelles; c'est un gage de croissance pour l'avenir...» ■ 11/99

Mauricie

Taux de chômage (Mauricie-Bois-Francs)
10,8 % (8,4 % pour l'ensemble du Québec)
Source : Statistique Canada, novembre 1999.

Revenu per capita (1998)
20 400 $ (22 000 $ pour l'ensemble du Québec)
Source : Ministère de l'Industrie et du Commerce, Direction de l'analyse des PME et des régions,1999.

Investissements
2 127 470 milliers de dollars, soit 6,6 % des investissements au Québec
Source : Bureau de la statistique du Québec, Investissements privés et publics, Québec et ses régions, perspectives révisées, 1998.

Emploi selon le secteur d'activité (1998)
- Primaire : 5,1 % (3,6 % pour l'ensemble du Québec)
- Secondaire :
  Manufacturier : 20,0 % (18,4 % pour l'ensemble du Québec)
  Construction : 5,3 % (4,0 % pour l'ensemble du Québec)
- Tertiaire : 69,6 % (74,0 % pour l'ensemble du Québec)

Source : Ministère de l'Industrie et du Commerce, Direction de l'analyse des PME et des régions,1999.

Recherchés

- Secondaire
  Mouleurs, noyauteurs et fondeurs de métaux dans les aciéries
  Opérateurs de machines de traitement des métaux et minerais
- Collégial
  Électroniciens d'entretien
  Soudeurs et assembleurs
  Technologues et techniciens en chimie appliquée
- Université
  Ingénieurs électriciens, électroniciens, chimistes et informaticiens
  Programmeurs
  Vérificateurs et comptables

Source : Liste des professions significatives pour 1999 (qui touche la période 1998-2001), DRHC/Mauricie.

Sites Internet
Carrefour Jeunesse-Emploi de la MRC de Francheville
www.cjefrancheville.qc.ca

CHRC Mauricie : recherche d'emploi
www.qc.hrdc-drhc.gc.ca/shawinigan/commun/emploi_f.html

Direction Centre-de-la-Mauricie
www.directioncm.net

Saviez-vous que?
Le programme Stratégie Emploi Jeunesse du gouvernement du Canada dessert aussi la Mauricie et propose une expérience de travail aux récents diplômés dans le but de les intégrer de façon permanente au marché du travail, et ce, dans leur domaine d'études.

Jeunes Stagiaires Canada : www.jeunesse.gc.ca ou
1 800 935-5555.

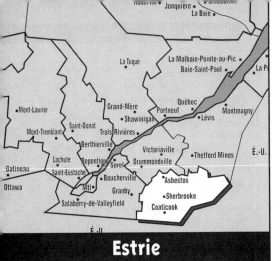

Population
278 470 (3,9 % du Québec)
10ᵉ région administrative sur 17
Source : Statistique Canada, Recensement 1996.

Superficie
10 145 km² (0,7 % du Québec)
14ᵉ région administrative sur 17
Source : Bureau de la statistique du Québec.

Région **05**

Secteurs développés
Équipements de transport
Textile et habillement
Transformation du bois

Secteurs en croissance
Caoutchouc
Microélectronique
Plastique

Estrie

par **Tommy Chouinard**

Encore de nos jours, l'Estrie est communément appelée «Cantons de l'Est», traduction de l'expression Eastern Townships qu'utilisaient les colons du XVIᵉ siècle pour désigner la région et ses champs fertiles. Aujourd'hui, l'Estrie ne vit plus uniquement au rythme de ses terres agricoles, le développement du secteur manufacturier ayant largement diversifié l'économie régionale.

É tant donné la situation géographique de l'Estrie, à la frontière nord de trois États américains — le Maine, le New Hampshire et le Vermont —, la santé économique de la région est grandement influencée par celle de l'oncle Sam. Comme ce dernier se porte plutôt bien, les entreprises estriennes sont vigoureuses. Les exportations de la région roulent à fond de train : 90 % de celles-ci se dirigent vers les voisins du Sud. En fait, l'Estrie constitue la seconde région exportatrice au Québec. «Plus de 35 % des entreprises exportent aux États-Unis, ajoute Pierre Dagenais, directeur général à la Société de développement économique de la région sherbrookoise. Les plus grosses exportent la quasi-totalité de leurs produits, manufacturiers surtout, vers ce pays.»

LA STRUCTURE ÉCONOMIQUE

Des géants du secteur manufacturier sont installés en Estrie. Bombardier, Kruger, Cascade, Waterville TG et Domtar constituent des exemples de la vigueur du secteur secondaire dans la région. À côté de ces poids lourds, selon Pierre Dagenais, tout un réseau de sous-traitants s'est développé,

des PME qui connaissent actuellement un essor remarquable. «Ces nouvelles entreprises évoluent dans des secteurs en développement, comme le plastique et le caoutchouc», indique Danielle Pineault, économiste au Centre de ressources humaines Canada de Sherbrooke.

L'industrie ne stagne pas, au contraire. Selon Mme Pineault, le deuxième plus gros chantier au Québec se trouve en Estrie, soit celui de Métallurgie Magnola, à Asbestos. Pas moins de 760 millions de dollars y ont été investis pour la construction d'une usine qui transformera les résidus d'amiante en aluminium. «Le projet a permis à beaucoup de travailleurs de la construction d'avoir du boulot pendant un bon moment», affirme-t-elle. D'ailleurs, la construction sort de la morosité des dernières années. «En 1998, l'Estrie a connu un boum sur ce plan en obtenant le plus haut taux d'unités construites au Québec», affirme Pierre Dagenais.

De son côté, le secteur primaire occupe 7,1 % des travailleurs de la région, soit près du double de la moyenne québécoise. L'agriculture vient en tête de liste, avec des domaines traditionnels comme la production laitière. «De nouveaux secteurs sont en croissance, comme la viniculture», affirme Danielle Pineault. Par contre, les mines sombrent dans un certain marasme. «L'amiante de la région d'Asbestos vit des heures difficiles depuis que la demande en Europe a chuté abruptement», souligne-t-elle.

Étant donné l'importance des secteurs primaire et secondaire, le tertiaire occupe une place moins grande en Estrie qu'ailleurs en province. En effet, selon Statistique Canada, en 1998 le taux provincial de personnes travaillant dans le secteur tertiaire était supérieur d'environ 10 % à celui de l'Estrie. Regroupées en majeure partie dans la région métropolitaine de Sherbrooke, les entreprises de services y jouent quand même un rôle considérable. «Les soins de santé, les services sociaux et le commerce de détail sont les principaux domaines du tertiaire dans la capitale régionale», estime Danielle Pineault.

LE MARCHÉ DU TRAVAIL

En Estrie, le taux de chômage se tient près de celui de la moyenne provinciale, soit 8,7 %. Par ailleurs, on estime que 35 % des jeunes abandonnent leurs études avant la fin du secondaire, chiffre qui s'apparente également à celui de la moyenne provinciale selon Pierre Dagenais. Leur situation diffère cependant : ils deviennent presque tous des chômeurs chroniques. «Plus que dans d'autres régions, les emplois en industrie ici se spécialisent et exigent des qualifications élevées, explique-t-il. Sans diplôme, on ne peut que laver de la vaisselle, ou presque.»

> Selon Danielle Pineault,
> les jeunes connaissent peu
> certaines industries, comme celles
> du plastique et du caoutchouc.
> «Ces entreprises ne peuvent même
> pas engager tout le personnel
> dont elles ont besoin.»

M. Dagenais estime que bon an, mal an, 2 000 emplois sont difficiles à pourvoir, majoritairement dans les industries de pointe. L'un des objectifs de la région pour l'avenir découle de ce phénomène : la formation de la main-d'œuvre. «Plus que jamais dans notre région, il faut attirer les jeunes vers les formations scientifiques et techniques, soutient Pierre Dagenais. Ce sont des domaines où les possibilités d'emploi sont inouïes. Avec deux universités et trois collèges, nous avons les atouts nécessaires pour atteindre notre objectif.»

Selon Danielle Pineault, le problème tient beaucoup du fait que les jeunes connaissent peu certaines industries, comme celles du plastique et du caoutchouc. «Ces entreprises ne peuvent même pas engager tout le personnel dont elles ont besoin.»

Ainsi, l'avenir du marché du travail dans la région est relié aux nouvelles technologies pouvant être utilisées dans différents domaines. «Les investissements en recherche et en développement sont nettement à la hausse, affirme-t-elle. La pharmacologie, la plasturgie, le caoutchouc, le béton et l'informatique représentent autant de secteurs qui en bénéficient.»

Puisque la mondialisation est sur les lèvres de tous les acteurs économiques régionaux, l'accroissement de la compétitivité de l'Estrie semble être un enjeu important. «Il faut que la région trouve les moyens de conserver sa place de choix dans la province, pense Mme Pineault, mais aussi dans le monde.» ■ 11/99

Estrie

Taux de chômage
8,7 % (8,4 % pour l'ensemble du Québec)
Source : Statistique Canada, novembre 1999.

Revenu per capita (1998)
20 800 $ (22 000 $ pour l'ensemble du Québec)
Source : Ministère de l'Industrie et du Commerce,
Direction de l'analyse des PME et des régions,1999.

Investissements
1 238 680 milliers de dollars, soit 3,8 % des investissements au Québec
Source : Bureau de la statistique du Québec, Investissements privés et publics, Québec et ses régions, intentions révisées, 1997.

Emploi selon le secteur d'activité (1998)
- Primaire : 7,1 % (3,6 % pour l'ensemble du Québec)

- Secondaire :
  Manufacturier : 27,2 % (18,4 % pour l'ensemble du Québec)
  Construction : 4,6 % (4,0 % pour l'ensemble du Québec)

- Tertiaire : 61,2 % (74,0 % pour l'ensemble du Québec)
Source : Ministère de l'Industrie et du Commerce, Direction de l'analyse des PME et des régions,1999.

Recherchés
- Collégial
  Techniciens en génie mécanique et industriel
  Techniciens (industries des plastiques et du bois)

- Université
  Ingénieurs mécaniciens, électriques et électroniques
  Programmeurs et analystes de systèmes informatiques
Source : Liste des emplois en demande en Estrie 1998, Serge Paré, économiste régional de la direction générale d'Emploi-Québec de l'Estrie.

Sites Internet
Carrefour Jeunesse-Emploi des Cantons de l'Est
www.passage.qc.ca/cje.html

Corporation Passage vers l'emploi
www.passage.qc.ca

CRHC des Cantons-de-l'Est
www.qc.hrdc-drhc.gc.ca/sherbrooke/accueil.html

Estrie Media Web
www.mediaweb.ca/estrie

Ministère de l'Industrie et du Commerce
www.mic.gouv.qc.ca/PME-REG/regions/pagehtml/05/05.htm

Saviez-vous que?
Pour attirer des travailleurs en Estrie, Coaticook organise des journées thématiques faisant la promotion de la région et de ses entreprises. Une vingtaine d'industries, dont plusieurs dans le domaine de la transformation du bois, tentent alors de recruter une nouvelle main-d'œuvre.

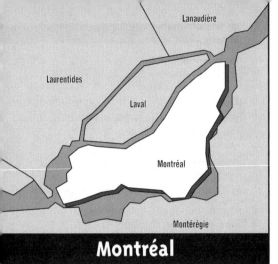

Population
1 775 846 (24,9 % de la population du Québec)
1ʳᵉ région administrative sur 17
Source : Statistique Canada, Recensement 1996.

Superficie
409 km² (0,03 % du Québec)
16ᵉ région administrative sur 17
Source : Bureau de la statistique du Québec.

Secteurs développés
Aérospatiale
Commerces et services
Pharmaceutique
Recherche et développement
Télécommunications

Secteurs en croissance
Biotechnologies
Multimédia
Technologies de l'information et des communications

Région **06**

Montréal

par **Sylvie Lemieux**

La région de Montréal est nichée au confluent du fleuve Saint-Laurent et de la rivière des Outaouais. Son territoire correspond à celui de la Communauté urbaine de Montréal (CUM), qui regroupe 29 municipalités. À elle seule, la région accueille le quart de la population du Québec sur trois îles : Montréal, Dorval et Bizard. Elle est caractérisée par son aspect cosmopolite; près de 70 % de la population immigrante du Québec s'y est établie.

Seconde en importance au Canada, après Toronto, l'agglomération profite d'une position stratégique dans l'ensemble du nord-est américain, car ses voisines, New York, Boston et Chicago, sont de grands centres qui représentent un marché de plus de 100 millions de consommateurs. En outre, grâce à son port de mer et à la présence de la voie maritime du Saint-Laurent, Montréal est au carrefour de la route entre l'Europe et l'Amérique. En ce sens, la métropole constitue une tête de pont idéale pour les entreprises exportatrices.

LA STRUCTURE ÉCONOMIQUE

«Depuis quatre ans, Montréal va très bien, affirme Sylvain Laurendeau, économiste au Centre de ressources humaines du Canada à Montréal. Tous les indicateurs s'améliorent : le taux de chômage est à la baisse, le taux d'activité à la hausse, le rapport emploi-population est meilleur.»

Cependant, pour tracer un portrait juste de la situation économique de la région de Montréal, il faut tenir compte de ses banlieues nord et sud, qui font partie d'autres régions administratives. «D'une part, plus du tiers des emplois de l'île de Montréal sont occupés par des gens qui habitent la banlieue, explique l'économiste. D'autre part, il n'y a qu'un peu plus de 10 % des habitants de Montréal qui traversent un pont pour aller travailler.»

Depuis dix ans, Montréal a vu sa structure économique se modifier avec, entre autres, le traité de libre-échange, la mondialisation des marchés et le développement technologique. Les changements se font sentir notamment dans le secteur tertiaire, toujours dominant avec plus des trois quarts des emplois. Sous l'effet des percées technologiques, plusieurs entreprises dispensatrices de services ont vu le jour. On pense, entre autres, aux firmes spécialisées en multimédia et en technologies de l'information. Entre 1987 et 1996, la part du secteur des services a connu une hausse spectaculaire de 33,3 % à 39,9 %[1].

Dans le secteur manufacturier, la région a aussi perdu des plumes au profit de ses voisines qui ceinturent l'île de Montréal. Depuis 1987, une moyenne de 3,2 % des insulaires travaillant dans ce secteur ont perdu leur emploi, alors que la part de l'emploi chez les habitants de la couronne augmentait en moyenne de 5,5 % par année[2].

Heureusement, Montréal compte par ailleurs sur la présence de plusieurs industries performantes, soit celles de l'aérospatiale, des produits biopharmaceutiques, des télécommunications et des technologies de l'information. En fait, la région est en train de se positionner comme l'une des plus importantes technopoles nord-américaines. La métropole compte quelque 1 000 entreprises dans ces secteurs de pointe[3]. Là encore, il faut plutôt considérer la grande région métropolitaine pour avoir une meilleure vue de la situation : si l'on observe l'évolution des personnes en emploi dans ces professions spécialisées, on constate que l'île de Montréal est en baisse depuis dix ans. Pourtant, les compagnies embauchent, souligne M. Laurendeau.

À elle seule, l'industrie pharmaceutique fournit 40 % de la production canadienne de médicaments d'ordonnance et donne de l'emploi à plus de 8 000 personnes. Plus de la moitié de la production de l'industrie aérospatiale est concentrée dans la grande région de Montréal, où sont installés des maîtres d'œuvre tels Bell Helicopter Textron, Bombardier-Canadair, CAE, Pratt & Whitney Canada, Rolls Royce Canada et Spar Aérospatiale. Globalement, ce secteur comporte quelque 200 entreprises qui emploient plus de 33 000 personnes et qui sont particulièrement actives dans le domaine de la recherche et du développement (R&D).

En fait, quelque 850 entreprises consacrent près de 24 % des dépenses en R&D au Canada. Il faut dire que la région de Montréal compte environ 450 centres de recherche universitaires, privés et publics. Cela représente un débouché intéressant pour les diplômés en sciences.

Par ailleurs, la création de la Cité du multimédia en 1998 a favorisé l'implantation d'entreprises spécialisées dans ce domaine. Plus de 3 000 emplois auront été créés par une trentaine de firmes déjà installées ou en voie de le faire[4].

LE MARCHÉ DU TRAVAIL

Si l'on considère la situation de l'île de Montréal seulement, on constate que celle-ci affiche un taux de chômage supérieur à celui de la grande région métropolitaine, soit 8,9 % pour la première, comparativement à 7,5 % pour la seconde[5]. Même constat du côté du taux d'activité, qui est de 59,6 % sur l'île et de 63,9 % pour la grande région et ses banlieues.

Selon Daniel Lalonde, économiste à la direction régionale d'Emploi-Québec à Montréal, les chercheurs d'emploi font face à une vive concurrence. Dans plusieurs cas, il y a plus de postulants que de postes offerts. Autre déséquilibre constaté : alors que l'île compte plus 100 000 personnes à la recherche d'un emploi, dans certains secteurs économiques, on note une pénurie de travailleurs qualifiés.

Pourtant, à ce chapitre, la région est avantagée puisque 45,6 % des adultes montréalais ont un diplôme d'études postsecondaires (comparativement à 38,3 % au Québec) et 15,6 % ont réussi des études universitaires (contre 10,3 % pour l'ensemble de la province)[6].

Les travailleurs montréalais doivent aussi s'adapter à une nouvelle réalité : la progression du travail à temps partiel. En 1987, 13,8 % des personnes occupées travaillaient moins de 30 heures par semaine, tandis qu'en 1996, on comptait déjà 17 % des travailleurs dans cette situation[7]. ■ 11/99

Sources :
1. Bulletin sur le marché du travail - région économique de l'île de Montréal, décembre 1998.
2. Voir référence numéro 1.
3. et 4. Service du développement économique de la Ville de Montréal.
5. Statistique Canada, novembre 1999.
6. et 7. Voir référence numéro 1.

Montréal

Taux de chômage
8,9 % (8,4 % pour l'ensemble du Québec)
Source : Statistique Canada, novembre 1999.

Revenu *per capita* (1998)
24 000 $ (22 000 $ pour l'ensemble du Québec)
Source : Ministère de l'Industrie et du Commerce,
Direction de l'analyse des PME et des régions,1999.

Investissements
8 687 950 milliers de dollars, soit 26,9 % des investissements au Québec
Source : Bureau de la statistique du Québec, Investissements privés et publics, Québec et ses régions, perspectives révisées, 1998.

Emploi selon le secteur d'activité (1998)
• **Primaire** : 0,5 % (3,6 % pour l'ensemble du Québec)
• **Secondaire** :
  Manufacturier : 18,8 % (18,4 % pour l'ensemble du Québec)
  Construction : 2,4 % (4,0 % pour l'ensemble du Québec)
• **Tertiaire** : 78,3 % (74,0 % pour l'ensemble du Québec)
Source : Ministère de l'Industrie et du Commerce, Direction de l'analyse des PME et des régions,1999.

Recherchés

• **Secondaire**
  Agents de centres d'appels
  Outilleurs-ajusteurs tôliers en aéronautique/aérospatiale
  Régleurs-conducteurs de machines-outils
  Soudeurs-monteurs mécaniciens
• **Collégial**
  Concepteurs graphistes
  Techniciens en matériel de télécommunications
  Technologues en aéronautique/aérospatiale
  Technologues en génie électrique, mécanique
  Technologues et techniciens en chimie appliquée
• **Université**
  Chimistes
  Directeurs des systèmes et des services informatisés
  Ingénieurs (mécaniques, électriques, informatiques)
  Programmeurs/analystes
Source : Perspectives professionnelles, Région métropolitaine de Montréal, 1999-2001, DRHC.

Sites Internet

CRHC Île de Montréal
www.qc.hrdc-drhc.gc.ca/imt/html/mtl.html

Chambre de commerce du Montréal métropolitain
www.ccmm.qc.ca

Coordonnées des centre locaux d'emploi
www.mss.gouv.qc.ca/cle/liste/cle06.htm

Saviez-vous que?
La croissance de l'emploi dans les industries à haut niveau de savoir (par ex. : aéronautique, biopharmaceutique) bat des records dans la région de Montréal. Alors que de 1987 à 1997 l'augmentation se chiffrait à 25,2 % pour l'ensemble de la province de Québec, et à 20,3 % à Toronto, Montréal menait la marche avec une croissance de 32,7 %.
Source : Alain Lapointe et Stéphane Fortin. *L'économie du savoir marquerait-elle la fin du déclin pour Montréal?* École des hautes études commerciales, 1998.

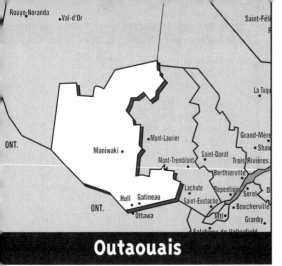

Population
307 441 (4,3 % du Québec)
8ᵉ région administrative sur 17
Source : Statistique Canada, Recensement 1996.

Superficie
32 946 km² (2,2 % du Québec)
6ᵉ région administrative sur 17
Source : Bureau de la statistique du Québec.

Secteurs développés
Administration publique
Bois, pâtes et papiers

Secteurs en croissance
Deuxième et troisième transformations du bois
Services récréotouristiques
Technologie de pointe

Région 07

Outaouais

par **Stéphanie Filion**

Située à deux pas de l'Ontario, la plus «bilingue» des régions du Québec n'est plus l'ombre de sa voisine, ni un territoire peuplé de forêts! Ses travailleurs, dont 70 % sont rassemblés dans la Communauté urbaine de l'Outaouais (CUO), ont troqué les billots de bois contre les souris d'ordinateur. La forte croissance de sa population, l'activité touristique et culturelle et l'industrie de la technologie de pointe sont devenues ses marques de commerce. L'Outaouais est à l'image de son nom, qui signifie, en algonquin, «les eaux bouillent».

L'activité de l'Outaouais s'est modifiée au cours des dernières décennies. Alors que le XIXᵉ siècle a été celui du bois, celui qui s'achève est caractérisé par la présence de l'administration publique, le principal employeur. Cherchant à diminuer cette dépendance, la région commence à prendre en main sa structure industrielle. «Pendant 100 ans, nous avons eu un employeur unique, le gouvernement fédéral. Tout d'un coup, celui-ci a perdu des plumes et nous avons été obligés de devenir créatifs et de développer d'autres créneaux, plus que les autres régions, raconte Jacqueline Zanon, directrice des communications à la Chambre de commerce de l'Outaouais. Durant les trois ou quatre dernières années, nous avons fait un bond incroyable!»

LA STRUCTURE ÉCONOMIQUE

La région 07 est la plus «tertiarisée» de la province. Quatre emplois sur dix sont reliés à l'un des trois paliers de gouvernement (incluant l'enseignement, la santé et les services sociaux), malgré les mises à pied massives de l'État, responsables en grande partie du ralentissement actuel de l'économie. «Après avoir connu une forte croissance dans les années 1980 et au début de 1990, la région stagne», explique Josée Lavoie, économiste au ministère du Développement des ressources humaines Canada.

Toutefois, pendant que certains secteurs perdent, d'autres gagnent au grand jeu du libéralisme économique. Aujourd'hui, ce sont les domaines de la technologie de pointe et du tourisme qui volent la vedette.

Depuis 1995, l'industrie technologique est en pleine expansion et représente à l'heure actuelle plus de 2 500 emplois. Plus d'une trentaine de firmes se sont établies dans l'agglomération de Hull, donnant lieu à d'importantes initiatives, comme celle de COM DEV et Newbridge Networks pour créer la firme Spacebridge Networks Corporation qui se spécialise dans le développement de transmission de données par réseau sans fil. De plus, l'ouverture récente du Centre de développement des technologies de l'information, qui regroupe des entreprises spécialisées en recherche et en développement, en système d'urgence 9-1-1 et en produits pour système de contrôle aérien, par exemple, aura des retombées évaluées à plus d'un million de dollars annuellement dans l'économie locale, améliorant aussi l'attrait de la région pour ce secteur.

De son côté, le développement du tourisme a été grandement aidé par l'arrivée du casino dans le paysage urbain de Hull. Celui-ci reçoit plus de trois millions de visiteurs chaque année. De plus, les divers attraits artistiques et culturels de Hull suscitent également la visite de quelque quatre millions de personnes par année.

Une autre initiative démontre la vitalité qui anime la région : depuis cinq ans, le projet Immigrants-Investisseurs, mis sur pied par plusieurs partenaires, dont certaines villes outaouaises et le gouvernement fédéral, cherche de nouveaux sous aux quatre coins du globe. «Déjà, une quarantaine d'étrangers investisseurs, de la France et du Liban entre autres, se sont installés. Usine de transformation de foie gras, garage et restaurants sont quelques exemples des entreprises qu'ils ont démarrées», souligne Jacqueline Zanon. Ce projet participe aussi à colorer le paysage régional, déjà reconnu pour être un berceau de l'immigration : 8 % de la population de Hull est d'origine immigrante.

Si le secteur primaire est beaucoup moins développé que le tertiaire, l'industrie du bois conserve cependant sa renommée. «Ce secteur à repris du poil de la bête depuis la crise de 1992. Beaucoup de nouvelles entreprises ont étendu leurs activités aux deuxième et troisième transformations du bois, en plus d'agrandir leur marché. Nous avons depuis peu, par exemple, un producteur de parquets qui exporte en Chine», raconte Josée Lavoie. L'Outaouais est aussi caractérisée par l'exploitation des feuillus, une activité plus artisanale que celle des résineux.

Une nouvelle scierie, fruit d'un investissement de plus de deux millions de dollars, démontre que la première transformation demeure dynamique. Le secteur manufacturier est, quant à lui, très peu développé. Il se concentre dans les secteurs du bois et des pâtes et papiers et occupe moins de 7 % des emplois.

LE MARCHÉ DU TRAVAIL

Les industries outaouaises et, par conséquent, les principales activités, sont concentrées dans quatre municipalités de la CUO, soit Gatineau, Hull, Aylmer et Buckingham. On y trouve les entreprises technologiques qui emploient une main-d'œuvre hautement qualifiée ainsi qu'une concentration de centres d'appels (qui offrent des services à la clientèle par téléphone) attirés par le fort taux de bilinguisme de la population. Compaq, une firme américaine, y emploie d'ailleurs 600 personnes.

Les hôtels, restaurants et autres services récréo-touristiques demeurent de gros employeurs, particulièrement à Gatineau, qui a connu une expansion fulgurante ces dix dernières années, selon Mme Zanon. «Elle est devenue une ville commerçante avec tous les centres commerciaux et les magasins à grande surface que ce statut implique.» La construction et l'établissement de nouveaux commerces vont bon train et ils continueront à alimenter le marché de l'emploi.

L'industrie des pâtes et papiers n'est pas appelée à croître sur le plan de l'emploi, la modernisation des équipements diminuant le besoin de main-d'œuvre peu spécialisée dans les usines. «Les postes qui pourraient être ouverts exigeront une main-d'œuvre diplômée d'un DEC au minimum», précise Mme Lavoie. Du côté des MRC de Pontiac, de Papineau, de Collines-de-l'Outaouais et de Vallée-de-la-Gatineau, les industries agricoles et forestières demeurent assez stables, quoique cette dernière MRC soit plus florissante grâce à la reprise dans la construction et au développement de l'industrie touristique. ■ 11/99

Outaouais

Taux de chômage
8,8 % (8,4 % pour l'ensemble du Québec)
Source : Statistique Canada, novembre 1999.

Revenu *per capita* (1998)
21 400 $ (22 000 $ pour l'ensemble du Québec)
Source : Ministère de l'Industrie et du Commerce,
Direction de l'analyse des PME et des régions,1999.

Investissements
1 236 500 milliers de dollars, soit 3,8 % des investissements au Québec
Source : Bureau de la statistique du Québec, Investissements privés et publics,
Québec et ses régions, perspectives révisées, 1998.

Emploi selon le secteur d'activité (1998)
• Primaire : 2,1 % (3,6 % pour l'ensemble du Québec)

• Secondaire :
  Manufacturier : 6,2 % (18,4 % pour l'ensemble du Québec)
  Construction : 5,0 % (4,0 % pour l'ensemble du Québec)

• Tertiaire : 85,5 % (74,0 % pour l'ensemble du Québec)

Source : Ministère de l'Industrie et du Commerce, Direction de l'analyse
des PME et des régions,1999.

Recherchés
• Secondaire
  Agents de centres d'appels
  Commis à la clientèle et aux renseignements

• Collégial
  Électroniciens d'entretien
  Techniciens en génie électronique et électrique

• Université
  Ingénieurs en télécommunication, en informatique et en génie logiciel
  Programmeurs-analystes
  Représentants des ventes
  Traducteurs

Source : Prévisions 2000, Josée Lavoie, économiste au DRHC-Outaouais.

Sites Internet
Carrefour Jeunesse-Emploi de l'Outaouais
www.cjeo.qc.ca

CRHC Outaouais
www.qc.hrdc-drhc.gc.ca/imt/html/hull.html

Communauté urbaine de l'Outaouais
www.cuo.qc.ca

Saviez-vous que?
L'Outaouais a un besoin criant de main-d'œuvre diplômée de tous les niveaux universitaires (baccalauréat, maîtrise et doctorat) dans les domaines de la technologie de pointe.

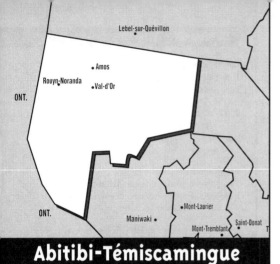

Population
153 905 (2,2 % du Québec)
14ᵉ région administrative sur 17
Source : Statistique Canada, Recensement 1996.

Superficie
65 143 km2 (4,3 % du Québec)
4ᵉ région administrative sur 17
Source : Bureau de la statistique du Québec.

Secteurs développés

Forêt
Mines

Secteur en croissance
Entreprises manufacturières et commerciales

Abitibi-Témiscamingue

par **Stéphanie Filion**

Région éloignée des grands centres urbains, l'Abitibi-Témiscamingue a vécu au rythme du défrichement des forêts et de l'extraction des métaux. C'est d'ailleurs là que le secteur primaire est le plus important au Québec. Cette région, l'une des plus jeunes, a encore tout à développer. À elles seules, ses nombreuses mines ne lui permettent plus de rouler sur l'or...

L a région 08, communément appelée Abitibi, a du plomb dans l'aile. Le marché du travail y est trop fortement tributaire de l'évolution du secteur des ressources naturelles. La chute du prix de l'or durant les deux dernières années a ralenti le secteur minier (mines d'or), qui était le moteur de l'économie régionale.

«Avec un taux de chômage au-dessus de 11 %, nous ne pouvons pas avancer que ça va très bien, et les experts s'entendent pour dire qu'il n'y aura pas de remontée importante du prix de l'or dans les prochains mois, explique Maryse Talbot, économiste régionale au Centre des ressources humaines Canada (CRHC). Il y a cependant une concertation des gens d'affaires qui ne veulent pas se contenter d'attendre une reprise de ce secteur. Mais modifier un tant soit peu le paysage industriel n'est chose ni facile ni rapide.»

LA STRUCTURE ÉCONOMIQUE

Le secteur primaire abitibien, avec ses industries forestières et minières, occupe 11,4 % des travailleurs de la région, une proportion considérable par rapport au taux de 3,6 % atteint

dans l'ensemble du Québec. La situation semble vraiment rose quand on sait que les salaires offerts dans ces domaines d'activité sont fort respectables (plus de 60 000 $ par année pour le mineur).

Pourtant, l'industrie minière est en forte décroissance. En 10 ans (1988-1998), le taux d'emploi a diminué de 35 %, selon les données tirées de l'Enquête sur la population active et compilées par le CRHC Rouyn-Noranda. En effet, le nombre de travailleurs est passé de 7 483 à 4 667. Du côté de l'industrie forestière, on notait également pour la même période une chute importante de l'emploi, passant de 4 092 à 2 750 travailleurs. Le secteur agricole ne génère plus, quant à lui, que 1,6 % des recettes de la province.

Pour contrebalancer les problèmes du secteur primaire, l'Abitibi mise sur le développement du secteur secondaire, concentré actuellement autour de trois activités : les industries du bois, des pâtes et papiers et la transformation des métaux. Cependant, le secteur secondaire a connu lui aussi de mauvaises années. De 1988 à 1998, on y enregistrait une diminution de 16 % des travailleurs (pour pertes d'emploi), portant ainsi à 13,3 % le nombre de personnes occupées dans ce secteur en Abitibi, comparativement à 23,3 % pour l'ensemble du Québec.

À long terme, différents projets pourraient néanmoins changer ce profil. «La tendance est à la deuxième et à la troisième transformation de nos ressources naturelles, surtout dans les domaines du meuble et de l'agroalimentaire, quoique cette situation n'ait pas encore une présence significative dans l'industrie. Nous espérons aussi accueillir les nouvelles technologies et augmenter nos exportations», dit Danielle Simard, directrice du Centre local de développement de Rouyn-Noranda.

Ces espoirs de diversifier enfin la structure industrielle de l'Abitibi ont peut-être trouvé une oreille attentive. Un nouvel organisme, Chantier Défi-Emploi, mis en branle au milieu de

1999, rassemble plus de 300 bénévoles, la plupart du domaine des affaires, qui veulent contrebalancer la conjoncture alarmante en poursuivant deux objectifs : créer des emplois et stimuler l'entrepreneurship. «Nous voulons jumeler les projets d'entreprises manufacturières et commerciales avec des entrepreneurs. Des études sont en cours. Nous mettrons l'accent sur des projets dans les secteurs en émergence. La réponse est déjà très bonne, le milieu se mobilise. Des emplois devraient se créer sous peu», annonce François Demers, le coordinateur de Chantier Défi-Emploi.

Maryse Talbot salue cette initiative, mais elle ne peut éviter de soulever les difficultés des entreprises manufacturières en région : «D'une part, les coûts reliés au transport des marchandises dans les grands centres sont élevés et, d'autre part, les salaires sont moins attirants que ceux de l'industrie minière.»

Pendant que le secteur secondaire cherche la voie d'une meilleure croissance, le secteur tertiaire trace doucement son chemin. La proportion des emplois qui y sont rattachés est comparable à celle du Québec : l'Abitibi-Témiscamingue n'a pas échappé au phénomène de tertiarisation du marché du travail. La proportion des emplois de ce secteur est passée de 64,5 % à 73,6 %, de 1988 à 1998. Les emplois sont répartis principalement dans les commerces, les soins de santé, l'hébergement ainsi que la restauration.

LE MARCHÉ DU TRAVAIL

Aucun investissement majeur n'est prévu dans la région pour les prochaines années. Ainsi, le marché du travail, qui s'est détérioré depuis dix ans, et particulièrement ces deux dernières années, ne retrouvera pas les chiffres des belles années sous peu. On estimait d'ailleurs que le nombre de personnes occupant un emploi devait enregistrer une diminution moyenne de près de 2 % entre 1997 et 2000. Pendant la même période, on prévoyait pourtant une augmentation de 2 % de l'emploi au Québec, selon Emploi-Québec.

La règle d'or de l'emploi est valide en Abitibi : la formation améliore nettement les chances de travailler. De fait, si la région compte presque autant d'emplois de niveau professionnel que de faible spécialisation, les personnes peu scolarisées ont un taux de chômage plus de cinq fois supérieur à celui de l'autre groupe, selon Emploi-Québec.

Or, l'Abitibi souffre d'un faible taux de scolarisation : 51 % de la population de la MRC Abitibi-Ouest, 47 % de celle du Témiscamingue et 39 % de celle de Rouyn-Noranda n'ont pas de diplôme d'études secondaires, comparativement à 35 % pour l'ensemble du Québec, selon Statistique Canada. «Avec le secteur manufacturier qui se développe, j'anticipe un manque de main-d'œuvre qualifiée», souligne Maryse Talbot. Une université et un cégep se trouvant sur le territoire, l'obtention d'un diplôme est pourtant à la portée de la main. ■ 11/99

Taux de chômage
11,4 % (8,4 % pour l'ensemble du Québec)
Source : Statistique Canada, novembre 1999.

Revenu *per capita* (1998)
20 700 $ (22 000 $ pour l'ensemble du Québec)
Source : Ministère de l'Industrie et du Commerce,
Direction de l'analyse des PME et des régions,1999.

Investissements
860 850 milliers de dollars, soit 2,7 % des investissements au Québec
Source : Bureau de la statistique du Québec, Investissements privés et publics, Québec et ses régions, perspectives révisées, 1998.

Emploi selon le secteur d'activité (1998)
- Primaire : 11,4 % (3,6 % pour l'ensemble du Québec)

- Secondaire :
   Manufacturier : 8,7 % (18,4 % pour l'ensemble du Québec)
   Construction : 4,2 % (4,0 % pour l'ensemble du Québec)

- Tertiaire : 73,6 % (74,0 % pour l'ensemble du Québec)
Source : Ministère de l'Industrie et du Commerce, Direction de l'analyse des PME et des régions,1999.

Recherchés

- Secondaire
   Exploitants agricoles
   Mécaniciens de chantier et mécaniciens industriels
   Surveillants dans la transformation des produits forestiers

- Collégial
   Techniciens en génie électronique et électrique
   Techniciens et mécaniciens d'instruments industriels

- Université
   Médecins spécialistes
   Professionnels des sciences forestières
   Programmeurs
   Psychologues
   Vérificateurs et comptables

Source : Perspectives professionnelles et professions en demande en Abitibi-Témiscamingue pour l'an 2000. Marie-Josée Marcoux, économiste régionale à Emploi-Québec.

Sites Internet
Centre local d'emploi
www.mss.gouv.qc.ca/cle/liste/cle08.htm

CRHC Abitibi-Témiscamingue
www.qc.hrdc-drhc.gc.ca/imt/html/rouyn.html

Saviez-vous que?
Le marché du travail est marqué par des fluctuations importantes du volume de la population active. L'année 1997 marquait le record des sept années précédentes, avec une hausse de 5 %, soit un taux d'activité estimé à 63,6 %. En 1998 cependant, on notait un repli de 3 % du taux d'activité.
Source : Évolution du marché du travail en Abitibi-Témiscamingue, Bilan 1998, Maryse Talbot, CRHC.

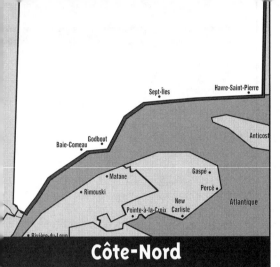

Sept-Îles

Havre-Saint-Pierre

Godbout
Baie-Comeau

Anticost

Matane

Gaspé

Rimouski

Percé

Pointe-à-la-Croix

New
Carlisle

Atlantique

Rivière-du-Loup

Côte-Nord

par **Stéphanie Filion**

Population
103 299 (1,4 % du Québec)
16e région administrative sur 17
Source : Statistique Canada, Recensement 1996.

Région
09

Superficie
298 471 km² (19,7 % du Québec)
2e région administrative sur 17
Source : Bureau de la statistique du Québec.

Secteurs développés

Forêt
Hydroélectricité
Mines
Pêcheries

Secteurs en croissance
Aluminium
Deuxième transformation du bois
Services récréotouristiques

Pays des mineurs, des défricheurs et des pêcheurs, la Côte-Nord s'étire de Tadoussac jusqu'à Blanc-Sablon, sur quelque 1 200 kilomètres. Région riche en ressources naturelles, elle recherche encore la stabilité économique par la diversification de ses industries.

L'économie nord-côtière s'est développée en fonction de l'exploitation de ses ressources naturelles : le poisson, la forêt, les mines de fer et les puissantes rivières favorables à la production d'électricité. «Notre région est très dépendante de la conjoncture des pays importateurs de minerais, principalement le Japon et les États-Unis, et de la construction de barrages hydroélectriques ou d'usines», souligne Claude Arsenault, économiste couvrant la Côte-Nord au ministère du Développement des ressources humaines Canada.

LA STRUCTURE ÉCONOMIQUE

Après l'Abitibi, c'est sur la Côte-Nord que le secteur primaire est le plus actif au Québec. En 1998, 10,1 % des personnes occupées évoluaient dans les entreprises minières, forestières et de pêche.

Quoiqu'elle ait presque atteint sa capacité maximale de coupe, l'industrie forestière compte parmi les plus florissantes de la région : les volumes de bois récoltés ont augmenté considérablement ces dernières années. Néanmoins, la Côte-Nord représente moins de 3 % de l'ensemble de la population active dans le secteur de la forêt au Québec, selon le recensement de 1996.

Du côté des mines et des pêcheries, la situation est moins reluisante. «Un ralentissement affecte ces domaines. La demande est en baisse dans les entreprises minières à cause

de la crise asiatique, et la pêche subit les conséquences du moratoire sur les poissons de fond depuis cinq ans», explique Claude Arsenault. Une légère reprise de la pêche à la morue a néanmoins été constatée en 1999, ce qui devrait permettre de redémarrer l'industrie. De plus, selon les données préliminaires de Pêches et Océans Canada, en 1998, la valeur des débarquements en pêcheries — tous poissons confondus — pour la Côte-Nord était considérable, représentant 23,7 % de celle du Québec.

Quant au secteur manufacturier, il fournit environ 6 000 emplois et est essentiellement développé en fonction des ressources naturelles. En 1998, on dénombrait 89 établissements manufacturiers dans la région, soit 7 % de l'ensemble du Québec.

L'industrie tertiaire, dominée par le transport, le tourisme et la production d'électricité, connaît un sort meilleur. Cette dernière est en expansion, selon l'économiste. De fait, Hydro-Québec y est très importante : en septembre 1998, la Commission de la construction du Québec signalait la présence de trois importants chantiers financés par cette imposante entreprise publique. «Depuis 10 ans, la production d'électricité engendre des travaux continus. La construction du barrage sur la rivière Sainte-Marguerite touche à sa fin, après cinq années d'activité, mais d'autres projets, comme le détournement de rivières et la construction de la deuxième phase du barrage Churchill, devraient maintenir les activités», dit M. Arsenault.

La facilité d'accès à cette ressource hydroélectrique a aussi grandement contribué à l'installation des usines d'aluminium dans la région, usines qui fournissent des milliers d'emplois. Par exemple, la Société canadienne de métaux Reynolds, située à Baie Comeau, est le plus gros employeur manufacturier de la région, avec 1 900 employés.

Des investissements considérables dans des entreprises de deuxième transformation du bois, dont une usine de fabrication de panneaux en contreplaqué, sont aussi projetés.

Depuis le prolongement récent de la route Havre-Saint-Pierre-Natashquan, le tourisme prend également un bel essor. «L'industrie se mobilise dans la MRC de Sept-Rivières, dit la présidente sortante de la Chambre de commerce de Sept-Îles, Élizabeth Blais. Ce secteur sera notre troisième priorité pour les cinq prochaines années, après le développement de la grande industrie, telles les usines d'aluminium et de pâtes et papiers, et la production d'électricité.»

LE MARCHÉ DU TRAVAIL

Suivant les vagues d'investissements, le taux de chômage régional a oscillé entre 11 % et 15 % au cours de la période 1990-1999, se maintenant généralement deux ou trois points au-dessus de la moyenne provinciale. En effet, comme l'indique le Plan d'action régional 1999-2000 rédigé par André Lepage, économiste à Emploi-Québec, «la Côte-Nord devra toujours compter sur l'exploitation des ressources naturelles pour assurer la croissance du marché de l'emploi».

Il est difficile de prévoir une croissance à court terme dans les domaines minier et forestier. Par contre, celui de la production d'électricité devrait être porteur d'emplois pour les années à venir.

De plus, l'Enquête sur l'érosion de la main-d'œuvre dans les principales entreprises de la Côte-Nord, déposée par le Centre de ressources humaines Canada de Sept-Îles en juin 1998, démontre que des besoins importants de travailleurs spécialisés (qui possèdent au moins une formation secondaire professionnelle) apparaissent, particulièrement dans la construction et les mines. En fait, 15,9 % des travailleurs spécialisés de l'industrie primaire sont admissibles à une retraite anticipée ou normale d'ici 2001 et cette proportion atteindra 30,2 % en 2004. «Le vieillissement de la main-d'œuvre est spécifique à notre région et relié à la crise du fer du début des années 1980, alors que des centaines de jeunes travailleurs avaient été mis à pied. Ceux qui ont gardé leur emploi atteignent l'âge de se retirer : d'ici 2004, 2 500 travailleurs seront remplacés», explique Claude Arsenault.

La moitié des emplois spécialisés recensés dans l'enquête nécessitent un diplôme collégial ou universitaire, selon l'économiste. Même les pêcheries sont touchées par cette professionnalisation du marché du travail. Une loi votée en juin 1999 oblige désormais les pêcheurs et aides-pêcheurs à avoir un diplôme de formation professionnelle pour exercer leur métier.

Or, le niveau de scolarité des nord-côtiers est inférieur à la moyenne québécoise. Selon l'Enquête sur l'érosion de la main-d'œuvre de 1998, 43 % des 15 ans et plus de cette région n'ont pas de diplôme d'études secondaires, comparativement à 35 % au Québec.

La santé de l'économie de la région passe donc par la scolarisation, mais aussi par l'élargissement de sa gamme d'industries. «Depuis 10 ans, depuis que nous avons développé l'aluminium, notre économie est plus stable. Nous nous acharnons maintenant à augmenter le nombre des entreprises de transformation», souligne Élizabeth Blais. ■ 11/99

Côte-Nord

Taux de chômage*
14,6 % (8,4 % pour l'ensemble du Québec)
*Le seul taux disponible inclut aussi le Nord-du-Québec.
Source : Statistique Canada, novembre 1999.

Revenu *per capita* (1998)
21 400 $ (22 000 $ pour l'ensemble du Québec)
Source : Ministère de l'Industrie et du Commerce, Direction de l'analyse des PME et des régions,1999.

Investissements
880 880 milliers de dollars, soit 2,7 % des investissements au Québec
Source : Bureau de la statistique du Québec, Investissements privés et publics, Québec et ses régions, perspectives révisées, 1998.

Emploi selon le secteur d'activité (1998)
• **Primaire :** 10,7 % (3,6 % pour l'ensemble du Québec)
• **Secondaire :**
   Manufacturier : 15,0 % (18,4 % pour l'ensemble du Québec)
   Construction : 5,1 % (4,0 % pour l'ensemble du Québec)
• **Tertiaire :** 69,1 % (74,0 % pour l'ensemble du Québec)

Source : Ministère de l'Industrie et du Commerce, Direction de l'analyse des PME et des régions,1999.

Recherchés
• **Secondaire**
   Charpentiers-menuisiers
   Conducteurs de camions lourds et d'engins de chantier
   Mécaniciens industriels
   Soudeurs
• **Collégial**
   Infirmières
   Techniciens en administration
   Technologues en analyse d'entretien
   Technologues en électronique industrielle/électrodynamique
   Technologues en génie civil
• **Université**
   Administrateurs-comptables
   Enseignants au préscolaire et au primaire
   Infirmières

Source : Enquête sur l'érosion de la main-d'œuvre dans les principales entreprises de la Côte-Nord, juin 1998.
www.qc.hrdc-drhc.qc.ca/socio-98/7-ile/erosion/default.html

Sites Internet
CHRC Côte-Nord
www.qc.hrdc-drhc.gc.ca/imt/html/7-iles.html

Coordonnées des centres locaux d'emploi
www.mss.gouv.qc.ca/cle/liste/cle09.htm

Saviez-vous que?
L'économie de certains coins de la Côte-Nord, telles la Haute et la Basse-Côte-Nord, est basée sur des activités s'exerçant seulement une partie de l'année, comme la pêche, le tourisme et l'aménagement de la forêt. Il existe un écart moyen de 10 % entre le niveau d'emploi en été et en hiver, soit près de 6 000 emplois.

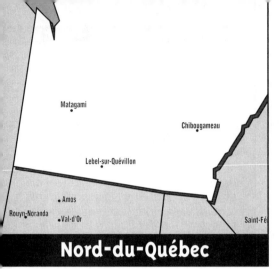

Population
38 395 (0,5 % du Québec)
17ᵉ région administrative sur 17
Source : Statistique Canada, Recensement 1996.

Superficie
839 696 km² (55,1 % du Québec)
1ʳᵉ région administrative sur 17
Source : Bureau de la statistique du Québec, 1998.

Secteurs développés

Forêt
Hydroélectricité
Mines

Secteurs en croissance
Commerces et services
Tourisme d'aventure

Région
10

Nord-du-Québec

par **Martine Roux**

Trônant tout en haut de la carte, la région du Nord-du-Québec est la plus vaste de la province. De la baie d'Ungava au détroit de Hudson, ses étendues quasi sauvages occupent plus de la moitié du territoire québécois. Elle englobe deux territoires distincts : la Jamésie, sise entre le 49ᵉ et le 55ᵉ parallèles, et le Nunavik, au nord du 55ᵉ parallèle.

Pourtant, cette vaste région est aussi la moins densément peuplée du Québec, avec ses 40 000 âmes dispersées au gré de la toundra et de la taïga. Trois groupes ethniques composent sa population : les Jamésiens (de race blanche) forment un peu plus de 47 % de sa population, les Cris, 29,6 %, et les Inuits, 22,7 %.

LA STRUCTURE ÉCONOMIQUE

L'économie régionale, traditionnellement dominée par la grande entreprise, est peu diversifiée et repose principalement sur l'exploitation des ressources naturelles, soit l'énergie hydroélectrique, les mines et les forêts.

L'exploitation forestière va bon train en ce coin de pays. Plus de 95 % de la ressource forestière du Nord-du-Québec est consacrée à l'exploitation, et l'on y transforme 15 % de la ressource résineuse du Québec. La région compte huit usines de sciage, une usine de pâte et une usine de cogénération. Environ 75 % de la récolte est transformée sur place en produits de première transformation, tandis que l'autre quart est transformé ailleurs au Québec[1].

Le sous-sol du Nord-du-Québec est probablement le plus riche de la province et n'a encore été que peu exploré par l'industrie minière. Pourtant, ce secteur ne roule pas vraiment sur l'or. La chute du prix des métaux et les soubresauts des marchés boursiers internationaux ont durement frappé l'industrie. «Depuis le début de l'automne 1999, toutefois, le prix de l'or a tendance à remonter, confie René Perron. On se croise les doigts! Le sous-sol regorge de ressources, mais encore faut-il découvrir les gisements prometteurs, ce qui représente d'importants investissements.»

Selon Daniel Dufour, secrétaire-trésorier à la Ville de Chapais, la découverte et la mise en valeur d'un dépôt de vanadium — une substance métallique qui entre notamment dans la fabrication des piles au lithium, explique-t-il — près de Chibougamau permettra de créer quelque 250 emplois dans la région dès 2002.

Pour déjouer la dépendance de la région face au secteur primaire, il faut diversifier l'économie, estiment les experts. «Nous faisons face à des défis de taille, explique Daniel Ricard, directeur régional pour le Nord-du-Québec chez Développement économique Canada. De concert avec les intervenants locaux, nous tentons de diversifier l'économie par différents moyens. Par exemple, accroître la sous-traitance en aidant à la création de petites entreprises fournissant des services à la grande industrie.» La Société d'aide au développement des collectivités de Chibougamau-Chapais (SADC) est l'un des intervenants qui tentent d'insuffler un nouveau dynamisme à la région. Sa mission? Stimuler le développement économique local et aider les entrepreneurs à se lancer en affaires. Depuis sa fondation en 1988, l'organisme a ainsi contribué à créer ou à consolider 1 070 emplois. «Il est difficile de diversifier l'économie, explique son directeur général, Luc Cliche. Comme nous sommes éloignés des autres marchés, les entreprises locales doivent composer avec la distance. Les coûts élevés de transport des marchandises affectent la rentabilité des opérations.»

Par contre, le secteur des services à Chibougamau et à Chapais est de plus en plus dynamique. «Beaucoup de commerces de détail et de petites entreprises de services voient le jour. La SADC a par exemple financé des dépanneurs, des magasins d'alimentation, des restaurants, des clubs de golf ou des centres de ski. Le secteur tertiaire se porte bien et ajoute à notre qualité de vie.»

L'une des stratégies pour transformer l'économie consiste à amener les entreprises forestières locales à faire des opérations de deuxième transformation, à réutiliser le bois. «La difficulté, outre l'éloignement, c'est l'offre de main-d'œuvre sur le territoire. Les entreprises recherchent des employés qualifiés et ont de la difficulté à recruter dans notre région», explique René Perron.

Le Nord-du-Québec cache un autre potentiel : le tourisme d'aventure fait lentement mais sûrement son nid dans la région, estime René Perron. Celle-ci possède maintenant sa propre association touristique régionale et peut vanter ses charmes grâce à un guide touristique produit par le ministère du Tourisme. Les Sentiers de motoneige fédérés, par exemple, ont récemment fait l'objet d'un investissement de deux millions de dollars.»

LE MARCHÉ DU TRAVAIL

Contrairement aux autres régions de la province, les jeunes du Nord-du-Québec qui ne s'expatrient pas pour poursuivre des études supérieures ont tendance à demeurer dans la région. «Par contre, si l'on veut étudier en technologie minière, par exemple, il faut aller à Val-d'Or, à six heures de route de Chibougamau! C'est pour cette raison que nous misons beaucoup sur la formation professionnelle et technique chez nous.» À ce chapitre, René Perron est optimiste. «La région est jeune et nous sommes en train de la structurer. Nous possédons maintenant notre propre commission scolaire. Nous pourrons donc développer des programmes de formation professionnelle qui répondent aux besoins des entreprises locales. C'est un grand pas en avant.»

Pour freiner l'exode des jeunes, la SADC a créé il y a deux ans le programme Stratégie jeunesse, qui les aide à se lancer en affaires. «Une quinzaine d'entreprises sont nées grâce à ce programme», avance Luc Cliche.

Enfin, la région connaît des pénuries de professionnels, notamment en comptabilité et finance, soutient-il. «Par exemple, le Fonds régional de solidarité Nord-du-Québec souhaitait récemment embaucher un conseiller aux entreprises avec expérience. Le processus de recrutement a duré un an, faute de candidat intéressant! En outre, il y a un fort taux de roulement dans le secteur forestier : les travailleurs viennent souvent acquérir de l'expérience chez nous et repartent après quelques mois. Un jeune qui part étudier dans des régions plus urbanisées et qui revient par la suite travailler ici a de bonnes possibilités d'emploi.» ■ 11/99

1. Ministère des Ressources naturelles, 1997.

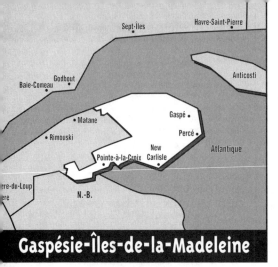

Population
105 174 (1,5 % de la population du Québec)
15e région administrative sur 17
Source : Statistique Canada, Recensement 1996.

Superficie
20 621 km² (1,4 % du Québec)
9e région administrative sur 17
Source : Bureau de la statistique du Québec.

Secteurs développés

Extraction de minerai et de sel
Forêt
Pêcheries
Services

Secteurs en croissance
Mariculture (moules, pétoncles)
Services récréotouristiques

Région **11**

Gaspésie-Îles-de-la-Madeleine

par **Sylvie Lemieux**

Terre de contrastes où la mer côtoie la montagne, la région Gaspésie-Îles-de-la-Madeleine constitue un vaste territoire composé de deux ensembles : la péninsule gaspésienne, qui s'étend du fleuve jusqu'aux frontières du Nouveau-Brunswick et du Maine, et l'archipel des Îles-de-la-Madeleine.

Baignée par les eaux du golfe du Saint-Laurent, la Gaspésie présente un relief accidenté à l'intérieur des terres qui sont à 80 % recouvertes d'une forêt où les conifères prédominent. Quant à l'archipel des Îles-de-la-Madeleine, situé au sud de la côte gaspésienne, on ne saurait rester insensible au charme de ses kilomètres de plages de sable blond et de ses falaises de roches rouges.

Malgré la grande beauté de ses paysages, la région vit une situation économique difficile depuis plusieurs années. Taux de chômage record, fermetures d'entreprises et faiblesse des investissements sont quelques-uns des problèmes auxquels elle fait face. À la recherche de perspectives meilleures, beaucoup de Gaspésiens décident de partir. Ainsi, au cours des 15 dernières années, la région a connu une baisse de population de 9 %[1]. Ce sont surtout les jeunes âgés de 25 à 34 ans qui s'exilent. De 1991 à 1996, 3 200 d'entre eux ont plié bagage.

LA STRUCTURE ÉCONOMIQUE

L'économie de la région est principalement basée sur l'exploitation et la transformation de ses ressources naturelles : les produits de la mer, les mines et la forêt. Or, le secteur primaire éprouve de sérieuses difficultés puisque, de 1986 à 1996, il a vu son effectif chuter de 31 %.

C'est l'industrie de la pêche, un des principaux moteurs de l'économie gaspésienne, qui a le plus souffert au cours des dernières années. Le moratoire sur les poissons de fond instauré en 1993 a entraîné un important ralentissement des opérations et la fermeture de quelques entreprises. Selon Michel Lacroix, économiste au Centre de ressources humaines Canada (CRHC) à Gaspé, environ 1 000 emplois auraient été perdus dans la région depuis.

Pour contrer ces pertes, on s'est efforcé de diversifier les activités des entreprises. Différents programmes d'aide gouvernementale ont ainsi permis à quelques projets d'émerger. On pense à Algo Québec, une entreprise spécialisée dans la fabrication de produits cosmétiques à base d'algues, à Pêcheries Marinard, qui s'est lancée dans la production de chitine et de chitosan. «On parle aussi de passer d'une industrie basée uniquement sur la transformation des poissons et fruits de mer à une industrie de production (élevage)», explique François Gauvin, économiste au CRHC de Gaspé.

Dans la péninsule, le secteur des mines vit lui aussi des heures sombres depuis l'annonce de la fermeture de Mines Gaspé à Murdochville, qui a épuisé ses ressources souterraines en cuivre. Là encore, ce sont 300 emplois qui disparaissent. Par contre, l'exploitation des gisements de sel des Îles-de-la-Madeleine par Mines Seleine embauche près de 200 personnes et génère des retombées annuelles de 12 millions de dollars. C'est une entreprise importante pour l'archipel puisqu'elle fournit environ 90 % des besoins en sel de déglaçage de la province[2].

Par ailleurs, certaines entreprises du domaine agricole éprouvent des difficultés. De façon générale, selon M. Gauvin, «plusieurs entreprises de la Gaspésie font difficilement leurs frais à cause de la dispersion de la population sur un très grand territoire». En effet, seulement 16 % de la population vit dans une agglomération urbaine (contre 76 %, à l'échelle de la province). La majorité des habitants sont dispersés le long du littoral, où la densité de population est très faible.

De son côté, l'industrie forestière bénéficie d'une conjoncture plutôt favorable depuis 1993. La matière première est principalement transformée en billes et en bois d'œuvre, très demandés sur le marché. Ce secteur a vécu toutefois des hauts et des bas en 1999. Entre autres, il y a eu l'annonce de la fermeture de la papetière Gaspesia de Chandler qui prive plus de 500 personnes de leur travail et menace de nombreux emplois indirects. Au chapitre des bonnes nouvelles, des projets de construction et de rénovation de scieries sont présentement en cours à Bonaventure et à Nouvelle. Il en résulterait des investissements de 100 millions de dollars et la création d'une centaine d'emplois dans la région.

Du côté du tourisme, «il y a des créneaux prometteurs, comme les excursions aux blanchons aux Îles-de-la-Madeleine et le tourisme d'aventure, mais, soutient M. Gauvin, le principal défi de l'industrie est de prolonger une saison trop courte de manière à attirer des visiteurs tout au long de l'année. Un investissement majeur de 7,6 millions de dollars, annoncé par le ministère du Tourisme à l'été 1999, aidera les promoteurs à développer différents projets.

LE MARCHÉ DU TRAVAIL

Il n'est donc pas étonnant de constater que depuis 1991 le taux de chômage régional n'est jamais descendu sous 18 %. En fait, l'écart se creuse sans cesse entre la Gaspésie et l'ensemble du Québec. En novembre 1999, près de 12 points séparaient la région de la province (19,5 % comparativement à 8,4 %). Le chômage affecte plus durement les hommes de même que les jeunes de 15 à 24 ans.

Le secteur des services emploie le plus de travailleurs. Toutefois, beaucoup de ces emplois sont à temps partiel ou saisonniers. Selon une étude sur l'environnement économique produite par le CRHC en avril 1999[3], de plus en plus de gens croient que l'avenir de la région passe par une diminution de l'effectif relié à la pêche et par une reconversion industrielle axée sur la diversité. Les travailleurs auront alors besoin d'accroître leurs compétences pour obtenir un emploi. Or, 50 % de la population de la Gaspésie ne possède pas de diplôme d'études secondaires. Quant aux diplômés universitaires, ils y sont deux fois moins nombreux que dans le reste de la province. Cela s'explique par le manque d'établissements postsecondaires en Gaspésie qui oblige les jeunes à quitter la région pour poursuivre leurs études. Plusieurs ne reviennent pas.

En attendant d'effectuer ce virage important, le besoin de main-d'œuvre de la région se fait surtout sentir dans le domaine de la santé et dans le domaine de la gestion, peu importe le secteur économique. ■ 11/99

1. Portrait de la situation socio-économique Gaspésie/Îles-de-la-Madeleine, CRHC Gaspé, printemps 1999.
2. Association touristique des Îles-de-la-Madeleine, 1998.
3. L'environnement économique, CRHC Gaspé - région Gaspésie/Îles-de-la-Madeleine, avril 1999.

Gaspésie-Îles-de-la-Madeleine

Taux de chômage
19,5 % (8,4 % pour l'ensemble du Québec)
Source : Statistique Canada, novembre 1999.

Revenu *per capita* (1998)
17 300 $ (22 000 $ pour l'ensemble du Québec)
Source : Ministère de l'Industrie et du Commerce, Direction de l'analyse des PME et des régions,1999.

Investissements
293 720 milliers de dollars, soit 0,9 % des investissements au Québec
Source : Bureau de la statistique du Québec, Investissements privés et publics, Québec et ses régions, perspectives révisées, 1998.

Emploi selon le secteur d'activité (1998)
• **Primaire :** 9,1 % (3,6 % pour l'ensemble du Québec)

• **Secondaire :**
   Manufacturier : 11,6 % (18,4 % pour l'ensemble du Québec)
   Construction : n/d (4,0 % pour l'ensemble du Québec)

• **Tertiaire :** 74,0 % (74,0 % pour l'ensemble du Québec)
Source : Ministère de l'Industrie et du Commerce, Direction de l'analyse des PME et des régions,1999.

Recherchés

• **Secondaire**
   Aides familiales, de soutien à domicile
   Opérateurs de machines à scier
   Surveillants dans la transformation de produits forestiers

• **Collégial**
   Agents financiers
   Électroniciens d'entretien
   Représentants des ventes
   Techniciens en génie électronique et électrique

• **Université**

Dentistes	Médecins spécialistes
Directeurs des ressources humaines	Omnipraticiens
Directeurs des ventes	Physiothérapeutes
Directeurs du marketing et de la publicité	Psychologues

Source : Perspectives professionnelles 1997-2000, région Gaspésie-Îles-de-la-Madeleine, Emploi-Québec.

Sites Internet
CRHC Gaspé
www.qc.hrdc-drhc.gc.ca/imt/html/gaspe.html
Coordonnées des centres locaux d'emploi
www.mss.gouv.qc.ca/cle/liste/cle11.htm

Saviez-vous que?
En octobre 1998, Développement économique Canada a annoncé la mise sur pied du volet «Technopole maritime» de l'Institut de recherche scientifique (IRS-Est du Québec). Le but de l'opération est de stimuler la cohésion des organismes et des institutions œuvrant dans le secteur maritime dans la région. On veut également favoriser la création d'entreprises privées et soutenir le développement de celles qui existent déjà dans les domaines reliés aux sciences et techniques de la mer.

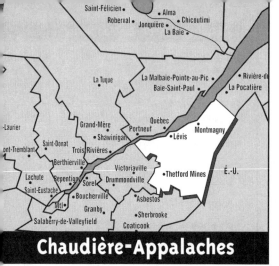

Population
380 496 (5,3 % du Québec)
5ᵉ région administrative sur 17
Source : Statistique Canada, Recensement 1996.

Superficie
15 136 km² (1,0 % du Québec)
11ᵉ région administrative sur 17
Source : Bureau de la statistique du Québec.

Secteurs développés

Aliments et boissons
Équipements de transport
Productions porcine et laitière
Textile
Transport (camionnage)

Secteurs en croissance
Plastique
Services aux entreprises

Région **12**

Chaudière-Appalaches

par **Tommy Chouinard**

De Lévis à l'Islet, en passant par Thetford Mines et Montmagny, la région de Chaudière-Appalaches s'étend sur la rive sud du fleuve Saint-Laurent, en face de Québec, et ouvre la voie vers l'est de la province. Grâce à l'agriculture et à l'industrie manufacturière, elle s'est développée lentement mais sûrement.

D epuis cinq ans, une statistique de la région de Chaudière-Appalaches fait pâlir d'envie les quatre coins du Québec. «Malgré certaines variations, la région est réputée pour avoir le plus bas taux de chômage de la province depuis bien des années», affirme Hélène Lapointe, économiste au Centre de ressources humaines Canada de Charny-Saint-Romuald. Le taux s'élevait à seulement 5,1 % en novembre 1999, comparativement à la moyenne provinciale de 8,4 %, d'après Statistique Canada. «Notre structure économique, basée sur l'industrie manufacturière, profite de l'économie américaine en croissance, de la faiblesse du dollar canadien et du libre-échange nord-américain», explique Yvan Nadeau, économiste régional pour Emploi-Québec de Chaudière-Appalaches.

LA STRUCTURE ÉCONOMIQUE

Le secteur secondaire constitue la locomotive économique de la région, occupant 22,6 % de la main-d'œuvre en 1998 (sans la construction). Des domaines tels la transformation du bois, les équipements de transport, l'habillement et les aliments et boissons demeurent des atouts pour l'avenir.

Alors que bien des régions québécoises se tournent vers les technologies, les performances de Chaudière-Appalaches sont discrètes. «Ici, il n'y a pas de technologie de pointe, souligne Hélène Lapointe. Par exemple, on commence à peine à implanter les machines à commande numérique. Les produits sortant des usines et la façon de les faire restent traditionnels, mais on sensibilise de plus en plus les entreprises à investir dans les technologies pour faire face à la concurrence.»

Autre secteur empreint de tradition, le primaire est d'une importance indéniable pour Chaudière-Appalaches. Concentrée dans l'élevage du porc et la production laitière, l'agriculture joue un rôle économique de premier plan. «Après la Montérégie, nous sommes la deuxième région agricole au Québec», dit Mme Lapointe. De plus, selon Yvan Nadeau, 6 000 fermes sont établies dans la région. «Elles sont devenues des PME qui s'ouvrent peu à peu à la mondialisation, donc à l'exportation», indique-t-il. Cependant, Hélène Lapointe prévoit que la baisse des subventions gouvernementales à l'agriculture portera un coup dur à la région au cours des prochaines années.

Ancienne fierté du secteur primaire, l'industrie de l'amiante périclite. «La perte de contrats avec les clients européens durant les dernières années et l'interdiction prochaine de l'amiante blanche en Europe (elle sera totalement interdite dans tous les pays européens en 2005) affectent la région», dit Hélène Lapointe. Selon l'économiste, «il est urgent de se ressaisir et d'explorer de nouvelles avenues. Avant d'être paralysée, la région doit diversifier son économie, mais le manque d'infrastructures (comme le nombre restreint de bâtiments pouvant être utilisés pour de nouvelles activités) entrave le processus.»

Centré dans la région de Lévis, le secteur tertiaire bat de l'aile. En déclin progressif depuis plusieurs années, d'après Hélène

Lapointe, le domaine commercial souffre d'un grave problème : les acheteurs de la région n'hésitent pas à traverser le pont pour dépenser leur argent à Québec. «Les détaillants ont de la difficulté à concurrencer la ville de Québec. On dit qu'ici, pendant qu'un magasin ouvre, deux ferment leurs portes.»

LE MARCHÉ DU TRAVAIL

Malgré le taux de chômage très bas de l'ensemble de la région, les déboires de l'industrie de l'amiante causent de graves inquiétudes. Les répercussions négatives se font donc surtout sentir dans la région de l'Amiante, dominée par la ville de Thetford Mines, où 1 000 emplois dépendent de cette industrie, selon Hélène Lapointe. «L'emploi s'effrite dans le secteur depuis de nombreuses années. Si l'amiante disparaît, le marché du travail dans ce coin va tirer de la patte.»

Outre cette problématique, la région doit aussi faire face aux difficultés de la construction navale. «C'est en déclin sur le plan de l'emploi, ajoute Mme Lapointe. Essentiellement, le problème est relié aux difficultés financières que connaissent une poignée d'entreprises dont les activités ralentissent depuis quelques années.»

Heureusement, la région de Chaudière-Appalaches offre aussi de bons débouchés, notamment en agriculture et dans le secteur manufacturier.

Comme la plupart des régions du Québec, celle de Chaudière-Appalaches doit conjuguer avec le manque de relève agricole, mais le problème semble y être plus grave. «Les besoins de main-d'œuvre sont très grands, affirme Yvan Nadeau. La demande est forte et se situe aussi bien dans la gestion que dans l'opération agricoles.»

L'industrie manufacturière a également de grands besoins de ressources humaines spécialisées. Selon Yvan Nadeau, «la pénurie de gens compétents freine la croissance des entreprises». Même si les investissements n'atteignent pas des montants élevés — les plus importants sont d'environ 30 millions de dollars chacun —, ils sont nombreux et génèrent des emplois, surtout au sein des PME manufacturières. Selon Hélène Lapointe, bien des postes, souvent des métiers techniques en usine, sont à pourvoir. «Nos industries ont besoin de machinistes, de soudeurs, d'ingénieurs et de travailleurs compétents en transformation du bois et en plasturgie, un secteur naissant», insiste-t-elle.

Grâce à une économie bien ancrée dans l'industrie manufacturière et dans l'agriculture, la région de Chaudière-Appalaches peut se targuer de connaître un taux de chômage bas, mais elle ne peut se reposer sur ses lauriers et ignorer les défis qui l'attendent. «Il faudra faire face aux nouvelles technologies et les intégrer à nos industries. À court ou à moyen terme, nous aurons besoin de jeunes dynamiques dans ce domaine», conclut Hélène Lapointe. ■ 11/99

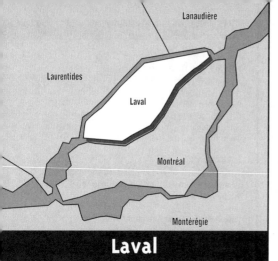

Population
330 393 (4,6 % de la population du Québec)
7ᵉ région administrative sur 17
Source : Statistique Canada, Recensement 1996.

Superficie
245 km² (0,02 % du Québec)
17ᵉ région administrative sur 17
Source : Bureau de la statistique du Québec.

Secteurs développés

Biotechnologies
Commerce
Production de fleurs
Produits chimiques et pharmaceutiques

Secteur en croissance
Technologies de l'information

Région
13

Laval

par **Sylvie Lemieux**

La région de Laval se compose d'une seule ville qui s'étend à la grandeur de l'île Jésus, située au nord-ouest de l'île de Montréal. C'est la deuxième ville en importance au Québec, après la métropole.

D e 1991 à 1996, la population de Laval a augmenté de plus de 5 %, comparativement à 3,5 % pour l'ensemble de la province, et la proportion de personnes âgées de 65 ans et plus a progressé de 30,9 %, comparativement à 11,6 % dans l'ensemble du Québec[1]. La croissance rapide et le vieillissement de la population ont un effet majeur sur le développement économique de la région, car ils entraînent la construction de nombreuses infrastructures (écoles, aqueducs, routes, etc.) de même qu'une augmentation des services (hôpitaux, CLSC, garderies, centres ambulatoires, etc.).

Laval fait partie de la grande région métropolitaine; sa santé économique est donc largement tributaire de celle de la métropole, explique Pierre Alarie, économiste au Centre de ressources humaines Canada de Sainte-Thérèse. Toutefois, l'administration municipale consent de nombreux efforts pour attirer des entreprises dans la région. «Laval commence à se faire connaître comme étant davantage qu'une banlieue», affirme Richard Barbeau, vice-président de la Chambre de commerce et d'industrie de Laval.

LA STRUCTURE ÉCONOMIQUE

L'économie de la région est plutôt diversifiée et repose sur la présence de nombreuses PME. Des quelque 10 000 entreprises implantées à Laval, plus de 80 % comptent moins de 20 employés. «Plus de 40 % d'entre elles n'ont pas cinq ans

d'existence», souligne M. Barbeau. Certains domaines sont devenus des pôles de développement majeurs, tels les biotechnologies, les produits chimiques et pharmaceutiques et les technologies de l'information. Laval s'est d'ailleurs dotée d'un parc scientifique et de technologie de pointe regroupant des entreprises spécialisées dans ces domaines.

Un important projet vient d'y être annoncé, soit la construction de Technoval, un complexe multilocatif de quatre immeubles où les entreprises pourront partager des infrastructures, des laboratoires par exemple. Quelque 60 millions de dollars seraient investis et près de 1 500 emplois seraient créés d'ici cinq ans.

D'autres projets assurent un dynamisme certain à la région, notamment le fort attendu prolongement du métro, qui représente un investissement de 239 millions pour la construction de deux stations. Un autre projet majeur est mené par le Groupe Alexis-Nihon pour la construction d'un complexe comportant des infrastructures culturelles, sportives et commerciales. «L'ouverture est prévue pour l'été 2000, affirme M. Barbeau. La construction de ce complexe, en plus de créer directement plusieurs emplois, incitera les gens à venir s'installer à proximité.»

Le secteur primaire a un faible poids dans l'économie de la région puisqu'il n'occupe même pas 1 % des travailleurs. Il est dominé par l'industrie minière (principalement la production de pierre concassée) et l'agriculture, qui a trouvé un créneau prometteur, selon M. Barbeau. «La région compte de nombreux producteurs horticoles. Près de la moitié de la production de fleurs vendue dans les pépinières du Québec vient de Laval.» L'horticulture devient même un attrait touristique pour la région, avec la création de «La route des fleurs», parcours agrotouristique de 11,5 km au long duquel on visite serres, jardineries, pépinières, fleuristes, ateliers d'artisan et le seul écomusée de la fleur au Québec. Selon l'Office de tourisme de Laval, plus de 10 000 visiteurs empruntent cette route fleurie chaque année.

Au secteur secondaire, la plus importante entreprise manufacturière de Laval œuvre dans le domaine pharmaceutique. Il s'agit de Hoechst-Marion-Roussel, qui emploie plus de 600 personnes. Dans le secteur aéronautique, les multinationales telles que Bombardier, Boeing-McDonnel Douglas et Bell Helicopter accordent de nombreux contrats aux entreprises lavalloises. Les autres industries manufacturières importantes de la région sont dans les domaines des produits métalliques, des produits chimiques (incluant le pharmaceutique), de l'imprimerie et de l'édition, ainsi que des aliments.

Plus des trois quarts des emplois de la région se trouvent dans le secteur tertiaire, où les activités commerciales sont particulièrement importantes. «On estime qu'environ 6 % des ventes au détail enregistrées au Québec sont faites à Laval. Cela représente plus de 3,5 milliards de dollars qui se transigent à Laval dans plus de 3 000 boutiques et magasins de toutes sortes», rapporte M. Barbeau. La clientèle se veut plus régionale que locale. «Entre 30 % et 40 % des consommateurs qui se rendent au Carrefour Laval, par exemple, viennent de Montréal ou des villes situées plus au nord.»

LE MARCHÉ DU TRAVAIL

Les travailleurs lavallois sont nombreux à se déplacer quotidiennement vers la métropole pour gagner leur vie. Selon le recensement de 1996, ils sont près de 79 000 (soit plus de 50 % de l'ensemble des personnes occupées) à se diriger vers l'île de Montréal chaque jour, alors qu'un peu plus de 26 000 Montréalais prennent le chemin inverse pour travailler à Laval et dans les régions de la couronne nord[2].

Cette réalité provoque deux situations particulières. D'une part, le taux de chômage chez les travailleurs de Laval dépend largement de la santé économique de Montréal. D'autre part, les entreprises lavalloises doivent offrir des conditions de travail comparables ou supérieures à celles offertes par les employeurs montréalais si elles veulent trouver une main-d'œuvre qualifiée.

En novembre 1999, le taux de chômage de la région de Laval restait inférieur à celui de la province. Il atteignait en effet 6,9 %, comparativement à 8,4 % pour le Québec.

«Il y a dix ans, Laval comptait environ 1 000 travailleurs autonomes, souligne M. Barbeau. Aujourd'hui, on en dénombre 10 000. Cette force accrue d'entrepreneurship donne un élan à l'économie.» Ces travailleurs à la pige se trouvent dans divers domaines : nouvelle économie du savoir, communication, graphisme, traduction, etc.

Parmi les secteurs où l'on prévoit une croissance de l'emploi, il faut mentionner les domaines pharmaceutiques et des biotechnologies. Des besoins de main-d'œuvre devraient aussi se faire sentir dans les secteurs de l'éducation, des services médicaux et sociaux. Enfin, le secteur de la construction devrait poursuivre sa croissance de même que celui des services aux entreprises[3]. ■ 11/99

1. Centre de ressources humaines Canada (CRHC), région de Laval, 1999.
2. CRHC, régions Laval-Laurentides-Lanaudière, septembre 1998.
3. Prévisions des personnes occupées selon l'industrie 1999-2002,
   CRHC des régions Laval-Laurentides-Lanaudière.

Taux de chômage
6,9 % (8,4 % pour l'ensemble du Québec)
Source : Statistique Canada, novembre 1999.

Revenu *per capita* (1998)
23 800 $ (22 000 $ pour l'ensemble du Québec)
Source : Ministère de l'Industrie et du Commerce,
Direction de l'analyse des PME et des régions,1999.

Investissements
1 192 750 milliers de dollars, soit 3,7 % des investissements au Québec
Source : Bureau de la statistique du Québec, Investissements privés et publics, Québec et
ses régions, perspectives révisées, 1998.

Emploi selon le secteur d'activité (1998)
- Primaire : n/d (3,6 % pour l'ensemble du Québec)

- Secondaire :
   Manufacturier : 17,2 % (18,4 % pour l'ensemble du Québec)
   Construction : 4,2 % (4,0 % pour l'ensemble du Québec)

- Tertiaire : 77,4 % (74,0 % pour l'ensemble du Québec)

Source : Ministère de l'Industrie et du Commerce, Direction de l'analyse
des PME et des régions,1999.

 Recherchés

- **Secondaire**
   Caissiers
   Commis de centres d'appels
   Vendeurs au détail

- **Collégial**

Adjoints à la direction	Ouvriers de pépinières et de serres
Concepteurs graphistes	Techniciens en chimie appliquée
Éducateurs à la petite enfance	Techniciens en génie

- **Université**

Analystes des systèmes informatiques	Enseignants à la maternelle et au primaire
Chimistes	Enseignants au secondaire
Directeurs de la fabrication	Ingénieurs (informatiques, en aérospatiale, mécaniques, en chimie)
Directeurs des ventes, publicité et marketing	Programmeurs
	Vérificateurs et comptables

Source : Liste des professions offrant de bonnes perspectives d'emploi.
Régions Laval-Laurentides-Lanaudière, 1999-2001, DRHC.

Sites Internet

CRHC - régions Laval-Laurentides-Lanaudière
www.qc.hrdc-drhc.gc.ca/regionlll/acceuil_f/Laval/laval.html

Coordonnées des centres locaux d'emploi
www.mss.gouv.qc.ca/cle/liste/cle13.htm

Saviez-vous que?
Avec la Fondation du Collège Montmorency, la Chambre de commerce et d'industrie de Laval mène un projet visant à doter la région d'un centre de formation en commerce de détail. On prévoit créer des programmes d'études de courte durée et d'autres qui s'échelonneront sur quelques mois. Les finissants auront ainsi une meilleure connaissance de tous les aspects du commerce du détail, de l'accueil en passant par le design de vitrine jusqu'à la gestion des stocks.

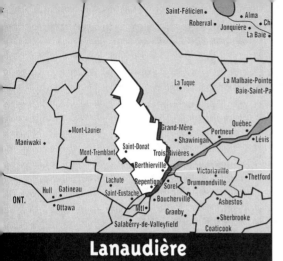

Lanaudière

par Sylvie Lemieux

Population
375 174 (5,3 % de la population du Québec)
6ᵉ région administrative sur 17
Source : Statistique Canada, Recensement 1996.

Superficie
13 499 km² (0,9 % du Québec)
12ᵉ région administrative sur 17
Source : Bureau de la statistique du Québec.

Secteurs développés

Construction
Industries manufacturières
Production maraîchère
Services publics

Secteurs en croissance
Meuble
Vêtement

Région
14

Lanaudière a comme voisines la région des Laurentides à l'ouest et celle de la Mauricie au nord-est. Au sud, elle est bordée par le fleuve Saint-Laurent. Cet immense territoire est riche de nombreux lacs, de forêts abondantes et de chutes puissantes, dont la célèbre Dorwin de même que les chutes Monte-à-peine-et-des-Dalles.

Depuis 1981, Lanaudière détient la palme du plus fort taux de croissance démographique au Québec, résultat du phénomène de l'étalement urbain. Autre caractéristique importante : comparée au reste de la province, la population de la région est relativement jeune, quoique cette tendance soit en train de basculer. En 1991, les personnes de 15 à 44 ans, les forces vives d'une société, représentaient 49 % de la population. En 2006, les prévisions indiquent qu'elles ne seront plus que 41 %. Malgré cela, cette croissance démographique soutenue agit encore comme un puissant stimulus économique sur la production de biens et de services, la construction résidentielle et d'infrastructures publiques.

LA STRUCTURE ÉCONOMIQUE

Secteur primaire assez développé, activités manufacturières importantes, construction presque deux fois supérieure à la moyenne québécoise et prédominance du secteur tertiaire résument la structure économique de la région de Lanaudière, qui repose sur la présence de nombreuses PME et de quelques grandes entreprises, dont Bridgestone/Firestone, Frigidaire Canada et Papiers Scott.

L'agriculture et la foresterie dominent les activités primaires. Reconnue pour posséder les meilleures terres maraîchères du Québec, la région profite de la proximité du vaste marché montréalais pour vendre ses fruits et légumes (pommes de terre, maïs, etc.) et ses produits d'élevage (porcs, volailles, vaches laitières, etc.). Parmi les autres productions végétales majeures, il faut citer également le tabac.

L'activité forestière est aussi importante puisque Lanaudière compte quelque 11 000 km de forêt, où l'on puise la principale source d'approvisionnement des usines de transformation du bois de la région.

Les principales industries du secteur manufacturier se trouvent dans les domaines des aliments, des produits du caoutchouc, du papier, du meuble et de l'habillement. Le domaine des aliments a été particulièrement éprouvé récemment par la fermeture de l'usine d'abattage de poulets Flamingo et celle de la biscuiterie Harnois de Joliette. Par contre, la situation est plus favorable dans l'industrie de la préparation des fruits et légumes, où les fermes Goyet et Saint-Jean comptent investir 20 millions de dollars dans la construction d'une usine de transformation de la pomme de terre. L'entreprise prévoit embaucher 50 travailleurs.

Les nouvelles sont plus réjouissantes également du côté de l'industrie du meuble. «Ce domaine connaît une certaine croissance grâce aux entreprises qui exportent vers les États-Unis, explique Pierre Alarie, économiste au Centre de ressources humaines (CRHC) de Sainte-Thérèse. L'habillement est un autre secteur qui va bien et qui profite du libre-échange», poursuit-il. Au cours des derniers mois, quelque 400 nouveaux emplois ont été créés dans ce secteur avec l'implantation de la nouvelle usine de confection de vêtements pour femmes Lammoda Confections inc., à Saint-Charles de Mandeville, dans la région de Berthier. Selon Pierre Alarie, d'autres investissements de l'entreprise devraient permettre la création d'environ 1 200 emplois d'ici 2002. De belles ouvertures vont donc s'offrir aux couturières, aux tailleurs, aux coupeurs, etc.

Le secteur tertiaire occupe 70,0 % de la main-d'œuvre de Lanaudière. Les industries de services ont enregistré des pertes d'emplois en 1998, particulièrement dans l'hébergement et la restauration et dans les administrations locales et provinciales[1]. Cependant, le domaine de l'enseignement est en croissance. «Alors que dans certaines régions, on ferme des écoles, dans Lanaudière, on investit dans la construction d'une institution secondaire à Lachenaie», souligne Pierre Alarie.

Dans le domaine de la santé, le ministère de la Santé et des Services sociaux allouera 90 millions de dollars pour la construction d'un hôpital à Lachenaie. «Le projet en est encore à une phase préliminaire et devrait se réaliser vers 2003-2004», précise M. Alarie. L'établissement emploiera environ 600 personnes. Le secteur des services médicaux éprouve par ailleurs un problème de ressources humaines. «La région est pauvre en cabinets de médecins et de dentistes», explique l'économiste.

LE MARCHÉ DU TRAVAIL

Sur le plan de l'emploi, la région de Lanaudière ne connaît pas une situation aussi favorable que ses indissociables voisines, Laval et les Laurentides. Le nombre de personnes occupées n'a pas augmenté entre 1997 et 1998.

Le mouvement massif des travailleurs vers Montréal est aussi une réalité pour Lanaudière, principalement pour les municipalités situées au sud du territoire. Ainsi, dans les seuls secteurs de Terrebonne et de Repentigny, environ 45 000 personnes se dirigent vers la région métropolitaine chaque jour pour gagner leur vie. Cela entraîne de sérieux problèmes de transport, une dépendance de la région envers la métropole en ce qui a trait à sa santé économique, et le déplacement des jeunes vers les grands centres.

On remarque également un faible niveau de scolarité, particulièrement chez les personnes qui habitent la partie nord du territoire. Pour contribuer à résoudre ce problème, la Commission scolaire des Samares a mis sur pied deux nouveaux programmes : usinage sur machines-outils à commande numérique et soudage-montage. En partenariat avec le Centre local de développement (CLD) de Joliette, elle a également élaboré un projet pilote de formation en techniques d'usinage, en lien avec les entreprises du milieu. «Nous avons un secteur d'usinage assez important. Nous voulons bonifier la main-d'œuvre qualifiée pour l'adapter aux nouvelles réalités du marché du travail et à la modernisation, étroitement liée à la mondialisation des marchés et à la concurrence que se livrent les entreprises», explique Mme Divry, directrice générale du CLD. ■ 11/99

1. Bulletin du marché du travail, régions économiques de Laval-Laurentides-Lanaudière, 4ᵉ trimestre 1998, DRHC.

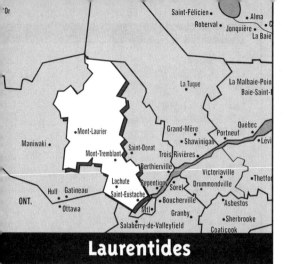

Population
431 643 (6,1 % de la population du Québec)
4ᵉ région administrative sur 17
Source : Statistique Canada, Recensement 1996.

Superficie
21 587 km² (1,4 % du Québec)
8ᵉ région administrative sur 17
Source : Bureau de la statistique du Québec.

Secteurs développés

Industries manufacturières
Matériel de transport
Tourisme, commerce et services

Secteurs en croissance
Commerce
Construction
Domaine horticole
Services récréotouristiques

Région **15**

Laurentides

par **Sylvie Lemieux**

La région des Laurentides s'étire d'est en ouest entre les régions de Lanaudière et de l'Outaouais et, du sud au nord, de la rivière des Mille-Îles jusqu'à la région de la Mauricie-Bois-Francs. Ce vaste territoire est en majeure partie façonné par un relief montagneux où culmine le mont Tremblant avec ses 935 mètres d'altitude.

Selon une étude de Développement des ressources humaines Canada (DRHC), entre 1986 et 1996, la région a connu un véritable boum démographique; la population s'est accrue de 35 %. Par ailleurs, au cours de la période de 1991 à 1996, les Laurentides ont enregistré la plus forte variation annuelle de population, avec une moyenne de 2,65 %, comparativement à 0,6 % dans l'ensemble du Québec.

«C'est phénoménal», affirme Michel Gauthier, directeur général du Centre local de développement Rivière-du-Nord. Selon lui, le développement industriel et commercial de la région incite les gens à venir s'y établir, repoussant ainsi les frontières de l'étalement urbain vers le nord.

Tout comme celui de Laval, le marché de l'emploi des Laurentides dépend en grande partie de la santé économique de l'île de Montréal puisque plus de 30 000 habitants de la région se dirigent vers la métropole chaque jour pour y travailler.

LA STRUCTURE ÉCONOMIQUE

«Depuis un an et demi, la situation économique de la région des Laurentides est très bonne», affirme Pierre Alarie, économiste

au Centre de ressources humaines Canada (CRHC) de Sainte-Thérèse. Deux principaux facteurs expliquent ces performances : la croissance économique de l'île de Montréal et l'effervescence créée par le développement du secteur de Mont-Tremblant qui a largement contribué à augmenter le niveau d'emploi.

Dans l'économie des Laurentides, les activités primaires occupent 4,3 % des travailleurs. Ils œuvrent principalement dans les domaines de l'agriculture et de la forêt. Selon une analyse effectuée par Emploi-Québec, il n'y aura pas une forte création d'emplois dans ce secteur, sauf une légère progression dans le domaine horticole, qui est en croissance dans la région[1].

L'industrie manufacturière se remet plutôt bien des secousses causées par la récession du début des années 1990. En effet, ce secteur est responsable de plus de 20 % de l'augmentation totale du nombre de personnes occupées entre 1987 et 1997, signe de reprise des activités[2]. Dans ce secteur, c'est l'industrie du matériel de transport qui domine; on y compte plus de 35 % des salariés malgré quelques mises à pied chez des joueurs importants tels que Novabus, Bell Helicopter-Textron et General Motors. Selon une analyse faite par les CRHC des régions Laval-Laurentides-Lanaudière, les entreprises manufacturières des secteurs des aliments et boissons, de l'habillement, du bois, du meuble, de la machinerie et du transport routier, entre autres, vont bénéficier entre 1999 et 2001 d'investissements majeurs qui permettront la création d'emplois[3].

La croissance de la population influence les projets de construction résidentielle et d'infrastructures publiques. Sur l'ensemble du territoire, des centres hospitaliers de soins de longue durée sont en voie d'être érigés ou agrandis. De plus, les trois CLSC de la région nourrissent des projets d'agrandissement. Le secteur de l'éducation prévoit également des travaux d'agrandissement ou de construction d'écoles primaires et secondaires à Terrebonne, à Blainville et à Boisbriand, notamment. Par ailleurs, le promoteur Intrawest vient d'annoncer des investissements de l'ordre de 500 millions de dollars pour une deuxième phase de développement de la station touristique du mont Tremblant, comprenant la construction d'hôtels et de condominiums. Dans la même foulée, Station Tremblant a entrepris des travaux d'aménagement de 10 nouvelles pistes de ski, ce qui représente un investissement de 10 millions.

Entre 1987 et 1997, les activités tertiaires expliquent 80 % de la croissance du nombre de personnes occupées[4]. «Au cours des dernières années, les grandes surfaces, telles que Club Price et Bureau en gros, se sont établies dans les Hautes et les Basses-Laurentides, dit Pierre Alarie. Cela amène la création de centaines d'emplois. Cependant, ces commerces entraînent la disparition de boutiques indépendantes. Il y aura donc perte d'emplois de ce côté, à soustraire des gains.» Parmi les autres secteurs en croissance, on peut noter ceux des services aux entreprises et des services à la consommation (hébergement et restauration, divertissement et loisirs).

LE MARCHÉ DU TRAVAIL

Le nombre de personnes occupées s'est accru de 11 000 au premier trimestre de 1999, comparativement à celui de 1998, portant ainsi le taux d'activité à 66,9 %, soit un écart positif de 4,8 % par rapport à la province[5]. Le taux de chômage varie considérablement d'une municipalité régionale de comté (MRC) à l'autre. Il est moins élevé au sud du territoire qu'au nord. Les jeunes sont particulièrement touchés par le chômage. Une faible scolarisation en serait la principale cause : environ 20 % de la population des Laurentides n'a pas complété une neuvième année de scolarité. On remarque que les jeunes qui réussissent à acquérir une expérience de travail et qui poursuivent leurs études augmentent leurs chances de décrocher un emploi puisque le taux de chômage des 15 à 19 ans est beaucoup plus élevé (25 %) que celui des 20 à 24 ans (14 %).

Selon Michel Gauthier, la région manque de main-d'œuvre qualifiée. «Au printemps 1999, nous avons organisé une foire de l'emploi où étaient offerts 1 200 postes dans des domaines divers, allant de l'entretien ménager jusqu'à la médecine nucléaire. Dans certains secteurs, nous n'avons pu répondre à l'offre. Par exemple, des compagnies de transport ont de la difficulté à trouver des camionneurs qualifiés.» ■ 11/99

1. et 2. Plan d'action régional des Laurentides 1999-2000, Emploi-Québec, février 1999.
3. Laurentides - Prévisions des personnes occupées selon l'industrie 1999-2001, Division des économistes des CRHC des régions Laval-Laurentides-Lanaudière.
4. Voir référence numéro 2.
5. Bulletin du marché du travail, régions économiques de Laval-Laurentides-Lanaudière, 1er trimestre 1999, DRHC.

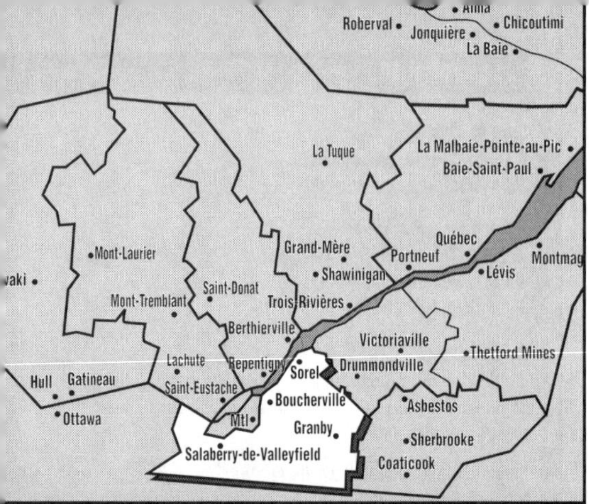

Montérégie

par **Martine Roux**

Région **16**

Population
1 255 920
2e région sur 17
Source : Statistique Canada, Recensement 1996.

Superficie
11 176 km² (0,82 % de la superficie du Québec)
13e région administrative sur 17
Source : Bureau de la statistique du Québec, 1998.

Secteurs développés
Agriculture
Agroalimentaire

Secteurs en croissance
Biotechnologies
Composantes informatiques

Nichée à proximité des frontières américaine et ontarienne, ceinturant Montréal, la Montérégie jouit d'une situation géographique qui est loin de nuire à son succès. Mais elle a beaucoup plus à offrir. Ses entreprises investissent, exportent et roulent depuis longtemps à l'heure du XXIe siècle. Les PME, baromètres par excellence du dynamisme régional, y poussent comme des champignons!

«Ça va bien en Montérégie! se réjouit l'économiste Hélène Mercille, du Centre de ressources humaines Canada de Saint-Hyacinthe. En 1998, 22 000 emplois ont été créés dans la région, soit la deuxième meilleure performance depuis le début de la décennie. Et tout indique que la croissance se maintiendra en 1999.»

LA STRUCTURE ÉCONOMIQUE

La Montérégie compte à la fois une section métropolitaine, principalement sur la rive sud de Montréal, et une région rurale. Dans le secteur primaire, les activités agricoles dominent. Autour de Saint-Hyacinthe, par exemple, la production agricole représente plus de 6 % de l'emploi dans la région. C'est toutefois dans le secteur des services agricoles que la région se distingue particulièrement.

«Ici, la nouvelle économie passe par le secteur agroalimentaire, poursuit Hélène Mercille. On remarque une expertise pointue dans la reproduction des animaux de ferme : le Centre d'insémination artificielle du Québec, par exemple, exporte du sperme de taureau! Des organismes comme l'Institut de biotechnologie vétérinaire et alimentaire ou comme Biovet — spécialisé dans le développement et la commercialisation de produits pour détecter les maladies porcines et bovines — sont entrés de pied ferme dans l'économie du savoir. Les services relatifs à l'élevage de la volaille, les services vétérinaires, les services aux entreprises agricoles sont également en croissance.»

Plusieurs grandes entreprises ont choisi de s'établir autour de Granby, de Bromont, de Saint-Hyacinthe ou de Valleyfield, notamment en raison des taxes, qui y sont beaucoup moins élevées qu'à Montréal, et de la proximité des réseaux autoroutiers et ferroviaires. Ces entreprises couvrent plusieurs domaines des techniques de pointe, comme la transformation des aliments, le matériel de transport (aéronautique, automobile, etc.), les produits électroniques, les produits métalliques, les textiles, le meuble, les plastiques.

«Au cours des derniers mois, plusieurs investissements ont été annoncés dans la région», soutient Mme Mercille. C'est le cas de Via Systems, un fabricant de puces de Granby, d'IBM de Bromont, qui annonçait un investissement de 55 millions de dollars pour l'assemblage de puces en cuivre, du Groupe Lacasse, un fabricant de meubles de Saint-Pie, qui créait récemment 287 emplois grâce à l'ajout de deux nouvelles usines. Le fabricant d'avions civils Windeagle Aircraft, est venu s'installer dans la Technobase de Saint-Hubert; Spectra Premium, de Boucherville, spécialisé dans la fabrication et la distribution de pièces de rechange pour voitures, a acheté une entreprise de Chicago et investira dans la production. «Les investissements ne s'accompagnent pas nécessairement d'une création d'emplois, avertit Hélène Fortin. Toutefois, lorsqu'une entreprise investit, c'est qu'elle est en croissance.»

À Salaberry-de-Valleyfield, on constate également l'excellente santé financière des grandes entreprises, alors qu'il y a dix ans à peine, la ville était une épave de l'industrie du textile, à la suite de la fermeture de l'usine de Dominion

Textile. «Depuis trois ou quatre ans, il y a une relance incroyable! déclare Stéphane Billette, commissaire industriel au Centre local de développement de la MRC Beauharnois-Salaberry. Nous avons beaucoup de multinationales sur notre territoire et nombreuses sont celles qui ont annoncé récemment des investissements de plusieurs millions : Alcan, Aliments Carrière, Noranda.»

«La Montérégie est une pépinière de PME!, avance Michel Rheault, président de la Chambre de commerce et d'industrie de la Rive-Sud. De petites entreprises émergent dans tous les secteurs d'activité, mais on remarque un mouvement intensif du côté des services informatiques.» Par ailleurs, certaines villes développent des expertises spécialisées. Si Saint-Hyacinthe est la reine de la transformation des aliments, Valleyfield a pratiquement le monopole des composantes automobiles. Goodyear, le géant des pneus, s'y trouve.

Quant au secteur tertiaire, qui représente 70 % de l'emploi en Montérégie, il s'appuie sur les services à la production, les services à la consommation et les services gouvernementaux ou paragouvernementaux. En cette matière, la Montérégie emboîte le pas aux tendances provinciales. «On prévoit une croissance modeste, modérée ou stable dans ces activités au cours des prochaines années, dit Hélène Mercille. Toutefois, il s'agit d'un secteur important, avec un fort roulement de main-d'œuvre.»

LE MARCHÉ DU TRAVAIL

«Sur les 13 secteurs d'activité définis comme prometteurs par le ministère de l'Industrie et du Commerce, la Montérégie en compte 12. La croissance des entreprises et de l'emploi devraient se poursuivre», dit Mme Fortin.

Plusieurs secteurs, comme l'industrie du meuble — en forte croissance — ou celle des composantes électroniques, connaissent des pénuries de personnel, disent les observateurs du marché du travail. Cependant, tout est question d'équilibre : un secteur de pointe comme la recherche agroalimentaire recrute du personnel très spécialisé, mais embauche moins d'employés que le secteur manufacturier, par exemple.

«Pratiquement tous les métiers manuels sont demandés, fait valoir Michel Rheault. Nos membres nous disent qu'ils ont de la difficulté à pourvoir à des postes de soudeurs, de monteurs, d'assembleurs.» Stéphane Billette est du même avis. «Les employeurs recherchent des gens formés et spécialisés, ce qui est devenu une denrée rare. À l'atelier d'usinage, par exemple, il ne s'agit plus seulement de "mettre la *switch* à *on*"! On demande des connaissances accrues.»

«Le marché du travail en Montérégie retient vraiment sa main-d'œuvre, dit Hélène Mercille. Grâce à la diversification de l'économie, l'emploi est bien réparti entre les différents secteurs d'activité : si un secteur accuse un ralentissement, un autre compense. C'est l'une des forces de notre région.» ■ 11/99

Population
215 207 (3,0 % du Québec)
12ᵉ région administrative sur 17
Source : Statistique Canada, Recensement 1996.

Superficie
6 986 km² (0,5 % du Québec)
15ᵉ région administrative sur 17
Source : Bureau de la statistique du Québec.

Secteurs développés

Pâtes et papiers
Productions maraîchère et laitière
Production porcine
Textile
Transformation des aliments

Secteurs en croissance

Agroalimentaire
Bois et meubles
Machinerie agricole
Produits métalliques

Région **17**

Centre-du-Québec

par **Tommy Chouinard**

Situé au milieu de grands axes routiers, à mi-chemin entre Québec et Montréal, près de Trois-Rivières et de Sherbrooke, le Centre-du-Québec profite d'un emplacement avantageux qui lui permet d'échanger biens et services avec plusieurs grands centres. Communément appelée le «cœur du Québec», la région a une histoire marquée par les productions agricoles et manufacturières et compte toujours sur l'agriculture et sur les industries du secteur secondaire en plein développement pour assurer sa prospérité.

L e Centre-du-Québec compte depuis toujours sur le dynamisme de ses citoyens. En effet, l'entrepreneurship régional y est robuste et responsable de la croissance économique des dernières années. «Les gens en ont assez de voir leurs produits se faire transformer ailleurs, soutient Pierre Blanchard, agent de recherche pour la division d'Emploi-Québec dans la région du Centre-du-Québec. Il y a une volonté locale de faire en sorte que ce qui est produit ici y soit aussi transformé. C'est l'une des devises des gens de la région.»

LA STRUCTURE ÉCONOMIQUE

Le secteur primaire a une grande importance économique pour la région, comparativement à la moyenne provinciale. En 1998, 8,6 % des personnes occupées du Centre-du-Québec œuvraient dans le secteur primaire, contre seulement 3,6 % à l'échelle de la province. Selon Denis Perron, économiste au Centre de ressources humaines Canada, l'agriculture prédomine (production de fruits et de légumes, élevage de bétail et surtout de porc, ainsi que production laitière). Elle occupe 92,1 % des travailleurs du secteur primaire.

Non seulement l'agriculture a-t-elle une place de choix au primaire, mais la région tire le maximum de ses productions puisque la transformation des aliments occupe aussi la première place au sein de l'industrie secondaire. Cinq entreprises importantes font la renommée de la région dans ce domaine et emploient chacune environ 300 employés.

La liste des industries manufacturières les plus importantes se poursuit avec des secteurs traditionnels, c'est-à-dire l'habillement et le textile. D'autres domaines, en croissance, viennent aujourd'hui les talonner. «Les produits métalliques, les machineries agricoles, le bois et les meubles gagnent un poids économique considérable avec le temps», constate Pierre Blanchard. L'ensemble de l'industrie manufacturière occupait 28,7 % de la main-d'œuvre de la région en 1998, soit près de 10 % de plus que la moyenne provinciale. «Presque tous les domaines manufacturiers (pâtes et papiers, métallurgie, textile, habillement, etc.) sont présents dans notre région, sauf peut-être le combustible, affirme Denis Perron. Alors, si un secteur subit un contrecoup, les autres peuvent prendre la relève et assurer la stabilité économique.»

Si les secteurs primaire et secondaire surpassent de loin les performances réalisées dans le reste de la province, le tertiaire est «sous-représenté et sous-développé dans la région du Centre-du-Québec», d'après Pierre Blanchard. Seulement 56,9 % des travailleurs de la région œuvraient dans le secteur en 1998, contre 74,0 % dans l'ensemble du Québec, soit un écart de plus de 15 %. «Essentiellement, c'est le commerce de gros et de détail qui se démarque à cause des industries manufacturières, au détriment des services aux entreprises et des communications par exemple», résume Denis Perron.

LE MARCHÉ DU TRAVAIL

Malgré l'importance de l'agriculture, ce secteur ne représente pas un domaine générateur d'emplois nouveaux très important. «La hausse de l'emploi est modeste, comme dans le reste de la province, soit environ 1 % par année, indique Denis Perron. Cependant, l'essor de la mécanisation et de l'automatisation engendre un besoin nouveau de travailleurs qualifiés qui savent faire fonctionner de la machinerie plus complexe.»

> «Le Centre-du-Québec est le royaume des petites et moyennes entreprises (PME). Il n'y a que quatre entreprises de plus de 500 employés. L'entrepreneurship local est très puissant et permet l'émergence des PME, surtout dans le domaine manufacturier.»
>
> - Denis Perron

Profitant de l'abondance des produits agricoles, le secteur de la transformation des aliments ouvre de plus en plus ses portes aux travailleurs. En marge de ce domaine plus classique de la région, d'autres secteurs se distinguent : «Le secteur du meuble est en émergence. Il y a une demande accrue d'ébénistes, raconte Pierre Blanchard. En fait, le même phénomène se produit dans l'ensemble du domaine du bois et de sa transformation. Par exemple, les entreprises qui œuvrent dans l'impression du papier recherchent de nouveaux spécialistes, des machinistes.»

Malgré la taille imposante de son secteur secondaire, la région n'est pas dominée par des géants industriels comme dans d'autres coins de la Belle Province. Au contraire, ce sont des entreprises plus modestes qui permettent à la population régionale de décrocher un emploi. «Le Centre-du-Québec est le royaume des petites et moyennes entreprises (PME), lance Denis Perron. Il n'y a que quatre entreprises de plus de 500 employés. L'entrepreneurship local est très puissant et permet l'émergence des PME, surtout dans le domaine manufacturier.» Par exemple, selon Pierre Blanchard, les industries lourdes favorisent la croissance de sous-traitants, qui embauchent à leur tour des gens de la région.

Le Centre-du-Québec connaît donc une croissance économique favorable. Comme hier, il semble que la région s'appuie sur les domaines industriel et manufacturier pour soutenir son développement. «Ici, on n'a pas de technologie de pointe ou de multimédia, conclut Pierre Blanchard, mais les gens ont de la volonté, misent sur leurs forces et désirent les faire fructifier, encore et encore.» ■ 11/99

Centre-du-Québec

**Taux de chômage
(Mauricie-Bois-Francs)**
10,8 % (8,4 % pour l'ensemble du Québec)
Source : Statistique Canada, novembre 1999.

Revenu *per capita* (1998)
24 700 $ (22 000 $ pour l'ensemble du Québec)
Source : Ministère de l'Industrie et du Commerce, Direction de l'analyse des PME et des régions,1999.

Investissements
2 127 470 milliers de dollars, soit 6,6 % des investissements au Québec
Source : Bureau de la statistique du Québec, Investissements privés et publics, Québec et ses régions, perspectives révisées, 1998.

Emploi selon le secteur d'activité (1998)
• **Primaire :** 8,6 % (3,6 % pour l'ensemble du Québec)

• **Secondaire :**
   Manufacturier : 28,7 % (18,4 % pour l'ensemble du Québec)
   Construction : 5,8 % (4,0 % pour l'ensemble du Québec)

• **Tertiaire :** 56,9 % (74,0 % pour l'ensemble du Québec)
Source : Ministère de l'Industrie et du Commerce, Direction de l'analyse des PME et des régions,1999.

Recherchés

• **Secondaire**
   Ébénistes
   Machinistes
   Soudeurs

• **Collégial**
   Technologues en génie industriel
   Technologues en génie mécanique

• **Université**
   Comptables
   Ingénieurs industriels et mécaniciens
Source : Perspectives d'emploi 1999, Pierre Blanchard.

Sites Internet
Chambre de commerce des Bois-Francs
www.alphaweb.ca/ccbf/

Chambre de commerce et d'industrie de Drummond
www.ccid.qc.ca

CHRC Centre-du-Québec
www.qc.hrdc-drhc.gc.ca/imt/html/drummond.html

Conseil régional de concertation et de développement du Centre-du-Québec
www.centre-du-quebec.qc.ca

Les jeunes entrepreneurs du Centre-du-Québec
www.jecq.qc.ca

Saviez-vous que?
Pour éviter l'exode, les MRC du Centre-du-Québec, en collaboration avec les Carrefours Jeunesse-Emploi, rejoignent les jeunes qui ont quitté la région et les invitent à un atelier d'une durée de une ou de quelques fins de semaine pour les informer du potentiel que recèle le giron régional.

Abonnez-vous

gratuitement

Cyberemploi

Chroniques et IDzine

Le bulletin électronique des métiers de la nouvelle économie

http://idclic.qc.ca

Une formation et un encadrement de qualité, un milieu de vie dynamique
Une tradition reconnue branchée sur les nouvelles technologies

PROGRAMMES PRÉUNIVERSITAIRES

Sciences de la nature
Programme intégré en Sciences, Lettres et Arts
Sciences humaines
Arts et Lettres (lettres, langues, arts visuels, communication, cinéma)

PROGRAMMES TECHNIQUES

Soins infirmiers
Soins infirmiers pour infirmiers et infirmières auxiliaires
Techniques de bureautique (option : micro-édition et hypermédia)
Techniques administratives (options : marketing, finance, gestion industrielle, commerce international et services financiers)
Techniques de l'informatique (options : développement d'applications et gestion des réseaux)

Un collège ouvert à la réalité interculturelle de la région métropolitaine

Collège de Bois-de-Boulogne

10555, avenue de Bois-de-Boulogne
Montréal, Québec, H4N 1L4
(514)332-3000 poste 311
http://bdeb.qc.ca

L'avenir en formation

pages 158 à 239

Les **36** <u>secteurs</u>
économiques à explorer

Pour effectuer un choix de carrière, en plus des perspectives que présentent les différents types d'emplois, il faut aussi s'informer sur le secteur économique auquel ils appartiennent. En effet, certaines industries sont prometteuses, d'autres sont en pleine croissance, alors que quelques-unes fonctionnent au ralenti. À l'intérieur même de ces secteurs, différents domaines d'activité sont aussi possibles etprésentent leur propre potentiel.

Les éditions Ma Carrière proposent dans les pages suivantes le profil économique des 36 principaux secteurs qui composent le tissu économique québécois. Pour chacun, on trouve un portrait statistique, le point de vue des organismes clés du domaine, les catégories de professionnels les plus recherchés ainsi que les perspectives d'avenir. La liste des principales formations au secondaire, au collégial et à l'université qui permettent d'œuvrer dans le secteur concerné est aussi incluse. En complément, des sites Internet à consulter sont également proposés.

À lire absolument pour avoir toutes les cartes en main!

La clé du succès

par **Martine Roux**

Toujours en bonne position sur le plan mondial, l'industrie canadienne de . l'aérospatiale ne cesse de progresser. Désormais au quatrième rang, devant l'Allemagne et le Japon, cette industrie affiche également une augmentation de ses ventes à l'étranger.

Photo : Bombardier Aéronautique

Dans les hautes sphères de l'industrie aérospatiale québécoise, l'optimisme est aussi de rigueur. En 1998, cette industrie générait plus de 7,7 milliards de dollars en livraisons et comptait environ 39 500 employés au sein de 225 entreprises[1]. «L'aérospatiale au Québec connaît une bonne progression», estime Charles Dieudé, directeur Aérospatiale et Défense au ministère de l'Industrie et du Commerce du Québec (MIC). Les industriels ont beaucoup de projets, plusieurs sociétés étrangères investissent ou viennent s'établir à Montréal. On peut se permettre d'être optimiste!

L'expertise québécoise

L'industrie de l'aérospatiale offre une large gamme de produits vendus à travers le monde. La production québécoise est destinée, dans une proportion de plus de 70 %, à des marchés civils et vise des créneaux en forte croissance, tels que ceux des moteurs (fabrication et entretien de turbines à gaz), des hélicoptères civils, des avions d'affaires et de transport régional, des simulateurs de vol, des satellites de communication, de l'avionique et de certains composants d'aéronefs, comme les trains d'atterrissage.

Les sociétés multinationales forment la base du secteur de l'aérospatiale. À elles seules, les 13 plus grandes entreprises emploient au-delà de 70 % de la main-d'œuvre et recueillent quelque 75 % du chiffre d'affaires de l'industrie. Elles peuvent toutefois compter sur plus de 250 petits et moyens fabricants de produits spécialisés. Les employeurs les plus importants sont,

notamment, Canadair, Pratt & Whitney, CAE Électronique, Rolls Royce Canada, Air Canada et Spar Aérospatiale.

Des besoins

Le succès de l'industrie entraîne inévitablement une forte demande de main-d'œuvre. Or, grâce au travail de planification du Conseil d'adaptation de la main-d'œuvre en aérospatiale du Québec (CAMAQ) et aux écoles de formation, l'industrie a relativement peu de mal à combler ses besoins immédiats. Toutefois, elle recherche des candidats spécialisés et expérimentés. «Par exemple, des spécialistes de l'aérodynamique ou de la métallurgie, ou encore de très bons outilleurs, ajoute M. Dieudé. Outre une solide formation de base, ces travailleurs doivent aussi avoir roulé leur bosse dans l'industrie.»

Le CAMAQ prévoyait pour l'industrie de l'aérospatiale québécoise une croissance nette de 3 320 nouveaux emplois entre le 1er janvier 1998 et le 1er janvier 2001[2].

Carmy Hayes, conseiller en formation au CAMAQ, est du même avis. «L'emploi est pratiquement assuré pour les diplômés de la formation professionnelle, du cégep ou de l'université. Mais attention : seuls les bons candidats sont recherchés, car dans cette industrie, une erreur peut être fatale. Un employé ponctuel, minutieux, appliqué, intéressé aura du travail.»

Le CAMAQ prévoyait pour l'industrie de l'aérospatiale québécoise une croissance nette de 3 320 nouveaux emplois entre le 1er janvier 1998 et le 1er janvier 2001[2]. En 1999, «toutes nos attentes ont été comblées, et même dépassées, en ce qui concerne le recrutement global, ajoute M. Hayes. Toutefois, nous connaissons toujours des demandes importantes dans les carrières du génie, particulièrement en génie informatique.» Parmi les professions scientifiques dont le CAMAQ prévoit qu'elles créeront le plus d'emplois d'ici janvier 2001, on ne s'étonne donc pas de trouver celles liées à l'informatique (développement de logiciels, modélisation, simulation de vol), à l'avionique (liaison électrique, électronique), à la conception (mécanique, cellule, propulsion) et au génie mécanique, incluant les spécialités en informatique, en électrique et en électronique.

> Depuis le début des années 1980,
> l'aérospatiale *made in Quebec* a développé
> des produits souvent uniques, comptant
> parmi les meilleurs de leur catégorie.

Du côté des métiers et des techniques, les opérateurs (comme les affûteurs d'outils et les assistants techniques) et les opérateurs de machines à contrôle numérique devraient aussi connaître beaucoup de succès auprès des employeurs.

Des produits uniques

Depuis le début des années 1980, l'aérospatiale *made in Quebec* a développé des produits souvent uniques, comptant parmi les meilleurs de leur catégorie. Ainsi, Pratt & Whitney a établi sa suprématie sur le marché des turbopropulseurs, CAE Électronique sur celui des simulateurs de vol, et Spar Aérospatiale au chapitre des satellites de communication. Plusieurs projets, comme l'avion Global Express de Canadair, sont au stade du développement et devraient assurer la croissance de l'industrie bien au-delà de l'an 2000. ■ 11/99

1. CAMAQ, Survol de l'industrie aérospatiale au Québec, juin 1998.

2. CAMAQ, Prévisions de main-d'œuvre de l'industrie aérospatiale au Québec, septembre 1998.

RECHERCHÉS

- Ingénieurs informatiques. Ce sont assurément les professionnels les plus populaires dans l'industrie. On s'arrache leurs services, car ils peuvent concevoir des systèmes ou des logiciels qui correspondent à des besoins spécifiques.
- Opérateurs (affûteurs d'outils et assistants techniques)
- Opérateurs de machines à contrôle numérique

SAVIEZ-VOUS QUE?

Au Québec, un habitant sur deux cents travaille dans l'industrie aérospatiale, une concentration trois fois plus forte que celle de la France et cinquante pour cent supérieure à celle des États-Unis.
Source : Ministère de l'Industrie et du Commerce, 1999.

PRINCIPALES FORMATIONS

Secondaire

- Mécanique de tôlerie aéronautique
- Montage de câbles et de circuits en aérospatiale
- Montage de structures en aérospatiale
- Montage mécanique en aérospatiale
- Des formations plus générales, comme les techniques d'usinage et d'outillage, peuvent aussi représenter des avenues intéressantes.

Collégial

- Avionique
- Construction aéronautique
- Entretien d'aéronefs
- Techniques de génie mécanique
- Technologie physique

Université

- Génie aéronautique/ aérospatial (2e cycle)
- Génie des matériaux
- Génie électrique
- Génie informatique
- Génie mécanique
- Génie physique

POUR EN SAVOIR PLUS

Aérospatiale et emploi au Québec
www3.sympatico.ca/clarocque/accueil.htm

Canadian Space Guide
www.spacejobs.com/

Ministère de l'Industrie et du Commerce - L'Aérospatiale
www.mic.gouv.qc.ca/aerospatiale/index.html

Space Careers, the one-stop reference source for finding jobs in the space industry
www.spacelinks.com/SpaceCareers/index.shtml

De multiples défis

par **Claudine St-Germain**

L'industrie agroalimentaire au Québec présente de belles occasions de carrière. C'est aussi un domaine qui prend le virage des nouvelles technologies, ce qui ouvre des perspectives intéressantes.

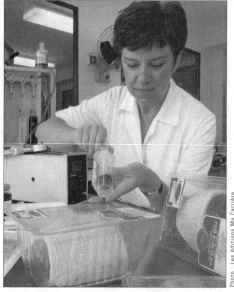

Photo : Les éditions Ma Carrière

L'industrie agroalimentaire au Québec représente 31 635 entreprises agricoles, près de 390 500 emplois et des exportations de deux milliards de dollars[1].

L'agriculture en mutation

La production laitière est de loin le secteur le plus important, avec des recettes de plus de 1,5 milliard de dollars. Elle est suivie par la production de porcs, de volailles, de bovins et par les productions végétales. Ces secteurs offrent beaucoup d'emplois de manœuvres, particulièrement en ce qui concerne le lait et le porc.

«Aujourd'hui, la production agricole est beaucoup plus diversifiée, explique Roger Martin, conseiller en formation au ministère de l'Agriculture, des Pêcheries et de l'Alimentation du Québec (MAPAQ). La volonté de coller aux besoins des consommateurs, c'est nouveau en agriculture, dit-il. Par exemple, certains agriculteurs ont commencé à produire de nouveaux légumes pour répondre aux besoins des communautés ethniques.»

La recherche se fait également pour contourner les limites imposées par le climat. Ainsi, la province est devenue un chef de file dans la conservation des fruits et des légumes. Roger Martin cite un autre exemple : «Des producteurs prolongent la saison des fraises, et même produisent une récolte d'automne. »

Quant à l'industrie porcine, «on a ouvert de nouveaux marchés, surtout en Asie et aux États-Unis. Tant que le

Québec sera compétitif, ce secteur se portera bien», explique Roger Martin. Néanmoins, cette industrie misant beaucoup sur l'exportation, elle est très sensible à la conjoncture économique internationale, comme on a pu le constater lors de la crise asiatique en 1998. Il faut donc demeurer prudent.

Les entreprises agricoles sont moins nombreuses qu'auparavant, mais elles grossissent et sont plus productives. Autrefois, les membres de la famille travaillaient sur la ferme, mais aujourd'hui, les familles sont de taille plus restreinte. C'est pourquoi il y a de grands besoins de main-d'œuvre agricole.

Un renouveau pour les pêches

En 1992, le moratoire sur la pêche de poissons de fond a porté un dur coup aux pêcheurs québécois. «Les effets ont été très importants, surtout au Québec, où la morue et le sébaste étaient les principales espèces pêchées», confirme Danielle Hébert, conseillère en pêches et aquiculture commerciales au MAPAQ. Cependant, la pêche de ces poissons a redémarré en 1999, alors qu'on a autorisé la prise de petites quantités. Les perspectives d'emploi devraient donc s'améliorer.

Crustacés et mollusques, quant à eux, connaissent toujours de bonnes performances commerciales. «Depuis 1995, il y a un engouement pour le crabe des neiges, ainsi que pour la crevette et le homard», poursuit Danielle Hébert. Il s'agit d'un phénomène mondial, puisqu'une grande partie de ces prises sont exportées, surtout aux États-Unis et au Japon. Mais attention aux prévisions trop optimistes, car les fluctuations des prix peuvent avoir de lourdes répercussions. Malgré tout, crustacés et mollusques demeurent encore les locomotives du secteur de la pêche, tant pour les emplois en mer qu'en usines de transformation.

Pour déjouer la nature et offrir des produits à longueur d'année, certains se tournent aussi vers l'aquiculture, l'élevage d'espèces aquatiques en eau douce ou salée. «C'est une activité très jeune, mais qui prend beaucoup d'importance. De nouveaux projets pourraient générer de nombreux emplois au cours des prochaines années», explique Sylvain Lafrance, coordonnateur du Comité sectoriel de main-d'œuvre des industries des pêches maritimes. En outre, des ouvertures se présentent aussi du côté des biotechnologies. «Des industries comme les pâtes et papiers, les cosmétiques et les produits pharmaceutiques se tournent depuis deux ou trois ans du côté de la mer pour y trouver de nouvelles ressources, poursuit M. Lafrance. Des débouchés intéressants pourraient naître dans l'avenir.»

Des goûts nouveaux

Le secteur de la transformation des aliments et des boissons est l'un des plus importants groupes industriels du Québec. Selon les dernières statistiques disponibles au MAPAQ[2], il emploie environ 53 400 personnes et a un PIB de plus de trois milliards de dollars.

Si les goûts des consommateurs influencent l'agriculture, en transformation, ce facteur est multiplié par dix. «À la variété de nouveaux produits, il faut ajouter tous les efforts consentis pour rendre plus facile la préparation des aliments à domicile, explique Bernard Aurouz, directeur de la formation continue à l'Institut de technologie agroalimentaire de Saint-Hyacinthe. Par exemple, avant, on achetait du poulet cru ou cuit. Maintenant, il est désossé, mariné, il sera bientôt précuit...»

L'un des plus grands défis de ce secteur est de rester concurrentiel en faisant entrer les nouvelles technologies et la recherche dans ses usines. En ce moment, seulement 30 % des entreprises emploient du personnel technique, et ce taux tombe à 10 % en ce qui a trait au personnel scientifique, indique le MAPAQ.

Bernard Aurouz croit toutefois qu'un changement de mentalité est en train de s'opérer. Les technologues en transformation des aliments, les ingénieurs alimentaires et les bacheliers en sciences et technologies des aliments, notamment, deviendront de plus en plus utiles dans les prochaines années. ■ 11/99

1. et 2. Profil sectoriel de l'industrie bioalimentaire au Québec, MAPAQ, 1998.

RECHERCHÉS

- Diplômés en sciences et technologies des aliments
- Ingénieurs alimentaires
- Ouvriers en production laitière
- Techniciens en gestion et exploitation d'entreprise agricole
- Technologues des productions animales
- Technologues en transformation des aliments

SAVIEZ-VOUS QUE?

Une importante loi a été votée en juin 1999 : la loi sur la professionnalisation des métiers de pêcheur et d'aide-pêcheur. Désormais, ces derniers devront obligatoirement avoir un diplôme de formation professionnelle pour exercer leur métier.

PRINCIPALES FORMATIONS

Secondaire

- Aquiculture
- Pêche professionnelle
- Préparation des produits de la pêche
- Production de bovins de boucherie
- Production horticole
- Production laitière
- Production porcine

Collégial

- Équipements agricoles
- Exploitation et production des ressources marines
- Gestion et exploitation d'entreprise agricole

- Production horticole et de l'environnement
- Productions animales
- Transformation des aliments
- Transformation des produits de la mer

Université

- Agronomie
- Économie et gestion agroalimentaires
- Génie alimentaire
- Génie rural (agroenvironnemental)
- Sciences et agriculture de l'environnement
- Sciences et technologies des aliments

POUR EN SAVOIR PLUS

Carrières en agriculture et en agroalimentaire
www.cfa-fca.ca/careers/findex.html

GeoRadaar - Secteur agroalimentaire
www.georad.com/francais/agro.htm

Ministère de l'Agriculture, des Pêcheries et de l'Alimentation
www.agr.gouv.qc.ca

Union des producteurs agricoles
www.upa.qc.ca

Des ouvertures inégales

par **Sophie Allard** et **Sylvie Lemieux**

Le secteur de l'architecture ainsi que celui du design et de la communication graphiques connaissent des disparités importantes. Si le premier présente des perspectives d'emploi plutôt passables, le second offre des ouvertures intéressantes.

Photo : PPM

Si les diplômés en architecture doivent développer des habiletés particulières en recherche d'emploi, ceux qui ont choisi le design et la communication graphiques vivent actuellement une situation d'emploi plus facile.

Des hauts et des bas

Selon Lise Dubé, du service de placement de l'Université Laval, le marché de l'emploi actuel n'est pas clément pour les architectes. Ils «doivent posséder de bonnes habiletés en recherche d'emploi parce que les offres sont peu nombreuses. Beaucoup de postes font partie de ce que l'on appelle le "marché caché" de l'emploi.»

> Même s'il y a peu de grands chantiers de construction actuellement, à l'Ordre des architectes du Québec, on indique que les perspectives d'emploi vont en s'améliorant, en raison de la reprise de l'activité économique dans le domaine de la construction.

Laurent-Paul Ménard, de l'Ordre des architectes du Québec, indique pour sa part que cette profession se trouve en ce moment à la croisée des chemins et qu'elle est en train de se redéfinir. Elle a en effet connu une forte progression au cours des dernières années. Selon le plus récent recensement effectué par l'Ordre, il y avait 2 554 architectes au Québec au 31 mars 1998. En 1980, ils étaient à peine 1 400.

Même s'il y a peu de grands chantiers de construction actuellement, à l'Ordre des architectes du Québec, on indique que les perspectives d'emploi vont en s'améliorant, en raison de la reprise de l'activité économique dans le domaine de la construction. «On remarque que les architectes se font plus présents, notamment dans les secteurs de l'aménagement commercial, de la rénovation et du réaménagement de bâtiments», souligne M. Ménard.

La situation est cependant beaucoup plus favorable pour les techniciens en architecture. Cela peut s'expliquer en partie par le fait qu'à l'heure actuelle, on a moins besoin de concepteurs que de techniciens. Selon Monique Dutil, responsable du programme de technologie de l'architecture au Cégep André-Laurendeau, les diplômés sont très recherchés par les firmes d'architectes et d'ingénieurs spécialisées en bâtiment, les municipalités, les promoteurs immobiliers et les constructeurs. «Chez nous, il n'y a pas assez de candidats pour répondre à la demande des employeurs», affirme-t-elle. Mme Dutil ajoute que les besoins sont plus grands dans les centres urbains.

Un marché prometteur

«Le marché est plutôt bon pour les diplômés en design et communication graphiques», affirme Lise Dubé, de l'Université Laval. La région de Montréal en recrute beaucoup à cause de la venue d'entreprises de multimédia. Il y a aussi de nombreuses possibilités sur le plan international puisque les diplômés québécois sont renommés pour leur créativité. Frédéric Metz, directeur du programme de design graphique de l'UQAM, partage cet avis. «Le taux de placement est assez bon, parce que les diplômés en design ont une excellente réputation. Certains de nos étudiants ont même déjà décroché un emploi lorsqu'ils finissent leurs études.»

Les concepteurs graphiques peuvent être embauchés dans les studios de design, les agences de publicité, les entreprises de multimédia et, éventuellement, dans les départements de communication au sein du gouvernement et des municipalités.

Néanmoins, il faut savoir que cette formation ne débouche pas toujours sur des emplois permanents. En effet, plusieurs designers graphiques sont travailleurs autonomes, contractuels ou pigistes, vivant ainsi des conditions de travail plus précaires.

Au cours des dernières années, l'industrie de la communication graphique a connu une profonde mutation en raison du développement technologique. L'effet sur les emplois est relativement modeste, si l'on se fie aux résultats d'un sondage[1] effectué en 1998 par le Comité sectoriel de main-d'œuvre des communications graphiques du Québec. La profession la plus touchée est celle de pelliculeur, où les nouvelles technologies ont changé bien des choses. Ces employés ne perdent pas pour autant leur emploi, puisqu'ils se recyclent pour devenir techniciens de pré-presse et pelliculeurs numériques.

Design industriel

Le secteur du design industriel progresse lui aussi, selon Florence Lebeau, de l'Association québécoise des designers industriels. Ces derniers œuvrent auprès des entreprises manufacturières pour concevoir et produire une grande variété de produits : meubles, produits d'emballage, outils, etc. «Les perspectives d'emploi sont bonnes, affirme-t-elle. Les entreprises manufacturières font de plus en plus souvent appel aux designers, que ce soit sur une base ponctuelle ou en faisant affaire avec une firme de consultants. Certes, il faut accepter de débuter au bas de l'échelle le temps de parfaire son savoir, mais on peut progresser rapidement.» ■ 11/99

1. «Les postes en émergence et en déclin dans des entreprises de communications graphiques ayant fait des transitions technologiques», Comité sectoriel de main-d'œuvre des communications graphiques du Québec, 1998.

RECHERCHÉS

- Diplômés en design et communication graphiques spécialisés en multimédia
- Techniciens en architecture

SAVIEZ-VOUS QUE ?

Si, au début des années 1990, les designers industriels travaillaient principalement dans les grands centres, à l'heure actuelle, 40 % d'entre eux se tournent vers les régions.

Source : Association québécoise des designers industriels.

PRINCIPALES FORMATIONS

Secondaire	Université
• Impression et finition	• Architecture
• Procédés infographiques	• Communication graphique
Collégial	• Design de l'environnement
• Architecture	• Design en communication graphique
• Design industriel	• Design industriel
• Gestion de l'imprimerie	
• Graphisme	
• Infographie en préimpression	

POUR EN SAVOIR PLUS

Architecture Web Resources
library.nevada.edu/arch/rsrce/webrsrce/contents.html

Cadre de compétitivité sectorielle - Architecture
strategis.ic.gc.ca/SSGF/ce01322f.html

Cyburbia
www.ap.buffalo.edu/pairc/

Institut canadien des urbanistes
www.cip-icu.ca/index-fr.html

Pas toujours rose...

par **Sophie Allard** et **Mario Dubois**

Si le secteur culturel québécois progresse, il n'en reste pas moins que seuls certains domaines profitent de la manne. Pour les autres travailleurs, les emplois précaires et la difficulté à joindre les deux bouts font encore partie du quotidien...

Photo : Christian Tremblay

P our l'ensemble du Canada, un rapport de l'UNESCO chiffrait l'effectif du secteur des arts et de la culture à environ un million en 1998. L'industrie québécoise, pour sa part, a connu une hausse notable du nombre de ses travailleurs, surtout entre 1986 et 1992 (15 %). «Cette augmentation est cependant accompagnée d'une plus grande précarité», souligne Louise Boucher, coordonnatrice du Comité de la main-d'œuvre du secteur culturel du Québec.

Du pain sur la planche

Le septième art et les téléséries connaissent une grande effervescence depuis le milieu de la décennie. Le volume des productions indépendantes au Québec a presque quadruplé. Il est passé de 145 à 565 millions de dollars entre 1992 et 1997, selon l'Association des producteurs de films et de télévision du Québec, dont les membres génèrent plus de 2 500 emplois permanents et 8 000 contrats à la pige. «Notre effectif a doublé», corrobore Pierre Lafrance, conseiller au Syndicat des quelque 1 600 techniciens et techniciennes du cinéma et de la vidéo du Québec. Le monde télévisuel a également connu un regain en raison de l'essor des productions privées et de la multiplication des chaînes spécialisées. Par exemple, le Groupe Covitec a largement profité du virage de la sous-traitance. Partie de zéro en 1986, l'entreprise spécialisée dans les services techniques (équipements de tournage, doublage, postproduction, sous-titrage) a vu gonfler son chiffre d'affaires à 20 millions de dollars. On prévoit que ses recettes atteindront 100 millions d'ici deux ans! «L'industrie du cinéma et de la télévision connaît actuellement une évolution intéressante et est en pleine croissance. Les ventes étrangères sont très importantes», indique Dominique Jutras, chargé de projet à la Société de développement des entreprises culturelles (SODEC). Les emplois les plus populaires? Principalement les postes reliés aux différents secteurs techniques : techniques du son et de l'image, montage, etc.

Les arts du cirque jouissent aussi d'un regain de popularité. Plus d'une dizaine de troupes ont été créées au Québec, dans la foulée du Cirque du Soleil. «Actuellement, il faudrait produire entre 200 et 300 finissants pour répondre aux besoins du marché», affirme Jean-Rock Achard, consultant dans l'industrie du cirque. Marc Lalonde, directeur de l'École nationale de cirque, la seule maison d'enseignement du genre en Amérique du Nord, renchérit. «Il y a plus de possibilités d'emploi que jamais! On demande, entre autres, des artistes, des techniciens, des créateurs, des formateurs et des gestionnaires.»

Des difficultés

Le spectacle de variétés se porte relativement bien, mais la croissance profite surtout aux artistes venus d'ailleurs. «Il y aurait des efforts promotionnels à déployer pour les talents de chez nous», reconnaît Dominique Jutras de la SODEC.

De son côté, le monde de l'édition résiste bien à la mondialisation. L'exportation accrue des produits québécois (traductions, cédéroms) recèlerait beaucoup d'occasions d'affaires. Une ombre au tableau : la prolifération des magasins à grande surface mène la vie dure aux librairies, souligne-t-on à la SODEC.

La situation pécuniaire des auteurs, compositeurs et interprètes s'est globalement améliorée depuis quelques années, mais selon l'Union des artistes (UDA), plus de la moitié de ses quelque 5 300 membres ne réussissent pas à gagner leur vie avec leur métier.

D'autres champs d'activité qui sont à la merci des subventions de l'État connaissent aussi des difficultés. Ainsi, l'industrie québécoise du disque et de la chanson a du plomb dans l'aile, à tel point que le gouvernement vient de doubler sa participation financière, affirme-t-on du côté de l'Association québécoise de l'industrie du disque, du spectacle et de la vidéo (ADISQ). Au Conseil québécois du théâtre, on constate qu'après des années difficiles, le théâtre reprend un peu de tonus, tandis que, selon le Regroupement québécois de la danse, cette dernière a le défi d'élargir son public en région. Néanmoins, cet optimisme s'est vu assombri, lorsqu'à l'automne 1999, les enseignants du Québec ont boycotté les activités parascolaires et culturelles.

Quant au monde des arts visuels, il compte environ 8 000 artistes. Le Regroupement des artistes en arts visuels du Québec (RAAV) réclame une politique nationale dans son domaine. «À part de petits coins de ciel bleu dans certaines disciplines, la vente globale des œuvres a diminué de façon dramatique depuis le début des années 1990», fait remarquer la présidente, Danielle April. En 1994, toujours selon le RAAV, le revenu annuel moyen des artistes en arts visuels se situait autour de 10 000 $. Et on estime qu'à peine 9 % des diplômés universitaires en arts visuels évoluent encore dans ce champ d'activité cinq ans après la fin de leurs études.

«Notre groupe de travail cible les défis à relever dans ces milieux. Nous nous penchons également sur des mesures de soutien et de création d'emplois», indique Louise Boucher, coordonnatrice du Comité de la main-d'œuvre du secteur culturel du Québec. La moitié des artisans de la culture sont des travailleurs autonomes, contractuels et pigistes. Même si le revenu annuel moyen oscille autour de 27 000 $, la majorité des gens vivotent. Un deuxième emploi s'impose très souvent pour générer des revenus décents. S'il est vrai que les techniciens et les professionnels s'en tirent mieux que les créateurs, dans l'ensemble, les conditions de travail demeurent assez difficiles pour un bon nombre d'entre eux. ■ 11/99

RECHERCHÉS

- Cadreurs, monteurs, aiguilleurs
- Représentants techniques
- Techniciens de plateau : éclairagistes, assistants à la réalisation
- Les troupes de divertissement embauchent encore beaucoup de personnel : jongleurs, trapézistes, funambules, clowns, doublures, danseurs, musiciens, chanteurs, acteurs, athlètes sportifs, formateurs.

SAVIEZ-VOUS QUE ?

Le taux de placement des diplômés d'écoles de cirque reconnues frôle 100 %! Marc Lalonde, directeur de l'École nationale de cirque, parle même de 105 %! Ces diplômés deviennent travailleurs autonomes, exerçant leur métier dans la rue, les cabarets ou au sein du marché corporatif, ils travaillent dans des cirques ou démarrent leur propre compagnie. Préalables pour réussir : être passionné et ne pas craindre le nomadisme!

PRINCIPALES FORMATIONS

Secondaire
- Bijouterie-joaillerie
- Céramique
- Photographie
- Soufflage de verre au néon
- Taille de pierre

Collégial
- Art et technologie des médias
- Arts du cirque
- Danse-interprétation
- Dessin animé
- Graphisme
- Infographie en préimpression
- Métiers d'art

- Musique populaire
- Photographie
- Théâtre professionnel, interprétation et production

Université
- Art dramatique
- Arts plastiques
- Arts visuels
- Création visuelle
- Danse
- Design et communication graphiques
- Études cinématographiques
- *Film animation*, production
- Musique

POUR EN SAVOIR PLUS

ADISQ
www.adisq.com

Conseil des ressources humaines du secteur culturel
magi.com/~chrc/

CultureNet
www.culturenet.ca/indexfr.html

On est en voiture!

par **Sophie Allard** et
Claudine St-Germain

L'industrie automobile québécoise regroupe les grandes chaînes d'assemblage de véhicules neufs, mais surtout la vente de pièces et d'accessoires ainsi que la réparation et l'entretien des automobiles. Ce dernier secteur connaît d'ailleurs une belle expansion actuellement et les garagistes ne risquent pas de manquer de travail!

S elon une étude réalisée en 1999 par Desrosiers Automotive Consultants pour la Banque Royale, l'industrie de l'automobile connaît sa meilleure année de la décennie et cette tendance devrait se maintenir au cours des deux prochaines années[1]. Près du quart des Canadiens prévoient en effet acheter ou louer une voiture neuve cette année! Si les ventes de véhicules neufs ont connu une décroissance de 1988 à 1993 pour atteindre un plancher en 1995, elles sont en hausse depuis. Selon une étude publiée par le Comité sectoriel de main-d'œuvre de l'industrie des services automobiles en février 1999, il s'est vendu plus de 350 000 automobiles neuves au Québec en 1997, même si peu d'entre elles ont toutefois été assemblées ici. Toujours en 1997, les ventes de services, de pièces et d'accessoires atteignaient 13,8 milliards de dollars au Canada et 3,5 milliards de dollars au Québec. Pour répondre à la demande, les concessionnaires embauchent.

Relève demandée

Selon une étude publiée en 1999, en 1996 on estimait que 52 348 travailleurs occupaient des métiers clés dans l'industrie de l'automobile au Québec : 27 450 mécaniciens de véhicules routiers, 7 650 carrossiers, 4 832 commis aux pièces, 3 316 conseillers techniques et 9 100 personnes non spécialisées[2]. Dans l'ensemble, le niveau de l'emploi est plutôt stable, mais il pourrait bientôt y avoir une croissance de la demande de main-d'œuvre à cause du vieillissement de

la population, d'une relève insuffisante pour certains métiers, notamment en carrosserie, et de l'exigence de nouvelles compétences.

«Les activités de l'industrie concernent essentiellement la vente de véhicules, de pièces de rechange et d'accessoires, ainsi que la réparation et l'entretien des véhicules», explique Carolle Larose, directrice générale du Comité sectoriel de main-d'œuvre de l'industrie des services automobiles.

C'est pourquoi l'un des secteurs en émergence dans cette industrie concerne le service à la clientèle. Rod Desnoyers, directeur général du Conseil provincial des comités paritaires de l'automobile, croit que le nombre de conseillers techniques devrait se multiplier. «C'est une personne qui va recevoir le client, comprendre ses besoins et le diriger adéquatement vers le bon professionnel. Autrefois, on trouvait surtout ce type de poste chez les gros concessionnaires, mais il est en voie de devenir essentiel dans tous les établissements.»

Nouvelles technologies

À l'heure actuelle, l'industrie automobile québécoise semble stable, tant en ce qui concerne le nombre d'emplois créés que le développement des marchés. C'est sous le capot des autos qu'il faut chercher les indices des changements qui affecteront prochainement le travail des mécaniciens et des fabricants de pièces.

«Les véhicules sont maintenant beaucoup plus sophistiqués grâce à l'implantation de l'informatique», dit

Michel Tremblay, coordonnateur régional de l'Association des industries de l'automobile du Canada. Cette évolution a commencé dans les années 1970, avec les premiers systèmes d'allumage électroniques. Depuis, les automobiles ont été équipées de transistors, de circuits intégrés numériques, de microprocesseurs, etc. On parle aujourd'hui d'actionneurs «intelligents», qui vont contrôler automatiquement de nombreuses fonctions du véhicule.

D'après Carolle Larose, cette course à l'innovation technologique n'est pas près de s'essouffler, bien au contraire. «La concurrence acharnée que se livrent les fabricants laisse entrevoir que la recherche dans le secteur automobile continuera dans les années à venir, explique-t-elle. Les innovations techniques se poursuivront à une vitesse soutenue.»

Ces changements ont, bien sûr, des effets sur l'industrie des services automobiles. Auparavant, la mécanique simple et uniforme des véhicules permettait aux mécaniciens de travailler sur tous les modèles, avec les mêmes méthodes. Cette époque est désormais révolue : les employés de ce secteur doivent maintenant recevoir une formation continue, afin de toujours maîtriser les nouvelles technologies.

> «Il y a du travail pour les carrossiers capables de travailler avec les panneaux structurels, les nouveaux alliages, l'ancrage des fenêtres.»
>
> - Rod Desnoyers

«Beaucoup de garagistes vont devoir se spécialiser en augmentant la qualité de leurs équipements et de leur main-d'œuvre, croit Michel Tremblay. Par exemple, il y aura un ou deux mécaniciens ultraspécialisés et d'autres qui feront simplement du remplacement de pièces.»

Le mécanicien de demain devra donc avoir une solide formation de base en électricité et en électronique, tant pour manipuler les composantes du véhicule que pour utiliser des appareils de diagnostic et de mesure de plus en plus sophistiqués.

Rod Desnoyers croit également que les élèves en carrosserie ont de belles perspectives devant eux. «Il y a du travail pour les carrossiers capables de travailler avec les panneaux structurels, les nouveaux alliages, l'ancrage des fenêtres.» ■ 11/99

1. CLOUTIER, Laurier. «Une grosse année dans l'automobile», *La Presse*, 23 juillet 1999, C3.

2. Diagnostic sectoriel de main-d'œuvre de l'industrie des services automobiles au Québec, MTLP Management (pour le Comité sectoriel de main-d'œuvre de l'industrie des services automobiles), février 1999 (version révisée en mai 1999).

RECHERCHÉS

- Carrossiers qui maîtrisent les innovations techniques dans leur spécialité.

- Conseillers techniques, spécialistes du service à la clientèle.

- Mécaniciens ayant une solide formation en électricité et en électronique, capables de s'adapter rapidement aux changements technologiques des véhicules.

SAVIEZ-VOUS QUE ?

Le Comité sectoriel de main-d'œuvre de l'industrie des services automobiles a constaté que la distribution entre le nombre d'apprentis et le nombre de travailleurs qualifiés change constamment. En 1997, on comptait 5,4 % plus d'apprentis que de travailleurs qualifiés qu'il n'y en avait en 1989. Cette situation laisse supposer des difficultés à se qualifier, soit pour réussir l'examen ou à cause d'un manque de connaissances de base.

PRINCIPALES FORMATIONS

Secondaire

- Carrosserie
- Diesel (injection et contrôles électroniques) (ASP)
- Mécanique automobile
- Vente de pièces mécaniques et d'accessoires

Collégial

- Conception en électronique
- Électronique industrielle
- Génie mécanique
- Systèmes ordinés

Université

- Génie mécanique

POUR EN SAVOIR PLUS

Ministère de l'Industrie et du Commerce/L'industrie du transport
http://www.micst.gouv.qc.ca/entrep/manufact/1997/ma
tetran.html

Office of Automotive Affairs - Auto Industries Related Web Site
http://www.ita.doc.gov/auto

Strategis - Automobile et transport
http://strategis.ic.gc.ca/sc_indps/sectors/frndoc/tran_hp
g.html

Les **36** secteurs

La formation avant tout

par **Sylvie Lemieux** et **Martine Roux**

Photo : Biochem Pharma

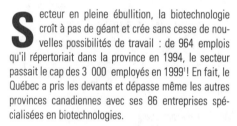

Le domaine de la biotechnologie est toujours en pleine expansion et connaît un manque de main-d'œuvre qualifiée. Mais attention! On parle principalement de postes de haut niveau et de candidats possédant des formations de 2ᵉ ou de 3ᵉ cycle.

Secteur en pleine ébullition, la biotechnologie croît à pas de géant et crée sans cesse de nouvelles possibilités de travail : de 964 emplois qu'il répertoriait dans la province en 1994, le secteur passait le cap des 3 000 employés en 1999[1]! En fait, le Québec a pris les devants et dépasse même les autres provinces canadiennes avec ses 86 entreprises spécialisées en biotechnologies.

Selon une étude sur les besoins de main-d'œuvre spécialisée dans l'industrie biopharmaceutique au Québec menée en 1999 par Montréal TechnoVision, la croissance des entreprises a été réduite de 13 % en moyenne depuis cinq ans à cause du manque de disponibilité de ressources qualifiées. Ce frein au développement se traduit par une perte sur le plan de la création d'emplois.

On parle donc de pénurie de main-d'œuvre, mais essentiellement pour des postes de haut niveau. «Il n'y a pas de problème pour trouver des techniciens en biotechnologie dont on exige qu'ils soient titulaires d'un baccalauréat. Il y a même un surplus de main-d'œuvre pour cette catégorie de travailleurs, explique Martin Doyon, agent de développement industriel au ministère de l'Industrie et du Commerce (MIC). Ce que l'étude de Montréal TechnoVision démontre, c'est qu'il y a un manque de spécialistes de haut niveau, du deuxième cycle et surtout du troisième cycle universitaires.»

Portrait du secteur

Selon la définition élaborée en 1991 par le Conseil de la science et de la technologie, «les biotechnologies sont l'ensemble des méthodes, des procédés et des techniques qui, appliqués à des micro-organismes, cellules humaines, animales ou végétales ou à des fractions de celles-ci, visent à concevoir, développer et produire de nouvelles molécules et cellules, de nouveaux organismes et procédés ou encore à améliorer ceux déjà existants, en vue d'une exploitation industrielle, soit la production ou l'amélioration des biens et services, et leur mise en marché». La biotechnologie chevauche donc différents types d'activités. Un premier sous-secteur est formé par la santé humaine et animale : on y développe, par exemple, des vaccins et des médicaments ou des produits diagnostiques. L'agriculture, le secteur bioalimentaire et la foresterie utilisent aussi les biotechnologies, notamment pour trouver de nouvelles bactéries entrant dans la composition d'un fromage ou pour rendre nos forêts plus résistantes aux maladies et aux insectes. Le sous-secteur de l'environnement couvre l'assainissement des eaux potables et industrielles et la réhabilitation des sites contaminés.

Au Canada, les quelque 300 entreprises liées directement ou indirectement aux activités de biotechnologie emploient environ 8 000 personnes[2]. Au Québec, la biopharmaceutique regroupe près des deux tiers des activités de biotechnologie, et tout indique qu'elle poursuivra allègrement sa progression au cours des années à venir.

Dans l'industrie pharmaceutique comme ailleurs, la tendance est à la rationalisation. Les grandes compagnies pharmaceutiques fusionnent et rationalisent leurs opérations : plutôt que d'avoir des installations complètes ou de n'utiliser un laboratoire qu'une fois par mois, elles confient la recherche ou le développement d'un produit ou d'un service à de petites entreprises spécialisées. Par ailleurs, l'Institut de recherche en biotechnologie a construit une aile de laboratoires de recherche qu'il loue à des entreprises en pleine croissance. Il y a donc beaucoup de possibilités pour les jeunes entrepreneurs.

Les autres secteurs des biotechnologies ne sont pas en reste non plus, et au fur et à mesure que les bio-industries passeront de la recherche élémentaire à la production commerciale, elles devraient intégrer de plus en plus de personnel dans leurs rangs en recherche, en gestion et en commercialisation.

Une percée

Le secteur de la bio-informatique, soit l'utilisation de l'ordinateur pour saisir, stocker, analyser et manipuler de grandes quantités de données génétiques, est particulièrement appelé à se développer. «Avec la bio-informatique, les travailleurs auront moins de manipulations à effectuer en laboratoire et traiteront davantage d'informations à l'aide de l'informatique. Cela va changer la nature de l'industrie de même que les façons de faire. Il y aura donc un besoin de main-d'œuvre dans ce domaine; il nous faudra des personnes qualifiées en informatique», souligne Martin Doyon.

Les secteurs de recherche spécialisés, comme la chimie des peptides et la thérapie génique, sont également en quête de candidats. Enfin, l'évolution de la technologie crée de nouveaux créneaux promis à un grand avenir. C'est notamment le cas de la biodégradation accélérée, de la génomique — c'est-à-dire la mise en évidence des gènes influençant une maladie et le développement de médicaments appropriés —, ainsi que de la chimie combinatoire, soit la synthèse rapide de milliers de composés élaborés en combinant des unités moléculaires plus petites. On parle aussi des «nutraceutiques», ces aliments améliorés qu'on commence à voir apparaître sur les tablettes d'épicerie (jus multivitaminés, riches en fibres, etc.). ■ 11/99

1. Groupe de travail sur la stratégie canadienne en matière de biotechnologie, avril 1999.

2. «Bâtir dès maintenant pour l'avenir : étude sur les ressources humaines dans le secteur canadien de la biotechnologie», Conseil des ressources humaines en biotechnologie, 1997.

RECHERCHÉS

- Spécialistes en biodégradation accélérée
- Spécialistes en bio-informatique
- Spécialistes en chimie des peptides
- Spécialistes en thérapie génique

SAVIEZ-VOUS QUE ?

Selon l'étude du Groupe de travail sur la stratégie canadienne en matière de biotechnologie publiée en avril 1999, les entreprises spécialisées en biotechnologies au Québec investissent annuellement 329 millions de dollars en recherche et réalisent un chiffre d'affaires de plus de quatre milliards de dollars, dont plus de 40 % proviennent des ventes à l'exportation.

PRINCIPALES FORMATIONS

Collégial	Université
• Assainissement de l'eau	• Biochimie
• Chimie analytique	• Biologie
• Chimie-biologie	• Biophysique
• Écologie appliquée	• Biotechnologie
• Génie chimique	• Chimie
• Inventaire et recherche en biologie	• Génie biomédical (maîtrise)
• Procédés chimiques	• Génie chimique
• Transformation des aliments	• Microbiologie
	• Sciences et technologies des aliments

POUR EN SAVOIR PLUS

Bio Online Career Center
www.bio.com/hr/hr_index.html

BIOTECanada
www.biotech.ca/

Centre québécois d'innovation en biotechnologie - Liens
www.cqib.org/liensf.htm

Étude de Montréal TechnoVision - Le défi de la main-d'œuvre et l'avenir de l'industrie biopharmaceutique au Québec
http://www.mtltv.org/fr_doc4.htm

Grand dossier sur les biotechnologies
www.cybersciences.com/cyber/1.0/1_0.asp

InfoBiotech Canada
www.cisti.nrc.ca/ibc/index_f.html

COMITÉ SECTORIEL DE MAIN-D'OEUVRE
DE LA CHIMIE,
DE LA PÉTROCHIMIE
ET DU RAFFINAGE
DU QUÉBEC

« Le programme en Techniques de procédés chimiques a été développé sur mesure par les partenaires de l'industrie. »

André Nadeau, *Directeur général*

Regroupement de représentants d'entreprises, de travailleurs et d'associations du secteur le Comité s'assure du bon arrimage entre la formation professionnelle et technique et les besoins de main-d'œuvre.

Le programme en Techniques de procédés chimiques a été développé sur mesure par les partenaires de l'industrie afin de se doter d'une main-d'œuvre compétente. Ce sont les travailleurs et les employeurs du secteur qui ont travaillé à la mise sur pied de l'Institut de chimie et de pétrochimie en 1990.

« La formation de base exigée pour les opérateurs est le diplôme d'études collégiales en Techniques de procédés chimiques... »

Jean-Claude Corriveau, *Directeur - Ressources humaines et communications*

Petresa Canada est une entreprise québécoise établie dans le Parc industriel et portuaire de Bécancour. Elle a débuté ses opérations en 1995. On y produit de l'alkylbenzène linéaire (ABL), un composé utilisé dans la fabrication de détergents biodégradables. La production annuelle est de 100 000 tm.

La formation de base exigée pour les opérateurs est le diplôme d'études collégiales en techniques de procédés chimiques de L'Institut de chimie et de pétrochimie ou, au minimum, l'attestation d'étude collégiale. Le candidat ayant cette formation est prêt à recevoir la formation spécialisée qui est dispensée par Petresa Canada.

« Grâce à la qualité de son personnel, St-Jean Photochimie s'est taillée une place importante comme fournisseur de produits chimiques pour l'industrie de l'électronique. »

Pierre Toussaint, *Directeur d'usine*

St-Jean Photochimie se spécialise dans la fabrication de produits chimiques destinés principalement à l'industrie de l'électronique et des arts graphiques. St-Jean Photochimie a recours à une main-d'œuvre spécialisée.

Nous embauchons principalement des techniciens de procédés chimiques diplômés de l'Institut de chimie et de pétrochimie. Les techniciens à notre emploi sont responsables des opérations de synthèse. Dans le cadre de leur travail, ils sont constamment mis en situation où le jugement et une approche systématique dans la résolution de problèmes sont mis à contribution.

« *Les techniciens de procédés chimiques évoluent dans un milieu où leur curiosité et leur intérêt ne cesseront jamais d'être sollicités...* »

François Cloutier
Coordonnateur de la formation

Il fut un temps où un secondaire IV était le seul pré-requis académique au poste d'opérateur de procédés. Cette époque est révolue. Maintenant Petro-Canada embauche des diplômés de l'Institut de Chimie et Pétrochimie qui arrivent avec une solide base théorique et une certaine connaissance du milieu acquise lors de visites et stages effectués dans le cadre de leur programme.

Les techniciens de procédés chimiques évoluent dans un milieu où leur curiosité et leur intérêt ne cesseront jamais d'être sollicités tant ce domaine est technique, sophistiqué et même un peu mystérieux, sans parler des conditions de travail des plus intéressantes.

TECHNIQUES DE PROCÉDÉS CHIMIQUES

Une formation recherchée par plusieurs entreprises de différents secteurs

Ce programme permet d'acquérir un niveau de compétences techniques et une formation de base qui assure aux diplômées et diplômés la possibilité d'accomplir un ensemble de tâches reliées à l'exploitation de procédés impliquant l'utilisation ou la fabrication de produits chimiques

Une équipe polyvalente d'environ 30 professionnels et un parc d'équipements à la fine pointe de la technologie permettent l'acquisition des compétences recherchées par les employeurs de plusieurs secteurs d'activités économiques.

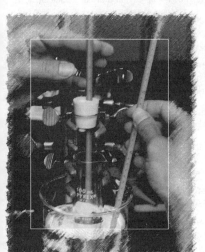

Un seul endroit au Québec :
L'INSTITUT DE CHIMIE ET DE PÉTROCHIMIE DU COLLÈGE DE MAISONNEUVE

Communiquez avec nous
au **514-255-4444**
ou
icp@cmaisonneuve.qc.ca

INSTITUT DE CHIMIE ET DE PÉTROCHIMIE
DU COLLÈGE DE MAISONNEUVE

6220, rue Sherbrooke Est
Montréal (Québec) H1N 1C1

EMPLOI-QUÉBEC   Cet espace publicitaire a été financé en partie par Emploi-Québec.

Réaction en chaîne

par **Sophie Allard** et **Frédéric Boudreault**

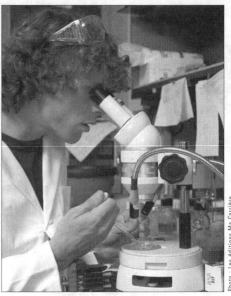

La chimie est une science fondamentale qui contribue de façon significative au progrès de nombreuses autres disciplines. L'industrie chimique permet de mettre au point des matériaux, des carburants ou des médicaments nouveaux, et offre des possibilités de carrière passionnantes.

O n trouve des chimistes partout : entreprises, hôpitaux, laboratoires de recherche privés, parapublics et gouvernementaux. Grâce à leurs connaissances et à leurs compétences, ils peuvent accomplir une grande variété de tâches et réussissent donc à dénicher des emplois dans divers secteurs, comme l'industrie pharmaceutique, les biotechnologies, la métallurgie, les pâtes et papiers, les raffineries et l'ingénierie.

Selon les derniers chiffres disponibles auprès de Développement des ressources humaines Canada (DRHC), au Québec, le taux de croissance annuel prévu pour les chimistes est de 2,2 % entre 1997 et 2002. Pour les technologues et les techniciens en chimie appliquée, le chiffre monte à 2,6 %, et atteint 3,1 % pour les ingénieurs chimiques.

Par conséquent, l'emploi se porte bien dans ce domaine. À l'Association pour le développement de l'industrie chimique québécoise, on indique d'ailleurs que la situation des PME est révélatrice à cet égard. Loin de diminuer sous l'effet des fusions, le nombre de PME québécoises œuvrant dans ce domaine a en effet crû de 17 % entre 1989 et 1996, passant de 372 à 434. Pour l'ensemble du secteur manufacturier, l'augmentation n'était que de 2 % au cours de la même période. Les perspectives d'emploi pour les chimistes sont donc relativement favorables, notamment à cause de l'importance accordée à l'environnement, à la qualité des eaux, au contrôle de la qualité, ainsi qu'à la sécurité et à l'hygiène en milieu de travail. Des débouchés

pourraient aussi se créer dans le domaine de la communication et de l'information sur le contrôle de la qualité en santé et en environnement.

Perspectives

Un baccalauréat en chimie, en biochimie ou dans une discipline connexe est généralement exigé pour un travail de chimiste. Une maîtrise ou un doctorat sont fortement recommandés pour l'obtention d'un emploi de chercheur. Au Québec, les diplômés universitaires peuvent devenir membres de l'Ordre des chimistes.

Les diplômés occupent généralement trois types de postes, soit chimiste, ingénieur chimique et technicien ou technologue en chimie appliquée. Les chiffres de DRHC indiquent qu'environ 2 490 personnes travaillent comme chimistes au Québec, dont 14,2 % directement dans l'industrie chimique.

Les ingénieurs chimiques se trouvent surtout dans les bureaux d'ingénieurs et dans différents services scientifiques et techniques. L'industrie des pâtes et papiers génère également beaucoup d'emplois pour eux. Plus d'un millier de personnes pratiquent ce métier.

Enfin, les technologues et les techniciens en chimie appliquée forment la majorité de l'effectif dans ce secteur d'activité, avec 7 305 personnes dont le revenu annuel moyen est de 34 084 $. Ces travailleurs occupent souvent des postes de soutien au sein de bureaux d'ingénieurs, dans l'industrie pharmaceutique et dans l'industrie des pâtes et papiers.

Secteurs qui se démarquent

Certains secteurs devraient se démarquer au cours des prochaines années. Selon Michèle Tournier, directrice de l'Institut de chimie et de pétrochimie du Collège de Maisonneuve, les perspectives d'emploi sont particulièrement bonnes dans l'industrie pharmaceutique, ce qui inclut les cosmétiques, et dans l'industrie du recyclage.

Certains facteurs sont également susceptibles de favoriser l'embauche d'ingénieurs chimiques, rappelle DRHC. La complexité grandissante des produits chimiques, la mise au point de fibres plastiques et synthétiques et l'utilisation de plus en plus répandue des biotechnologies dans de nombreux domaines industriels stimuleront le recrutement de plusieurs diplômés. Par exemple, le génie chimique est l'une des disciplines qui permettent de se tailler une place dans le milieu de la biotechnologie (voir aussi en page 168).

En fait, certains domaines bien précis sont générateurs d'emplois. Louis Dionne, conseiller en intervention sectorielle à Emploi-Québec, explique : «À part la chimie fine, liée notamment à la pétrochimie, qui est un secteur relativement restreint, les possibilités d'emploi en chimie se trouvent surtout en biotechnologies et en pharmaceutique. Pour le reste, l'emploi en chimie est actuellement en décroissance.»

Fait à noter, plusieurs entreprises en biotechnologies et en pharmaceutique sont aujourd'hui en phase de transition. «Après des années consacrées à la recherche et au développement, elles sont désormais prêtes à passer à l'étape suivante, soit la fabrication de médicaments et leur commercialisation», souligne Louis Dionne. Aussi, on aura besoin de main-d'œuvre en procédés de fabrication, en marketing, en vente et en représentation technico-commerciale. «On prévoit de nouvelles ouvertures, mais attention, on ne parle pas de boum», conclut M. Dionne.

À l'Ordre des chimistes du Québec, qui compte actuellement 2 492 membres, on souligne que la chimie demeure un domaine d'avenir même si la situation a déjà été meilleure. De plus, selon Martial Boivin, directeur général et secrétaire de l'Ordre, de belles opportunités existent en biotechnologie pharmaceutique et environnementale, ainsi qu'en bioprocédés. Le taux de chômage des membres de l'Ordre reste stable à 7 % depuis quelques années. ■ 11/99

RECHERCHÉS

- Biochimistes
- Chimistes dans l'industrie pharmaceutique
- Contrôleurs de l'équipement et de la qualité
- Techniciens en chimie appliquée

SAVIEZ-VOUS QUE ?

L'industrie chimique est un domaine dans lequel le commerce électronique est promis à un brillant avenir. Il permettra aux entreprises œuvrant dans ce secteur de trouver le meilleur fournisseur au meilleur prix. On s'attend à ce que le volume des transactions ainsi réalisées aux États-Unis excède 20 milliards en 2001 et certains vont même jusqu'à prédire que le volume mondial pourrait atteindre 700 milliards en 2003.

Source : Association pour le développement de l'industrie chimique québécoise.

PRINCIPALES FORMATIONS

Secondaire

- Opération d'usine de traitement des eaux

Collégial

- Chimie analytique
- Chimie-biologie
- Génie chimique
- Procédés chimiques

Université

- Biochimie
- Biologie
- Biophysique
- Chimie
- Chimie des matériaux industriels
- Chimie pharmaceutique
- Génie chimique

POUR EN SAVOIR PLUS

Ordre des chimistes du Québec
www.ocq.qc.ca/

Répertoire du Réseau Chimie
www.criq.qc.ca/francais/cvc/risic/signets/index.html

Science Web - Chimie
www.scienceweb.org/subject/chem.htm

UMEA University - Chemistry Web Teaching Ressources
www.anachem.umu.se/eks/pointers.htm

PROVIGO
nourrit vos ambitions

S'ADAPTER AUX GOÛTS DES CONSOMMATEURS ET PRÉVOIR LES CHANGEMENTS DANS LEURS HABITUDES DE CONSOMMATION, DÉCELER LES TENDANCES EN ALIMENTATION, ASSURER UN SERVICE HORS PAIR EN MAGASIN ET, ENFIN, GÉRER TOUTES CES VARIABLES EN MAINTENANT LE CAP SUR L'EFFICACITÉ ET LA RENTABILITÉ FONT PARTIE DES DÉFIS QUOTIDIENS DE TOUT LE PERSONNEL CHEZ PROVIGO INC.

Provigo inc. est le plus important détaillant en alimentation du Québec et une composante des Compagnies Loblaw Limitée, la plus grande entreprise de distribution alimentaire du Canada. Son réseau regroupe plus de 250 magasins sous les bannières Provigo, Maxi, Maxi & Cie et Loblaws. Par le biais du Groupe Distribution, Provigo inc. dessert également plus de 600 marchands affiliés aux bannières L'Intermarché, Axep, Proprio et Atout-Prix. Au total, l'entreprise ainsi que ses marchands affiliés et franchisés procurent de l'emploi à plus de 29 000 personnes.

Un secteur en pleine évolution

Au cours des cinq dernières années, le secteur de la distribution alimentaire a évolué plus rapidement que dans les trois décennies précédentes. Les fusions et acquisitions, de même que les nouvelles habitudes de consommation, ne représentent que quelques-uns des changements qui ont marqué ce domaine. Provigo est au cœur de ces changements en profondeur avec, notamment, le développement de nouveaux concepts de supermarchés.

Ainsi, on trouve dans nos supermarchés des produits prêts-à-manger, recherchés pour leur rapidité de préparation, des produits frais en abondance ainsi que des produits et services non alimentaires, que peut se procurer notre clientèle, tout en faisant ses emplettes hebdomadaires.

FAIRE CARRIÈRE CHEZ PROVIGO, C'EST :

- assurer l'approvisionnement en denrées à un réseau présent dans toutes les régions du Québec ;
- innover dans la mise en marché et le marketing de produits ainsi que dans le développement de services connexes ;
- relever des défis liés à la logistique et à la distribution, à la gestion de l'inventaire et à l'informatique ;
- fidéliser la clientèle, accroître les ventes et assurer un service à la clientèle hors pair ;
- et, à la suite d'une formation appropriée, exercer ses talents de gestionnaire.

Des perspectives de carrière variées

Outre les métiers et les techniques directement liés à l'alimentation, Provigo offre des possibilités de carrière dans un très grand nombre de disciplines. Certains postes requièrent un baccalauréat, d'autres un DEC ou un DEP. Souvent, dans le domaine de la distribution alimentaire, la formation est en partie réalisée en entreprise, à partir de connaissances acquises dans des domaines comme l'administration, le marketing, la mise en marché et les techniques liées à l'alimentation.

Provigo mise également sur des personnes ayant des compétences en finance et en comptabilité, en assurance qualité, en ressources humaines, en droit, en informatique et en ingénierie.

Quelques exemples de postes

- **Directeur de magasin (60 000 $)***
- **Gérant de département (36 000 $)***
  - rentabilité du magasin et du département
  - augmentation des ventes
  - satisfaction de la clientèle
  - gestion des ressources humaines, de l'inventaire et des opérations

- **Superviseur de centre de distribution (40 000 $)***
  - gestion des opérations et des ressources humaines
  - approvisionnement des magasins

- **Gérant, Mise en marché (55 000 $)***
- **Acheteur (45 000 $)***
  - spécialiste de catégories de produits
  - approvisionnement des bannières
  - négociation avec les fournisseurs

- **Postes de techniciens et postes professionnels**
  Support aux opérations de détail et de distribution :
  - finances
  - marketing
  - ressources humaines
  - mise en marché
  - logistique et distribution

* Valeur moyenne des postes en 1999. Les salaires peuvent varier en fonction de la formation académique et l'expérience de travail.

Académie
PROVIGO

Provigo mise sur le potentiel de ses ressources humaines pour innover et apporter des solutions concrètes visant à satisfaire sa clientèle. Pour assurer à son personnel une connaissance approfondie des éléments liés à la distribution alimentaire, Provigo élabore et dispense toute une gamme de cours donnés dans le cadre de programmes qui, de plus, favorisent le cheminement de carrière au sein de l'entreprise. Pour coordonner le volet Formation, Provigo a créé l'Académie Provigo. Chaque année, des milliers d'heures sont consacrées à la formation.

Provigo nourrit vos ambitions. Les possibilités de carrière sont multiples et les perspectives de développement sont illimitées ! Pour des renseignements additionnels, communiquez avec :

Service des ressources humaines
Provigo inc.
1611, rue Crémazie Est, Montréal (Québec) H2M 2R9

175

Perspectives améliorées

par **Sophie Allard**

Pour l'année 1999, le Conseil québécois du commerce de détail prévoit une progression des ventes d'environ 3 %. Cette reprise permettra d'accroître sensiblement les possibilités d'emploi dans ce secteur.

Photo : L'Aromate

Selon le Conseil québécois du commerce de détail, l'industrie du commerce au Québec représente au-delà de 400 000 travailleurs et près de 30 % du produit intérieur brut de la province. On dénombre plus de 27 000 entreprises et 65 000 établissements commerciaux. «On connaît une progression des ventes depuis les trois dernières années. On peut donc dire que ça va plutôt bien aujourd'hui et que l'ensemble du secteur est stable», indique Gaston Lafleur, président et directeur général du Conseil québécois du commerce de détail.

La tendance générale à la hausse pourrait se poursuivre en raison du vieillissement de la population. Celle-ci devrait en effet se préoccuper davantage de son confort et continuer à consommer pour répondre à ce besoin.

L'industrie du commerce de détail constitue le plus grand secteur d'emploi privé du Québec. Les domaines les plus chauds? D'abord le secteur de la quincaillerie, qui est toujours en expansion. La venue de gros joueurs, comme Home Hardware, en territoire québécois n'y est pas étrangère. Les secteurs de l'alimentation et du vêtement se portent aussi très bien. Le secteur de l'automobile (voir aussi en page 166) — qui compte pour 30 % de l'industrie — connaît également une croissance des ventes, selon le Conseil québécois du commerce de détail.

Cette tendance générale à la hausse pourrait se poursuivre en raison du vieillissement de la population.

Celle-ci devrait en effet se préoccuper davantage de son confort et continuer à consommer pour répondre à ce besoin.

Main-d'œuvre recherchée

Le Groupe San Francisco, qui possède notamment Les Ailes de la mode, les boutiques San Francisco, le magazine *Les Ailes de la mode*, etc., est un modèle de réussite dans l'industrie du commerce de détail au Québec. En 1997, son chiffre d'affaires était de 200 millions de dollars. En 1992, l'entreprise comptait 1 200 employés, alors qu'aujourd'hui on parle de plus de 2 700 personnes. Le nombre d'emplois augmente en suivant la courbe de croissance de l'entreprise. «Nous avons toujours connu une croissance constante et stable», explique Guy Charron, président et chef de l'exploitation du Groupe San Francisco.

Plusieurs personnes travaillent fort pour assurer ce succès. Les secteurs d'emploi sont très variés : mise en marché, présentation visuelle, sécurité, service à la clientèle, vente, gérance de boutique, coiffure, soins esthétiques, direction, achats, publicité, comptabilité, etc.

Les formations des employés sont variées et dépendent des postes occupés. «Habituellement, on exige au moins un cinquième secondaire, mais certains postes demandent une formation universitaire. Dans notre entreprise, il est possible de monter les échelons. Par exemple, une personne qui a travaillé longtemps en boutique peut être promue aux achats, peu importe sa formation. Par contre, quelqu'un de l'extérieur devra provenir d'une école de mode spécialisée. Ce que nous recherchons avant tout chez les candidats, ce sont de bonnes aptitudes et la volonté d'apprendre.» Selon Gaston Lafleur, La Maison Simons, qui a étendu ses activités à Montréal le printemps dernier, est aussi un joueur important.

Un détaillant sur sept prévoit une pénurie de personnel des ventes au cours de trois prochaines années.

En outre, on constate que les commerces investissent beaucoup dans la valeur ajoutée de leurs locaux, notamment par rapport à l'ambiance, ce qui a permis d'accroître leurs ventes. C'est le cas notamment de La Cordée, magasin de plein air qui a vu son chiffre d'affaires augmenter de 40 % après un important réaménagement au printemps 1997. À la librairie Indigo, on vend des livres mais aussi des couvertures et des chandelles. La première est née en 1997 à Burlington et, depuis, environ une dizaine d'autres se sont ajoutées. À la boutique Châteauworks, on a constaté un accroissement des ventes d'environ 10 % depuis que l'on offre aux clients, en plus des vêtements, des articles de décoration et un comptoir à jus. C'est donc une nouvelle tendance à surveiller.

Commerce électronique

Croissance des ventes signifie aussi augmentation du nombre d'emplois. Selon une étude réalisée par le Comité sectoriel de main-d'œuvre du commerce de détail en avril 1999, un détaillant sur sept prévoit une pénurie de personnel des ventes au cours des trois prochaines années. Les détaillants notent par ailleurs qu'ils éprouvent des difficultés à trouver des employés qualifiés.

Le commerce électronique, qui se développe de façon progressive, fournira aussi de nouveaux emplois en informatique. «Les compagnies devront mettre sur pied des sites Internet et les maintenir à jour. Elles devront donc embaucher du personnel compétent», indique Gaston Lafleur. En effet, il faudra engager des personnes qualifiées pour maintenir les sites à jour, gérer l'information qui y circule, etc.

Guy Charron croit pour sa part que tout ce qui touche au comportement de l'acheteur prendra de plus en plus d'importance dans les entreprises de commerce de détail. «L'analyse des données sur le comportement et les habitudes des consommateurs prend de l'importance. Et avec le développement des nouvelles technologies, plusieurs moyens sont mis à notre disposition pour faire des études de marché et parvenir à satisfaire nos clients.» ■ 11/99

Les 36 secteurs

RECHERCHÉS

- Personnel de vente
- Spécialistes en études de marché
- Spécialistes en informatique (programmation, conception de systèmes de banques de données, concepteurs de sites Web, etc.)

SAVIEZ-VOUS QUE?

Le ministère de l'Éducation du Québec, en collaboration avec le Conseil québécois du commerce de détail, travaille actuellement à mettre sur pied un programme collégial spécialement conçu pour les élèves voulant se diriger vers le commerce de détail. Ce dernier sera notamment axé sur la gestion de commerce de détail et l'entrepreneurship. Il devrait être offert d'ici 2001.

PRINCIPALES FORMATIONS

Secondaire

- Comptabilité
- Comptabilité informatisée et finance (ASP)
- Lancement d'une entreprise
- Représentation
- Vente-conseil

Collégial

Techniques administratives :

- Gestion
- Marketing
- Personnel

Université

- Comptabilité et sciences comptables
- Droit et gestion de l'entreprise
- Gestion des opérations et de la production
- Gestion des ressources humaines
- Management
- Marketing

POUR EN SAVOIR PLUS

Conseil canadien de la vente au détail
http://www.retailcouncil.org/

Ministère de l'Industrie et du Commerce - Profil du secteur commercial québécois en 1996
http://www.mic.gouv.qc.ca/entrep/manufact/1997/comm.htm

Strategis - Commerce au détail
http://strategis.ic.gc.ca/SSGF/dm00841f.html

Peu d'emplois permanents

par **Sophie Allard**

Après avoir connu une période difficile au cours des dernières années, le secteur des communications semble reprendre aujourd'hui du poil de la bête. Les médias, la publicité, la production audiovisuelle, le multimédia, la télédistribution et les technologies de l'information représentent un chiffre d'affaires de 13 milliards de dollars et génèrent plus de 93 000 emplois à travers la province[1].

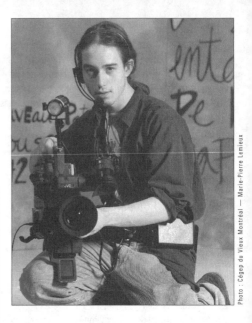

Photo : Cégep du Vieux Montréal — Marie-Pierre Lemieux

Selon le ministère de la Culture et des Communications, le secteur des communications représente l'un des domaines les plus performants de l'économie québécoise, devançant même celui des technologies des matériaux ainsi que les biotechnologies. L'industrie des médias québécoise compte à elle seule plus de 1 300 entreprises, génère des activités de plus de trois milliards de dollars et représente 27 000 emplois. «Je crois que la période d'importantes rationalisations fait partie du passé. Plusieurs emplois risquent d'être créés prochainement, tous médias confondus, surtout dans la création et la production de contenu», indique Chantal Larouche, présidente de la Fédération nationale des communications (FNC). Spécialistes recherchés? Des journalistes et des techniciens en radio et en télévision.

> «Cela se passe bien dans l'ensemble de l'industrie actuellement. Il y a un gros boum qui se fait sentir du côté du multimédia, mais la situation est également favorable dans des domaines plus traditionnels, comme la télévision.»
>
> - Catherine Saouter

En relations publiques, les perspectives sont des plus alléchantes! À l'Association canadienne de relations publiques, on soutient que les entreprises et les organisations font de plus en plus appel à ce type de professionnels. Selon les dernières données disponibles auprès de Développement des ressources humaines Canada (DRHC), on prévoit que le nombre de relationnistes, de rédacteurs et de traducteurs augmentera d'environ 4 % d'ici à peu près un an, soit autour de 19 000 emplois pour l'ensemble du pays.

Faire sa marque

«Cela se passe bien dans l'ensemble de l'industrie actuellement. Il y a un gros boum qui se fait sentir du côté du multimédia (voir aussi en page 212), mais la situation est également favorable dans des domaines plus traditionnels, comme la télévision», indique Catherine Saouter, directrice du département des communications de l'Université du Québec à Montréal (UQAM). En cinéma, on constate même une hausse de la demande de main-d'œuvre de production. «L'augmentation des productions américaines sur le sol québécois est très bonne pour l'emploi, et avec la mise en place éventuelle de la Cité du cinéma à Saint-Hubert, la tendance pourrait se maintenir», poursuit Mme Saouter.

Le secteur des communications se porte bien, oui, mais les offres d'emplois réguliers et permanents ne sont pas légion! On parle plutôt de contrats et de travail à la pige. Une situation qui permet d'avoir une certaine liberté, certes, mais pas de paies fixes, de vacances payées ni de sécurité d'emploi. À la Fédération professionnelle des journalistes du Québec (FPJQ), on indique

que la province compte environ 300 journalistes pigistes (payés à la pièce) réguliers et autant de collaborateurs occasionnels. Souvent, c'est une bonne façon d'entrer sur le marché du travail et de faire sa marque, mais de nombreux journalistes à la pige ont de la difficulté à vivre de leur labeur et attendent impatiemment un emploi régulier. «Les étudiants connaissent les difficultés que présente le milieu et sont prêts à foncer pour se démarquer. Ils doivent prendre des initiatives, parfois même créer leur propre entreprise ou se diriger vers l'enseignement, mais ils finissent par se trouver une place», indique Catherine Saouter.

Talents demandés

La formation est un atout important, mais ce sont plutôt les aptitudes et le talent des candidats qui seront remarqués en premier lieu. Si, en relations publiques, on privilégie une formation universitaire dans ce domaine spécifique, les rédacteurs en chef de médias écrits, par exemple, préfèrent de beaucoup évaluer le talent des journalistes à travers leur *portfolio*. D'où l'importance de cumuler de l'expérience le plus tôt possible!

> «La formation, ce n'est pas tout.
> Les travailleurs doivent être capables
> d'agir sur le terrain. Bien des employeurs
> nous ont fait part de cette lacune chez
> les diplômés. Il faut des connaissances
> techniques et un minimum
> d'expérience de travail.»
>
> - Chantal Larouche

«Les employeurs recherchent de plus de plus des travailleurs polyvalents», affirme Chantal Larouche, présidente de la FNC. Un journaliste de télévision aura de plus en plus à faire son propre montage audiovisuel. Un concepteur de sites Internet devra aussi avoir une belle plume et rédiger les textes. «La formation, ce n'est pas tout. Les travailleurs doivent être capables d'agir sur le terrain. Bien des employeurs nous ont fait part de cette lacune chez les diplômés. Il faut des connaissances techniques et un minimum d'expérience de travail», soutient Chantal Larouche. Cette expérience peut s'acquérir par l'entremise des journaux étudiants et des médias communautaires, entre autres. ■ 11/99

1. Ministère de la Culture et des Communications, 1999.

RECHERCHÉS

- Journalistes
- Relationnistes
- Spécialistes du multimédia
- Techniciens de radio et de télévision

SAVIEZ-VOUS QUE?

Le développement de l'autoroute de l'information ne nuira pas aux travailleurs des communications, au contraire! Ce nouvel univers offre un éventail de possibilités aux journalistes, aux photographes, aux monteurs, aux publicitaires, etc. Ce média vient s'ajouter aux autres et permet de créer des emplois dans le domaine.

PRINCIPALES FORMATIONS

Secondaire
- Photographie

Collégial
- Art et technologie des médias
- Électronique, option audiovisuel
- Photographie

Université
- Communications/Sciences de la communication
- Études cinématographiques
- Journalisme
- Photographie
- Relations publiques

POUR EN SAVOIR PLUS

Association canadienne des journalistes
www.eagle.ca/caj

Association des journalistes indépendants du Québec
www.ajiq.qc.ca/index.html

Fédération professionnelle des journalistes du Québec
www.fpjq.org

Ministère de la Culture et des Communications
www.mcc.gouv.qc.ca

La voie de la réussite

par **Julie Calvé** et **Sylvie Lemieux**

La comptabilité a un champ d'action très diversifié qui permet aux personnes qui œuvrent dans ce domaine de trouver de l'emploi sans difficulté. Les débouchés sont nombreux, que l'on possède une formation de niveau secondaire, collégial ou universitaire.

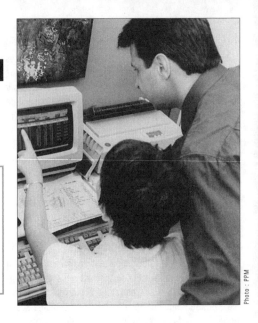

Photo : PPM

Avec un taux d'emploi qui frôle 100 % chez les comptables professionnels, le domaine semble prometteur. Actuellement au Québec, selon les données du site Emploi-Avenir de Développement des ressources humaines Canada (DRHC), les quelque 30 000 comptables et vérificateurs comptables (responsables de la vérification des états financiers d'entreprises ou d'institutions publiques) ont presque tous du travail. Selon la même source, les perspectives d'emploi dans le secteur de la comptabilité se révèlent supérieures à la moyenne. Les comptables sont en effet recherchés dans tous les domaines de l'économie et ont su se mettre à l'heure des nouvelles technologies et de l'informatique, ce qui leur donne des atouts.

À ces professionnels, dont la très grande majorité appartient à l'un des trois ordres (Ordre des comptables agréés du Québec (CA), Ordre des comptables en management accrédités du Québec (CMA) et Ordre des comptables généraux licenciés du Québec (CGA)), il faut ajouter ces milliers d'autres travailleurs : des commis et des techniciens en comptabilité. Ces derniers sont aussi fort recherchés par les employeurs, selon Michelle Lamarche, directrice de succursale chez Robert Half Canada, une entreprise spécialisée dans le recrutement de professionnels en comptabilité et finance. «Les entreprises veulent principalement des employés compétents et bilingues, et ceux-ci sont difficiles à trouver», explique-t-elle.

La formation professionnelle offre deux programmes reliés au domaine : le DEP en comptabilité, qui trouve un bon complément dans l'ASP en comptabilité informatisée et finance. Ces formations, dont le taux moyen de placement est de plus de 80 %, débouchent notamment sur des postes de commis-comptables. Au niveau collégial, les techniques administratives, option finance, ont un taux de placement qui dépasse 90 %. Ce DEC permet aux diplômés d'occuper des postes de comptables adjoints par exemple.

Évolution technologique

Chez les comptables professionnels, l'équilibre entre le nombre de diplômés et la demande du marché du travail explique en partie leur performance. Selon Michelle Lamarche, d'autres facteurs ont également favorisé la profession, comme sa capacité de s'adapter aux changements, en particulier à l'évolution technologique. De fait, l'informatisation a tout d'abord touché le domaine de la finance. Les comptables ont donc été parmi les premiers à s'approprier les outils informatiques, ce qui a même mené certains d'entre eux à des postes de direction de services informatiques.

En outre, le comptable œuvre dans tous les secteurs d'activité économique, ce qui lui confère non seulement une stabilité, mais aussi un indéniable avantage en période de croissance. De plus, les différents métiers de la comptabilité couvrent un tout aussi vaste marché : facturation, crédit, service de paie, vérification, gestion de systèmes de contrôle, analyse stratégique, planification financière, etc.

Ainsi, les diplômés en techniques administratives, option finance, peuvent compter sur la polyvalence de leur formation pour se faire valoir sur le marché du travail. Avec leurs connaissances en comptabilité et en fiscalité, ils rempliront les tâches d'adjoints du comptable et, s'ils cumulent plusieurs années d'expérience, deviendront peut-être responsables d'un service dans leur entreprise.

Des allures novatrices

Chez les professionnels, après avoir pris le virage technologique, on a aussi adopté le langage du «nouveau» marché du travail. Si la comptabilité dite traditionnelle existe toujours, elle tend à prendre une allure novatrice, investissant des niches jusque-là peu exploitées, dans des secteurs d'activité de plus en plus diversifiés. Les CGA, par exemple, ont établi leurs priorités et ont déterminé quatre créneaux à développer dans le cadre de la formation : les systèmes de contrôle et de procédure, la planification et la gestion budgétaires, la planification et la gestion financières et la maximisation de la rentabilité.

Les CA, quant à eux, se démarquent par leurs services élargis de certification d'information non financière (certification de sites Internet, par exemple) et par leur force en tant que conseillers en gestion et en finance.

Du côté des CMA, on note une forte croissance de la demande. En fait, les deux tiers des emplois offerts en comptabilité sont reliés à la comptabilité de management. Selon Michelle Lamarche, les connaissances en management des CMA sont très prisées par les dirigeants d'entreprise qui, dans un contexte de mondialisation des marchés et de grande compétitivité, doivent appuyer leurs décisions sur des analyses détaillées. À l'Ordre des CMA, on commence même à parler de pénurie pour ces professionnels. Les entreprises connaissent tout particulièrement des difficultés à pourvoir les postes de niveau intermédiaire exigeant entre deux et six ans d'expérience.

De façon générale, la demande de spécialistes de la comptabilité est en hausse dans des secteurs tels que le biopharmaceutique, les technologies de pointe, l'aérospatiale, les télécommunications, l'ingénierie et les ressources naturelles, notamment les produits miniers. À Montréal, l'industrie du textile serait aussi un domaine intéressant.

Aujourd'hui, le comptable est appelé à intégrer et à interpréter les données, à les transformer en outils de gestion et de production pour l'entreprise. Dans cette optique, il devra donc acquérir de nouvelles aptitudes, notamment celle de la communication. ■ 11/99

RECHERCHÉS

- Comptables dotés d'une expertise ou d'une double formation : gestion, informatique, affaires internationales
- Comptables spécialisés en juricomptabilité, en certification de sites Internet ou en gestion financière

SAVIEZ-VOUS QUE ?

Une nouvelle discipline est en train d'émerger : la comptabilité environnementale. En effet, les comptables seront de plus en plus appelés à travailler de concert avec les ingénieurs et les scientifiques pour aider à prévoir comment remédier aux activités polluantes et à quel coût. Les comptables joueront ainsi un rôle majeur pour établir des stratégies financières permettant aux entreprises de répondre adéquatement aux exigences environnementales.

Source : Emploi-Avenir Québec, 1999.

PRINCIPALES FORMATIONS

Secondaire	Université
• Comptabilité	• Comptabilité
• Comptabilité informatisée et finance (ASP)	• Comptabilité de management
Collégial	• Sciences comptables
• Techniques administratives, option finance ou gestion	

POUR EN SAVOIR PLUS

Comment devenir CMA?
www.cma-quebec.org/cometud.html

Ordre des comptables agréés du Québec (CA)
www.ocaq.qc.ca/

Ordre des comptables en management accrédités du Québec (CMA)
www.cma-quebec.org

Ordre des comptables généraux licenciés du Québec (CGA)
www.cga-quebec.org

Un partenaire *dynamique* de votre avenir

Résolument tournée vers l'avenir, la CSD-Construction affiche une vision globale de l'industrie, c'est l'ensemble des travailleurs présents sur un chantier qu'elle représente. La défense et la promotion de relations de travail vraiment adaptées aux réalités de l'industrie ont toujours été au coeur de ses préoccupations.

Un des principaux problèmes qui préoccupent un syndicat comme la CSD-Construction, c'est celui du vieillissement de la main-d'œuvre. L'âge moyen des salariés

qu'il s'agisse de compagnons, d'apprentis ou de manœuvres n'a cessé d'augmenter au cours des dernières années, pour largement dépasser le cap des 40 ans en 1997. Le problème de la relève se pose donc avec acuité, d'autant plus que l'industrie de la construction est l'un des secteurs les plus dynamiques de l'économie, offrant chaque année la possibilité de créer plus de 4 000 nouveaux emplois.

La reprise que connaît actuellement ce secteur d'activités avec une progression constante du nombre d'heures travaillées, rend le problème encore plus aigu, entraî-

nant à travers le Québec une pénurie de main-d'oeuvre dans plusieurs métiers. Les 1600 diplômés qui sortent chaque année des centres de formation du Québec ne suffissent plus aujourd'hui à combler l'ensemble des besoins en main-d'œuvre de l'industrie.

La nécessité d'éveiller l'intérêt des jeunes aux différents métiers de la construction et de favoriser leur accès au marché du travail alimente au sein de la CSD-Construction une intense réflexion quant aux stratégies à développer, aux actions à entreprendre. L'approche retenue est claire : être constamment à l'écoute des jeunes, être attentif à leurs attentes, prendre régulièrement le pouls de leurs préoccupations. Avec la CSD-Construction, tous les travailleurs ont toujours la possibilité de dire ce qu'ils pensent, ce qu'ils veulent, ce qu'ils souhaitent. Chacun a le droit de s'exprimer, les débats se font en toute liberté et les décisions sont prises collectivement. La CSD-Construction a une tradition démocratique solidement enracinée. Depuis ses débuts, elle mise sur la force et le pouvoir d'action des membres de la base.

La façon qu'a choisie la CSD-Construction pour joindre les jeunes est d'aller sur le terrain et d'y assurer une présence de qualité. Disposant d'une connaissance approfondie de l'industrie, nos conseillers visitent les centres de formation professionnelle, ils expliquent aux étudiants en quoi la CSD-Construction est différente des autres associations représentatives reconnues dans l'industrie. Ils leur parlent de notre philosophie, de nos structures, de nos revendications, de nos ressources et leur présentent les différents produits que nous avons développés pour nos membres.

La CSD-Construction a toujours défendu le droit au travail, une plus grande valorisation de la compétence et l'accès à une formation de qualité. Pour les nouveaux travailleurs, la formation est la vraie porte d'entrée de l'industrie de la construction, une approche qui commande le transfert harmonieux des apprentissages de l'école au chantier. Pour ceux qui y œuvrent déjà, les cours de perfectionnement assurent un élargissement de leurs compétences et en bout de ligne la perspective d'un emploi stable et bien rémunéré.

Adepte d'une politique de formation continue, la CSD fait de la qualification de la main-d'œuvre une demande prioritaire. Avec l'apparition de nouveaux produits, le développement des technologies et le besoin de polyvalence, il s'agit là d'un impératif incontournable.

Dans cette optique, la CSD-Construction suit de très près la formation dispensée à travers le Québec par les centres de formation professionnelle, afin de s'assurer qu'elle colle aux réalités, aux conditions de travail d'un chantier de construction. L'école doit être le reflet le plus fidèle possible des milieux de travail, ce que les étudiants vivent à l'école doit être à l'image de ce qu'ils vivront plus tard sur un chantier.

La santé et la sécurité du travail sur les chantiers de construction préoccupe énormément la CSD-Construction. La sensibilisation constante de nos membres est essentielle comme le sont les visites de chantier effectuées par nos conseillers syndicaux, guidés par un souci permanent des questions concrètes de santé et sécurité du travail. Ce sont des moyens privilégiés pour développer chez les travailleurs un savoir-faire sécuritaire. Sur le plan politique, la CSD, qui siège au conseil d'administration de la CSST, est intervenue régulièrement auprès du gouvernement afin que toutes les dispositions préventives contenues dans la Loi soient bel et bien appliquées.

La CSD-Construction a fait la preuve de sa capacité à s'adapter aux changements. En constante évolution, elle a réussi à s'imposer comme un partenaire indispensable en raison de la qualité de ses interventions et de ses propositions novatrices dans tous les débats entourant les relations de travail et la main-d'œuvre dans l'industrie de la construction. Attentive aux changements qu'a connus l'industrie, elle s'est efforcée depuis sa création de développer de nouvelles initiatives pour combattre la précarité et améliorer les conditions de travail et de vie des travailleurs de la construction tout en demeurant proche de ses membres.

Quant à l'industrie de la construction, qui mise de plus en plus sur la compétence et la polyvalence des travailleurs, elle n'est pas sans offrir d'intéressantes perspectives aux jeunes, en autant qu'ils sachent en identifier les besoins actuels et futurs. Des 26 métiers que compte l'industrie de la construction, certains accusent une surpopulation d'effectifs, alors que d'autres sont en quête de travailleurs. Parmi les métiers qui présentent le plus d'opportunités, il y a : la mécanique d'ascenseur, la conduite d'engins de chantier, la charpenterie-menuiserie, le briquetage-maçonnerie, la peinture en bâtiment, le carrelage, la vitrerie (montage). ∎

Pour plus d'informations ou pour une visite à l'école :

BUREAUX RÉGIONAUX

QUÉBEC (siège social)
801, 4e rue
Québec (Québec)
G1J 2T7
tél. : **(418) 522-3918**

MONTRÉAL (retours postaux)
5100, rue Sherbrooke Est
Bureau 800
Montréal (Québec)
H1V 3R9
tél. : **(514) 899-1070**

EST DU QUÉBEC
158, ave Belzile
Bureau 200
Rimouski (Québec)
G5L 3E4
tél. : **(418) 724-6525**

**MONTMAGNY–
BAS ST-LAURENT**
4, boul. Taché Est
Montmagny (Québec)
G5V 1B7
tél. : **(418) 248-5766**

SAGUENAY – LAC ST-JEAN
3310, boul. St-François
C.P. 901
Jonquière (Québec)
G7X 7W8
tél. : **(418) 547-2622**

CENTRE DU QUÉBEC
16, rue de l'Ermitage
Victoriaville (Québec)
G6P 1J5
tél. : **(819) 758-3174**

ESTRIE
1009, rue Galt Ouest
Sherbrooke (Québec)
J1H 1Z9
tél. : **(819) 569-9377**

VALLÉE DU RICHELIEU
11, rue Chapleau
Granby (Québec)
J2G 6K1
tél. : **(450) 375-1122**

MAURICIE
141, rue Beauchemin
Cap-de-la-Madeleine (Québec)
G8T 7L4
tél. : **(819) 376-3339**

BEAUCE
11 720, 1ère avenue
C.P. 1
St-Georges-de-Beauce Est (Québec)
G5Y 5C4
tél. : **(418) 228-9577**

Site internet : www.csd.qc.ca

Service téléphonique gratuit pour rejoindre la CSD-Construction :

Beauce, Centre du Québec, Côte-Nord, Est du Québec, Mauricie, Québec, Québec-Sud, Saguenay–Lac St-Jean
Composez le **1 800 463-4091**

Abitibi, Estrie, Lanaudière, Laurentides, Montérégie, Montréal, Outaouais
Composez le **1 800 361-5012**

Construction

Une reprise bien amorcée

par **Sophie Allard** et **Martine Roux**

L'industrie de la construction connaît des cycles de croissance et de décroissance reliés à la santé économique du Québec. Après une période difficile, il semble que l'on commence à voir le bout du tunnel pour ce domaine qui génère à lui seul un emploi sur vingt dans la province.

Photo : PPM

Selon la Commission de la construction du Québec, en 1998, les dépenses d'immobilisation en construction au Québec généraient pour 17,4 milliards de dollars de travaux, soit 16 % de plus qu'en 1997. Cependant, en ce qui concerne les mises en chantier de logements, elles s'établissaient à 23 138 unités, soit une baisse de 11 % par rapport à 1997. Toujours en 1998, 87 300 salariés travaillaient sur les chantiers assujettis à la Loi sur les relations de travail dans l'industrie de la construction. Ce nombre représente une hausse de 2,4 % sur l'effectif de 1997.

Des cycles

Tributaire de la santé de l'économie, l'industrie de la construction connaît des cycles de croissance et de déclin. De plus, les changements technologiques, organisationnels et la saturation du marché immobilier pour des raisons démographiques font en sorte que l'on a besoin de moins de travailleurs. «Toutefois, le succès de l'industrie pharmaceutique, la montée des entreprises du multimédia, la relance du commerce de détail et la fébrilité de l'activité touristique pourraient favoriser l'industrie de la construction au cours des années à venir. D'autant plus que de grands chantiers industriels et de travaux d'ingénierie sont actuellement en cours et que d'autres pourraient s'y ajouter à court terme, souligne l'économiste Joseph Jetten, de la Commission de la construction du Québec.

«La reprise de l'industrie de la construction est maintenant fermement engagée. Pour le moment, c'est la construction non résidentielle qui alimente l'activité, soutient-il. Si la construction d'un nouveau barrage hydroélectrique ou d'autres alumineries devait se concrétiser et que la construction résidentielle se mettait de la partie, alors la reprise en cours pourrait générer une tendance à la hausse pour cinq ou dix ans dans l'industrie de la construction, avant qu'une tendance lourde à la baisse ne se manifeste à nouveau», ajoute-t-il.

De plus, les travailleurs de l'industrie sont assez âgés. Déjà, en 1988, 12,5 % d'entre eux avaient 55 ans ou plus. Ce facteur combiné à une reprise de l'activité crée des ouvertures pour de la nouvelle main-d'œuvre. Quelque 5 000 travailleurs pourraient intégrer annuellement l'industrie de la construction durant les prochaines années.

Comme l'indique Jacques Robichaud, conseiller d'orientation à l'École des métiers de la construction de Québec, «ça bouge beaucoup dans les grands centres. Le marché de la construction et de la rénovation y sont très forts. On recherche aussi de la nouvelle main-d'œuvre, car beaucoup de travailleurs prendront prochainement leur retraite, ce qui va créer un certain manque.»

Des transformations

Confronté au déclin, le secteur de la construction s'est transformé. «Il y a actuellement de gros chantiers de construction au Québec, mais ce n'est pas un indicateur de tendance. Depuis quelques années, on parle plutôt de rénovation», explique Rock Bérubé, conseiller en qualification, qualité et exportation à l'Association de la construction du Québec (ACQ).

La rénovation n'est pas assujettie au décret de la construction, mais gare aux rénovateurs improvisés! Ce type de travail requiert des compétences professionnelles que l'ACQ aimerait d'ailleurs voir encadrées par un programme de formation adéquat. «La rénovation diffère grandement de la construction de bâtiments neufs, où l'on suit un plan précis. Il faut savoir comment étaient construits les vieux bâtiments, interpréter les problèmes de construction et trouver des correctifs», estime Rock Bérubé.

Apprendre sans cesse

La recherche de nouvelles techniques et de matériaux inédits a considérablement fait évoluer le travail dans l'industrie de la construction. Économie d'énergie, systèmes de récupération de chaleur perfectionnés, fenêtres et portes ultra-performantes, isolants améliorés : autant de produits et de services qui exigent plus de connaissances de la part des ouvriers.

> «Il faut vouloir apprendre
> sans cesse quand on travaille
> dans la construction. La formation
> continue est importante et l'on doit
> s'adapter aux réalités du milieu.»
>
> - Rock Bérubé

Les besoins de main-d'œuvre dans l'industrie sont donc davantage qualitatifs que quantitatifs. «Il faut vouloir apprendre sans cesse quand on travaille dans la construction. La formation continue est importante et l'on doit s'adapter aux réalités du milieu. Par exemple, les connaissances en informatique sont aujourd'hui essentielles. Quand on ne sait pas présenter une soumission par courrier électronique, on peut perdre un contrat très important», explique Rock Bérubé. Selon lui, la spécialisation est le meilleur atout pour tirer son épingle du jeu dans un contexte de forte compétition.

Du côté des ingénieurs, les profils en mécanique du bâtiment offrent de bonnes perspectives de croissance, indique Normand Lalonde, du service des stages et du placement de l'École de technologie supérieure. «Il y a actuellement une recrudescence des emplois en génie de la construction. Les ingénieurs possédant un DEC en mécanique du bâtiment ou ceux qui ont un profil en architecture sont très recherchés. Les secteurs de l'économie d'énergie et de la rénovation d'immeubles et d'installations vétustes se développent.» ■ 11/99

RECHERCHÉS

- Frigoristes
- Ingénieurs de la construction
- Ingénieurs en mécanique du bâtiment
- Mécaniciens d'ascenseur
- Mécaniciens de chantier
- Opérateurs de pelles mécaniques
- Poseurs de revêtements souples
- Poseurs de systèmes intérieurs

SAVIEZ-VOUS QUE ?

N'est pas entrepreneur de construction qui veut! Démarrer une entreprise se révèle assez risqué quand on sait que son espérance de vie moyenne est de quatre ans... Pour réussir dans le milieu, il faut être familier avec l'industrie, c'est-à-dire y avoir travaillé à titre d'ouvrier ou de professionnel (ingénieur, comptable, etc.) pendant quelques années ou encore prendre la relève familiale... Des habiletés en gestion et une excellente résistance au stress sont également requises!

PRINCIPALES FORMATIONS

Secondaire

Arpentage et topographie, briquetage-maçonnerie, calorifugeage, carrelage, charpenterie-menuiserie, conduite d'engins de chantier, dessin de bâtiment, électricité de construction, estimation en électricité, mécanique d'ascenseur, mécanique de montage de vitres, mécanique d'engins de chantier, mécanique de protection contre les incendies, montage d'acier de structure, montage et installation de produits verriers, peinture en bâtiment, plâtrage, plomberie-chauffage, pose d'armature du béton, pose de revêtements de toiture, pose de revêtements souples, pose de systèmes intérieurs, préparation et finition de béton, réfrigération, serrurerie de bâtiment, gestion d'une entreprise spécialisée de la construction (ASP)

Collégial

Architecture, estimation et évaluation du bâtiment, génie civil, mécanique du bâtiment

Université

Architecture, génie civil, génie de la construction, génie du bâtiment

POUR EN SAVOIR PLUS

Association de la construction du Québec
www.acq.org/site/

ConstruNet
www.construnet.com/journal/

GeoRadaar - Secteur construction
www.georad.com/francais/info/construc.htm

Des postes à pourvoir

par **Martine Boivin** et **Sylvie Lemieux**

Après avoir traversé une période difficile, le secteur de l'éducation recommence à recruter, offrant des perspectives intéressantes pour ceux qui se destinent à l'enseignement. Certaines matières connaîtraient même un manque inquiétant d'enseignants.

Photo : Les éditions Ma Carrière

On assiste actuellement à un revirement de situation dans le secteur de l'éducation, qui emploie, d'après le ministère de l'Éducation (MÉQ), environ 120 000 personnes (secteur public seulement). Selon le domaine d'enseignement choisi, les perspectives d'emploi sont bonnes et le délai pour décrocher un poste permanent diminue.

> «Les instituteurs du préscolaire et du primaire se sont prévalus plus que les autres de l'occasion de retraite qui leur était offerte. Cela fait en sorte que la réserve d'enseignants est quasiment vide et le Ministère prévoit que cette situation devrait se maintenir jusqu'en 2005.»
>
> - Jean-Claude Bousquet

Un ensemble de causes expliquent l'augmentation des offres d'emploi en éducation. Des départs massifs à la retraite ont libéré plusieurs postes d'enseignants. La réforme en profondeur du programme d'enseignement, qui donne plus d'importance à l'apprentissage de certaines matières, a aussi créé des débouchés. Enfin, un nombre insuffisant d'inscriptions dans les programmes de formation des maîtres, particulièrement en français et en mathématiques, a contribué à l'apparition d'une menace de pénurie. «La situation est en train de s'améliorer radicalement, mais les responsables de l'orientation et les étudiants eux-mêmes n'en sont pas encore conscients», affirme Jean-Claude Bousquet, de la Direction des statistiques et des études quantitatives du MÉQ.

Enseignants recherchés

Ce ne sont pas toutes les disciplines du primaire et du secondaire qui offrent les mêmes perspectives d'emploi. Pendant longtemps, le secteur de l'éducation préscolaire et primaire a été à éviter. «À une certaine époque, il fallait attendre plusieurs années avant de pouvoir intégrer la profession, explique M. Bousquet. Aujourd'hui, la situation s'est considérablement améliorée, et on risque même de manquer d'enseignants à cause de l'implantation de l'enseignement préscolaire à temps plein, qui a créé 2 500 postes. En outre, les instituteurs du préscolaire et du primaire se sont prévalus plus que les autres de l'occasion de retraite qui leur était offerte. Cela fait en sorte que la réserve d'enseignants est quasiment vide et le Ministère prévoit que cette situation devrait se maintenir jusqu'en 2005.»

Selon M. Bousquet, l'enseignement de l'anglais langue seconde au primaire va aussi exiger du renfort, d'autant plus que les inscriptions dans les universités pour cette discipline sont peu nombreuses. Au secondaire, on s'attend à voir une augmentation du nombre d'enseignants en français requis dans les écoles, en raison des programmes de français mis en place selon de nouvelles grilles horaires, qui seront en vigueur dès 2001. Une discipline à éviter, cependant : l'éducation physique, où le marché est actuellement saturé.

Toujours au secondaire, certaines disciplines, comme les mathématiques, les sciences, la religion et la morale, auront besoin d'enseignants au cours des prochaines années. «En mathématiques, la situation est avantageuse pour les enseignants qui associent cette matière à l'informatique. Les professeurs de mathématiques et de sciences sont aussi recherchés», affirme M. Bousquet. Du côté scientifique, les besoins sont plus grands en sciences physiques qu'en sciences biologiques.

> Selon une étude du MÉQ, on aurait besoin de 226 enseignants en sciences par année, entre 2002 et 2006. L'étude prévoit aussi qu'il faudra 332 enseignants par an en mathématiques, durant la même période.

Selon une étude du MÉQ, on aurait besoin de 226 enseignants en sciences par année, entre 2002 et 2006. L'étude prévoit aussi qu'il faudra 332 enseignants par an en mathématiques, durant la même période. Ce nombre chute toutefois de moitié après 2006, dans ces deux spécialités. «En sciences humaines, par exemple en géographie, en psychologie, etc., le marché n'est pas favorable pour le moment, mais il y aura amélioration de la situation en 2001, grâce au nouveau programme, où le poids des sciences humaines, en particulier de l'histoire, augmente», poursuit M. Bousquet.

Au niveau collégial, les prévisions du ministère de l'Éducation indiquent une baisse de la population scolaire vers 2001-2002. Le besoin d'enseignants devrait donc diminuer, si l'on se fie à ce seul indice. Il manque cependant une donnée pour dresser un portrait juste de la situation, soit les prévisions de départ à la retraite qui pourraient compenser la perte d'élèves et ouvrir un certain nombre de postes.

La passion du métier

Il y a donc du travail dans les écoles, particulièrement dans les institutions privées et les écoles de langues qui engagent davantage, selon Lise Dubé, du service de placement de l'Université Laval.

Francine Lebel enseigne au primaire depuis une trentaine d'années. Sans vouloir dresser un portrait sombre de la profession, Mme Lebel avoue qu'il faut être animé d'une véritable passion pour son métier parce que les défis sont nombreux. Les classes sont pleines et les besoins des élèves, grandissants. «Dans une même classe, on peut trouver des enfants qui n'ont aucune difficulté d'apprentissage aux côtés d'élèves moyens, et d'autres qui ont des problèmes de comportement et qui parviennent difficilement à suivre le reste du groupe. Je dois dire que la tâche des enseignants est beaucoup plus lourde que lorsque j'ai commencé ma carrière», commente-t-elle. ■ 11/99

RECHERCHÉS

- Enseignants au préscolaire et au primaire
- Enseignants au primaire de l'anglais langue seconde
- Enseignants au secondaire de l'anglais langue d'enseignement
- Enseignants au secondaire de mathématiques et de sciences physiques
- Enseignants au secondaire du français langue d'enseignement

SAVIEZ-VOUS QUE?

Selon le document *Enseigner, est-ce pour moi?*, du ministère de l'Éducation du Québec, certaines habiletés peuvent favoriser les candidats à l'enseignement. Par exemple : des aptitudes manifestes pour la communication, une expérience vécue auprès des jeunes, une bonne connaissance des outils informatiques et, chez les hommes, le fait de briser un stéréotype en postulant un emploi d'enseignant au préscolaire ou au primaire!

PRINCIPALES FORMATIONS

Collégial
- Éducation en services de garde
- Éducation spécialisée

Université
- Adaptation scolaire
- Éducation au préscolaire et enseignement au primaire
- Éducation aux adultes
- Éducation physique

- Enseignement d'une langue seconde
- Enseignement professionnel
- Enseignement secondaire et collégial
- Enseignement technologique et professionnel
- Information et orientation scolaire et professionnelle
- Orientation
- Orthopédagogie

POUR EN SAVOIR PLUS

Agence universitaire de la francophonie
www.aupelf-uref.org/

Cadre de compétitivité sectorielle - Formation et enseignement
http://strategis.ic.gc.ca/SSGF/bp01517f.html

Comet - Éducation commerciale et formation
http://strategis.ic.gc.ca/SSGF/bp00416f.html

On reprend le dessus!

par **Sophie Allard**

Les perspectives d'emploi ne sont pas très favorables actuellement dans le secteur de l'énergie. Cependant, il y a tout de même des ouvertures pour ceux qui savent s'adapter aux besoins de l'industrie.

Photo : Les éditions Ma Carrière

A près avoir connu des moments difficiles au cours des dernières années, l'industrie de l'énergie reprend le dessus et commence à s'ouvrir à de nouveaux marchés à travers le monde. À long terme, les perspectives d'emploi s'annoncent meilleures, même s'il faut parfois se tourner vers l'extérieur du Québec.

Des ressources abondantes

Grâce à ses abondantes ressources en eau, en charbon et en uranium, le Canada est devenu le sixième producteur d'énergie électrique au monde et le premier producteur mondial d'hydroélectricité. L'industrie emploie au pays plus de 113 000 personnes. On parle de 200 établissements de fabrication dont l'activité est concentrée à 85 % au Québec et en Ontario. Il s'agit de fabricants de matériel, d'ingénieurs-conseils, d'exploitants de services publics et de producteurs indépendants.

> Actuellement, dans l'industrie électrique, on mise principalement sur le marché international.

La consommation nationale d'énergie électrique est plutôt stable; ainsi, sur le plan local, on se concentre surtout sur la restauration des centrales. «Il faut fabriquer de nouvelles turbines, des alternateurs, des transformateurs et des pièces associées à la distribution de l'électricité, explique Pierre Dulude, directeur du développement électrique au ministère des Ressources naturelles du Québec. Le secteur de l'industrie qui fonctionne le mieux actuellement est celui de la fabrication

d'équipements électriques. On a donc besoin d'ingénieurs électriques, de techniciens et de beaucoup de travailleurs en usine.»

> L'industrie du gaz et du pétrole évolue de façon cyclique et est influencée par la situation économique mondiale.

Quelques projets d'envergure, comme la centrale de Churchill Falls, sont sur la table et pourraient avoir des retombées considérables sur les perspectives d'emploi au Québec et à Terre-Neuve. Actuellement, toutefois, on mise principalement sur le marché international. C'est que les marchés extérieurs demandent de plus en plus d'énergie électrique! «Les débouchés pour la vente de produits et services sont importants. On remarque déjà des résultats positifs! Même si l'on ne parle pas d'augmentation du nombre d'emplois, mais plutôt de stabilisation, on peut se permettre d'avoir de l'espoir pour les prochaines années», ajoute M. Dulude. Ces nouvelles ouvertures touchent les firmes de génie-conseil, l'industrie des gros équipements, comme les turbines et les alternateurs, et les petites entreprises qui fabriquent des produits à titre de sous-traitants pour les grandes sociétés.

Une main-d'œuvre compétente

Le gaz et le pétrole sont des sources d'énergie encore indispensables pour différentes industries, comme le transport. Cependant, cette industrie évolue de façon cyclique et est influencée par la situation économique mondiale. Les besoins de main-d'œuvre sont donc difficiles à prédire sur le plan quantitatif.

«On demandera des géologues pour trouver des sources d'énergie, des ingénieurs spécialisés en production, en pipelines et en raffinage. Il faudra des gens spécialisés en marketing pour assurer la distribution des ressources. On aura également besoin de techniciens dans tous les maillons de cette chaîne», explique Gabi Jerjour, conseiller à la Direction du gaz et du pétrole du ministère des Ressources naturelles du Québec. Selon lui, on commence aussi à s'intéresser à l'exploration au Québec, mais c'est surtout dans l'Ouest canadien et aux États-Unis que ça se passe.

> «L'industrie du gaz se porte bien, quoiqu'elle ne soit pas très importante au Québec. Nous fournissons désormais plus d'efforts dans le domaine résidentiel, et de nouveaux postes sont créés régulièrement. Nous avons toujours besoin de main-d'œuvre compétente.»
>
> - Michel Martin

Chez Gaz Métropolitain, qui compte 1 300 employés, on trouve principalement des techniciens en services qui effectuent les branchements dans les résidences et les entreprises, des techniciens de réseaux, mais aussi des mécaniciens, des soudeurs, des gestionnaires, des ingénieurs, etc. «L'industrie se porte bien, quoiqu'elle ne soit pas très importante au Québec, indique Michel Martin, directeur des ressources humaines chez Gaz Métropolitain. Nous fournissons désormais plus d'efforts dans le domaine résidentiel, et de nouveaux postes sont créés régulièrement. Nous avons toujours besoin de main-d'œuvre compétente.»

L'industrie énergétique est en croissance dans de nombreux pays. Aussi, les diplômés (géologues, ingénieurs, etc.) doivent être prêts à plier bagage et à travailler à l'étranger. «Il y a même une pénurie de géologues aux États-Unis. Sans compter une importante percée de l'exploration dans le monde, par exemple en Amérique latine. Alors, ceux que le travail à l'étranger intéresse sont dans la bonne branche», affirme Gabi Jerjour. ■ 11/99

RECHERCHÉS

- Ingénieurs électriques
- Ingénieurs géologues
- Ingénieurs mécaniques
- Techniciens en génie

SAVIEZ-VOUS QUE?

Avec la percée de l'industrie canadienne de l'hydroélectricité sur le marché international, plusieurs entreprises ont vu leur chiffre d'affaires gonfler et leur part d'exportation augmenter. Industrie Canada estime la hausse de la consommation à plus de 10 % par année pour les pays en voie de développement.

PRINCIPALES FORMATIONS

Secondaire

- Montage de lignes électriques
- Techniques d'usinage

Collégial

- Génie électrique
- Génie mécanique
- Géologie appliquée

Université

- Génie électrique
- Génie géologique
- Génie mécanique
- Géologie

POUR EN SAVOIR PLUS

Conseil canadien des électrotechnologies
www.cce.qc.ca/frame_f.htm

Global Energy MarketPlace
gem.crest.org/search.html

Institut national de recherche scientifique (INRS) - Énergie et matériaux
www.inrs-ener.uquebec.ca

Ressources naturelles Canada - Stages
www.nrcan.gc.ca/css/hrsb/intern-f.htm

Société nucléaire canadienne
www.cns-snc.ca/

Environnement

Encore au ralenti

par **Sophie Allard** et **Sylvie Lemieux**

L'industrie de l'environnement connaît un ralentissement depuis les dernières années. Malgré cela, il y a encore des façons de tirer son épingle du jeu et de se tailler une place sur le marché du travail.

Photo : PPM

Plusieurs études incluent l'industrie de l'environnement dans la nouvelle économie basée sur le savoir et les nouvelles technologies. De plus, avec les réglementations environnementales, les entreprises n'ont souvent d'autre choix que de se mettre au diapason, ce qui permet d'espérer une certaine reprise après le lourd ralentissement connu par l'industrie environnementale au Québec.

Un mémoire rendu public au mois d'octobre 1999 par la Grappe industrielle en environnement révèle certaines difficultés. Le mémoire souligne que cette industrie a vu fondre son chiffre d'affaires de un demi-milliard de dollars par an depuis 1995[1]. Malgré tout, les prévisions actuelles laissent supposer, pour les prochaines années, une amélioration de la situation.

Le secteur

Selon des statistiques du ministère de l'Industrie et du Commerce, en 1998 le chiffre d'affaires de l'industrie québécoise de l'environnement était de deux milliards de dollars. Sur ce total, 80 % concernait le marché intérieur, et 20 %, l'exportation. Selon le Comité sectoriel de main-d'œuvre de l'environnement, on compte en 1999 quelque 800 entreprises au Québec, qui emploient 20 000 personnes. Ce sont des fabricants d'équipement, des compagnies de recyclage industriel et de décontamination, des laboratoires spécialisés, des firmes d'experts-conseils, etc. C'est le secteur de la manutention des matières résiduelles qui emploie le plus grand nombre de personnes,

soit 57 %, alors que 22 % des emplois se trouvent dans la fabrication et 16 % en services-conseils.

Ce portrait n'est toutefois pas complet, puisqu'il n'y a pas que l'industrie de l'environnement qui offre des emplois spécialisés dans ce domaine. En effet, on en trouve aussi dans divers secteurs économiques, comme la métallurgie, la téléphonie, l'électricité, etc. «Bon nombre d'industries développent des services spécialisés en environnement. Il y a aussi beaucoup d'emplois aux différents paliers gouvernementaux. Enfin, il faut ajouter ceux que l'on trouve dans certains organismes sans but lucratif, qui ont à cœur l'environnement et qui s'occupent de la lutte contre la pollution, du recyclage, etc. Par conséquent, les emplois en environnement sont diversifiés et répartis dans plusieurs secteurs», explique Robert Ouellet, directeur général du Comité sectoriel de main-d'œuvre de l'environnement.

Selon M. Ouellet, il est cependant difficile de chiffrer les emplois en environnement dans les autres secteurs économiques au Québec. Selon les résultats d'un sondage mené en 1998 par le *Canadian Council for Human Resources in the Environment Industry*, les femmes représenteraient environ 25 % de la main-d'œuvre en environnement. Leur présence a notablement augmenté au cours des dernières années.

Tendance à la hausse

Quoique l'industrie de l'environnement n'enregistre pas un taux de croissance très important, on remarque tout de même que des débouchés pointent à l'horizon. «On

note actuellement une certaine volonté de la part des entreprises de se tourner vers la gestion environnementale. Elles sont encore peu nombreuses à avoir fait le saut, mais déjà on peut prévoir une augmentation des besoins de main-d'œuvre», affirme M. Ouellet.

Une étude réalisée par le Comité sectoriel de main-d'œuvre de l'environnement en mai 1999 démontre que plus les entreprises ont atteint un niveau de préoccupation environnementale élevé, plus elles ont d'employés qui assument des fonctions liées à l'environnement. Près de 10 % des 700 entreprises interrogées prévoyaient embaucher du personnel spécialisé en environnement durant les deux prochaines années[2].

Cumuler les formations

Les personnes intéressées à travailler dans le domaine de l'environnement verront augmenter leurs chances d'obtenir un emploi si elles cumulent des formations complémentaires.

Denis Fournier, technicien en aménagement de la faune à la Communauté urbaine de Montréal, a appliqué ce conseil avec succès. Titulaire d'un DEC en techniques d'aménagement de la faune, il a aussi complété une formation collégiale en techniques d'aquaculture. «Au lieu de faire un baccalauréat en biologie, j'ai préféré compléter un second DEC pour élargir mon champ d'action. Cela m'a aidé parce que j'ai pu travailler dans les deux domaines», explique-t-il.

Le choix des champs d'études se révèle particulièrement important en environnement. Plus que dans tout autre domaine, une personne qui décide de se diriger dans ce secteur doit bien se connaître, à cause de la diversité des formations. Il faut donc choisir une spécialité, un créneau qui correspond à nos champs d'intérêt. ■ 11/99

1. «L'industrie environnementale du Québec a perdu une centaine d'entreprises», Louis-Gilles Francœur, Le Devoir, 7 octobre 1999.

2. «La gestion environnementale des entreprises au Québec : engagement, pratiques et impacts sur les ressources humaines et l'industrie de l'environnement», Comité sectoriel de main-d'œuvre de l'environnement, mai 1999.

RECHERCHÉS

- Gestionnaires en environnement

SAVIEZ-VOUS QUE ?

Une enquête du *Canadian Council for Human Resources in the Environment Industry* publiée en 1999 estime à 221 000 le nombre d'emplois au Canada contribuant à la protection de l'environnement, à la conservation des ressources naturelles, à l'éducation, à la communication et à la recherche en environnement.

PRINCIPALES FORMATIONS

Secondaire

- Aménagement de la forêt
- Opération d'usine de traitement des eaux
- Protection et exploitation de territoires fauniques
- Sylviculture

Collégial

- Aménagement cynégétique et halieutique
- Aménagement du territoire
- Assainissement de l'eau
- Assainissement et sécurité industriels
- Chimie analytique
- Chimie-biologie
- Écologie appliquée
- Inventaire et recherche en biologie
- Milieu naturel

Université

- Agronomie
- Aménagement de la faune
- Aménagement et environnement forestiers
- Biologie
- Botanique
- Écologie
- Environnement forestier
- Génie chimique, génie agroenvironnemental
- Microbiologie
- Sciences de l'environnement (maîtrise)

POUR EN SAVOIR PLUS

Bureau virtuel de l'industrie environnementale - Québec
VirtualOffice.ic.gc.ca/QC/

Comité sectoriel de main-d'œuvre de l'environnement
www.csmoie.org

Conseil canadien des ressources humaines de l'industrie de l'environnement
www.chatsubo.com/cchrei/

EcoRoute de l'information Nature, environnement, tourisme d'aventure au Québec
ecoroute.uqcn.qc.ca/

Ouvertures prometteuses

par **Sophie Allard** et **Frédéric Boudreault**

Le domaine de la finance connaît une belle période de croissance qui favorise ceux qui désirent œuvrer dans ce secteur. Il y en a pour tous les goûts, que l'on soit diplômé du collégial ou de l'université!

Photo : PPM

Si la fusion et la restructuration des grandes banques canadiennes pouvaient causer des doutes concernant l'avenir de ce secteur, la finance reste toutefois sur les rails. Ce domaine montre désormais un nouveau visage et génère aussi des ouvertures intéressantes.

De nouveaux besoins

La démographie a changé la donne dans le milieu de la finance. Avec les *baby-boomers* qui approchent de la retraite, les gens n'ont plus les mêmes besoins. Et ils ne veulent plus être servis de la même façon. Un exemple concret : l'arrivée massive de conseillers financiers dans les banques et les caisses, qui gèrent d'une façon globale les épargnes de leurs clients. «C'est un "super-courtier" capable de régler les problèmes de placement du ménage, mais aussi les difficultés de planification financière à long terme, incluant le roulement successoral, explique Pierre Laroche, professeur agrégé en finance et directeur du département de finance à l'École des hautes études commerciales (HÉC). Le développement de logiciels et de modèles financiers est aussi un secteur d'avenir pour lequel il existe actuellement une très bonne demande.»

Selon le professeur, on trouve encore peu de personnes pouvant occuper des postes de «supercourtiers». «Les banques éprouvent de la difficulté à dénicher des candidats alliant des connaissances en fiscalité, en finance, en planification, et qui possèdent le sens du marketing», juge-t-il.

Même son de cloche du côté de François Limoges, conseiller en ressources humaines à la Fédération des Caisses populaires de Montréal et de l'ouest du Québec. Il parle d'ailleurs de problème de recrutement dans ce domaine. «Nos succursales sont activement à la recherche de directeurs de planification financière, et les candidats sont rares, car on demande des compétences très élevées», souligne-t-il. En 1998, ces postes n'existaient même pas au sein de l'institution. Aujourd'hui, on en compte une soixantaine et on prévoit en avoir plus d'une centaine l'année prochaine.

On note aussi une demande de conseillers en planification financière et en services financiers de moins haut calibre. Toutefois, il faut souvent débuter en tant que directeur des services financiers et acquérir de l'expérience durant quatre ou cinq ans avant de pouvoir postuler à ce type d'emploi. Une accréditation de *Chartered Financial Analyst* est également recommandée, pour ne pas dire exigée.

Des emplois!

Au Québec, le secteur de la finance se compose d'environ 170 000 personnes, soit 5 % de la main-d'œuvre de la province. Ces personnes sont employées par 46 000 établissements, essentiellement des institutions financières, des maisons de courtage et des entreprises[1].

Malgré une période de croissance soutenue, ce secteur est actuellement en plein bouleversement. Si les emplois de commis et de caissiers sont particulièrement affectés par les grands changements se produisant dans ce milieu, cela ne signifie pas pour autant que les institutions financières n'engagent plus d'employés.

Au contraire, à la Fédération des Caisses populaires, une chasse aux jeunes diplômés s'effectue chaque année. Entre 1997 et 1998, des dizaines de nouveaux directeurs de services financiers ont joint les rangs de cette entreprise. Profil recherché? Une solide formation de base avec un baccalauréat en administration, option finance ou marketing, une facilité pour la vente, du plaisir à travailler avec les gens, une bonne capacité d'adaptation et une soif inextinguible d'apprendre.

Ce n'est pas la seule voie pour se faire une place dans le monde de la finance. Selon Michel LeBœuf, vice-président de Robert Half Canada inc., une entreprise spécialisée dans le recrutement de professionnels en comptabilité et finance, le marché a aussi besoin de bons techniciens. «Ce sont des gens qui vont occuper des postes un peu délaissés, comme commis senior ou comptable intermédiaire. Il s'agit d'emplois intéressants et bien rémunérés. Il faut en profiter, nous sommes actuellement sur une belle lancée», spécifie-t-il.

Pour Pierre Laroche, la maîtrise en finance se révèle également une bonne façon de dénicher rapidement un emploi. Aux HÉC, on affirme que la vingtaine de finissants trouvent tous un débouché sur le marché du travail en moins de trois mois! Les trois quarts d'entre eux deviennent analystes dans les institutions financières. «Ce profil est très recherché parce que ce sont des gens capables d'établir un pont solide entre la théorie et la pratique, et pouvant créer des modèles pour améliorer la gestion d'une entreprise», souligne le professeur.

Évolution technologique

Il est difficile de prédire l'avenir dans le secteur de la finance. Tout va tellement vite que personne n'ose se prononcer sur le sujet. Pour sa part, François Limoges juge que toute personne compétente n'éprouvera aucune difficulté à trouver un emploi.

En outre, les nouvelles technologies envahissent les domaines financier et bancaire, créant ainsi des besoins de main-d'œuvre. «Les grandes restructurations des dernières années dans le domaine bancaire vont générer des emplois basés sur les "banques virtuelles" et les centres d'appels», explique François Limoges. Pierre Laroche abonde dans ce sens. Selon lui, les personnes qui n'auront pas appris à maîtriser les ordinateurs et certains logiciels spécialisés pourraient être défavorisées. ■ 11/99

1. Statistique Canada, 1998.

RECHERCHÉS

- Analystes financiers dans les banques et les caisses ou dans les entreprises
- Commis seniors ou comptables intermédiaires (avec une technique administrative)
- Directeurs de planification financière
- Directeurs des services financiers dans les banques ou les caisses

SAVIEZ-VOUS QUE?

Selon Michel LeBœuf, vice-président de Robert Half Canada, la finance se porte très bien au Québec actuellement. La situation sur le plan de l'embauche est même plus favorable ici que dans le reste du Canada et qu'aux États-Unis, en raison du fait que dans ces régions, ce secteur fonctionne encore un peu au ralenti.

PRINCIPALES FORMATIONS

Secondaire

- Comptabilité
- Comptabilité informatisée et finance (ASP)

Collégial

- Techniques administratives, option services financiers et finance

Université

- Administration des affaires, option finance
- Comptabilité
- Comptabilité de management
- MBA (2e cycle)
- Sciences comptables

POUR EN SAVOIR PLUS

Institut québécois de planification financière
www.iqpf.org/qui-nous-sommes/francais/qui-fr.html

The Digital Financier
www.dfin.com/

The Insurance Career Center
www.connectyou.com/talent/

Un vent de renouveau

par **Frédéric Boudreault**

À cause de nombreux départs à la retraite, la foresterie est à la recherche de sang neuf. Les préoccupations d'ordre environnemental amènent aussi des débouchés dans une industrie qui doit se mettre au diapason des nouvelles réglementations.

Photo : PPM

La forêt est l'une des plus grandes richesses naturelles au Québec. En effet, 2 % du patrimoine forestier mondial se trouve sur son territoire. Il s'agit donc d'une responsabilité de taille. La forêt n'est pas inépuisable, cependant. La croissance de la production s'est souvent faite au détriment de la richesse elle-même; c'est pourquoi on cherche aujourd'hui à la préserver. Cette volonté génère du même coup de nouvelles ouvertures en ce qui concerne l'emploi.

En mutation

Les méthodes d'exploitation et de gestion des ressources naturelles sont aujourd'hui en pleine mutation. Ce domaine devient de plus en plus complexe et utilise une technologie continuellement appelée à s'améliorer et à se diversifier. Une main-d'œuvre qualifiée est donc recherchée pour mener à bien la transition.

En 1998, l'industrie forestière québécoise comptait quelque 3 350 entreprises qui font vivre 120 000 personnes, soit 77 000 emplois directs et 43 000 emplois indirects. Avec 85,3 millions d'hectares de terre boisée au Québec, cette industrie génère l'une des activités économiques les plus importantes de la province. Les ventes annuelles se chiffrent à environ 14,4 milliards de dollars et représentent 22 % des exportations totales du Québec, selon Statistique Canada.

Du sang neuf

Selon le directeur de l'Association des industries forestières du Québec (AIFQ), Julien Michaud, le domaine de la foresterie aura besoin de sang neuf au cours des prochaines années. «De 5 000 à 7 000 postes se libéreront d'ici quatre ans dans l'ensemble de l'industrie. Il ne s'agit pas de nouveaux postes, mais bien de départs à la retraite», lance-t-il. Certes, les techniciens et les ingénieurs forestiers sont recherchés, mais on a également besoin d'un autre type de main-d'œuvre. «Le milieu de l'aménagement forestier est en croissance et recherche activement des abatteurs manuels et des débroussailleurs. Ce ne sont pas des emplois faciles et on suggère de plus en plus de suivre une formation, car l'industrie n'offre pas beaucoup d'encadrement», indique Nancy Desjardins, chargée de projet au Comité sectoriel de main-d'œuvre en aménagement forestier.

Les gens de l'industrie recherchent aussi des employés qui peuvent s'adapter au vent de renouveau qui souffle sur la foresterie. Ce secteur est en effet lié à la protection de l'environnement et à la nécessité de mettre sur pied des programmes de développement durable, qui assurent le renouvellement de la ressource. «Nous espérons que le gouvernement pourra adapter les formations, pour répondre à cette demande à partir de l'an 2000», souligne Julien Michaud.

Par exemple, l'Université Laval offre trois baccalauréats en foresterie, qui sont spécifiquement adaptés aux besoins de l'industrie. Des formations en opérations forestières, en aménagement et environnement forestiers (ces deux programmes relèvent du génie forestier), et en génie du bois sont donc proposées aux

étudiants. Les diplômés en génie du bois travaillent principalement à la transformation du bois, un secteur en plein
changement. Les systèmes utilisés dans ce secteur sont en
train de passer des anciennes machines mécaniques à des
circuits informatisés «intelligents». De leur côté, les
diplômés en génie forestier effectuent des tâches plus
diversifiées. Leur travail gravite beaucoup autour de
l'aménagement et de la gestion des ressources
forestières. Les possibilités d'emploi dans ces secteurs
sont excellentes.

À noter qu'une mineure en foresterie environnementale
est également offerte à l'Université McGill, ce qui pourra intéresser les étudiants en sciences environnementales désireux de se diriger vers l'industrie de la
foresterie.

Activités en croissance

Les diplômés en formation professionnelle et technique
sont recherchés; ils travaillent à optimiser la production
de la ressource dans les activités telles que la coupe, le
sciage, le classement, l'aménagement ou la transformation. Cette main-d'œuvre est actuellement favorisée
par l'essor de l'industrie du bois, dont les activités sont en
croissance, notamment vers les États-Unis. Le secteur
étant très spécialisé, cela permet aux diplômés de trouver
des emplois relativement bien rémunérés sans nécessairement avoir à effectuer d'études universitaires.

Quant aux ingénieurs forestiers, leur ordre professionnel
compte environ 1 800 membres. Le salaire annuel de base
de ces derniers se situe entre 40 000 et 70 000 $. Pour
accéder à la profession, on a besoin d'un baccalauréat en
génie du bois ou en génie forestier. D'après Georges
Parent, conseiller en emploi à l'Université Laval, le
diplômé dans ce domaine doit posséder plusieurs qualités.
Il doit être capable de communiquer, de négocier et de
coordonner le travail entre les différents intervenants. «Il
faut beaucoup de diplomatie et de souplesse d'esprit pour
déceler les besoins et les attentes de chacun, fait-il remarquer. Les maires des municipalités et les MRC, par exemple, peuvent avoir des buts très différents pour un même
territoire.»

Point important : le diplômé en foresterie, quel que soit
son niveau de formation, doit être prêt à s'installer en
région, car les principaux employeurs sont de grandes
entreprises établies près des ressources, soit sur la Côte-
Nord ou en Abitibi. ■ 11/99

RECHERCHÉS

- Ingénieurs forestiers
- Techniciens et détenteurs d'un DEP dans une
  discipline qui touche à la foresterie.

SAVIEZ-VOUS QUE ?

Désormais, l'industrie forestière demande des travailleurs qui
ont de bonnes connaissances en informatique. «Nous ne
cherchons pas des informaticiens, mais plutôt des gens qui
ont suffisamment de connaissances pour comprendre le
fonctionnement des nouvelles machines. C'est surtout sur le
plan des opérations que les besoins se font sentir», explique
Julien Michaud de l'Association des industries forestières
du Québec.

PRINCIPALES FORMATIONS

Secondaire

- Abattage et façonnage
  des bois
- Affûtage
- Aménagement de la forêt
- Classement des bois
  débités
- Pâtes et papiers
  (opérations)
- Récolte de la matière
  ligneuse
- Sciage
- Sylviculture

Collégial

- Techniques papetières
- Technologie forestière
- Transformation des produits
  forestiers

Université

- Aménagement et
  environnement forestiers
- Génie du bois
- Opérations forestières
- Aux deuxième et troisième
  cycles : maîtrise en science
  des pâtes et papiers et
  doctorat en génie papetier

POUR EN SAVOIR PLUS

Association des industries forestières du Québec
www.aifq.qc.ca/index.html

GeoRadaar - Secteur forestier
www.georad.com/francais/foret.htm

L'inforoute de la forêt canadienne - Index
www.foret.ca/

**Technical Association of
the Pulp and Paper Industry**
www.tappi.org/

Nouveaux marchés en développement

par Sophie Allard et **Martine Roux**

Le Canada se distingue sur le plan de son expertise en géomatique. Seul frein à la croissance de ce secteur en pleine expansion : le recrutement d'une main-d'œuvre qualifiée.

Photo : Les éditions Ma Carrière

La géomatique couvre un ensemble de techniques, telles que l'arpentage et les levés cadastraux, la géodésie, la cartographie topographique et thématique, l'hydrographie, la cartographie marine, la télédétection, le traitement d'images, les systèmes d'information géographique (SIG) et le positionnement par satellite.

Selon Industrie Canada, le marché mondial de la géomatique se chiffrerait à quelque 10 milliards de dollars, tandis que sa croissance serait de 20 % par année[1]. Le Canada se trouve aux premières loges de plusieurs champs d'activité en géomatique : il est notamment le chef de file de l'application du système de cartes marines électroniques. L'industrie serait tout aussi florissante au Québec.

«Le Canada a développé certaines des meilleures technologies et nous sommes en avance sur beaucoup de pays en ce qui a trait aux capacités technologiques, explique George J. Emery, agent commercial principal chez Industrie Canada. L'industrie prend de l'expansion et nous exportons maintenant nos services dans d'autres pays. Selon nos prévisions, la géomatique progressera en moyenne de 10 à 15 % annuellement pendant les prochaines années. Le véritable frein à la croissance sera la difficulté à trouver les ressources humaines afin de pourvoir à tous les postes disponibles.»

Dans la vie de tous les jours

La géomatique fait partie intégrante de notre vie au même titre que l'informatique, estime-t-on au Centre de développement de la géomatique (CDG). Michel Mellinger, directeur du développement de projets du CDG, scinde la discipline en divers marchés. D'abord, le marché traditionnel, qui a fait naître la géomatique, a toujours son importance. «On parle ici de gestion des ressources naturelles, comme la foresterie, de gestion de territoire, comme l'arpentage, de gestion d'infrastructures, tel que le réseau routier, et aussi d'environnement», précise Michel Mellinger. Quoique ce secteur se porte bien, il demeure plutôt stable. Ce sont les nouveaux marchés qui engendrent une croissance de la géomatique. Ainsi, les spécialistes de ce domaine sont aujourd'hui appelés à gérer les problématiques du réseau de la santé — par exemple, évaluer le temps d'intervention des ambulanciers selon la distance et les cas —, de la protection civile et de la défense.

«Selon des études américaines, 80 % des données informatiques ont une référence spatiale. Le développement rapide que connaissent les nouvelles technologies présente des ouvertures illimitées pour la géomatique!»

- Michel Mellinger

La géomatique peut également aider toutes les entreprises à améliorer leur productivité. Une chaîne de restaurants qui fait une étude de marché, une banque qui gère un réseau de guichets automatiques, une entreprise de transport qui suit le déplacement de ses camions, une épicerie qui instaure un système d'achat virtuel : autant d'activités où la géomatique intervient. Dès qu'un produit ou un objet est positionné quelque part dans l'espace et dans le temps, la géomatique est utile.

La croissance

La géomatique a véritablement pris son envol dans la foulée des nouvelles technologies. Aujourd'hui, non seulement les appareils d'arpentage et d'acquisition de données utilisent l'électronique, le radar et le satellite, mais la révolution informatique permet aussi de traiter les données avec beaucoup plus de flexibilité. «Selon des études américaines, 80 % des données informatiques ont une référence spatiale. Le développement rapide que connaissent les nouvelles technologies présente des ouvertures illimitées pour la géomatique», indique M. Mellinger. Selon lui, ce secteur devrait connaître une croissance accélérée durant les prochaines années. Les marchés en émergence : le marketing, les assurances, le tourisme, l'éducation et le divertissement.

Belles perspectives

En ce qui concerne le marché traditionnel de la géomatique, les perspectives de développement sont relativement limitées sur le plan national : l'ensemble du territoire nord-américain est déjà en grande partie cartographié. «Par contre, il y a beaucoup de possibilités de travail à l'étranger, avance M. Emery, d'Industrie Canada. La main-d'œuvre canadienne est très recherchée en Amérique latine, en Europe de l'Est et en Afrique, par exemple.»

Quant aux autres marchés de la géomatique, les portes sont grandes ouvertes! On peut travailler tant pour un fournisseur de produits et services géomatiques, comme une entreprise qui conçoit un système d'informatisation géographique, que pour un utilisateur de services géomatiques, comme Bell Canada, Vidéotron, Hydro-Québec, une compagnie minière ou forestière, etc. Les sous-secteurs les plus susceptibles de se développer? La télédétection, les systèmes d'information géographique (SIG), les systèmes de positionnement par satellite (GPS) et l'imagerie. Dans ce domaine, les spécialistes issus de plusieurs disciplines sont très recherchés : les techniciens et les ingénieurs en géomatique, mais aussi les administrateurs de bases de données et les concepteurs de logiciels. ■ 11/99

1. Cadres de compétitivité sectorielle : la géomatique, vue d'ensemble et perspectives, Industrie Canada, 1997.

RECHERCHÉS

- Administrateurs de bases de données
- Concepteurs de logiciels
- Ingénieurs en géomatique
- Techniciens en géomatique

SAVIEZ-VOUS QUE ?

La demande de spécialistes en géomatique est importante et urgente. Si bien que certaines entreprises font des ententes avec des établissements d'enseignement afin que ceux-ci accélèrent les programmes de formation pour qu'une main-d'œuvre qualifiée soit accessible le plus rapidement possible.

Source : Centre de développement de la géomatique, 1999.

PRINCIPALES FORMATIONS

Collégial

- Cartographie
- Géodésie

Université

- Certains baccalauréats en géographie (UQAM, McGill, Sherbrooke, Montréal)
- Sciences géomatiques (Laval)

POUR EN SAVOIR PLUS

Centre de développement de la géomatique
www.cdg.qc.ca

Liste de liens en géomatique - Université du Nouveau-Brunswick
www.unb.ca/GGE/HotList.html

Strategis - Géomatique
strategis.ic.gc.ca/SSGF/bp00234f.html

Team Canada - Géomatique
www.geocan.NRCan.gc.ca/geomatics/

Des besoins grandissants

par **Martine Boivin**

Photo : Les éditions Ma Carrière

> Les emplois ne manquent pas dans le secteur de l'informatique! Les entreprises de services et les fabricants de pièces et de composants électroniques offrent d'excellents débouchés à ceux que le domaine intéresse.

Sylvie Gagnon, présidente-directrice générale de TECHNOCompétences, estime que l'informatique occupe actuellement 100 000 personnes au Québec. Ces emplois sont répartis dans tous les domaines de l'économie, autant dans le secteur des télécommunications (voir aussi en page 230) que dans l'industrie manufacturière.

Selon les derniers chiffres disponibles auprès de Statistique Canada (1996), le Québec comptait 21 050 analystes, 17 790 programmeurs et 4 035 ingénieurs informatiques, professionnels qui occupent encore la première place au palmarès de l'emploi dans ce secteur. «La demande de ce type de main-d'œuvre est importante, en raison notamment de l'évolution constante des multiples applications liées à l'informatique», explique Roger Allard, agent de recherche à la Direction de la planification et du partenariat d'Emploi-Québec.

M. Allard indique que le nombre d'emplois dans l'industrie du logiciel (voir aussi en page 202) et des services informatiques a triplé en moins de 10 ans, passant de 7 728 à 23 745 au cours des dernières années.

Des besoins spécifiques

Louise Beauregard Allie, vice-présidente des ressources humaines de l'Unité d'affaires stratégiques du Québec chez CGI, une société qui offre des services en technologies de l'information, soutient que les architectes de réseau, les gestionnaires de projet, les conseillers reliés au service d'assistance technique ainsi que les programmeurs spécialisés dans les technologies émergentes — comme le réseau Internet et les progiciels intégrés — sont également recherchés. «De plus, précise Mme Beauregard Allie, beaucoup d'entreprises utilisent des systèmes informatiques qui marient anciennes et nouvelles technologies. Il y a donc une demande d'analystes programmeurs et d'analystes de systèmes spécialisés, par exemple, en langages C++, Lotus Notes ou AS-400.»

Directeur adjoint de l'Institut des technologies de l'information du Collège de Maisonneuve, Luc Laporte constate également que les besoins de main-d'œuvre dans le secteur informatique vont en grandissant. Cependant, ils ne sont pas les mêmes pour tous les types de professionnels. «On parle de pénurie chez les spécialistes de bas et de haut niveaux, tels que les gestionnaires de réseau et les gestionnaires de serveur Internet. Ces derniers sont des professionnels hybrides qui connaissent la programmation des bases de données et les services Internet. Ils sont si rares qu'on prépare un programme de formation pour répondre à ce besoin, affirme Luc Laporte. De plus, quelqu'un qui possède une qualification en technologie Oracle — une formation en développement de systèmes de gestion intégrés, permettant notamment de gérer des bases de données — va sûrement décrocher un emploi très rémunérateur, car les besoins dans ce domaine sont énormes.»

En revanche, les besoins de services de base — réparation d'ordinateurs, etc. — c'est-à-dire pour les personnes formées au niveau secondaire, seraient moins importants, bien que le marché semble encore capable d'absorber les diplômés.

Le défi du recrutement

Le recrutement du personnel dans le secteur informatique représente un défi. «Les diplômés qui se présentent chez un employeur doivent posséder, en plus de leur formation de base, diverses habiletés personnelles. Par exemple, un programmeur aura un sérieux avantage s'il démontre des aptitudes pour le travail d'équipe, de l'initiative et un vif intérêt pour l'entreprise», explique Louise Beauregard Allie. Sylvie Gagnon ajoute pour sa part que les spécialistes en informatique qui possèdent des connaissances liées, par exemple, au domaine bancaire, à la santé, à la comptabilité, ont aussi de meilleures chances de décrocher un emploi.

En revanche, poursuit Mme Beauregard Allie, le défi de l'employeur est de garder le personnel dans son organisation. «Ce ne sont pas seulement les salaires élevés qui attirent les employés, mais aussi les défis stimulants qui leur sont offerts, en plus des avantages tels que les programmes de participation aux profits de l'entreprise, les régimes d'achat d'actions, la formation continue, les horaires flexibles ou même les services de garderie.»

Formation

Selon Luc Laporte, les programmes de formation offerts actuellement préparent bien les jeunes en vue d'un emploi dans le secteur informatique. Par exemple, une attestation d'études collégiales (AEC) en gestion de réseau informatique, qui forme des spécialistes en interréseautage — une technologie permettant de relier ensemble divers réseaux d'information —, constitue une voie très prometteuse qui offre beaucoup d'emplois et de bons salaires.

Il ajoute qu'une formation en technique de l'informatique, notamment le DEC débouchant sur le métier de programmeur-analyste, offre aussi d'excellentes possibilités d'emploi.

Michel Boyer, professeur agrégé au département d'informatique et de recherche opérationnelle de l'Université de Montréal, affirme pour sa part que les entreprises recherchent principalement des diplômés des niveaux collégial et universitaire. Il indique qu'une étude effectuée en 1998 par Montréal TechnoVision révèle qu'au Québec, il y aurait eu environ 2 798 postes à pourvoir en informatique et seulement 1 150 diplômés. «On croit même qu'il n'y aura pas assez de diplômés pour pourvoir aux postes d'ici 2001-2002.» ■ 11/99

RECHERCHÉS

- Analystes
- Architectes de réseau
- Gestionnaires de réseau
- Gestionnaires de serveur Internet
- Ingénieurs informatiques
- Programmeurs
- Techniciens en informatique

SAVIEZ-VOUS QUE?

La rémunération hebdomadaire moyenne est de 700 $ dans le secteur informatique. Par rapport à la moyenne observée dans les années 1980, il s'agit d'une augmentation de 37 %.

Source : Emploi-Québec, 1998.

PRINCIPALES FORMATIONS

Secondaire

- Entretien d'équipement de bureau
- Informatique (exploitation du matériel)
- Réparation de micro-ordinateur (ASP)

Collégial

- Technique en génie électrique (options télécommunications ou conception d'ordinateurs)
- Techniques informatiques

Université

- Génie informatique
- Génie logiciel
- Génie logiciel (maîtrise)
- Informatique
- Informatique de génie
- Informatique de gestion
- Informatique-mathématiques
- Mathématiques-informatique
- MBA, option technologie de l'information
- Technologie des systèmes (maîtrise)

POUR EN SAVOIR PLUS

Développement des ressources humaines Canada - Études sectorielles
www.hrdc-drhc.gc.ca/hrdc/hrib/hrp-prh/ssd-des/

Industrie Canada - Strategis
strategis.ic.gc.ca

TECHNOCompétences
www.technocompetences.qc.ca

À plein régime!

par **Sophie Allard** et **Sylvie Lemieux**

La situation de l'embauche est toujours excellente pour les diplômés en ingénierie. Des secteurs sont plus favorisés que d'autres et connaissent même une certaine pénurie d'ingénieurs.

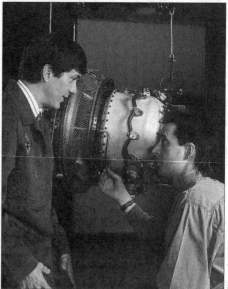

Photo : Pratt & Whitney

Selon Maryse Deschênes, directrice du service de placement de l'École polytechnique de Montréal, le taux de placement dépasse la barre des 95 %. «Les candidats trouvent un emploi encore plus rapidement qu'au cours des années passées, soit en moins de trois mois», précise-t-elle.

Même constat à l'École de technologie supérieure (ÉTS), où le taux de placement atteint 100 % dans les programmes de génie de la production automatisée, de génie mécanique, de génie électrique et de génie informatique. «Actuellement, 50 % des nouveaux diplômés de l'ÉTS n'ont même pas besoin de faire de recherche d'emploi puisqu'ils ont déjà un poste qui les attend dans l'entreprise où ils ont effectué leur stage, explique Pierre Rivet, directeur du service des stages et du placement à l'ÉTS.

Les étudiants en génie de l'Université du Québec à Trois-Rivières (UQTR) trouvent facilement du travail eux aussi. Selon Diane Tousignant, directrice du service de placement de l'UQTR, le génie industriel est toujours la «vedette», avec un taux de placement qui frôle 100 %. La situation est similaire en génie électrique, en génie mécanique, en génie chimique et en génie informatique. «Les diplômés n'ont pas de difficulté à décrocher un emploi, surtout s'ils acceptent de se déplacer. Il y a des entreprises en région qui manquent d'ingénieurs», affirme Mme Tousignant. Cette année, l'UQTR a même manqué de candidats pour répondre à la demande des employeurs!

Du côté des techniciens en génie, les perspectives d'emploi s'améliorent dans leur ensemble, même si elles restent en deçà de celles des ingénieurs. Léandre Bibeau, du service d'intégration au marché du travail du Cégep Ahuntsic, évalue à environ 35 % l'augmentation du nombre d'offres d'emploi reçues à son service pour ce type de diplômés depuis quelques années.

Ingénieurs recherchés

En génie, certains domaines sont plus prometteurs que d'autres. Ainsi, la demande est très forte à l'endroit des ingénieurs en informatique. Selon les prévisions du site Emploi-Avenir de DRHC, cette profession croîtra à un taux annuel de 5,9 % entre 1997 et 2002, taux largement supérieur à la moyenne. L'utilisation grandissante de l'informatique continuera de soutenir la demande d'ingénieurs informaticiens, aussi bien pour le développement de matériel que de logiciels.

Le génie aéronautique, offert au deuxième cycle, est aussi très prisé — même s'il ne concerne qu'un petit nombre de diplômés — puisque les experts prévoient une progression du besoin en déplacements de la population au cours des prochaines années. Par conséquent, la construction aéronautique est en plein essor, comme le prouvent les carnets de commandes bien remplis de Bombardier, par exemple.

En général, le génie informatique remporte tous les suffrages, de même que le génie électrique. Dans certains cas, on anticipe une pénurie de ces types d'ingénieurs, car le nombre de diplômés n'atteint pas le niveau de l'offre d'emploi.

200

Le secteur de la mécanique du bâtiment se porte bien, de même que ceux de l'automatisation et contrôle, et de la gestion de production. «C'est lié au fait que les entreprises du secteur manufacturier veulent améliorer leur productivité afin d'abaisser les coûts d'exploitation», explique Pierre Rivet.

> «En génie civil, compte tenu du petit nombre de diplômés, il est difficile de répondre à la demande. On parle même d'une éventuelle pénurie si la situation ne change pas!»
>
> - Maryse Deschênes

La mondialisation des marchés devrait offrir d'importantes possibilités aux ingénieurs-conseils. Selon un document d'Industrie Canada, les secteurs les plus prometteurs concernent les systèmes d'information géographique, la mise au point de logiciels et d'applications connexes, les services de génie en télécommunications ainsi que les services en protection de l'environnement.

Le retour des ingénieurs civils

Si on a dit au cours des dernières années que les besoins en génie civil étaient comblés, la situation est différente aujourd'hui. En effet, il y a actuellement peu de candidats à cause du faible nombre d'inscriptions dans cette discipline dans les universités. «Cette année, le nombre de nos diplômés, qui est passé de 100 à 15 en sept ans, ne répondait pas à la demande des employeurs», affirme Maryse Deschênes. À l'époque, le fort taux de chômage pour cette catégorie de professionnels — plus de 40 % des ingénieurs civils étaient prestataires de l'assurance-emploi en 1995 — a en effet engendré une baisse draconienne du nombre d'étudiants inscrits.

Le vieillissement de la population explique également qu'un certain besoin d'ingénieurs civils se fasse à nouveau sentir. D'ici cinq ans, plusieurs travailleurs prendront leur retraite et devront être remplacés. «Aujourd'hui, les projets ne sont pas aussi importants ni aussi nombreux que dans les années 1960, mais on remarque une reprise importante, poursuit Mme Deschênes. Compte tenu du petit nombre de diplômés, il est difficile de répondre à la demande. On parle même d'une éventuelle pénurie si la situation ne change pas!» De plus, les infrastructures commencent à se détériorer, et on devra entreprendre leur rénovation, ce qui nécessitera l'embauche d'ingénieurs civils. ■ 11/99

RECHERCHÉS

- Ingénieurs électriques
- Ingénieurs industriels
- Ingénieurs informatiques
- Ingénieurs mécaniques
- Ingénieurs physiques

SAVIEZ-VOUS QUE?

Les universités québécoises se sont donné le mot : depuis septembre 1999, elles offrent un programme de génie civil entièrement révisé afin de mieux répondre aux exigences de l'industrie. On veut faire en sorte que les ingénieurs soient plus polyvalents, aient un meilleur esprit d'analyse, des habiletés accrues en gestion de projet et puissent accumuler des expériences de travail enrichissantes. Les cours sont aussi orientés vers les nouvelles technologies et la rénovation.

PRINCIPALES FORMATIONS

Collégial

- Génie chimique
- Génie civil
- Génie industriel
- Génie mécanique
- Génie mécanique de marine

Université

- Génie aéronautique
- Génie alimentaire
- Génie chimique
- Génie civil
- Génie de la construction
- Génie de la production automatisée
- Génie des matériaux (métallurgique)
- Génie des mines et de la minéralurgie
- Génie des systèmes électromécaniques
- Génie du bâtiment
- Génie du bois
- Génie électrique
- Génie forestier
- Génie géologique
- Génie industriel
- Génie informatique
- Génie logiciel
- Génie mécanique
- Génie physique
- Génie rural (agroenvironnemental)
- Ingénierie (génie unifié)

POUR EN SAVOIR PLUS

Académie canadienne du génie - publications
www.acad-eng-gen.ca/publis/publi_fr.html

Conseil canadien des ingénieurs
www.ccpe.ca/

Le monde virtuel de l'ingénierie
ecoleing.uqtr.uquebec.ca/geniedoc/monde/www_ing.htm

Liste des départements de génie au Québec
gi.uqtr.uquebec.ca/Divers/autres_universites.htm

Ordre des ingénieurs du Québec - section étudiante
www.oiq.qc.ca/S-LA_SECTION_ETUD/FRAME_etu.html

Spécialistes recherchés

par **Martine Boivin**

Dans l'industrie du logiciel, on ne manque pas de travail. Plusieurs entreprises affirment même avoir de la difficulté à recruter de la main-d'œuvre qualifiée. Une belle croissance qui devrait s'amplifier avec les années!

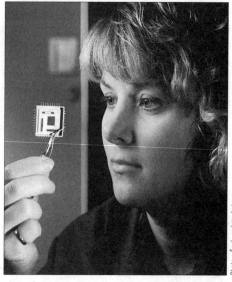

Photo : École polytechnique

Au Québec, l'industrie du logiciel, incluant les entreprises de services informatiques, compte au-delà de 21 000 travailleurs répartis dans pas moins de 2 800 entreprises; ces dernières représentent 26 % des entreprises de l'industrie du logiciel canadienne. Selon le ministère de l'Industrie et du Commerce (MIC), depuis 1991, le nombre d'emplois a augmenté de 75 %. Le chiffre d'affaires de l'industrie québécoise, actuellement estimé à 2,5 milliards de dollars, a connu une hausse de 64 % entre 1991 et 1997. Finalement, 5 000 produits sont nés dans une trentaine de secteurs aussi diversifiés que la santé, l'éducation, le divertissement, la géomatique, la comptabilité, etc.

> «Le manque de ressources humaines est flagrant, non seulement du côté des programmeurs, mais aussi en ce qui concerne les spécialistes en commercialisation internationale.»
>
> - Véronique Aubry

Véronique Aubry, directrice du développement des affaires au Centre de promotion du logiciel québécois, explique que depuis quelques années, la plupart des entreprises développent leur marché sur le plan international, et que l'industrie doit pouvoir compter sur une main-d'œuvre hautement qualifiée afin de répondre rapidement aux exigences du marché. «Toutefois, le manque de ressources humaines est flagrant, fait-elle valoir, non seulement du côté des programmeurs, mais aussi en ce qui concerne les spécialistes en commercialisation internationale.»

Jean-Paul Servant, coordonnateur au Centre de recherche en informatique de Montréal, abonde en ce sens. «Les entreprises recherchent des gens aptes à imaginer le développement du logiciel, à comprendre les besoins de l'entreprise et qui soient capables de vendre le produit. On ne segmente plus ces trois tâches; on vise une approche globale.» Mais encore faut-il dénicher la perle rare...

On s'arrache la main-d'œuvre!

Programmeurs, concepteurs, consultants, développeurs d'applications graphiques, gestionnaires de projets et spécialistes en marketing technologique se placent en tête de liste des employés recherchés par les entreprises. «On pourrait facilement doubler le nombre de diplômés universitaires et le marché serait encore capable de les absorber», indique M. Servant.

> «Ce que les étudiants apprennent aujourd'hui va s'appliquer dès la semaine prochaine. Un candidat doit suivre l'évolution informatique, sinon il accusera un sérieux retard. Même les cégeps et les universités ont de la difficulté à s'adapter.»
>
> - Véronique Aubry

Cependant, il n'est pas rare d'entendre les spécialistes parler de pénurie de main-d'œuvre; cela engendre une féroce concurrence entre les entreprises, qui «s'arrachent les cerveaux» à coups de salaires faramineux.

Ainsi, un employeur qui a mis temps et argent à former un candidat à l'interne peut s'attendre à voir celui-ci le quitter à la suite d'une offre plus alléchante. Et c'est sans compter la proximité des entreprises américaines qui recrutent de plus en plus au Québec. «Les Américains offrent des salaires vertigineux auxquels s'ajoutent des avantages que beaucoup d'entreprises québécoises ne peuvent concurrencer», affirme Mme Aubry.

Suivre l'évolution

Louise Saint-Pierre, coordonnatrice au Collège André-Grasset, explique cette pénurie par le manque d'intérêt des jeunes pour les sciences. «De nos jours, les jeunes préfèrent les sciences humaines aux sciences pures», dit-elle. Mais en plus de promouvoir les sciences dans les écoles, encore faut-il que les programmes de formation s'ajustent aux réalités actuelles du marché du travail. «Ce qu'ils apprennent aujourd'hui va s'appliquer dès la semaine prochaine. Un candidat doit suivre l'évolution informatique, sinon il accusera un sérieux retard. Même les cégeps et les universités ont de la difficulté à s'adapter», soutient Mme Aubry.

C'est la raison pour laquelle le Centre de promotion du logiciel s'est associé au Collège André-Grasset afin de mettre sur pied un programme de formation mieux adapté aux besoins de l'industrie. Ce programme vise à former des programmeurs-analystes destinés aux petites entreprises.

Une formation de niveau collégial en électronique ou en informatique conduit les diplômés vers un emploi, de même que les programmes universitaires tels qu'informatique, génie informatique, génie logiciel, informatique de gestion, développement de logiciel, etc. En revanche, un candidat doit s'attendre, une fois sur le marché du travail, à poursuivre sa formation afin de s'adapter aux exigences du marché et à l'évolution constante des technologies.

Manque de main-d'œuvre ou pas, les employeurs préfèrent embaucher les candidats qui, en plus d'une solide formation, possèdent aussi de l'expérience, de la maturité, un bon sens de l'organisation, de l'initiative, de même qu'un esprit d'équipe. En effet, ils ne peuvent se permettre d'engager des personnes qui n'ont ni le talent ni les aptitudes nécessaires pour mener à bien leur travail. Une erreur peut coûter très cher aux entreprises; c'est pourquoi elles demeurent assez sélectives dans le recrutement de leur personnel. ■ 11/99

RECHERCHÉS

- Administrateurs de réseaux
- Analystes
- Concepteurs
- Développeurs d'applications graphiques
- Entretien de réseaux
- Gestionnaires de projets
- Gestionnaires de réseaux
- Programmeurs
- Spécialistes de marketing technologique

SAVIEZ-VOUS QUE?

Des entreprises québécoises font leur place sur le marché international du logiciel. Tenrox, par exemple, qui a développé le progiciel bilingue Office Timesheet 2000, conçu pour la gestion de temps et de projets. De 1998 à 1999, Tenrox a vu ses ventes augmenter de 675 %, et Cognicase, Xerox, IBM font partie des 300 entreprises qui utilisent ce progiciel à travers le monde! Selon le Centre de promotion du logiciel québécois, Tenrox est devenu un sérieux compétiteur pour l'entreprise américaine Sage et son logiciel Timesheet professionnal.

PRINCIPALES FORMATIONS

Collégial
- Électronique
- Informatique

Université
- Génie informatique
- Génie logiciel
- Informatique
- Informatique de génie
- Informatique de gestion
- Informatique-mathématiques

POUR EN SAVOIR PLUS

Conseil des ressources humaines du logiciel - Programme de formation des professionnels en technologie de l'information
www.itp.shrc.ca/fr/index.html

Ministère de l'Industrie et du Commerce - Le profil des technologies de l'information et des communications
www.mic.gouv.qc.ca/secteurs-industriels/technologies-information/index.html

Strategis - Carrefour des technologies de l'information
www.strategis.ic.gc.ca/sc_indps/sectors/frndoc/it_connect.html

TECHNOCompétences
www.technocompetences.qc.ca

Un secteur d'avenir

par **Frédéric Boudreault** et
Sophie Allard

Bien qu'encore jeune, le secteur des matériaux de pointe génère son lot d'emplois au Québec. De nouveaux alliages permettent de fabriquer des produits de plus en plus performants destinés notamment à l'industrie automobile ou à l'aérospatiale.

Photo : PPM

S i l'on se fie à la définition qu'en donne l'Organisation du commerce et du développement économique (OCDE), les matériaux de pointe sont toutes les matières et tous les procédés qui n'existaient pas il y a 25 ans. Certains approuvent cette définition, d'autres pas.

> Certains polymères peuvent remplacer le pare-chocs d'acier d'une automobile. Conçu en un seul morceau, ce nouveau pare-chocs est aussi résistant et génère une économie d'argent pour les fabricants.

Une chose est sûre, néanmoins : il s'agit d'un secteur prometteur où l'on trouve, par exemple, les alliages de magnésium, l'aluminium, la céramique et les poudres de zinc.

Des matériaux omniprésents

Blaise Champagne, directeur général de l'Institut des matériaux industriels (IMI) rattaché au Centre national de recherches du Canada (CNRC), parle de ce domaine avec enthousiasme. «Les matériaux de pointe et les procédés de fabrication sont omniprésents dans notre économie», explique-t-il. Selon lui, les nouveaux matériaux visent principalement deux buts : créer des produits de haute performance en modifiant leur structure afin de les rendre plus rigides, solides ou flexibles, ou encore diminuer les coûts de production en créant de nouveaux alliages. «Toutes les entreprises cherchent à

convertir des matériaux en produits durables et efficaces, de la façon la plus rapide possible», indique Blaise Champagne.

Pour sa part, Alain Cloutier, conseiller en développement au ministère de l'Industrie et du Commerce, explique que les matériaux de pointe sont des produits qui existent déjà, mais pour lesquels on a amélioré une foule de paramètres, comme la résistance ou la rentabilité. Par exemple, certains polymères peuvent remplacer le pare-chocs d'acier d'une automobile. Conçu en un seul morceau, ce nouveau pare-chocs est aussi résistant et génère une économie d'argent pour les fabricants.

Recherches récentes

Il est très difficile d'obtenir des statistiques sur le domaine des matériaux de pointe au Québec, parce que les frontières de ce secteur ne sont pas clairement définies. Il soutient plutôt plusieurs activités industrielles. Blaise Champagne parle, entre autres, du transport, de l'électronique, des technologies de l'information, des équipements reliés à la métallurgie et à l'aérospatiale.

De plus, la recherche dans le secteur des matériaux de pointe est toute récente au Québec. Donald Holdner, directeur des métaux légers et des produits au Centre technologique Noranda, à Pointe-Claire, juge quant à lui que ce domaine n'est pas encore mûr. «Pour le moment, il y a assez peu d'institutions universitaires qui font des recherches industrielles ou qui travaillent dans ce secteur», indique-t-il.

Pour améliorer la situation, ce secteur aurait grand besoin d'une main-d'œuvre dont les connaissances permettraient notamment de raccourcir les délais de production. «On recherche des spécialistes dans la transformation des matériaux et qui possèdent une bonne connaissance des procédés. Ils sont très demandés», explique Donald Holdner.

Main-d'œuvre recherchée

Dans les matériaux de pointe, les formations varient autant que les possibilités d'emploi. Afin de pourvoir aux postes disponibles, il faudrait avoir accès à une main-d'œuvre spécialisée.

> On a besoin de techniciens
> possédant de l'expérience
> avec les métaux, comme le
> magnésium et l'aluminium,
> ainsi que de spécialistes
> en mécanique.

«On demande des spécialistes en informatique et conception de logiciels, en physique, en chimie, en plasturgie et en métallurgie. Tout en étant experts dans leur domaine, ils doivent aussi avoir une bonne compréhension des autres secteurs et savoir travailler en équipe», affirme Blaise Champagne.

Il ajoute qu'il existe bel et bien une demande de bons techniciens en chimie, en physique et en électronique. Autre point important, selon lui : une base solide en informatique ainsi que la connaissance des processus physiques et chimiques.

Pour sa part, Donald Holdner affirme que l'on a besoin de techniciens possédant de l'expérience avec les métaux, comme le magnésium et l'aluminium, ainsi que de spécialistes en mécanique. ■ 11/99

RECHERCHÉS

- Ingénieurs en métallurgie
- Spécialistes en informatique et conception de logiciels
- Spécialistes en mécanique ou ingénieurs mécaniques
- Spécialistes en physique, en chimie, en plasturgie
- Technologues en métallurgie

SAVIEZ-VOUS QUE?

Dans le secteur manufacturier seulement, les matériaux de pointe représentent au-delà de 20 % du produit intérieur brut de la province! Ce vaste secteur est donc directement lié à la croissance économique du Québec.

Source : Institut des matériaux industriels, 1999.

PRINCIPALES FORMATIONS

Collégial

- Chimie analytique
- Génie chimique
- Métallurgie (option procédés métallurgiques)
- Procédés chimiques
- Transformation des matériaux composites

Université

- Chimie
- Génie chimique
- Génie des matériaux (métallurgique)
- Génie mécanique
- Mathématiques appliquées
- Physique

POUR EN SAVOIR PLUS

Site d'Industrie Canada pour les matériaux de pointe
strategis.ic.gc.ca/sc_indps/sectors/frndoc/mat_hpg.html

Centre national de recherches du Canada (CNRC) - Institut des matériaux industriels
www.imi.nrc.ca/imifrancais.html

Une industrie de poids

par **Sophie Allard** et
Claudine St-Germain

Photo : Magalie Dagenais

On trouve encore des emplois dans l'industrie de la métallurgie, mais les débouchés varient selon les secteurs. Si certains sont en croissance, d'autres semblent en revanche avoir atteint leur maturité.

Les métaux représentent depuis longtemps une partie importante de l'industrie primaire du Québec. Aujourd'hui, l'industrie métallurgique se caractérise par la maturité de certains secteurs et l'expansion de certains autres. Cela permet à ses différents acteurs d'espérer avoir de belles années devant eux.

Principaux secteurs

Au Québec, le développement de l'industrie métallurgique est étroitement lié à celui de la construction et du transport, à la présence de ressources naturelles abondantes — comme l'hydroélectricité — qui fournissent une énergie à des prix concurrentiels, ainsi qu'à une position stratégique de la province par rapport aux marchés canadien et américain. «L'industrie métallurgique est en pleine expansion et les projets de multinationales génèrent beaucoup d'emplois», indique Carol Fournel, agent de recherche au ministère de l'Industrie et du Commerce.

Les principaux secteurs d'activité au Québec sont l'acier, l'aluminium, le cuivre, le zinc, le magnésium et les ferro-alliages. Sous chaque catégorie, se trouvent ensuite les entreprises du secteur primaire, c'est-à-dire la première transformation des métaux (rebus, ferrailles et concentrés de minerai en métaux), et celles du secteur secondaire, soit le laminage, l'extrusion, le moulage, le forgeage, la métallurgie des poudres, le traitement thermique et le recyclage des métaux.

Selon Carol Fournel, l'industrie des métaux légers, dont l'aluminium et le magnésium, et celle de la métallurgie des poudres sont très prometteuses actuellement.

> Le développement de
> l'industrie métallurgique
> primaire au Québec parvient
> aujourd'hui à maturité.

L'aluminium est le secteur qui comprend le plus grand nombre d'employés, avec cinq entreprises contrôlant la production du secteur primaire et quelques centaines l'utilisant pour fabriquer des produits finis. C'est un secteur en pleine expansion : dans son rapport annuel de 1997, Alcan soulignait que la demande d'aluminium de première fusion a progressé de 6 % dans le monde occidental.

Cette progression est notamment imputable à l'industrie automobile, qui emploie de plus en plus d'aluminium dans la fabrication de voitures et de camions.

Le magnésium connaît également un essor considérable. Parce qu'il est léger et résiste bien aux chocs et à la corrosion, il pourrait remplacer l'aluminium dans la production de certaines pièces de l'automobile, de l'électronique et de l'outillage.

En décroissance

Le développement de l'industrie métallurgique primaire au Québec parvient aujourd'hui à maturité. En effet, l'implantation d'usines dans des pays en voie d'industrialisation est bien souvent économiquement plus rentable, étant donné l'accessibilité à d'abondantes ressources minérales et énergétiques, et les charges sociales sont nettement inférieures à celles du Québec.

Les métaux traditionnels subissent une concurrence de plus en plus forte des nouveaux métaux et alliages, ainsi que des céramiques, des plastiques et des composites.

Par ailleurs, on peut de moins en moins utiliser les réserves hydroélectriques de la province pour des projets de grande envergure, car elles sont déjà employées dans le cadre d'autres activités. En outre, les métaux traditionnels subissent une concurrence de plus en plus forte des nouveaux métaux et alliages, ainsi que des céramiques, des plastiques et des composites.

Les entreprises québécoises doivent donc miser sur l'innovation et les nouvelles technologies pour profiter de marchés encore inexploités.

Par exemple, Noranda a investi 720 millions de dollars à Asbestos, dans un projet qui permettra d'extraire du magnésium à partir des résidus de l'exploitation des mines d'amiante, une première dans le monde.

Coup d'œil sur l'avenir

Les travailleurs de la métallurgie occupent principalement quatre types d'emplois : ingénieurs métallurgistes et des matériaux, chimistes, techniciens en métallurgie, et d'autres professions des sciences physiques. Selon Développement des ressources humaines Canada (DRHC), depuis quelques années, le taux de croissance annuel de ces professions varie entre 2,4 % et 3,8 % pour l'ensemble du Canada.

«Les perspectives d'emploi en métallurgie sont bonnes. Les diplômés en génie métallurgique se dirigent principalement dans les grandes entreprises en région», confirme René Beaulieu, conseiller en emploi à l'Université Laval.

De plus, la formation doit être constamment adaptée à l'industrie, dont les besoins changent rapidement avec l'application de normes de qualité plus sévères, le développement de procédés de fabrication novateurs et l'ouverture de nouveaux marchés. On ne s'attend donc pas à un manque de travail dans le domaine de la métallurgie. ■ 11/99

RECHERCHÉS

- Fondeurs
- Ingénieurs des matériaux/métallurgie
- Techniciens en contrôle de la qualité
- Techniciens en génie
- Techniciens en métallurgie

SAVIEZ-VOUS QUE ?

Si le secteur des métaux légers, comme l'aluminium, est très prospère, on parle aussi de plus en plus de la métallurgie des poudres de métal. Carol Fournel, agent de recherche au ministère de l'Industrie et du Commerce, parle d'une croissance annuelle de 7 % pour ce secteur au Québec. Un terrain propice aux emplois!

PRINCIPALES FORMATIONS

Secondaire
- Assemblage de structures métalliques
- Chaudronnerie
- Ferblanterie-tôlerie
- Fonderie
- Montage d'acier de structure
- Soudage haute-pression
- Soudage-montage
- Soudage sur tuyaux (ASP)

Collégial
- Génie industriel
- Métallurgie (options contrôle de la qualité, soudage et procédés métallurgiques)

Université
- Génie des matériaux/métallurgie

POUR EN SAVOIR PLUS

Conseil canadien du commerce et de l'emploi dans la sidérurgie
www.cstec.ca/French/index.html

Ministère de l'Industrie et du Commerce - Alliage
www.mic.gouv.qc.ca/alliage/index.html

Une croissance soutenue

par **Koceila Louali** et **Sophie Allard**

Après avoir traversé une période difficile au début des années 1990 à la suite de la signature de l'Accord de libre-échange, l'industrie du meuble a finalement repris des forces et se porte mieux que jamais.

Photo : PPM

L e secteur du meuble s'est remis sur pied pour atteindre un chiffre d'affaires de deux milliards de dollars! Selon le ministère de l'Industrie et du Commerce[1], l'industrie du meuble a connu un taux de croissance de 21,8 % en 1998, ce qui représente la plus forte hausse de tous les secteurs industriels. La création d'emplois a également augmenté de 35,7 %, soit 8 000 emplois de plus sur un total de 30 400 emplois, contre 21 500 en 1996. Pour l'année 1998, ce domaine a contribué à la création de 12 % des nouveaux emplois au Québec. Quant aux livraisons manufacturières, elles étaient de 1,5 milliard en 1996 et atteignaient 2,2 milliards en 1998.

Prendre de l'envergure

Plusieurs entreprises régionales ont ainsi pris une envergure internationale. On peut mentionner par exemple Bestar, qui a doublé son chiffre d'affaires en deux ans, pour atteindre 72 millions de dollars. Le succès de cette compagnie de la région de Lac Mégantic spécialisée dans le meuble d'assemblage s'explique par divers facteurs. «On s'est concentré sur le mobilier de bureau et de l'audiovisuel, explique la directrice des ressources humaines chez Bestar, Chantale Larouche. Le design de nos produits et notre équipe de vente renforcée ont également apporté de l'eau au moulin.»

La fabrication de meubles en série a nécessité une modernisation de l'équipement. «Dès 1986, nous avons intégré des robots empileurs et d'autres automates programmables», rappelle Chantale Larouche. En effet,

l'avènement de machines à commande numérique a révolutionné les méthodes de production, permettant ainsi d'améliorer la productivité à moindre coût.

Pour Christian Galarneau, coordonnateur du Comité sectoriel de main-d'œuvre des industries des portes et fenêtres, du meuble et des armoires de cuisine, ce revirement de situation exceptionnel est imputable à un changement dans la culture organisationnelle des entreprises. «Auparavant, plusieurs d'entre elles étaient des entreprises familiales. Pour se moderniser, elles ont embauché du personnel compétent dans le domaine de la gestion et de l'organisation. Celui-ci a assuré un meilleur contrôle financier et une plus juste évaluation de la marge de profit sur le développement d'un produit. Il y a également eu une amélioration des processus de travail, grâce à l'implantation de programmes de contrôle de la qualité (normes ISO).»

Un secteur dynamique

L'industrie du meuble de bureau, le rembourrage, les meubles en bois, les portes et fenêtres et les armoires de cuisine sont parmi les secteurs les plus dynamiques de l'industrie. «Ces domaines ont beaucoup investi dans la machinerie et dans des programmes de qualité totale», fait remarquer le vice-président exécutif de l'Association des fabricants de meubles du Québec, Jean-François Michaud.

Le vieillissement de la population devrait accentuer le développement de produits adaptés aux besoins des personnes âgées. Les meubles dits «écologiques», par exemple ceux fabriqués en matériaux non polluants et recyclables ainsi que ceux destinés aux chaînes audiovisuelles, semblent également avoir un avenir prometteur. «Les besoins de produits spécifiques varient toutefois d'une région, ou d'un pays, à l'autre. En Amérique du Sud, par exemple, les nouveaux ménages sont nombreux et ils ont besoin de tables, de chaises et de mobilier pour enfants. Il faut simplement s'adapter aux différents types de marchés», souligne M. Michaud.

On manque de main-d'œuvre!

Un manque de main-d'œuvre qualifiée afflige toutefois le secteur. Il n'est d'ailleurs pas rare de voir un diplômé dans le domaine recevoir plusieurs offres d'emploi. «Aujourd'hui, il faut posséder une formation professionnelle pour être en mesure de comprendre les mathématiques appliquées ou de lire un plan, d'utiliser un terminal informatique ou de faire un entretien préventif des machines», signale Christian Galarneau.

Selon l'Association des fabricants de meubles du Québec, cette industrie fait aujourd'hui travailler quelque 30 000 personnes. «Nous voulons faire connaître les perspectives d'avenir que l'industrie du meuble offre aux jeunes, affirme Jean-François Michaud. Nous avons malheureusement longtemps souffert d'une image très traditionnelle qui ne suscitait pas leur intérêt.»

La liste des besoins de main-d'œuvre est plutôt longue pour ce secteur. Du côté des employés d'usine, l'industrie recherche des ouvriers pour la confection de meubles de bois et de panneaux, des opérateurs de machines à commande numérique, des rembourreurs et des couturières, particulièrement pour le travail du cuir. Des techniciens de production et de gestion de la qualité sont aussi demandés, de même que des peintres finisseurs, des électromécaniciens, des dessinateurs de meubles sur ordinateur et des programmeurs de machines à commande numérique. Finalement, des designers pourraient travailler beaucoup sur une base contractuelle.

«Il n'y a aucune raison de croire que l'industrie va s'affaisser, assure Jean-François Michaud. Toutes les données sont à la hausse. D'autant plus que de nouveaux marchés très intéressants s'ouvrent en Asie et en Amérique du Sud.» Maintenant que l'industrie québécoise du meuble a séduit son voisin américain, d'autres parties du monde restent à conquérir. ■ 11/99

1. Conjoncture industrielle au Québec, MIC, 1998.

RECHERCHÉS

- Couturières
- Designers de meubles
- Dessinateurs de meubles sur ordinateur
- Électromécaniciens
- Opérateurs de machines à commande numérique
- Ouvriers d'usine pour la fabrication de meubles en bois et en panneaux
- Peintres finisseurs
- Rembourreurs
- Techniciens de production et de gestion de la qualité

SAVIEZ-VOUS QUE?

La présence des femmes ne cesse de s'accroître dans l'industrie du meuble. L'École québécoise du meuble et du bois ouvré de Victoriaville ne comptait que 5 % de femmes il y a 10 ans. Aujourd'hui, elles représentent 20 % des élèves. Sur le terrain, elles occupent des postes de techniciennes, d'employées d'usine et de gestionnaires.

Source : École québécoise du meuble et du bois ouvré de Victoriaville.

PRINCIPALES FORMATIONS

Secondaire

- Affûtage
- Conduite de machines industrielles
- Ébénisterie
- Électromécanique de systèmes automatisés
- Fabrication en série de meubles et de produits en bois ouvré
- Finition de meubles
- Modelage
- Rembourrage artisanal
- Rembourrage industriel

Collégial

- Design industriel
- Ébénisterie et menuiserie architecturale
- Électronique industrielle
- Génie industriel
- Maintenance industrielle
- Meuble et bois ouvré
- Production manufacturière

Université

- Administration
- Design industriel
- Génie industriel

POUR EN SAVOIR PLUS

Association des fabricants de meubles du Québec
www.afmq.com/fr/associat/index.html

Cadre de compétitivité sectorielle - Ameublement
http://strategis.ic.gc.ca/SSGF/rf03000f.html

Liste des manufacturiers du meuble au Canada
strategis.ic.gc.ca/sc_indps/busfurn/frndoc/5b.html

Une industrie cyclique

par **Sophie Allard** et **Martine Roux**

L'industrie minière a connu de meilleurs jours... Certes, quelques projets d'envergure sont en cours, mais les sociétés minières s'affairent davantage à réduire les coûts de production et à mettre au point de nouvelles stratégies de développement. Le secteur se tourne aussi vers la technologie de pointe et requiert donc des travailleurs spécialisés.

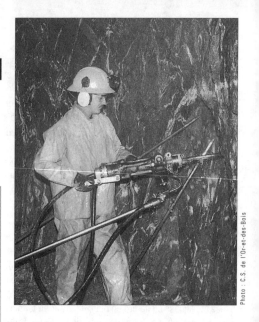

Photo : C.S. de l'Or-et-des-Bois

Depuis toujours, les mines sont étroitement liées au développement de l'économie québécoise. Si elles représentent, bon an mal an, quelque 1 % du produit intérieur brut de la province, elles alimentent aussi une foule de secteurs : construction, automobile, etc. La valeur des expéditions minérales du Québec aurait atteint environ 3,4 milliards de dollars en 1998, soit près de 20 % du total canadien.

«L'industrie se modernise et est désormais confrontée à de nouveaux défis : on explore des territoires situés toujours plus au nord et on creuse de plus en plus profondément. Les récentes méthodes d'exploration et d'extraction nécessitent un recours accru à la technologie. On a donc besoin d'une main-d'œuvre spécialisée capable d'utiliser ces nouvelles technologies», fait valoir André Lavoie, directeur des communications et des relations publiques à l'Association minière du Québec.

Un marché cyclique

L'industrie minière regroupe les activités de production de substances métalliques (or, cuivre, zinc, minerai de fer), de minéraux industriels (amiante, ilménite, sel), de matériaux de construction (ciment, produits d'argile, pierre) ainsi que des activités de transformation première (fonderies, raffineries). Elle employait environ 17 108 personnes en 1998, ce qui représente une perte d'environ 700 emplois comparativement à 1997. De plus,

selon le ministère des Ressources naturelles du Québec, entre 1989 et 1997, le nombre d'emplois générés par l'industrie minière québécoise a baissé de 22 %.

Soumise aux humeurs des marchés boursiers internationaux, l'industrie ne vit pas ses meilleures années. Depuis plus de deux ans, les crises asiatique et russe ont durement frappé le marché des métaux : l'or a connu ses plus mauvais cours en 18 ans, tandis que le cuivre a atteint son plus bas niveau en 11 ans[1]...

«Depuis peu, on voit tout de même un début de reprise économique et cela pourrait avoir une incidence positive sur l'industrie minière, indique André Lavoie. Si certains secteurs de l'économie, par exemple celui de l'automobile, se portent mieux, les demandes de métaux et de minéraux pourraient sensiblement augmenter et améliorer la situation de l'emploi. Cela nous donne de l'espoir.»

Évolution de la technologie

Si les prix sont à la baisse, la popularité des nouvelles technologies, elle, est assurément à la hausse! Le dernier cri? Un système intégré d'automatisation minière, une technologie développée par Noranda et STAS et récemment acquise par la compagnie Niobec. Ce système permet, par exemple, de faire fonctionner des chargeuses-navettes de minerai à partir d'une salle de contrôle.

Marthe Carrier, directrice de l'embauche et du développement organisationnel à la Compagnie minière

Québec-Cartier, de Port-Cartier, estime que l'industrie aura toujours davantage besoin d'une main-d'œuvre qualifiée en technologies. «Nos informaticiens s'occupent autant de développer des applications informatiques que de maintenir l'exploitation de nos systèmes. Nous recherchons toujours des informaticiens et des ingénieurs, et, comme tout le monde, nous avons du mal à recruter.»

> «Les mines recherchent aussi une main-d'œuvre spécialisée en environnement.»
>
> - André Lavoie

Actuellement, les spécialités du génie les plus populaires auprès des employeurs sont le génie minier, métallurgique, géologique, mécanique, électrique et, de plus en plus, informatique. On embauche aussi des techniciens en métallurgie ou en minéralurgie.

«L'important est d'aller chercher une spécialisation, fait valoir l'ingénieur-économiste Antoine Ahua, du Service de la recherche en économie minérale au ministère des Ressources naturelles. De façon générale, on note une baisse de l'emploi dans l'industrie depuis quelques années. Toutefois, parallèlement à cela, on assiste à un accroissement de la demande pour les emplois spécialisés.»

L'impact environnemental

Par ailleurs, les entreprises minières démontrent un souci accru pour les questions environnementales. Ainsi, en 1997, les membres de l'Association minière ont investi 73 millions de dollars dans la protection de l'environnement, principalement en ce qui a trait à la qualité des effluents[2]. «Par conséquent, l'industrie des mines recherche aussi une main-d'œuvre spécialisée en environnement», indique M. Lavoie. On peut penser, par exemple, à des consultants en environnement.

Cependant, s'ils ne sont pas polyvalents, point de salut pour ceux qui songent à faire carrière dans ce domaine. On va évidemment continuer à embaucher des mineurs, des conducteurs d'équipement, des mécaniciens et des électriciens, mais on veut surtout des gens capables d'apprendre, de suivre l'évolution de la technologie et de s'adapter. ■ 11/99

1. ORANGE, Martine. «Le typhon asiatique emporte aussi les matières premières», *Le Devoir*, 19 août 1998.

2. TISON, Marie. «Protection de l'environnement : les mines ont investi 73 millions en 1997», *Le Devoir*, 22 août 1998.

RECHERCHÉS

- Ingénieurs électriques
- Ingénieurs en électromécanique
- Ingénieurs géologues
- Ingénieurs informatiques
- Ingénieurs mécaniques
- Ingénieurs métallurgistes
- Ingénieurs miniers
- Techniciens en métallurgie
- Techniciens en minéralogie

Les **36** secteurs

SAVIEZ-VOUS QUE?

La main-d'œuvre québécoise du secteur des mines est reconnue à travers le monde pour son expertise et la qualité de sa formation. Actuellement, de nombreux pays s'ouvrent au marché minier (Argentine, Brésil, Chili, Pérou, Costa-Rica, Surinam, etc.) et font appel aux gens d'ici. Le travail à l'étranger est donc une option intéressante à considérer!

Source : Association minière du Québec, 1999.

PRINCIPALES FORMATIONS

Secondaire
- Extraction de minerai
- Forage et dynamitage
- Opération des équipements de traitement de minerai

Collégial
- Exploitation (technologie minérale)
- Géologie appliquée
- Minéralurgie

Université
- Génie des matériaux (métallurgie)
- Génie des mines et de la minéralurgie
- Génie électrique
- Génie géologique
- Génie informatique
- Génie mécanique
- Géologie

POUR EN SAVOIR PLUS

Conseil canadien d'adaptation et de formation de l'industrie minière
www.mitac.ca/

GeoRadaar - Secteur minier
www.georad.com/francais/mines.htm

GeoRadaar - Liens de l'industrie minière
www.georad.com/francais/info/liens_min_fra.htm

Pour les mordus seulement!

par **Martine Boivin**

Photo : Cyclone

Le multimédia se développe rapidement au Québec, où l'on possède d'ailleurs une expertise unique et reconnue sur le plan international. Bien qu'en pleine croissance, ce secteur offrira-t-il des emplois à tous ceux qui le souhaitent?

Depuis quelques mois, on assiste à une véritable «ruée vers l'or» de la part de travailleurs venus de plusieurs horizons. Le multimédia constitue en effet un incroyable pôle d'attraction, que vient encore renforcer la multiplication des offres de programmes de formation dans les établissements d'enseignement. Chacun pense pouvoir faire sa place dans ce secteur encore relativement jeune. Toutefois, s'il y a beaucoup d'appelés, il n'y aura que peu d'élus. «Seuls les plus mordus du multimédia se tailleront une place dans le milieu, souligne Sylvie Gagnon, présidente-directrice générale de TECHNOCompétences. C'est du moins ce que laissent croire les maigres informations sur le marché du travail dont nous disposons actuellement.» Malgré cette mise en garde, il n'en reste pas moins que le multimédia suscite de nombreux espoirs.

L'ascension

Actuellement, l'emploi en multimédia est en pleine croissance et on s'attend même à une ascension fulgurante d'ici les prochaines années. «Il n'y a pas de chômage dans le secteur du multimédia et il n'y en aura pas dans les mois à venir», soutient Christian Grégoire, directeur de la formation au Consortium multimédia CESAM. Selon lui, les programmeurs spécialisés en multimédia sont très recherchés dans tous les secteurs des technologies de pointe.

Même son de cloche du côté de la Direction de la planification et du partenariat d'Emploi-Québec de Montréal. Cependant, comme l'explique sa conseillère, Suzanne

Mercier, il se révèle délicat de donner des chiffres exacts quant au nombre d'emplois. En effet, l'industrie du multimédia présente de nombreuses ramifications dans plusieurs secteurs connexes.

«Il est difficile de cerner les limites du multimédia, explique Sylvie Gagnon, parce que ce secteur se situe au cœur des trois grandes industries que constituent l'informatique, les télécommunications et le contenu traditionnel. Pour clarifier un peu ces concepts, on peut dire par exemple que l'informatique, c'est les logiciels, les ordinateurs. Les télécommunications concernent davantage le téléphone, Internet. Quant au contenu traditionnel multimédia, il regroupe notamment les photos, les éléments vidéo, les banques de données, etc., que peut contenir un produit multimédia. Bien que les producteurs de contenu traditionnel représentent le noyau de l'industrie, il n'en demeure pas moins que les fabricants de logiciels contribuent également au succès du secteur en créant de nombreux emplois.»

Néanmoins, du côté de l'Association des producteurs en multimédia du Québec, on précise que depuis cinq ans, les entreprises de production multimédia sont passées de 25 à 250 et comptent aujourd'hui plus de 3 000 employés. Le volume d'affaires total oscille autour de 150 millions de dollars et l'industrie devrait connaître un taux de croissance annuel de 20 % d'ici trois ans.

En outre, la mise en place de la Cité du multimédia à Montréal suscite de nombreux espoirs. Selon Pierre-Luc

Dumas, directeur de la Cité, déjà 5 000 emplois sont prévus et l'objectif initial devrait être atteint, sinon dépassé, d'ici quelques années. Il est à noter, cependant, que ces nouveaux emplois touchent également les entreprises qui œuvrent dans le secteur des technologies de l'information et pas uniquement le multimédia.

Beaucoup d'espoirs

Christian Grégoire est catégorique. Il y a des emplois en quantité dans le secteur du multimédia et il s'agit de bons emplois. «Les spécialités qui connaissent un taux de placement de 100 % concernent, entre autres, les gestionnaires de projets et les scénaristes interactifs», des perles rares selon lui. S'ajoute encore une forte demande de professionnels qualifiés en direction technique et en direction de contenu et de l'interactivité.

Fait à souligner, les programmeurs spécialisés en multimédia sont également très recherchés dans tous les secteurs des technologies de pointe. Enfin, des postes d'intégrateurs sont aussi ouverts. L'intégrateur est responsable de la structure et de l'intégration des divers éléments multimédias selon la navigation prévue par le scénario interactif.

Mentionnons toutefois que ces professionnels sont, la plupart du temps, des gens d'expérience issus de différents milieux, comme la production audiovisuelle, l'informatique, les communications ou les arts. En effet, jusqu'à tout récemment, rares étaient les établissements d'enseignement qui offraient des programmes en multimédia. Dans le milieu, on s'entend toutefois pour dire que le profil, l'expérience et le talent des candidats comptent encore autant, sinon plus, que leur formation.

De nouvelles formations

Comme l'explique Christian Grégoire, les établissements d'enseignement se sont rapidement ajustés aux besoins du marché du travail et plusieurs programmes de formation spécifiques au multimédia voient le jour. Par exemple, on offre depuis septembre 1999 un diplôme d'études collégiales en intégration multimédia. «Il est vrai que le personnel qualifié est fortement demandé actuellement, mais je crois que les nouveaux programmes de formation vont permettre à un bon nombre de jeunes diplômés d'occuper des postes dans le secteur», indique Christian Grégoire.

Par ailleurs, certaines entreprises vont directement frapper aux portes des institutions. Le moment est donc tout indiqué pour qui veut suivre le courant virtuel... ■ 11/99

RECHERCHÉS

- Animateurs 2D et 3D
- Concepteurs
- Directeurs artistiques
- Directeurs de l'informatique
- Directeurs des contenus et de l'interactivité
- Ergonomes des interfaces
- Gestionnaires de projet
- Infographistes 2D et 3D
- Intégrateurs
- Médiatiseurs de son
- Médiatiseurs de vidéo
- Programmeurs
- Scénaristes interactifs
- Webmestres

SAVIEZ-VOUS QUE ?

Le Cégep de Sainte-Foy, le Collège de Maisonneuve et le Cégep de Saint-Jérôme ont reçu plus de 1 300 demandes d'inscription en septembre 1999 pour le nouveau programme de techniques d'intégration multimédia, alors qu'ils prévoient accueillir respectivement 50, 53 et 60 élèves par année !

Source : Magazine *Info-Tech*, août 1999.

PRINCIPALES FORMATIONS

Secondaire
- Procédés infographiques

Collégial
- Attestations d'études collégiales reliées au multimédia
- Art et technologie des médias
- Bureautique, profil microédition et hypermédia
- Dessin animé
- Graphisme
- Illustration et design
- Infographie en préimpression
- Intégration multimédia

Université
- Communication, profil multimédia interactif
- Communications graphiques
- Création en multimédia interactif (certificat)
- Design graphique ou communications graphiques
- Programmes de 2ᵉ cycle en communication, en design et multimédia
- Sciences de la communication

POUR EN SAVOIR PLUS

Association des producteurs en multimédia du Québec
www.apmq.org

Consortium multimédia CESAM
www.cesam.qc.ca

Forum des inforoutes et du multimédia (FIM)
www.fim.org

TECHNOCompétences
www.technocompetences.qc.ca

Les **36** secteurs

Outillage

Besoins urgents de main-d'œuvre

par **Sophie Allard, Sophie Legault, Koceila Louali**

Au Québec, le domaine de l'outillage se porte bien. Cette industrie a connu de nombreux bouleversements à la suite de l'introduction des nouvelles technologies, et elle a un besoin urgent d'une relève formée et motivée. Mais celle-ci est parfois difficile à trouver...

Photo : Corporation du 35ᵉ Mondial des métiers

Selon les dernières estimations du Comité sectoriel de main-d'œuvre de la fabrication métallique industrielle, en 1999, environ 1 700 compagnies québécoises œuvrent dans le domaine de l'outillage, dont plus de 900 sont des ateliers d'usinage. Ces entreprises répondent aux besoins d'un grand nombre d'autres secteurs industriels, tels que la fonderie, la plasturgie, l'estampage, l'emboutissage, le formage, les produits en tôle mince et les outils de coupe. Bien que le chiffre d'affaires de ce domaine s'élève à plus de 112 millions de dollars, il existe néanmoins un sérieux problème de recrutement de main-d'œuvre qualifiée.

Des débouchés

L'industrie de l'outillage crée de nouveaux équipements pour la production industrielle d'objets et de pièces de toutes sortes. Plus de 18 000 personnes participent ainsi à la fabrication de milliers de produits. À la fine pointe de la technologie, ce secteur dessert divers domaines, allant des industries automobile et aéronautique aux produits de consommation courante. Quant à l'usinage, il consiste à fabriquer des pièces en série à l'aide de machines de plus en plus reliées à des ordinateurs qu'il faut programmer.

Actuellement, même s'il existe des programmes de formation issus des trois niveaux scolaires qui mènent à un emploi en outillage, c'est surtout du côté des métiers que la demande des employeurs se fait pressante. «La demande de titulaires d'un diplôme d'études professionnelles (DEP) en techniques d'usinage est très forte. En fait, elle dépasse l'offre», explique Gaétane Deroy, secrétaire à l'enseignement professionnel de l'École secondaire de Neufchâtel à Québec.

> «Aujourd'hui, l'industrie tend vers la fabrication sur mesure. Aussi, cela demande une expertise beaucoup plus pointue. Il y a une raréfaction de la main-d'œuvre d'expérience et cela crée des besoins.»
>
> - Maurice Amram

De plus, la tendance à l'informatisation et les nombreux changements technologiques poussent tous les secteurs manufacturiers à employer une main-d'œuvre de plus en plus qualifiée et spécialisée. L'outillage ne fait pas exception à la règle. «Aujourd'hui, l'industrie tend vers la fabrication sur mesure. Aussi, cela demande une expertise beaucoup plus pointue. Il y a une raréfaction de la main-d'œuvre d'expérience et cela crée des besoins», indique Maurice Amram, du Comité sectoriel de main-d'œuvre de la fabrication métallique industrielle.

Régime de qualification

Pour tenter de résoudre le problème du manque de main-d'œuvre, Emploi-Québec, le Conseil de l'industrie de la fabrication de moules, du matriçage et de l'outillage (CIFMMO) ainsi que le ministère de l'Éducation ont créé le Régime de qualification en usinage et dans les métiers de l'outillage.

Ce programme permet d'obtenir un certificat de qualification professionnelle et reprend le principe du compagnonnage, qui permet à un apprenti de bénéficier du savoir et de l'expérience d'un travailleur qualifié. «Il s'agit de mettre en évidence et de reconnaître la valeur des différents métiers», explique France Garon, conseillère au développement du régime d'apprentissage d'Emploi-Québec.

Cette formule a pour avantages de respecter le rythme de chaque individu et de favoriser un partage des connaissances qui est bénéfique aux deux parties. L'apprenti complète sa formation dans un milieu de travail, et l'employé, qui agit comme compagnon pendant un an et possède une formation en outillage, obtient aussi un certificat de qualification professionnelle au bout du compte.

Un bel avenir

Les professionnels qui travaillent dans le secteur de l'outillage touchent à la conception et à la fabrication de pièces et d'outils, de moules et de matrices. Polyvalents, ils savent utiliser des instruments de précision et de l'équipement informatique, en plus de connaître les propriétés des différents métaux.

«Dans ces métiers il n'y a pas de routine, note France Garon. Les gens œuvrent toujours sur des pièces uniques, ce qui demande beaucoup de travail de finition.»

Même si les travailleurs de ce secteur bénéficient généralement de salaires intéressants, la rémunération peut varier d'une entreprise à l'autre. Un bon machiniste peut, avec quelques années d'expérience, toucher entre 15 et 20 $ l'heure dans une grande compagnie. En revanche, celui qui œuvre à la fabrication de moules, et qui travaille surtout dans de petites compagnies, n'aura pas une rémunération aussi élevée (en moyenne de 10 à 12 $ l'heure).

Quoi qu'il en soit, l'avenir de l'outillage semble prometteur. La volonté de concevoir des produits d'outillage au Québec plutôt qu'à l'étranger, ainsi que le développement d'une main-d'œuvre par la promotion des métiers de ce secteur sont là pour le prouver.

«Au Québec, on a tendance à créer des produits qui sortent de l'ordinaire et qui répondent à des besoins précis. On a donc nécessairement besoin d'outils spécifiques et de gens pour les fabriquer», constate France Garon. ■ 11/99

RECHERCHÉS

- Conducteurs de machines à travailler les métaux lourds et légers et de machines à commande numérique
- Machinistes vérificateurs en usinage et outillage
- Moulistes
- Outilleurs-ajusteurs
- Techniciens en contrôle de la qualité

SAVIEZ-VOUS QUE?

En outillage, il y a un réel problème de recrutement. Aussi, certaines entreprises doivent refuser des contrats faute de main-d'œuvre! C'est pourquoi les employeurs s'affairent actuellement à développer des programmes de formation spécifiques à leur entreprise pour compléter la formation de base des élèves.

Source : Comité sectoriel de la fabrication métallique industrielle, 1999.

PRINCIPALES FORMATIONS

Secondaire

- Fabrication de moules (ASP)
- Matriçage (ASP)
- Outillage (ASP)
- Techniques d'usinage
- Usinage sur machines-outils à commande numérique (ASP)

Collégial

- Technique de génie industriel
- Technique de génie mécanique

Université

- Génie de la production automatisée
- Génie des matériaux (et de la métallurgie)
- Génie électrique
- Génie industriel
- Génie mécanique

POUR EN SAVOIR PLUS

Centre de production automatisée (CPA)
http://college.cjonquiere.qc.ca/cpa/cpah.html

Strategis - Technologies de la fabrication de pointe
strategis.ic.gc.ca/sc_indps/sectors/frndoc/advm_hpg.html

Toujours plus de débouchés

par **Sophie Allard** et **Sylvie Lemieux**

Photo : Biochem Pharma

L'industrie pharmaceutique se divise en trois secteurs : l'industrie innovatrice (recherche et développement), l'industrie générique et l'industrie biotechnologique. Ces trois pôles génèrent chacun leur lot d'emplois et offrent de belles ouvertures.

Selon l'organisme Les Compagnies de recherche pharmaceutique du Canada — anciennement connu sous le nom d'Association canadienne de l'industrie du médicament —, au Québec, près de 200 entreprises employant environ 15 000 personnes œuvrent dans l'industrie pharmaceutique. C'est un secteur dynamique qui est également en plein essor.

Besoin de main-d'œuvre

L'avancée de l'industrie pharmaceutique est en grande partie attribuable au vieillissement de la population selon Robert Dugal, directeur des affaires universitaires et scientifiques chez Les Compagnies de recherche pharmaceutique du Canada. En effet, avec l'âge survient la maladie — souvent chronique —, comme le diabète et l'hypertension, faisant augmenter la consommation de médicaments. La recherche permet également de mettre au point de nouveaux médicaments pour soigner des maladies pour lesquelles il n'existait aucun traitement jusqu'à présent.

Qui dit bon rendement de l'industrie, dit augmentation des besoins de main-d'œuvre. Selon l'Étude des ressources humaines de l'industrie pharmaceutique menée par Price Waterhouse Coopers pour le compte de la Direction générale des industries de la santé d'Industrie Canada et publiée en 1997, plus de 80 % des entreprises prévoyaient une croissance de leur effectif pouvant aller jusqu'à 50 % d'ici 2001. Les spécialistes recherchés? On demande principalement des diplômés en chimie, en pharmacie, en biochimie et en biologie moléculaire. On cherche aussi des techniciens en production.

«Les diplômés qui se dirigent vers l'industrie pharmaceutique connaissent un très bon taux de placement et sont fort bien rémunérés», souligne Pierre Morin, directeur du Groupement provincial de l'industrie du médicament, qui comprend une vingtaine de petites et moyennes entreprises et plus de 1 450 employés à travers la province. Le salaire de départ d'un diplômé de niveau collégial tourne autour de 26 000 $, tandis que celui du diplômé universitaire se situe entre 27 000 $ et 43 000 $. L'industrie pharmaceutique présente également des besoins de main-d'œuvre en administration, en communications, en marketing et en programmation informatique.

Le boum de la recherche

Le moteur qui fait rouler l'industrie pharmaceutique, c'est sans aucun doute la recherche. Les résultats d'une étude menée auprès des membres du regroupement Les Compagnies de recherche pharmaceutique du Canada montrent que l'investissement total accordé à la recherche et au développement au Canada est passé de 623,9 millions de dollars en 1995 à près de 900 millions de dollars en 1997. «Nous prévoyons atteindre le cap du milliard de dollars en l'an 2000», précise Robert Dugal. Selon le Conseil d'examen du prix des médicaments brevetés, au Québec seulement, quelque 319 millions ont été investis en recherche et développement en 1998, ce qui représente une augmentation de 9,8 % par rapport à l'année précédente.

«C'est très rentable d'investir dans la recherche; cela permet d'économiser dans d'autres secteurs, comme l'hospitalisation. On l'a compris et c'est pourquoi on déploie aujourd'hui davantage d'efforts en recherche et qu'on crée des produits toujours plus performants», indique Yves-Jean Fournier, conseiller au ministère de l'Industrie et du Commerce (MIC).

Selon un rapport réalisé par le Conseil de la science et de la technologie en 1998, plus de 1 500 chercheurs travaillent actuellement dans la recherche en santé au Québec, et ça ne suffit pas! «Les chercheurs sont très demandés. Actuellement, plusieurs laboratoires privés connaissent des problèmes de recrutement», explique M. Fournier.

Chez Merck Frosst Canada, l'effectif du Centre de recherche thérapeutique — qui se consacre à la mise au point de nouveaux moyens pour combattre les maladies inflammatoires et respiratoires — se compose de 72 % de chercheurs professionnels et de 12 % de gestionnaires. «Nous employons surtout des diplômés en chimie, en biologie moléculaire, en biochimie, en pharmacologie, en pharmacie, en génie chimique et en bio-informatique. La plupart des postes exigent un diplôme de niveau maîtrise», indique Jean-Luc Blais, des relations publiques de l'entreprise.

Un secteur prometteur

Le secteur biopharmaceutique représente sans doute l'un des domaines les plus prometteurs de l'industrie. Les entreprises de ce type font appel aux biotechnologies afin de mettre au point de nouveaux tests diagnostics, des vaccins et plusieurs produits thérapeutiques, comme l'insuline et des produits anticancéreux. Ce secteur emploie à lui seul près de 2 100 personnes. Les chercheurs travaillent dans des domaines très pointus.

«La biopharmaceutique sera un secteur dominant dans 10 ou 20 ans. On procédera de moins en moins par synthèse chimique. Grâce aux biotechnologies, on produira des médicaments qui, à efficacité égale, causeront beaucoup moins d'effets secondaires», explique Yves-Jean Fournier, du MIC.

Pour œuvrer dans le domaine des biotechnologies, il faut savoir toutefois que la formation commence à l'université. Un diplôme de deuxième, voire de troisième, cycle est d'ailleurs généralement préférable. ■ 11/99

RECHERCHÉS

- Biochimistes
- Biologistes moléculaires
- Chargés de projet
- Chimistes
- Directeurs de recherche clinique
- Pharmacologues

SAVIEZ-VOUS QUE?

Si les compétences techniques ouvrent les portes d'une carrière dans l'industrie pharmaceutique, les aptitudes personnelles — capacité de travailler en équipe, leadership, sens de la communication, capacité de gérer — font aussi partie du bagage que doit posséder un candidat s'il veut réussir au sein de l'entreprise.

Source : Étude des ressources humaines de l'industrie pharmaceutique, 1997.

PRINCIPALES FORMATIONS

Secondaire
- Assistance technique en pharmacie

Collégial
- Chimie analytique
- Chimie-biologie
- Génie chimique
- Laboratoire médical
- Procédés chimiques

Université
- Biochimie
- Biologie
- Biotechnologie
- Chimie
- Chimie pharmaceutique
- Génie chimique, biomédical, bio-informatique, mécanique et industriel
- Médecine
- Microbiologie
- Pharmacie

POUR EN SAVOIR PLUS

Conseil d'examen du prix des médicaments brevetés
www.pmprb-cepmb.gc.ca

Étude des ressources humaines de l'industrie pharmaceutique
strategis.ic.gc.ca/sc_indps/pharm/frndoc/2f.html

Les Compagnies de recherche pharmaceutique du Canada
www.canadapharma.org

Les médicaments de demain
www.cybersciences.com/cyber/1.0/1_480_Menu.htm

MERCK FROSST CANADA & CIE
DÉCOUVRIR TOUJOURS PLUS. VIVRE TOUJOURS MIEUX.

La prévention et le traitement des maladies, voilà la mission, le patrimoine et la raison d'être de Merck Frosst Canada & Cie. Depuis sa fondation par Charles E. Frosst, à la fin du siècle dernier à Montréal, notre société est un chef de file de la recherche pharmaceutique, mettant au point des médicaments qui atténuent la souffrance, prolongent et améliorent la vie des patients au Canada et dans le monde entier.

CHEF DE FILE DE L'INDUSTRIE PHARMACEUTIQUE

Nous sommes aujourd'hui la plus importante société pharmaceutique intégrée au Canada et nous employons plus de 1 500 personnes qui travaillent à la recherche, à la fabrication et à la commercialisation de médicaments et de vaccins. En 1998, Merck Frosst a investi plus de 15 % de son chiffre d'affaires en recherche et développement (R-D). Notre division de fabrication produit plus

de 100 médicaments d'ordonnance ou en vente libre pour les marchés canadiens et internationaux. En 1999, par suite d'un effort conjoint des divisions de fabrication et des produits pharmaceutiques, notre entreprise s'est vu décernée la certification Classe A en excellence opérationnelle par la firme américaine Oliver Wight, LLC. Il s'agit d'une reconnaissance mondiale en matière de bonnes pratiques de gestion des ressources internes et externes reliées à la fabrication et à la distribution de produits aux clients.

EXCELLENCE EN RECHERCHE ET INNOVATION

La R-D est la clé des grandes découvertes médicales. C'est pourquoi Merck Frosst a investi plus de 600 millions de dollars dans la R-D pharmaceutique au Canada depuis 1989, entraînant notamment une expansion considérable du Centre de recherche thérapeutique Merck Frosst. Ce centre, la plus importante unité de recherche biomédicale au Canada, réunit les compétences d'une équipe de 300 scientifiques de réputation mondiale à qui a été confié un mandat de recherche international. Leurs travaux aboutissent encore et toujours à de nouvelles découvertes, plaçant ainsi Merck Frosst à l'avant-garde dans les domaines les plus prometteurs de la recherche en soins de santé. Depuis 1998, Merck Frosst a mis en marché deux médicaments découverts dans ses laboratoires de Montréal : SINGULAIR® un médicament destiné à soulager les adultes et les enfants affligés d'asthme et VIOXX[MC], un médicament pour soulager l'arthrose et la douleur. Ces deux médicaments sont maintenant utilisés dans de nombreux pays.

RÉSOLUMENT TOURNÉS VERS L'AVENIR

L'innovation continuera d'être l'atout décisif de Merck Frosst. L'engagement de notre société envers la R-D et les sommes qu'elle y consent vont bien au-delà de ses propres laboratoires, car notre investissement dans le capital humain nous distingue également. Merck Frosst encourage en effet activement les jeunes Canadiennes et Canadiens à embrasser une carrière dans le domaine des sciences et de la technologie. À cette fin nos chercheurs et nos ingénieurs participent activement à une myriade de programmes éducatifs qui ont pour but de susciter la passion de la découverte scientifique et le plaisir de réinventer le monde chez la jeunesse d'aujourd'hui.

En tant qu'entreprise, nous sommes résolument tournés vers l'avenir. En investissant au Canada dans le capital humain, nous continuerons de mettre au point de nouveaux médicaments et d'appuyer la recherche et les programmes de formation qui font progresser notre communauté scientifique et améliorent la qualité de vie de tous les Canadiens.

Merck Frosst Canada & Cie, Kirkland, Québec

MERCK FROSST
Découvrir toujours plus.
Vivre toujours mieux.

LA BioPHARMACEUTIQUE

Un secteur d'avenir offrant un vaste choix de carrières

De nombreux observateurs affirment que les biotechnologies seront le moteur de la prochaine révolution industrielle. Plus particulièrement, la biopharmaceutique s'emploiera à développer de nouvelles générations de médicaments et de vaccins, qui permettront de vaincre des maladies actuellement incurables.

DES EMPLOIS STIMULANTS

Cette industrie, dont le leader canadien est BioChem Pharma, est en plein essor et créera de nombreux emplois au cours du XXIe siècle ... des emplois de qualité à la fois stimulants et gratifiants. Voilà des perspectives très intéressantes. De plus, le simple fait de participer à la découverte et au développement de produits susceptibles de sauver des vies et d'améliorer le sort des humains procure inévitablement une grande source de satisfaction.

UNE FORMATION SCIENTIFIQUE MÈNE À DES CARRIÈRES DIVERSIFIÉES

On connaît surtout l'industrie pharmaceutique pour les emplois qu'elle offre dans les laboratoires de recherche. Mais, saviez-vous qu'une formation scientifique peut aussi vous ouvrir la porte à de multiples autres possibilités dans cette industrie, notamment en production, en développement, en commercialisation, en administration, etc. ?

De fait, l'industrie a besoin d'une grande variété de professionnels, qu'il s'agisse

- d'ingénieurs de procédés,
- de chefs de produits,
- de directeurs des ventes,
- d'analystes des marchés,

- d'agents de brevets,
- de spécialistes des affaires réglementaires,
- de comptables et de financiers,
- de gestionnaires,

pour ne nommer que ceux-là.

Une formation en sciences (chimie, biologie, biochimie), qui peut être jumelée à une formation dans un autre domaine, mène ainsi à un vaste éventail de carrières. Et le besoin d'une relève est bien réel !

Bref, une carrière en biopharmaceutique c'est une façon de s'accomplir pleinement tout en faisant une différence dans la qualité de vie de ses concitoyens !

BioChem Pharma est le leader canadien de l'industrie biopharmaceutique et une des plus importantes entreprises de ce secteur au monde. Avec près de 1 000 employés, BioChem se consacre à la recherche, au développement et à la commercialisation de produits novateurs destinés principalement à la prévention (vaccins) et au traitement (médicaments) de maladies humaines, notamment le cancer et les maladies infectieuses — deux domaines où, selon les professionnels en santé publique des quatre coins du monde, les besoins médicaux sont urgents et mal comblés.

BioChem Pharma
le leader canadien de la biopharmaceutique

L'innovation, en sciences et en affaires, a été et continue d'être la clé de la réussite de l'entreprise. Le personnel de BioChem Pharma se compose de scientifiques et d'autres professionnels en R&D, appuyés par une équipe de gestionnaires possédant l'expertise scientifique et l'esprit entrepreneurial requis pour saisir les bonnes occasions et les faire progresser rapidement.

La Société a été fondée en 1986 par trois talentueux chercheurs désireux de mettre sur pied leur propre entreprise biopharmaceutique au Canada. Ce trio de visionnaires comprenait le regretté docteur Bernard Belleau, un biochimiste de renom qui a découvert le 3TC® (lamivudine) — le médicament anti-VIH/SIDA le plus prescrit au monde; le docteur Francesco Bellini, chef de la direction; et le docteur Gervais Dionne, vice-président exécutif, recherche et développement.

BioChem Pharma
www.biochempharma.com

3TC® est une marque déposée de Glaxo Wellcome plc © BioChem Pharma, 1999

221

Conjoncture favorable

par **Béatrice Richard**

Dans l'industrie de la plasturgie, on souffre actuellement d'un manque de main-d'œuvre qualifiée. Une aubaine pour les trop rares diplômés dans ce domaine!

Photo : PPM

L'industrie de la plasturgie fait face à des manques d'ingénieurs de procédés, de régleurs, de réparateurs de moules et de matrices, de même que de personnel d'entretien.

Un sondage mené en 1998 par PlastiCompétences auprès d'entreprises de 25 à 100 employés révèle que 40 % d'entre elles projetaient d'embaucher dans l'année. Pour Pierre Guimont, directeur général de PlastiCompétences, il ne fait aucun doute que le secteur recherche toujours de la main-d'œuvre qualifiée, capable de répondre notamment à l'évolution de la technologie vers de l'équipement de plus en plus sophistiqué.

Effervescence

De fait, le secteur est en pleine effervescence. Il emploie 25 000 personnes au Québec — chiffre auquel on peut ajouter 10 000 emplois indirects — au sein de quelque 650 entreprises détenant 23 % du marché canadien[1].

En 1996, la production québécoise se chiffrait à 2,7 milliards de dollars. Depuis 1992, le taux de croissance annuel moyen de la plasturgie est de 7,2 %. Au Québec, plus du tiers de la production est vendu à l'étranger, principalement aux États-Unis. De 1988 à 1997, les exportations sont passées de 275 millions à près d'un milliard de dollars, soit une augmentation de 34 % comparée à la moyenne du secteur manufacturier, qui est de 10,4 %.

Concurrence oblige, les entreprises québécoises ont dû se moderniser à toute vitesse au cours des dernières années. Ainsi, depuis huit ans, elles ont consacré plus de 80 millions de dollars par année en moyenne au rajeunissement de leur équipement.

> «Un grand nombre d'opérateurs de machines manquent de compétences de base en science des polymères, en informatique, en communication et en mathématiques, disciplines qui prennent toutes de plus en plus d'importance.»
>
> - John Margeson

Il en résulte que les nouveaux équipements, souvent contrôlés par ordinateur, sont devenus plus complexes à utiliser. La main-d'œuvre n'a toutefois pas suivi, ni en qualité ni en quantité, d'où les problèmes de recrutement actuels. Plusieurs facteurs rendent l'industrie de la plasturgie peu attirante pour de nouveaux candidats. En effet, selon Industrie Canada, le secteur reste dominé par des PME qui investissent peu dans les nouvelles technologies et dans la formation de main-d'œuvre. Le personnel est donc peu qualifié et faiblement syndiqué, et son taux de roulement demeure très élevé. Par conséquent, le salaire moyen est de 30 % inférieur à la moyenne dans le secteur manufacturier en général. Comme le fait remarquer John Margeson, secrétaire de l'équipe sectorielle nationale à Industrie Canada : «Un grand nombre d'opérateurs de machines manquent de compétences de base en science des polymères, en informatique, en communication et en mathématiques, disciplines qui prennent toutes de plus en plus d'importance.»

Postes à pourvoir

Au Québec, on trouve quelques grandes entreprises, comme IPL, l'un des plus importants fabricants dans la province, Twinpack, un pionnier de la transformation des bouteilles en plastique, et Desmarais et frère, le plus grand fabricant canadien de classeurs et de cadres de diapositives. Toutefois, la majorité de l'industrie de la plasturgie se trouve au sein de PME.

> En 10 ans, le marché canadien des produits de plastique a augmenté de 70 %.

Actuellement, les deux secteurs d'activité principaux de la plasturgie sont l'emballage, qui représente 39 % de la production, et les produits pour l'industrie de la construction (26 %). En 10 ans, le marché canadien des produits de plastique a augmenté de 70 %. «Tout porte à croire que l'industrie des produits en matière plastique connaîtra un taux de croissance élevé», note M. Margeson. Depuis 1995, l'industrie montre un taux de croissance annuel moyen réel de 5 à 7 % à l'échelle mondiale et l'augmentation devrait se poursuivre. Cette constatation rend très optimiste en ce qui concerne les possibilités d'emploi.

Les secteurs où l'on prévoit une augmentation particulièrement forte de la demande en matière plastique sont ceux de l'automobile, des matériaux de bureau ainsi que des télécommunications. Dans l'ensemble, l'industrie automobile affiche des perspectives prometteuses, car les fabricants ont tendance à remplacer les composantes métalliques de leurs véhicules par du plastique, plus léger, résistant mieux à la corrosion et relativement bon marché.

Quant au secteur de l'informatique, en pleine expansion, c'est un grand consommateur de plastique, matériau de choix pour les coffrets d'ordinateurs et les combinés téléphoniques, etc. Autre créneau en croissance, et non le moindre : les techniques de recyclage du plastique, à remettre dans le contexte d'un souci accru de préservation de l'environnement. ■ 11/99

1. «Le monde de la plasturgie : façonner un avenir prometteur/Analyse des besoins en ressources humaines». Préparé par le groupe ARA-Consultants, pour l'industrie canadienne de la plasturgie, juin 1996.

RECHERCHÉS

- Conducteurs-régleurs de machines à mouler
- Ingénieurs de la production automatisée
- Ingénieurs de procédés
- Modeleurs et réparateurs de moules et de matrices

SAVIEZ-VOUS QUE ?

C'est l'emballage qui représente le marché le plus important pour la matière plastique. Toutefois, on s'attend à ce que l'utilisation du plastique dans ce secteur n'augmente qu'assez peu. En effet, le remplacement d'autres matériaux par la matière plastique se fait plus lentement qu'autrefois. Il se peut aussi que les préoccupations environnementales contribuent à limiter cette expansion.

Source : Industrie Canada, 1998.

PRINCIPALES FORMATIONS

Secondaire

- Conduite et réglage de machines à mouler
- Fabrication de moules (ASP)
- Matriçage (ASP)
- Mise en œuvre de matériaux composites
- Outillage (ASP)
- Techniques d'usinage
- Usinage sur machines-outils à commande numérique (ASP)

Collégial

- Génie chimique
- Génie mécanique
- Procédés chimiques
- Transformation des matériaux composites
- Transformation des matières plastiques

Université

- Chimie
- Génie chimique
- Génie de la production automatisée
- Génie des matériaux
- Génie mécanique

POUR EN SAVOIR PLUS

Association canadienne pour les structures et matériaux composites
www.cacsma.ca/index.html

Ministère de l'Industrie et du Commerce - L'industrie de la plasturgie québécoise
www.micst.gouv.qc.ca/secteurs-industriels/plasturgie/index.html

Renforts demandés

par **Martine Boivin** et **Martine Roux**

La santé présente des débouchés inégaux selon les secteurs. Si certains connaissent de gros besoins, d'autres sont toujours au ralenti.

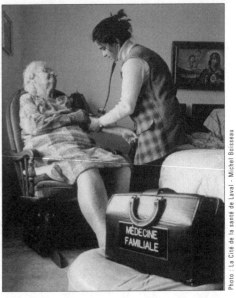

Photo : La Cité de la santé de Laval - Michel Boisseau

A u cours des dernières années, le secteur de la santé et des services sociaux a beaucoup souffert des compressions de personnel et des réductions budgétaires. En 1997, quelque 338 000 personnes y occupaient un emploi, contre 323 000 en 1998[1]. Toutefois, l'ère du couperet serait derrière nous et les prévisions pour 1999 se chiffrent à 330 000 travailleurs. Selon André Desnoyers, économiste au ministère du Développement des ressources humaines Canada (DRHC), cette remontée s'explique en partie par les pressions constantes qu'exerce l'opinion publique sur les gouvernements, forcés de réinjecter de l'argent dans les programmes de santé.

Pénurie en vue

Une étude menée par l'Ordre des infirmières et infirmiers du Québec (OIIQ) révèle que plus de 38 000 infirmières *baby-boomers* quitteront le marché du travail entre 2001 et 2015, alors qu'au plus 27 000 infirmières intégreraient le réseau de la santé. Malgré des prévisions d'entrée dans la profession de 1 350 à 1 500 nouvelles infirmières par année d'ici 2015, on anticipe une grave pénurie de main-d'œuvre dès 2005.

Cependant, bien que l'on ait besoin de main-d'œuvre, l'OIIQ indique tout de même que les conditions d'embauche sont, pour plusieurs infirmières, le travail à temps partiel, permanent ou occasionnel, plus particulièrement en centre hospitalier de soins généraux spécialisés. Ainsi, 88 % des finissantes de 1998, des niveaux collégial et universitaire, travaillaient en janvier 1999[2].

«À court terme, il y a des besoins de remplacement importants dans le secteur des soins infirmiers, indique Robert Tremblay, directeur de la planification de la main-d'œuvre et de la rémunération au ministère de la Santé et des Services sociaux. À plus long terme, compte tenu du vieillissement de la population, tous les travailleurs des services reliés aux personnes âgées ou en perte d'autonomie seront généralement recherchés. Cependant, rien n'indique que ces emplois seront nécessairement au sein du réseau public : les soins privés pourraient prendre de l'importance.» André Desnoyers affirme pour sa part que les infirmières sont demandées. «Pas seulement parce que plusieurs ont quitté la profession, mais aussi parce que leurs compétences sont recherchées et correspondent à la philosophie du virage ambulatoire.»

Selon l'OIIQ, les principaux secteurs susceptibles de connaître un essor sont la santé mentale, les soins critiques et la santé communautaire publique. Du côté de DRHC, on considère que les soins à domicile constituent évidemment une voie à privilégier.

Du côté des infirmiers et infirmières auxiliaires, on connaît actuellement un sérieux manque. «En 1999, les 250 diplômé(e)s qui ont accédé au marché du travail n'ont pas suffi à combler tous les postes disponibles», souligne Micheline L'Écuyer, directrice de la formation à l'Ordre des infirmières et infirmiers auxiliaires du Québec (OIIAQ). La demande est de plus en plus forte pour cette main-d'oeuvre qualifiée et en 1999, le taux de placement était de 96 %[3].

Bonnes perspectives

Le secteur de la réadaptation (ergothérapeutes, physio-thérapeutes et techniciens en réadaptation) présente quant à lui de bonnes perspectives à court terme, selon Robert Tremblay, qui ajoute que le secteur de la radio-thérapie a besoin de technologues et de physiciens médicaux en radio-oncologie. «Il en va de même du secteur social, soit tout ce qui est relié à la famille et à la jeunesse : travailleurs sociaux, techniciens en assistance sociale.» Néanmoins, selon l'Ordre des travailleurs sociaux du Québec, il est difficile de décrocher des emplois stables et à temps plein dans ce domaine, surtout en début de carrière.

Du côté des médecins, il y aura certes des besoins à combler, affirme M. Tremblay, qui indique qu'en septembre 1999, le ministère de la Santé et des Services sociaux a augmenté le quota du nombre d'admissions dans les facultés de médecine du Québec. Au total, 65 places ont été ajoutées. Malgré cette hausse, elles demeurent peu nombreuses.

Aussi, on aura de plus en plus besoin d'informaticiens, d'analystes informatiques, de techniciens en informatique. Des projets comme la carte-santé, la télémédecine, l'autoroute de l'information, l'informatisation des données commencent en effet à prendre forme. Parallèlement à ce phénomène, l'avenir s'assombrit pour tous les employés de soutien des hôpitaux. Les secteurs des archives, de la restauration, de l'entretien ménager, de la buanderie et des laboratoires se transforment à la vitesse de l'éclair au profit de la technologie.

«En pharmacie, les besoins sont de plus en plus importants, ajoute M. Tremblay. C'est un secteur toujours en développement, mais comme l'effectif est jeune pour l'instant, la demande se situe plutôt à moyen terme.» Par ailleurs, le système public devra aussi compter sur une relève importante au chapitre de la gestion et de l'administration de ses établissements hospitaliers.

Du côté de la médecine dentaire, les perspectives actuelles sont plutôt limitées. À l'Université de Montréal, on note que les nouveaux dentistes éprouveraient des difficultés à démarrer leur pratique, le marché connaissant une certaine saturation. Quant aux professions reliées (denturologie, hygiène dentaire, assistance dentaire, etc.), elles subissent les contrecoups de cette situation, par voie de conséquence. ■ 11/99

1. Statistique Canada, 1998.
2. Ordre des infirmières et infirmiers du Québec, 1999.
3. *La Relance au secondaire en formation professionnelle*, MEQ,1999.

RECHERCHÉS

- Infirmières
- Informaticiens et spécialistes de l'informatique
- Médecins, pharmaciens, physiothérapeutes
  (et autres spécialistes de la réadaptation)

SAVIEZ-VOUS QUE ?

La faculté de médecine de l'Université Laval espère offrir, dès juillet 2000, un programme de spécialisation en médecine d'urgence pouvant accueillir quatre résidents par année. Actuellement, seule l'Université McGill forme des spécialistes en médecine d'urgence, et selon le Collège des médecins, le Québec aurait besoin de 80 à 100 de ces spécialistes, essentiellement dans les hôpitaux universitaires et les centres de traumatologie.

Source : *La Presse*, 4 août 1999.

PRINCIPALES FORMATIONS

Secondaire

Assistance aux bénéficiaires en établissement de santé, assistance dentaire, assistance familiale et sociale aux personnes à domicile, assistance technique en pharmacie, santé, assistance et soins infirmiers

Collégial

Acupuncture traditionnelle, audioprothèse, denturologie, diététique, électrophysiologie médicale, hygiène dentaire, inhalothérapie, laboratoire médical, médecine nucléaire, orthèses et prothèses orthopédiques, orthèses visuelles, réadaptation physique, soins infirmiers, techniques dentaires, techniques radiologiques

Université

Biologie médicale, chiropratique, diététique, ergothérapie, immunologie, kinésiologie, médecine (aussi médecine dentaire et vétérinaire), optométrie, orthophonie et audiologie, pharmacie, physiothérapie, pratique sage-femme, psycho-éducation, psychologie, sexologie, service social, sciences infirmières

POUR EN SAVOIR PLUS

Ordre des infirmières et infirmiers auxiliaires du Québec
www.oiiaq.org

Ordre des infirmières et infirmiers du Québec
www.oiiq.org/sites/sites_index.html

Planète Santé
planete.qc.ca/sante/sante.asp

Contribuer au changement

par **Sophie Allard** et
Frédéric Boudreault

Les spécialistes en service-conseil ont pour rôle de conseiller les entreprises et les industries. Ingénierie, marketing, comptabilité, informatique, etc., autant de secteurs qui recherchent activement ces professionnels.

Photo : PPM

Selon Industrie Canada, «la demande en service-conseil devrait augmenter de 10 % par année entre 1995 et 2001». Même son de cloche chez Emploi-Québec, où l'on estime que la demande quant à la prestation de services-conseils est accentuée par la complexité grandissante des problématiques auxquelles les industries et les entreprises sont confrontées.

Les entreprises et même les gouvernements doivent donc faire face à une multitude de défis, comme la mondialisation des marchés et l'évolution technologique. Le conseiller vient les aider à effectuer les meilleurs choix. Les bureaux de services-conseils proposent donc aux entreprises des solutions et mettent à leur disposition les spécialistes pour les appliquer.

Des secteurs variés

Au Québec, 210 000 personnes — incluant les services informatiques — jouent le rôle de conseillers, selon les dernières données disponibles, compilées en 1996 par Statistique Canada. Leur salaire de base tournerait autour de 50 000 $ par année. Avec l'exode des cerveaux, notamment vers les États-Unis, le nombre de conseillers tend toutefois à baisser actuellement.

La formation de ces professionnels est variée et leur champ de spécialisation également. Ils œuvrent dans les bureaux de placement et de services de location de personnel, les services informatiques, les firmes de

comptabilité et de tenue de livres, dans les secteurs du marketing, de l'ingénierie ou de la gestion.

Il y a aussi une foule de conseillers dans le domaine de la finance. Les services-conseils en placements financiers sont d'ailleurs promis à un bel avenir, d'autant plus que la génération des *baby-boomers*, tranche de la population qui entre dans la cinquantaine, veut maximiser le rendement de ses avoirs à l'aube de la retraite.

> Les entreprises devront
> mettre l'accent sur
> l'amélioration continue
> des compétences
> et des connaissances
> de leurs employés.

Phénomène intéressant, on remarque aussi une demande de conseillers dans des marchés en dehors du Québec. En effet, selon Industrie Canada, les grandes firmes de services-conseils québécoises possèdent les ressources humaines et financières pour décrocher des contrats d'exportation de services et les mener à bien. Des travailleurs d'ici œuvrent donc un peu partout dans le monde — principalement aux États-Unis et en Europe — et, depuis la signature de l'Accord de libre-échange, se tournent également du côté de l'Amérique latine.

Cependant, l'ouverture des marchés internationaux entraînera une concurrence plus vive. Les entreprises devront mettre l'accent sur l'amélioration continue des compétences et des connaissances de leurs employés. Une solide formation devient alors un gage de réussite pour se tailler une place dans ce domaine, de même que certaines qualités.

Les conseillers en informatique, qui composent actuellement 15 % de la main-d'œuvre active dans le domaine du service-conseil, seront fortement demandés en 2001 et 2002.

Il faut aussi faire preuve d'autonomie, voir à la mise à jour permanente de ses connaissances, avoir «du tact, savoir communiquer et maîtriser la langue anglaise», ajoute Guy Verville, vice-président aux opérations du Groupe LGS.

Conseillers en informatique recherchés

Parmi les différentes facettes du service-conseil, l'une se démarque des autres. Il s'agit du service-conseil en informatique. Ainsi, les entreprises qui n'auront pas pris les moyens nécessaires pour faire face au «bogue» de l'an 2000 seront aux prises avec des difficultés. Aussi, les conseillers en informatique, qui composent actuellement 15 % de la main-d'œuvre active dans le domaine du service-conseil, seront fortement demandés en 2001 et 2002.

Avec l'essor des nouvelles technologies, certaines personnes parlent même de pénurie dans ce secteur. À l'Association professionnelle des informaticiens du Québec (APIQ), on affirme que l'ampleur de ce phénomène est difficile à mesurer, mais qu'il est bel et bien présent. On y reçoit des offres d'emploi quotidiennement.

Ce domaine est donc en pleine expansion, sans compter que l'informatique est un monde qui doit pratiquement être mis à jour aux deux ans. En général, les entreprises doivent se réadapter tous les cinq ans, donc elles ont besoin de conseils, précise-t-on à l'APIQ.

Selon Emploi-Québec, les technologies de l'information et des communications constituent un secteur qui bouge tellement que de nouveaux besoins devraient se créer dans le futur. Actuellement, le renouvellement des systèmes trop vétustes, la robotisation et l'informatisation des opérations contribuent à fournir du travail aux conseillers. ■ 11/99

Les **36** secteurs

RECHERCHÉS

- Conseillers en gestion des ressources humaines
- Conseillers en placement
- Conseillers financiers
- Gestionnaires de réseaux
- Informaticiens
- Informaticiens de gestion

SAVIEZ-VOUS QUE?

Ceux que l'idée de travailler dans une grosse firme laisse de glace peuvent tout de même se diriger vers le service-conseil. Il est en effet possible d'être conseiller à son propre compte. Aujourd'hui, plusieurs conseillers en entreprise préfèrent se tourner vers le travail autonome, une tendance qui va d'ailleurs en augmentant.

Source : Emploi-Québec, 1999.

PRINCIPALES FORMATIONS

Collégial

- Administration (gestion, gestion industrielle, marketing, services financiers, commerce international, personnel)
- Informatique
- Systèmes ordinés

Université

- Administration (comptabilité, commerce, finance, des systèmes d'information, des opérations et de la production, gestion internationale, management, marketing, etc.)
- Génie (toutes formations confondues)
- Informatique
- Informatique de génie
- Informatique de gestion
- Informatique-mathématiques
- Mathématiques-informatique
- Relations industrielles

POUR EN SAVOIR PLUS

Strategis - Services commerciaux et professionnels
http://strategis.ic.gc.ca/sc_indps/sectors/frndoc/serv_hpg.html

Technologies de fabrication de pointe

Postes disponibles!

par **Sophie Allard**

Le Canada suit le courant du progrès technologique et commence à se tailler une place dans le domaine de la fabrication de pointe, qui n'en est d'ailleurs qu'au début de son développement.

Robotique, laser et systèmes de vision perfectionnés sont autant d'éléments qui constituent le secteur des technologies de fabrication de pointe. Selon les dernières données disponibles d'Industrie Canada, plus de 17 000 personnes travaillent dans ce domaine. On comptait pour cette même année 560 établissements œuvrant en technologies de fabrication de pointe. La valeur des expéditions de marchandises était estimée à 3,4 milliards de dollars, soit plus du double de ce qu'elle représentait en 1990! Des chiffres qui risquent fort d'augmenter.

Cap sur l'innovation

André Roy, conseiller au ministère de l'Industrie et du Commerce (MIC) explique d'entrée de jeu : «Notre préoccupation a toujours été d'avoir des industries possédant des équipements à la fine pointe de la technologie. Nous voulons améliorer la compétitivité des entreprises et, pour ce faire, il faut penser aux technologies de fabrication de pointe.»

Les technologies de fabrication de pointe font appel à des technologies et à des matériels de fabrication inédits auxquels sont associées les technologies de l'information, la microélectronique ainsi que des méthodes novatrices d'organisation du processus de fabrication. Quant à eux, les spécialistes œuvrant dans ce domaine ont pour mission de faire avancer le développement d'équipements et d'améliorer les processus de fabrication. Les secteurs dominants sont l'automobile, l'aérospatiale, l'industrie électrique, l'industrie

de l'exploitation des ressources, le forage sous-marin, l'agriculture et la foresterie.

«De bons techniciens, c'est très précieux en fabrication. Pour réussir dans ce milieu, ils doivent démontrer des habiletés de haut niveau, être en mesure de programmer des machines, avoir des connaissances en mathématiques et savoir bien planifier leur travail.»

- Sylvie Doré

Chez Servo-Robot, une entreprise de 50 employés située sur la Rive-Sud, une équipe complète travaille à développer des systèmes de vision laser en 3D servant au guidage de robots articulés. Elle compte des clients à travers le monde (Allemagne, Corée du Sud, Brésil, etc.). «Depuis le début des années 1990, le milieu des technologies de fabrication de pointe se porte très bien. Les clients veulent des produits de meilleure qualité. Les entreprises désirent suivre le progrès», explique Hassam Alaouie, coordinateur des ventes chez Servo-Robot. L'effectif de l'entreprise se compose essentiellement d'ingénieurs en optique, en électronique, en mécanique et en informatique.

Forte demande

«Il y a actuellement une forte demande dans le secteur de la fabrication de pointe. L'industrie doit parfois avoir recours à de la main-d'œuvre étrangère pour combler ses besoins. En ce qui nous concerne, nos diplômés se placent très bien et certains reçoivent même plusieurs offres d'emploi avant la fin de leurs études», indique Sylvie Doré, professeure au département de génie mécanique à l'École de technologie supérieure (ÉTS). On embauche beaucoup dans les petites et moyennes entreprises et de plus en plus dans les grandes compagnies, comme Pratt & Whitney ou CAE Électronique. La plupart des travailleurs de l'industrie sont des professionnels et des gens hautement qualifiés sur le plan technique.

Les technologies de fabrication de pointe ont également de grands besoins en matière de techniciens, notamment en génie électrique et mécanique. Ils constituent une main-d'œuvre indispensable dans le processus de fabrication. «De bons techniciens, c'est très précieux en fabrication. Pour réussir dans ce milieu, ils doivent démontrer des habiletés de haut niveau, être en mesure de programmer des machines, avoir des connaissances en mathématiques et savoir bien planifier leur travail», explique Sylvie Doré.

> Les ingénieurs informatiques
> ou concepteurs de logiciels
> hautement spécialisés sont et
> seront les spécialistes les
> plus recherchés du milieu.

On demande aussi des spécialistes en vente, de même qu'en marketing technologique, une expertise particulière qui exige à la fois des connaissances scientifiques et administratives. En effet, pour qu'une entreprise fonctionne, il ne suffit pas de créer des produits et des concepts, il faut aussi les vendre!

Besoin de spécialistes

Les technologies de fabrication de pointe demeurent dans l'ensemble un domaine d'avenir. Au pays, les entreprises commencent à peine à revoir leur façon de fonctionner et à reconnaître l'importance de les intégrer dans leur processus de production. Selon Hassam Alaouie, les ingénieurs informatiques ou concepteurs de logiciels hautement spécialisés sont et seront les spécialistes les plus recherchés du milieu. André Roy, du MIC, abonde dans ce sens. «L'informatisation se développe énormément et influence tout ce qui se déroule en technologies de fabrication de pointe.» ■ 11/99

RECHERCHÉS

En technologies de fabrication de pointe, tous les spécialistes issus des principales formations mentionnées plus bas sont très recherchés. Les ingénieurs en informatique le sont peut-être un peu plus, car toutes les technologies de pointe dépendent d'abord de l'évolution des technologies de l'information. Les techniciens en génie électrique et mécanique sont également très demandés.

SAVIEZ-VOUS QUE?

Les technologies de fabrication de pointe favorisent l'exportation. Si l'Asie du Sud-Est représente actuellement un marché fort prometteur, la principale ouverture pour les entreprises exportatrices canadiennes demeure sans aucun doute les États-Unis.

Source : Ministère de l'Industrie et du Commerce, 1999.

PRINCIPALES FORMATIONS

Collégial

- Génie électrique
- Génie mécanique
- Systèmes ordinés

Université

- Génie de la production automatisée
- Génie des systèmes électromécaniques
- Génie électrique
- Génie informatique
- Génie mécanique

POUR EN SAVOIR PLUS

Industry Net
www.industry.net/

Sci Central - Manufacturing and Quality Control
www.scicentral.com/E-manufa.html

Un vaste potentiel

par **Martine Boivin**

Ça bouge dans le secteur des télécommunications! La mondialisation des marchés, la déréglementation et l'évolution technologique ont contribué à changer le visage de cette industrie et à faire évoluer les besoins de main-d'œuvre.

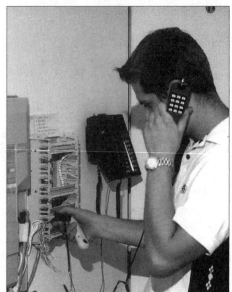

Photo : PPM

A u sein de l'industrie des technologies de l'information et des communications (TIC), le domaine des télécommunications affiche la plus forte croissance, avec 27 %. À lui seul, il enregistre des recettes de 42,1 milliards de dollars (incluant les secteurs de la fabrication d'équipement et des services)[1].

Au Québec, les télécommunications montrent également des chiffres impressionnants, avec une valeur de la production de 16,4 milliards[2]. Ce champ d'activité emploie près de 54 000 personnes regroupées au sein de 384 entreprises, dont plusieurs sont d'envergure internationale, telles que Nortel Networks, SR Telecom, EMS Technologies, etc.

De nombreux besoins se font sentir du côté des fabricants, tandis que les entreprises spécialisées dans les services connaissent une véritable explosion de leurs centres d'appels. Dans ce dernier cas, une étude réalisée en janvier 1998 par Emploi-Québec indique d'ailleurs que l'on compte actuellement 40 000 agents de centres d'appels, et que leur nombre s'accroît au rythme de 20 à 30 % par an. Ainsi, de 8 000 à 12 000 nouveaux emplois dans ce secteur sont créés annuellement, et la tendance devrait se maintenir.

Habiletés en communication

De multiples bouleversements ont modifié le secteur des services en télécommunications. Entre autres, l'abolition graduelle des monopoles que détenaient des entreprises comme Bell Canada et une évolution technologique rapide. S'ils ouvrent de nouveaux marchés et créent de nouveaux types d'emplois, ces changements ont cependant entraîné de nombreuses mises à pied, notamment parmi le personnel administratif, les standardistes, les téléphonistes et les installateurs-réparateurs.

En revanche, une catégorie d'emploi connaît une hausse importante au sein des entreprises : celle des préposés à la vente et au service à la clientèle. Un secteur en forte expansion, selon Suzanne Mercier, conseillère à la Direction de la planification et du partenariat d'Emploi-Québec. Elle explique la situation par la concurrence qui existe entre les entreprises de services en télécommunications relativement à la variété des produits offerts : téléphonie conventionnelle, cellulaires, téléavertisseurs, branchements à Internet et nouveaux plans tarifaires pour les appels interurbains.

Phénomène plutôt rare, les conditions d'embauche reposent davantage sur les habiletés en communication que sur les diplômes. La plupart des entreprises offrent une formation à l'interne. Christiane Côté, vice-présidente aux ressources humaines chez Microcell, en témoigne : «Nous misons beaucoup sur "l'approche-client" chez nos candidats. Nous embauchons des gens qui possèdent peut-être moins d'expérience, mais qui démontrent de véritables talents en marketing et en vente. Le diplôme ne représente donc pas l'unique critère d'embauche.» La maîtrise d'une deuxième langue pèse aussi beaucoup dans la balance.

Main-d'œuvre demandée

Lorraine Goyette, directrice des technologies de l'information au ministère de l'Industrie et du Commerce, ajoute pour sa part que le secteur des biens de télécommunications est le champ d'activité en développement par excellence.

Les fabricants de biens de télécommunications offrent des possibilités très intéressantes pour des professionnels qualifiés en informatique, en génie électrique et en génie informatique, d'autant plus qu'une compétition féroce sévit entre les industries embauchant ces types de professionnels. L'aérospatiale, l'industrie du logiciel et les fabricants de matériel informatique concurrencent en effet l'industrie des télécommunications sur ce plan.

> «Si un élève s'est contenté de faire ses études sans élargir son champ de connaissances et sans développer ses propres aptitudes, il aura de moins bonnes chances de se positionner sur le marché du travail.»
>
> - Sylvie Gagnon

Par ailleurs, les techniciens qui travaillent aux têtes des lignes des réseaux, à la conception et à la gestion de ceux-ci sont assez recherchés. Une formation en technologie de l'électronique, option télécommunications, ou en technique de l'informatique est tout indiquée pour ceux que ce domaine intéresse. Comme l'explique Suzanne Mercier, «une formation de niveau collégial dans ces disciplines demeure encore une option de choix. Il y aura certainement du travail pour ces jeunes diplômés.»

Développer ses aptitudes

En plus des compétences scolaires, les employeurs recherchent des aptitudes en gestion de projet, des connaissances liées aux protocoles de communication, une maîtrise de différents systèmes d'exploitation et de l'expérience en développement de logiciel. Sylvie Gagnon, présidente-directrice générale chez TECHNOCompétences, indique que plus le niveau de formation est élevé, meilleures sont les chances de trouver un bon emploi.

À cela, il faut ajouter l'esprit d'équipe et des habiletés personnelles. «Un jeune diplômé doit posséder plusieurs cordes à son arc, mentionne-t-elle. Si un élève s'est contenté de faire ses études sans élargir son champ de connaissances et sans développer ses propres aptitudes, il aura de moins bonnes chances de se positionner sur le marché du travail.» ■ 11/99

1. Industrie Canada, 1997.

2. Ministère de l'Industrie et du Commerce, 1997.

RECHERCHÉS

- Fabrication de biens de télécommunications : ingénieurs électriques

- Informatique : analystes de systèmes informatiques, programmeurs, rédacteurs techniques, techniciens en génie électronique

- Services en télécommunications : préposés à la vente et au service à la clientèle

SAVIEZ-VOUS QUE?

Pour aider à répondre aux besoins de l'industrie en matière de main-d'œuvre, une quinzaine d'entreprises de télécommunication ont investi 60 % des 12 M$ versés pour la création de l'Institut international des télécoms (IIT), une nouvelle maison de formation dont les activités ont débuté en septembre 1999. Étudiants universitaires et professionnels de l'industrie y sont accueillis. À souligner : l'Institut offre de la formation par Internet et par vidéoconférence.

Source : Ministère de l'Industrie et du Commerce, 1999.

PRINCIPALES FORMATIONS

Secondaire	Université
• Installation et réparation d'équipement de télécommunication	• Génie électrique (option communications)
	• Génie informatique
Collégial	• Informatique de génie
• Électronique (option télécommunications)	• Informatique de gestion
	• Informatique-mathématiques
• Informatique	• Mathématiques-informatique

POUR EN SAVOIR PLUS

Canadian Telecom Magazine
www.cdntele.com/magazine.htm

Centre de recherche en communications - Section éducation
www.crc.doc.ca/crc/education/education-f.html

Industrie Canada - Technologies de l'information et des communications
http://strategis.ic.gc.ca/sc_indps/sectors/frndoc/itt_hpg.html

TECHNOCompétences
www.technocompetences.qc.ca

Textile

Un choix gagnant

par **Sylvie Lemieux**

Les années difficiles appartiennent maintenant au passé pour l'industrie du textile au Québec. Le secteur offre de bonnes perspectives d'emploi et les travailleurs formés aux techniques de pointe ne seraient pas assez nombreux pour suffire à la demande!

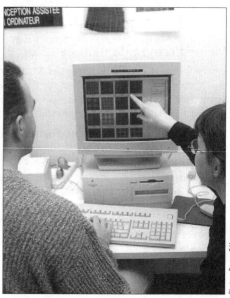

Photo : Denys Bélanger

Il faut dire que le domaine est un peu boudé, souffrant d'une réputation non méritée. Pourtant, il offre des emplois diversifiés et bien rémunérés. De plus, les perspectives d'avancement sont intéressantes. Selon Jacinthe Smith, agente de promotion des carrières en textile au Cégep de Saint-Hyacinthe, l'expérience peut conduire rapidement à des postes de direction. «Au début de leur carrière, les travailleurs en textile gagnent un salaire moyen situé entre 28 000 $ et 35 000 $ par année. Au bout de cinq ans, il peut s'élever à 40 000 $», affirme Mme Smith. Cette rapide progression des salaires s'explique par le fait qu'il y a une forte demande de main-d'œuvre qualifiée dans le domaine, particulièrement dans les secteurs de la production, du contrôle de la qualité et de la recherche.

Excellentes perspectives

Caroline Beaudoin travaille comme coordonnatrice de projets spéciaux chez Denim Swift, à Drummondville, une entreprise qui fabrique du denim et qui compte parmi ses clients des noms aussi prestigieux que Tommy Hilfiger et Levi's. Caroline a choisi de s'inscrire au DEC en technologie et gestion des textiles parce que les perspectives d'emploi étaient excellentes. «Après trois ans d'études, je voulais être certaine d'avoir un emploi, explique-t-elle. En textile, le taux de placement est excellent. C'est ce qui a fait pencher la balance.»

Le calcul de Caroline a rapporté puisqu'elle a trouvé un emploi quatre mois avant de terminer ses études

collégiales. «L'entreprise est venue faire du recrutement au Cégep de Saint-Hyacinthe. J'ai signé mon contrat en mai, j'ai commencé à travailler au mois d'août et j'ai terminé mes études en septembre.» Elle qui a songé pendant un moment à entreprendre des études en génie ne regrette pas du tout son choix. Son travail lui permet de relever de nombreux défis. «Quelqu'un qui est performant, qui aime ce qu'il fait et qui se donne à 100 % n'a pas de difficulté à gravir les échelons», affirme-t-elle.

Nouvelles technologies

La signature de l'Accord de libre-échange entre le Canada et les États-Unis à la fin des années 1980 n'est pas étrangère à l'essor de l'industrie du textile. Cette entente, qui a suscité de l'inquiétude chez plusieurs intervenants du milieu, a plutôt donné un coup de pouce à ce secteur. Depuis, les exportations ont plus que triplé, passant de 844 millions de dollars à près de trois milliards en 1997, selon les dernières données disponibles. Roger Normandin, coprésident du Comité sectoriel de main-d'œuvre de l'industrie du textile du Québec, ajoute que les ventes de cette industrie au Canada se sont chiffrées à 10 milliards de dollars pour cette même année.

La production est diversifiée et se retrouve dans plusieurs secteurs : 45 % dans le textile pour l'usage domestique (rideaux, tissus d'ameublement), 35 % dans le vêtement et 20 % dans les textiles de pointe.

Le nombre d'emplois au Canada s'est aussi accru, passant de près de 53 000 en 1993 à 56 000 en 1997. Le Québec emploie près de 24 000 personnes, soit plus de 40 % de la main-d'œuvre canadienne.

> Pour pouvoir répondre à la demande de main-d'œuvre, il faudra augmenter le nombre d'inscriptions au programme de formation, ce qui n'est pas facile puisque les programmes en textile sont mal connus.

Selon M. Normandin, une grande capacité d'innovation, le développement de nouveaux créneaux et des investissements massifs dans l'achat d'équipements modernes sont les ingrédients du succès de l'industrie du textile. «Ce secteur est à l'avant-garde au point de vue de la recherche et du développement de nouveaux mélanges de fibres et de nouveaux motifs dans les tissus, des étoffes à haute valeur ajoutée, de la qualité et du service à la clientèle», affirme-t-il.

Le marché international

L'avenir s'annonce donc prometteur. «Nous prévoyons augmenter notre part de marché aux États-Unis, poursuit M. Normandin. L'infrastructure de distribution est en place. Notre force de frappe gagne en importance chez nos voisins. Cela augure bien sur le plan de l'emploi, surtout pour la main-d'œuvre spécialisée. En outre, le marché américain s'intéresse de plus en plus aux tissus québécois parce que les fabricants offrent des produits de qualité, un service personnalisé, un design recherché et des séries courtes. Il faut aussi continuer d'investir et de renouveler l'équipement pour mieux desservir l'ensemble de notre clientèle, petite ou grande.»

Pour pouvoir répondre à cette demande, il faudra augmenter le nombre d'inscriptions au programme de formation, ce qui n'est pas facile puisque les programmes en textile sont mal connus, selon Jacinthe Smith. «La perception du monde du textile est mauvaise, ce qui influence le nombre d'inscriptions. Il ne faut pas se le cacher : le textile n'est pas *in* auprès des jeunes. L'image est à changer, et c'est un travail de longue haleine», conclut-elle. ■ 11/99

RECHERCHÉS

- Contremaîtres en production
- Gestionnaires en amélioration des procédés et des tâches
- Techniciens de laboratoire
- Technologues en assurance de la qualité

SAVIEZ-VOUS QUE?

Selon le Conference Board du Canada, l'industrie textile fait partie des industries de pointe canadiennes placées parmi les premières pour ce qui est de l'intégration des innovations, aussi bien sur le plan national que sur le plan international.

PRINCIPALES FORMATIONS

Secondaire

- Opérateur en production textile (formation prévue pour l'automne 2000)

Collégial

- Gestion en fabrication textile (AEC)
- Technologie de la production textile
- Technologie des matières textiles

Université

- Concepteur en produits textiles (projet en cours)

POUR EN SAVOIR PLUS

Cégep de Saint-Hyacinthe
www.cegepsth.qc.ca/html/matieres _textiles.html
www.cegepsth.qc.ca/html/production_textile htm

Comité sectoriel de main-d'œuvre de l'industrie textile du Québec et Conseil des ressources humaines de l'industrie du textile
www3.sympatico.ca/thrc

The Textile Institute Virtual Library
www.texi.org/library.htm

Photo : Collège Mérici

De l'emploi...
souvent saisonnier

par **Sophie Allard** et **Sylvie Lemieux**

Au Québec, le tourisme génère tout près de 100 000 emplois directs, sur un total de plus de 300 000. La reprise économique, l'ouverture récente de certains pays au tourisme et le vieillissement de la population sont des facteurs favorables à l'industrie.

L e tourisme va bien et les possibilités sont nombreuses pour qui désire œuvrer dans ce domaine. Le nombre des visiteurs se multiplie et ils injectent de grosses sommes d'argent dans l'économie locale. Nos voisins du Sud sont très présents au Québec, profitant de la faiblesse du dollar canadien par rapport à leur devise. De plus, de gros efforts ont été consentis pour développer le tourisme en région, ce qui a aussi une influence directe sur l'emploi. Il faut cependant faire preuve de flexibilité et de débrouillardise dans ce milieu, d'autant plus que bon nombre de postes sont saisonniers.

Le vent dans les voiles

Le Conseil mondial du voyage et du tourisme avance que le niveau de l'emploi dans l'industrie touristique augmentera de 46,4 % à travers le monde au cours de la prochaine décennie. Ces prévisions rejoignent les propos de David K. Foot, auteur du livre *Entre le boom et l'écho*, qui prétend que la génération des premiers *baby-boomers* dépensera plus d'argent que jamais dans les voyages au cours des années à venir. Cette tranche de la population, qui est entrée dans la cinquantaine, a le goût de l'aventure, se tourne vers l'écotourisme, part en croisière.

Le secteur du tourisme affiche des chiffres impressionnants. Selon les seules données disponibles à Tourisme Québec[1], quelque 21 millions de touristes ont visité le Québec en 1995 et ils y ont dépensé 5,1 milliards de dollars, ce qui représente une hausse de 6,8 % par rapport à 1994. Près de 29 000 établissements font des affaires dans ce domaine.

> Les travailleurs en tourisme doivent faire preuve de flexibilité, de créativité et de débrouillardise pour être actifs sur le marché du travail tout au long de l'année.

C'est le secteur de la restauration qui occupe le plus de travailleurs, soit 36 %, suivi par le secteur de l'hébergement, avec 24 %. Environ 23 % travaillent dans le domaine des transports, 8 % en divertissements et loisirs (musées, théâtres, etc.) et 7 % dans les agences de voyages. En outre, le secteur du tourisme d'aventure semble être particulièrement prometteur; il attire de plus en plus de visiteurs dans notre vaste contrée. Enfin, les membres de la profession sont plutôt jeunes, puisque 25 % des travailleurs ont moins de 25 ans.

Des débouchés

«C'est un secteur où les emplois sont rarement stables. En revanche, ils offrent souvent des expériences fort enrichissantes. De bonnes occasions de travail se présentent même pour ceux qui ne possèdent qu'un diplôme secondaire», indique Adèle Girard, du Conseil québécois des ressources humaines en tourisme.

Selon Bernard Légaré, du service de placement de l'Institut de tourisme et d'hôtellerie du Québec (ITHQ), les travailleurs doivent faire preuve de flexibilité, de créativité et de débrouillardise pour être actifs sur le marché du travail tout au long de l'année. En effet, le domaine compte un grand nombre de petites entreprises où le roulement de personnel est élevé, comme les restaurants, les auberges, etc. De plus, l'échelle salariale varie beaucoup selon la taille de l'établissement où l'on travaille.

Pour sa part, Patrick Teyssédou ne vit pas la précarité d'emploi que certains connaissent. Il travaille comme serveur au restaurant de l'hôtel Hilton Bonaventure depuis 25 ans. «Dans les grands hôtels, les gens restent en place longtemps», souligne-t-il.

> Actuellement, environ 60 %
> des personnes œuvrant dans
> l'industrie touristique possèdent
> un diplôme secondaire, 30 % ont
> un diplôme collégial, et 10 %,
> un diplôme universitaire.

Quelles qualités doivent avoir les personnes qui se destinent à une carrière dans le domaine du tourisme? «Il faut être diplomate, ouvert, aimable, soucieux du travail bien fait et aimer les contacts avec le public», affirme M. Teyssédou, qui dit s'être habitué à ne pas fêter Noël en même temps que tout le monde.

Insister sur la formation

Quoique l'industrie du tourisme accorde de plus en plus d'importance à la formation de la main-d'œuvre, ce n'est pas le diplôme qui prime, mais plutôt le «savoir-être». «On peut enseigner différentes techniques en classe, mais l'attitude à avoir avec le client, par exemple, ne s'apprend pas. La personnalité et l'expérience comptent pour beaucoup», souligne Adèle Girard. Elle ajoute qu'actuellement, environ 60 % des personnes œuvrant dans l'industrie touristique possèdent un diplôme secondaire, 30 % ont un diplôme collégial, et 10 %, un diplôme universitaire.

En outre, le Comité sectoriel de main-d'œuvre du tourisme et les intervenants du milieu sont en train de mettre sur pied un système de contrôle de la qualité qui s'inspire des normes ISO, soit le programme Qualité tourisme Québec. Les entreprises touristiques sont ainsi incitées à embaucher du personnel déjà formé et à offrir une formation — d'une journée à quelques mois, selon le cas — aux employés en place. ■ 11/99

1. Le Tourisme au Québec en 1995, une réalité économique importante, Tourisme Québec.

RECHERCHÉS

Depuis quelques années, de plus en plus de diplômés en tourisme percent dans le domaine de la conciergerie dans les hôtels et les édifices corporatifs. Leur tâche consiste à répondre aux besoins de la clientèle. Le préposé à la conciergerie peut ainsi s'occuper de la réservation de billets d'avion ou de train, renseigner le client sur les attractions touristiques de la région, etc. De cette façon, les établissements offrent un service plus personnalisé.

SAVIEZ-VOUS QUE?

L'année 1999 a été très bonne sur le plan touristique pour la ville de Montréal, selon Tourisme Montréal. On estime ainsi que le nombre total de visiteurs a augmenté d'environ 4 %, et le volume des recettes, de 6 %, ce qui aurait permis la création de près de 4 000 emplois. Les touristes les plus nombreux viennent des États-Unis et de la France.

PRINCIPALES FORMATIONS

Secondaire
- Commercialisation des voyages
- Cuisine actualisée (ASP)
- Cuisine d'établissement
- Pâtisserie
- Pâtisserie de restaurant (ASP)
- Réceptionniste bilingue en hôtellerie
- Service de la restauration
- Sommellerie (ASP)

Collégial
- Gestion des services alimentaires
- Gestion hôtelière
- Intervention en loisir
- Tourisme

Université
- Administration des affaires
- Gestion du tourisme et de l'hôtellerie

POUR EN SAVOIR PLUS

Conseil canadien des ressources humaines en tourisme
www.cthrc.ca/

Tourisme Québec
www.tourisme.gouv.qc.ca

Miser sur l'efficacité

par **Sophie Allard** et
Claudine St-Germain

Photo : Les Croisières Richelieu inc.

Aujourd'hui, on est en mesure de transporter des marchandises aux quatre coins du globe à un rythme de plus en plus rapide. L'industrie du transport mise donc sur l'efficacité et la vitesse pour assurer sa rentabilité.

Le transport de marchandises se divise en quatre grands secteurs : transport routier (camionnage), transport maritime, transport aérien et transport ferroviaire. À la fois concurrents et alliés, ils connaissent depuis quelques années des changements qui se répercutent sur leur part de marché respective.

Transport routier

En ce qui concerne l'emploi, selon des estimations de 1998, le camionnage est le secteur le plus important, avec 33 360 employés au Québec. Près de 44 000 entreprises font ainsi circuler 100 000 camions sur les routes du Québec et des États-Unis. «Le camionnage est en expansion depuis environ 50 ans, affirme Sophie Tremblay, analyste technique à l'Association du camionnage du Québec. C'est un milieu en effervescence, où la concurrence est très féroce.»

Pour satisfaire des clients devenus très exigeants, les entreprises de transport routier doivent donc offrir plus, à des prix moindres. «Les transporteurs dispensent maintenant les services de livraison sur rendez-vous, la prise en charge d'entreposage, le dédouanement, explique Sophie Tremblay. On observe aussi que ceux qui réussissent le mieux sont ceux offrant un service spécialisé, comme le transport en citerne ou réfrigéré.»

Au cœur du transport routier se trouve évidemment le chauffeur de camions, un professionnel qui se fait rare ces temps-ci. «On peut même parler de pénurie, indique Guy Normandeau, directeur général de Camo-route, le Comité sectoriel de main-d'œuvre du transport routier

au Québec. La flotte de véhicules devrait croître de 10 % dans les prochaines années, alors on aura besoin de personnel : des mécaniciens, du personnel de bureau, des spécialistes en logistique et beaucoup de camionneurs.» Selon un sondage Léger et Léger effectué pour Camo-route durant l'été 1999, la demande estimée de conducteurs de camions dans la grande région de Montréal pour les 18 mois suivants serait de 3 559. Or, pas plus de 500 diplômés en transport routier quittent les bancs d'école chaque année, sans parler de ceux qui, désillusionnés, abandonnent le milieu...

«Ce n'est pas un métier facile. Les journées de travail sont longues, et les salaires, pas très alléchants», affirme Sophie Tremblay. Une réalité qui a d'ailleurs fait la manchette en octobre 1999, lors des manifestations effectuées par les camionneurs partout au Québec.

Transports maritime et aérien

Le transport maritime conserve son importance en raison de son faible coût et des nouvelles technologies qui l'ont rendu plus rapide. Le port de Montréal voit ainsi passer environ 20 millions de tonnes de marchandises par année. «Avant, il fallait près d'un mois pour décharger et recharger un bateau manuellement. Aujourd'hui, il ne faut plus que quatre jours, raconte Jacques Paquin, coordonnateur du département de logistique du transport de l'Institut maritime du Québec. De plus, la capacité maximale d'un navire est passée de 500 à 6 600 boîtes!»

Le transport aérien a toutefois accaparé une part du marché du transport maritime, notamment celle des denrées périssables, des produits à haute valeur ajoutée, des composantes électroniques et des produits pharmaceutiques. Il connaît actuellement un taux de croissance de 6 % par année. «Le transport aérien n'a jamais pris autant de place, à cause des besoins accrus en rapidité», confirme Stéphane Poirier, directeur du développement du fret aérien pour les Aéroports de Montréal (ADM). C'est pour cette raison que le spécialiste clé du transport, c'est le logisticien, capable d'organiser le transport de marchandises et d'informations à travers le monde. Plus l'industrie du transport se complexifie, plus il devient indispensable. «C'est LA profession qui va exploser dans les prochaines années», assure Jacques Paquin.

Cependant, le Québec offre seulement un DEC en logistique de transport — mis sur pied en 1996 — et aucune formation universitaire, même si cette discipline est enseignée depuis longtemps aux États-Unis et en Europe. Jusqu'à présent, les entreprises québécoises embauchaient donc de la main-d'œuvre étrangère ou formaient leurs employés sur place. Désormais, les diplômés issus du DEC devraient les aider à pourvoir aux postes plus facilement.

Transport ferroviaire

Le grand perdant du monde du transport au cours de ce siècle est le transport ferroviaire. Lui qui a pratiquement défriché le continent nord-américain n'a pas su s'adapter au XXᵉ siècle et s'est fait supplanter par les nouveaux modes de transport. Au cours des dernières années, il semblerait toutefois que les deux principales sociétés ferroviaires au Canada, le CN et le CP, aient réussi à remettre l'industrie sur les rails en redéfinissant son rôle. Par exemple, elle agit en tant que grossiste auprès des autres transporteurs. Ce repositionnement se fait toutefois pour le moment au détriment des emplois, comme le démontrent les abolitions de postes au CN.

Le train pourrait toutefois tirer avantage d'un phénomène appelé à prendre de l'expansion : l'intermodalité, c'est-à-dire l'alliance des différents modes de transport. Par exemple, le ferroviaire pourrait prendre la relève du camionnage pour le transport de longue distance, domaine où les chauffeurs sont difficiles à trouver.

La mondialisation des marchés a mené au perfectionnement des modes de transport. «Les lieux de production, d'approvisionnement et de consommation se situent maintenant à l'échelle de la planète, poursuit Jacques Paquin. C'est pour cela que le transport est constamment repensé par ses acteurs, les expéditeurs, les entreprises de transport et les intermédiaires.» ■ 11/99

RECHERCHÉS

- Chauffeurs de camions qualifiés
- Mécaniciens
- Préparateurs et assembleurs de commandes
- Techniciens en logistique de transport

SAVIEZ-VOUS QUE ?

Pour améliorer les conditions de travail des camionneurs, certains employeurs commencent à mettre en place différentes mesures. On parle notamment d'avantages sociaux (participation aux profits de l'entreprise par exemple) et de camions mieux équipés (micro-ondes, magnétoscope, couchette plus confortable, etc.).

Source : Comité sectoriel de main-d'oeuvre du transport routier au Québec, 1999.

PRINCIPALES FORMATIONS

Secondaire

- Conduite de camions
- Information aérienne

Collégial

- Gestion de la logistique du transport
- Navigation
- Pilotage d'aéronefs

POUR EN SAVOIR PLUS

Innovative Transportation Technologies
http://faculty.washington.edu/~jbs/itrans/

Une industrie bien cousue

par **Béatrice Richard** et **le Comité sectoriel de main-d'œuvre de l'habillement**

Modernisée et ouverte aux nouvelles technologies, l'industrie du vêtement a fait peau neuve depuis quelques années. Une véritable métamorphose qui se traduit en emplois.

Photo : Magalie Dagenais

L'industrie canadienne du vêtement se concentre essentiellement au Québec, où l'on trouve 67 % de ses manufacturiers, 63 % de sa production et 56 % de ses emplois[1].

Bien qu'en 1998 la majorité des expéditions aient été faites au Canada, soit plus de 70 %, la croissance de l'industrie repose sur les exportations. En effet, entre 1992 et 1998, celles-ci ont connu une hausse de 346,9 %, passant ainsi de 292,7 millions de dollars à près de 1,309 milliard. Pour 1998, plus de 94 % de ces exportations furent destinées au marché américain. Par ailleurs, on évalue les expéditions québécoises pour cette même année à environ 4,360 milliards de dollars.

C'est donc une remontée spectaculaire après la crise qu'a connue ce secteur entre 1983 et 1993, qui s'était soldée par la fermeture de quelque 800 entreprises, soit 30 % de leur nombre total. Ainsi en 1988, on recensait 94 600 emplois dans le secteur du vêtement. En 1993, on n'en dénombrait plus que 65 000. Fin 1998, le nombre d'emplois atteignait 75 500, dont plus de 7 000 furent créés au cours de cette seule année.

Selon Lyne Bissonnette, directrice générale du Comité sectoriel de main-d'œuvre de l'habillement (CSM habillement), c'est l'ouverture des marchés, provoquant la venue de nouveaux joueurs sur le territoire canadien, qui a secoué l'industrie. «Les entreprises devant être plus compétitives, elles ont dû investir dans la technologie, explique-t-elle. Cela leur a permis d'améliorer la productivité, de réduire les délais de livraison et d'avoir une production plus flexible.»

À la base de ce succès : un réseau de sous-traitants fiable et diversifié, certains d'entre eux se spécialisant dans des domaines très pointus, par exemple les vêtements de sport. «Les manufacturiers québécois se caractérisent par la qualité de leur production, la variété de leurs produits et de leurs styles ainsi que par la rapidité de leurs livraisons, affirme Mme Bissonnette. Cela les positionne très favorablement sur le marché international. Aucun autre pays n'offre cela actuellement.»

Nouvelles technologies

Pour relever le défi de la concurrence, l'industrie de l'habillement a dû se moderniser. Sur le terrain, cela se traduit par l'utilisation de technologies telles que la pneumatique, l'hydraulique, l'électronique, comme c'est le cas pour les machines à coudre industrielles par exemple. On a aussi recours à des systèmes de conception assistée par ordinateur (CAO) ainsi qu'à des systèmes de coupe à commande numérique. Ceux-ci offrent une grande souplesse, une amélioration de la productivité et de la rentabilité. Mme Bissonnette évalue à 70 % la proportion d'entreprises québécoises en habillement ayant investi de façon significative dans des équipements de pointe.

Toutefois, dans ce secteur, la robotisation demeure partielle. En effet, toute la production ne s'y prête pas. Pour l'instant, la robotisation se concentre surtout sur les étapes de préproduction (design, gradation, traçage de patrons et coupe) et sur les étapes finales (repassage, système de tri et d'emballage). De plus, malgré l'usage de nouvelles technologies, les robots ne sont pas près de détrôner les assembleuses qui cousent ensemble les différents morceaux de tissu composant un vêtement.

> «Les gens pensent à tort que l'industrie est moribonde, que tout se fait en Asie, que les employés sont maltraités et travaillent dans des ateliers insalubres, ce qui n'est pas le cas.»
>
> - Lyne Bissonnette

Les fréquents changements de modèles et de styles inhérents à l'industrie de la mode ne permettent pas d'automatiser systématiquement cette étape délicate de la confection. «L'industrie du vêtement doit composer avec un produit et des matières premières qui changent constamment, explique Mme Bissonnette. Il est presque impossible de robotiser les façons de faire avec ces deux variables.» Des entreprises sont néanmoins parvenues à intégrer des équipements semi-automatisés à la production de modèles très demandés et variant peu, celle des jeans par exemple.

Main-d'œuvre recherchée

C'est d'ailleurs à l'étape de l'assemblage que les besoins de main-d'œuvre qualifiée se font actuellement le plus sentir. «Ce qui manque de la façon la plus criante, ce sont les opératrices de machines à coudre, mais aussi les coupeurs et les étendeurs, les patroniers et les marqueurs», rapporte Mme Bissonnette. Une pénurie largement attribuable à un problème d'image, croit-elle. «Les gens pensent à tort que l'industrie est moribonde, que tout se fait en Asie, que les employés sont maltraités et travaillent dans des ateliers insalubres, ce qui n'est pas le cas.»

De plus, la formation offerte pour certaines professions est parfois déficiente et souvent mal connue. «Le ministère de l'Éducation offre un DEP en confection industrielle de vêtements haut de gamme depuis 1995, signale Mme Bissonnette. Ce programme, bien qu'étoffé, ne répond pas aux besoins pressants de l'industrie en ce qui a trait aux opérateurs de machines à coudre industrielles diplômés. Traditionnellement, les entreprises forment leur main-d'œuvre "sur le tas". Et malgré les coûts élevés que ce type de formation génère, elles continuent de procéder ainsi en raison d'importants besoins de personnel.» ∎ 11/99

1. Leadership Montréal, avril 1998, et site Strategis, Industrie Canada.

RECHERCHÉS

- Coupeurs et étendeurs
- Mécaniciens de machines à coudre
- Opérateurs de machines à coudre
- Patroniers et gradeurs
- Professions liées à la commercialisation et à l'exportation de la mode
- Techniciens et surveillants

SAVIEZ-VOUS QUE ?

Les résidus de tissu, laissés après le découpage des morceaux d'un vêtement, constituent le principal problème environnemental auquel doivent faire face les fabricants de vêtements. Ils peuvent les vendre aux entreprises de recyclage ou les faire transporter vers un site d'enfouissement. Cependant, on les utilise de plus en plus dans la fabrication d'autres tissus ou d'autres produits, tels que les couvertures ou les oreillers. L'industrie de l'automobile utilise également le tissu recyclé pour la doublure du coffre des voitures. De plus, l'adoption de nouvelles technologies, qui permettent de mieux utiliser le tissu, réduit le gaspillage.

Source : Industrie Canada, 1998.

PRINCIPALES FORMATIONS

Secondaire

- Confection de vêtements (façon tailleur)
- Confection industrielle de vêtements haut de gamme
- Confection sur mesure et retouche
- Cordonnerie
- Dessin de patron
- Mécanique de machines à coudre industrielles
- Nettoyage à sec et entretien des vêtements

Collégial

- Commercialisation de la mode
- Design de mode
- Gestion de la production du vêtement

Université

- Gestion et design de la mode
- Option commercialisation de la mode
- Option design et stylisme de la mode
- Option gestion industrielle de la mode

POUR EN SAVOIR PLUS

Cadre de compétitivité sectorielle - l'industrie de l'habillement
strategis.ic.gc.ca/SSGF/ap03179f.html

Conseil des ressources humaines de l'industrie du vêtement
www.ccai.com/ahrc/reports.htm

Salon
ÉDUCATION FORMATION

PLACE BONAVENTURE – MONTRÉAL
12-13-14-15 octobre 2000

LE RASSEMBLEMENT LE PLUS IMPORTANT EN MATIÈRE D'ÉDUCATION ET D'EMPLOI AU PAYS.

5ᵉ édition

nir ses études

se perfectionner

se recycler

OIT&ROMERO
14) 272-8885

UR PLACE:

CÉGEPS, COLLÈGES, UNIVERSITÉS
MINISTÈRES, ORGANISMES GOUVERNEMENTAUX
COMMISSIONS SCOLAIRES, ÉCOLES,
CENTRES DE FORMATION PROFESSIONNELLE
ET TECHNIQUE
ÉTUDES À L'ÉTRANGER

• PLUSIEURS REPRÉSENTANTS D'ENTREPRISES
VOUS PARLERONT D'EMPLOI

• PLUSIEURS SERVICES:
ORIENTATION,
TECHNIQUES DE RECHERCHE D'EMPLOI
ET BIEN D'AUTRES

e Salon Éducation Formation, un **plus** pour l'**emploi**

www.saloneducation.com

B.A.A.

gesti⬤n
techn⬤logie
internati⬤nal

Chaque année, le taux de placement des finissants du B.A.A. de l'École des Hautes Études Commerciales avoisine les **95 %**. Prenez votre place dans le monde des affaires : choisissez une grande école de renommée internationale qui vous propose un baccalauréat de haut niveau et de nombreux *extras*.

- **Virtuose** : un programme avant-gardiste incluant l'usage intensif de l'ordinateur portatif.

- **Passeport pour le monde** : un programme d'échanges internationaux permettant de faire une partie de vos études à l'étranger.

- **Une douzaine de concentrations** : une vaste gamme de cours de spécialisation dans les domaines de la gestion.

- **Accent sur la communication d'affaires** : maîtrise du français, cours de gestion en anglais et en espagnol.

- **Une vie étudiante dynamique** : de nombreuses associations pour développer son esprit d'équipe, exercer son leadership et enrichir son curriculum vitæ.

École des Hautes Études Commerciales
3000, chemin de la Côte-Sainte-Catherine
Montréal (Québec) H3T 2A7
Téléphone : (514) 340-6151
Télécopieur : (514) 340-5640
baa@hec.ca

HEC

www.hec.ca

Le Top 160 des formations

Voici les fiches techniques de nombreux programmes des niveaux secondaire, collégial et universitaire qui offrent des ouvertures particulièrement intéressantes sur le marché du travail au Québec. Découvrez des métiers clés de l'avenir ainsi que les plus récentes statistiques sur le taux d'insertion à l'emploi et le salaire moyen de départ. Voir en pages 252 à 368.

Nouveau! La rubrique «À surveiller»

Cette nouvelle rubrique regroupe des formations dignes de mention, notamment par les possibilités d'emploi qu'elles offrent ou par leurs éloquentes statistiques issues des plus récentes enquêtes «Relance» en formation professionnelle et technique. Seraient-elles les formations Top de demain? Qui sait! Chose certaine, elles seront à surveiller au cours des prochaines années. À découvrir en pages 369 à 380.

Sélection des programmes : Direction générale de la formation professionnelle et technique (DGFPT) du ministère de l'Éducation du Québec, en collaboration avec Emploi-Québec; Les éditions Ma Carrière/le Centre de développement de l'information scolaire et professionnelle.

Pour obtenir d'autres renseignements sur les bases de cette sélection, voir en pages 22, 23 et 24.

CNP 7264   CUISEP 455-480

Secteur 16

DEP 5020

Assemblage
de structures métalliques

Établissements
offrant le
programme   ●

Voir la liste des établissements en page 416.

Formation professionnelle

Placement

Les titulaires d'un DEP en assemblage de structures métalliques ne devraient avoir aucune difficulté à s'intégrer au marché du travail. L'industrie de l'acier réclame depuis longtemps des assembleurs spécialisés et attend avec impatience les diplômés. Mais voilà, il y a un hic : on manque de candidats.

Au Centre Anjou, on a beaucoup de mal à recruter des élèves. «On reçoit plusieurs demandes d'employeurs qui recherchent des diplômés, explique Renée Blais, responsable du service d'aide au placement. Mais les élèves ne semblent pas s'y intéresser et nous n'avons pas toujours suffisamment de candidats.»

Le travail de l'assembleur de structures métalliques consiste à fabriquer les pièces de métal qui sont nécessaires à l'assemblage d'une structure, comme une charpente métallique ou un wagon de train. Il fait d'abord la lecture des plans de travail qui lui sont soumis, puis il façonne les pièces qui entrent dans la fabrication des produits de métal.

«Les diplômés ont de très bonnes chances de placement, indique June Lamontagne, adjointe aux ressources humaines chez Canam Manac. Depuis deux ans, grâce en bonne partie au regain d'activité dans le secteur de la construction, on a connu des années records. On a dû recruter beaucoup de personnel. Les employeurs de la province sont à la recherche d'assembleurs et de soudeurs.»

Alain Leduc, directeur général chez Les Aciers Canam, une filiale de Canam Manac à Laval, confirme que ces diplômés sont recherchés. «On pourrait embaucher six assembleurs dès demain… si seulement on pouvait les trouver! Le manque de diplômés nous force à former des employés "sur le tas".»

À la Direction générale de la formation professionnelle et technique du ministère de l'Éducation, on confirme qu'il y a une forte demande pour ces diplômés depuis plusieurs années. Le haut taux de diplômés en emploi (87,5 %) issu de la dernière *Relance au secondaire en formation professionnelle* en témoigne.

Afin de satisfaire aux besoins de main-d'œuvre dans cette région, le programme d'assemblage de structures métalliques est maintenant offert au Centre intégré de mécanique industrielle de Lachaudière, à la Commission scolaire de la Beauce-Etchemin. Selon Jacques Poulin, conseiller pédagogique au Centre, les diplômés ne devraient avoir aucun mal à se placer. Soulignons que sept élèves se sont inscrits en 1998, et dix-sept en 1999. La première cohorte de diplômés issue de cet établissement entrera sur le marché du travail à l'hiver 2000.

Les assembleurs de structures métalliques travaillent généralement selon des horaires rotatifs, soit le jour, le soir ou la nuit.

11/99

Statistiques

Pour interpréter
ces statistiques,
voir en pages 22, 23 et 24.

- Nombre de diplômés : **9**
- Temps plein : **100,0 %**
- Proportion de diplômés en emploi (PDE) : **87,5 %**
- En rapport avec la formation : **100,0 %**
- Taux de chômage : **12,5 %**
- Salaire hebdomadaire moyen : **579 $**

La Relance au secondaire en formation professionnelle, MÉQ, 1999.

CNP 3411   CUISEP 353-810

Secteur 19

Assistance
———— dentaire

DEP 5144

13 26 52 63 66 113 166 ●●●●●●●●●●●●●●●●●●●
Voir la liste des établissements en page 416.

Établissements
offrant le
programme

Placement

Depuis quatre ans, les diplômés de ce programme s'intègrent de mieux en mieux au marché du travail. «Cette tendance devrait se maintenir dans les années 2000, en raison du vieillissement de l'effectif en assistance dentaire», affirme Danielle Bergeron, enseignante au Centre de formation professionnelle 24 juin, où 13 finissants ont empoché leur diplôme en 1998-1999.

La plupart des diplômés trouvent du travail dans les cliniques dentaires, mais certains obtiennent aussi des postes dans les laboratoires dentaires. «Auparavant, l'embauche d'assistants dentaires en laboratoire n'était pas courante, mais elle est appelée à se développer, explique Claude Lévesque, technicien dentaire pour le Laboratoire dentaire Beldent, à Longueuil. Les assistants dentaires ont déjà une formation lorsqu'ils terminent leurs études et ils peuvent accomplir plusieurs tâches de base en laboratoire. Les chances de placement des diplômés devraient donc se multiplier.»

Une tournée des cabinets de dentistes montre cependant que les diplômés ne trouvent plus automatiquement un poste à temps plein en début de carrière, comme c'était le cas autrefois. «Les diplômés doivent s'attendre à travailler à temps partiel et à faire des remplacements au départ, confirme Danielle Bergeron. Ils pourront par la suite décrocher un emploi à temps plein.»

La concurrence grandissante entre les professionnels du secteur dentaire n'a cependant pas que des conséquences fâcheuses. «Parce qu'ils ont moins de temps à consacrer à la formation et à l'encadrement des assistants, les dentistes embaucheront davantage de recrues qui seront opérationnelles immédiatement, fait observer Danielle Bergeron. Plus que jamais, les dentistes sont forcés de traiter la clientèle aux petits oignons. L'approche-client de nos élèves, les habiletés techniques et la connaissance des logiciels d'inventaire servant aux commandes de matériel de dentisterie les avantagent.»

Puisque les outils et les techniques de travail changent sans cesse, les nouveaux venus auront tout intérêt à continuer à se perfectionner au cours de leur carrière. Il existe d'ailleurs un grand nombre de cours d'appoint dans ce domaine : techniques d'empreintes buccales, nouveaux produits de dentisterie, etc.

Le site Emploi-Avenir Québec de Développement des ressources humaines Canada précise que de nouveaux produits et appareils sont mis en marché et les assistants dentaires doivent les connaître et s'y adapter. Cependant, les tâches restent sensiblement les mêmes.

Par ailleurs, la rémunération peut varier selon que l'on exerce son métier en région ou dans les grands centres urbains.

11/99

Statistiques

Pour interpréter
ces statistiques,
voir en pages 22, 23 et 24.

• Nombre de diplômés : **231**
• Temps plein : **74,8 %**
• Proportion de diplômés en emploi (PDE) : **87,1 %**

• En rapport avec la formation : **83,6 %**
• Taux de chômage : **5,5 %**
• Salaire hebdomadaire moyen : **359 $**

La Relance au secondaire en formation professionnelle, MÉQ, 1999.

CNP 3414 CUISEP 353-400

Secteur 19

DEP 5141

Assistance technique en pharmacie

Établissements offrant le programme ●●●●●●●●●●●●●●●●●●●●●●●●●●●●●●●

Voir la liste des établissements en page 416.

Formation professionnelle

Placement

À l'échelle québécoise, le taux de placement dans cette discipline a fait un bond en avant depuis 1996, alors qu'il était de 78 %. «Le taux de placement est maintenant de l'ordre de 100 %», souligne André Boisvert, directeur adjoint au Centre de formation professionnelle du Trait-Carré, où 38 élèves ont empoché leur diplôme en 1998-1999. «Environ 25 % des élèves se voient même offrir des emplois avant d'avoir complété le programme.»

Au Québec, la rationalisation en cours dans les pharmacies privées — les petites étant absorbées par les plus grandes — peut sembler inquiétante pour les futurs diplômés. Toutefois, l'introduction de nouvelles technologies, notamment l'informatisation des opérations, devrait au contraire favoriser leur embauche, les employeurs préférant une main-d'œuvre qualifiée capable de maîtriser les derniers logiciels d'application.

«Auparavant, les établissements de santé formaient leurs propres assistants et il fallait compter environ neuf mois pour qu'ils soient opérationnels», explique Marc Desmarais, chef du département de pharmacie au Centre hospitalier affilié universitaire de Québec, qui emploie une quarantaine d'assistants techniques en pharmacie. «Ils se sont rendu compte qu'ils avaient tout avantage à embaucher des diplômés qui sont opérationnels en moins de deux mois.»

Les pharmacies de quartier devraient aussi tirer profit du virage ambulatoire. Elles prennent en effet le relais des points de vente de médicaments qui desservaient auparavant plusieurs établissements de santé. Les ordonnances de soluté, les comprimés et les médicaments injectables seront davantage acheminés par les pharmacies de quartier aux foyers d'accueil, aux personnes âgées à domicile et aux patients renvoyés à la maison après une hospitalisation.

«Environ 80 % de nos diplômés sont recrutés par les pharmacies, confirme André Boisvert. Les autres trouvent un emploi dans les centres hospitaliers, mais aussi de plus en plus dans les compagnies pharmaceutiques.»

De l'avis de Marc Desmarais, l'avenir s'annonce prometteur pour ces techniciens. «Ces diplômés ont maintenant démontré leur valeur. Ils sont demandés et se placeront facilement.»

Il faut savoir que l'intégration au marché du travail nécessite souvent une période d'essai, question de tester les compétences et les aptitudes du candidat.

Le travail en milieu clinique offre un horaire de jour, de 7 h à 17 h. Le milieu communautaire demande une disponibilité les soirs et les fins de semaine.

11/99

Statistiques

Pour interpréter ces statistiques, voir en pages 22, 23 et 24.

- Nombre de diplômés : **170**
- Temps plein : **79,7 %**
- Proportion de diplômés en emploi (PDE) : **96,9 %**
- En rapport avec la formation : **93,9 %**
- Taux de chômage : **0,0 %**
- Salaire hebdomadaire moyen : **394 $**

La Relance au secondaire en formation professionnelle, MÉQ, 1999.

CNP 9422   CUISEP 455-450

Conduite et réglage ——— de machines à mouler

Secteur 11

DEP 5193

Établissements
offrant le
programme

54 **63** **144** **167** ●

Voir la liste des établissements en page 416.

Formation professionnelle

Placement

«Le placement est excellent, affirme Dominic Paquet, directeur du Centre sectoriel des plastiques de la Commission scolaire de la Côte-du-Sud. Les besoins de main-d'œuvre sont criants et les entreprises sont prêtes à réduire leurs critères d'embauche. Alors quand nos diplômés qualifiés sont disponibles, ils reçoivent évidemment plusieurs offres.» Dans cet établissement, on dénombrait 22 diplômés en 1997-1998, contre 16 en 1998-1999.

Bouchons MAC inc. de Waterloo, en Estrie, fabrique des bouchons de plastique pour les industries pharmaceutique, alimentaire et cosmétique. «On emploie une douzaine de diplômés du programme de conduite et réglage de machines à mouler. Nous pourrions en embaucher davantage s'il n'y avait pas une pénurie de candidats», explique Carmen Bourgeois, directrice des ressources humaines.

Le programme couvre la fabrication de produits de plastique, de caoutchouc et d'autres matériaux composites. Ces secteurs étant parmi les plus prometteurs actuellement au Québec, le manque de main-d'œuvre qualifiée est d'autant plus inquiétant.

En effet, l'industrie de la plasturgie connaît un taux de croissance annuel de 7 % depuis plusieurs années, phénomène qui devrait se poursuivre.

Selon Pierre Guimont, directeur général de PlastiCompétences, organisme fondé en 1996 pour promouvoir et coordonner la formation en plasturgie, l'industrie est actuellement en croissance pour deux raisons : premièrement, les plastiques et les matériaux légers sont de plus en plus populaires, parce qu'ils sont résistants et relativement peu onéreux; et deuxièmement, les entreprises québécoises accroissent leur part des marchés extérieurs et doivent ainsi augmenter leur production.

L'implantation des nouvelles technologies influence aussi la demande d'employés plus spécialisés. «Il est à notre avantage d'avoir une main-d'œuvre formée qui peut fonctionner rapidement dans l'entreprise, indique Carmen Bourgeois. Les diplômés ont une meilleure compréhension du processus de fabrication et sont plus au fait des innovations technologiques.» Le travailleur doit démontrer de solides connaissances informatiques, notamment en programmation.

À la Direction générale de la formation professionnelle et technique du ministère de l'Éducation, on confirme que ces diplômés se placent facilement étant donné l'effervescence et l'évolution constante de l'industrie de la plasturgie au Québec.

Le travail se déroule en usine et suit les horaires de production : certaines usines fonctionnent huit heures par jour, d'autres n'arrêtent jamais. Les diplômés peuvent donc travailler selon un horaire normal ou encore sur un mode rotatif de jour, de soir, de nuit ou la fin de semaine.

11/99

Statistiques

Pour interpréter
ces statistiques,
voir en pages 22, 23 et 24.

- Nombre de diplômés : **69**
- Temps plein : **100,0 %**
- Proportion de diplômés en emploi (PDE) : **92,3 %**
- En rapport avec la formation : **76,6 %**
- Taux de chômage : **5,9 %**
- Salaire hebdomadaire moyen : **446 $**

La Relance au secondaire en formation professionnelle, MÉQ, 1999.

CNP 7272   CUISEP 455-414

Secteur 5

DEP 5030

Ébénisterie

Établissements
offrant le
programme ❸ ㉓ ㉢ ㉣ ㉤ ㉥ ⑬④ ⑮③ ●●●●●●●●●●●●●●●●●●●●●●●

Voir la liste des établissements en page 416.

Placement

Jean-Marc Luneau, conseiller pédagogique à l'École québécoise du meuble et du bois ouvré de Victoriaville, révèle que le taux de placement des 33 diplômés de 1999 s'établit à près de 80 %.

À l'École des métiers du meuble Père-Marquette à Montréal ainsi qu'au Centre de formation professionnelle de Rimouski, on indique que les diplômés intègrent facilement le marché de l'emploi.

À la Direction générale de la formation professionnelle et technique du ministère de l'Éducation, on souligne que l'industrie du meuble se porte très bien actuellement au Québec. Par conséquent, ces diplômés ont de bonnes chances de dénicher un emploi.

Les exportations des produits québécois aux États-Unis ainsi que la dévaluation du dollar canadien ont généré une demande accrue pour cette main-d'œuvre spécialisée. «L'industrie est moins à la merci des périodes creuses. On répond maintenant aux besoins de chez nous et de l'étranger», explique M. Luneau.

Coordonnateur au Comité sectoriel de main-d'œuvre des industries des portes et fenêtres, du meuble et des armoires de cuisine, Christian Galarneau confirme que dans plusieurs régions du Québec, des entreprises spécialisées dans la fabrication de mobilier commercial sont en pleine croissance, notamment parce qu'elles exportent leurs produits à l'étranger. «Par exemple, Ébénisterie R-2000, une entreprise située dans la région de Montréal, a annoncé qu'elle avait besoin de 200 ébénistes après avoir décroché un contrat pour des casinos américains. À l'heure actuelle, les diplômés en ébénisterie ont vraiment de bonnes chances de se placer», assure-t-il.

«Nous avons beaucoup de mal à recruter de très bons candidats. On doit souvent former le personnel "sur le tas", souligne François Lacombe, directeur général chez Ébénisterie Beaubois, une filiale du Groupe Pomerleau à Saint-Georges-de-Beauce. Faute de personnel compétent, des entreprises ont même dû retarder leurs projets d'expansion.»

Gérald Houle, vice-président de la compagnie EMA Design, un fabricant de meubles commerciaux destinés au marché de l'alimentation, précise que les diplômés possèdent une formation diversifiée leur permettant de travailler autant avec des outils qu'avec de la machinerie lourde, ce qui est à leur avantage.

Les nouvelles technologies, qui permettent d'accomplir les tâches d'ébénisterie plus rapidement et avec précision, contribuent à faire éclore de nouveaux créneaux. «L'ébénisterie de type artisanal se modifie, souligne M. Lacombe. On est même en train de vivre une petite révolution technologique.»

Les diplômés en ébénisterie oeuvrent dans les petites et les grandes entreprises, mais un certain nombre d'entre eux préfèrent se lancer en affaires. La rémunération varie beaucoup d'un employeur à l'autre, selon que l'employé est syndiqué ou non. Avec de l'expérience, on peut toucher jusqu'à 20 $ l'heure dans certaines entreprises.

11/99

Statistiques

Pour interpréter
ces statistiques,
voir en pages 22, 23 et 24.

- Nombre de diplômés : **178**
- Temps plein : **95,1 %**
- Proportion de diplômés en emploi (PDE) : **78,1 %**
- En rapport avec la formation : **83,1 %**
- Taux de chômage : **12,3 %**
- Salaire hebdomadaire moyen : **423 $**

La Relance au secondaire en formation professionnelle, MÉQ, 1999.

CNP 9513   CUISEP 455-414

Secteur 5

Fabrication en série de meubles et de produits en bois ouvré

DEP 5028

Établissement offrant le programme

134 ●●●

Voir la liste des établissements en page 416.

Formation professionnelle

Placement

L'École québécoise du meuble et du bois ouvré de Victoriaville, seul établissement à offrir cette formation au Québec, affiche un taux de placement de 100 % pour ses 24 diplômés en 1999. Jean-Marc Luneau, conseiller pédagogique, souligne que 30 % des personnes inscrites en 1999 étaient des femmes.

Avant 1998, ce programme ne pouvait être offert, faute d'inscriptions. M. Luneau voit d'un bon œil le fait qu'il y ait maintenant deux groupes d'élèves. «Je crois que les jeunes percevaient mal ce milieu, croyant sans doute qu'il était peu valorisant, ce qui n'est pas le cas. La demande de personnel qualifié dans ce domaine est plus qu'excellente.»

À la Direction générale de la formation professionnelle et technique du ministère de l'Éducation, on souligne qu'étant donné la forte croissance de l'industrie du meuble au cours des dernières années, il y a trop peu de diplômés pour répondre aux demandes des employeurs.

Christian Galarneau, coordonnateur au Comité sectoriel de main-d'œuvre des industries des portes et fenêtres, du meuble et des armoires de cuisine, s'explique mal que les plus récentes statistiques provinciales affichent un taux de chômage de 20 % pour les diplômés de ce DEP en 1997-1998 (*La Relance au secondaire en formation professionnelle*, MÉQ, 1999). «Au Québec, en 1998, il y a eu création de 5 000 postes en usine dans le secteur du meuble. Il y a donc de l'emploi pour les diplômés!»

Il souligne également que la production des entreprises de fabrication en série de meubles monte en flèche. «Depuis quatre ans, elles présentent des taux de croissance de 30 % annuellement. Cela nous donne une idée du nombre d'employés requis pour répondre à la demande!»

Jean-François Michaud, vice-président exécutif de l'Association des fabricants de meubles du Québec, est d'avis que les fabricants de meubles en série offrent des possibilités de carrière très intéressantes. «En pleine croissance, ces entreprises utilisent de plus en plus les technologies de pointe, des robots et des systèmes automatisés à commande numérique, par exemple. Les modes de gestion changent aussi, permettant aux diplômés d'accéder rapidement à des postes de contremaîtres ou de directeurs de production.»

De plus, bien que l'industrie de la fabrication en série de meubles soit un secteur largement automatisé, il y a une place pour la main-d'œuvre qualifiée. «J'ai visité des usines automatisées et l'on demandait malgré tout du personnel pour surveiller les opérations», dit M. Luneau.

À l'École québécoise du meuble et du bois ouvré de Victoriaville, on indique que le taux horaire moyen de base est de 8 à 9 $. Cependant, une personne qualifiée peut rapidement obtenir une rémunération supérieure, surtout si elle accède à un poste de contremaître ou de chef d'équipe. Les horaires de travail sont généralement normaux, rarement rotatifs.

11/99

Statistiques

Pour interpréter ces statistiques, voir en pages 22, 23 et 24.

- Nombre de diplômés : **5**
- Temps plein : **100,0 %**
- Proportion de diplômés en emploi (PDE) : **80,0 %**
- En rapport avec la formation : **100,0 %**
- Taux de chômage : **20,0 %**
- Salaire hebdomadaire moyen : **381 $**

La Relance au secondaire en formation professionnelle, MÉQ, 1999.

CNP 7261   CUISEP 455-487

Secteur 16

DEP 5170

Ferblanterie-
tôlerie

Établissements
offrant le
programme

Voir la liste des établissements en page 416.

Formation professionnelle

Placement

«Le Québec connaît actuellement une pénurie de ferblantiers», affirme Jacques Robichaud, conseiller d'orientation à l'École des métiers de la construction de Québec, où les 15 diplômés de la promotion de 1998-1999 sont tous en emploi actuellement. Même constat du côté du Centre de formation en métallurgie de Laval, qui affiche un taux de placement de 100 % pour ses 14 diplômés de 1998-1999.

À la Direction générale de la formation professionnelle et technique du ministère de l'Éducation, on fait valoir que la centaine de diplômés par année s'intègrent facilement au marché du travail.

Les compétences du ferblantier-tôlier sont très recherchées dans les usines de fabrication et dans le domaine de l'installation. L'industrie aéronautique embauche également ce type de professionnel. «Un sérieux manque se manifeste particulièrement en fabrication, poursuit M. Robichaud. Depuis janvier 1999, nous aurions pu placer une quarantaine de diplômés dans toutes les régions du Québec, mais nous n'en avons pas assez. Certaines compagnies attendent déjà les diplômés de mai 2000. Le domaine de la construction éprouve lui aussi un problème de main-d'œuvre, mais à un moindre degré.»

Ce manque de main-d'œuvre s'explique par la forte activité que connaît actuellement le secteur de la ferblanterie. En effet, de plus en plus d'entreprises manufacturières exportent leurs produits vers les États-Unis et ailleurs dans le monde. Selon M. Robichaud, le problème est également amplifié parce que peu d'élèves choisissent ce programme. «C'est à peine si les demandes suffisent à remplir le nombre de places disponibles. C'est un métier méconnu.»

Toutefois, les entreprises en aéronautique, qui peuvent à la fois engager des diplômés en ferblanterie-tôlerie et en tôlerie aéronautique, ne semblent pas avoir de difficulté à recruter du personnel, même si leurs critères d'embauche sont plus élevés qu'ailleurs. «Nous avons besoin de gens qui font preuve d'une grande dextérité manuelle et qui ont le souci de la qualité de leur travail. Nous ne pouvons pas nous permettre de laisser partir une pièce défectueuse», explique Pascale Goudreau, chargée de projets en ressources humaines chez Les Industries Avcorp inc., un fabricant de pièces légères pour l'industrie aéronautique.

Si les façons de faire n'ont pas beaucoup évolué dans le domaine de l'installation, il en va autrement en fabrication, où de plus en plus les travailleurs sont appelés à utiliser des machines à commande numérique. Pour mieux répondre aux besoins de l'industrie, le programme de ferblanterie-tôlerie a été modifié en 1999 afin de mieux familiariser les élèves avec les nouvelles technologies utilisées dans ce milieu. «Il faut maintenant acquérir des notions de micro-informatique, de trigonométrie, de mathématiques et de programmation», précise Denis Lemieux, directeur de l'École des métiers de la construction de Québec.

11/99

Statistiques

Pour interpréter
ces statistiques,
voir en pages 22, 23 et 24.

- Nombre de diplômés : **108**
- Temps plein : **96,1 %**
- Proportion de diplômés en emploi (PDE) : **91,8 %**
- En rapport avec la formation : **82,2 %**
- Taux de chômage : **1,3 %**
- Salaire hebdomadaire moyen : **516 $**

La Relance au secondaire en formation professionnelle, MÉQ, 1999.

CNP 9494 CUISEP 455-414

Finition
—— de meubles

Secteur 5

DEP 5142

Établissements
offrant le
programme

63 **65** **153** ●●●●●●●●●●●●●●●●●●●●●●●●●●●●●●●●●●●●●
Voir la liste des établissements en page 416.

Formation professionnelle

Placement

À l'École québécoise du meuble et du bois ouvré de Victoriaville, on indique que les diplômés en finition de meubles sont très recherchés. On évalue à 93 % le taux de placement en 1999. En effet, parmi les 30 finissants, 28 ont trouvé un emploi relié à leur formation. Il arrive aussi que les diplômés reçoivent plus d'une offre d'emploi à la fin de leurs études.

«Un élève qui réussit sa formation et qui fait son stage décroche pratiquement toujours un emploi permanent à la fin du stage. Quand ce n'est pas le cas, c'est généralement parce que l'élève a lui-même refusé le poste qui lui était offert», explique Jean-Marc Luneau, conseiller pédagogique à l'École.

Ce diplômé travaille dans la petite et la grande entreprise, soit pour la fabrication en série de meubles ou dans les ateliers d'ébénisterie. D'autres choisissent la restauration de meubles anciens.

«Dans ce domaine, on ne peut pas former beaucoup de gens à la fois, parce que les installations nécessitent un vaste espace. Elles sont aussi très chères. On forme environ 26 élèves par an, ce qui est loin de répondre aux demandes de l'industrie», explique Jean-Marc Luneau.

Selon Christian Galarneau, coordonnateur au Comité sectoriel de main-d'œuvre des industries des portes et fenêtres, du meuble et des armoires de cuisine, voilà pourquoi l'on compte élaborer des régimes de qualification professionnelle. Ces derniers aideront les entreprises à mettre sur pied un processus de développement des compétences en milieu de travail, et permettront d'augmenter le bassin des travailleurs qualifiés en finition de meubles.

Jean-François Michaud, vice-président exécutif de l'Association des fabricants de meubles du Québec, explique que la finition représente une étape cruciale dans la fabrication d'un meuble. «Il faut comprendre, par exemple, les réactions chimiques qui s'opèrent entre le bois et les peintures. On doit exceller à cette étape et c'est pourquoi le personnel qualifié est très demandé dans l'industrie.»

L'exportation des produits québécois, très appréciés tant pour leur qualité que pour leur prix, a également pour effet de favoriser l'embauche. À titre d'exemple, M. Luneau cite l'entreprise Shermag, qui a annoncé son intention de doubler sa superficie, et donc d'accroître son effectif.

Le travail s'effectue à temps plein, mais l'horaire en usine peut être rotatif. Dans les petits ateliers, les horaires sont plus flexibles et il faudra parfois travailler le soir ou la fin de semaine.

11/99

Statistiques

Pour interpréter
ces statistiques,
voir en pages 22, 23 et 24.

- Nombre de diplômés : **66**
- Temps plein : **n/d**
- Proportion de diplômés en emploi (PDE) : **78,3 %**
- En rapport avec la formation : **n/d**
- Taux de chômage : **14,3 %**
- Salaire hebdomadaire moyen : **n/d**

La Relance au secondaire en formation professionnelle, MÉQ, 1999.

259

Formation professionnelle

CNP 9411 CUISEP 455-480

Secteur 16

DEP 5203

Fonderie

Établissements offrant le programme

Voir la liste des établissements en page 416.

Placement

Au Centre de formation professionnelle Qualitech de Shawinigan, les 18 élèves qui ont décroché un diplôme en fonderie au printemps 1998 ont tous trouvé un emploi lié à leur champ d'études. Bien que le taux de placement de la cohorte de 1999 ne soit pas encore disponible, Malik Hammadouche, directeur adjoint, est optimiste.

«Beaucoup de nos élèves ont été embauchés avant même de finir leur formation. Et si je me fie au placement lors du stage en entreprise, c'est très positif. Le taux pour 1999 est certainement comparable à celui de l'année précédente. Nos diplômés sont formés selon des normes de qualité sévères et peuvent devenir non seulement opérateurs, mais aussi contremaîtres», explique Malik Hammadouche.

La plupart des diplômés se destinent aux fonderies, mais d'autres évoluent dans les centres de coulée des grandes industries métallurgiques, comme les alumineries. «L'industrie métallurgique se porte très bien au Québec et plusieurs entreprises sont en phase de développement : pensons à l'usine Magnola, une aluminerie actuellement en démarrage au Saguenay. Quant aux fonderies, on sent un regain d'activité depuis deux ans», souligne Malik Hammadouche.

Le même optimisme règne au Centre de formation et de développement en métallurgie de La Baie, au Saguenay. «Sur les 20 mouleurs-fondeurs qui ont obtenu leur diplôme en juin 1999, 18 ont trouvé un emploi, indique le coordonnateur du programme, Fernando Lavoie. Nous recevons régulièrement des demandes d'entreprises à la recherche de main-d'œuvre.»

La fonderie Poitras ltée est spécialisée dans les alliages ferreux destinés aux industries de l'automobile et de la machinerie lourde. «Nous avons embauché plusieurs mouleurs-fondeurs en 1999 et nous créerons environ une quinzaine de postes l'an prochain, explique Claude Massé, président-directeur général. Cependant, ajoute-t-il, le manque de mobilité des travailleurs pose souvent problème. En effet, les diplômés qui ne vivent pas dans la région ne sont pas toujours prêts à venir travailler chez nous, à L'Islet.»

À la Fonderie Saguenay, dont 40 % du chiffre d'affaires provient de l'exportation aux États-Unis, les perspectives d'emploi pour les mouleurs-fondeurs semblent également positives, du moins à court terme. «Notre population de travailleurs est vieillissante et il y a eu plusieurs départs à la retraite depuis cinq ans, explique Hélène Vandal, du service des ressources humaines. Il y aura sûrement d'autres départs dans les prochaines années, mais on peut s'attendre à ce que la main-d'œuvre stagne à moyen terme et que nous n'engagions que peu de nouveau personnel. Chose certaine, lorsque nous embauchons, nous donnons la priorité aux mouleurs-fondeurs diplômés.»

Soulignons que chez Emploi-Québec, on estime que les perspectives d'emploi seront restreintes pour les fondeurs d'ici la fin de l'an 2000.

Selon les employeurs interrogés pour cet article, le salaire moyen d'un fondeur est d'environ 15 $ l'heure. Il peut travailler le jour, le soir, la nuit ou selon des horaires rotatifs.

11/99

Statistiques

Pour interpréter ces statistiques, voir en pages 22, 23 et 24.

- Nombre de diplômés : **26**
- Temps plein : **92,9 %**
- Proportion de diplômés en emploi (PDE) : **76,2 %**
- En rapport avec la formation : **69,2 %**
- Taux de chômage : **5,9 %**
- Salaire hebdomadaire moyen : **453 $**

La Relance au secondaire en formation professionnelle, MÉQ, 1999.

CNP 7246 CUISEP 455-350

Secteur 9

Installation et réparation d'équipement de télécommunications

DEP 5166

Établissements offrant le programme

3 64 113 145 166 ●

Voir la liste des établissements en page 416.

Formation professionnelle

Placement

Ce programme réalise une bonne percée dans l'industrie des télécommunications. Depuis quatre ans, les diplômés se taillent aisément une place sur le marché du travail. «Nous ne formons pas assez de candidats», soutient Louis Proulx, chef du département Installation et réparation d'équipement de télécommunication de l'École technique Gabriel-Rousseau. «Pour une quarantaine de finissants en 1999, nous avons reçu le double d'offres d'emploi. Les entreprises se volent même les candidats entre elles!»

Étant donné le vif succès remporté par ses diplômés auprès des employeurs de la région Chaudière-Appalaches, M. Proulx s'explique mal la faiblesse des plus récentes statistiques provinciales qui chiffrent leur taux de chômage à 20,6 % pour la promotion 1997-1998 (*La Relance au secondaire en formation professionnelle*, MÉQ, 1999).

Au Centre de formation professionnelle Émile-Legault, on partage le même optimisme. «Actuellement, nous avons 35 élèves en stage en milieu de travail. Les employeurs se les arrachent littéralement, souligne Roger Mallette, directeur adjoint. Notre plus grand défi est de retenir les élèves jusqu'à l'obtention de leur diplôme, tant la demande des entreprises est forte.»

Au cours des années à venir, les entreprises œuvrant dans la téléphonie et la câblodistribution sont appelées à mettre les bouchées doubles. En effet, les échanges électroniques personnels et commerciaux sur l'autoroute de l'information devraient se multiplier.

«C'est un domaine en pleine mutation, indique Sylvie Gagnon, directrice de TECHNOCompétences, le Comité sectoriel de main-d'œuvre en technologies de l'information et de la communication. La part de l'informatique devient de plus en plus grande. Aussi, les installateurs et les réparateurs en télécommunication qui maîtrisent ces nouvelles technologies sont très recherchés au sein des petites et des grandes entreprises.»

Entourage Solutions Technologiques, une entreprise spécialisée dans l'installation et la réparation d'équipement du domaine de la téléphonie, fait des efforts en matière de création d'emplois pour cette main-d'œuvre. «En trois ans, nous sommes passés de 400 à 2 000 employés, répartis au Québec et en Ontario, signale Claude Fortin, technicien en ressources humaines. Nous avons bien sûr engagé des diplômés du DEP. Je présume que nous allons en ajouter d'autres, bien qu'on lorgne davantage les techniciens.»

Les systèmes d'alarme et d'interphone représentent aussi des créneaux à ne pas négliger. L'introduction de certaines nouvelles technologies fait également miroiter un bel avenir. C'est le cas de la fibre optique et de la communication par micro-ondes, par exemple. «Cela constitue des débouchés notables, autant à la maison, au travail que dans les lieux de consommation et de loisirs», fait valoir Claude Fortin.

11/99

Statistiques

Pour interpréter ces statistiques, voir en pages 22, 23 et 24.

- Nombre de diplômés : **54**
- Temps plein : **100,0 %**
- Proportion de diplômés en emploi (PDE) : **65,9 %**
- En rapport avec la formation : **73,1 %**
- Taux de chômage : **20,6 %**
- Salaire hebdomadaire moyen : **444 $**

La Relance au secondaire en formation professionnelle, MÉQ, 1999.

261

CNP 7312 CUISEP 455-438

Secteur 10

DEP 5070

Mécanique agricole

Établissements offrant le programme **③ ⑮ ㊿ ⑪⑩ ⑮④ ⑯④ ⑱②**

Voir la liste des établissements en page 416.

Formation professionnelle

Placement

«Le placement est toujours à 100 %», explique France Bergeron, directrice adjointe du programme de mécanique agricole à l'École professionnelle de Saint-Hyacinthe, où 28 élèves ont terminé leur formation en 1998-1999. «Les concessionnaires de machineries agricoles nous signalent qu'ils manquent de main-d'œuvre.»

Ces diplômés peuvent œuvrer notamment chez un concessionnaire d'équipements agricoles ou sur une grande ferme. Dans une entreprise agricole, les diplômés deviennent souvent des conducteurs-mécaniciens et doivent réparer les équipements rapidement, ce qui est essentiel si l'on ne veut pas ralentir la marche des opérations.

«On emploie neuf mécaniciens à temps plein et nous pourrions en embaucher davantage s'il y avait des candidats», explique Danielle Palardy, présidente des Équipements H. Palardy, un concessionnaire de machineries agricoles.

«Au printemps, durant les semis, et à l'automne, durant les récoltes, nos clients travaillent 24 heures sur 24. On doit faire de même pour répondre à leurs besoins, d'où la nécessité d'avoir plusieurs mécaniciens disponibles.»

Selon le ministère de l'Agriculture, des Pêcheries et de l'Alimentation du Québec, la province comptait 31 635 entreprises agricoles en 1997. Elles se trouvent dans toutes les régions du Québec, mais c'est en Montérégie qu'il y a le plus d'activités agricoles.

Les équipements utilisés dans les fermes sont beaucoup plus perfectionnés qu'autrefois. Les systèmes électroniques et hydrauliques qu'ils renferment doivent absolument être réparés par des spécialistes qui possèdent des connaissances spécifiques. «Aujourd'hui, il faut rester au fait des nouvelles technologies et nos employés doivent constamment se recycler», confirme Danielle Palardy.

La connaissance poussée des équipements agricoles est aussi fort utile pour occuper un emploi de vendeur ou de représentant pour le compte d'un concessionnaire de machines agricoles.

Les horaires de travail suivent évidemment les saisons agricoles : les périodes de semis et de récoltes entraînent des heures supplémentaires pour les mécaniciens agricoles qui travaillent sur une ferme.

11/99

Statistiques

Pour interpréter ces statistiques, voir en pages 22, 23 et 24.

- Nombre de diplômés : **76**
- Temps plein : **95,3 %**
- Proportion de diplômés en emploi (PDE) : **78,9 %**
- En rapport avec la formation : **82,9 %**
- Taux de chômage : **18,2 %**
- Salaire hebdomadaire moyen : **421 $**

La Relance au secondaire en formation professionnelle, MÉQ, 1999.

CNP 7318   CUISEP 453-700

Mécanique d'ascenseur

Secteur 14

DEP 5200

Établissement offrant le programme

63 ●●●●●●●●●●●●●●●●●●●●●●●●●●●●●●●●
Voir la liste des établissements en page 416.

Formation professionnelle

Placement

«Le placement est toujours à 100 %, affirme Stéphane Michiels, conseiller d'orientation au Centre de formation professionnelle Saint-Henri. Depuis la toute première cohorte, en 1997, les diplômés trouvent preneurs partout au Canada. Nous sommes les seuls à offrir cette formation et n'avons donc aucune difficulté à placer nos diplômés.»

La Commission de la construction du Québec exige désormais une carte d'apprenti en mécanique d'ascenseur pour œuvrer dans ce secteur. D'emblée, cette mesure élimine donc de l'industrie les personnes qui ne posséderaient pas la formation en mécanique d'ascenseur. Résultat : les cohortes de finissants produites chaque année ne satisfont pas toujours la demande. En 1998-1999, 32 élèves ont empoché leur diplôme au Centre de formation professionnelle Saint-Henri.

«Nos diplômés trouvent surtout du travail dans les compagnies qui se spécialisent dans l'installation, la modernisation, la réparation et l'entretien des ascenseurs, indique Louise Martin, responsable de l'aide au placement au Centre. Au cours des dernières années, les prises de retraite ont eu un effet positif sur l'embauche. La modernisation d'installations existantes dans les stations de métro, les grands magasins et les immeubles accapare aussi une part de plus en plus importante du marché.»

Ainsi, les diplômés peuvent travailler pour des entrepreneurs de construction, des fabricants et des fournisseurs de pièces. Un certain nombre œuvre aussi dans le secteur des services.

La compagnie Kone, un des leaders du «transport vertical» avec plusieurs milliers d'employés à travers le monde, emploie 40 mécaniciens d'ascenseur à Montréal. «Les diplômés ont de très bonnes chances de se placer dans l'avenir, explique René Gauthier, surintendant. Les mécaniciens peuvent travailler dans un ou plusieurs domaines : entretien, réparation, modernisation et escaliers mécaniques. L'entretien et la modernisation des installations occupent généralement 70 % de la main-d'œuvre.»

Selon Louise Martin, la reprise des activités dans le domaine de la construction favorise également les diplômés lorsqu'ils sont prêts à intégrer le marché du travail. La mécanique d'ascenseur est aussi influencée par l'introduction de nouvelles technologies. Les ascenseurs sont, en effet, de plus en plus performants et commandés par des automates programmables. L'industrie a donc besoin de personnel spécialisé et bien formé pour répondre à ces nouvelles exigences.

Les horaires de travail sont variables, en raison des urgences et des dépannages fréquents.

11/99

Statistiques

Pour interpréter ces statistiques, voir en pages 22, 23 et 24.

- Nombre de diplômés : **24**
- Temps plein : **100,0 %**
- Proportion de diplômés en emploi (PDE) : **90,5 %**
- En rapport avec la formation : **100,0 %**
- Taux de chômage : **5,0 %**
- Salaire hebdomadaire moyen : **569 $**

La Relance au secondaire en formation professionnelle, MÉQ, 1999.

CNP 7321 CUISEP 455-444

Secteur 10

DEP 5055

Mécanique d'engins de chantier

Établissements offrant le programme

❶ ⓯ ㉓ ㊶ ㊵ ㊴ ㊳ ⑫① ⑫⑧ ⑬⑦ ⑭⑤ ⑮⑦ ⑮⑨ ⑯⑨ ⑰①

Voir la liste des établissements en page 416.

Placement

La mécanique d'engins de chantier concerne toute la machinerie lourde «hors route», comme les grues, les rétrocaveuses, les bouteurs, etc.

«Tous nos élèves se placent à la fin de leur formation, soit 80 % directement dans le métier et 20 % dans des métiers connexes», indique Raymond Genest, responsable du programme à la Commission scolaire du Pays-des-Bleuets, à Roberval, où 40 élèves ont empoché leur diplôme en 1999.

À l'École des métiers de l'équipement motorisé de Montréal, les 18 diplômés ont presque tous trouvé un emploi en 1999. «Ils sont engagés par des entreprises de réparation, des manufacturiers d'engins de chantier et par des ateliers de réparation mobiles parce que les engins ne sont pas toujours déplaçables», indique Manon Bergeron, directrice de l'établissement.

Si l'industrie de la construction n'est plus ce qu'elle était, elle crée toutefois encore assez d'activités d'entretien et de réparation d'équipements lourds.

Par ailleurs, la foresterie est aussi génératrice d'emplois. «Les employeurs les plus importants sont ceux qui utilisent beaucoup la machinerie lourde dans l'industrie forestière, ajoute Raymond Genest. Il peut s'agir autant de PME que de grandes entreprises.»

Vitalité économique et vieillissement de la main-d'œuvre sont des facteurs qui expliquent la forte demande à l'endroit de ces finissants. «On emploie une trentaine de mécaniciens et on en embauche un ou deux de plus chaque année afin de former une relève, explique Karen Guay, chez Hewitt, un fabricant de machinerie lourde. On est aussi une entreprise relativement jeune et nos activités sont en croissance, ce qui stimule nos besoins de main-d'œuvre.»

De plus, les entreprises ont commencé à remplacer le personnel vieillissant par de jeunes diplômés à l'aise avec les nouvelles technologies. Les fonctions des engins étant aujourd'hui de plus en plus liées à l'électronique, le marché a besoin de mécaniciens capables d'utiliser un ordinateur pour diagnostiquer les problèmes.

Les mécaniciens d'engins de chantier sont à la merci des surcroîts de boulot épisodiques chez les entrepreneurs, les propriétaires de machinerie lourde, les points de location et de service et les concessionnaires. Les horaires de travail peuvent donc varier.

11/99

Statistiques

Pour interpréter ces statistiques, voir en pages 22, 23 et 24.

- Nombre de diplômés : **179**
- Temps plein : **98,2 %**
- Proportion de diplômés en emploi (PDE) : **80,4 %**
- En rapport avec la formation : **86,9 %**
- Taux de chômage : **14,0 %**
- Salaire hebdomadaire moyen : **503 $**

La Relance au secondaire en formation professionnelle, MÉQ, 1999.

Formation professionnelle

CNP 7351 CUISEP 453-700

Secteur 7

Mécanique
— de machines fixes

DEP 5146

Établissements
offrant le
programme

23 **64** **134** ●●●●●●●●●●●●●●●●●●●●●●●●●●●●●●●●●●
Voir la liste des établissements en page 416.

Formation professionnelle

Placement

En août 1998, le Centre de formation Dalbé-Viau, à Lachine, menait une enquête sur la situation de ses diplômés de l'année précédente : 100 % d'entre eux avaient un emploi, un taux bien supérieur à la moyenne des autres programmes de mécanique du bâtiment. «Les employeurs s'arrachent nos diplômés, s'enthousiasme Benoît Sirois, responsable du programme. Cette année, en 1999, la vingtaine d'élèves étaient presque tous placés avant même d'avoir complété leur formation.»

Le rôle du mécanicien de machines fixes gravite autour de l'exploitation d'une centrale thermique. Il voit au bon fonctionnement des équipements au moyen d'appareils mesurant notamment la pression, le débit, la température.

Les débouchés traditionnels se trouvent principalement là où il y a une centrale thermique : hôpitaux, établissements d'enseignement, édifices publics ou commerciaux, centres de congrès, brasseries, usines de transformation alimentaire, etc. Cependant, les locomotives de l'emploi sont notamment la pétrochimie, les alumineries et les pâtes et papiers.

«Nous avons près de 25 mécanos. On en aura toujours besoin à cause du roulement de personnel et des départs à la retraite», confirme Mario Goulet, surintendant en gestion de l'énergie à la papetière Daishowa de Québec, l'un des plus gros employeurs de la région.

En raison du vieillissement des mécaniciens, le renouvellement des troupes est constant. «Plusieurs personnes ont pris leur retraite au cours des trois dernières années, ce qui a facilité l'embauche de neuf diplômés en mécanique de machines fixes, confirme Alain Fournier, superviseur de la centrale thermique à l'Université McGill. Nous employons 21 mécaniciens à temps plein.»

Benoît Sirois estime que le coût élevé des infrastructures du programme — le coût de la centrale thermique du Centre Dalbé-Viau frôle le million de dollars — joue aussi en faveur des diplômés. «On ne peut pas accueillir beaucoup d'élèves. Les finissants sont donc très demandés.»

À la Direction générale de la formation professionnelle et technique du ministère de l'Éducation, on indique qu'il n'y a actuellement qu'une vingtaine de diplômés par année. Ainsi, les finissants ont d'excellentes chances de trouver du travail. Entre 1985 et 1995, le programme a été suspendu parce que les besoins ne justifiaient pas son existence. Comme les choses ont changé!

Étant donné que plusieurs centrales fonctionnent à longueur de journée, les horaires de travail sont rotatifs.

11/99

Statistiques

Pour interpréter
ces statistiques,
voir en pages 22, 23 et 24.

- Nombre de diplômés : **19**
- Temps plein : **87,5 %**
- Proportion de diplômés en emploi (PDE) : **94,1 %**
- En rapport avec la formation : **85,7 %**
- Taux de chômage : **5,9 %**
- Salaire hebdomadaire moyen : **648 $**

La Relance au secondaire en formation professionnelle, MÉQ, 1999.

CNP 7321 CUISEP 455-444

Secteur 10

DEP 5049

Mécanique
de véhicules lourds routiers

Établissements
offrant le
programme  ❶ ⑬ ㉓ ㊶ ㊾ ㊿ ⑬ ⑪ ⑭ ⑭ ⑯ ⑯

Voir la liste des établissements en page 416.

Formation professionnelle

Placement

Jean-Pierre Piché, directeur adjoint du Centre d'études professionnelles Saint-Jérôme, affirme que la quarantaine de diplômés de 1999 se sont placés à 100 %. Selon lui, les élèves sont tellement populaires et sollicités par les employeurs qu'ils ont de la difficulté à finir leur formation.

«Les nouvelles technologies envahissent ce secteur d'activité et la moyenne d'âge des mécaniciens est élevée, explique Hugo Martin, responsable du programme au Centre. Nos diplômés ont donc une longueur d'avance sur leurs confrères plus âgés qui n'ont pas forcément envie de recycler leurs connaissances.»

Ces diplômés peuvent notamment œuvrer chez des concessionnaires, au sein de compagnies de transport ou de toute autre entreprise qui utilise des véhicules lourds routiers. «Notre main-d'œuvre prend de l'âge et nous devons embaucher des recrues pour rajeunir notre personnel, confirme Caroline Beaumont, agente aux ressources humaines chez Lomex, une entreprise de récupération de viandes non comestibles qui emploie déjà plus d'une quinzaine de mécaniciens. Notre entreprise est aussi en pleine croissance, ce qui a un effet direct sur les besoins de personnel au département de la mécanique.»

Aujourd'hui, la plupart des établissements de formation en mécanique de véhicules lourds mettent à la disposition de leurs élèves des centres de documentation informatisés. Le mécanicien de l'an 2000 doit maîtriser des notions de mécanique, d'électronique et d'informatique afin de pouvoir réparer tous les dispositifs électromécaniques qui régulent les différents paramètres dans un véhicule lourd.

Quant aux besoins de main-d'œuvre, ils sont directement liés à l'essor du transport routier, qui représente plus de 100 000 véhicules répartis dans 44 000 entreprises. «L'industrie du camionnage est en expansion actuellement, indique Sophie Tremblay, analyste technique à l'Association du camionnage du Québec. Après l'Ontario, le Québec — surtout la région de Montréal — est une plaque tournante pour le transport en Amérique du Nord.»

Pour augmenter leur potentiel de placement, les diplômés peuvent également obtenir une attestation de spécialisation professionnelle (ASP) en diesel (injection et contrôles électroniques) (voir page 280).

Chez les concessionnaires, les mécaniciens ont généralement des horaires de travail normaux. Ailleurs, ils peuvent être appelés à travailler selon des horaires rotatifs et sont davantage susceptibles de faire des heures supplémentaires.

11/99

Statistiques

Pour interpréter
ces statistiques,
voir en pages 22, 23 et 24.

- Nombre de diplômés : **239**
- Temps plein : **94,8 %**
- Proportion de diplômés en emploi (PDE) : **85,7 %**
- En rapport avec la formation : **81,4 %**
- Taux de chômage : **9,8 %**
- Salaire hebdomadaire moyen : **468 $**

La Relance au secondaire en formation professionnelle, MÉQ, 1999.

CNP 7311 CUISEP 455-450

Secteur 14

Mécanique industrielle de construction et d'entretien

DEP 1490

② ⑫ ㉔ ㊶ (54) (55) (63) (64) (110) (123) (126) (128) (142) (143) (149) (150) (156) (163) (165) (170) (183)

Établissements offrant le programme

Voir la liste des établissements en page 416.

Placement

Les diplômés de ce programme n'ont aucune difficulté à décrocher un emploi. Louis-Georges Drouin, conseiller pédagogique au Centre de formation professionnelle (CFP) Relais-la-Lièvre, en Outaouais, indique que le taux de placement de la vingtaine de diplômés de son établissement frise les 80 %. Même statistique au CFP Morilac à Windsor, en Estrie. «Environ 85 % des 65 diplômés trouvent du travail au terme de leur formation», souligne Jean-Claude Anctil, responsable du département de mécanique industrielle.

Ces mécaniciens touche-à-tout, véritables généralistes des machines, peuvent proposer leurs services à une multitude d'entreprises. «Ils peuvent travailler pour des papetières, des moulins à scie, des usines d'assemblage, des usines de filtration ou d'épuration des eaux et même à l'entretien des édifices publics. Ils sont très polyvalents», souligne M. Drouin.

En région, les perspectives d'emploi sont très bonnes, surtout du côté des PME. En pleine expansion, l'entreprise Produits forestiers Turpin à Thurso, en Mauricie, a embauché récemment des diplômés en mécanique industrielle. «Nous avons ajouté des chaînes de production. Nous avions alors besoin de plus de mécaniciens pour faire la maintenance des différentes machines, comme l'écorceur, la débiteuse, la déligneuse», précise Carole Duquette, superviseure au service des ressources humaines de l'entreprise.

«Dans la région de Montréal, les employeurs sont principalement des moyennes et des grandes entreprises», précise Louise Martin, responsable de l'aide au placement au CFP Saint-Henri. Il reste néanmoins que les postes se font plus rares dans la grande entreprise à cause des conventions collectives qui donnent priorité aux syndiqués plutôt qu'aux jeunes recrues.

Ainsi, l'aluminerie Reynolds de Baie-Comeau emploie une centaine de mécaniciens, mais fait rarement appel à de nouveaux travailleurs. «Nous engageons surtout lors des périodes de vacances ou pour effectuer des remplacements, affirme Réal Fecteau, agent principal d'embauche. Nous avons une vingtaine de mécaniciens sur notre liste de rappel qui peuvent travailler quelques mois par année. Petit à petit, ils augmentent leur nombre d'heures et finissent par devenir permanents.»

De l'avis de Louis-Georges Drouin, la définition de tâches des mécaniciens comporte des différences selon la taille de l'entreprise. «Plus celle-ci est petite, plus ils ont la chance de remplir des tâches diversifiées. Ils doivent alors être plus polyvalents, avoir de bonnes habiletés en soudure, par exemple.»

11/99

Statistiques

Pour interpréter ces statistiques, voir en pages 22, 23 et 24.

- Nombre de diplômés : **617**
- Temps plein : **95,5 %**
- Proportion de diplômés en emploi (PDE) : **83,6 %**
- En rapport avec la formation : **72,3 %**
- Taux de chômage : **8,7 %**
- Salaire hebdomadaire moyen : **572 $**

La Relance au secondaire en formation professionnelle, MÉQ, 1999.

CNP 2244 CUISEP 455-350

Secteur 11

DEP 5198

Montage de câbles et de circuits en aérospatiale

Établissement offrant le programme ⑥③ ●●●●●●●●●●●●●●●●●●●●●●●●●●●●

Voir la liste des établissements en page 416.

Formation professionnelle

Placement

En 1999, à l'École des métiers de l'aérospatiale de Montréal (ÉMAM), le taux de placement est de 97,7 % pour les diplômés en montage de câbles et de circuits en aérospatiale. Les 130 diplômés ont presque tous trouvé du travail.

En 1999, cette formation a été intégrée à la liste regroupant «Les 50 programmes offrant les meilleures perspectives d'insertion au marché du travail», selon la Direction générale de la formation professionnelle et technique (DGFPT) du ministère de l'Éducation. À la DGFPT, on souligne qu'en plus d'être outillés pour œuvrer dans l'industrie de l'aérospatiale, secteur qui se porte très bien actuellement au Québec, ces diplômés peuvent aussi travailler dans d'autres secteurs de la fabrication des équipements de transport. Le taux d'insertion au marché du travail est donc élevé.

Fabricants de systèmes de communications pour l'industrie du transport, transporteurs aériens, manufactures de produits, entreprises sous-traitantes dans l'industrie aérospatiale sont tous des employeurs qui recherchent l'expertise de ces diplômés. Au Centre d'adaptation de la main-d'œuvre en aérospatiale du Québec (CAMAQ), on estime que d'ici les trois prochaines années, on devra pourvoir à 7 000 postes de différente nature (tous postes confondus) dans l'industrie, ce qui inclut des débouchés pour ces diplômés.

Au Québec, les grandes entreprises en aérospatiale, comme Bombardier, ont de bons contrats et les carnets de livraisons se remplissent rapidement. «À l'usine, nous embauchons actuellement plusieurs personnes issues de formations professionnelles. Et cette tendance devrait se poursuivre. Tant que nous signerons des contrats, nous devrons produire des avions et nous aurons besoin de main-d'œuvre spécialisée», affirme Francine Sénécal, conseillère au service des ressources humaines de Canadair.

Le programme de montage de câbles et de circuits en aérospatiale offert à l'ÉMAM a été mis au point en collaboration avec les entreprises du milieu et assure aux employeurs des candidats de choix. «Avant 1994, année où le programme a été implanté, la formation s'apprenait ˝sur le tas˝ et les employés mettaient quelques années avant d'assimiler les notions de base», explique Carmy Hayes, conseiller en formation au CAMAQ.

Selon le site Emploi-Avenir Québec de Développement des ressources humaines Canada, plusieurs facteurs, tels que le vieillissement des aéronefs et l'implantation des nouvelles technologies sur les appareils, influent sur l'activité de l'industrie du transport aérien. En conséquence, le transport aérien devrait connaître une forte croissance au cours des prochaines années et ouvrir des perspectives intéressantes aux spécialistes œuvrant dans ce domaine.

Les employeurs exigent des candidats de la dextérité manuelle, un sens de la mécanique, une excellente capacité de concentration et une maîtrise de la langue anglaise. Les heures supplémentaires peuvent être fréquentes dans ce milieu. De l'avis de Francine Sénécal, les conditions de travail sont très bonnes et les salaires fort intéressants.

11/99

Statistiques

Pour interpréter ces statistiques, voir en pages 22, 23 et 24.

- Nombre de diplômés : **99**
- Temps plein : **100,0 %**
- Proportion de diplômés en emploi (PDE) : **91,9 %**
- En rapport avec la formation : **97,1 %**
- Taux de chômage : **1,4 %**
- Salaire hebdomadaire moyen : **607 $**

Ces données concernent le programme «Montage-câblage en aérospatiale», *La Relance au secondaire en formation professionnelle*, MEQ, 1999.

CNP 9481   CUISEP 455-487

Montage de structures en aérospatiale

Secteur 11

DEP 5197

Établissement offrant le programme

63 ●●●●●●●●●●●●●●●●●●●●●●●●●●●●●●●●●
Voir la liste des établissements en page 416.

Formation professionnelle

Placement

Très recherchés sur le marché du travail, les monteurs de structures en aérospatiale sont actuellement choyés. «Les diplômés se placent pratiquement tous et, parfois, nous n'avons pas assez de candidats pour répondre à la demande des employeurs», affirme Marjolaine Dionne, directrice adjointe et responsable des stages à l'École des métiers de l'aérospatiale de Montréal (ÉMAM), où environ 150 élèves ont terminé le programme en 1999.

En 1999, cette formation a été intégrée à la liste regroupant «Les 50 programmes offrant les meilleures perspectives d'insertion au marché du travail», selon la Direction générale de la formation professionnelle et technique (DGFPT) du ministère de l'Éducation. À la DGFPT, on souligne que les perspectives d'emploi sont très bonnes.

Selon le Centre d'adaptation de la main-d'œuvre en aérospatiale du Québec (CAMAQ), on devra pourvoir à 7 000 postes de différente nature (tous postes confondus) dans l'industrie au cours des trois prochaines années, ce qui inclut des occasions d'emploi pour les diplômés en montage de structures en aérospatiale. «Nos maîtres d'œuvre en aérospatiale ont plusieurs bons contrats et ils embauchent beaucoup de gens», indique Carmy Hayes, conseiller en formation au CAMAQ.

Si certains diplômés trouvent du travail dans des compagnies d'aviation et chez les sous-traitants en aérospatiale, la plupart sont embauchés par les fabricants d'avions. Le Centre de finition Bombardier accueille régulièrement de nouveaux arrivants. «On ajuste nos plans de recrutement en fonction du carnet de livraisons. Depuis cinq mois, une trentaine de candidats de l'ÉMAM sont entrés chez nous», indique Alain Babineau, contremaître dans cette entreprise.

«Les employeurs sont très satisfaits de nos diplômés, car en plus de leurs habiletés techniques, ils ont un comportement propice à l'insertion à l'emploi. Par exemple, ils sont ponctuels et soucieux des règles de santé et de sécurité au travail», poursuit Marjolaine Dionne.

Les qualités recherchées chez les candidats sont la dextérité manuelle, la capacité de lire des plans complexes, le sens des mathématiques, la capacité de travailler en équipe, l'initiative et la débrouillardise.

Selon le site Emploi-Avenir Québec de Développement des ressources humaines Canada, l'augmentation du commerce mondial et des voyages de loisirs entraînera une hausse générale du trafic aérien. De plus, les transporteurs aériens devront remplacer leurs flottes vieillissantes de façon accélérée au cours des prochaines années. Ainsi, les perspectives d'emploi à moyen et à long terme s'annoncent excellentes.

Les grandes compagnies offrent généralement de très bonnes conditions de travail et des salaires intéressants. Le travail sous pression est toutefois chose courante et s'effectue dans un environnement qui peut être bruyant. Par ailleurs, les horaires sont variables et il faut parfois faire des heures supplémentaires.

11/99

Statistiques

Pour interpréter ces statistiques, voir en pages 22, 23 et 24.

- Nombre de diplômés : **104**
- Temps plein : **100,0 %**
- Proportion de diplômés en emploi (PDE) : **91,0 %**
- En rapport avec la formation : **91,5 %**
- Taux de chômage : **6,6 %**
- Salaire hebdomadaire moyen : **616 $**

La Relance au secondaire en formation professionnelle, MÉQ, 1999.

CNP 9424   CUISEP 313-113

Secteur 6

DEP 1233

Opération d'usine
de traitement des eaux

Établissement
offrant le
programme ⑯⑨ ●●●●●●●●●●●●●●●●●●●●●●●●●●●●●●●● ●

Voir la liste des établissements en page 416.

Formation professionnelle

Placement

L'embauche des opérateurs d'usine de traitement des eaux est favorisée par le développement des mesures contre la pollution. À la Commission scolaire des Trois-Lacs à Vaudreuil-Dorion, les 15 diplômés de 1999 ont trouvé un travail à la fin de leur formation. «Les élèves trouvent même un emploi avant d'avoir terminé leurs études! La demande de main-d'œuvre spécialisée est en pleine expansion dans ce domaine», explique Patrick Beaudoin, enseignant et responsable du placement. Il faut noter cependant que l'on est en présence de petites cohortes.

L'entrée en vigueur de normes environnementales plus sévères pour les municipalités, les usines et, un jour, pour les exploitations agricoles devrait contribuer à une certaine croissance de l'emploi, estime pour sa part Isabelle Mailloux, porte-parole du Réseau Environnement (anciennement connu sous le nom d'Association québécoise des techniques de l'eau).

Depuis une décennie environ, toutes les villes doivent se soumettre au programme d'assainissement des eaux du Québec. Les industries ont également construit des stations d'épuration, principalement dans les secteurs des pâtes et papiers, de la pétrochimie et de l'agroalimentaire.

Le mouvement s'étend aussi bien aux grosses industries qu'aux PME. «Pour mieux maîtriser la hausse des coûts de récupération et de recyclage des rejets toxiques, les entreprises sont beaucoup plus nombreuses à gérer elles-mêmes ces aspects. Et les normes sont de plus en plus strictes», souligne Éric Veilleux, responsable de l'environnement au centre de finition Bombardier Aéronautique à Dorval.

Les emplois se trouvent dans divers secteurs économiques. «Bon nombre d'entreprises développent des services spécialisés en environnement, mais il y a aussi beaucoup d'emplois aux différents paliers gouvernementaux. Enfin, il existe des postes dans certains organismes sans but lucratif, qui ont à cœur l'environnement et qui s'occupent de la lutte contre la pollution. Les emplois en environnement sont très diversifiés», explique Robert Ouellet, directeur général du Comité sectoriel de main-d'œuvre de l'environnement.

Les municipalités, les firmes spécialisées dans la décontamination et les compagnies pharmaceutiques comptent aussi parmi les employeurs potentiels pour ces diplômés.

Les horaires de 40 heures hebdomadaires sont généralement la norme. La majorité des diplômés travaillent de jour. Certains doivent travailler aussi le soir ou les week-ends. En cas de problèmes très graves, il faut se déplacer, quelle que soit l'heure du jour ou de la nuit.

11/99

Statistiques

Pour interpréter
ces statistiques,
voir en pages 22, 23 et 24.

- Nombre de diplômés : **22**
- Temps plein : **93,3 %**
- Proportion de diplômés en emploi (PDE) : **83,3 %**
- En rapport avec la formation : **85,7 %**
- Taux de chômage : **6,3 %**
- Salaire hebdomadaire moyen : **500 $**

La Relance au secondaire en formation professionnelle, MÉQ, 1999.

CNP 7284 CUISEP 453-360

Pose
de systèmes intérieurs

Secteur 7

DEP 5118

Établissements
offrant le
programme

23 **63** ●●●●●●●●●●●●●●●●●●●●●●●●●●●●●

Voir la liste des établissements en page 416.

Formation professionnelle

Placement

«Nos diplômés partent comme des petits pains! Depuis mai 1996, on se les arrache», lance Christian Girard, enseignant à l'École des métiers de la construction de Montréal. En 1998, cet établissement revendiquait la note parfaite en matière de placement pour ses diplômés en pose de systèmes intérieurs. En 1999, cette vague se poursuit, puisque la vingtaine de finissants ont tous trouvé un emploi. La majorité travaille dans le secteur commercial de l'industrie de la construction.

À l'École des métiers de la construction de Québec, on enregistre aussi un excellent taux de placement. «Le marché de la construction et de la rénovation est plus soutenu à Montréal, mais nos finissants travaillent tous», explique Jacques Robichaud, conseiller d'orientation. En 1999, 18 élèves ont terminé leur formation dans cet établissement.

«Nous pourrions augmenter notre chiffre d'affaires si nous disposions d'une quantité suffisante de main-d'œuvre compétente en pose de systèmes intérieurs», soutient Claude Comeau, vice-président d'ITR, un important entrepreneur au Québec, également très actif aux États-Unis.

Le contexte économique favorable annonce une période prometteuse. En effet, une étude de la Commission de la construction du Québec (CCQ) parue en novembre 1998[1] laisse entendre que l'activité dans le secteur de la construction pourrait être plus forte en l'an 2000. «L'âge élevé des travailleurs de cette industrie ainsi que la reprise des activités créent des débouchés importants. Quelque 5 000 travailleurs pourraient intégrer annuellement le milieu de la construction au cours des années à venir», souligne Joseph Jetten, économiste à la CCQ.

Un certain manque de main-d'œuvre se profile même à l'horizon, mais ce ne serait pas la première fois qu'on signalerait des pénuries ponctuelles dans cette spécialité. Cette industrie est cyclique et demeure à la merci des fluctuations économiques. Néanmoins, certaines entreprises font valoir des besoins substantiels de personnel compétent pour la pose de systèmes intérieurs au cours des prochaines années.

«Pendant le creux de la vague, entre 1993 et 1995, relate M. Comeau d'ITR, beaucoup de nos ouvriers qualifiés ont abandonné le métier ou sont partis à l'extérieur du pays. Nous faisons maintenant face à un manque important de relève pour les remplacer. Et ce problème s'aggrave d'année en année.»

Le travail n'est pas garanti à longueur d'année, surtout dans les petites entreprises. Le temps partiel ou les contrats de courte durée échoient davantage à l'ouvrier spécialisé mais sans expérience qu'à ses collègues plus âgés.

1. Prévision des heures travaillées dans l'industrie de la construction assujettie à la loi R-20, 1998-1999,
   Direction recherche et organisation, Commission de la construction du Québec, novembre 1998.

11/99

Statistiques

Pour interpréter
ces statistiques,
voir en pages 22, 23 et 24.

- Nombre de diplômés : **9**
- Temps plein : **100,0 %**
- Proportion de diplômés en emploi (PDE) : **50,0 %**
- En rapport avec la formation : **100,0 %**
- Taux de chômage : **0,0 %**
- Salaire hebdomadaire moyen : **604 $**

La Relance au secondaire en formation professionnelle, MÉQ, 1999.

CNP 8431   CUISEP 311-770

Secteur 2

DEP 5167

Production laitière

Établissements
offrant le
programme **3** **14** **53** **55** **110** **122** **137** **144** **154** **157** **163** **164** **172** **182**

Voir la liste des établissements en page 416.

Formation professionnelle

Placement

Il y a actuellement un manque de main-d'œuvre qualifiée dans l'industrie agricole au Québec, particulièrement en production laitière. À la Direction générale de la formation professionnelle et technique du ministère de l'Éducation, on indique que le nombre de diplômés en production laitière est actuellement insuffisant pour répondre à la demande dans ce secteur.

À l'École d'agriculture de Nicolet, les taux de placement sont excellents, autant pour les diplômés issus d'un milieu agricole que pour ceux qui viennent d'ailleurs. «Les 43 diplômés de la promotion de juin 1999 ont un taux de placement de 98 %. Nos élèves viennent d'un peu partout au Québec et ils retournent travailler dans leur région natale, explique Alain Beaudoin, conseiller pédagogique à l'École. Souvent, ils décrochent même un emploi sur leur lieu de stage.»

À la Commission scolaire de Saint-Hyacinthe, 93 % des 50 diplômés en 1998-1999 ont trouvé un emploi relié à leur domaine d'études. Georges Lemay, directeur adjoint chargé de la production agricole, indique pour sa part qu'il faudrait 40 % plus d'élèves pour pouvoir répondre aux offres d'emploi reçues en 1999.

Selon la Fédération des producteurs de lait du Québec, la production laitière est la production animale la plus importante au chapitre des recettes, avec 1,5 milliard de dollars en 1998. La province a produit quelque 2,9 milliards de litres de lait, soit près de 37 % de la production laitière canadienne.

«Environ de 3 à 4 % des fermes laitières disparaissent chaque année, constate Alain Bourbault, directeur de la recherche économique à la Fédération des producteurs de lait du Québec. Cependant, la production augmente, car les entreprises utilisent de plus en plus les nouvelles technologies pour être compétitives. Les besoins de main-d'œuvre qualifiée sont plus grands. Dans ce contexte, une bonne formation devient un atout.» De même, dans la mesure où les producteurs souffrent d'une absence de relève, les élèves (40 %) qui ne proviennent pas d'un milieu agricole trouveront rapidement du travail.

La formation professionnelle en production laitière se penche également sur l'organisation logistique et la gestion, des notions très utiles qu'il est plus difficile d'acquérir «sur le tas». M. Lemay souligne que les producteurs laitiers sont désormais conscients de l'importance d'une solide formation de base. En effet, celle-ci procure à la fois des connaissances technologiques et des éléments en gestion et en économie.

Les diplômés en production laitière travaillent sur une base annuelle et non saisonnière. Les heures de travail sont plus longues durant l'été, particulièrement pendant les périodes d'ensemencement et de récoltes.

11/99

Statistiques

Pour interpréter
ces statistiques,
voir en pages 22, 23 et 24.

• Nombre de diplômés : **173**
• Temps plein : **n/d**
• Proportion de diplômés en emploi (PDE) : **69,5%**

• En rapport avec la formation : **n/d**
• Taux de chômage : **15,0 %**
• Salaire hebdomadaire moyen : **n/d**

La Relance au secondaire en formation professionnelle, MÉQ, 1999.

CNP 7341 CUISEP 455-414

Rembourrage industriel

Secteur 5

DEP 5031

Établissement offrant le programme

50
Voir la liste des établissements en page 416.

Placement

Jean-Marc Luneau, conseiller pédagogique à l'École québécoise du meuble et du bois ouvré, indique qu'il est impossible de préciser le taux de placement des élèves de cette formation, car faute d'inscription, le programme n'a pas démarré depuis deux ans. Cette formation semble susciter peu d'intérêt chez les jeunes. Pourtant, la demande des entreprises est importante, et les emplois sont nombreux, affirme M. Luneau.

La Direction générale de la formation professionnelle et technique du ministère de l'Éducation déplore le fait qu'il n'y ait aucun élève inscrit à ce programme à l'heure actuelle. Étant donné le manque de main-d'œuvre formée dans ce domaine, de futurs diplômés n'auraient probablement aucun mal à trouver du travail.

Magella Larochelle est propriétaire d'une petite entreprise de rembourrage qui œuvre en sous-traitance pour Ameublement Renaissance, un fabricant de meubles commerciaux. Si le nombre d'inscriptions au programme correspondait à la quantité de places qu'offre l'École, tous les finissants trouveraient du travail, soutient M. Larochelle.

Selon lui, si cette formation intéresse peu de gens, c'est que l'on croit à tort que les salaires offerts dans l'industrie sont bas, et qu'ils le demeurent. «Il faut d'abord acquérir de l'expérience pour obtenir une augmentation salariale», précise M. Larochelle.

«Ce travail est très répétitif, car on parle ici de chaînes de production. Celui qui s'attend à faire de la restauration de meubles anciens n'est pas à sa place, prévient Christian Galarneau, coordonnateur au Comité sectoriel de main-d'œuvre des industries des portes et fenêtres, du meuble et des armoires de cuisine. En général, on s'arrache les candidats qui possèdent une formation en rembourrage industriel, on parle même d'un manque de main-d'œuvre.»

Ce sont les compagnies de fabrication en série de meubles qui recrutent, et non les ateliers de réparation. «On considère que ces entreprises connaissent des taux de croissance de 30 % par année. Cela est donc extrêmement prometteur pour l'embauche des rembourreurs industriels», soutient Christian Galarneau.

Outre l'exportation des produits qui joue un rôle primordial dans la croissance de l'industrie, le vieillissement des travailleurs renforce le manque de personnel qualifié. «On perd des employés et la relève se fait rare», souligne Christian Galarneau.

À l'École québécoise du meuble et du bois ouvré, on estime que le taux horaire de base est de 8 $, mais qu'il peut facilement atteindre 14 $, en fonction de l'expérience du candidat. Le travail est répétitif et les horaires peuvent varier.

11/99

Statistiques

Pour interpréter ces statistiques, voir en pages 22, 23 et 24.

- Nombre de diplômés : **n/d**
- Temps plein : **n/d**
- Proportion de diplômés en emploi (PDE) : **n/d**
- En rapport avec la formation : **n/d**
- Taux de chômage : **n/d**
- Salaire hebdomadaire moyen : **n/d**

La Relance au secondaire en formation professionnelle, MÉQ, 1999.

Formation professionnelle

CNP 3233   CUISEP 353-330

Secteur 19

DEP 1094

Santé, assistance et soins infirmiers

Établissements offrant le programme

Voir la liste des établissements de formation en annexe, page 380.

Formation professionnelle

Placement

Le Québec connaît actuellement un sérieux manque d'infirmiers et d'infirmières auxiliaires. «En 1999, les 250 diplômés qui ont accédé au marché du travail n'ont pas suffi à pourvoir à tous les postes disponibles», souligne Micheline L'Écuyer, directrice de la formation à l'Ordre des infirmières et infirmiers auxiliaires du Québec (OIIAQ). La demande est de plus en plus forte pour cette main-d'œuvre qualifiée et, en 1999, le taux de placement était de 96 %.

Le vieillissement de la population combiné au virage ambulatoire draine une bonne partie de ces professionnels vers les centres hospitaliers de longue durée (CHSLD) et, en moins grand nombre, vers les centres hospitaliers de courte durée et en CLSC, notamment en soins à domicile.

La plupart des personnes embauchées commencent toutefois en travaillant à temps partiel et sont inscrites sur les listes de rappel de plusieurs établissements. Les horaires de travail sont variables (jours, soirs, nuits), particulièrement au cours des cinq premières années de service.

«Les infirmiers et infirmières auxiliaires cumulent autant d'heures qu'un employé permanent sans en avoir le statut, souligne Monique Millette, enseignante et responsable du secteur santé au Centre de formation professionnelle Mont-Laurier. Toutefois, à cause des ouvertures plus nombreuses, ils obtiennent un poste régulier peut-être plus rapidement qu'auparavant.»

En effet, la réforme du système de santé et les départs à la retraite massifs ont ouvert bien des portes. Plusieurs établissements de santé éprouvent des difficultés de recrutement. Au CHSLD «De mon quartier» à Montréal, même si on a réussi à trouver les 15 infirmières auxiliaires dont on avait besoin, on reconnaît que l'embauche est difficile. «Il y a peu de candidats disponibles, et on a de la difficulté à recruter les personnes qui répondent exactement à nos critères», explique Huguette T. Rainville, directrice des ressources humaines.

Cette situation devrait toutefois s'améliorer puisqu'on connaît actuellement une croissance importante du nombre d'inscriptions dans les établissements scolaires. «En 1999, plus de 700 élèves se sont inscrits au DEP, affirme Mme L'Écuyer, alors qu'en 1998 on en comptait environ 550. La manne de diplômés arrivera donc sur le marché du travail dans deux ans.»

Soulignons qu'en septembre 2000, un nouveau programme de formation doit être mis en place. «Il sera mieux adapté aux nouvelles réalités, poursuit Mme L'Écuyer. Entre autres, on ajoute des notions en soins palliatifs, un stage en milieu communautaire et un stage en réadaptation physique.»

Au ministère de la Santé et des Services sociaux, on indique qu'un comité de travail évalue les besoins qualitatifs et quantitatifs d'infirmières et infirmiers auxiliaires pour les prochaines années. L'étude devrait être déposée en mars 2000.

11/99

Statistiques

Pour interpréter ces statistiques, voir en pages 22, 23 et 24.

- Nombre de diplômés : **344**
- Temps plein : **58,4 %**
- Proportion de diplômés en emploi (PDE) : **85,5 %**
- En rapport avec la formation : **94,5 %**
- Taux de chômage : **3,9 %**
- Salaire hebdomadaire moyen : **436 $**

La Relance au secondaire en formation professionnelle, MÉQ, 1999.

CNP 9431   CUISEP 315-710

Sciage

Secteur 12

DEP 5088

Établissements
offrant le
programme

15 **23** **159** ●●●●●●●●●●●●●●●●●●●●●●●●●●●●●●●●
Voir la liste des établissements en page 416.

Formation professionnelle

Placement

L'optimisme règne à la Commission scolaire de la Capitale concernant ce programme. «Les diplômés de 1999 ont tous décroché un emploi, mais je continue de recevoir des appels d'employeurs! Nous n'avons que deux groupes de dix élèves, mais on pourrait doubler ce chiffre et ils travailleraient tous», commente Louis Dallaire, directeur de l'École de foresterie et de technologie du bois de Duchesnay.

Le Québec compte environ 500 grosses usines de sciage et près de 700 petites unités, estime Fernand Otis, coordonnateur du Comité sectoriel de main-d'œuvre des industries du bois de sciage. L'industrie québécoise du sciage se scinde en deux secteurs : l'exploitation des résineux, qui représente environ 80 % du marché, et l'exploitation des feuillus, activité plus artisanale surtout concentrée dans la région de l'Outaouais.

Les diplômés en sciage se placent principalement dans les PME exploitant les feuillus, car ils sont actuellement formés à l'utilisation d'un équipement plus spécifique à cette industrie. Avec l'ouverture d'une nouvelle scierie-école prévue pour septembre 2000 à l'École de foresterie et de technologie du bois, on espère remédier à la situation en mettant les deux types d'équipement à la disposition des élèves, explique Louis Dallaire.

«Les feuillus, c'est un monde à part, atteste Alain Duperré, agent de recherche chez Emploi-Québec. La forêt est exploitée différemment et cette particularité se reflète aussi sur le plan du sciage, car les compétences exigées ne sont pas les mêmes.»

Le scieur de feuillus est comme un «artisan» qui cherche à tirer un maximum de bois de qualité d'un arbre. Puisqu'il travaille à la coupe de bois nobles destinés notamment à la fabrication de meubles, les techniques demeurent plus traditionnelles que du côté des résineux, où les scieurs deviennent des opérateurs d'équipements informatisés. La rationalisation de la matière ligneuse, l'optimisation de la production et le développement de nouvelles techniques de sciage devraient toutefois soutenir la demande de scieurs qualifiés. «Les bons débouchés sont en grande partie reliés au roulement de la main-d'œuvre dans l'industrie. Les conditions de travail sont difficiles, aussi le scieur essaie toujours d'améliorer son sort et change d'employeur. Les scieries se "volent" les bons éléments entre elles», poursuit Alain Duperré.

Gilles Jeanrie, de l'Association des manufacturiers de bois du Québec, insiste sur l'importance de la formation en sciage. «Ce métier exige d'excellentes connaissances, non seulement sur les différentes essences de bois, mais aussi sur la mécanique et l'entretien de l'équipement.»

«L'industrie du bois s'est donné comme mot d'ordre d'embaucher des titulaires d'un diplôme», confirme Fernand Otis. Même si l'heure est à la productivité, plus le travailleur sera compétent et formé, meilleures seront ses chances de promotion.

11/99

Statistiques

Pour interpréter
ces statistiques,
voir en pages 22, 23 et 24.

- Nombre de diplômés : **10**
- Temps plein : **100,0 %**
- Proportion de diplômés en emploi (PDE) : **87,5 %**
- En rapport avec la formation : **71,4 %**
- Taux de chômage : **12,5 %**
- Salaire hebdomadaire moyen : **632 $**

La Relance au secondaire en formation professionnelle, MÉQ, 1999.

CNP 7265 CUISEP 455-485

Secteur 16

DEP 5195

Soudage-montage

Établissements
offrant le
programme

●●●●●●●●●●●●●●●●●●●●●●●●●●●●●●●●●●●●●

Voir la liste des établissements de formation en annexe, page 380.

Formation professionnelle

Placement

Les centres de formation professionnelle seraient littéralement submergés d'appels d'entrepreneurs à la recherche de diplômés en soudage-montage. Au Centre de métallurgie de Laval, les 40 diplômés de la promotion de 1998-1999 ont tous décroché un emploi. «La demande est très forte, on reçoit plus d'offres qu'on n'a de candidats disponibles», souligne Francine Éthier du service de placement.

Au Centre de formation professionnelle Pavillon-de-l'Avenir, à Rivière-du-Loup, le taux de placement atteint aussi 100 % pour la quarantaine de diplômés. Cette institution reçoit des appels de nombreux employeurs des régions avoisinantes. «Beaucoup d'entre eux proviennent de la région de Drummondville, où le besoin de soudeurs-monteurs est grand. Il y en a aussi de la Beauce et de la Gaspésie. Dans ces régions, les centres de formation n'arrivent pas à répondre à la demande», explique Jean-Yves Guérette, professeur au Centre.

À la Direction générale de la formation professionnelle et technique du ministère de l'Éducation, on confirme que les compétences de ces diplômés sont fréquemment recherchées sur le marché du travail, plus précisément en ce qui a trait au montage.

Les PME œuvrant dans le secteur de la métallurgie recherchent activement les soudeurs-monteurs. La présence de ces travailleurs qualifiés revêt aussi une importance stratégique pour les entreprises des secteurs industriels de la production et de la fabrication.

«Beaucoup d'entreprises sont en expansion grâce à la relance économique, explique Yvon Campeau, consultant de formation en entreprise à la Commission scolaire de la Pointe-de-l'Île. De plus, l'Accord de libre-échange nord-américain a ouvert le marché vers les États-Unis et nos industries sont compétitives. Cela nous amène des contrats et favorise la création d'emplois.»

L'entreprise montréalaise Lefebvre frères, un fabricant de machinerie sur mesure, peut en témoigner. Elle a décroché de nombreux contrats sur le marché américain, ce qui a contribué à son développement. La compagnie a donc un besoin accru de soudeurs-monteurs. Yves Duquette, directeur des ressources humaines, précise toutefois que l'entreprise recherche des travailleurs diplômés qui comptent deux ou trois années d'expérience.

Actuellement, la plupart des centres de formation professionnelle offrent le nouveau programme en soudage-montage, qui combine les notions de l'ancien DEP en soudage général et de l'ASP en soudage-assemblage. «Les élèves consacrent plus d'heures à l'apprentissage de la lecture de plans. Ils apprennent aussi à se servir de différents types de machines, telles que la plieuse, la coupeuse. De cette façon, ils sont plus polyvalents et mieux préparés à l'emploi, ce qui répond à la demande de l'industrie», explique Jean-Yves Guérette.

11/99

Statistiques

Pour interpréter
ces statistiques,
voir en pages 22, 23 et 24.

- Nombre de diplômés : **516**
- Temps plein : **98,0 %**
- Proportion de diplômés en emploi (PDE) : **75,4 %**
- En rapport avec la formation : **84,6 %**
- Taux de chômage : **11,9 %**
- Salaire hebdomadaire moyen : **495 $**

La Relance au secondaire en formation professionnelle, MÉQ, 1999.

CNP 2242   CUISEP 455-350

Techniques d'entretien d'équipement de bureau

Secteur 9

DEP 5023

Établissements
offrant le
programme

25 **52** **157** ●●●●●●●●●●●●●●●●●●●●●●●●●●●●●●●●●●●
Voir la liste des établissements en page 416.

Formation professionnelle

Placement

«Le taux de placement est pratiquement de 100 % pour les élèves diplômés en 1999, fait valoir Yoland Trudel, adjoint au directeur du programme au Centre de formation professionnelle (CFP) de Rochebelle. Nous recevons très souvent des offres d'emploi pour nos diplômés et nous n'avons plus de candidats. Les finissants doivent cependant faire preuve de mobilité, car beaucoup de postes sont à l'extérieur de la région de Québec, notamment à Montréal ou encore en région éloignée.»

Les diplômés travaillent dans les petites et les grandes entreprises qui manufacturent ou vendent les différents appareils utilisés dans les bureaux : photocopieurs, machines à écrire, télécopieurs, appareils d'enregistrement, etc.

Cependant, le marché évolue et de plus en plus de diplômés se placent en informatique. Il est donc important pour le technicien d'avoir les deux spécialités. À l'ère des ordinateurs et d'Internet, la spécialisation s'impose sur le plan technique. Ainsi, en 1999, au CFP de Rochebelle, sur la soixantaine de diplômés, près des deux tiers ont poursuivi leurs études afin d'obtenir une attestation de spécialisation professionnelle (ASP) en réparation de micro-ordinateurs.

«L'obtention d'un emploi est garantie si l'élève complète cette ASP. Par exemple, une entreprise spécialisée en informatique nous a récemment contactés. On recherchait une vingtaine de diplômés en réparation de micro-ordinateurs», précise Yoland Trudel.

«Actuellement, la vente et la réparation d'équipements de bureau est un marché qui croît de 11 à 12 % par année, ajoute Robert Bouchard, directeur des opérations chez Vente Directe, la division de Canon spécialisée dans ces secteurs. Les nouveaux appareils numériques vont remplacer rapidement la norme analogique. La câblodistribution, la téléphonie, l'installation d'ascenseurs et de systèmes d'alarme offrent aussi des avenues intéressantes.»

Robert Bouchard indique que bon nombre de diplômés décrochent un emploi chez les distributeurs de produits Canon, Konica, Minolta, Panasonic, Sharp ou Toshiba. Les vendeurs d'ordinateurs, les détaillants d'électronique, les grandes surfaces, les entreprises privées et les organisations gouvernementales sont aussi des employeurs potentiels.

Le CFP de Rochebelle encourage d'ailleurs les titulaires d'un DEP en techniques d'entretien d'équipement de bureau à acquérir d'autres compétences en réseautique et en informatique. Les équivalences reconnues au DEP permettent d'obtenir un DEC en technologie de l'électronique, option ordinateur, en dix-huit mois plutôt qu'en trois ans.

11/99

Statistiques

Pour interpréter
ces statistiques,
voir en pages 22, 23 et 24.

- Nombre de diplômés : **48**
- Temps plein : **93,1 %**
- Proportion de diplômés en emploi (PDE) : **80,6 %**
- En rapport avec la formation : **81,5 %**
- Taux de chômage : **12,1 %**
- Salaire hebdomadaire moyen : **424 $**

La Relance au secondaire en formation professionnelle, MÉQ, 1999.

CNP 7231   CUISEP 455-460

Secteur 11

DEP 1493

Techniques d'usinage

Établissements
offrant le
programme

Voir la liste des établissements de formation en annexe, page 380.

Placement

À l'École des métiers de l'aérospatiale, le taux de placement continue d'année en année de frôler 100 %. «Nous avions une centaine de diplômés en 1998-1999 et ils sont presque tous en emploi. Ceux qui ne se trouvent pas de travail manquent de motivation ou d'intérêt», souligne Marjolaine Dionne, directrice adjointe à l'École. Même son de cloche au Pavillon Auger, au Lac-Saint-Jean, qui affiche un taux de placement de 100 % pour ses quelque 60 diplômés.

À la Direction générale de la formation professionnelle et technique du ministère de l'Éducation, on mentionne que ces diplômés trouvent preneurs dans le secteur manufacturier, dans les usines de pointe comme Bombardier, de même que dans les entreprises spécialisées dans l'entretien, la réparation ou la production de pièces diverses.

Le DEP en techniques d'usinage a récemment été révisé pour offrir une formation plus poussée en usinage sur machines-outils à commande numérique. Depuis septembre 1999, le programme dure 1 800 heures et intègre plusieurs notions de l'attestation de spécialisation professionnelle (ASP) en usinage sur machines-outils à commande numérique; cette ASP a, par conséquent, été réduite à 450 heures. Les modifications au programme de DEP ont été apportées pour répondre plus adéquatement aux besoins des entreprises qui sont de plus en plus nombreuses à s'équiper de machines à commande numérique.

Les diplômés trouvent du travail dans les ateliers d'usinage et dans les grandes entreprises. «Celles-ci embauchent généralement des travailleurs qui ont davantage d'expérience ainsi que des connaissances en commande numérique», précise Mme Dionne. Les besoins de pièces usinées sont très importants, et ce, dans des secteurs variés : construction d'automobiles, de camions, de trains, de même qu'en aéronautique, l'un des secteurs de pointe de l'économie québécoise.

Chez Messier-Dowty, un fabricant de trains d'atterrissage, on n'embauche que des techniciens qui ont terminé un DEP en techniques d'usinage, complété par l'ASP en usinage sur machines-outils à commande numérique. Selon Anouk Rivard, généraliste aux ressources humaines de l'entreprise, ces spécialistes sont parfois difficiles à trouver quand d'autres entreprises du secteur aéronautique sont aussi en période d'embauche.

«Le manque de main-d'œuvre empêche les compagnies de croître au rythme voulu», soutient Michel Desrochers, du ministère de l'Industrie et du Commerce. Selon lui, les employeurs ne parviennent pas à remplacer les outilleurs chevronnés qui prennent leur retraite parce que, d'une part, les écoles ne sont pas en mesure de former plus de candidats faute de ressources et, d'autre part, parce que cette formation est encore mal connue et boudée par les élèves.

Selon le site Emploi-Avenir Québec de Développement des ressources humaines Canada, les emplois manuels comme ceux de machinistes attirent peu de nouveaux arrivants, ce qui assure un excellent taux de placement aux finissants dans cette discipline.

11/99

Statistiques

Pour interpréter
ces statistiques,
voir en pages 22, 23 et 24.

- Nombre de diplômés : **625**
- Temps plein : **98,2 %**
- Proportion de diplômés en emploi (PDE) : **81,6 %**
- En rapport avec la formation : **83,5 %**
- Taux de chômage : **7,9 %**
- Salaire hebdomadaire moyen : **498 $**

La Relance au secondaire en formation professionnelle, MÉQ, 1999.

CNP 6421   CUISEP 111-700

Vente-conseil

Secteur 1

DEP 5196

Établissements
offrant le
programme

●●●●●●●●●●●●●●●●●●●●●●●●●●●●●●●●●●

Voir la liste des établissements de formation en annexe, page 380.

Formation professionnelle

Placement

Laurier Lemelin, responsable du programme à la Commission scolaire de Kamouraska-Rivière-du-Loup, affirme que tous ses bons élèves trouvent du travail. «En 1999, environ la moitié des élèves étaient assurés d'obtenir un emploi avant même d'avoir terminé leur stage obligatoire, et près de 90 % des 37 diplômés ont déniché un emploi dès la fin de leurs études. Du côté du Centre Daniel-Johnson, situé dans la région de Montréal, selon les plus récents chiffres disponibles, les 16 diplômés de 1998 se sont placés. Dans la région de Sherbrooke, au Centre de formation professionnelle 24-Juin, 75 % des 17 élèves diplômés en 1999 ont décroché un emploi.

Le Conseil québécois du commerce de détail indique que ce secteur compte au-delà de 400 000 travailleurs au Québec, répartis dans plus de 27 000 entreprises et 65 000 établissements commerciaux. Ce sont donc des employeurs potentiels pour les futurs vendeurs puisque la vente (vente, supervision, gérance, etc.) représente environ 70 % des postes.

«Les ventes progressent depuis quelques années, principalement dans le secteur manufacturier. Ça va plutôt bien et l'ensemble du secteur est stable», souligne Gaston Lafleur, président et directeur général du Conseil.

«Les débouchés se trouvent surtout dans les grandes entreprises établies, comme les chaînes, les quincailleries, etc.», ajoute Laurier Lemelin. Selon lui, la formation équivaut à trois ou quatre années d'expérience sur le terrain. «Être bon vendeur, ce n'est pas seulement bien parler! Il y a d'autres qualités à acquérir, comme la communication efficace avec la clientèle, la capacité de la conseiller et d'être convaincant.»

De l'avis de Laurier Lemelin, les secteurs prometteurs sont le meuble, le vêtement et l'informatique appliquée (comme les pages Web), un nouveau créneau dans lequel beaucoup de vendeurs seront appelés à travailler.

Au service des ressources humaines du Groupe San Francisco, on confirme que l'industrie se porte très bien et que les perspectives d'emploi sont intéressantes dans cette entreprise, notamment en vente-conseil.

«Je pense que les diplômés ont de bonnes chances de se placer, pourvu qu'ils soient persévérants et que ce soit vraiment leur métier. Si c'est le cas, le programme de formation en vente-conseil pourra les aider à parfaire leurs connaissances et ils auront une longueur d'avance sur ceux qui n'ont pas de formation», indique Daniel Lévesque, directeur des ventes chez Ameublement Tanguay, une entreprise qui possède une dizaine de magasins et emploie près de 300 vendeurs.

Manon Lavigne, enseignante au Centre Daniel-Johnson, est du même avis. «La demande dans le secteur des ventes est très forte. Les élèves qui complètent une formation en vente-conseil ont un rendement bien supérieur à celui des gens qui n'ont pas de formation reliée. Les diplômés peuvent aspirer à des postes d'adjoint du gérant ou de gérant dans les commerces de détail.»

11/99

Statistiques

Pour interpréter
ces statistiques,
voir en pages 22, 23 et 24.

- Nombre de diplômés : **350**
- Temps plein : **75,4 %**
- Proportion de diplômés en emploi (PDE) : **74,9 %**
- En rapport avec la formation : **82,6 %**
- Taux de chômage : **13,8 %**
- Salaire hebdomadaire moyen : **373 $**

La Relance au secondaire en formation professionnelle, MÉQ, 1999.

CNP 7312   CUISEP 455-440

Secteur 10

ASP 5009

Diesel
(injection et contrôles électroniques)—

Établissements
offrant le
programme   ●

Voir la liste des établissements en page 416.

Formation professionnelle

Placement

Avec une industrie du camionnage en pleine expansion, la surveillance accrue de l'état mécanique des véhicules lourds devient primordiale. Ainsi, sur le marché du travail, on s'arrache les diplômés formés pour faire l'entretien, la réparation et le réusinage des moteurs Diesel. Mais il y a peu d'élèves inscrits!

Au Centre de formation professionnelle Pavillon-de-l'Avenir, à Rivière-du-Loup, selon les plus récentes statistiques disponibles, les six diplômés en 1998 se sont tous placés. «Le taux de placement est excellent depuis plusieurs années, précise Herman Dubé, conseiller d'orientation. Les élèves qui poursuivent à l'ASP en diesel veulent parfaire leurs connaissances et être plus polyvalents. Cependant, plusieurs se désistent en cours de route, car ils ont déjà une offre d'emploi! Ainsi, actuellement, nous avons un groupe de 11 élèves sur une capacité de 30.»

Au Centre de formation en conduite et en mécanique de véhicules lourds, dans la région de Québec, les élèves se font également rares. En effet, 15 personnes sur une capacité de 32 suivent le programme en 1999.

Ronald Morneau, conseiller pédagogique au Centre de formation professionnelle Pavillon-de-l'Avenir, précise que cette ASP est actuellement en révision au ministère de l'Éducation. Le programme revu sera offert en 2000 ou en 2001 et sera très axé sur les composantes électroniques et les nouvelles technologies. Ronald Morneau croit qu'il attirera beaucoup plus d'élèves. Manon Bergeron, directrice de l'École des métiers de l'équipement motorisé de Montréal, partage également cet avis.

À la Direction générale de la formation professionnelle et technique du ministère de l'Éducation, on indique qu'il y a malheureusement très peu d'élèves qui suivent cette ASP. Puisqu'ils ont des compétences spécifiques (en injection électronique, par exemple), ces rares diplômés sont toujours très recherchés.

Pour être admis à cette attestation de spécialisation professionnelle (ASP), les élèves doivent avoir suivi l'une des deux formations suivantes : mécanique d'engins de chantier (bouteurs, tracteurs, pelles mécaniques) ou mécanique de véhicules lourds routiers (camions).

Selon M. Dubé, peu d'élèves s'inscrivent, car le taux de placement des diplômés des DEP préalables est excellent. Les diplômés intègrent donc bien le marché du travail et sont moins enclins à poursuivre leurs études. De plus, il souligne que les élèves de l'ASP en diesel n'ont pas accès à une bourse, mais seulement à un prêt. «Pour les élèves en région qui doivent souvent parcourir de grandes distances pour étudier, ça peut devenir un problème. Nous desservons tout l'est du Québec, y compris la Côte-Nord.»

11/99

Statistiques

Pour interpréter
ces statistiques,
voir en pages 22, 23 et 24.

- Nombre de diplômés : **46**
- Temps plein : **100,0 %**
- Proportion de diplômés en emploi (PDE) : **97,3 %**
- En rapport avec la formation : **91,7 %**
- Taux de chômage : **2,7 %**
- Salaire hebdomadaire moyen : **516 $**

La Relance au secondaire en formation professionnelle, MÉQ, 1999.

CNP 2234   CUISEP 455-310

Estimation — en électricité

Secteur 9

ASP 5000

Établissements offrant le programme

23 **149** ●●●●●●●●●●●●●●●●●●●●●●●●●●●●●●●●●●
Voir la liste des établissements en page 416.

Formation professionnelle

Placement

À la Commission scolaire de Laval, on comptait 14 diplômés en 1999. Jacques Robitaille, enseignant à l'école Le Chantier de Laval, indique que tous les diplômés ont rapidement trouvé un emploi.

À l'École des métiers de la construction de Québec, pour une deuxième année consécutive, on n'a pu offrir le programme, faute de candidats. Pourtant, dans la mesure où l'on s'en tient à une quinzaine de diplômés tous les deux ans, les possibilités d'embauche dans ce domaine sont excellentes, croit Jacques Robichaud, conseiller d'orientation. «Le taux de placement est très bon pour ce secteur. On assiste à une excellente reprise dans l'industrie de la construction. Il y a davantage de besoins, mais malheureusement trop peu d'inscriptions.»

Alain Paradis, directeur général à la Corporation des maîtres électriciens du Québec, partage cet avis. «Faire des soumissions justes est un art. Les estimateurs en électricité sont une denrée rare et sont particulièrement recherchés par les constructeurs.»

Responsable de l'embauche chez Gastier, entrepreneur général, André Guénette reconnaît que la demande est constante. Il précise toutefois qu'en ce qui le concerne, le recrutement n'est pas toujours facile étant donné le manque d'expérience des candidats. «Les estimateurs en électricité doivent aller chercher des contrats et présenter des soumissions intéressantes aux clients, sans pour autant qu'elles compromettent la santé financière de l'entreprise pour laquelle ils travaillent. Cela demande donc un minimum d'expérience.»

Pour sa part, Robert Leduc, vice-président chez J. L. LeSaux, une entreprise spécialisée dans l'électricité de bâtiment, vante l'esprit d'analyse des estimateurs, une qualité qu'on ne trouve pas nécessairement chez les électriciens conventionnels.

Cette attestation de spécialisation professionnelle (ASP) permet de bonifier le DEP en électricité. Parmi les champs de pratique d'avenir pour les diplômés figurent les systèmes d'alarme, le câblage téléphonique, la fibre optique, les câbles coaxiaux et la domotique. Les estimateurs en électricité peuvent aussi trouver de l'emploi auprès des firmes d'ingénieurs, des cabinets d'architectes et d'estimateurs.

En ce qui a trait à la rémunération, les sources consultées s'entendent pour dire que les estimateurs gagnent généralement des salaires moins élevés que ceux offerts dans le milieu de la construction. Les bons estimateurs peuvent cependant monnayer leur compétence, voire lancer leur propre entreprise, mais l'entrepreneurship demeure timide.

11/99

Statistiques

Pour interpréter ces statistiques, voir en pages 22, 23 et 24.

- Nombre de diplômés : **n/d**
- Temps plein : **n/d**
- Proportion de diplômés en emploi (PDE) : **n/d**
- En rapport avec la formation : **n/d**
- Taux de chômage : **n/d**
- Salaire hebdomadaire moyen : **n/d**

La Relance au secondaire en formation professionnelle, MÉQ, 1999.

CNP 7232   CUISEP 453-000

Secteur 11

ASP 5158

Fabrication de moules

Établissements
offrant le
programme 🔢 🔢 🔢 🔢 ●●●●●●●●●●●●●●●●●●●●●●●●

Voir la liste des établissements en page 416.

Placement

La fabrication de moules est une spécialisation qui peut suivre le DEP en techniques d'usinage (voir en page 278). À la Direction générale de la formation professionnelle et technique du ministère de l'Éducation, on indique que les diplômés en fabrication de moules sont recherchés étant donné leur connaissance des alliages et leur habileté à concevoir des moules.

À la Commission scolaire des Hautes-Rivières, le taux de placement était de 100 % en 1997-1998. En 1999, on affiche toujours complet puisque les 11 diplômés ont intégré le marché du travail. À la Commission scolaire Marguerite-Bourgeoys, une première cohorte de 13 élèves a terminé au printemps 1999 et ces nouveaux arrivants ont tous trouvé un emploi.

Le domaine de la fabrication de moules connaît actuellement un manque de main-d'œuvre qui ne semble pas vouloir se résorber. L'utilisation croissante des matières plastiques depuis le milieu des années 1980 ainsi que le vieillissement des travailleurs qualifiés en outillage ne font rien pour aider les entreprises qui sont déjà incapables de répondre à la demande.

«Actuellement, l'industrie n'est en mesure de remplir que la moitié des commandes à cause du manque de main-d'œuvre», explique Jean-Guy Ménard, président du Conseil de l'industrie de fabrication de moules, matrices et outillage.

Réal Vézina, enseignant et responsable du programme à la Commission scolaire des Hautes-Rivières, est d'avis que la demande va durer. «Il faut faire des efforts pour hausser le nombre d'élèves qui participent au programme», affirme-t-il.

Les diplômés de cette attestation de spécialisation professionnelle (ASP) peuvent œuvrer à titre d'outilleurs-modeleurs, de finisseurs de moules ou de gabarieurs-modeleurs dans des usines ou des ateliers spécialisés en fabrication de produits plastiques, ou auprès d'entreprises d'outillage fabriquant des moules à injection plastique.

Au service des ressources humaines de Plastic Yamaska, Carole Meunier confirme que les employeurs ont besoin de main-d'œuvre qualifiée. «Notre entreprise étant spécialisée, nous recherchons des candidats compétents ayant une bonne formation et de l'expérience en fabrication de moules.»

Serge Robitaille, consultant en formation industrielle à la Commission scolaire Marguerite-Bourgeoys, soutient qu'il faut un minimum de cinq ans d'expérience dans ce métier avant d'acquérir une certaine maîtrise des techniques.

11/99

Statistiques

Pour interpréter
ces statistiques,
voir en pages 22, 23 et 24.

- Nombre de diplômés : **7**
- Temps plein : **100,0 %**
- Proportion de diplômés en emploi (PDE) : **83,3 %**
- En rapport avec la formation : **80,0 %**
- Taux de chômage : **0,0 %**
- Salaire hebdomadaire moyen : **503 $**

La Relance au secondaire en formation professionnelle, MÉQ, 1999.

Formation professionnelle

CNP 7232 CUISEP 455-465

Outillage

Secteur 11

ASP 5042

(23) (54) (63) (157) (171)

Établissements offrant le programme

Voir la liste des établissements en page 416.

Placement

En 1999, au Centre de formation professionnelle de Neufchâtel, les huit élèves diplômés de l'attestation de spécialisation professionnelle (ASP) en outillage ont trouvé un emploi.

À la Commission scolaire Marie-Victorin, on offre, en alternance travail-études, une version allongée de la formation en outillage, soit 2 000 heures contre 900 heures pour la version régulière. «La grande majorité des 12 à 15 élèves qui sont diplômés chaque année se trouvent rapidement un boulot», affirme Michel Robillard, conseiller pédagogique.

Cet excellent taux de placement ne s'explique pas que par le petit nombre de finissants. «Les entreprises ont de plus en plus besoin de travailleurs spécialisés. En effet, les équipements sont plus complexes depuis l'avènement des commandes numériques, entre autres», explique Jean Brochu, professeur en outillage à Neufchâtel.

L'ASP en outillage, qui bonifie le DEP en techniques d'usinage (voir en page 278), permet d'approfondir et d'appliquer les théories de base à la fabrication de gabarits d'outillage. Sur le marché du travail, la différence entre machiniste et outilleur est marquée. «L'outilleur est un machiniste qui peut travailler avec beaucoup plus de précision, de raffinement, et qui doit être davantage autonome. En outre, sa spécialisation peut lui permettre de grimper plus facilement les échelons dans une entreprise», explique Gilbert Lessard, conseiller pédagogique au Centre de formation L'Émergence situé à Deux-Montagnes, où est offert le programme depuis septembre 1999.

Machinistes et outilleurs trouvent néanmoins de l'emploi auprès des mêmes employeurs et travaillent dans les ateliers d'usinage qui fabriquent des pièces d'avions, d'automobiles ou d'autres appareils. Le nouveau diplômé en outillage est souvent embauché à titre de machiniste, puisque l'outillage est un secteur très pointu qui, selon plusieurs employeurs, exige une certaine expérience de travail.

«Nous concevons différents outils qui servent à fabriquer des pièces de moteur. La précision est de rigueur», explique René Moreau, superviseur chez Pratt & Whitney Canada inc., où s'activent une soixantaine d'outilleurs. «C'est pour cette raison que dans notre entreprise, il faut 10 ans pour devenir un vrai outilleur : tous les employés commencent à un poste de machiniste et accèdent ensuite successivement à chacun des trois grades d'outilleur. Le travail est donc toujours plus précis et complexe à la fois.»

En 1999, cette formation a été intégrée à la liste regroupant «Les 50 programmes offrant les meilleures perspectives d'insertion au marché du travail», selon la Direction générale de la formation professionnelle et technique (DGFPT) du ministère de l'Éducation. À la DGFPT, on fait valoir que cette formation offre généralement de très bonnes perspectives d'emploi dans le secteur manufacturier et que les travailleurs profitent de salaires élevés.

Ainsi, plusieurs portes s'ouvrent aux diplômés. Ils peuvent devenir outilleurs, bien sûr, mais aussi outilleurs-matriceurs, outilleurs-modeleurs ou inspecteurs de la qualité.

11/99

Statistiques

Pour interpréter ces statistiques, voir en pages 22, 23 et 24.

- Nombre de diplômés : **43**
- Temps plein : **96,3 %**
- Proportion de diplômés en emploi (PDE) : **81,8 %**
- En rapport avec la formation : **88,5 %**
- Taux de chômage : **10,0 %**
- Salaire hebdomadaire moyen : **552 $**

La Relance au secondaire en formation professionnelle, MÉQ, 1999.

CNP 6453   CUISEP 312-700

Secteur 3

ASP 5129

Sommellerie

Établissements
offrant le
programme

Voir la liste des établissements en page 416.

Formation professionnelle

Placement

L'attestation de spécialisation professionnelle (ASP) en sommellerie permet de bonifier le DEP en service de la restauration. Le taux de placement de ces diplômés est en hausse constante depuis quelques années.

«Les 17 diplômés de la promotion de juin 1999 ont tous un emploi, explique Philippe Belleteste, directeur de l'École hôtelière des Laurentides. Il faut dire que la majorité des élèves évoluaient déjà dans le milieu de la restauration et de l'hôtellerie avant d'entamer leur ASP.» Au Centre intégré en alimentation et en tourisme de Québec, la quarantaine d'élèves inscrits au programme de sommellerie en 1998-1999 ont tous trouvé du travail dans leur domaine d'études.

Philippe Belleteste est d'avis que les employeurs exigent de plus en plus cette formation. «C'est obligatoire pour tous nos serveurs, confirme Guy Lelièvre, maître d'hôtel au restaurant L'Eau à la bouche, à Sainte-Adèle. Depuis une vingtaine d'années, les Québécois recherchent des accords entre les mets et les vins plus raffinés. Et ils veulent faire évoluer leurs connaissances en traitant avec des spécialistes.»

Richard Abel, maître d'hôtel au restaurant du Club de golf de Laval-sur-le-Lac, renchérit. «Ces travailleurs sont tout particulièrement attentifs aux besoins d'une clientèle haut de gamme telle que la nôtre. Ils ne chercheront pas à épater la galerie, mais verront à répondre aux goûts et aux désirs de leurs clients.»

L'évolution des plaisirs de la table fait réfléchir les quelque 20 000 établissements hôteliers et de restauration au Québec[1]. S'il est vrai que moins de 300 d'entre eux emploient un sommelier, ce nombre devrait pourtant augmenter dans les années 2000, selon M. Belleteste. Ce dernier évalue ainsi à 3 000 la quantité d'établissements qui pourraient employer un ou des sommeliers dans le futur. «Diverses chaînes de restauration songent en effet à enrichir la composition de la carte des vins pour mieux répondre aux besoins de la clientèle. C'est le cas des Rôtisseries Saint-Hubert, par exemple.»

Les diplômés peuvent également occuper un poste de représentant dans les agences promotionnelles de vins et de spiritueux, c'est-à-dire les organismes intermédiaires qui traitent avec les fournisseurs et la Société des alcools du Québec (SAQ). «En 1998, de 15 à 20 % de nos diplômés ont trouvé du travail dans ce champ d'activité, souligne M. Belleteste. On observe que de plus en plus d'élèves combinent à la fois les fonctions de serveur et de vendeur. D'autres chaussent les souliers de conseiller à la SAQ. Quelques-uns tentent de réaliser une percée dans l'industrie touristique.»

En ce qui concerne la rémunération des sommeliers, M. Belleteste affirme constater des différences notables d'un restaurant à un autre. Certains établissements offriraient aux titulaires de cette ASP un salaire à peine plus élevé que celui des autres employés.

1. Association des restaurateurs du Québec.

11/99

Statistiques

Pour interpréter
ces statistiques,
voir en pages 22, 23 et 24.

- Nombre de diplômés : **29**
- Temps plein : **86,4 %**
- Proportion de diplômés en emploi (PDE) : **95,8 %**
- En rapport avec la formation : **89,5 %**
- Taux de chômage : **0,0 %**
- Salaire hebdomadaire moyen : **446 $**

La Relance au secondaire en formation professionnelle, MÉQ, 1999.

CNP 9511   CUISEP 455-460

Usinage sur machines-outils — à commande numérique

Secteur 11

ASP 5019

Formation professionnelle

① ⑭ ㉓ ㊶ ㊼ ⑭ ㉒ ⑥ ⑥ ⑭ ⑬ ⑭ ⑭ ⑭ ⑭ ⑮ ⑲ ⑰ ⑭ ㊰ ○ ○ ○ ○ ○ ○ ○ ○

Établissements offrant le programme

Voir la liste des établissements en page 416.

Placement

Cette formation, qui peut compléter le diplôme d'études professionnelles (DEP) en techniques d'usinage, débouche sur un emploi de machiniste capable de faire fonctionner un centre d'usinage, soit une machine-outil commandée par l'informatique.

Au terme du programme, les diplômés peuvent aspirer à un emploi au sein de grandes entreprises comme Pratt & Whitney, Bell Helicopter, Bombardier, etc., des compagnies très dynamiques dans l'économie québécoise. Ils peuvent également travailler pour un atelier de sous-traitance. «Il y a aussi tout le domaine de la transformation des matières premières qui emploie beaucoup de nos diplômés», explique Pierre Bélanger, directeur de l'École des métiers de l'aérospatiale de Montréal. Dans cet établissement, on note un taux de placement d'environ 95 % pour les 60 diplômés de 1998-1999.

En région, on partage le même optimisme. À la Commission scolaire de Kamouraska-Rivière-du-Loup, les 32 élèves de la promotion de 1999 ont tous trouvé un emploi, explique Pierre Malenfant, enseignant dans le domaine.

À la Direction générale de la formation professionnelle et technique du ministère de l'Éducation, on confirme que les diplômés trouvent facilement de l'emploi étant donné leurs compétences fortement recherchées au sein de nombreuses industries.

Dans le site Emploi-Avenir Québec de Développement des ressources humaines Canada, on souligne que l'emploi pour cette profession devrait connaître un taux de croissance annuel de 2,3 % entre 1997 et 2002, taux supérieur à la moyenne.

Michel Desrochers, conseiller en développement industriel au ministère de l'Industrie et du Commerce, remarque pour sa part que la demande va en s'accroissant parce qu'on manque de main-d'œuvre qualifiée dans ce secteur. «Ces diplômés sont donc très convoités par les employeurs. Lorsqu'une entreprise concurrente implante un nouvel équipement de précision et que cela lui permet d'accroître sa production, cela fait réfléchir ceux qui s'en tiennent encore à la machinerie conventionnelle. Je crois que la tendance est là pour rester.»

En ce qui concerne la rémunération de ces spécialistes, elle peut varier en fonction de la taille de l'entreprise. Selon Pierre Malenfant, dans les petits ateliers, les salaires oscillent autour de 9 à 11 $ l'heure, comparativement à 20 $ l'heure dans les grandes entreprises. Les PME offrent généralement un horaire de travail de jour. En revanche, plus la taille et la production de la compagnie augmentent, plus les horaires sont susceptibles de varier (jour, soir, nuit).

11/99

Statistiques

Pour interpréter ces statistiques, voir en pages 22, 23 et 24.

- Nombre de diplômés : **363**
- Temps plein : **98,4 %**
- Proportion de diplômés en emploi (PDE) : **93,1 %**
- En rapport avec la formation : **91,6%**
- Taux de chômage : **3,4 %**
- Salaire hebdomadaire moyen : **527 $**

La Relance au secondaire en formation professionnelle, MÉQ, 1999.

CNP 2244 CUISEP 455-350

Secteur 9

DEC 280.04

Avionique

Établissement
offrant le
programme ⑰⑨ ●●●●●●●●●●●●●●● ●●●●●●●●●●●●

Voir la liste des établissements en page 416.

Formation collégiale

Placement

À l'École nationale d'aérotechnique, jumelée au Collège Édouard-Montpetit, on indique que 85 % des finissants de 1999 ont trouvé un emploi. «Nous sommes sur une belle lancée, déclare Louis-Marie Dussault, conseiller pédagogique aux stages et placement. Encore cette année, plusieurs grandes compagnies sont venues recruter sur le campus. Les carnets de commandes de nos constructeurs sont bien remplis pour les années à venir; c'est pourquoi il y a un accroissement de la demande de ces techniciens.»

Avec le départ à la retraite d'un bon nombre de travailleurs du domaine aéronautique, plusieurs joueurs importants de l'industrie, dont les grands constructeurs et transporteurs aériens de même que les entreprises sous-traitantes, s'intéressent de près aux techniciens en avionique.

«L'un de nos grands transporteurs nationaux prévoit que, d'ici à cinq ans, le tiers de sa main-d'œuvre sera en mesure de prendre sa retraite. C'est une ouverture majeure», souligne Louis-Marie Dussault.

Selon les prévisions du site Emploi-Avenir Québec de Développement des ressources humaines Canada, le transport aérien devrait connaître une forte croissance au cours des prochaines années et offrir des perspectives intéressantes aux spécialistes de l'entretien d'aéronefs et de l'avionique.

«D'ici à l'an 2001, il devrait se créer 128 postes en avionique (pour des diplômés collégiaux et universitaires), sans compter les travailleurs qui changent d'employeurs ou qui prennent leur retraite», estime Carmy Hayes, conseiller en formation au Centre d'adaptation de la main-d'œuvre en aérospatiale du Québec. On revoit actuellement le programme d'avionique afin de s'assurer qu'il réponde bien aux exigences du marché.

Selon Pierre Myre, conseiller principal en dotation pour Bombardier Aéronautique, les technologues en avionique doivent avoir le souci du détail, être méthodiques et avoir une bonne capacité à résoudre des problèmes. «Ils doivent aussi être à l'affût des nouveautés. On s'attend à ce que toute nouvelle technologie fasse partie de notre technique d'assemblage.»

Les techniciens qui travaillent à l'inspection et à la réparation de la flotte des compagnies aériennes profitent d'ouvertures intéressantes, et les spécialistes en rédaction technique — mise sur pied de cahiers de montage et de cahiers d'entretien — sont aussi très recherchés. «Il s'agit toutefois d'un domaine encore peu connu des élèves», explique M. Dussault.

À la Direction générale de la formation professionnelle et technique du ministère de l'Éducation, on confirme que tous les programmes liés à l'industrie aérospatiale offrent de bonnes perspectives d'emploi. En plus d'être bien outillés pour œuvrer dans cette industrie, les diplômés peuvent aussi travailler dans d'autres secteurs de la fabrication des équipements de transport.

11/99

Statistiques

Pour interpréter
ces statistiques,
voir en pages 22, 23 et 24.

- Nombre de diplômés : **50**
- Temps plein : **96,8 %**
- Proportion de diplômés en emploi (PDE) : **81,6 %**
- En rapport avec la formation : **76,7 %**
- Taux de chômage : **0,0 %**
- Salaire hebdomadaire moyen : **553 $**

La Relance au collégial en formation technique, MÉQ, 1999.

CNP 0621/6421   CUISEP 215-000

Commercialisation
— de la mode

Secteur 18

DEC 571.04

Établissements
offrant le
programme

27 **47** **87** **88** **117** ●●●●●●●●●●●●●●●●●●●●●●●●●●●●●●
Voir la liste des établissements en page 416.

Formation collégiale

Placement

Selon Christine Levrot, coordonnatrice du département de commercialisation de la mode du Cégep Marie-Victorin, la plupart des élèves décrochent un emploi assez facilement, notamment grâce aux stages de travail en entreprise. «Parmi les finissants qui ont fait le saut en industrie, plus de 90 % ont trouvé un emploi, dont 20 % grâce à leur stage.» Elle ajoute qu'on comptait 45 diplômés en 1999.

À la Direction générale de la formation professionnelle et technique du ministère de l'Éducation, on souligne que l'ensemble des professions qui se rapportent au secteur de la mode offrent des perspectives d'emploi favorables.

Ce sont principalement les commerces de détail et de gros qui embauchent, de même que des entreprises liées de près ou de loin à l'industrie de la mode. «Le diplômé peut travailler dans la vente, les achats, la promotion ou le stylisme de présentation. Les deux premiers secteurs présentent les meilleurs débouchés», précise Christine Levrot.

Robert Daigle, agent de développement industriel à la Direction des industries de la mode et du textile du ministère de l'Industrie et du Commerce, précise que ce technicien peut également œuvrer dans le secteur industriel, par exemple à titre de chef de produit. Toutefois, il doit cumuler un certain nombre d'années d'expérience dans le milieu avant d'accéder à ce type de poste.

Gilbert Ayoub, directeur général de Christina Amérique, une entreprise spécialisée dans la confection de vêtements de plage, embauche en moyenne dix finissants par année, dont plusieurs ont suivi une formation en commercialisation de la mode. «On recherche des gens qui saisissent les principes de la mode, tant sur le plan de la production et de la distribution que sur le plan du service à la clientèle.»

«Les entreprises commencent à connaître l'existence du diplôme en commercialisation de la mode et prennent conscience de l'avantage qu'elles auraient à embaucher du personnel compétent», confirme Christine Levrot.

Quant au secteur des achats, pour demeurer concurrentielles, beaucoup de compagnies s'emploient à développer des marques exclusives. On peut citer par exemple les vêtements des boutiques Reitmans et America. «Le technicien en commercialisation de la mode qui choisit de travailler dans ce secteur collabore, entre autres, au développement de ces gammes "maison", permettant ainsi aux entreprises de se démarquer dans un marché où l'on connaît une vive concurrence», conclut Christine Levrot.

Les horaires peuvent varier et dépendent de l'entreprise pour laquelle travaillent les diplômés. Il est possible de travailler le soir et la fin de semaine.

11/99

Statistiques

Pour interpréter
ces statistiques,
voir en pages 22, 23 et 24.

- Nombre de diplômés : **76**
- Temps plein : **83,3 %**
- Proportion de diplômés en emploi (PDE) : **87,8 %**
- En rapport avec la formation : **80,0 %**
- Taux de chômage : **0,0 %**
- Salaire hebdomadaire moyen : **374 $**

La Relance au collégial en formation technique, MÉQ, 1999.

287

CNP 7315/9481   CUISEP 455-437

Secteur 10

DEC 280.03

Entretien d'aéronefs

Établissements
offrant le
programme ●

Voir la liste des établissements en page 416.

Placement

À l'École nationale d'aérotechnique (ÉNA) du Collège Édouard-Montpetit, seul établissement au Québec à offrir la formation en entretien d'aéronefs, on estime que le taux de placement des diplômés est de 96 %. C'est donc 115 des 120 techniciens diplômés en 1999 qui se sont rapidement trouvé un emploi dans leur domaine d'études. «Le taux de placement est habituellement très bon, mais il varie en fonction des contrats que les compagnies aériennes obtiennent et des destinations qu'elles desservent», explique Jean Potvin, coordonnateur du département de préenvol à l'ÉNA. Il précise également que les emplois dans ce secteur sont à la merci des fusions d'entreprises, par exemple.

À la Direction générale de la formation professionnelle et technique du ministère de l'Éducation, on confirme que tous les programmes liés à l'industrie aérospatiale offrent de très bonnes perspectives d'emploi. En plus d'être outillés pour œuvrer dans l'industrie de l'aérospatiale, secteur qui se porte très bien actuellement au Québec, les diplômés peuvent aussi travailler dans d'autres secteurs de la fabrication des équipements de transport.

Le technicien diplômé en entretien d'aéronefs travaille habituellement chez les gros transporteurs aériens ou les constructeurs d'avions. Air Canada et Canadian sont donc des employeurs potentiels pour les futurs diplômés. En région, il est possible de se faire embaucher par une petite compagnie aérienne. Ce technicien entretient, répare et inspecte les pièces mécaniques et les moteurs des avions et des hélicoptères avant le décollage ou la vente.

Le monde de l'aviation est actuellement en pleine évolution. «La mondialisation des marchés assure la croissance de cette industrie, précise Jeff Habberfield, gérant à l'accréditation du Conseil canadien de l'entretien des aéronefs (CCEA). Depuis cinq ans, les lignes aériennes sont en expansion et s'il y a une bonne demande de vols, il y aura une demande équivalente dans tout ce qui touche l'entretien.»

Jeff Habberfield est donc très confiant quant au marché de l'emploi pour les cinq à dix prochaines années. Une étude réalisée par l'Aerospace Industries Association of Canada (AIAC) dévoile d'ailleurs que l'industrie aérospatiale canadienne est passée d'un peu plus de 64 000 employés en 1997 à 67 000 en 1998.

«Environ aux dix ans, les grandes compagnies renouvellent et vendent leur flotte d'appareils, explique Maurice Montpetit, directeur de l'entretien chez Air Transat. Et cela a comme conséquence qu'il y a toujours plus d'avions à entretenir.» Cette compagnie embauche en moyenne 60 employés par année, «du mécanicien au préposé à l'entretien», précise M. Montpetit.

Au Québec, la majorité des emplois se trouvent dans la région de Montréal.

11/99

Statistiques

Pour interpréter
ces statistiques,
voir en pages 22, 23 et 24.

- Nombre de diplômés : **120**
- Temps plein : **100 %**
- Proportion de diplômés en emploi (PDE) : **83,1 %**
- En rapport avec la formation : **90,4 %**
- Taux de chômage : **2,6 %**
- Salaire hebdomadaire moyen : **617 $**

La Relance au collégial en formation technique, MÉQ, 1999.

CNP 9216   CUISEP 215-000

Gestion de la production du vêtement

Secteur 18

DEC 571.03

87 **88** ●

Établissements
offrant le
programme

Voir la liste des établissements en page 416.

Placement

Julie Bourdeau, coordonnatrice du département de la gestion de la production du vêtement au Collège LaSalle, explique que tous les diplômés de 1999 ont trouvé un emploi, principalement à temps plein. Le programme comprend deux stages en milieu de travail, ce qui favorise l'intégration des diplômés sur le marché. «Avec une moyenne de quatre diplômés par année, il est cependant très difficile de répondre aux besoins des entreprises.»

À la Direction générale de la formation professionnelle et technique du ministère de l'Éducation, on indique que le nombre d'élèves inscrits pourrait augmenter sans problème étant donné la demande soutenue de gens spécialisés dans ce domaine.

«Ces élèves sont formés pour répondre aux besoins de l'industrie en ce qui a trait à la planification et à l'organisation du travail; ils peuvent intervenir à titre d'agents de méthode ou d'assistants à la production, entre autres. Les employeurs recherchent des gens qui possèdent un bon sens du leadership et à qui l'on peut faire véritablement confiance», dit Julie Bourdeau.

Jocelyne Lavoie, directrice de production chez Christina Amérique, une entreprise spécialisée dans la confection de vêtements de plage, affirme que plusieurs employés, comme elle, ont suivi cette formation. «Les diplômés sont avantagés, car dès leur embauche, ils sont capables de confectionner un maillot de bain ou du moins de se faire une idée de la façon d'en fabriquer un.»

Avec de l'expérience et de la volonté, il est possible d'obtenir des promotions. Les employeurs recherchent des personnes intuitives, capables de reconnaître rapidement les nouvelles tendances de la mode et de déterminer les méthodes de confection, ajoute Jocelyne Lavoie.

«Actuellement, on constate un manque de main-d'œuvre au sein des entreprises industrielles. Le vieillissement du personnel combiné à la croissance de l'industrie font en sorte que les diplômés en gestion de la production du vêtement trouvent facilement de l'emploi», soutient Sylvie Laverdière, agente de promotion des carrières au Comité sectoriel de main-d'œuvre de l'habillement.

L'Accord de libre-échange, qui allait, croyait-on, porter un coup fatal à l'industrie du vêtement au Québec, s'est révélé plutôt une occasion de reprise, explique Mme Laverdière. «Cette relance s'explique en partie par la capacité des entreprises à s'adapter rapidement aux nouvelles conditions du marché. Elles consolident leur part de marché local et développent leurs exportations, notamment aux États-Unis. D'où l'importance pour les employeurs d'embaucher des techniciens qualifiés», conclut Sylvie Laverdière.

Selon le Comité sectoriel de main-d'œuvre de l'habillement, le salaire moyen de départ se situe aux alentours de 480 $ par semaine, mais il peut augmenter rapidement en raison du manque de main-d'œuvre. Le travail s'effectue selon un horaire normal, principalement de jour.

11/99

Statistiques

Pour interpréter
ces statistiques,
voir en pages 22, 23 et 24.

- Nombre de diplômés : **n/d**
- Temps plein : **n/d**
- Proportion de diplômés en emploi (PDE) : **n/d**
- En rapport avec la formation : **n/d**
- Taux de chômage : **n/d**
- Salaire hebdomadaire moyen : **n/d**

La Relance au collégial en formation technique, MÉQ, 1999.

Formation collégiale

CNP 8251/2221   CUISEP 311-000

Secteur 2

DEC 152.03

Gestion et exploitation d'entreprise agricole

Établissements
offrant le
programme

Voir la liste des établissements en page 416.

Formation collégiale

Placement

Des quelque 40 finissants de l'Institut de technologie agroalimentaire (ITA) de Saint-Hyacinthe en 1999, 75 % travaillent pour l'entreprise familiale. Sur les 25 % restants, la moitié sont au service de fermes et les autres poursuivent des études universitaires (souvent en agroéconomie) ou œuvrent dans des entreprises connexes (alimentation, équipements agricoles, etc.).

À l'heure actuelle, la relève est insuffisante pour répondre aux besoins croissants des entreprises agricoles. En effet, selon Roger Martin, conseiller en formation au ministère de l'Agriculture, des Pêcheries et de l'Alimentation du Québec, le principal exploitant d'environ 42 % des entreprises agricoles au Québec est âgé de plus de 50 ans.

À la Direction générale de la formation professionnelle et technique du ministère de l'Éducation, on confirme que le nombre de diplômés est actuellement insuffisant pour répondre à la demande dans ce domaine.

Avec une part d'exportation de plus en plus importante et des techniques de production nouvelles, les entreprises agricoles ont besoin d'une main-d'œuvre bien formée. La mondialisation des marchés et l'accroissement de la concurrence rendent plus que jamais nécessaire l'embauche de personnel qualifié. C'est pourquoi ce programme produit de véritables gestionnaires, capables non seulement de procéder à la traite des vaches, mais également de planifier les cultures, d'entretenir les équipements de la ferme, de veiller à la bonne fertilisation des sols... Ils peuvent aussi se spécialiser dans un domaine spécifique (bovins, porcins, production laitière, etc.).

Le milieu est en constante évolution. «On parle maintenant de culture intégrée, de préparation de nourriture pour les animaux de plus en plus spécialisée en fonction de la vocation de la bête et de ses caractéristiques, etc.», explique Bernard Desautels, agent d'information à l'ITA de Saint-Hyacinthe.

Avec l'avènement des biotechnologies, des nouveautés sont à venir en agriculture. «Il y a, par exemple, un type de semence avec lequel on n'a pas besoin d'utiliser d'herbicides, car il existe une souche résistante. Ce n'est qu'un début», souligne Roger Martin.

À son avis, les secteurs d'avenir sont l'horticulture légumière, l'horticulture ornementale, les élevages porcins, la production végétale spécialisée (maïs, soja, etc.) et l'acériculture (exploitation d'érablières).

Le travail agricole est exigeant : il faut faire preuve d'une bonne résistance physique et travailler souvent sept jours sur sept. Aux personnes qui ne sont pas familières avec le milieu agricole, il est conseillé de profiter d'un stage en entreprise pour déterminer si ce champ d'activité leur convient.

11/99

Statistiques

Pour interpréter
ces statistiques,
voir en pages 22, 23 et 24.

- Nombre de diplômés : **97**
- Temps plein : **n/d**
- Proportion de diplômés en emploi (PDE) : **83,6 %**
- En rapport avec la formation : **n/d**
- Taux de chômage : **9,0 %**
- Salaire hebdomadaire moyen : **n/d**

La Relance au collégial en formation technique, MÉQ, 1999.

Infographie en préimpression

CNP 5241   CUISEP 455-421

Secteur 13

DEC 581.07

Établissement offrant le programme

Voir la liste des établissements en page 416.

Placement

En 1999, au Collège Ahuntsic, 92 élèves ont empoché leur diplôme et le taux de placement est évalué à 90 %. Cet établissement est le seul qui offre actuellement cette technique au Québec, programme qui vise à développer les compétences liées à la mise en pages et à la préimpression.

Sur le marché du travail, les diplômés peuvent collaborer avec les graphistes. Ils sont également formés à travailler en multimédia, un domaine très prometteur dans la région montréalaise. Le gouvernement a prévu d'y établir la Cité du multimédia, qui devrait générer 10 000 emplois en 10 ans. Les travaux sont commencés et des ententes ont déjà été signées.

Contrairement aux programmes en graphisme, cette formation vise à produire des techniciens plutôt que des concepteurs. Les diplômés se trouvent dans les imprimeries et dans les ateliers qui offrent des services de préimpression. Toutefois, comme l'industrie des communications graphiques connaît actuellement une grande évolution en raison des développements technologiques, de nouvelles portes pourraient s'ouvrir.

«Le milieu des communications graphiques se porte très bien aujourd'hui. Il y a de plus en plus de débouchés en mise en pages et en tout ce qui touche le multimédia, même si les employeurs recherchent davantage de concepteurs», affirme Michèle Paré de l'Association des designers graphiques du Québec.

«Loin de nuire à l'imprimerie et de la faire disparaître, les nouvelles technologies, dont Internet, font progresser tous les métiers qui l'entourent et offrent de nouvelles possibilités», ajoute pour sa part André Dion, directeur général de l'Institut des communications graphiques, organisme de formation sans but lucratif.

«Jusqu'en 2010, on prévoit une évolution continue de l'imprimerie, affirme Guy Racine, responsable du programme au Collège Ahuntsic. Par exemple, on tend de plus en plus à transférer les données des ordinateurs directement aux presses numériques.» Les opérations manuelles disparaissent, et la connaissance de l'informatique devient donc primordiale pour ceux qui désirent œuvrer dans cette industrie.

Les employeurs sont de tous les domaines, des studios de création aux entreprises de cartographie. Par contre, les emplois offerts sont souvent temporaires ou à temps partiel. Malgré cela, la situation est très bonne, de l'avis d'André Dion. «Les offres d'emploi sont fort nombreuses, autant au Québec et en Ontario qu'aux États-Unis. On parle même d'un manque général de main-d'œuvre dans ce secteur! C'est que les possibilités d'emploi sont aujourd'hui multipliées et les formations peut-être mal connues.»

À la Direction générale de la formation professionnelle et technique du ministère de l'Éducation, on confirme que ces diplômés sont bien outillés pour intégrer le marché de l'emploi. Le volet informatique rend les élèves polyvalents et leur permet notamment de se diriger en multimédia.

Formation collégiale

11/99

Statistiques

Pour interpréter ces statistiques, voir en pages 22, 23 et 24.

- Nombre de diplômés : **64**
- Temps plein : **95,2 %**
- Proportion de diplômés en emploi (PDE) : **87,8 %**
- En rapport avec la formation : **92,5 %**
- Taux de chômage : **6,5 %**
- Salaire hebdomadaire moyen : **442 $**

La Relance au collégial en formation technique, MÉQ, 1999.

CNP 2212   CUISEP 436-000

Secteur 16

DEC 270.02

Métallurgie :
contrôle de la qualité

Établissements
offrant le
programme **16** **44** **69**

Voir la liste des établissements en page 416.

Placement

En 1998, au Cégep de Trois-Rivières, 62 offres d'emploi étaient affichées pour une toute petite cohorte de 13 finissants, précise Maryse Paquette, conseillère en emploi dans cet établissement. Ces offres provenaient principalement d'entreprises œuvrant dans le secteur métallurgique, comme des fonderies.

À la Direction générale de la formation professionnelle et technique du ministère de l'Éducation, on indique toutefois qu'il semble y avoir un bon équilibre entre le nombre actuel de diplômés et la demande de travailleurs sur le marché du travail.

Parce que ces techniciens s'assurent que les matériaux qui entrent dans la fabrication de produits métalliques répondent aux critères de qualité, ils occupent un rôle clé au sein des entreprises qui se sont mises à l'heure de la qualité totale.

Chez Recan, à Cap-de-la-Madeleine, l'embauche de diplômés en contrôle de la qualité fait déjà partie de la tradition. Le passage en normes ISO ainsi que l'amélioration continue des systèmes et de la machinerie utilisés imposent l'embauche de personnes plus qualifiées, ces techniciens par exemple.

«Si les entreprises veulent soutenir la compétition internationale, en particulier celles qui œuvrent dans la fabrication sur mesure, elles doivent apporter une valeur ajoutée à leurs produits : c'est notamment par le contrôle de la qualité que cela se joue», explique Maurice Amram du Comité sectoriel de main-d'œuvre de la fabrication métallique industrielle.

Par ailleurs, les exigences auxquelles doivent se soumettre un nombre croissant d'entreprises, l'implantation des normes ISO 9000 et le développement de nouvelles normes internationales spécifiques à des sous-secteurs d'activité devraient soutenir la demande de ces techniciens au cours des prochaines années, poursuit Maurice Amram.

Pour cette profession, le site Emploi-Avenir Québec de Développement des ressources humaines Canada annonce d'ailleurs un taux de croissance annuel de 3,8 % entre 1997 et 2002, taux supérieur à la moyenne.

Depuis l'automne 1998, le Cégep d'Alma offre les deux premiers trimestres de ce programme d'études. L'élève doit ensuite poursuivre sa formation à Trois-Rivières.

Les horaires de travail sont variables et les diplômés doivent faire preuve de mobilité géographique.

11/99

Statistiques

Pour interpréter
ces statistiques,
voir en pages 22, 23 et 24.

- Nombre de diplômés : **7**
- Temps plein : **100,0 %**
- Proportion de diplômés en emploi (PDE) : **100,0 %**
- En rapport avec la formation : **66,7 %**
- Taux de chômage : **0,0 %**
- Salaire hebdomadaire moyen : **732 $**

La Relance au collégial en formation technique, MÉQ, 1999.

Formation collégiale

CNP 2212   CUISEP 436-000

Métallurgie : procédés métallurgiques

Secteur 16

DEC 270.04

Établissements
offrant le
programme

16 **44** ●
Voir la liste des établissements en page 416.

Formation collégiale

Placement

Au Cégep de Trois-Rivières, en 1998, 21 offres d'emploi étaient affichées pour une petite cohorte de 11 finissants. Cette fois sans émettre de chiffres officiels, Maryse Paquette, conseillère en emploi dans cet établissement, souligne que le nombre d'offres excédait aussi la quantité de diplômés en 1999.

Ces techniciens, spécialisés pour œuvrer majoritairement dans les fonderies, se chargent du contrôle de la qualité dans la coulée du métal et la fabrication de pièces. «Ils assistent la production et font aussi de l'inspection», confirme Maryse Paquette. La majorité travaille donc directement dans le secteur métallurgique, les fonderies par exemple, alors que d'autres se joignent à des équipes de production industrielle au sein d'entreprises diverses.

Pour sa part, le site Emploi-Avenir Québec de Développement des ressources humaines Canada prévoit un taux de croissance annuel de 3,8 % entre 1997 et 2002, taux supérieur à la moyenne.

L'industrie de la métallurgie se porte plutôt bien actuellement au Québec. Le taux de placement des finissants n'est donc pas près de fléchir. De l'avis de Gilles Lemay, conseiller en intervention sectorielle chez Emploi-Québec, de 15 à 25 % des travailleurs de l'industrie de la première transformation des métaux seront admissibles à la retraite au cours des prochaines années. «Il y a donc une relève à assumer et de bonnes perspectives de ce côté.»

Il est aussi d'avis que les techniciens en procédés métallurgiques sont bien outillés pour relever ce défi. «Face aux nouvelles normes de qualité et à l'évolution technologique, les employeurs sont de plus en plus exigeants à l'égard de leurs employés. Ils souhaitent embaucher des gens compétents et capables de s'adapter au changement. En ce sens, la formation collégiale est un atout important.»

Chez QIT-Fer et Titane, une entreprise spécialisée notamment dans la vente de métal brut, Claude Gagnon, chef de section - dotation du personnel, partage cette vision. «La formation collégiale fait partie de nos exigences d'embauche en recherche et développement. Nous avons à notre service une trentaine de diplômés en procédés métallurgiques. D'ailleurs, ces techniciens ont des connaissances qui leur permettent de s'intégrer facilement aux équipes de spécialistes dans l'entreprise.»

Les grandes entreprises de ce secteur offrent de bonnes conditions de travail, ce qui entraîne un roulement de main-d'œuvre plutôt faible. Selon Gilles Lemay, il n'est pas rare de voir un employé travailler trente ans pour une même entreprise. Les finissants peuvent donc compter sur une situation d'emploi généralement stable.

Depuis 1998, le Cégep d'Alma offre les deux premiers trimestres de ce programme d'études. L'élève doit ensuite poursuivre sa formation à Trois-Rivières.

11/99

Statistiques

Pour interpréter
ces statistiques,
voir en pages 22, 23 et 24.

- Nombre de diplômés : **10**
- Temps plein : **100,0 %**
- Proportion de diplômés en emploi (PDE) : **100,0 %**

- En rapport avec la formation : **62,5 %**
- Taux de chômage : **0,0 %**
- Salaire hebdomadaire moyen : **628 $**

La Relance au collégial en formation technique, MÉQ, 1999.

CNP 2212 CUISEP 455-485

Secteur 16

DEC 270.03

Métallurgie : soudage

Établissements
offrant le
programme **16** **44**

Voir la liste des établissements en page 416.

Placement

En 1998, 9 élèves ont obtenu leur diplôme en techniques de la métallurgie : soudage au Cégep de Trois-Rivières et 14 offres d'emploi leur étaient destinées. Entre juin et décembre 1999, 11 offres d'emploi ont déjà été affichées dans cet établissement, presque le total du nombre de postes offerts sur une période de 12 mois en 1998.

«La demande est donc à la hausse et les diplômés se placent sans difficulté, indique Maryse Paquette, conseillère en emploi dans cet établissement. La quantité d'emplois offerts excède toujours le nombre de diplômés, qui sont peu nombreux. Dans le cadre des «Journées carrière» par exemple, on constate que le nombre de soudeurs demandés est effarant!»

À la Direction générale de la formation professionnelle et technique du ministère de l'Éducation, on indique qu'il semble y avoir un bon équilibre entre le nombre actuel de diplômés et la demande de travailleurs sur le marché du travail.

Contrairement aux idées largement véhiculées, la formation ne vise pas tant à former des soudeurs que des inspecteurs. Les diplômés sont généralement au service d'entreprises manufacturières, de firmes d'ingénieurs-conseils, où ils se chargent de l'inspection technique, et d'organismes d'inspection en soudage. Toutefois, Maryse Paquette précise que les diplômés doivent s'attendre à avoir un poste de soudeur pendant un certain temps avant de pouvoir faire de l'inspection et de s'occuper du contrôle de la qualité.

«Les soudeurs n'apprennent plus ¨sur le tas¨ comme c'était le cas auparavant, dit Denis Hétu, agent de recherche à la Direction de la planification et du partenariat à Emploi-Québec. Ils doivent de plus en plus posséder une formation complète. Si les entreprises veulent faire respecter les normes du Bureau canadien de soudage, ainsi que celles en contrôle de la qualité, elles ont besoin de personnel ayant de bonnes connaissances théoriques.»

Yvon Sénéchal, directeur régional du Bureau canadien du soudage, partage cet avis. «Le soudage est désormais un domaine de technologie de pointe. Les entreprises, notamment celles qui font affaire à l'étranger, sont soumises à des exigences de qualité qui se renforcent d'année en année. Elles deviennent donc plus exigeantes par rapport à la formation de leurs employés.»

Majoritairement constitué d'entreprises œuvrant en sous-traitance, le secteur de la fabrication de produits métalliques dépend largement de certains domaines de l'économie, tels que la machinerie, le matériel de transport et la construction. Le soudage est donc soumis aux cycles de ces champs d'activité.

Au Cégep de Trois-Rivières, on indique que le salaire moyen de départ est d'environ 520 $ par semaine pour ces diplômés. Si l'on œuvre au sein d'une firme de consultants en soudage, il faut être mobile géographiquement et se rendre là où l'on a besoin de nos services.

Le Cégep d'Alma offre aussi les deux premiers trimestres de ce programme d'études. L'élève doit ensuite poursuivre sa formation à Trois-Rivières.

11/99

Statistiques

Pour interpréter
ces statistiques,
voir en pages 22, 23 et 24.

- Nombre de diplômés : **n/d**
- Temps plein : **n/d**
- Proportion de diplômés en emploi (PDE) : **n/d**
- En rapport avec la formation : **n/d**
- Taux de chômage : **n/d**
- Salaire hebdomadaire moyen : **n/d**

La Relance au collégial en formation technique, MÉQ, 1999.

Formation collégiale

CNP 3152   CUISEP 353-330

Soins ——— infirmiers

Secteur 19

DEC 180.01

Établissements
offrant le
programme

Voir la liste des établissements de formation en annexe, page 380.

Placement

Selon un sondage mené en 1998 par l'Ordre des infirmières et infirmiers du Québec (OIIQ), quelque 88 % des 1 200 diplômés en soins infirmiers reçus membres de leur ordre professionnel en août 1998 occupaient un emploi six mois plus tard. «C'est un taux supérieur à celui des années précédentes, affirme Sylvie Vallières, responsable des relations avec les médias de l'OIIQ. En 1997, le taux était de 72 %, alors qu'en 1996, il atteignait 46 %.»

Si l'on en croit une étude de l'OIIQ, dont les résultats ont été diffusés en janvier 1999, les infirmières continueront d'être une main-d'œuvre recherchée au cours des prochaines années. En effet, le vieillissement de la profession — 38,7 % des infirmières avaient 45 ans et plus en septembre 1998 — fait appréhender une sérieuse pénurie. «Entre 2001 et 2015, nous prévoyons que 38 000 infirmières quitteront le marché du travail, alors que seulement 27 000 vont intégrer le réseau, explique Mme Vallières. Dès 2005, nous anticipons un déficit important.»

Déjà, le manque de personnel se fait sentir dans les centres hospitaliers de la province. «Nous pouvons assurer les services, mais si nous avions plus d'infirmières sur la liste de rappel, ce serait plus facile pour tout le monde», affirme Martin Grenier, directeur des ressources humaines au Centre hospitalier de Matane. Il ajoute que les besoins d'infirmières sont plus criants dans les secteurs spécialisés, tels que les soins intensifs, les blocs opératoires, l'urgence, etc.

Même situation difficile à l'hôpital Fleury. «Nous vivons une pénurie d'infirmières. Il n'y a pas assez de diplômés et tout le monde se bat pour les avoir», raconte André Sansoucy, coordonnateur des soins infirmiers. La situation devrait toutefois s'améliorer puisque la relève se prépare. En effet, le nombre d'inscriptions dans les cégeps connaît un bond prodigieux. Selon les données compilées par le Service régional d'admission du Montréal métropolitain, qui regroupe 23 de la quarantaine de cégeps de la province offrant la technique en soins infirmiers, quelque 1 954 élèves ont été admis en 1999-2000, comparativement à 905 en 1997-1998.

Toutefois, les diplômés décrochent rarement un emploi régulier et les horaires de travail sont variables. «La majorité doit se contenter d'un poste à temps partiel occasionnel, reconnaît Mme Vallières. En revanche, le taux d'emploi étant meilleur, les infirmières travaillent plus qu'avant.»

«Un sondage mené auprès de nos diplômés de 1998 démontre que 76 % d'entre eux œuvrent à temps plein, comparé à seulement 5 % en 1995, souligne Ginette Lalonde du service de placement du Collège Édouard-Montpetit. Il s'agit donc d'un revirement majeur.»

D'après l'échelle salariale actuellement en vigueur, les infirmières titulaires d'un DEC perçoivent un salaire annuel qui s'échelonne entre 30 000 et 44 000 $, selon le nombre d'années d'expérience[1]. Pour exercer la profession, on peut également effectuer un baccalauréat en sciences infirmières (voir en page 365).

1. Fédération des infirmières et infirmiers du Québec.

11/99

Formation collégiale

Statistiques

Pour interpréter
ces statistiques,
voir en pages 22, 23 et 24.

- Nombre de diplômés : **1 574**
- Temps plein : **76,9 %**
- Proportion de diplômés en emploi (PDE) : **76,7 %**

- En rapport avec la formation : **95,3 %**
- Taux de chômage : **3,2 %**
- Salaire hebdomadaire moyen : **563 $**

La Relance au collégial en formation technique, MÉQ, 1999.

CNP 6231   CUISEP 114-000

Secteur 1

DEC 410.12

Techniques administratives : assurances

Établissements offrant le programme **18** **28** **33** **59** **70** **152** **176**

Voir la liste des établissements en page 416.

Formation collégiale

Placement

Au Cégep de Sainte-Foy, le taux de placement est de 90 % en 1999. «Nous recevons davantage d'offres d'emploi que nous n'avons de candidats. Il faut dire que l'on manque de cette main-d'œuvre en région», indique Carolyne Maltais, conseillère en information scolaire.

Au Cégep du Vieux Montréal, Gérard Dubord, responsable des stages en alternance travail-études, fait remarquer que plus de 80 % des diplômés se trouvent du travail. En 1999, ils étaient environ 35.

Les techniciens en administration qui choisissent cette spécialisation sont courtisés par les compagnies d'assurances, les bureaux de courtage et les institutions financières. Ils y sont notamment agents d'assurances, experts en sinistres et enquêteurs régleurs. Certains se tournent aussi vers l'université, où ils feront un certificat pour se spécialiser en assurances de dommages ou de personnes.

Carolyne Maltais mentionne que la connaissance de l'anglais et le fait d'avoir de bonnes aptitudes en communication sont des atouts sur le marché du travail. La réussite de l'examen du Conseil des assurances de dommages élargit également le bassin d'employeurs potentiels, examen que les diplômés ont le choix d'effectuer après leur formation.

Les Assurances générales Desjardins embauchent chaque année à peu près une centaine d'agents d'assurances. «Ce ne sont pas des postes de remplacement, mais bien de nouveaux emplois liés à l'expansion de Desjardins», explique Jean-François Boulet, premier vice-président aux ressources humaines et aux communications. M. Boulet ajoute que ces techniciens doivent aimer l'action, le travail d'équipe et la formation continue, car les produits sont en constante évolution.

Selon le Emploi-Avenir Québec de Développement des ressources humaines Canada, la demande de services financiers personnalisés, d'une assurance-maladie privée et de services d'assurances pour les pays d'outre-mer devrait augmenter et offrir ainsi des possibilités d'embauche accrues. Le marché de l'assurance-salaire, notamment pour les travailleurs autonomes, de même que les assurances multirisques se développent également.

Selon cette même source, le domaine de l'assurance serait en pleine mutation actuellement : décloisonnement des services financiers, nouveaux réseaux de distribution, réorganisation des relations entre les courtiers et les compagnies, etc.

Pour Jean-François Boulet, les nouveaux joueurs sur le marché, comme les banques qui ouvrent des centres d'appels et d'autres compagnies qui feront leur apparition au Québec, ne seront que des débouchés additionnels pour ces diplômés.

11/99

Statistiques

Pour interpréter ces statistiques, voir en pages 22, 23 et 24.

- Nombre de diplômés : **85**
- Temps plein : **95,9 %**
- Proportion de diplômés en emploi (PDE) : **81,3 %**

- En rapport avec la formation : **93,6 %**
- Taux de chômage : **5,5 %**
- Salaire hebdomadaire moyen : **431 $**

La Relance au collégial en formation technique, MÉQ, 1999.

Techniques d'éducation en services de garde

CNP 4214 CUISEP 553-000

Secteur 20

DEC 322.03

Établissements offrant le programme

❼ ⓲ ㉗ ㉘ ㊼ ㊽ ㊾ ⑦⓪ ⑧⑧ ⑩② ⑪⑤ ⑪⑥ ⑬① ⑭⑥ ⑮⑤ ⑯⓪ ⑰④ ⑰⑨ ● ● ● ● ● ● ● ● ● ● ●

Voir la liste des établissements en page 416.

Placement

Carole Lavallée, coordonnatrice du département des techniques d'éducation en services de garde au Cégep du Vieux Montréal et présidente de l'Association des enseignantes et des enseignants en techniques d'éducation en services de garde, indique qu'entre novembre 1998 et novembre 1999, 148 offres d'emploi ont été affichées au département dans cet établissement. Ainsi, les 52 diplômés en 1999 ont trouvé un emploi relié à leur domaine d'études.

Par ailleurs, d'après les statistiques de placement des élèves diplômés en 1998, 70 % des diplômés occupent un emploi à temps plein et 30 % ont un poste à temps partiel.

Au Cégep de Jonquière, Pierre Pépin, directeur du service des affaires étudiantes, affirme que depuis une dizaine d'années, le taux de placement dépasse en moyenne 90 %. Les plus récentes statistiques disponibles montrent que 96 % des diplômés de 1998 ont trouvé un emploi relié à leur formation, temporaire ou permanent.

Carole Lavallée souligne que la majorité des techniciens en services de garde trouvent de l'emploi dans les centres de la petite enfance (CPE) et dans les services de garde en milieu scolaire. «Le développement du réseau des services de garde est même ralenti par le manque de main-d'œuvre qualifiée», soutient-elle.

La nouvelle politique familiale et l'introduction des places à cinq dollars dans les CPE et dans les garderies en milieu scolaire contribuent à augmenter le nombre de places disponibles et, par conséquent, le nombre d'emplois dans les services de garde. On prévoit que cette tendance se maintiendra au cours des prochaines années.

Sylvia Bernard, présidente de l'Association des éducatrices des centres de la petite enfance et adjointe pédagogique au Centre le Petit Bourg, affirme que les éducateurs exercent une carrière qui peut évoluer si ils le souhaitent. «On peut être éducateur pendant plusieurs années, être formateur plus tard, faire du soutien pédagogique pour la garde en milieu familial... On peut aussi penser à des postes plus administratifs, si on en a envie.»

À la Direction générale de la formation professionnelle et technique du ministère de l'Éducation, on confirme que ces diplômés sont recherchés sur le marché du travail. En effet, le taux d'insertion au marché du travail se maintient au-dessus de 80 % depuis plusieurs années.

Selon Carole Lavallée, le salaire hebdomadaire moyen de départ se situe à 377 $ en 1999. «Les éducateurs des centres de la petite enfance ont obtenu des augmentations salariales de l'ordre de 40 % pour les cinq prochaines années. Au mois d'avril 2000, un finissant gagnerait donc 408 $ par semaine.» Le travail s'effectue du lundi au vendredi, exclusivement de jour.

11/99

Statistiques

Pour interpréter ces statistiques, voir en pages 22, 23 et 24.

- Nombre de diplômés : **401**
- Temps plein : **78,5 %**
- Proportion de diplômés en emploi (PDE) : **82,8 %**
- En rapport avec la formation : **94,2 %**
- Taux de chômage : **1,2 %**
- Salaire hebdomadaire moyen : **354 $**

La Relance au collégial en formation technique, MÉQ, 1999.

Formation collégiale

CNP 3219   CUISEP 354-320

Secteur 19

DEC 144.B0

Techniques d'orthèse et de prothèses orthopédiques

Établissement
offrant le
programme **152**

Voir la liste des établissements en page 416.

Placement

Au Québec, seul le Collège Montmorency à Laval offre ce programme. Selon les dernières données disponibles, les 20 élèves de la promotion de 1997-1998 ont tous trouvé un emploi à temps plein.

«Le taux de placement est de 100 %, affirme Luc Thomas, du service de placement du Collège. On reçoit régulièrement des offres d'emploi, mais on ne parvient pas toujours à trouver des candidats disponibles.»

Les débouchés pour ces techniciens sont variés : laboratoires privés d'orthèses et de prothèses, instituts de réadaptation publics ou privés, centres orthopédiques et centres d'accueil pour personnes âgées. Les diplômés peuvent travailler tant à la fabrication qu'à la conception d'appareillages orthopédiques.

À l'échelle de la planète, certains ont même la possibilité de travailler dans des pays en voie de développement, fait remarquer Louise Corbeil, du service de l'encadrement scolaire du Collège Montmorency. Un organisme belge à vocation internationale aurait d'ailleurs communiqué avec l'établissement pour recruter des diplômés.

Chez Médicus, un fabricant et un vendeur d'orthèses et de prothèses orthopédiques, les techniciens font principalement de la vente-conseil. Le directeur de la succursale du boulevard Saint-Laurent à Montréal, Serge Nobert, attend impatiemment la prochaine cohorte. «Nous avons embauché trois nouveaux diplômés depuis l'automne 1998 et nous en cherchons actuellement un autre. La situation est la même dans les autres succursales de Médicus. Nous avons souvent besoin de ces techniciens; il y a un bon roulement chez nous et il y a toujours des postes à pourvoir.»

Selon lui, les petits laboratoires ont beaucoup souffert du désengagement de l'État dans les services de santé. En revanche, les laboratoires plus importants, comme Médicus, présentent de bonnes perspectives de développement et d'emploi pour ces techniciens.

L'Institut de réadaptation de Montréal recrute également des techniciens en orthèses et prothèses orthopédiques. «Nous embauchons entre deux et quatre diplômés par année, affirme Lucie Théorêt, du service des ressources humaines. Nous arrivons généralement à combler nos besoins. Comme la population vieillit et qu'un nombre croissant de personnes prennent leur retraite, nous présumons que la demande de techniciens s'accroîtra au cours des prochaines années.»

11/99

Statistiques

Pour interpréter
ces statistiques,
voir en pages 22, 23 et 24.

- Nombre de diplômés : **21**
- Temps plein : **93,3 %**
- Proportion de diplômés en emploi (PDE) : **88,2 %**
- En rapport avec la formation : **92,9 %**
- Taux de chômage : **0,0 %**
- Salaire hebdomadaire moyen : **533 $**

La Relance au collégial en formation technique, MEQ, 1999.

CNP 3231   CUISEP 354-530

Techniques d'orthèses visuelles

Secteur 19

DEC 160. A0

Établissement offrant le programme

179 ●●●●●●●●●●●●●●●●●●●●●●●●●●●●●●●●●●●

Voir la liste des établissements en page 416.

Placement

Au Collège Édouard-Montpetit, seul établissement offrant la formation, le taux de placement des 29 diplômés de 1998-1999 était de 94 % à temps plein. «D'année en année, le taux de placement des personnes issues de ce programme oscille autour de 100 %», explique Ginette Lalonde, du service de placement.

Selon le président de l'Ordre des opticiens et opticiennes d'ordonnances du Québec, Marcel Paquette, les perspectives d'emploi dans ce secteur sont prometteuses. D'ailleurs, la revue de l'Ordre, *Coup d'œil*, publiée six fois par année, contient à chaque numéro une soixantaine d'offres d'emploi. «Le vieillissement de la population fait en sorte que plus de personnes ont besoin de lunettes, notamment pour corriger la presbytie. De plus, les lunettes ne sont plus perçues comme une béquille, mais comme un accessoire esthétique», explique-t-il.

Alors que les optométristes tournaient littéralement le dos aux techniciens en orthèses visuelles — aussi appelés opticiens d'ordonnances — il y a quelques années à peine, ces professionnels travaillent désormais davantage côte à côte, ajoute M. Paquette. «Plusieurs diplômés sont embauchés par les bureaux d'optométristes. Ils les emploient souvent pour remplacer le personnel non qualifié. Cette nouvelle collaboration est intéressante pour les optométristes, pour les techniciens et, surtout, elle est avantageuse pour le public qui peut ainsi tout trouver sous le même toit.»

«Cependant, il faut préciser que la pratique conjointe avec un optométriste n'est permise par la loi que sous certaines conditions, précise Brigitte Robidas, coordonnatrice par intérim du programme d'orthèses visuelles au Collège Édouard-Montpetit. Elle est toutefois tolérée, car il est évident qu'elle avantage les clients. On étudie actuellement des réglementations pour cautionner la pratique multidisciplinaire, mais pour l'instant, les opticiens qui travaillent avec des optométristes courent une chance, en quelque sorte.»

Les laboratoires d'optique peuvent aussi représenter des débouchés pour les opticiens d'ordonnances. «Nous embauchons à l'occasion des techniciens, à la fois pour le taillage et le montage des verres de même que pour occuper des postes de représentants. Le nombre de ces postes est toutefois restreint», indique Micheline Quézel, du service des ressources humaines chez Essilor Canada.

Avec plus de 100 succursales au Québec, le Groupe Iris recherche sans cesse des opticiens diplômés. «Nous publions une petite annonce dans la revue *Coup d'œil* pour recruter durant toute l'année, précise l'optométriste Mario Bourgault, responsable de l'embauche. Nous manquons d'opticiens : actuellement, nous en avons 47, mais notre objectif est de 120! Les besoins sont particulièrement criants en dehors de la région montréalaise et nous sollicitons activement les diplômés.»

«On peut aussi se lancer à son compte, dit enfin Brigitte Robidas. Chose certaine, il y a d'autres possibilités que de travailler pour une chaîne de lunetteries.»

11/99

Formation collégiale

Statistiques

Pour interpréter ces statistiques, voir en pages 22, 23 et 24.

- Nombre de diplômés : **50**
- Temps plein : **91,7 %**
- Proportion de diplômés en emploi (PDE) : **100,0 %**
- En rapport avec la formation : **97,0 %**
- Taux de chômage : **0,0 %**
- Salaire hebdomadaire moyen : **552 $**

La Relance au collégial en formation technique, MÉQ, 1999.

CNP 2211   CUISEP 413-200

Secteur 6

DEC 210.01

Techniques de chimie analytique

Établissements offrant le programme **6** **18** **48** **74** **93** **115** **148** **178**

Voir la liste des établissements en page 416.

Placement

Les diplômés de ce programme sont très polyvalents et peuvent travailler dans plusieurs domaines, dont les laboratoires d'analyse issus de différents secteurs d'activité, les mines, les entreprises pharmaceutiques et les raffineries.

Le programme connaît une popularité grandissante. Au Collège Ahuntsic, Robert St-Amour, responsable de la coordination du département de chimie, confirme que le nombre d'élèves inscrits augmente. «L'an dernier, on avait deux groupes de finissants; cette année, on en a trois et on en prévoit quatre pour l'an prochain. En 1999, il y avait 185 élèves inscrits en chimie analytique à travers les trois années.» Léandre Bibeau, conseiller péda-gogique au service d'intégration au marché du travail au Collège Ahuntsic, précise qu'en 1998, 63 emplois étaient offerts pour 19 finissants. En 1999, il y en a eu 65 pour une trentaine de diplômés.

À la Corporation des services analytiques Philip, un laboratoire privé qui fait des analyses environnementales, ces finissants agissent comme techniciens de laboratoire. «Les compagnies qui ont des effluents doivent de façon périodique faire analyser ce qu'ils vont rejeter dans les égouts ou dans le fleuve. Les techniciens procè-dent aux analyses», précise Dominique Jean, superviseure département organique.

L'industrie chimique a vécu une certaine période de rationalisation, qui a amené des mises à pied. «Les plus jeunes sont alors partis. On se retrouve donc avec des gens qui s'en vont vers la retraite. On a besoin de relève et on pourra la chiffrer d'ici peu», explique André Nadeau, coordonnateur du Comité sectoriel de main-d'œuvre de la chimie, de la pétrochimie et du raffinage.

Pour sa part, M. St-Amour croit que si le nombre d'emplois offerts demeure le même, mais qu'il y a toujours davantage de candidats, le marché risque d'être saturé. «Les perspectives sont donc un peu moins sûres à long terme.»

À la Direction générale de la formation professionnelle et technique du ministère de l'Éducation, on souligne qu'actuellement les perspectives d'emploi sont bonnes pour ces techniciens. Ils œuvrent généralement dans les secteurs agroalimentaire, pharmaceutique, manufacturier et, dans une moindre mesure, en environnement.

Les techniciens en chimie analytique travaillent le plus souvent en contrôle de la qualité, ainsi qu'en recherche et développement, des secteurs clés pour les grandes entreprises qui veulent demeurer compétitives. En instrumen-tation, tout comme en informatique, les innovations technologiques avancent à grands pas. «Les compagnies ten-teront toujours d'améliorer leurs produits pour les rendre plus performants, précise M. St-Amour. L'importance du contrôle de la qualité n'est plus à démontrer; cette notion fait désormais partie de notre langage.»

Ces techniciens peuvent trouver de l'emploi dans des entreprises de tailles et de types très différents. Il s'agit habituellement de postes à temps plein et permanents.

11/99

Statistiques

Pour interpréter ces statistiques, voir en pages 22, 23 et 24.

- Nombre de diplômés : **111**
- Temps plein : **95,7 %**
- Proportion de diplômés en emploi (PDE) : **84,5 %**

- En rapport avec la formation : **83,6 %**
- Taux de chômage : **4,1 %**
- Salaire hebdomadaire moyen : **532 $**

La Relance au collégial en formation technique, MÉQ, 1999.

Formation collégiale

CNP 2211 CUISEP 411-000

Techniques
de chimie-biologie

Secteur 6

DEC 210.03

48 **74** **148** ●●●●●●●●●●●●●●●●●●●●●●●●●●●●●●●●●●

Voir la liste des établissements en page 416.

Établissements
offrant le
programme

Placement

Ce programme destine ses diplômés à des secteurs parmi les plus prometteurs du moment, soit les biotechnologies et l'industrie pharmaceutique. Il n'est donc pas étonnant qu'ils se placent sans difficulté.

En 1998, au Cégep de Lévis-Lauzon, le taux de placement frôlait 100 % et le taux d'emploi relié à la formation était de 96 %. En 1999, les diplômés s'insèrent toujours bien sur le marché du travail. Sans avoir de statistiques officielles à l'appui, Christine Lévesque, conseillère en emploi dans cet établissement, indique qu'il y a une cinquantaine de diplômés en 1999, et que tous les candidats disponibles à l'emploi semblent être placés.

Léandre Bibeau, conseiller pédagogique au Collège Ahuntsic, dit que la demande de ces diplômés est en hausse. «En 1998, on a reçu 30 offres d'emploi pour les 28 finissants. En 1999, nous en avons reçu 49 pour 45 diplômés. Notre taux d'emploi relié à la formation est de 86 %.»

Les diplômés sont surtout embauchés dans les laboratoires d'analyse et de recherche, dans les industries pharmaceutique, alimentaire et du recyclage. Ils peuvent aussi travailler en milieu hospitalier. «Ils doivent cependant être ouverts à la possibilité de travailler à Montréal, où se trouvent la majorité des emplois», indique Christine Lévesque. Il peut aussi y avoir quelques postes en région.

Lucie Brouillette, professeure au Collège Ahuntsic, partage cet avis. «La majorité des emplois sont à Montréal dans les industries pharmaceutique et biopharmaceutique.» Elle constate également que plusieurs diplômés poursuivent leurs études à l'université en biochimie, en biologie ou dans un autre domaine connexe. De nouvelles portes s'ouvrent ainsi à eux, notamment en recherche fondamentale et en conception de produits.

À la Direction générale de la formation professionnelle et technique du ministère de l'Éducation, on confirme que ces techniciens sont demandés sur le marché du travail et que la mobilité géographique des diplômés peut faire en sorte qu'ils trouvent plus aisément de l'emploi.

En plein essor, les biotechnologies sont notamment employées dans les secteurs de la santé humaine et animale, en agriculture, en foresterie et en environnement. DSM Biologics est une entreprise qui fabrique du matériel biotechnologique. Le responsable des ressources humaines, Gilles Beaudry, mentionne que le technicien en chimie-biologie travaille soit au contrôle de la qualité, soit en production. L'entreprise, qui est en expansion, compte actuellement 80 employés, dont une vingtaine œuvrant en chimie-biologie.

Au Cégep de Lévis-Lauzon, on souligne que les postes offrant les meilleures conditions de travail sont généralement situés dans la région de Montréal, plutôt qu'en région.

Formation collégiale

11/99

Statistiques

Pour interpréter
ces statistiques,
voir en pages 22, 23 et 24.

- Nombre de diplômés : **59**
- Temps plein : **83,8 %**
- Proportion de diplômés en emploi (PDE) : **82,2 %**

- En rapport avec la formation : **96,8 %**
- Taux de chômage : **7,5 %**
- Salaire hebdomadaire moyen : **482 $**

La Relance au collégial en formation technique, MÉQ, 1999.

CNP 6212   CUISEP 123-000

Secteur 3

DEC 430.02

Techniques de gestion des services alimentaires et de restauration

Établissements offrant le programme

Voir la liste des établissements en page 416.

Placement

Au Collège LaSalle, tous les élèves diplômés au printemps 1999 ont trouvé de l'emploi dans leur domaine. «Nous avions 21 finissants, et six mois après la fin de leurs études, ils ont tous affirmé avoir un emploi dans le milieu de la restauration, de l'hôtellerie, des services de cafétéria et de traiteur, indique Diane Pelletier, responsable des finissants dans cet établissement. La majorité des postes qu'ils occupent sont à temps plein. Nous pourrions accueillir plus d'élèves et je suis certaine qu'ils se placeraient tous très bien! Il y a une forte demande de spécialistes capables de faire la gestion des achats, des coûts et d'effectuer la planification des menus, par exemple.»

À l'Institut de tourisme et d'hôtellerie du Québec (ITHQ), selon les plus récentes statistiques disponibles, 93 % des 47 diplômés de mai 1998 ont décroché un emploi dans leur domaine. Sans disposer de chiffres précis, Bernard Légaré, responsable du centre de placement de l'ITHQ, atteste que la demande se maintient en 1999. «Ça augure bien pour les prochaines années, car tout ce qui concerne l'alimentation demande une gestion serrée.»

«On forme de futurs gestionnaires de services alimentaires et de restauration, précise le coordonnateur du programme au Collège Mérici, Richard Giguère. Ils connaissent les techniques de base de cuisine, mais aussi la gestion des coûts, des achats, des stocks et du personnel.» Il est d'avis que la première cohorte de 24 diplômés intégrera sans problème le marché du travail en l'an 2000.

Au Holiday Inn Sainte-Foy, les stagiaires qui ont bien rempli leur mandat sont généralement embauchés. Éric April, directeur de la restauration, mentionne que la plupart du temps, ils peuvent commencer à travailler comme maîtres d'hôtel et superviseurs de banquets. Ils ont ensuite la chance de gravir des échelons. «Quand je vois un employé qui a de l'initiative, je me dis qu'il ira loin.» M. April ajoute que les techniciens doivent être à l'affût des nouvelles tendances en restauration afin de toujours mieux servir les clients.

Le service de cafétéria Hubert-Universel fait régulièrement appel aux services de placement des collèges pour mettre la main sur des techniciens. «Nous devons pourvoir à plus de cinq postes par année, souligne Al Duchesne, conseiller aux ressources humaines. Nos techniciens s'occupent de la gestion d'une cafétéria, tant en ce qui concerne les services alimentaires que les ressources humaines. Comme plusieurs institutions publiques, écoles ou hôpitaux, par exemple, se départissent de leurs services de restauration, notre entreprise est en pleine expansion, et nous aurons besoin de candidats polyvalents.»

11/99

Statistiques

Pour interpréter ces statistiques, voir en pages 22, 23 et 24.

- Nombre de diplômés : **42**
- Temps plein : **90,5 %**
- Proportion de diplômés en emploi (PDE) : **75,9 %**
- En rapport avec la formation : **78,9 %**
- Taux de chômage : **4,3 %**
- Salaire hebdomadaire moyen : **468 $**

La Relance au collégial en formation technique, MÉQ, 1999.

CNP 2162/2163/2241 CUISEP 153-000

Techniques de l'informatique

Secteur 1

DEC 420.01

Établissements offrant le programme

Voir la liste des établissements de formation en annexe, page 380.

Placement

Au Cégep André-Laurendeau, la soixantaine de diplômés ont tous un emploi, selon François Dorais, conseiller au service de placement. Même constat au Collège Édouard-Montpetit : on n'arrive pas à répondre à la demande des employeurs. Au Cégep Lionel-Groulx, le taux de placement des 35 diplômés de 1998-1999 est de 100 %. «La demande dépasse largement l'offre», mentionne Richard Ouellet, aide pédagogique.

À la Direction générale de la formation professionnelle et technique du ministère de l'Éducation, on confirme que les entreprises ont grandement besoin de diplômés au fait des nouvelles technologies, notamment pour œuvrer en programmation. On mentionne également qu'il y a environ 4 000 inscriptions chaque année pour ce programme.

Les diplômés en informatique industrielle et en informatique de gestion, deux options du DEC en informatique, sont très recherchés. Les premiers peuvent occuper des postes dans les entreprises manufacturières dont le processus de fabrication est informatisé. Quant à l'informaticien de gestion, il s'occupe de la programmation de divers types de logiciels (système de paie, etc.). «Les employeurs ont de tels besoins qu'ils engagent l'un ou l'autre de ces diplômés selon leur disponibilité, quitte à compléter leur formation sur place», affirme M. Ouellet.

Des études ont démontré que le secteur des technologies de l'information (TI) était en pénurie de main-d'œuvre. Selon Montréal TechnoVision, un organisme qui veut favoriser le développement de la métropole comme pôle technologique international, il y avait en février 1999 près de trois fois plus de postes à pourvoir dans l'industrie des TI que de diplômés disponibles.

Jacques Gélinas, conseiller en développement industriel au ministère de l'Industrie et du Commerce, abonde dans ce sens. «Selon nos prévisions, il n'y aura pas de ralentissement de la demande jusqu'en 2005.» Selon lui, même si la question du bogue de l'an 2000 est réglée, les techniciens en informatique ne manqueront pas de travail pour autant. «Les budgets alloués vont être appliqués à autre chose. On s'occupera du développement informatique, ce qui n'a pas été fait ces dernières années parce que les entreprises devaient répondre à l'urgence de la mise en place des systèmes. Maintenant, elles vont y apporter des améliorations.»

Cependant, il est difficile de recruter des techniciens en informatique. Cela peut s'expliquer en partie par le fait que le nombre de diplômés de ce DEC est faible. Selon François Dorais du Cégep André-Laurendeau, plus de 50 % des élèves abandonnent dès la première année du programme. Le problème : une fausse conception du métier. «Les jeunes pensent que ça sera comme jouer au Nintendo, alors que dans les cours, on parle de diagrammes, de programmation, d'analyse. Ils se rendent compte que ce n'est pas pour eux et ils abandonnent.»

Formation collégiale

11/99

Statistiques

Pour interpréter ces statistiques, voir en pages 22, 23 et 24.

- Nombre de diplômés : **879**
- Temps plein : **98,9 %**
- Proportion de diplômés en emploi (PDE) : **80,8 %**
- En rapport avec la formation : **92,8 %**
- Taux de chômage : **4,5 %**
- Salaire hebdomadaire moyen : **577 $**

La Relance au collégial en formation technique, MÉQ, 1999.

CNP 1215 Cuisep 125-000

Secteur 17

DEC 410.A0

Techniques de la logistique du transport

Établissements
offrant le
programme **10 35 68 148 161**

Voir la liste des établissements en page 416.

Placement

D'abord instauré en tant qu'attestation d'études collégiales (AEC) par l'Institut maritime de Rimouski, le programme de techniques de la logistique du transport est désormais offert sous forme de DEC dans plusieurs établissements collégiaux. Aucun diplômé du programme révisé n'a encore intégré le marché du travail, mais des finissants devraient bientôt le faire sans peine, car plusieurs employeurs s'intéressent déjà à ces spécialistes.

Au Cégep Lionel-Groulx, on compte 45 élèves en première année d'études et 64 en deuxième. Ces derniers empocheront leur diplôme en l'an 2000. «Les élèves seront recrutés notamment par des expéditeurs, des distributeurs, des entrepôts, des courtiers en douanes et en transport. Avec les nouvelles technologies et la mondialisation, les entreprises n'ont plus le choix d'embaucher des gens spécialisés dans l'organisation du mouvement des marchandises et de l'information», soutient Johanne Morin, enseignante à ce collège.

À la Direction générale de la formation professionnelle et technique du ministère de l'Éducation, on précise qu'actuellement, au Québec, l'industrie du camionnage est florissante et que les spécialistes de la planification et de l'organisation du transport des marchandises sont attendus sur le marché du travail.

L'émergence de cette profession est directement liée à la mondialisation des marchés. Aujourd'hui, les lieux de fabrication, d'approvisionnement et de consommation des produits sont souvent éparpillés sur la planète. En même temps, de nouvelles technologies rendent les moyens de transport plus rapides que jamais. La bonne gestion de cette circulation par un logisticien est donc essentielle à la compétitivité des entreprises de toutes les sphères de l'activité économique.

«L'augmentation de la flotte de véhicules, le commerce électronique, la mondialisation et les changements de réglementation vont créer des débouchés en logistique, c'est certain. Il va falloir gérer tout ça», indique Guy Normandeau, directeur du Comité sectoriel de main-d'œuvre en transport.

Selon Jacques Paquin, coordonnateur du département de logistique à l'Institut maritime de Rimouski, il était grand temps que ce programme soit offert au Québec. «Les besoins sont là depuis longtemps, mais il n'y avait pas de formation ici. Les entreprises ont dû engager des gens ayant étudié à l'étranger ou offrir une formation sur les lieux de travail.»

Chez Aéroports de Montréal, par exemple, il y a actuellement une forte demande de main-d'œuvre qualifiée en logistique. Comme les clients deviennent de plus en plus exigeants, il faut des spécialistes qui comprennent toute la complexité du transport et qui puissent faire preuve d'un maximum d'efficacité.

11/99

Statistiques

Pour interpréter
ces statistiques,
voir en pages 22, 23 et 24.

- Nombre de diplômés : **37**
- Temps plein : **90,5 %**
- Proportion de diplômés en emploi (PDE) : **78,6 %**

- En rapport avec la formation : **73,7 %**
- Taux de chômage : **12,0 %**
- Salaire hebdomadaire moyen : **448 $**

Ces données concernent le programme «Techniques administratives : transport» et sont tirées de
La Relance au collégial en formation technique, MÉQ, 1999.

304

Formation collégiale

CNP 2211   CUISEP 413-400

Techniques de procédés chimiques

Secteur 6

DEC 210.04

Établissement
offrant le
programme

80
Voir la liste des établissements en page 416.

Placement

Offerte uniquement à l'Institut de chimie et de pétrochimie du Collège de Maisonneuve, cette formation a actuellement la cote sur le marché du travail. «En 1999, de 80 à 100 offres d'emploi ont été affichées pour une quarantaine de diplômés. Il faut cependant noter que ces offres s'adressaient aussi à la quarantaine de diplômés de l'attestation d'études collégiales (AEC) en techniques de procédés chimiques, aussi donnée dans notre établissement», fait valoir Daniel Touchette, conseiller pédagogique.

Bien qu'initialement formés pour pourvoir à des postes d'opérateurs dans les industries chimique et pétrochimique, ces techniciens sont aussi recherchés dans de nombreux secteurs assez prospères actuellement. «La polyvalence de ces élèves leur permet d'occuper des postes de techniciens dans environ 600 entreprises réparties dans 25 secteurs différents au Québec, poursuit Daniel Touchette. Cela va de la métallurgie aux pâtes et papiers, en passant par le traitement des eaux, la chimie fine, les parfums, les solvants, les peintures, les produits pharmaceutiques, etc.»

Pour cette profession, le site Emploi-Avenir Québec de Développement des ressources humaines Canada annonce un taux de croissance de 2,6 % entre 1997 et 2002, un taux supérieur à la moyenne. Selon cette même source, le développement de méthodes d'analyse ainsi que celui de nouveaux produits industriels et domestiques devraient accroître les possibilités d'embauche. L'importance particulière accordée à l'environnement, à la qualité des eaux et au contrôle de la qualité devrait également être favorable à ces techniciens.

Selon André Nadeau du Comité sectoriel de main-d'œuvre de la chimie, de la pétrochimie et du raffinage du Québec, cette vague d'embauche n'est pas sur le point de se résorber. «Dans nos industries, la majorité des opérateurs actuels sont relativement âgés et les compagnies recrutent de façon régulière pour les remplacer. De plus, si la majorité des opérateurs étaient auparavant formés "sur le tas", ce n'est plus le cas aujourd'hui. Si on ne possède pas un diplôme ou une attestation d'études collégiales en procédés chimiques, cela ne passe tout simplement pas. C'est donc un profil de technicien très demandé qui offre d'excellentes perspectives d'avenir.»

Chez Les Brasseurs du Nord, où l'on produit notamment les bières de marque Boréale, on est enchanté par l'expertise de ces diplômés. «Même si nous formons nos employés selon nos propres exigences, ces techniciens arrivent avec un bagage de connaissances qui fait toute la différence, explique Michel Lambert, responsable des ressources humaines. Pour les procédés chimiques et la lecture de plans, par exemple, ils ont une longueur d'avance sur les autres opérateurs.»

Au Collège de Maisonneuve, on dit que le salaire moyen offert à l'embauche oscillait en 1998 entre 12,65 $ et 16 $ l'heure. Les horaires de travail peuvent être variables.

Formation collégiale

11/99

Statistiques

Pour interpréter ces statistiques, voir en pages 22, 23 et 24.

- Nombre de diplômés : **56**
- Temps plein : **96,8 %**
- Proportion de diplômés en emploi (PDE) : **73,8 %**
- En rapport avec la formation : **70,0 %**
- Taux de chômage : **3,1 %**
- Salaire hebdomadaire moyen : **599 $**

La Relance au collégial en formation technique, MÉQ, 1999.

CNP 1473   CUISEP 455-414

Secteur 11

DEC 235.A0

Techniques de production manufacturière

Établissements
offrant le
programme 56 68 146 161 ●●●●●●●●●●●●●●●●●●●●●●●

Voir la liste des établissements en page 416.

Placement

Au Cégep Beauce-Appalaches, les 10 diplômés de 1998 et les 10 autres de 1999 ont trouvé de travail dans cette région, au sein de petites et de moyennes entreprises. Ils sont techniciens en usine ou contremaîtres dans les chaînes de production.

Au Cégep de Granby Haute-Yamaska, selon les plus récentes statistiques disponibles, les quatre diplômés de 1998 se sont placés. «On manque d'élèves pour suffire à la demande du marché, indique Vincent Drouin, enseignant et responsable de programme dans cet établissement. La nature des compétences exigées en entreprise a évolué, notamment concernant la prise en charge de l'unité de fabrication et de l'automatisation des tâches. Cela a un effet positif sur la demande.»

Au Cégep Lionel-Groulx, une première cohorte de 15 à 20 élèves sortira en l'an 2000, et l'on estime que les diplômés trouveront du travail en industrie.

À la Direction générale de la formation professionnelle et technique du ministère de l'Éducation, on confirme qu'il y aurait lieu d'augmenter le nombre d'inscriptions pour ce programme afin de mieux répondre aux besoins des nombreux employeurs du secteur manufacturier.

«Je crois que ces diplômés ont de bonnes chances de se placer dans l'avenir», confirme Benoît Giraudo, directeur des ressources humaines chez BCH Unique, un fabricant d'articles promotionnels qui a déjà engagé deux diplômés du Cégep Beauce-Appalaches. «Ils sont bien préparés pour effectuer des tâches essentielles, comme la planification de la production ou la supervision, et ils sont au fait des nouvelles technologies», poursuit-il.

Le bois ouvré, l'usinage et le semi-remorque font partie des secteurs qui recrutent le plus. «Les employeurs sont intéressés par nos diplômés, car ils sont très polyvalents, indique Maurice Lorent, conseiller pédagogique en charge de ce programme au Cégep Beauce-Appalaches. Ils peuvent voir à la gestion des stocks et au contrôle de la qualité tout en sachant travailler avec des systèmes mécaniques.»

Toutefois, la majorité des diplômés doivent être prêts à être agents techniques avant d'occuper un poste de superviseur. L'expérience et la maturité entrent souvent en ligne de compte lors de la sélection de candidats.

Ce métier s'effectue généralement à temps plein, selon des horaires rotatifs de jour, de soir ou de nuit.

11/99

Statistiques

Pour interpréter
ces statistiques,
voir en pages 22, 23 et 24.

- Nombre de diplômés : **n/d**
- Temps plein : **n/d**
- Proportion de diplômés en emploi (PDE) : **n/d**
- En rapport avec la formation : **n/d**
- Taux de chômage : **n/d**
- Salaire hebdomadaire moyen : **n/d**

La Relance au collégial en formation technique, MÉQ, 1999.

CNP 6272   CUISEP 547-000

Techniques — de thanatologie

Secteur 19

DEC 171.A0

Établissement
offrant le
programme

81 ●●●●●●●●●●●●●●●●●●●●●●●●●●●●●●●●●
Voir la liste des établissements en page 416.

Placement

Au Collège de Rosemont, seul établissement à offrir cette formation au Québec, plus de 90 % des 19 diplômés en thanatologie de la promotion de 1998 ont trouvé un emploi.

Selon le coordonnateur du programme, André Lépine, les perspectives d'emploi des diplômés sont très bonnes. Pourtant, l'expertise des thanatologues n'étant pas officiellement reconnue par le ministère de la Santé et des Services sociaux, les entreprises funéraires peuvent parfois leur préférer un personnel non qualifié. «Nos diplômés sont dotés de compétences pointues pour soutenir les familles endeuillées, par exemple, et peuvent très bien assumer les fonctions de directeur de funérailles. Malheureusement, les entreprises ne choisissent pas toujours nos diplômés pour pourvoir aux postes.»

L'entreprise Magnus Poirier met cependant les compétences multidisciplinaires des diplômés à profit. Dans ses onze maisons funéraires, elle embauche un diplômé tous les deux ou trois ans pour travailler comme thanato-praxeur (embaumeur) au laboratoire, indique Jacques Poirier, secrétaire de l'entreprise. «Nous les recrutons aussi pour effectuer des tâches telles que le soutien aux familles.»

Les thanatologues disposent de possibilités variées. «Ils se placent dans toutes les entreprises funéraires, petites, moyennes ou grandes. Certains se lancent à leur compte, d'autres gèrent des cimetières. Certains diplômés sont même devenus coroners après avoir poursuivi des études universitaires», souligne M. Lépine.

Dans l'ensemble, les perspectives d'emploi semblent bonnes. Toutefois, Henri Gibeau, président de la Corporation des thanatologues, met un bémol. «Les diplômés n'obtiendront pas nécessairement un poste en sortant du cégep. Actuellement, la tendance est au regroupement d'entreprises funéraires : selon une logique de rationalisation, on peut donc présumer qu'il y aura, à court terme, une diminution du nombre d'employés.» Mais le vieillissement de la population devrait provoquer une recrudescence de l'emploi vers 2005, croit M. Gibeau. «Cependant, il faudra voir quels seront les rites funéraires à ce moment-là.»

Henri Gibeau s'interroge également sur la reconnaissance légale des thanatologues. «Pour l'instant, le diplômé n'accède qu'au permis d'embaumeur. Il n'y a pas de reconnaissance professionnelle en ce qui concerne le soutien des proches, et la Corporation fait actuellement pression sur le gouvernement pour modifier la situation. Certaines entreprises ont comme philosophie d'embaucher des diplômés, mais c'est une volonté encore fragile.»

Les horaires de travail des thanatologues sont variables. Ils sont souvent appelés à travailler le soir, la nuit et les fins de semaine.

Formation collégiale

11/99

Statistiques

Pour interpréter
ces statistiques,
voir en pages 22, 23 et 24.

- Nombre de diplômés : **20**
- Temps plein : **n/d**
- Proportion de diplômés en emploi (PDE) : **93,3 %**

- En rapport avec la formation : **n/d**
- Taux de chômage : **6,7%**
- Salaire hebdomadaire moyen : **n/d**

La Relance au collégial en formation technique, MÉQ, 1999.

CNP 7272   CUISEP 455-414

Secteur 5

DEC 233.01

Techniques du meuble et du bois ouvré

Établissement
offrant le
programme **50** ●●●●●●●●●●●●●●●●●●●●●●●●●●●●●●●●●●●●

Voir la liste des établissements en page 416.

Formation collégiale

Placement

L'École québécoise du meuble et du bois ouvré de Victoriaville est le seul établissement à offrir ce programme au Québec. Jean-Marc Luneau, conseiller pédagogique, affirme que le taux de placement des sept diplômés de 1999 est de 100 %. Il ajoute qu'ils ont tous décroché un emploi lié à leur formation.

À la Direction générale de la formation professionnelle et technique du ministère de l'Éducation, on fait valoir qu'en dépit de son caractère prometteur, cette formation est malheureusement peu populaire auprès des élèves.

«Cette formation est parmi celles qui offrent les meilleurs débouchés dans l'industrie du meuble, indique Christian Galarneau, coordonnateur au Comité sectoriel de main-d'œuvre des industries des portes et fenêtres, du meuble et des armoires de cuisine. L'ensemble de l'industrie est en pleine croissance. Les perspectives s'annoncent excellentes, d'autant plus que plusieurs compagnies se positionnent sur le marché international, d'où l'importance de former davantage de techniciens.»

Il précise aussi que le technicien spécialisé en gestion de la production peut accéder à des postes de direction. Quant à celui qui possède des connaissances en dessin industriel, notamment assisté par ordinateur, il peut facilement élargir son champ d'activités professionnelles.

Le technicien du meuble et du bois ouvré travaille principalement dans les entreprises de fabrication en série de meubles. Sa formation lui permet de se spécialiser en dessin technique, en contrôle de la qualité, en gestion de la production ou en supervision du personnel. Il se consacre à des travaux de longue haleine au cours desquels il s'emploie notamment à réduire les coûts de production, à améliorer la qualité des produits et à organiser les lieux de production de l'entreprise.

Marco Lagueux, directeur des ressources humaines des Industries A.P., un fabricant de mobiliers de chambre haut de gamme, croit que cette formation devrait être davantage promue auprès des jeunes. «Les employeurs sont parfois obligés de pourvoir à des postes avec des techniciens en génie industriel, qui ont une formation similaire.»

De façon générale, ce technicien devra tenir à jour ses connaissances des nouvelles technologies, aussi bien en matière de logiciels, de matériaux que de machines-outils.

À l'École québécoise du meuble et du bois ouvré de Victoriaville, on indique que le salaire moyen de départ serait de 11 $ à 17 $ l'heure. Selon ses compétences, le technicien peut accéder à des postes de niveau supérieur et voir sa rémunération augmenter rapidement. L'horaire de travail est régulier et il peut être nécessaire de faire des heures supplémentaires en période de pointe.

11/99

Statistiques

Pour interpréter
ces statistiques,
voir en pages 22, 23 et 24.

- Nombre de diplômés : **n/d**
- Temps plein : **n/d**
- Proportion de diplômés en emploi (PDE) : **n/d**
- En rapport avec la formation : **n/d**
- Taux de chômage : **n/d**
- Salaire hebdomadaire moyen : **n/d**

La Relance au collégial en formation technique, MÉQ, 1999.

CNP 2211   CUISEP 455-416
Secteur 12

Techniques papetières

DEC 232.01

Établissement
offrant le
programme

44
●●●●●●●●●●●●●●●●●●●●●●●●●●●●●●●●●●●●●●●
Voir la liste des établissements en page 416.

Placement

Au Cégep de Trois-Rivières, seul établissement à offrir cette formation au Québec, le taux de placement se maintient près de 100 %, même si le nombre de diplômés a plus que quadruplé depuis 1996. Maryse Paquette, conseillère en emploi dans cet établissement, confirme que les diplômés sont fort recherchés sur le marché du travail en 1999. Les usines de pâtes et papiers restent le principal employeur, suivies par les distributeurs de produits chimiques et les centres de recherche liés à cette industrie.

Selon la Direction générale de la formation professionnelle et technique du ministère de l'Éducation, les diplômés de cette formation entrent aisément sur le marché de l'emploi. Les besoins devraient se maintenir au cours des prochaines années en raison du vieillissement des travailleurs.

«On estime que l'industrie des pâtes et papiers aura besoin d'environ 3 000 nouveaux employés — tous postes confondus — au cours des cinq prochaines années», affirme Julien Michaud, conseiller en relations industrielles et directeur à la Législation du travail à l'Association des industries forestières du Québec limitée. En effet, de nombreux travailleurs prendront leur retraite durant cette période et devront être remplacés.

À l'usine Belgo d'Abitibi-Price de Shawinigan, ces diplômés sont de plus en plus sollicités pour effectuer des tâches directement reliées à la production de pâtes et papiers. Selon Jean-Marc Robitaille, directeur de cette usine, de nombreuses entreprises délaissent le papier journal pour la production de papier plus spécialisé. Or, il semble que ces techniciens soient bien préparés pour les manipulations particulières qu'exige ce type de production.

«Ces techniciens sont très polyvalents, fait valoir le coordonnateur du programme au Cégep de Trois-Rivières, Jean Leclerc. Ils peuvent œuvrer tant à la production qu'au contrôle de la qualité. Certains d'entre eux occupent aussi des postes d'opérateurs.»

La mondialisation des marchés, l'augmentation du prix des matières premières ainsi que de nombreux autres facteurs obligent l'industrie à accroître les compétences et la flexibilité de sa main-d'œuvre afin d'assurer sa compétitivité sur le plan international.

Jean Leclerc remarque que depuis trois ans, les nombreuses fusions d'entreprises de pâtes et papiers ont pu ralentir l'embauche dans ce secteur, mais que dans l'ensemble cette réorganisation est positive et devrait créer des structures plus solides pour l'avenir.

Par ailleurs, l'industrie des pâtes et papiers étant entrée de pied ferme dans les technologies de pointe, la formation en techniques papetières est actuellement révisée afin de mieux répondre aux besoins des employeurs.

Formation collégiale

11/99

Statistiques

Pour interpréter ces statistiques, voir en pages 22, 23 et 24.

- Nombre de diplômés : **20**
- Temps plein : **100 %**
- Proportion de diplômés en emploi (PDE) : **86,7 %**
- En rapport avec la formation : **92,3 %**
- Taux de chômage : **7,1 %**
- Salaire hebdomadaire moyen : **812 $**

La Relance au collégial en formation technique, MÉQ, 1999.

CNP 1235   CUISEP 126-000

Secteur 7

DEC 221.04

Technologie de l'estimation et de l'évaluation du bâtiment —

Établissements offrant le programme **27** **43** **152**

Voir la liste des établissements en page 416.

Formation collégiale

Placement

Au Collège Montmorency, le taux de placement des 14 diplômés de ce programme pour la promotion de 1998 était de 100 %. Les quelques diplômés du Cégep de Drummondville la même année avaient aussi trouvé du travail.

«Ces technologues n'ont pas de difficulté à se placer. Plusieurs employeurs nous appellent pour qu'on leur suggère des diplômés, mais nous n'en avons pas, explique Pierre Grondin, du service de placement au Cégep de Drummondville. Il faut dire que le secteur de la construction se portait bien ces dernières années : quand la construction va, l'estimation va.»

Deux avenues principales s'offrent au diplômé. «Il peut œuvrer comme estimateur auprès d'un entrepreneur de construction par exemple, ou comme technicien en évaluation auprès d'un évaluateur agréé, d'une municipalité ou d'une MRC. Chose certaine, le marché du travail absorbe facilement les diplômés», souligne M. Grondin.

Roger Gougeon, du cabinet d'évaluateurs Gougeon et associés, apprécie beaucoup la qualité de ces diplômés, qui effectuent principalement du travail d'évaluation dans cette entreprise. «Lorsqu'ils sont compétents, ces diplômés deviennent très rapidement rentables pour une entreprise : ils ont des connaissances techniques approfondies qui font d'eux une main-d'œuvre supérieure aux bacheliers en administration ou en assurance, par exemple. Notre bureau est à la recherche de technologues, mais à l'heure actuelle, aucun n'est disponible sur le marché.»

Si le travail est davantage saisonnier dans le secteur de la construction, le diplômé peut toutefois travailler toute l'année dans le domaine de l'évaluation. «Les cabinets d'évaluateurs agréés fonctionnent surtout entre avril et novembre, mais plusieurs travaillent à longueur d'année, quand la taille de la firme le permet. Si le diplômé a la chance d'être embauché par une MRC ou une municipalité — ce qui est plutôt rare, car ces organismes n'emploient généralement qu'un ou deux techniciens —, il peut aussi travailler toute l'année», précise Pierre Grondin.

Denis Bélair, technologue en estimation et en évaluation du bâtiment chez Exceltech, une firme de Sherbrooke, ajoute que les perspectives sont bonnes pour ceux qui savent élargir leur champ de compétences. «Si on ne touche qu'à l'évaluation ou à l'estimation résidentielle, on aura peut-être du mal à trouver un travail. En revanche, si on se spécialise dans le secteur commercial, on ajoute une corde à son arc. Il en va de même pour ceux qui se tournent vers des expertises plus spécialisées, comme l'évaluation d'équipements. De plus, certaines entreprises privées, comme les banques, peuvent aussi offrir des débouchés, par exemple dans l'estimation d'un bâtiment pour l'obtention d'un prêt hypothécaire», conclut-il.

11/99

Statistiques

Pour interpréter ces statistiques, voir en pages 22, 23 et 24.

- Nombre de diplômés : **32**
- Temps plein : **100,0 %**
- Proportion de diplômés en emploi (PDE) : **79,2 %**

- En rapport avec la formation : **84,2 %**
- Taux de chômage : **0,0 %**
- Salaire hebdomadaire moyen : **460 $**

La Relance au collégial en formation technique, MÉQ, 1999.

CNP 2255   CUISEP 432-200

Technologie ——— de la cartographie

Secteur 7

DEC 230.01

Établissements
offrant le
programme

34 **115** ●●●●●●●●●●●●●●●●●●●●●●●●●●●●●●●●●
Voir la liste des établissements en page 416.

Formation collégiale

Placement

Au Collège de Limoilou, selon les plus récentes statistiques disponibles, le taux de placement des 23 diplômés de 1998 est de 92 %. Alain Godbout, du service de placement du Collège, précise que la qualité des emplois semble s'améliorer, car un nombre croissant de postes seraient à temps plein.

Pour sa part, Martin Mageau, coordonnateur du programme de cartographie au Collège de l'Outaouais, ne dispose pas de statistiques officielles. «Par expérience, je sais que notre taux de placement est d'au moins 90 %, car nous recevons plus d'offres d'emploi que nous n'avons d'élèves disponibles.»

Les firmes d'arpenteurs-géomètres, d'ingénieurs ou de génie-conseil sont susceptibles d'embaucher ces diplômés, de même que certains ministères et organismes publics. Cependant, le secteur de la géomatique, en pleine expansion au Canada, regorge d'emplois pour les techniciens en cartographie.

«On connaît actuellement un manque de diplômés en cartographie, avance Denis Parot, président de la section montréalaise de l'Association canadienne des sciences géomatiques. L'explosion du secteur de la géomatique depuis quatre ou cinq ans a contribué à la rareté de cette main-d'œuvre.» Selon lui, les firmes d'ingénieurs ou les départements de génie civil des entreprises, par exemple, comptent pratiquement tous une division de la géomatique.

«C'est un domaine très prometteur, poursuit M. Mageau. On assiste actuellement au développement des systèmes d'information géographique. Tous les types d'entreprises sont susceptibles de les utiliser : celles qui exploitent les ressources naturelles (foresterie, mines, agriculture), mais aussi les banques, les entreprises de télécommunication, de gaz naturel ou d'hydroélectricité.»

L'utilisation de la géomatique à des fins de marketing est aussi une voie prometteuse. «Une chaîne de magasins qui veut bien connaître son marché peut recourir à la géomatique pour analyser la clientèle dans une région donnée, par exemple. Il y a donc beaucoup de développement possible dans l'entreprise privée.» La télédétection offrirait aussi des débouchés intéressants pour ces diplômés, ajoute-t-il.

Si l'ensemble du territoire canadien est déjà cartographié, plusieurs entreprises bénéficient toutefois du développement des marchés internationaux. C'est le cas de Géomatique GPL, une firme de Québec qui est en pleine expansion. «Il y a beaucoup à faire dans les pays en voie de développement, explique la directrice des ressources humaines, Nathalie Harvey. Il faut notamment cibler le territoire, emmagasiner les données cartographiques. Lorsqu'on décroche des contrats importants, on embauche des techniciens : le nombre d'employés a donc beaucoup augmenté depuis quatre ans. Nous sommes à la merci des marchés étrangers, mais l'avenir semble prometteur.»

11/99

Statistiques

Pour interpréter
ces statistiques,
voir en pages 22, 23 et 24.

- Nombre de diplômés : **36**
- Temps plein : **100,0 %**
- Proportion de diplômés en emploi (PDE) : **81,5 %**
- En rapport avec la formation : **90,5 %**
- Taux de chômage : **8,3 %**
- Salaire hebdomadaire moyen : **443 $**

La Relance au collégial en formation technique, MÉQ, 1999.

CNP 2233   CUISEP 455-418
Secteur 18
DEC 251. B0

Technologie
de la production textile

Établissement
offrant le
programme ⑰

Voir la liste des établissements en page 416.

Placement

Ce programme, anciennement connu sous le nom de «Technologie et gestion des textiles : fabrication», a été révisé afin de mieux répondre aux exigences du ministère de l'Éducation et aux besoins de l'industrie. Le programme revu est en vigueur depuis le mois d'août 1999 au Cégep de Saint-Hyacinthe, seul établissement à offrir cette formation au Québec et au Canada.

En 1998, le taux de placement des diplômés de l'ancien programme était de 80 %. En 1999, il est de 100 %, car les huit diplômés ont trouvé un emploi. En 1999, cette formation figure parmi «Les 50 programmes offrant les meilleures perspectives d'insertion au marché du travail», selon la Direction générale de la formation professionnelle et technique (DGFPT) du ministère de l'Éducation. À la DGFPT, on mentionne qu'il y aurait lieu d'augmenter substantiellement le nombre de diplômés afin de mieux répondre aux besoins des employeurs.

Tous les élèves décrochent un travail à temps plein, lié à la formation, et souvent même avant la fin de leurs études. L'option alternance travail-études proposée dans ce programme du DEC favorise l'embauche des finissants. Julie Galarneau, conseillère en emploi au Cégep, indique que les diplômés travaillent comme gestionnaires en amélioration des procédés et des tâches ou comme contremaîtres de production.

Jacinthe Smith, agente de promotion des carrières en textile du Comité sectoriel de main-d'œuvre de l'industrie textile du Québec, explique que ce secteur est en plein développement. «Plus la croissance des entreprises s'amplifie, plus le niveau de production est élevé, et plus on a besoin d'embaucher des gens qualifiés. On remarque également un certain vieillissement de la main-d'œuvre : plusieurs travailleurs vont bientôt prendre leur retraite, d'où la nécessité d'embaucher la relève.»

Vice-président des ressources humaines chez Cavalier Textiles, une entreprise de filature, Jacques Hamel affirme que les départs à la retraite offriront des occasions d'emploi, notamment pour des postes de chefs de production et de directeurs d'usine. «Il y aura de belles ouvertures pour ceux qui auront déjà démontré leurs compétences en milieu de travail.»

Selon le Conseil des ressources humaines de l'industrie textile, qui est la tribune canadienne pour ce secteur d'activité, l'industrie connaît une croissance importante. Depuis l'Accord du libre-échange en 1989, le Canada a vu ses exportations tripler, passant de 844 millions à près de trois milliards en 1997. Le Québec comprend près de la moitié des entreprises canadiennes du secteur du textile. Celles-ci emploient environ 24 000 personnes.

Au Conseil, on estime que le salaire moyen de départ se situe aux alentours de 550 $ par semaine. Après cinq ans d'expérience, il peut cependant monter jusqu'à 750 $ par semaine. Comme les chaînes de production sont en constante opération, le travail s'effectue à raison de 40 heures par semaine, parfois selon des horaires rotatifs.

11/99

Statistiques

Pour interpréter ces statistiques, voir en pages 22, 23 et 24.

• Nombre de diplômés : **9**
• Temps plein : **100,0 %**
• Proportion de diplômés en emploi (PDE) : **100,0 %**
• En rapport avec la formation : **100,0 %**
• Taux de chômage : **0,0 %**
• Salaire hebdomadaire moyen : **646 $**

Ces données concernent le programme «Technologie et gestion des textiles : fabrication», *La Relance au collégial en formation technique*, MEQ, 1999.

Formation collégiale

CNP 2221   CUISEP 312-500

Technologie de la transformation des aliments

Secteur 3

DEC 154.A0

Établissement
offrant le
programme

181 •••••••••••••••••••••••••••••••••••
Voir la liste des établissements en page 416.

Placement

À l'Institut de technologie agroalimentaire (ITA) de Saint-Hyacinthe, on reçoit chaque année trois fois plus d'offres d'emploi reliées à la transformation des aliments qu'il n'y a de diplômés dans ce domaine. En 1998, l'établissement recevait 100 offres pour une cohorte de 30 diplômés, affirme Céline Laliberté, conseillère en emploi de l'Institut. La trentaine d'étudiants diplômés en 1999 étaient tous en emploi quelques mois après la fin des études. Afin de mieux répondre aux besoins des employeurs, une vingtaine d'étudiants supplémentaires suivront cette formation en l'an 2000.

À la Direction générale de la formation professionnelle et technique du ministère de l'Éducation, on confirme que ces diplômés entrent facilement sur le marché de l'emploi.

Selon le ministère de l'Agriculture, des Pêcheries et de l'Alimentation du Québec, la transformation des aliments et des boissons demeure l'un des plus importants secteurs industriels dans la province en ce qui a trait aux emplois et à l'activité économique.

Ces technologues ont donc accès à des secteurs très variés de l'industrie. Ils peuvent aussi bien œuvrer au contrôle des procédés de production, qu'en recherche et développement et au contrôle de la qualité. Bernard Desautels, responsable des communications à l'ITA, signale que depuis deux ans, au moins 50 % des offres d'emploi ont directement trait à la production industrielle, plutôt qu'à la recherche en laboratoire.

Selon le site Emploi-Avenir Québec de Développement des ressources humaines Canada, les nouvelles lois sur le contrôle de la qualité des aliments favorisent l'embauche des technologues agroalimentaires qui ont des compétences en contrôle de la qualité, en contrôle statistique des procédés, en formulation et en procédés de fabrication. Des connaissances en charcuterie et en boulangerie sont aussi recherchées.

La responsable des ressources humaines chez Saputo, Angelica Heller, constate que cette situation est directement liée à la transformation du marché. «Avec l'arrivée des nouvelles technologies et la volonté de se conformer aux normes ISO, nos exigences en matière d'embauche ont beaucoup évolué. La formation de ces diplômés correspond tout à fait à nos besoins actuels, car ils maîtrisent très bien les technologies.»

De plus, Bernard Desautels avance qu'à peine 3 % de l'ensemble des 50 000 travailleurs du domaine de la transformation des aliments comptent sur une formation technique. Il y aurait donc un manque de main-d'œuvre qualifiée. Il est d'avis qu'à l'échelle provinciale, de 60 à 70 % des emplois en transformation des aliments sont concentrés dans le Grand Montréal et sa région, ce qui englobe Saint-Hyacinthe et les environs.

À l'ITA de Saint-Hyacinthe, on indique que le salaire moyen de départ est d'environ 460 $ par semaine. En début de carrière, les diplômés œuvrant en milieu industriel occupent souvent des postes qui exigent des horaires rotatifs, de jour, de soir ou de nuit. Le travail à forfait est aussi fréquent. Un employé qualifié peut rapidement monter dans l'échelle hiérarchique d'une entreprise.

11/99

Formation collégiale

Statistiques

Pour interpréter
ces statistiques,
voir en pages 22, 23 et 24.

- Nombre de diplômés : **30**
- Temps plein : **100 %**
- Proportion de diplômés en emploi (PDE) : **91,3 %**
- En rapport avec la formation : **95,2 %**
- Taux de chômage : **4,5 %**
- Salaire hebdomadaire moyen : **519 $**

La Relance au collégial en formation technique, MÉQ, 1999.

CNP 9215 CUISEP 315-700

Secteur 12

DEC 190.A0

Technologie de la transformation des produits forestiers

Établissements offrant le programme **6** **19** **28** **160**

Voir la liste des établissements en page 416.

Placement

Totalement révisé au cours des années 1990 afin de mieux répondre aux besoins de l'industrie du bois, ce programme est maintenant offert dans quatre établissements collégiaux au Québec.

Au printemps 2000, une trentaine de diplômés du Cégep de Sainte-Foy et neuf du Centre matapédien d'études collégiales (Cégep de Rimouski) arriveront sur le marché du travail, où ils sont très attendus.

«L'industrie du bois s'est beaucoup modernisée et elle a maintenant besoin de gens bien formés qui maîtrisent les nouvelles technologies, souligne Denis Malenfant, coordonnateur du programme au Cégep de Sainte-Foy. Dans les usines de transformation du bois, ces diplômés seront contrôleurs de qualité et superviseurs des opérations. Avec quelques années d'expérience, ils pourront devenir surintendants de la production.»

Au Centre collégial de Mont-Laurier (Cégep de Saint-Jérôme), 18 premiers élèves obtiendront leur diplôme en 2001, alors que le programme du Cégep de Saint-Félicien, lancé en septembre 1999, accueille une vingtaine d'élèves.

«Ces technologues sont effectivement très attendus par les employeurs, affirme Fernand Otis, coordonnateur du Comité sectoriel de main-d'œuvre des industries du bois de sciage. Avec l'automatisation des usines, de pair avec le savoir-faire, l'industrie requiert des gens capables de résoudre des problèmes, de communiquer et d'entretenir des liens entre les équipes. Ces professionnels seront très actifs dans le processus d'optimisation de la production et dans tout ce qui a trait au virage écologique amorcé au cours des cinq dernières années.»

Face à la vive concurrence du marché et à cause de la faible capacité de renouvellement de la forêt, on essaie aujourd'hui de tout récupérer et de fabriquer des produits à plus forte valeur ajoutée (pavillons de jardin, treillis, etc.).

«Ces technologues, qui auront longuement étudié les limites et les possibilités des nouvelles technologies de même que les procédés de sciage, nous seront très utiles, explique Pierre Saint-Laurent, directeur général de l'usine de sciage Félix Huard, division Amqui. Par exemple, un employé qui comprend bien le fonctionnement des équipements saura économiser la matière première.»

De l'avis de Fernand Otis, à moyen terme, le diplôme d'études collégiales techniques devrait devenir une condition d'embauche dans l'industrie du bois.

À la Direction générale de la formation professionnelle et technique du ministère de l'Éducation, on mentionne que ce type de technicien profitera de bonnes perspectives d'emploi au cours des prochaines années.

11/99

Statistiques

Pour interpréter ces statistiques, voir en pages 22, 23 et 24.

- Nombre de diplômés : **n/d**
- Temps plein : **n/d**
- Proportion de diplômés en emploi (PDE) : **n/d**
- En rapport avec la formation : **n/d**
- Taux de chômage : **n/d**
- Salaire hebdomadaire moyen : **n/d**

La Relance au collégial en formation technique, MÉQ, 1999.

Formation collégiale

314

CNP 2243   CUISEP 455-450

Technologie de maintenance industrielle

Secteur 14

DEC 241.05

Établissements offrant le programme

6 **44** **58** **70** **124** **131** **139** **148** ●●●●●●●●●●●●●●●●●●●●●●●

Voir la liste des établissements en page 416.

Placement

Au centre de placement du Cégep de Trois-Rivières, on est enthousiaste à l'égard de cette formation qui semble susciter un engouement dans le milieu industriel. «En 1999, nous avons reçu 41 offres d'emploi pour seulement 4 finissants! Nous sommes évidemment incapables de répondre à la demande», indique Maryse Paquette.

Au Cégep de Sept-Îles, 11 élèves ont empoché leur diplôme en 1999. Carl Allard, coordonnateur de l'alternance travail-études, indique que le placement est généralement bon pour ces diplômés. «Dans notre région, ils peuvent se placer dans les industries minières et papetières, dans les scieries et les alumineries. Cependant, les postes affichés par les industries minières, par exemple, exigent souvent un ou deux ans d'expérience de travail, ce que nos diplômés n'ont pas en sortant de l'école. Ainsi, plusieurs trouvent du travail ailleurs en région, notamment sur la Côte-Nord ou à Drummondville.»

À l'hiver 2000, le Cégep de Sept-Îles offrira cette formation en alternance travail-études, ce qui permettra aux élèves d'acquérir de l'expérience et de mieux se qualifier auprès des employeurs de la région.

Au Collège de Sherbrooke, la première cohorte sortira en l'an 2000; on est optimiste quant aux perspectives d'emploi, affirme André Martin, enseignant.

Les technologues en maintenance industrielle travaillent à l'entretien et à la réparation de la machinerie utilisée par la plupart des usines et manufactures. Ils peuvent aussi avoir à améliorer le rendement des machines.

Ainsi, à la Direction générale de la formation professionnelle et technique du ministère de l'Éducation, on maintient qu'avec leurs compétences, ces diplômés peuvent œuvrer un peu partout dans le secteur manufacturier, ce qui multiplie leurs chances d'embauche.

Une main-d'œuvre vieillissante et la complexité croissante de la machinerie justifient l'augmentation de la demande de ces technologues dans les années à venir. «Dans plusieurs secteurs, comme le textile, la métallurgie et le plastique, les employeurs ont des besoins marqués du côté de la maintenance industrielle. Les systèmes sont de plus en plus complexes, et ceux qui possèdent une formation ont de bonnes chances de se placer», fait valoir Louis Dionne, à la Direction d'intervention sectorielle d'Emploi-Québec.

Le site Emploi-Avenir Québec de Développement des ressources humaines Canada souligne que dans tous les secteurs d'activité on met l'accent sur l'amélioration de la productivité. De ce fait, on mise sur l'automatisation des procédés industriels. La demande de ces technologues devrait donc être favorisée.

Stéphane Poulin, ingénieur chez Guitabec, une entreprise située dans la région de Trois-Rivières, souligne que ces diplômés arrivent avec une base intéressante. «Avant, nous embauchions des ingénieurs pour effectuer le travail, mais ils étaient surqualifiés et non motivés. Nous avons trouvé le profil idéal chez les diplômés en technologie de maintenance industrielle.»

11/99

Statistiques

Pour interpréter ces statistiques, voir en pages 22, 23 et 24.

- Nombre de diplômés : **63**
- Temps plein : **93,9 %**
- Proportion de diplômés en emploi (PDE) : **71,7 %**
- En rapport avec la formation : **93,5 %**
- Taux de chômage : **8,3 %**
- Salaire hebdomadaire moyen : **681 $**

La Relance au collégial en formation technique, MÉQ, 1999.

Formation collégiale

315

CNP 2241/2242 CUISEP 455-350

Secteur 9

DEC 243.15

Technologie de systèmes ordinés

Établissements
offrant le
programme

Voir la liste des établissements en page 416.

Formation collégiale

Placement

À la grandeur du Québec, les diplômés de ce programme se placent bien. «On voit ces technologues partout, car toutes les entreprises ont des systèmes informatiques à entretenir et à organiser», fait remarquer Diane Montour, chargée de l'admission à l'Ordre des technologues professionnels du Québec.

Au Collège de Limoilou, Alain Godbout, conseiller pédagogique, affirme que près de 100 % des finissants de 1998 se sont placés. En 1999, le programme comptait 36 finissants. On précise que ces technologues font de la programmation et travaillent également comme gestionnaires de réseaux.

Jean-Marc Bouvrette, coordonnateur du département des technologies du génie électrique au Collège de l'Outaouais, confirme que ces diplômés n'ont pas de difficulté à décrocher un emploi. Ils sont près d'une centaine d'élèves (pour les trois années du DEC), dont une quinzaine recevront leur diplôme en 1999. «Quelques mois après la fin de leurs études, les diplômés sont placés, et ils obtiennent de bons salaires.»

À la Direction générale de la formation professionnelle et technique du ministère de l'Éducation, on soutient que ces diplômés ont de bonnes chances de placement étant donné qu'ils cumulent des compétences fort recherchées, comme celles liées aux automates programmables. On indique que les perspectives devraient rester favorables au cours des années à venir.

Chez Recruitsoft.com, une entreprise qui conçoit, développe et commercialise des solutions de recrutement destinées aux entreprises, on embauche régulièrement ces diplômés. «Les débouchés sur le marché du travail sont considérables. C'est l'équivalent collégial du génie informatique à l'université, explique Martin Ouellet, fondateur et vice-président technologie. Les finissants feront ici du développement de logiciel. La conception est davantage réalisée par des diplômés universitaires, mais après quatre ou cinq ans, on ne fait plus de distinction entre celui qui a un diplôme universitaire et celui qui a un diplôme collégial. Tout dépend de la compétence de l'individu.»

«La demande à l'endroit de ces diplômés est grandissante parce qu'ils peuvent aborder les dimensions informatique, mécanique et électronique d'une organisation privée ou publique», fait valoir Jean-Luc Archambault, président de la CVthèque, une entreprise qui se veut à la fois une banque de curriculum vitæ et un service aux entreprises de sélection et de référence de CV, principalement pour les technologues. M. Archambault est d'avis que ces finissants trouvent du travail s'ils sont bilingues et ouverts à la formation continue.

11/99

Statistiques

Pour interpréter
ces statistiques,
voir en pages 22, 23 et 24.

- Nombre de diplômés : **127**
- Temps plein : **95,5 %**
- Proportion de diplômés en emploi (PDE) : **70,8 %**
- En rapport avec la formation : **88,9 %**
- Taux de chômage : **2,9 %**
- Salaire hebdomadaire moyen : **528 $**

La Relance au collégial en formation technique, MÉQ, 1999.

CNP 2233   CUISEP 413-230

Secteur 18

Technologie ——— des matières textiles

DEC 251. A0

Établissement
offrant le
programme

174 ●●●●●●●●●●●●●●●●●●●●●●●●●●●●●
Voir la liste des établissements en page 416.

Placement

Ce programme, anciennement connu sous le nom de «Technologie et gestion des textiles : finition», a été révisé afin de mieux répondre aux exigences du ministère de l'Éducation et aux besoins de l'industrie. Le nouveau programme est en vigueur depuis l'automne 1999 au Cégep de Saint-Hyacinthe, seul établissement à offrir cette formation au Québec et au Canada.

En 1999, le taux de placement des 15 diplômés de l'ancien programme est de 100 %. La majorité des diplômés ont un emploi relié à ce domaine d'études. La formule de l'alternance travail-études proposée dans ce DEC permet aux élèves d'acquérir de l'expérience en milieu de travail, ce qui facilite leur embauche.

Julie Galarneau, conseillère en emploi au Cégep, souligne qu'ils peuvent notamment œuvrer comme technologues de laboratoire en milieu industriel, comme technologues dans le développement courant des produits et en assurance-qualité.

Directeur de l'usine de finition Consoltex, Jean-Guy Lacharité accueille des stagiaires. «J'embauche au moins un stagiaire par année depuis trois ans.» Il ajoute que la plupart des entreprises recherchent des techniciens capables de gérer le personnel et la production en usine.

Jacinthe Smith, agente de promotion des carrières en textile du Comité sectoriel de main-d'œuvre de l'industrie du textile du Québec, confirme que les diplômés trouvent facilement de l'emploi, d'autant plus que la main-d'œuvre actuellement au service de l'industrie se fait vieillissante.

Selon le Conseil des ressources humaines de l'industrie du textile, qui est la tribune canadienne pour ce secteur d'activité, cette industrie est actuellement en plein essor. L'Accord de libre-échange a permis au Canada de tripler ses exportations entre 1989 et 1997. Le Québec regroupe près de la moitié des entreprises canadiennes reliées au textile, secteur qui emploie environ 24 000 personnes.

Cependant, le développement de l'industrie du textile repose sur la qualité et le côté novateur des produits qu'elle a à offrir. Jacinthe Smith explique qu'il est impossible de faire concurrence aux pays asiatiques, spécialistes de la production à faible coût. C'est pourquoi on doit compter sur d'autres atouts pour se démarquer, comme la conception de nouveaux produits, la qualité et le service. «C'est aussi l'une des raisons pour lesquelles on a besoin d'une main-d'œuvre qualifiée.»

Selon le Conseil, le salaire moyen de départ se situe aux alentours de 557 $ par semaine. Après cinq ans, il est possible de gagner près de 750 $ hebdomadairement. Le travail s'effectue à raison de 40 heures par semaine. Les horaires peuvent être rotatifs, suivant le poste que l'on occupe.

Formation collégiale

11/99

Statistiques

Pour interpréter
ces statistiques,
voir en pages 22, 23 et 24.

- Nombre de diplômés : **7**
- Temps plein : **100,0 %**
- Proportion de diplômés en emploi (PDE) : **100,0 %**
- En rapport avec la formation : **83,3 %**
- Taux de chômage : **0,0 %**
- Salaire hebdomadaire moyen : **540 $**

Ces données concernent le programme «Technologie et gestion des textiles : finition»,
La Relance au collégial en formation technique, MÉQ, 1999.

CNP 2233   CUISEP 455-414

Secteur 11

DEC 235.01

Technologie du génie industriel

Établissements offrant le programme **5 18 34 44 74 178**

Voir la liste des établissements en page 416.

Placement

Au Cégep de Trois-Rivières, selon les statistiques les plus récentes, les 12 diplômés de 1998 ont facilement intégré le marché du travail, car 70 offres d'emploi leur étaient destinées! Selon Maryse Paquette, responsable du service de placement, cette demande est «effarante». «En 1999, ce sont les diplômés les plus demandés dans notre établissement. Il y a actuellement une pénurie de candidats! On ne peut répondre aux besoins des employeurs.»

On partage ce même enthousiasme au Cégep de Limoilou. «En 1999, le taux de placement atteint presque 100 %, explique Alain Godbout, conseiller pédagogique. Bombardier est même déjà allé chercher un diplômé qui avait un emploi ailleurs en lui offrant un salaire de départ de 38 000 $. Pour un finissant de cégep, c'est excellent! D'autres entreprises font aussi de la surenchère.»

Ces technologues travaillent notamment dans les industries alimentaires et les industries lourdes. «L'amélioration de la qualité de la production, l'efficacité et le respect des normes de qualité sont toujours visés, explique M. Godbout. Certains diplômés sont engagés pour aider les usines à obtenir la certification ISO, par exemple.»

Pour cette profession, le site Emploi-Avenir Québec de Développement des ressources humaines Canada annonce un taux de croissance de 3,7 %, taux supérieur à la moyenne. La pénétration des nouvelles technologies, qui s'est fortement accélérée au cours des dernières années, a eu des effets positifs sur la demande de ce type de main-d'œuvre.

Chez Bombardier Aéronautique, avec l'expérience et les compétences requises, ces technologues peuvent accéder à des postes de supervision et, par la suite, à des postes de gestion. «Ils participent à la fabrication du produit, explique Pierre Myre, conseiller principal en dotation. C'est alors facile pour eux de discuter du produit et d'en développer de nouveaux.»

Louise Lemay, vice-présidente et directrice générale au Centre de liaison Entreprises-Éducation, confirme d'emblée que ces technologues ont une niche de choix dans l'industrie. «Les diplômés sont de plus en plus souples et polyvalents : esprit de synthèse et d'analyse, dextérité manuelle, sens pratique, souci du détail, facilité d'adaptation au changement. Ils se placent très bien et profitent de bons salaires.»

Ce technicien doit démontrer une certaine maturité. «Il est en quelque sorte le lien entre la direction de l'usine, l'ingénierie s'il y a lieu, et les opérateurs de machines. Il doit donc être autonome et se sentir à l'aise pour parler avec les gens», explique Claude Rozon, responsable du programme au Cégep de Jonquière. Soulignons que le taux de placement dans cet établissement frise également 100 %.

Au Cégep de Trois-Rivières, on précise que le bilinguisme est un atout pour pratiquer ce métier.

11/99

Statistiques

Pour interpréter ces statistiques, voir en pages 22, 23 et 24.

- Nombre de diplômés : **50**
- Temps plein : **100 %**
- Proportion de diplômés en emploi (PDE) : **84,2 %**
- En rapport avec la formation : **96,8 %**
- Taux de chômage : **3,0 %**
- Salaire hebdomadaire moyen : **545 $**

La Relance au collégial en formation technique, MÉQ, 1999.

Formation collégiale

3ı8

CNP 2241/2242 CUISEP 455/456-000. CP

Technologie physique

Secteur 9

DEC 243.14

Établissements offrant le programme

5 **68** **99** ●●●●●●●●●●●●●●●●●●●●●●●●●●●●●●●●
Voir la liste des établissements en page 416.

Placement

Le programme de technologie physique fait partie des techniques du génie électrique. Il offre aux diplômés d'excellents taux de placement.

Au Cégep de La Pocatière, en 1999, le taux de placement est de 100 % pour la trentaine de diplômés, et le nombre d'inscriptions est insuffisant pour satisfaire aux besoins du marché. «On n'a pas assez de diplômés pour répondre à toutes les offres d'emploi reçues, explique Louise Leclerc, coordonnatrice du département de technologie physique. Actuellement, le département compte 141 élèves [incluant les première, deuxième et troisième années d'études], ce qui représente une hausse par rapport à l'an dernier.»

Au Cégep André-Laurendeau, le taux de placement est aussi de 100 %. «On prévoit avoir une vingtaine de finissants en l'an 2000. Ils se font proposer de l'emploi avant même d'avoir complété leurs études, précise François Dorais, conseiller au placement. On ne prévoit pas d'accalmie d'ici à cinq ans!»

Il s'agit d'une technique très polyvalente, qui donne notamment des connaissances de base en photonique (tout ce qui traite de l'application de la lumière, dont la fibre optique comme moyen de transport), en acoustique, en mécanique et en matériaux. «En ce moment, l'un des domaines les plus prometteurs est la photonique, et ça devrait continuer ainsi, ajoute Louise Leclerc. Beaucoup d'entreprises fabriquent actuellement du matériel optique.»

Chez ITS Technologies optiques, on fabrique des dispositifs à fibre optique. L'entreprise compte 110 employés, dont environ 25 sont spécialisés en technologie physique. «Nous prévoyons quadrupler notre nombre d'employés d'ici à deux ans, dit Pierre Thibault, responsable, support technologique et formation. Le nombre de finissants ne suffira pas à la demande. Les entreprises se concurrencent déjà pour les recruter. Ils sont très prisés et choyés. On fait tout pour les garder.»

Ultra Optec est une entreprise active dans la recherche et le développement d'équipements au laser. Paul Bouchard, ingénieur, est directeur de la recherche. Il pense que ces technologues seront de plus en plus demandés, car une expertise se développe dans le domaine de l'optique, tant sur le plan de la recherche que sur le plan industriel. On prévoit aussi des retombées pour ces technologues dans les industries aérospatiale, aéronautique, médicale, métallurgique et informatique.

Parce que les champs d'application de la technologie physique sont très vastes, les diplômés doivent être prêts à travailler dans des milieux et des secteurs d'activité très différents.

Formation collégiale

11/99

Statistiques

Pour interpréter ces statistiques, voir en pages 22, 23 et 24.

• Nombre de diplômés : **45**
• Temps plein : **100,0 %**
• Proportion de diplômés en emploi (PDE) : **64,5 %**
• En rapport avec la formation : **100,0 %**
• Taux de chômage : **0,0 %**
• Salaire hebdomadaire moyen : **567 $**

La Relance au collégial en formation technique, MÉQ, 1999.

CNP 2161   CUISEP 151-000

Secteur 1

Baccalauréat

Actuariat

Établissements
offrant le
programme **40** **106** **108** ●●●●●●●●●●●●●●●●●●●●●●●●●●●●●●●●●●●●●●●

Voir la liste des établissements en page 416.

Placement

Au Québec, les diplômés en actuariat trouvent facilement de l'emploi. Le taux de placement frise 100 %. «La demande de diplômés en actuariat est excellente», confirme Brigitte Saint-Laurent, de l'Institut d'enseignement coopératif de l'Université Concordia, où 25 finissants ont empoché leur diplôme en 1999.

«Les entreprises font souvent des offres aux stagiaires dès leur deuxième année de bac», indique pour sa part Georges Parent, du service de placement de l'Université Laval, où le nombre de places disponibles pour cette discipline d'études est passé de 80 à 135 en 1999.

Les diplômés en actuariat sont principalement recherchés dans les grands centres urbains (Québec, Montréal, Toronto) et à l'étranger, en particulier aux États-Unis. Ils œuvrent dans les bureaux de conseillers, dans les compagnies d'assurances-vie et d'assurances générales, dans les banques et les grandes entreprises, ainsi que dans la fonction publique provinciale et fédérale.

Brigitte Saint-Laurent ajoute que la demande est particulièrement grande dans le domaine de l'incendie, de l'accident et des risques divers (IARD), qui représente un défi mathématique intéressant. En effet, beaucoup de données restent encore à explorer dans ce secteur.

Le site Emploi-Avenir Québec de Développement des ressources humaines Canada (DRHC) indique qu'avec le vieillissement de la population et la hausse de l'espérance de vie, l'industrie des assurances s'adapte aux besoins accrus du côté des régimes de retraite et de l'assurance-maladie, ce qui exige l'expertise d'actuaires.

«Les régimes de retraite sont très populaires. Nous consentons ainsi beaucoup d'efforts pour faire de la prospection et minimiser les coûts», indique Marie-Claude Milot, conseillère aux ressources humaines chez Aon Reed Stenhouse inc., un courtier en assurances. «Par ailleurs, poursuit-elle, puisque les entreprises veulent devenir des lieux de travail de choix, chacune d'elles doit s'assurer d'offrir de bons avantages sociaux. Le travail des actuaires s'intègre dans ce mouvement.»

DRHC souligne également que la déréglementation dans le domaine financier permet d'étendre la vente de produits d'assurances et suscite aussi la demande d'actuaires.

De l'avis de Louis Adam, professeur à l'École d'actuariat de l'Université Laval et *Fellow* de l'Institut canadien des actuaires, l'émergence des conglomérats dans les institutions financières brouille la distinction entre les activités bancaires et les activités d'assurance. «C'est un marché où les actuaires pourront facilement apporter une contribution intéressante.»

À l'obtention du baccalauréat, plusieurs étapes restent encore à franchir avant d'avoir le titre de *Fellow* décerné par l'Institut canadien des actuaires et de devenir officiellement actuaire. La maîtrise de l'anglais est nécessaire pour pratiquer cette profession.

11/99

Statistiques

Pour interpréter
ces statistiques,
voir en pages 22, 23 et 24.

- Nombre de diplômés : **104**
- Temps plein : **98,4 %**
- Proportion de diplômés en emploi (PDE) : **n/d**

- En rapport avec la formation : **92,1 %**
- Taux de chômage : **n/d**
- Salaire hebdomadaire moyen : **805 $**

Qu'advient-il des diplômé(e)s des universités?, MÉQ, 1998.

Formation universitaire

Agronomie

Établissements
offrant le
programme

 ●●●●●●●●●●●●●●●●●●●●●●●●●●●●●●●
Voir la liste des établissements en page 416.

Placement

«Actuellement, les employeurs recrutent les finissants dans les établissements d'enseignement et le placement débute dès février», explique la coordinatrice du centre de placement de l'Université McGill, Suzan Smith. À l'Université Laval, on mentionne qu'il y a peu de finissants et que la demande est forte.

Selon Claudine Lussier, directrice générale de l'Ordre des agronomes du Québec, le secteur agroalimentaire est en pleine croissance. La pratique de l'agronomie évolue au rythme des tendances déjà présentes dans la société : respect de la planète, développement durable et essor des nouvelles technologies. «Les domaines de l'agroenvironnement et du service-conseil (plans d'assainissement, programmes de fertilisation, etc.) sont prometteurs. Dans ces deux secteurs, le taux de placement des diplômés est près de 100 % et la demande augmente.»

D'après Roger Martin, conseiller en formation au ministère de l'Agriculture, des Pêcheries et de l'Alimentation, le secteur chaud en agronomie actuellement est la transformation des aliments. «Aujourd'hui, on transforme des aliments qu'on n'a pas nécessairement produits. Cette division des tâches a entraîné la création de nouveaux emplois.»

L'horticulture ornementale, qui consiste à produire des plants et des fleurs destinés à l'aménagement paysager de même que l'horticulture légumière sont également en forte expansion. Sur le plan international, les pays en voie de développement font aussi appel à des agronomes.

Comme les agriculteurs n'ont généralement pas les moyens de s'assurer les services d'un agronome sur une base régulière, il existe un système de regroupements et de coopératives. «La coopérative engage un conseiller en agronomie, dont une partie du salaire est subventionnée par le gouvernement, explique Roger Martin. Le conseiller passe environ une journée par mois chez chaque agriculteur.»

La fonction publique embauche moins qu'auparavant et un nouveau profil d'agronome se dessine : le travailleur autonome. Toutefois, Jean-Marc Paquet, un agronome ayant son propre cabinet, fait observer que pour faire carrière en tant que consultant, l'agronome doit avoir des contacts, une expérience solide et une connaissance générale de la profession.

Dans le contexte de la mondialisation des marchés et du libre-échange, la demande d'agronomes en planification de la mise en marché et en vente de produits agroalimentaires devrait être bonne. Les préoccupations en matière de protection de l'environnement, la recherche biotechnologique et ses applications agricoles, de même que les secteurs reliés à la transformation agroalimentaire pourraient également générer des emplois, confirme le site Emploi-Avenir Québec de Développement des ressources humaines Canada.

11/99

Statistiques

Pour interpréter
ces statistiques,
voir en pages 22, 23 et 24.

- Nombre de diplômés : **89**
- Temps plein : **93,1 %**
- Proportion de diplômés en emploi (PDE) : **n/d**

- En rapport avec la formation : **83,7 %**
- Taux de chômage : **20,8 %**
- Salaire hebdomadaire moyen : **584 $**

Qu'advient-il des diplômé(e)s des universités?, MÉQ, 1998.

Formation universitaire

CNP 3141   CUISEP 354-550

Secteur 19

Maîtrise

Audiologie/ Orthophonie

Établissement
offrant le
programme **107** ●●●●●●●●●●●●●●●●●●●●●●●●●●●●●●●●●●

Voir la liste des établissements en page 416.

Placement

À l'Université de Montréal, seul établissement à offrir cette formation au Québec, on indique que la demande d'audiologistes et d'orthophonistes est très forte et que le taux de placement des diplômés atteint 100 %. «Tout le monde s'arrache les diplômés ou presque», soutient Louis Beaulieu, président de l'Ordre des orthophonistes et audiologistes du Québec.

Selon le site Emploi-Avenir Québec de Développement des ressources humaines Canada (DRHC), les compressions budgétaires dans le système de santé ont eu pour effet de réduire la croissance de l'emploi dans les services de santé et, en conséquence, l'embauche des audiologistes et des orthophonistes. Néanmoins, la prévention, le maintien et les services à domicile, ainsi que le développement éventuel des services dans les CLSC devraient créer des débouchés pour ces professionnels. DRHC souligne également que des pénuries d'orthophonistes et d'audiologistes sont constatées en région.

Au cours des quatre dernières années, selon le ministère de la Santé et des Services sociaux du Québec, le nombre de CLSC offrant des services d'audiologie et d'orthophonie est passé de 10 à 40 dans l'ensemble de la province. En outre, le secteur de la santé communautaire et les centres d'accueil pour personnes âgées créent de plus en plus de nouveaux débouchés.

La pratique privée devrait poursuivre son essor avec l'accroissement de la demande de services plus rapides et personnalisés. «Au cours des cinq dernières années, il y a eu une hausse de 131 % du nombre d'orthophonistes pratiquant dans le secteur privé. Chez les audiologistes, cette augmentation atteint 71 %, dit Louis Beaulieu. Et l'explosion n'est pas encore terminée.»

Au Centre d'audiologie du Québec, une clinique privée, on confirme que le virage ambulatoire et les coupes budgétaires dans les centres hospitaliers ont ouvert la porte aux audiologistes désirant œuvrer dans le secteur privé.

Louis Beaulieu ajoute que «les services de première ligne en orthophonie [lorsque les gens vont consulter un professionnel] sont appelés à se développer, tout comme les services dans les écoles». Il souligne aussi qu'il y a beaucoup de travail à faire auprès des services de garde et des centres de la petite enfance au sujet de la promotion de la santé et de la prévention précoce des troubles auditifs.

Par ailleurs, en ce qui concerne l'audiologie, DRHC indique que la prévention des problèmes d'audition et de langage chez les personnes âgées sera de plus en plus nécessaire en milieu communautaire. À ce propos, au Centre d'audiologie du Québec, on précise que 35 % des personnes de plus de 65 ans souffrent de problèmes d'audition et que ce taux atteint 50 % chez les 75 ans et plus.

Dans le réseau public de la santé, le salaire dépend des taux établis par le ministère de la Santé et des Services sociaux. Le travail s'effectue à temps plein et suivant des horaires normaux. En pratique privée, il est aussi possible de travailler le soir.

11/99

Statistiques

Pour interpréter
ces statistiques,
voir en pages 22, 23 et 24.

- Nombre de diplômés : **48**
- Temps plein : **68,0 %**
- Proportion de diplômés en emploi (PDE) : **n/d**
- En rapport avec la formation : **100,0 %**
- Taux de chômage : **0,0 %**
- Salaire hebdomadaire moyen : **559 $**

Qu'advient-il des diplômé(e)s des universités?, MÉQ, 1998.

Formation universitaire

CNP 2112 CUISEP 413-200

Chimie

Secteur 6

Baccalauréat

11 20 40 51 60 61 106 107 108 109 185 186

Établissements offrant le programme

Voir la liste des établissements en page 416.

Placement

À l'Université Laval et à l'Université de Montréal, on affiche respectivement des taux de placement de 80 % et de 100 % pour les diplômés en chimie. De plus, en août 1999, l'Ordre des chimistes dénotait un taux d'emploi de 93,1 % chez ses membres.

«Les employeurs ont de la difficulté à trouver des bacheliers en chimie, car plusieurs entreprennent des études supérieures», fait observer Georges Parent, conseiller au service de l'emploi de l'Université Laval.

Un diplôme de maîtrise ou de doctorat offre plus d'ouvertures du côté de la recherche et du développement. Pour leur part, les bacheliers œuvrent dans une foule de secteurs. L'industrie agroalimentaire, la métallurgie, les pâtes et papiers et les produits industriels ont par exemple recours à leur expertise. Ils occupent des postes en tant que chefs techniciens de laboratoire ou représentants techniques, notamment.

«On trouve des chimistes partout dans le secteur industriel. Ils œuvrent en conception, en analyse et dans la production de produits. Beaucoup travaillent aussi en contrôle de la qualité», affirme Johanne Paquin, directrice du module de chimie de l'Université du Québec à Montréal.

Les compagnies pharmaceutiques et les centres de recherche médicale sont des avenues prometteuses pour ces diplômés. Selon Martial Boivin, directeur général de l'Ordre des chimistes, la demande de main-d'œuvre est en progression dans ces domaines, notamment à cause du besoin grandissant de médicaments qu'entraîne le vieillissement de la population.

Suzanne Senécal, coordonnatrice du Comité sectoriel de main-d'œuvre des industries pharmaceutique et biotechnologique, confirme que ces secteurs affichent une croissance soutenue qui varie de moyenne à rapide, surtout dans la grande région de Montréal, où les entreprises sont concentrées.

Chez Axcan Pharma inc., Guillaume Desnoyers, coordonnateur aux ressources humaines, atteste que cette entreprise embauche des chimistes principalement du côté du développement et du contrôle de la qualité.

Par ailleurs, le site Emploi-Avenir Québec de Développement des ressources humaines Canada affiche un taux supérieur à la moyenne pour cette profession entre 1997 et 2002. Selon cette même source, l'environnement est aussi un secteur prometteur pour les chimistes. À ce propos, une étude menée en 1999 par le Conseil canadien des ressources humaines de l'industrie de l'environnement atteste que le nombre de spécialistes dans ce domaine augmentera de 14 % d'ici à 2001.

Dans les domaines de la pétrochimie et de la raffinerie, de 20 à 25 % des employés devront être remplacés en 2002 pour cause de départ à la retraite, affirme André Nadeau, coordonnateur du Comité sectoriel de main-d'œuvre de la chimie, de la pétrochimie et du raffinage. «Il devrait donc y avoir de bons débouchés pour ceux qui entreprennent un baccalauréat maintenant.»

11/99

Statistiques

Pour interpréter ces statistiques, voir en pages 22, 23 et 24.

- Nombre de diplômés : **164**
- Temps plein : **90,2 %**
- Proportion de diplômés en emploi (PDE) : **n/d**
- En rapport avec la formation : **85,5 %**
- Taux de chômage : **15,7 %**
- Salaire hebdomadaire moyen : **580 $**

Qu'advient-il des diplômé(e)s des universités?, MÉQ, 1998.

CNP 1111   CUISEP 111-100

Secteur 1

Baccalauréat

Comptabilité et sciences comptables

Établissements
offrant le
programme  ⑪ ⑳ ㊵ ㊿ ⑥⓪ ⑥① ⑩④ ⑩⑥ ⑩⑧ ⑩⑨ ⑪⑧ ⑫⑤ ⑱⑤ ⑱⑥ ● ● ● ● ● ● ● ● ● ● ● ● ● ●

Voir la liste des établissements en page 416.

Placement

La situation de l'embauche est très favorable pour les diplômés en comptabilité, en région comme dans les grands centres urbains. Selon Kathleen Grant, directrice du service de placement de l'École des hautes études commerciales (HÉC), le taux de placement dans cet établissement dépasse 95 %. À l'Université du Québec à Trois-Rivières, on note que les finissants qui transitent par le centre de placement se trouvent tous un emploi.

Le constat est sensiblement le même du côté des trois ordres (CA, CGA et CMA), qui affichent des taux d'emploi au-dessus de 90 % pour leurs membres. Cette situation enviable peut s'expliquer par la reprise économique remarquée depuis le milieu des années 1990. Les comptables, que l'on trouve dans les entreprises commerciales, les institutions financières, les bureaux de comptables et de services-conseils, de même que dans la fonction publique, profitent de cette croissance.

«Nous observons un manque de candidats, principalement chez les comptables ayant entre deux et cinq ans d'expérience, indique François Renault, président-directeur général de l'Ordre des comptables en management accrédités du Québec. En avril prochain, 400 personnes obtiendront leur titre CMA, mais nous pourrions en placer 100 de plus.»

Dans le site Emploi-Avenir Québec de Développement des ressources humaines Canada, on prévoit un taux de croissance annuel de 3,8 % pour cette profession entre 1997 et 2002, taux supérieur à la moyenne. De plus, on souligne que des connaissances en comptabilité internationale seront recherchées dans le cadre de l'Accord de libre-échange nord-américain et de la mondialisation des marchés. Les activités de vérification comptable sont à la baisse, tandis que les activités non comptables, telle l'analyse, sont en progression.

Au cours des dernières années, le rôle des trois profils de comptables a donc subi de profondes mutations et leurs activités se sont diversifiées : planification financière, fiscalité, gestion, analyse stratégique, comptabilité de management, etc.

Par ailleurs, leur présence est plus recherchée au sein de l'entreprise privée. Michel Lebœuf, vice-président de la division *Accountants* de Montréal pour Robert Half Canada, une firme de placement en comptabilité et finance, note une hausse de la demande dans les secteurs de pointe, tels que l'informatique, les télécommunications, l'aérospatiale et le pharmaceutique.

De un à deux ans d'études supplémentaires sont nécessaires après le baccalauréat pour obtenir un titre comptable.

11/99

Statistiques

Pour interpréter
ces statistiques,
voir en pages 22, 23 et 24.

- Nombre de diplômés : **1 049**
- Temps plein : **94,8 %**
- Proportion de diplômés en emploi (PDE) : **n/d**
- En rapport avec la formation : **87,9 %**
- Taux de chômage : **5,5 %**
- Salaire hebdomadaire moyen : **579 $**

Qu'advient-il des diplômé(e)s des universités?, MÉQ, 1998.

Formation universitaire

324

CNP 5241   CUISEP 217-500

Secteur 4

Design ———
—— et communication graphiques

Baccalauréat

Établissements
offrant le
programme

40 **106** **108** **118** ●

Voir la liste des établissements en page 416.

Placement

Frédéric Metz, directeur du programme de design graphique de l'Université du Québec à Montréal, fait valoir que les finissants en design ont une excellente réputation, ce qui facilite leur intégration sur le marché du travail. «Beaucoup d'étudiants ont déjà un emploi lorsqu'ils finissent leurs études.»

Du côté de l'Université Laval et de l'Université du Québec à Hull (UQAH), on confirme que le marché est plutôt favorable. «Durant leurs études, les étudiants se procure le matériel nécessaire, ce qui leur permet ensuite de travailler un peu à la pige, souvent en illustration», fait observer le directeur du programme arts et design de l'UQAH, Réal Calder.

Les domaines de l'édition, de la publicité et des imprimés sont toujours de bons employeurs pour les designers et les concepteurs graphiques. Certains diplômés travaillent aussi à leur compte et agissent comme pigistes dans différents champs d'activité.

Tous les secteurs touchant à l'informatique devraient connaître de grands développements prochainement et auront besoin de gens capables de créer des documents visuels. Les designers graphiques sont notamment recherchés dans les entreprises de multimédia (création de cédéroms, etc.) et de conception de logiciel. Ces deux domaines sont en pleine expansion et la main-d'œuvre créative est bienvenue. «De plus en plus populaire, le commerce électronique se développe et requiert automatiquement les services d'un graphiste», confirme Daniel Presutti, président de Sphère Design, une PME spécialisée en communications imprimées et aux services liés à Internet.

Selon le site Emploi-Avenir Québec de Développement des ressources humaines Canada (DRHC), on estime que les diplômés de ce programme ont tout intérêt à se rapprocher des secteurs spécialisés en informatique, où les besoins de main-d'œuvre sont importants. Un *portfolio* bien rempli et une imagination fertile sont les meilleurs atouts d'un candidat en communication graphique.

Pour cette profession, DRHC indique un taux de croissance annuel de 3,6 % entre 1997 et 2002, taux supérieur à la moyenne.

Selon André Dion, directeur général de l'Institut des communications graphiques (organisme sans but lucratif lié à cette industrie), nous entrons actuellement dans la société de l'information, ce qui favorise l'essor des communications graphiques. Les technologies de pointe assurent des défis à ceux qui optent pour ce domaine. «De la conception graphique à la gestion de fichiers, des technologies de l'impression à la coordination d'affaires, les communications graphiques offrent des ouvertures stimulantes», signale-t-il.

Le professionnel en design et communication graphiques peut travailler sur une base permanente au sein d'une entreprise ou à forfait, une formule courante dans ce milieu.

11/99

Statistiques

Pour interpréter
ces statistiques,
voir en pages 22, 23 et 24.

- Nombre de diplômés : **97**
- Temps plein : **86,2 %**
- Proportion de diplômés en emploi (PDE) : **n/d**
- En rapport avec la formation : **84,7 %**
- Taux de chômage : **n/d**
- Salaire hebdomadaire moyen : **444 $**

Ces données proviennent de la catégorie «Arts graphiques».
Qu'advient-il des diplômé(e)s des universités?, MEQ, 1998.

Formation universitaire

CNP 3132   CUISEP 312-300

Secteur 19

Baccalauréat

Diététique/
Nutrition

Établissements
offrant le
programme **40** **107** **109** **186** ●●●●●●●●●●●●●●●●●●●●●●●●●●●●●●

Voir la liste des établissements en page 416.

Placement

À l'Université Laval et à l'Université de Montréal, on s'accorde pour dire que les diplômés en diététique trouvent facilement du travail, mais que de façon générale les premiers emplois sont temporaires. La plupart des diplômés sont embauchés sur une base contractuelle, notamment dans le secteur public de la santé, à cause du virage ambulatoire qui raréfie les postes permanents.

Toutefois, selon l'Ordre professionnel des diététistes du Québec (OPDQ), les CLSC bénéficient actuellement de certaines sommes d'argent pour assurer le maintien des soins à domicile, ce qui permet la création de postes permanents dans le réseau communautaire. Dans les CLSC, les diététistes se vouent entre autres au dépistage et au traitement de la malnutrition, tant chez les enfants que chez les personnes agées.

On retrouve 56 % des diététistes dans le secteur public, alors que le privé regroupe 44 % des 2 000 professionnels pratiquant au Québec. Depuis quelques années, le secteur privé est en effervescence, ce que confirme Hélène Tremblay, présidente de l'Association des diététistes au Québec. «Le vieillissement de la population entraîne une augmentation du nombre de diététistes notamment dans les centres pour personnes âgées.»

Pour sa part, Johanne Spénard, diététiste et propriétaire de la Clinique Poids-Santé Minceur, soutient que les cliniques de consultations privées en nutrition sont en pleine évolution. «La population a envie de mieux s'alimenter afin de se maintenir en bonne santé. Ces cliniques répondent donc à une demande accrue.»

La profession s'ouvre aussi à de nouveaux horizons. Arlette Marcotte, directrice générale de l'OPDQ, souligne que l'industrie alimentaire embauche des diététistes pour la promotion, notamment, des nutraceutiques, une sorte d'«aliments-médicaments» très prometteurs pour cette industrie. De plus, le secteur de la recherche et du développement offre d'intéressantes possibilités d'emploi pour les diététistes qui ont une maîtrise ou un doctorat.

Selon Hélène Tremblay, l'industrie pharmaceutique s'intéresse aussi aux diététistes. Les diplômés peuvent occuper des postes de représentants et promouvoir des préparations nutritionnelles destinées aux hôpitaux ou aux centres sportifs. Pour sa part, l'industrie agroalimentaire embauche des diététistes pour le développement de nouveaux produits.

Enfin, Hélène Tremblay estime que le domaine des communications offre également des débouchés. Certains diététistes trouvent en effet du travail dans des quotidiens, des magazines ou encore à la télévision pour informer le public en matière de nutrition.

Le travail en milieu hospitalier s'effectue selon un horaire normal de jour, mais peut comprendre une garde la fin de semaine. Dans le secteur privé, l'horaire est variable.

11/99

Statistiques

Pour interpréter
ces statistiques,
voir en pages 22, 23 et 24.

- Nombre de diplômés : **123**
- Temps plein : **67,8 %**
- Proportion de diplômés en emploi (PDE) : **n/d**
- En rapport avec la formation : **63,9 %**
- Taux de chômage : **8,0 %**
- Salaire hebdomadaire moyen : **563 $**

Ces données sont tirées de la catégorie «Diététique et nutrition»,
Qu'advient-il des diplômé(e)s des universités?, MEQ, 1998.

Formation universitaire

CNP 4162   CUISEP 311-100

Économie
et gestion agroalimentaires

Secteur 2

Baccalauréat

Établissements offrant le programme

40 **109** ●●●●●●●●●●●●●●●●●●●●●●●●●●●●●●●●
Voir la liste des établissements en page 416.

Placement

Offert à l'Université Laval et à l'Université McGill, ce programme affiche un taux de placement de près de 100 % en 1999. «À court terme, les perspectives sont excellentes. Nous n'avons pas assez de diplômés pour répondre à toutes les offres d'emploi que nous recevons», indique Raymond Levallois, directeur du programme à l'Université Laval, qui toutefois n'a pas de chiffres à l'appui.

Comme ces diplômés combinent à la fois des connaissances en agronomie ainsi qu'en économie et en gestion, ils sont très recherchés par l'industrie agroalimentaire, un secteur d'activité qui a actuellement le vent dans les voiles. Selon le ministère de l'Agriculture, des Pêcheries et de l'Alimentation du Québec, un emploi sur neuf est relié à cette industrie et une part croissante des produits agricoles québécois est écoulée à l'extérieur de nos frontières.

«Au Québec, comme ailleurs en Occident, la taille des entreprises agricoles est de plus en plus importante et la production agricole augmente, avance Claudine Lussier, directrice générale de l'Ordre des agronomes du Québec. Les agroéconomistes sont donc très sollicités par les institutions financières, par exemple, où leurs compétences en gestion sont mises en valeur. On les trouve aussi beaucoup dans des entreprises privées, dont des multinationales spécialisées dans la fabrication de pesticides, de fertilisants ou de semences. D'autres occupent des postes de conseillers en gestion agricole et offrent leurs services comme experts-conseils.»

À la Société de financement agricole du Québec, on embauche régulièrement des agroéconomistes afin de pourvoir à des postes de conseillers en financement, d'analystes ou d'agents de recherche. «Comme il y a peu de diplômés, les agroéconomistes sont populaires, estime Normand Johnston, directeur de la recherche et de la planification. Ils sont très polyvalents et peuvent œuvrer dans différents secteurs d'activité.»

Si l'industrie agroalimentaire a connu une forte croissance au cours des dernières années, notamment en raison de la mondialisation des marchés et du libre-échange, l'avenir reste toutefois imprévisible à long terme. «Chose certaine, affirme M. Johnston, il y a une volonté politique favorable à l'industrie agroalimentaire. Les décideurs ont fixé des objectifs de croissance; il reste à voir s'ils se réaliseront.»

Les horaires et les milieux de travail varient selon l'entreprise : par exemple, les conseillers dans des syndicats de gestion agricole sont plus souvent appelés à travailler à l'extérieur.

Formation universitaire

11/99

Statistiques

Pour interpréter ces statistiques, voir en pages 22, 23 et 24.

- Nombre de diplômés : **34**
- Temps plein : **100 %**
- Proportion de diplômés en emploi (PDE) : **n/d**
- En rapport avec la formation : **100,0 %**
- Taux de chômage : **21,2 %**
- Salaire hebdomadaire moyen : **620 $**

Ces données sont tirées de la catégorie «Économie agricole», *Qu'advient-il des diplômé(e)s des universités?*, MEQ, 1998.

CNP 4141   CUISEP 552-210

Secteur 20

Baccalauréat

Enseignement au secondaire : français

Établissements
offrant le
programme **20** **60** **107** **108** **125** **185**

Voir la liste des établissements en page 416.

Placement

À l'Université du Québec à Trois-Rivières, à l'Université du Québec à Chicoutimi ainsi qu'à l'Université du Québec à Montréal, on indique que le placement est très bon pour le nouvel enseignant du français au secondaire. En effet, les départs massifs à la retraite et la croissance rapide de la clientèle scolaire du secondaire, qui passera d'environ 360 000 en l'an 2000 à 390 000 en 2005, exigent le renouvellement des troupes.

«On s'attend à connaître un vrai problème de recrutement au cours des prochaines années», annonce Louis Charbonneau, directeur du baccalauréat en enseignement au secondaire de l'Université du Québec à Montréal. Le ministère de l'Éducation du Québec (MÉQ) confirme que les inscriptions dans les universités sont actuellement insuffisantes si l'on considère les besoins futurs. Selon Alain Vigneault, agent de recherche à la Direction des statistiques et des études quantitatives du MÉQ, les perspectives d'emploi jusqu'en 2005 s'en trouvent donc améliorées.

De fait, 1 100 nouveaux postes devraient être disponibles en 2000-2001, 440 en 2002-2003 et 220 en 2004-2005, alors qu'on s'attend à ce qu'il y ait respectivement 330, 510 et 440 finissants à la fin de ces années. L'embauche de récents diplômés sera favorisée, puisque le nombre d'enseignants en réserve est très faible depuis l'important recrutement de 1997-1998 engendré par le programme de retraites anticipées.

En revanche, explique Louis Charbonneau, les diplômés doivent se satisfaire de postes de suppléance en début de carrière. Ces emplois peuvent, au mieux, durer quelques mois.

«L'obtention d'un poste permanent à temps plein nécessite habituellement plusieurs années d'expérience. Il faut faire sa place par étape», précise Alain Vigneault. Cela peut prendre de cinq à sept ans, selon une étude réalisée par le MÉQ.

Néanmoins, le jeune professeur de français peut se réjouir : sa discipline sera l'une des plus favorisées par la réforme des programmes qui devrait être mise en application en 2003. En effet, le nombre de périodes d'enseignement du français sera augmenté. Une étude publiée par le MÉQ révèle d'ailleurs que l'indice-carrière en enseignement du français au secondaire sera nettement favorable de 2001 à 2005.

Une seule ombre au tableau : les besoins vont diminuer après 2005, car la baisse du taux de natalité réduira le nombre d'élèves et la période de départs massifs à la retraite sera terminée.

Selon la Fédération des syndicats de l'enseignement du Québec, le salaire moyen de départ serait de 581 $ par semaine, mais pourrait atteindre 624 $ en raison de la refonte du programme de formation, qui inclut désormais une quatrième année. À temps plein, la charge éducative de l'enseignant est de 20 heures par semaine, sans compter la préparation des cours.

11/99

Statistiques

Pour interpréter
ces statistiques,
voir en pages 22, 23 et 24.

- Nombre de diplômés : **1 125**
- Temps plein : **62,0 %**
- Proportion de diplômés en emploi (PDE) : **n/d**
- En rapport avec la formation : **73,1 %**
- Taux de chômage : **10,3 %**
- Salaire hebdomadaire moyen : **550 $**

Ces données concernent l'ensemble des diplômés en enseignement au secondaire,
Qu'advient-il des diplômé(e)s des universités?, MÉQ, 1998.

Formation universitaire

CNP 4141 CUISEP 552-210

Enseignement au secondaire : mathématiques

Secteur 20

Baccalauréat

Établissements
offrant le
programme

Voir la liste des établissements de formation en annexe, page 380.

Placement

De Montréal à Chicoutimi, en passant par Trois-Rivières, les universités affichent de très bons taux de placement pour les nouveaux enseignants des mathématiques au secondaire. Le taux de placement devrait même s'améliorer dans les années à venir. «La demande augmentera dès 2001, annonce Louis Charbonneau, directeur du baccalauréat en enseignement au secondaire de l'Université du Québec à Montréal (UQAM). Ceux qui amorceront leur bac en l'an 2000 et qui seront diplômés en 2004 attraperont le haut de la vague.» Sans s'appuyer sur des chiffres officiels, il avance qu'à l'UQAM le taux de placement serait d'environ 90 % en 1999.

«Il y a actuellement un manque d'enseignants en mathématiques au Québec et les finissants trouvent vite du travail. La plupart obtiennent un contrat d'une durée de six mois à un an, mais plusieurs décrochent aussi des postes permanents», poursuit-il.

Une étude publiée par la Direction des statistiques et des études quantitatives du ministère de l'Éducation (MÉQ) révèle que l'indice-carrière en enseignement des mathématiques est très favorable jusqu'en 2005-2006. L'augmentation de la clientèle du secondaire et les départs à la retraite favorisent l'embauche. Cette même étude prévoit des besoins de 332 enseignants par an en mathématiques, entre 2002 et 2006. Ce nombre chute toutefois de moitié après 2006.

Jusqu'en 2005, on prévoit même manquer sérieusement de candidats. À cause du peu d'intérêt à l'égard de cette matière, les programmes d'enseignement des mathématiques n'atteignent pas le nombre d'étudiants autorisé par le contingentement. «Nous avons 80 nouveaux étudiants cette année, alors que nous pourrions en accepter jusqu'à 140», révèle M. Charbonneau.

Ces diplômés seront donc très recherchés. «À l'instar des sciences, les inscriptions universitaires sont insuffisantes en mathématiques, et comme il y a peu d'enseignants sur les listes d'attente, cette discipline se situe en tête quant aux débouchés intéressants prévus en éducation», fait valoir Alain Vigneault, agent de recherche au MÉQ.

Cette situation se remarque aux quatre coins de la province. Néanmoins, l'embauche peut être facilitée dans les grands centres urbains, où Montréal occupe le premier rang. Au centre de placement de l'Université du Québec à Chicoutimi, Michel Bergeron souligne que la population de la région du Saguenay-Lac-Saint-Jean est en forte décroissance depuis quelques années. Plusieurs étudiants sont ainsi forcés de déménager à Montréal, où ils trouvent plus facilement un emploi dans leur domaine.

Selon la Fédération des syndicats de l'enseignement du Québec, le salaire moyen de départ serait de 581 $ par semaine, mais pourrait atteindre 624 $ en raison de la refonte du programme de formation, qui inclut désormais une quatrième année. À temps plein, la charge éducative de l'enseignant est de 20 heures par semaine, sans compter la préparation des cours.

11/99

Statistiques

Pour interpréter
ces statistiques,
voir en pages 22, 23 et 24.

- Nombre de diplômés : **1 125**
- Temps plein : **62,0 %**
- Proportion de diplômés en emploi (PDE) : **n/d**
- En rapport avec la formation : **73,1 %**
- Taux de chômage : **10,3 %**
- Salaire hebdomadaire moyen : **550 $**

Ces données concernent l'ensemble des diplômés en enseignement au secondaire,
Qu'advient-il des diplômé(e)s des universités?, MÉQ, 1998.

Formation universitaire

CNP 4141   CUISEP 552-210

Secteur 20

Baccalauréat

Enseignement au secondaire : sciences

Établissements
offrant le
programme ●●●●●●●●●●●●●●●●●●●●●●●●●●●●●●●●●

Voir la liste des établissements de formation en annexe, page 380.

Placement

À l'Université du Québec à Montréal, le taux de placement des diplômés en enseignement des sciences gravite autour de 80 %. Les finissants de l'Université du Québec à Chicoutimi (UQAC) trouvent aussi facilement du boulot.

Toutefois, il faut souvent compter quelques années avant de décrocher un poste à temps plein. «Ils se placent pratiquement tous, sauf que la majorité travaille à temps partiel, à forfait pour quelques mois ou sur appel», souligne Michel Bergeron, du service de placement de l'UQAC. Cette tendance se remarque d'ailleurs aux quatre coins de la province, notamment pour les diplômés de l'Université du Québec à Trois-Rivières et de l'Université du Québec à Hull.

Les perspectives sont très favorables pour ces professeurs. Entre 2000 et 2005, le nombre d'élèves inscrits au secondaire augmentera d'environ 30 000. De plus, la vague de départs à la retraite se poursuivra jusqu'en 2003. Combinés, ces facteurs feront augmenter les besoins d'enseignants, notamment en chimie, en biologie et en physique.

En 2000-2001, les besoins de recrutement en sciences et en mathématiques ne correspondent qu'à 2,4 % du total des embauches prévues en éducation. Toutefois, selon la Direction des statistiques et des études quantitatives du ministère de l'Éducation (MÉQ), ce taux augmentera en force dès 2002, où il passera à 14,9 % et se maintiendra ainsi jusqu'en 2006. Une étude du MÉQ indique que les besoins d'enseignants en sciences au secondaire seront de 226 par an entre 2002 et 2006. Ce nombre chutera toutefois de moitié après 2006.

Alain Vigneault, agent de recherche au MÉQ, soutient que les enseignants en sciences seront fortement demandés. «À l'instar des mathématiques, les inscriptions universitaires sont insuffisantes en sciences, et comme il y a peu d'enseignants en attente d'un emploi, cette discipline se situe en tête de la liste des débouchés intéressants prévus en éducation.»

Jean-Pierre Béland, professeur en enseignement à l'Université Laval, affirme qu'il est difficile d'obtenir un nombre suffisant d'inscriptions au programme en raison du manque d'intérêt des étudiants. «Nous tentons d'en faire la promotion depuis deux ans. C'est un problème que nous suivons de près, puisque la situation pourrait devenir dramatique dans quelques années.»

Soulignons que les grands centres urbains offrent parfois de meilleures perspectives d'emploi. «De façon générale, Montréal-Centre semble plus propice à l'embauche que la région de Québec, le Saguenay-Lac-Saint-Jean et le Bas-Saint-Laurent-Gaspésie», signale Alain Vigneault.

Selon la Fédération des syndicats de l'enseignement du Québec, le salaire moyen de départ serait de 581 $ par semaine, mais pourrait atteindre 624 $ en raison de la refonte du programme de formation, qui inclut désormais une quatrième année. À temps plein, la charge éducative de l'enseignant est de 20 heures par semaine, sans compter la préparation des cours.

11/99

Formation universitaire

Statistiques

Pour interpréter
ces statistiques,
voir en pages 22, 23 et 24.

- Nombre de diplômés : **1 125**
- Temps plein : **62,0 %**
- Proportion de diplômés en emploi (PDE) : **n/d**
- En rapport avec la formation : **73,1 %**
- Taux de chômage : **10,3 %**
- Salaire hebdomadaire moyen : **550 $**

Ces données concernent l'ensemble des diplômés en enseignement au secondaire,
Qu'advient-il des diplômé(e)s des universités?, MÉQ, 1998.

CNP 3143   CUISEP 350-350

Ergothérapie

Secteur 19

Baccalauréat

Établissements offrant le programme

🔵 **40** **107** **109** **185** ⚪⚪⚪⚪⚫⚫⚫⚫⚫⚫⚫⚫⚫⚫⚫⚫⚫⚫⚫⚫⚫⚫⚫⚫⚫
Voir la liste des établissements en page 416.

Placement

À l'Université de Montréal, le taux de placement des diplômés en ergothérapie s'élève à 95 %, tandis qu'à l'Université Laval, le taux a connu une nette remontée ces dernières années et frise maintenant 100 %. De l'avis de Françoise Rollin-Gagnon, présidente de l'Ordre des ergothérapeutes du Québec, les diplômés peuvent, dès le départ, espérer un emploi dans leur champ de formation. Ils peuvent effectuer des remplacements à plus ou moins long terme ou être appelés à travailler dans deux établissements différents.

«Il y a un manque important d'ergothérapeutes depuis trois ans, poursuit Françoise Rollin-Gagnon. Dans beaucoup de régions du Québec, en Outaouais comme à Montréal, les établissements de santé ne recrutent pas tout le personnel voulu, faute de main-d'œuvre qualifiée. Les régies régionales de la santé et des services sociaux se préoccupent d'ailleurs de cette pénurie de main-d'œuvre.» Face à cette demande accrue, le nombre d'étudiants admis dans ce programme à l'Université de Montréal est passé de 75 à 100 à l'automne 1999.

Le site Emploi-Avenir Québec de Développement des ressources humaines Canada confirme que les services d'ergothérapie connaissent un essor notable et qu'une partie des besoins de la population ne peut être satisfaite, faute de main-d'œuvre.

Le virage ambulatoire ainsi que la sortie hâtive des patients des établissements de santé mentale entraînent une demande d'ergothérapeutes dans le réseau communautaire, selon Claude Bougie, président de l'Association québécoise des ergothérapeutes en pratique privée (AQEPP). De même, leur rôle en tant que consultants prend de l'importance, notamment auprès d'organismes comme la CSST.

«Plusieurs services en ergothérapie auparavant offerts lors de l'hospitalisation ou en cliniques externes ont été déplacés vers les CLSC. On parle donc de création d'emplois dans ce secteur», soutient Françoise Rollin-Gagnon. À l'Université de Montréal comme à l'Université Laval, on confirme que, depuis quelques années, il y a effectivement une augmentation de l'embauche en CLSC. «Dans les hôpitaux, les centres hospitaliers de soins de longue durée (CHSLD) et les CLSC, les perspectives d'emploi semblent favorables en raison du vieillissement de la population, poursuit Mme Rollin-Gagnon. Des besoins se développent en évaluation et en réadaptation des capacités physiques et mentales des personnes âgées, afin de permettre leur maintien à domicile.»

Compte tenu des contraintes vécues dans les services de santé, des ouvertures intéressantes devraient également se produire dans le secteur privé. «Vingt pour cent des ergothérapeutes déclarent travailler en pratique privée au Québec. Le démarrage de bureaux privés est un phénomène en plein essor. En effet, ces services visent à pallier les longues listes d'attente dans les centres hospitaliers», explique Claude Bougie, lui-même propriétaire d'une clinique d'ergothérapie depuis 1989.

Le travail s'effectue à temps plein ou à temps partiel dans le secteur public. Le secteur privé offre un emploi du temps flexible.

11/99

Statistiques

Pour interpréter ces statistiques, voir en pages 22, 23 et 24.

- Nombre de diplômés : **195**
- Temps plein : **83,3 %**
- Proportion de diplômés en emploi (PDE) : **n/d**
- En rapport avec la formation : **97,3 %**
- Taux de chômage : **1,5 %**
- Salaire hebdomadaire moyen : **677 $**

Qu'advient-il des diplômé(e)s des universités?, MÉQ, 1998.

Formation universitaire

331

CNP 1112/1114 CUISEP 111-200

Secteur 1

Baccalauréat

Finance

Établissements offrant le programme (11) (20) (40) (51) (60) (61) (104) (106) (108) (109) (118) (125) (185) (186)

Voir la liste des établissements en page 416.

Placement

L'embauche des finissants en administration option finance est excellente, selon Kathleen Grant, directrice du service de placement de l'École des hautes études commerciales. En 1999, le taux de placement atteint 95 %, voire 100 % dans cette discipline d'études. «Nos diplômés sont recrutés très rapidement et se font offrir un bon salaire, surtout dans le domaine du courtage. De plus, un nombre croissant d'entreprises européennes et américaines cherchent à embaucher nos étudiants.»

La situation est aussi reluisante pour les finissants de l'Université Laval et de l'Université du Québec à Hull (UQAH). «Les banques courent après ces diplômés», lance Martine Deschênes, conseillère en emploi à l'UQAH.

L'option finance offre un large éventail de carrières dans les secteurs privé et public : responsable des services financiers, agent de gestion financière, analyste financier, etc. Les offres d'emploi provenant du secteur public sont toutefois moins nombreuses.

Les diplômés en finance peuvent donc œuvrer au sein d'entreprises industrielles et de services, dans les banques, les caisses populaires, les sociétés de fiducie, les sociétés d'assurances, les firmes d'analystes financiers et chez les courtiers.

Les débouchés sont très prometteurs, selon François Limoges, conseiller en ressources humaines à la Fédération des Caisses populaires Desjardins. «Il y a 10 ans, la majorité des gens n'achetaient que des obligations d'épargne. Aujourd'hui, les produits et services de placement offerts sont plus sophistiqués et répondent à des besoins spécifiques. Pour les offrir, nous avons besoin de gens qui possèdent des compétences spécialisées.» Ainsi, en 1998, 49 jeunes recrues ont intégré les bureaux montréalais de la Fédération pour s'occuper de placements.

La population vieillissante élargit le spectre des utilisateurs des services financiers et assure la croissance de l'industrie, selon Sophie Légaré, directrice des ressources humaines chez Financière Banque Nationale, une firme de courtiers en valeurs mobilières. «Les *baby-boomers* représentent la majeure partie de notre clientèle. Ils nous consultent parce qu'ils recherchent les meilleurs rendements», explique-t-elle. Dans cette firme, les récents diplômés représentent environ 20 % de l'embauche totale chaque année.

Selon le site Emploi-Avenir Québec de Développement des ressources humaines Canada, la mondialisation des marchés pousse les entreprises à rechercher une plus grande productivité afin d'augmenter leurs profits. Cet aspect devrait aussi favoriser la croissance de l'emploi pour les analystes financiers.

11/99

Statistiques

Pour interpréter ces statistiques, voir en pages 22, 23 et 24.

- Nombre de diplômés : **225**
- Temps plein : **97,4 %**
- Proportion de diplômés en emploi (PDE) : **n/d**
- En rapport avec la formation : **76,3 %**
- Taux de chômage : **9,4 %***
- Salaire hebdomadaire moyen : **647 $**

Ces données sont tirées de la catégorie «Finance et opération bancaire», *Qu'advient-il des diplômé(e)s des universités?*, MÉQ, 1998.

*Interpréter avec prudence à cause de la marge d'erreur que comporte cette valeur.

Formation universitaire

CNP 2148   CUISEP 312-000

Génie — alimentaire

Secteur 3

Baccalauréat

Établissement
offrant le
programme

40 ●●●●●●●●●●●●●●●●●●●●●●●●●●●●●●●●●●●●●●
Voir la liste des établissements en page 416.

Placement

À l'Université Laval, seul établissement à offrir cette formation au Québec, la dizaine de diplômés ont tous trouvé un emploi en 1999. «La prochaine cohorte comptera une vingtaine d'étudiants et ils devraient tous se placer dans le secteur de la transformation des aliments et des boissons, l'un des plus importants groupes industriels au Québec», indique Alfred Marquis, enseignant dans cet établissement.

Alfred Marquis admet toutefois que quelques années seront nécessaires pour faire connaître à l'industrie l'expertise de ces nouveaux professionnels, quoique les stages les aident à se faire valoir auprès des employeurs.

L'application de nouvelles normes de qualité des aliments, le changement périodique des habitudes alimentaires et l'utilisation toujours plus grande des technologies de pointe exigent la présence d'ingénieurs alimentaires au sein des équipes multidisciplinaires.

«À l'instar des États-Unis et de l'Ouest canadien, le Québec a besoin d'ingénieurs alimentaires pour assurer l'essor du secteur alimentaire industriel. Celui-ci est d'ailleurs en croissance : les PME se développent dans des créneaux spécialisés. Les moyennes et grandes entreprises augmentent aussi leur capacité», explique Henriot Sabourin, président de Sercodev, une firme de génie-conseil spécialisée en conception de procédés et d'usines alimentaires.

Les diplômés peuvent travailler dans l'une des 900 usines de transformation alimentaire du Québec, dans les entreprises spécialisées dans la production d'appareils destinés aux industries alimentaires, ainsi que dans les firmes de génie-conseil. «Ils sont recherchés, par exemple, pour effectuer la maintenance de la machinerie dans les usines, pour superviser la production ou œuvrer à la conception de nouvelles chaînes de production», explique Alfred Marquis.

Chez SNC Lavalin-Audet, bureau d'ingénieurs-conseils spécialisé dans les procédés industriels agroalimentaires, Luc Audet, président, avance que plusieurs facteurs de développement pourraient favoriser la demande d'ingénieurs alimentaires. «Des travaux s'effectuent sur différents types d'emballages en vue d'améliorer la conservation. De plus, la question du contrôle de la qualité oblige l'industrie à installer des systèmes encore plus sophistiqués pour assurer la salubrité des aliments. On parle aussi des nutraceutiques, aliments développés et utilisés pour leur valeur "médicinale". Les usines devront développer ces aliments et l'ingénieur aura un rôle à jouer dans ce processus.»

À l'Université Laval, on estime que le salaire moyen de départ se situe entre 570 $ et 670 $ par semaine (1998). Cette formation débouche officiellement sur le titre d'ingénieur depuis le printemps 1998.

Enfin, soulignons que certaines spécialisations, notamment au sein du baccalauréat en génie chimique, peuvent aussi conduire à un emploi dans le secteur agroalimentaire.

11/99

Statistiques

Pour interpréter
ces statistiques,
voir en pages 22, 23 et 24.

- Nombre de diplômés : **n/d**
- Temps plein : **n/d**
- Proportion de diplômés en emploi (PDE) : **n/d**
- En rapport avec la formation : **n/d**
- Taux de chômage : **n/d**
- Salaire hebdomadaire moyen : **n/d**

Qu'advient-il des diplômé(e)s des universités?, MÉQ, 1998.

Formation universitaire

CNP 2134   CUISEP 413/414-000

Secteur 6

Baccalauréat

Génie chimique

Établissements
offrant le
programme **40** **51** **61** **105** **109** **185** ●●●●●●●●●●●●●●●●●●●●●●●●●

Voir la liste des établissements en page 416.

Placement

À l'Université Laval, on indique que le taux de placement des diplômés en génie chimique se situe au-dessus de 90 %. De même, tous les diplômés de la cohorte de 1999 de l'École polytechnique ont trouvé du boulot. «La majorité œuvre dans le domaine des procédés en milieu manufacturier, alors que d'autres ont intégré des firmes de génie-conseil», fait remarquer Marc Groleau, conseiller en emploi dans cet établissement. Il ajoute que le secteur pharmaceutique grossit ses rangs et se révèle une voie prometteuse. Le programme de génie chimique de l'École polytechnique offre d'ailleurs une option en pharmaceutique depuis septembre 1999.

De fait, chez Merck Frosst, l'ingénieur chimique est de plus en plus recherché. «Son expertise est utilisée pour assurer le maintien des hauts standards exigés dans les procédés de fabrication de médicaments», explique Germain Duchesneau, directeur de l'ingénierie dans cette entreprise pharmaceutique.

L'ingénieur chimiste est aussi demandé dans les industries des produits chimiques, des pâtes et papiers, du caoutchouc et des plastiques, de la première transformation des métaux, des aliments et boissons et dans les pétrolières. Toutefois, dans les secteurs de l'environnement et des explosifs, la demande est plus restreinte.

L'implantation progressive de systèmes informatiques complexes au sein des industries de transformation et de procédés chimiques requiert aussi la participation des ingénieurs chimiques. «C'est un volet en croissance, affirme Bernard Morneau, président général de Cogexcel, firme qui développe des systèmes informatiques pour les industries chimique et manufacturière. Le fait d'être informaticien ne suffit pas; il faut aussi comprendre les différents procédés de fabrication afin de bien intégrer la technologie.»

Le site Emploi-Avenir Québec de Développement des ressources humaines Canada estime que l'emploi dans cette profession devrait connaître un taux de croissance de 3,1 % entre 1997 et 2002, taux nettement supérieur à la moyenne.

Selon cette même source, la complexité des produits chimiques, la mise au point de fibres plastiques et synthétiques et l'utilisation de plus en plus répandue des biotechnologies sont des facteurs susceptibles de favoriser l'embauche. D'ailleurs, le génie chimique est l'une des disciplines du génie qui préparent le mieux à travailler en biotechnologie. À la différence des chimistes qui travaillent surtout en laboratoire, les ingénieurs chimistes transposent en milieu industriel les découvertes de la recherche.

D'après André Nadeau, du Comité sectoriel de main-d'œuvre de la chimie, de la pétrochimie et du raffinage du Québec, le vieillissement des ingénieurs chimistes laisse aussi présager de bonnes possibilités d'embauche, faisant de 2002 une année critique dans le renouvellement des troupes.

11/99

Statistiques

Pour interpréter
ces statistiques,
voir en pages 22, 23 et 24.

- Nombre de diplômés : **195**
- Temps plein : **97,6 %**
- Proportion de diplômés en emploi (PDE) : **n/d**
- En rapport avec la formation : **88,3 %**
- Taux de chômage : **n/d**
- Salaire hebdomadaire moyen : **773 $**

Qu'advient-il des diplômé(e)s des universités?, MÉQ, 1998.

CNP 2131   CUISEP 453-000

Génie civil

Secteur 7

Baccalauréat

Établissements offrant le programme

40 **61** **105** **106** **109** **185** **186** ●
Voir la liste des établissements en page 416.

Placement

«Les 35 diplômés de 1999 étaient tous placés quelques semaines à peine après la fin des classes, raconte Michel Soulié, directeur du département de génie civil, géologique et des mines à l'École polytechnique. La demande a été si grande qu'il a fallu prendre des étudiants en génie mécanique pour pourvoir aux stages.» Les 85 finissants de l'École de technologie supérieure ont connu, eux aussi, un taux de placement quasi parfait en 1999.

«Il y a deux ans, c'était la discipline de génie qui connaissait le plus haut taux de chômage, mais la situation change graduellement, indique Robert Loiselle, conseiller en développement professionnel et emploi à l'Ordre des ingénieurs du Québec. D'ici à quatre ou sept ans, il risque d'y avoir pénurie d'ingénieurs civils.»

Les départs à la retraite et la diminution draconienne du nombre de diplômés au cours des dernières années stimulent maintenant la demande de nouveaux arrivants. À l'École polytechnique de Montréal, on a déjà compté 135 finissants par année, contre seulement une trentaine en 1999.

«Toutes les infrastructures du Québec sont à refaire», affirme Michel Soulié. Ainsi, l'ingénieur civil se retrouve principalement dans des firmes de génie-conseil, dans les bureaux municipaux ou dans des entreprises spécialisées en environnement et en construction.

Selon le site Emploi-Avenir Québec de Développement des ressources humaines Canada, à moyen terme, l'environnement est l'un des secteurs les plus prometteurs pour cette profession, autant au Québec qu'à l'étranger. Dans ce secteur, l'ingénieur civil participe notamment à la conception technique d'usines de traitement des eaux et d'usines de traitement des déchets.

Chez Dessau-Soprin, une firme de génie-conseil, les questions de l'heure touchant les ingénieurs civils sont le génie municipal, l'environnement et la géotechnique. «Nous avons actuellement beaucoup de projets de gestion des déchets, de gestion des sols contaminés ou d'assainissement des eaux», indique Hélène Caumartin, conseillère aux ressources humaines dans cette entreprise.

Chez Construction DJL inc., une grande entreprise d'entretien et de rénovation de routes, on estime que l'expertise de l'ingénieur civil est recherchée. «Avec l'avènement des nouvelles technologies et des normes de qualité appliquées à la construction, nous engageons maintenant des ingénieurs civils pour pourvoir à des postes auparavant occupés par des gens moins spécialisés. Ainsi, ils peuvent devenir responsables de chantier, par exemple», explique François Voisine, responsable des ressources humaines.

Partout au Québec, les programmes d'études en génie civil ont récemment été revus et corrigés. Offerts depuis septembre 1999, ils visent à former des ingénieurs civils plus polyvalents et qui maîtrisent très bien les nouvelles technologies.

11/99

Statistiques

Pour interpréter ces statistiques, voir en pages 22, 23 et 24.

- Nombre de diplômés : **504**
- Temps plein : **93,5 %**
- Proportion de diplômés en emploi (PDE) : **n/d**
- En rapport avec la formation : **82,9 %**
- Taux de chômage : **13,9 %**
- Salaire hebdomadaire moyen : **625 $**

Ces données sont tirées de la catégorie «Génie civil, de la construction et du transport», *Qu'advient-il des diplômé(e)s des universités?*, MÉQ, 1998.

Formation universitaire

335

CNP 2141   CUISEP 111-300

Secteur 11

Baccalauréat

Génie de la production automatisée

Établissement offrant le programme (103) ●●●●●●●●●●●●●●●●●●●●●●●●●●●●●●●●●●

Voir la liste des établissements en page 416.

Placement

L'École de technologie supérieure est l'unique établissement québécois à offrir ce programme coopératif. Généralement, tous les diplômés se placent. Le nombre d'offres d'emploi est d'ailleurs plus élevé que la quantité de finissants.

«Environ 50 % des étudiants décrochent un emploi au sein de l'entreprise dans laquelle ils ont fait un stage», dit Claude Olivier, directeur du programme de génie de la production automatisée. Devant une demande soutenue de diplômés, le contingent d'étudiants est passé de 150 à 200 à l'automne 1999.

Cette formation multidisciplinaire intègre la mécanique, l'électrique et l'électronique, l'informatique et une part de génie industriel. Environ deux tiers des employeurs sont des petites et moyennes entreprises manufacturières. Ils recherchent des ingénieurs polyvalents capables d'effectuer la gestion de la production ou l'informatisation des systèmes. Les entreprises de génie-conseil embauchent aussi ces diplômés pour concevoir des systèmes automatisés. Ces ingénieurs trouvent également de l'emploi en enseignement ou dans des champs d'activité pointus, comme la vision artificielle et la robotique.

L'expertise de ces spécialistes est précieuse pour les entreprises désireuses de bien aborder le XXIe siècle. «L'industrie est en train de renouveler ses équipements et les entreprises apprécient que nos étudiants maîtrisent les dernières technologies», souligne Claude Olivier.

«Pour faire face à la concurrence étrangère ou pour exporter ses produits, la PME manufacturière doit augmenter sa productivité, et l'automatisation est l'une des façons d'y arriver», ajoute pour sa part Robert Loiselle, conseiller en développement professionnel et emploi à l'Ordre des ingénieurs du Québec.

Chez Walsh Automation inc., une firme de génie-conseil internationale spécialisée dans l'optimisation de procédés, on engage sept ou huit nouveaux diplômés chaque année. Jacques Gariépy, vice-président aux ressources humaines et à l'administration, confirme que ces ingénieurs participent à l'amélioration du rendement des industries. «Les entreprises cherchent à acquérir de plus grandes parts de marché. Dans un souci de rationalisation et afin de tirer parti au maximum de leurs investissements, elles choisissent d'automatiser et d'optimiser leurs procédés de fabrication. Ces ingénieurs ont donc un avenir prometteur.»

Les horaires de travail peuvent varier suivant le milieu dans lequel on évolue.

Formation universitaire

11/99

Statistiques

Pour interpréter ces statistiques, voir en pages 22, 23 et 24.

• Nombre de diplômés : **136**
• Temps plein : **100 %**
• Proportion de diplômés en emploi (PDE) : **n/d**
• En rapport avec la formation : **100,0 %**
• Taux de chômage : **n/d**
• Salaire hebdomadaire moyen : **815 $**

Ces données sont tirées de la catégorie «Génie informatique et de la construction des ordinateurs», *Qu'advient-il des diplômé(e)s des universités?*, MEQ, 1998.

336

CNP 2142   CUISEP 436-000

Génie des matériaux et de la métallurgie

Secteur 16

Baccalauréat

40 **105** **109** ●●●●●●●●●●●●●●●●●●●●●●●●●●●●●●●●●
Voir la liste des établissements en page 416.

Établissements
offrant le
programme

Placement

En général, les diplômés de cette discipline du génie entrent facilement sur le marché du travail. «C'est un génie très spécialisé. Les cohortes sont petites et l'offre et la demande s'équilibrent», précise Maryse Deschênes, directrice du service de placement et des stages de l'École polytechnique, où neuf étudiants ont reçu leur diplôme en 1999.

À l'Université Laval, de 10 à 15 étudiants terminent leur formation chaque année. «Ils se placent généralement tous et les postes sont bien rémunérés», fait remarquer Georges Parent, conseiller en placement dans cet établissement.

Pour cette profession, le site Emploi-Avenir Québec de Développement des ressources humaines Canada annonce un taux de croissance supérieur à la moyenne entre 1997 et 2002. Selon cette source, une grande proportion des ingénieurs métallurgistes travaillent dans le secteur manufacturier, notamment dans les industries de première transformation des métaux et de fabrication du matériel de transport.

Chez QIT-Fer et Titane inc., une entreprise minière et métallurgique, ces ingénieurs travaillent principalement au développement de procédés. «Puisque nous évoluons à l'échelle mondiale, ils doivent posséder de bonnes aptitudes techniques et une excellente capacité à innover. Les diplômés de la maîtrise et du doctorat peuvent aussi œuvrer au centre de recherche», estime Claude Gagnon, chef de section en dotation du personnel dans cette entreprise.

L'industrie aérospatiale, toujours en croissance, nécessite aussi l'expertise de ces diplômés, mais en quantité limitée. «L'industrie aérospatiale aura besoin de sept ou huit spécialistes en métallurgie en l'an 2000 et autant l'année suivante. Ces prévisions englobent les ingénieurs métallurgistes et des matériaux», soutient Carmy Hayes, du Centre d'adaptation de la main-d'œuvre en aérospatiale du Québec.

Par ailleurs, selon une enquête réalisée en 1997-1998 par le Comité sectoriel de main-d'œuvre en fabrication métallique, le développement de services de conception dans les entreprises offrant un service de fabrication métallique, industrielle, électrique et électronique devrait engendrer une bonne demande à l'endroit de ces ingénieurs dans ce milieu, où ils étaient pourtant peu représentés auparavant.

Le secteur minier, quant à lui, offre des possibilités d'embauche limitées. Selon Daniel Richard, directeur des essais technologiques au Centre de recherche minérale du ministère québécois des Ressources naturelles, ces ingénieurs peuvent se placer dans des entreprises qui œuvrent en dehors du Québec, comme en Afrique, en Australie ou en Amérique du Sud.

Soulignons qu'à l'Ordre des ingénieurs du Québec, on dénombre 950 ingénieurs métallurgistes et des matériaux œuvrant au Québec.

11/99

Statistiques

Pour interpréter
ces statistiques,
voir en pages 22, 23 et 24.

- Nombre de diplômés : **38**
- Temps plein : **100 %**
- Proportion de diplômés en emploi (PDE) : **n/d**
- En rapport avec la formation : **92,6 %**
- Taux de chômage : **n/d**
- Salaire hebdomadaire moyen : **830 $**

Qu'advient-il des diplômé(e)s des universités?, MÉQ, 1998.

Formation universitaire

CNP 2133/2132 CUISEP 455-400/455-300

Secteur 9

Baccalauréat

Génie des systèmes électromécaniques / Génie électromécanique

Établissements
offrant le
programme

Voir la liste des établissements en page 416.

Placement

En 1999, à l'Université du Québec à Rimouski (UQAR), les 17 diplômés de cette discipline ont trouvé un emploi. En 1998, la toute première cohorte de finissants se lançait sur le marché du travail et chacun de ces nouveaux ingénieurs en systèmes électromécaniques a trouvé preneur. Axée sur la polyvalence, cette formation fait le pont entre le génie mécanique et le génie électrique et répond tant aux besoins de la PME qu'à ceux de la grande entreprise.

À l'Université du Québec en Abitibi-Témiscamingue (UQAT), les dix premiers diplômés d'un programme similaire en génie électromécanique empocheront leur diplôme en avril 2000. «Plusieurs entreprises minières, de pâtes et papiers et des PME manufacturières ont déjà manifesté de l'intérêt pour ces étudiants et certaines d'entre elles leur ont offert un stage d'été», indique François Godard, directeur du programme de sciences appliquées à l'UQAT.

Diplômé de l'UQAR, Martin Sirois a ouvert son propre bureau de génie-conseil spécialisé en recherche et en développement. Il est aujourd'hui le président d'Audace Technologies inc. et affirme que ces ingénieurs possèdent une place de choix sur le marché du travail. «Les systèmes mécaniques sont maintenant liés à l'électrique, à l'électronique et à l'informatique. Cette formation est donc très bien perçue, car les entreprises recherchent des ingénieurs capables de toucher à tout.»

Chez Noranda inc. Division Fonderie Horne, une industrie minière, on estime que l'expertise de ces ingénieurs apparaît très intéressante. «Dans certains départements, comme celui de la fonderie, nous avons besoin d'employés qui comprennent autant la partie instrumentation que la mécanique. Il pourrait donc être très avantageux pour nous d'engager ces diplômés», affirme Luc Duval, superviseur concentrateur et manutention.

Outillés pour développer de nouveaux produits, ces ingénieurs œuvrent aussi à l'amélioration des technologies et des équipements implantés dans les industries. Johanne Ferland, adjointe administrative chez Bioptic Vision inc., un bureau de génie-conseil spécialisé en gestion des affaires à Val-d'Or, estime que ces diplômés seraient recherchés dans la région. «Nous avons besoin de leur polyvalence pour implanter les meilleures technologies, et même pour pourvoir à des postes de gestion.»

Selon Régis Beaulieu, coordonnateur des stages en sciences et génie à l'UQAR, le salaire moyen de départ oscillerait entre 576 $ et 673 $ par semaine. Soulignons que cette formation a été reconnue par le Bureau canadien d'accréditation des programmes en ingénierie au printemps 1998 : elle peut donc mener au titre d'ingénieur.

11/99

Statistiques

Pour interpréter
ces statistiques,
voir en pages 22, 23 et 24.

- Nombre de diplômés : **n/d**
- Temps plein : **n/d**
- Proportion de diplômés en emploi (PDE) : **n/d**
- En rapport avec la formation : **n/d**
- Taux de chômage : **n/d**
- Salaire hebdomadaire moyen : **n/d**

Qu'advient-il des diplômé(e)s des universités?, MÉQ, 1998.

Formation universitaire

CNP 2148   CUISEP 315-700

Génie
du bois

Établissement
offrant le
programme

 ●●●●●●●●●●●●●●●●●●●●●●●●●●●●●●●●●●
Voir la liste des établissements en page 416.

Placement

Chaque année, une quinzaine d'étudiants en génie du bois obtiennent leur diplôme à l'Université Laval, seul établissement universitaire à offrir cette formation au Québec. Selon Michel Beaudoin, directeur de ce programme coopératif, tous les diplômés trouvent un emploi, généralement en région (Côte-Nord, Abitibi, Cantons de l'Est) et dans l'entreprise où ils ont fait un stage.

Le directeur souligne que des cohortes de 20 à 25 diplômés répondraient mieux aux besoins du marché. Cependant, il semble que peu d'étudiants s'intéressent à cette branche du génie forestier.

Ces ingénieurs œuvrent généralement dans les usines de première transformation du bois où l'on fabrique du papier, des panneaux et du bois de sciage. Le secteur manufacturier s'annonce prometteur pour ces diplômés mais, faute de candidats, il reste encore inexploré. De l'avis de Michel Beaudoin, une minorité de diplômés travaillent actuellement dans des entreprises des deuxième et troisième transformations du bois.

Pourtant, forte rationalisation de la coupe oblige, l'industrie forestière se tourne vers les deuxième et troisième transformations de la matière ligneuse. «C'est le marché de l'avenir, annonce Gérard Szaraz, directeur du Regroupement des sociétés d'aménagement forestier. Les organismes de recherche sont de plus en plus intéressés aux projets qui mènent à la seconde transformation du bois. Il n'y a pas que des planches de "2 x 4"! Aujourd'hui, on développe une panoplie de produits.»

Chez Produits forestiers Donohue, on confirme le rôle clé que jouent les ingénieurs du bois. «Ils sont recherchés, car ils optimisent les équipements. J'en engagerais trois demain matin... s'il y avait des candidats disponibles», souligne le directeur des ressources humaines, Mario Lavoie.

William Tropper, directeur général en recherche et développement chez Tembec, estime quant à lui que l'industrie requiert plusieurs ingénieurs du bois de plus par année. «Nous développons continuellement nos activités de fabrication de produits à valeur ajoutée. La demande d'ingénieurs du bois existe aussi en recherche et en développement d'équipements plus performants.» Il assure que ces ingénieurs ont un bel avenir. «Chez nous, ils commencent au contrôle de la qualité. En trois ans, ils peuvent devenir chargés de projets et, après dix ans, directeurs généraux des opérations.»

Pour cette profession, le site Emploi-Avenir Québec de Développement des ressources humaines Canada annonce un taux de croissance supérieur à la moyenne entre 1997 et 2002.

Soulignons que plusieurs occasions d'emploi se trouvent hors des milieux urbains et que ces ingénieurs utilisent des équipements à la fine pointe de la technologie.

Formation universitaire

11/99

Statistiques

Pour interpréter
ces statistiques,
voir en pages 22, 23 et 24.

- Nombre de diplômés : **68**
- Temps plein : **100 %**
- Proportion de diplômés en emploi (PDE) : **n/d**
- En rapport avec la formation : **96,0 %**
- Taux de chômage : **18,4 %**
- Salaire hebdomadaire moyen : **631 $**

Ces données sont tirées de la catégorie «Génie forestier, foresterie et sciences du bois»,
Qu'advient-il des diplômé(e)s des universités?, MEQ, 1998.

CNP 2133   CUISEP 455-300

Secteur 9

Baccalauréat

Génie électrique

Établissements
offrant le
programme **11 40 51 61 103 105 106 109 185 186**

Voir la liste des établissements en page 416.

Placement

Les centres de placement universitaires sont unanimes : c'est le plein emploi pour les finissants en génie électrique. À l'École de technologie supérieure, la majorité des finissants décrochent un emploi dans le cadre d'un de leurs stages en entreprise. «Ils effectuent souvent leur dernier semestre à temps partiel parce qu'ils ont déjà un contrat en poche», fait observer Normand Lalonde, responsable du service de placement.

Selon Paul-André Bergeron, du centre de placement de l'Université de Sherbrooke, la polyvalence des diplômés explique ce taux de placement quasi parfait. «Leur formation les prépare aussi à travailler en informatique.»

En effet, la forte demande de main-d'œuvre dans le secteur des nouvelles technologies offre de belles ouvertures. En 1999, 25 % des diplômés en génie électrique de l'École polytechnique se sont trouvé un emploi relié à l'informatique, alors que 33 % d'entre eux travaillent en électronique.

Chez Walsh Automation inc., une firme de génie-conseil internationale, on souligne que peu d'ingénieurs électriques sont spécialisés en génie électrique «pur». «Les jeunes sont plutôt attirés vers les nouvelles technologies. La distribution électrique en usine leur apparaît comme une activité vieillotte, alors qu'il y a toujours des ouvertures pour ce genre de travail. Il risque donc d'y avoir une rareté de candidats spécialisés en génie électrique "pur" sous peu», indique Jacques Gariépy, vice-président aux ressources humaines et à l'administration.

Selon le site Emploi-Avenir Québec de Développement des ressources humaines Canada, le taux de croissance pour cette profession est estimé à 3,2 % entre 1997 et 2002, taux largement supérieur à la moyenne. Cette même source indique que l'évolution rapide des nouvelles technologies fait croître le besoin d'ingénieurs électriques, particulièrement dans les secteurs des télécommunications, de l'aérospatiale et des produits électriques et électroniques.

Dans l'industrie, on note que le marché est très compétitif et qu'il est difficile de recruter des ingénieurs électriques. Robert Loiselle, conseiller en développement professionnel et emploi à l'Ordre des ingénieurs du Québec (OIQ), précise qu'il n'y a toutefois pas de début de pénurie, mais plutôt un accroissement de la demande. «Par conséquent, les délais de recrutement sont plus longs et les exigences des candidats sont plus élevées en ce qui concerne leurs conditions de travail.»

Le génie électrique est l'une des plus importantes spécialités de génie au Québec, regroupant 9 600 professionnels, selon l'OIQ.

11/99

Statistiques

Pour interpréter
ces statistiques,
voir en pages 22, 23 et 24.

- Nombre de diplômés : **550**
- Temps plein : **99,4 %**
- Proportion de diplômés en emploi (PDE) : **n/d**

- En rapport avec la formation : **93,9 %**
- Taux de chômage : **4,5 %**
- Salaire hebdomadaire moyen : **726 $**

Qu'advient-il des diplômé(e)s des universités?, MÉQ, 1998.

CNP 2141   CUISEP 455-410/420

Secteur 11

Génie —————
——— industriel

Baccalauréat

Établissements
offrant le
programme

51 **105** **106** **186** ●●●●●●●●●●●●●●●●●●●●●●●●●●●●●
Voir la liste des établissements en page 416.

Placement

Des 43 finissants de l'École polytechnique en 1998-1999, presque tous se sont placés. «Tous ceux qui ont cherché un emploi ont trouvé. Nous avons même de la difficulté à répondre à la demande», avance Maryse Deschênes, directrice du service de placement et des stages. À l'Université Concordia, en 1999, les sept diplômés ont facilement trouvé du travail.

Le site Emploi-Avenir Québec de Développement des ressources humaines Canada indique que la profession connaîtra un taux de croissance de 3,2 % entre 1997 et 2002. Bien supérieur à la moyenne, ce taux s'explique par le fait que les ingénieurs industriels maîtrisent les nouvelles méthodes de production et possèdent l'expertise nécessaire pour moderniser les équipements dans les entreprises.

Concurrence oblige, les entreprises doivent accroître leur productivité et les ingénieurs industriels jouent un rôle clé dans ce processus. «Nos ingénieurs industriels supervisent la chaîne de production, de l'achat des matériaux jusqu'à leur sortie, et ils s'assurent que la fabrication des produits se fait en quantité et en temps voulus. De plus, ils se chargent de faire respecter les normes de qualité», explique Lise Marion, directrice en dotation et planification chez Kraft Canada inc.

Robert Loiselle, conseiller en développement professionnel et emploi à l'Ordre des ingénieurs du Québec (OIQ), confirme que ces professionnels sont bien outillés pour effectuer la gestion de la qualité, une activité importante au sein des entreprises. «La demande s'est accrue de ce côté depuis que le secteur manufacturier n'est plus en récession et que les normes de contrôle de la qualité se sont resserrées.» Par ailleurs, il indique que les ingénieurs industriels représentent environ 5 % des membres de l'OIQ.

Les ingénieurs industriels sont aussi appelés à se joindre à des équipes multidisciplinaires. Dans un projet de construction d'usine par exemple, ils détermineront l'agencement stratégique des équipements de façon à optimiser la production, tant l'écoulement des matériaux que les mouvements des travailleurs. «Avec un très bon aménagement, on peut gagner 15 % et plus en rapidité, ce qui représente un profit supplémentaire pour le client», explique Gilles Cayouette, ingénieur et président de Devonyx Technologies inc., une firme de génie-conseil.

Pour rester dans la course, ces ingénieurs devront cependant s'adapter aux changements technologiques, prévient Gilles Cayouette. «Je pense que d'ici à quelques années, un client va pouvoir marcher dans son usine virtuelle avant que l'usine réelle ne soit construite.»

11/99

Formation universitaire

Statistiques

Pour interpréter
ces statistiques,
voir en pages 22, 23 et 24.

- Nombre de diplômés : **169**
- Temps plein : **95,7 %**
- Proportion de diplômés en emploi (PDE) : **n/d**
- En rapport avec la formation : **87,3 %**
- Taux de chômage : **n/d**
- Salaire hebdomadaire moyen : **701 $**

Qu'advient-il des diplômé(e)s des universités?, MÉQ, 1998.

CNP 2147   CUISEP 153-100

Secteur 1

Baccalauréat

Génie informatique

Établissements offrant le programme

Voir la liste des établissements en page 416.

Placement

«En génie informatique, c'est la folie furieuse! Il y a trois fois plus d'offres que de finissants», annonce Georges Parent, conseiller en emploi à l'Université Laval, où toute la soixantaine de diplômés de 1999 s'est placée. Les services de placement de l'École polytechnique et de l'Université de Sherbrooke affichent aussi complet. «C'est le génie qui se porte le mieux et les cohortes grossissent chaque année», explique Paul-André Bergeron, responsable du service de placement de l'Université de Sherbrooke.

Selon les prévisions du site Emploi-Avenir de Développement des ressources humaines Canada, cette profession croîtra à un taux annuel de 5,9 % entre 1997 et 2002, taux largement supérieur à la moyenne. L'utilisation grandissante de l'informatique continuera de soutenir la demande d'ingénieurs informaticiens, aussi bien pour le développement de matériel que pour celui de logiciels.

Cette tendance se confirme sur le terrain, où un manque de main-d'œuvre se fait sentir. «Les premières à éprouver les effets d'une pénurie d'ingénieurs informaticiens sont les petites et les moyennes entreprises. Elles ont de la difficulté à concurrencer les géants de l'industrie capables d'offrir des conditions de travail et un plan de carrière plus intéressants, fait remarquer Robert Loiselle, conseiller en développement professionnel et emploi à l'Ordre des ingénieurs du Québec. Pour ne pas freiner leurs projets, elles peuvent alors recruter des ingénieurs électriciens qui possèdent une base en informatique.» De plus, pour pallier ce manque de main-d'œuvre qualifiée, les entreprises se tournent vers l'étranger.

Courtisés de toute part, ces futurs ingénieurs ont décidément un bel avenir. «Nous offrons aux étudiants des stages en troisième et en quatrième année de bac afin de nous assurer de leur mettre la main dessus lorsqu'ils terminent», raconte Benoit Lefebvre, directeur du développement technologique chez Génia Technologies. Cette entreprise spécialisée en développement de logiciel et en intégration réseautique engage environ un nouvel ingénieur tous les trois mois : un défi de taille! «Cela nous oblige à être en constante recherche, mais nous finissons toujours par trouver ce que nous cherchons et nous nous permettons même de choisir le candidat le plus compétent.»

Jean-Marc Naud, directeur de l'ingénierie des nouvelles technologies chez Virtual Prototypes, soutient cependant que les besoins d'ingénieurs fluctuent d'un secteur d'activité à l'autre. «L'ingénieur qui aspire à travailler dans un domaine précis, comme l'aéronautique, fera face à une demande moins importante et à l'exigence de compétences beaucoup plus grandes», souligne-t-il.

11/99

Statistiques

Pour interpréter ces statistiques, voir en pages 22, 23 et 24.

- Nombre de diplômés : **136**
- Temps plein : **100 %**
- Proportion de diplômés en emploi (PDE) : **n/d**
- En rapport avec la formation : **100,0 %**
- Taux de chômage : **n/d**
- Salaire hebdomadaire moyen : **815 $**

Qu'advient-il des diplômé(e)s des universités?, MÉQ, 1998.

Formation universitaire

CNP 2132   CUISEP 455-400

Génie
mécanique

Secteur 11

Baccalauréat

11 **40** **51** **61** **103** **105** **106** **109** **185** **186** ●

Établissements
offrant le
programme

Voir la liste des établissements en page 416.

Placement

Maryse Deschênes, directrice du service de placement et des stages à l'École polytechnique, affirme que 90 % des 116 diplômés de 1999 en génie mécanique sont entrés sur le marché du travail dans les trois mois suivant l'obtention de leur diplôme.

D'autres universités de la province déclarent aussi un taux de placement élevé, voire parfait, comme c'est le cas à l'École de technologie supérieure (ÉTS). «La demande en mécanique du bâtiment a été si forte cette année qu'on a manqué de finissants pour pourvoir aux postes. Le secteur de l'aéronautique est aussi en pleine santé. Le taux de placement est au-dessus de 97 %», souligne Normand Lalonde, adjoint au directeur du service des stages et du placement à l'ÉTS.

Ces ingénieurs sont recherchés tant par les petites que les moyennes et les grandes entreprises. Selon Maryse Deschênes, les meilleures possibilités d'emploi se trouvent actuellement du côté du secteur industriel, notamment dans les manufactures d'équipements, ainsi que dans les industries de transport et de machinerie. Les ingénieurs mécaniques œuvrent aussi dans des firmes de génie-conseil.

Les nouvelles technologies influencent les tâches de l'ingénieur mécanique. Les entreprises ont besoin de professionnels qui connaissent bien la robotique, l'automatisation des procédés et les logiciels de conception 3D.

Chez CAE Électronique, une entreprise de technologie de pointe spécialisée dans la conception et la production de simulateurs de vol, les ingénieurs mécaniques remplissent des fonctions reliées à l'informatique. Ils peuvent notamment occuper des postes de spécialistes de système de mouvement, de commande ou de pilotage automatique. «L'industrie de l'aéronautique est en croissance, c'est donc une branche d'avenir pour plusieurs ingénieurs, dont ceux spécialisés en mécanique. Ceux-ci forment d'ailleurs une proportion considérable de la centaine de nouveaux diplômés que nous engageons chaque année», indique Pascale Lambert, responsable des ressources humaines chez CAE Électronique.

Les ingénieurs mécaniques peuvent grimper les échelons rapidement dans certaines entreprises. Chez Pétro-Canada, où l'on investit, bon an, mal an, 25 millions de dollars dans la réalisation de nouveaux projets en raffinage du pétrole, les ingénieurs mécaniques sont vite propulsés au rang des chargés de projets. «Ce sont des projets de remplacement d'équipements ou d'ajout de nouvelles unités dans l'usine, explique Michel Roy, directeur des services techniques. De plus, lorsque cela est possible, nous favorisons l'embauche de récents diplômés, car nous pouvons les former à notre culture d'entreprise.»

Par ailleurs, le site Emploi-Avenir Québec de Développement des ressources humaines Canada mentionne qu'entre 1997 et 2002, les meilleures possibilités d'emploi se trouveront du côté manufacturier, notamment dans les industries d'équipements de transport et de la machinerie.

11/99

Statistiques

Pour interpréter
ces statistiques,
voir en pages 22, 23 et 24.

- Nombre de diplômés : **684**
- Temps plein : **98,8 %**
- Proportion de diplômés en emploi (PDE) : **n/d**
- En rapport avec la formation : **94,0 %**
- Taux de chômage : **4,8 %**
- Salaire hebdomadaire moyen : **692 $**

Qu'advient-il des diplômé(e)s des universités?, MÉQ, 1998.

Formation universitaire

CNP 2148   CUISEP 455-000

Secteur 9

Baccalauréat

Génie physique

Établissements
offrant le
programme **40** **105**

Voir la liste des établissements en page 416.

Placement

À l'Université Laval, on se réjouit du taux de placement des diplômés en génie physique, qui est de 100 %. «En optique, il y a quatre offres d'emploi par étudiant», signale Georges Parent, conseiller en placement dans cet établissement, qui diplôme annuellement de huit à dix étudiants dans ce champ d'activité.

Selon le site Emploi-Avenir Québec de Développement des ressources humaines Canada, cette profession devrait enregistrer une croissance supérieure à la moyenne entre 1997 et 2002. Si l'optique représente l'avenue par excellence de l'ingénieur physicien, les connaissances de ce dernier sont aussi précieuses en électronique et en microélectronique, dans le secteur des télécommunications et dans les industries aérospatiale et métallurgique.

Une grande part des étudiants poursuivent toutefois des études de deuxième ou de troisième cycle, ce qui est relativement logique selon Robert Loiselle, conseiller en développement professionnel et emploi à l'Ordre des ingénieurs du Québec. «La formation en génie physique est l'une des plus exigeantes du génie. Elle requiert davantage de connaissances théoriques, notamment en mathématiques. De plus, la maîtrise est fortement recommandée pour celui qui se dirige en recherche et développement en milieu universitaire ou industriel.»

Toutefois, cette année à l'École polytechnique, seulement trois diplômés sur une vingtaine ont entamé une maîtrise. «Cette facilité à intégrer le marché du travail pourrait s'expliquer par l'augmentation des besoins en optique», souligne Marc Groleau, conseiller en emploi dans cet établissement.

Exfo inc., une entreprise spécialisée dans le développement et la fabrication d'instruments de mesure de la fibre optique, connaît des difficultés à recruter des ingénieurs physiques spécialisés en optique. «Il y a de grands axes d'optique à Montréal et à Ottawa, et beaucoup de produits liés à l'autoroute de l'information utilisent cette technologie, souligne Annie Simard, directrice des ressources humaines chez Exfo inc. Quoiqu'il n'y ait pas de pénurie officielle de ces ingénieurs, de notre côté, dans l'industrie, nous avons beaucoup de difficulté à en trouver.»

ITF Optical Technologies, entreprise qui fabrique des composants à fibre optique pour l'industrie des télécommunications, recrute des finissants en génie physique avant même qu'ils n'aient terminé leur baccalauréat. «L'optique, c'est assurément un domaine d'avenir; nos composants coûtent moins cher et sont beaucoup plus efficaces», indique Annie Ouellet, conseillère en recrutement dans cette entreprise en pleine expansion, à l'image de l'industrie. À l'été 1998, trois personnes travaillaient chez ITF Optical Technologies. Aujourd'hui, on en compte une centaine!

11/99

Statistiques

Pour interpréter
ces statistiques,
voir en pages 22, 23 et 24.

- Nombre de diplômés : **37**
- Temps plein : **100 %**
- Proportion de diplômés en emploi (PDE) : **n/d**

- En rapport avec la formation : **92,0 %**
- Taux de chômage : **0,0 %**
- Salaire hebdomadaire moyen : **722 $**

Qu'advient-il des diplômé(e)s des universités?, MÉQ, 1998.

Formation universitaire

344

CNP 0911   CUISEP 111-300

Gestion des opérations et de la production

Secteur 1

Baccalauréat

Établissements offrant le programme

40 **51** **104** **106** **108** **109** **125** **185** **186** ●●●●●●●●●●●●●●●●●●●
Voir la liste des établissements en page 416.

Placement

À l'École des hautes études commerciales (HÉC), depuis plusieurs années, tous les diplômés trouvent du travail dans les six mois suivant la fin de leurs études. «Ils occupent principalement des postes dans le domaine industriel en tant qu'acheteurs, planificateurs en approvisionnement, superviseurs et contremaîtres d'équipe», précise Kathleen Grant, directrice des communications, du recrutement et du placement étudiant.

Au service de placement de l'Université Laval, René Beaulieu précise que chaque année la trentaine de diplômés trouvent preneurs, notamment auprès des grandes entreprises ainsi que de PME situées en Beauce. Dominique Bernard, coordonnatrice des communications dans cette université, ajoute que les entreprises manufacturières recherchent constamment ces diplômés. Comme Mme Grant, elle estime que les finissants doivent être bilingues.

Federico Pasin, professeur agrégé au service de l'enseignement de la gestion des opérations et de la production des HÉC, indique qu'il y a une soixantaine de finissants par année dans cette discipline. Ces derniers s'occupent de tout ce qui touche les différentes étapes de la transformation de matières premières en produits finis. Ils travaillent soit aux approvisionnements, soit à la planification et au contrôle de la production. «Plusieurs PME recherchent des personnes qui ont les deux expertises, car elles n'ont pas les moyens de se payer deux spécialistes.»

Au Québec, plusieurs secteurs en plein essor, comme l'aéronautique, les télécommunications et l'industrie pharmaceutique, recherchent ces diplômés. Les spécialistes en approvisionnement trouvent de l'emploi un peu partout dans le secteur industriel.

Avec la mondialisation des marchés et la forte compétition, la sous-traitance industrielle engendre un besoin marqué de bons négociateurs. «L'approvisionnement va prendre un rôle de plus en plus stratégique au sein des entreprises par l'entremise d'alliances avec des partenaires dans le but de partager les risques et les bénéfices, fait valoir Stéphane Rioux, chef du service de l'approvisionnement chez Bombardier Aéronautique. Nous avons régulièrement des ouvertures pour des acheteurs, et le noyau du service de l'approvisionnement est constitué de gens qui ont une formation en gestion des opérations.»

«C'est un univers en évolution, poursuit Federico Pasin. Par exemple, il y a des chaînes d'approvisionnement qui sont complètement reliées de façon informatique du point de vue de la gestion des matières. Les spécialistes en gestion de la production doivent s'adapter à de nouveaux systèmes intégrés et à de nouvelles technologies. Quelqu'un qui est très à l'aise avec l'informatique et qui possède aussi une bonne base en gestion des opérations pourra bien se positionner sur le marché du travail.»

Au service de placement des HÉC, on évalue le salaire moyen de départ entre 32 000 $ et 35 000 $ par an (1999).

11/99

Statistiques

Pour interpréter ces statistiques, voir en pages 22, 23 et 24.

- Nombre de diplômés : **n/d**
- Temps plein : **n/d**
- Proportion de diplômés en emploi (PDE) : **n/d**
- En rapport avec la formation : **n/d**
- Taux de chômage : **n/d**
- Salaire hebdomadaire moyen : **n/d**

Qu'advient-il des diplômé(e)s des universités?, MÉQ, 1998.

Formation universitaire

CNP 1121   CUISEP 111-400/633-000

Secteur 1

Baccalauréat

Gestion des ressources humaines / Relations industrielles

Établissements offrant le programme

Voir la liste des établissements en page 416.

Placement

Les formations universitaires liées à la gestion des ressources humaines ont la cote actuellement auprès des employeurs. Marie-Claude Marin, conseillère en emploi au service de placement de l'Université de Montréal, remarque un regain d'activités dans ce domaine depuis un an. «En 1999, nous observons une hausse significative du nombre d'offres d'emploi reçues, ce qui a permis à plus de 80 % des finissants de trouver rapidement du travail.»

Même portrait à l'Université du Québec à Hull, qui a affiché entre 15 et 20 % plus d'offres d'emploi qu'en 1998. À l'Université du Québec à Montréal, Claudette Ross, directrice du baccalauréat en gestion des ressources humaines, estime qu'en 1999 la majorité des 40 finissants de la première cohorte issue de ce programme ont trouvé du travail. «Plusieurs ont été engagés dans l'entreprise où ils ont effectué un stage coop.»

Les spécialistes en ressources humaines sont dispersés dans les secteurs privé et public ou travaillent à leur compte en tant que consultants. Cette recrudescence est confirmée par l'Ordre professionnel des conseillers en relations industrielles du Québec, où l'on affiche d'ailleurs une vingtaine de nouvelles offres d'emploi par semaine pour ce secteur d'activité.

«Des lois majeures, concernant notamment la formation et le perfectionnement des employés, ont été adoptées au Québec ces dernières années. Leur application octroie un rôle stratégique à ces professionnels dans les entreprises. Par exemple, l'implantation d'un programme d'équité salariale a des conséquences importantes sur chaque employé», explique le vice-président de l'Ordre, Florent Francœur.

Ainsi, les tâches des spécialistes en ressources humaines évoluent à l'heure actuelle. Caroline Loignon, conseillère en ressources humaines chez Drakkar Ressources humaines inc., une firme de consultants en développement organisationnel, le remarque aussi. «Presque toute restructuration dans une entreprise entraîne des problématiques sur le plan des ressources humaines : que ce soit la diversification des produits fabriqués, la croissance de l'entreprise, l'évaluation des employés, la redéfinition de postes, la formation, etc.»

Par ailleurs, le site Emploi-Avenir Québec de Développement des ressources humaines Canada indique un taux de croissance annuel moyen de 3,3 % pour cette profession entre 1997 et 2002, taux supérieur à la moyenne.

Selon cette même source, le développement des technologies a modifié l'organisation du travail et l'évolution des carrières à l'intérieur de l'entreprise. Le spécialiste en ressources humaines doit faciliter l'adaptation des employés aux multiples changements mis de l'avant par les entreprises.

11/99

Statistiques

Pour interpréter ces statistiques, voir en pages 22, 23 et 24.

Gestion des ressources humaines
- Nombre de diplômés : **107**
- Temps plein : **91,9 %**
- Proportion de diplômés en emploi (PDE) : **n/d**
- En rapport avec la formation : **61,1 %**
- Taux de chômage : **0,0 %**
- Salaire hebdomadaire moyen : **665 $**

Relations industrielles
- Nombre de diplômés : **330**
- Temps plein : **93,3 %**
- Proportion de diplômés en emploi (PDE) : **n/d**
- En rapport avec la formation : **60,3 %**
- Taux de chômage : **10,0 %**
- Salaire hebdomadaire moyen : **674 $**

Ces données sont tirées des catégories «Gestion du personnel» et «Relations industrielles», *Qu'advient-il des diplômé(e)s des universités?*, MÉQ, 1998.

Formation universitaire

346

CNP 2162   CUISEP 111-820

Gestion des systèmes d'information / Gestion de l'information des systèmes

Secteur 1

Baccalauréat

① ④ ⑤ ⑥ ⑥ ⑩④ ⑩⑥ ⑩⑧ ⑩⑨ ⑪⑧ ⑱⑤ ●●●●●●●●●●●●●●●●●●●

Voir la liste des établissements en page 416.

Établissements offrant le programme

Placement

«Tous les diplômés se placent dans les six mois suivant la fin de leurs études, affirme Paul-André Bergeron, du service des stages et du placement de l'Université de Sherbrooke. La demande suit la tendance des secteurs reliés à l'informatique.» Les diplômés de l'École des hautes études commerciales sont eux aussi très attendus sur le marché du travail, selon Kathleen Grant, directrice du service de placement. En région, la demande semble aussi forte. Les 20 diplômés en 1999 à l'Université du Québec à Chicoutimi ont facilement trouvé de l'emploi.

Le site Emploi-Avenir Québec de Développement des ressources humaines Canada confirme l'excellence des perspectives d'emploi en gestion des systèmes d'information. D'une part parce que la présence de l'informatique continuera de croître au sein des entreprises, et d'autre part parce que pour demeurer compétitives, ces dernières doivent réaliser des gains en productivité qui passent souvent par l'outil informatique.

Ce programme de gestion offert dans les universités à titre optionnel en troisième année du bac en administration, forme des analystes, non pas des programmeurs. «Les diplômés vont gérer le réseau, veiller à son bon fonctionnement, procéder à des analyses de besoins et à l'installation d'équipements. Ils font aussi de la formation de personnel», précise Paul-André Bergeron.

Ils travaillent au sein d'entreprises variées (télécommunications, commerces de gros et de détail, finance, etc.), dans l'administration publique et dans des bureaux de consultants en gestion de réseaux informatiques qui offrent leurs services principalement aux PME.

Chez Provigo, la polyvalence des deux diplômés engagés l'an dernier pour implanter une nouvelle banque de données au département des ressources humaines ravit pleinement leur superviseur, Jean-Marie Ménager. «Ils comprennent les problèmes de gestion et peuvent rapidement les transposer en systèmes d'information. De plus, puisqu'ils maîtrisent très bien les outils de bureautique modernes, ils jouent un rôle de soutien auprès de plusieurs employés.»

Leur expertise leur permet aussi de grimper rapidement les échelons. Par exemple, chez POS Détail inc., une entreprise de services-conseils spécialisée dans l'implantation de logiciels, on veut faire progresser rapidement les sept diplômés engagés l'an dernier. «Leur double profil est un atout très important pour nous, estime la présidente, Line Patry. Nous voulons miser sur eux pour occuper des postes de gestion de projets, par exemple.»

La plus récente étude menée par le Centre de promotion du logiciel québécois sur les pratiques salariales pour les gestionnaires de réseaux indique que le salaire minimum moyen est d'environ 615 $ par semaine, alors que le salaire maximum moyen serait supérieur à 880 $ (1996).

11/99

Statistiques

Pour interpréter ces statistiques, voir en pages 22, 23 et 24.

- Nombre de diplômés : **12**
- Temps plein : **100 %**
- Proportion de diplômés en emploi (PDE) : **n/d**
- En rapport avec la formation : **100,0 %**
- Taux de chômage : **n/d**
- Salaire hebdomadaire moyen : **750 $**

Ces données sont tirées de la catégorie «Information de gestion», Qu'advient-il des diplômé(e)s des universités?, MEQ, 1998.

Formation universitaire

CNP 2162/2163 CUISEP 153-000

Secteur 1
Baccalauréat

Informatique

Établissements
offrant le
programme **⓫ ㉛ ㉚ ㉛ ⑯ ⑯ ⑯ ⑱ ⑲ ⑲**

Voir la liste des établissements en page 416.

Placement

À l'Université Laval, où plus de 125 étudiants empochent leur diplôme chaque année, on estime que le nombre d'offres d'emploi reçues excède de trois à quatre fois le nombre de finissants. On partage ce même enthousiasme à l'Université de Sherbrooke. «Nous avons des nouveaux diplômés tous les quatre mois et ils obtiennent tous rapidement un emploi», indique Paul-André Bergeron, du service des stages et du placement. L'Université du Québec à Rimouski affiche aussi complet, comme quoi la demande se remarque partout au Québec.

En février 1999, Montréal TechnoVision rendait publics les résultats d'une étude à laquelle ont participé 52 des 106 entreprises qui constituent le cœur de l'industrie des technologies de l'information (TI) au Québec. Selon cette étude, la demande de diplômés en TI est si forte qu'elle se traduit notamment par un taux de placement des diplômés de près de 100 %, un taux de roulement élevé et un effort continu des entreprises pour recruter à l'extérieur du Québec.

Cette étude démontre également qu'entre 1996 et 2001 les besoins des entreprises augmentent de 20 % par année, tandis que les universités prévoient une faible croissance annuelle de 3 % du nombre de leurs diplômés. Les entreprises réussissent donc difficilement à recruter des spécialistes, notamment des analystes et des programmeurs.

Chez Nortel Networks, un géant mondial de la réseautique qui embauche 3 600 personnes à Montréal, on prend tous les moyens pour ne pas connaître de pénurie. «Nous avons, entre autres, une équipe qui recrute directement sur les campus des universités de toute l'Amérique du Nord», explique Fannie Jacques, recruteur sénior.

Le jeune informaticien peut espérer se tailler une place dans les petites et les grandes entreprises. De nombreux diplômés se retrouvent également dans les entreprises de services-conseils en informatique, estime Sylvie Gagnon, coordonnatrice de TECHNOCompétences, le Comité sectoriel de main-d'œuvre en technologies de l'information et de la communication. Au service de placement à l'Université Laval, Georges Parent souligne que le secteur public recommence aussi à embaucher.

Selon Sylvie Gagnon, 96 % des entreprises gardent en emploi le personnel qui a été embauché pour prévenir le bogue de l'an 2000. C'est dire que l'informaticien est devenu un joueur incontournable dans le développement des entreprises de tout acabit. Ainsi, au-delà de 2001, le taux de croissance des besoins devrait demeurer soutenu.

Selon TECHNOCompétences, un emploi sur quatre est contractuel dans le secteur des technologies de l'information et de la communication. De plus, ces diplômés gagnent un revenu plus élevé que des finissants d'autres secteurs.

11/99

Statistiques

Pour interpréter
ces statistiques,
voir en pages 22, 23 et 24.

- Nombre de diplômés : **725**
- Temps plein : **98,9 %**
- Proportion de diplômés en emploi (PDE) : **n/d**
- En rapport avec la formation : **94,8 %**
- Taux de chômage : **1,9 %**
- Salaire hebdomadaire moyen : **768 $**

*Ces données sont tirées de la catégorie «Sciences de l'informatique»,
Qu'advient-il des diplômé(e)s des universités?, MÉQ, 1998.*

Formation universitaire

CNP 2162/2163   CUISEP 153-300

Informatique de gestion

Secteur 1

Baccalauréat

(20) (40) (60) (61) (104) (106) (108) (109) (186) ●●●●●●●●●●●●●●●●●●●●●●●●

Établissements offrant le programme

Voir la liste des établissements en page 416.

Placement

À la croisée des chemins entre l'informatique et la gestion, cette formation lance sur le marché du travail des professionnels très recherchés. «Tous les diplômés se placent en l'espace de quelques semaines», indique Paul-André Bergeron, du service des stages et du placement de l'Université de Sherbrooke. À l'École des hautes études commerciales (HÉC), 98 % de la trentaine de finissants de 1999 ont trouvé un emploi au cours des six mois suivant l'obtention de leur diplôme.

Ce type d'informaticien résout les problèmes de gestion des compagnies par l'entremise de l'informatique, par exemple la gestion des stocks ou le paiement des factures. Comme dans toutes les formations reliées aux technologies de l'information, surtout au niveau universitaire, il est recherché dans les secteurs où l'on doit gérer un système informatique ou intégrer de nouveaux outils informatiques à une organisation.

Selon une enquête d'Emploi-Québec menée en 1998, l'emploi aurait doublé dans le sous-secteur des services informatiques depuis le début des années 1990. La demande de spécialistes en informatique de gestion s'intègre donc dans cette croissance.

De plus, le site Emploi-Avenir Québec de Développement des ressources humaines Canada indique un taux de croissance de 6,9 % pour cette profession entre 1997 et 2002, taux largement supérieur à la moyenne.

Très au fait des nouvelles technologies et aptes à comprendre les besoins des gestionnaires, ces professionnels aident leurs clients à tirer profit des dernières innovations informatiques. «Les technologies évoluent vite et les entreprises doivent remplacer régulièrement leurs systèmes informatiques pour demeurer compétitives», fait valoir Sylvie Mireault, employée au recrutement chez Beltron, une firme de services-conseils en informatique.

Mastech Quantum, une importante compagnie de services informatiques, affiche depuis cinq ans une croissance annuelle de ses revenus de 60 %. Cette entreprise a élaboré un programme de MBA en collaboration avec les HÉC. Ainsi, les étudiants alternent entre études et travail au sein de la compagnie, tout en recevant un salaire régulier. Cette façon de faire est de plus en plus fréquente au Québec dans l'industrie de l'informatique, et prouve que la difficulté de recruter des informaticiens dûment qualifiés est bel et bien réelle.

Selon TECHNOCompétences, le Comité sectoriel de main-d'œuvre en technologies de l'information et de la communication, les informaticiens d'expérience préféreraient de plus en plus travailler à leur propre compte. Ce mode de travail est pour eux plus avantageux du point de vue fiscal et leur permet également de choisir les contrats qu'ils jugent les plus intéressants.

La rémunération de l'informaticien de gestion dépend de ses compétences, du type d'entreprise où il travaille ainsi que des contrats qu'il parvient à décrocher.

11/99

Statistiques

Pour interpréter ces statistiques, voir en pages 22, 23 et 24.

- Nombre de diplômés : **725**
- Temps plein : **98,9 %**
- Proportion de diplômés en emploi (PDE) : **n/d**
- En rapport avec la formation : **94,8 %**
- Taux de chômage : **1,9 %**
- Salaire hebdomadaire moyen : **768 $**

Ces données sont tirées de la catégorie «Sciences de l'informatique», *Qu'advient-il des diplômé(e)s des universités?*, MÉQ, 1998.

Formation universitaire

CNP 0611   CUISEP 111-700

Secteur 1

Baccalauréat

Marketing

Établissements
offrant le
programme   ⑪ ⑳ ㊵ ㊶ ㉠ ㉡ ⑭ ⑯ ⑱ ⑲ ⑱ ⑫ ⑱ ⑱

Voir la liste des établissements en page 416.

Placement

Aux quatre coins du Québec, les diplômés en marketing trouvent aisément un emploi. «Nous recevons beaucoup d'offres, notamment pour des représentants des ventes et des responsables d'études de marché», explique Louise Lavoie du centre de placement de l'Université Laval. À l'Université du Québec à Trois-Rivières, la quasi-totalité des finissants en marketing se placent rapidement. À l'École des hautes études commerciales et à l'Université de Sherbrooke, on souligne que certains diplômés sont embauchés avant même d'avoir terminé leur formation.

Le site Emploi-Avenir Québec de Développement des ressources humaines Canada mentionne que les principaux secteurs d'emploi sont le commerce de gros (25,0 %) et de détail (11,1 %), les services aux entreprises (9,9 %), la publicité (4,9 %) et les communications (4,6 %). Selon cette même source, les perspectives seraient désormais prometteuses après une période de rationalisation au sein des entreprises.

Chez CNCM Communication Marketing, le nombre d'employés a plus que doublé en trois ans. Selon Marc Ménard, associé, la demande est actuellement bonne pour les spécialistes en marketing. «Il y a une dizaine d'années, la plupart des entreprises avaient leur propre département de marketing. Aujourd'hui, ce n'est plus le cas, sauf pour les très grandes compagnies. Dans ce contexte, les entreprises doivent nous consulter pour ce qui a trait à la publicité et au bon positionnement de leurs produits.»

Claude Rousseau, associé chez POC Communications, une firme spécialisée en marketing, fait remarquer toutefois qu'un diplôme ne suffit pas toujours à assurer la compétence d'un candidat. «Plusieurs postulants manquent d'expérience ou de dynamisme. C'est donc parfois difficile de pourvoir aux postes ouverts», explique celui qui a tout de même réussi à doubler l'effectif de son entreprise au cours des trois dernières années.

Cette jeune entreprise fait la part belle aux nouveaux outils de marketing, comme Internet, car une grande partie de la communication avec les clients s'effectue par l'entremise de l'autoroute électronique.

Une nouvelle approche que vient d'ailleurs attester Paul-André Bergeron du service des stages et du placement de l'Université de Sherbrooke. «Les diplômés en marketing doivent désormais maîtriser ces nouveaux outils. Cela devient quasiment une condition d'embauche, tout comme la nécessité de maîtriser l'anglais.»

C'est un domaine où les horaires de travail fluctuent considérablement, et il n'est pas rare que ces professionnels doivent faire des heures supplémentaires.

Formation universitaire

11/99

Statistiques

Pour interpréter
ces statistiques,
voir en pages 22, 23 et 24.

- Nombre de diplômés : **210**
- Temps plein : **100 %**
- Proportion de diplômés en emploi (PDE) : **n/d**
- En rapport avec la formation : **70,2 %**
- Taux de chômage : **13,2 %**
- Salaire hebdomadaire moyen : **580 $**

Ces données sont tirées de la catégorie «Marketing et achats»,
Qu'advient-il des diplômé(e)s des universités?, MEQ, 1998.

CNP 2161/2162/2163 CUISEP 153-500

Mathématiques- informatique

Établissements
offrant le
programme

20 107 108 109 ●●●●●●●●●●●●●●●●●●●●●●●●●●●●●
Voir la liste des établissements en page 416.

Placement

À l'Université du Québec à Chicoutimi (UQAC), on constate avec enthousiasme qu'en 1999 la dizaine de finissants se sont tous placés. À l'Université de Montréal, quatre étudiants diplômés en 1999 se sont facilement intégrés au marché du travail, affirme Andrée Desroches, responsable du service de l'emploi dans cet établissement. La plupart des ouvertures se trouvent sur le marché de l'informatique, qui est excellent, indique-t-elle.

À l'UQAC, l'étudiant peut choisir d'effectuer une majeure en mathématiques et une mineure en informatique ou l'inverse. À l'Université de Montréal, ces deux disciplines sont plutôt combinées en parts égales au sein d'un même baccalauréat.

On remarque que les grands centres urbains sont le bassin de la plupart des emplois et les postes reliés au domaine de l'informatique sont de mieux en mieux rémunérés.

Autant les grandes entreprises que les PME et la fonction publique accueillent ces diplômés. Peu nombreux, ceux dont la formation est axée sur les mathématiques œuvrent, par exemple, en contrôle des procédés et dans le domaine des sondages ou de la modélisation. La recherche opérationnelle est aussi une avenue prometteuse.

Le marché du travail actuel offre également des ouvertures aux bacheliers dont la formation est axée sur l'informatique. «Le manque de personnel en informatique est très important, affirme Denis Bistodeau, président de l'Association professionnelle des informaticiens du Québec. Les possibilités de travailler à l'étranger sont grandes. On s'arrache les bons candidats!» Les diplômés participent alors à la conception et à la réalisation d'applications informatiques. Ils travaillent aussi en gestion et mise en œuvre de réseaux, gèrent et dirigent divers projets informatiques.

Les firmes de services-conseils en informatique s'affichent comme de bons employeurs. Le ministère de l'Industrie et du Commerce dénombre environ 2 850 entreprises spécialisées dans ce domaine.

Chez CGI, une firme de services-conseils en informatique, ces diplômés peuvent par exemple obtenir des postes de gestionnaires et de programmeurs-analystes. «Ceux qui ont complété un stage pendant leur formation sont nettement avantagés», souligne Julie Trudeau, coordonnatrice du service de recherche chez CGI.

Les entreprises de conception de logiciels offrent aussi des possibilités intéressantes. Véronique Aubry, directrice du développement des affaires au Centre de promotion du logiciel québécois, fait valoir que l'industrie doit pouvoir compter sur une main-d'œuvre hautement qualifiée.

Selon le plus récent sondage mené par l'UQAC auprès de ses diplômés en 1998, le salaire moyen de départ s'établit entre 570 et 760 $ par semaine. Il dépend aussi du secteur dans lequel on œuvre. Les horaires de travail sont variables.

11/99

Statistiques		
Pour interpréter ces statistiques, voir en pages 22, 23 et 24.	• Nombre de diplômés : **n/d**	• En rapport avec la formation : **n/d**
	• Temps plein : **n/d**	• Taux de chômage : **n/d**
	• Proportion de diplômés en emploi (PDE) : **n/d**	• Salaire hebdomadaire moyen : **n/d**

Qu'advient-il des diplômé(e)s des universités?, MÉQ, 1998.

Formation universitaire

CNP 3111   CUISEP 353-100   **Études de premier cycle en médecine, suivies de la spécialisation en anesthésie-réanimation**

Secteur 19

DES en anesthésie-réanimation

Établissements offrant le programme

Médecine : anesthésie-réanimation

Voir la liste des établissements de formation en annexe, page 380.

Placement

Selon la Fédération des médecins spécialistes du Québec (FMSQ), il y a actuellement un manque de médecins spécialisés en anesthésie-réanimation dans la province. Le Dr Adrien Dandavino, directeur des études médicales au Collège des médecins, souligne qu'environ 465 anesthésistes pratiquent à temps plein au Québec, alors que les besoins actuels seraient de 520.

Le Dr O'Donnell Bédard, président de l'Association des anesthésistes et réanimateurs du Québec, confirme que les besoins sont criants. «Actuellement, il manque une cinquantaine d'anesthésistes dans la province, dont une quinzaine à Montréal seulement. On accueille donc les diplômés à bras ouverts!»

Par ailleurs, le site Emploi-Avenir Québec de Développement des ressources humaines Canada confirme que des pénuries sont signalées dans certaines spécialités médicales, dont l'anesthésie-réanimation.

«La chirurgie plastique et les opérations reliées à l'esthétique représentent aujourd'hui des débouchés intéressants pour ces professionnels», affirme le Dr Adrien Dandavino.

Le vieillissement de la population et l'accroissement des maladies dégénératives nécessitant une opération donnent de plus en plus de boulot aux anesthésistes. «Environ 70 % du travail de l'anesthésiste se passe en salle d'opération. Cependant, plusieurs créneaux accessoires se développent, par exemple l'anesthésie obstétricale lors d'un accouchement difficile», explique le Dr O'Donnell Bédard.

Avec le virage ambulatoire, le travail de l'anesthésiste est appelé à se diversifier. «On retrouve notamment de plus en plus d'anesthésistes dans ce que l'on appelle les "cliniques de préadmission" des hôpitaux, indique le Dr O'Donnell Bédard. De même, l'anesthésiste s'occupe maintenant d'accueillir le patient avant l'opération et se charge du suivi après celle-ci.»

Mentionnons que le nombre de places disponibles pour les étudiants dans une spécialité médicale est prédéterminé par le ministère de la Santé et des Services sociaux. Pour l'année 1999-2000, le nombre de places est contingenté à 26.

Selon l'entente établie entre le ministère de la Santé et des Services sociaux du Québec et la Fédération des médecins spécialistes du Québec, la rémunération de l'anesthésiste est de 185 000 $ par an. L'horaire de travail dépend des besoins en salle d'opération. Une période de garde de jour et de nuit est obligatoire.

11/99

Formation universitaire

Statistiques

Pour interpréter ces statistiques, voir en pages 22, 23 et 24.

- Nombre de diplômés : **n/d**
- Temps plein : **n/d**
- Proportion de diplômés en emploi (PDE) : **n/d**
- En rapport avec la formation : **n/d**
- Taux de chômage : **n/d**
- Salaire hebdomadaire moyen : **n/d**

Qu'advient-il des diplômé(e)s des universités?, MÉQ, 1998.

CNP 3111   CUISEP 354-610

Médecine : gériatrie

Secteur 19

DES en gériatrie

Établissements offrant le programme

●●●●●●●●●●●●●●●●●●●●●●●●●●●●●●●●●●●●●●

Voir la liste des établissements de formation en annexe, page 380.

Placement

À la Fédération des médecins spécialistes du Québec, on souligne que la demande de gériatres est appelée à devenir de plus en plus importante, voire pressante, vu le vieillissement de la population. À l'Université Laval et à l'Université de Montréal, on confirme que les finissants en gériatrie décrochent facilement un emploi.

Selon l'Association des médecins gériatres du Québec, il se réalise trois fois plus de consultations dans ce domaine qu'il y a trois ans. «Les personnes âgées, parce qu'elles vivent plus longtemps, développent des aspects spécifiques des maladies qui demandent l'implication croissante de spécialistes compétents, comme les gériatres. Actuellement, nous sommes une quarantaine de gériatres à pratiquer au Québec, mais les besoins sont tellement importants que le nombre nécessaire pour servir le système de santé atteindrait 118», indique le Dr Guy Lacombe, chef du département de gériatrie de l'Institut universitaire de Sherbrooke.

Ce chiffre pourrait grimper jusqu'à 145, selon le Dr Adrien Dandavino, directeur des études médicales au Collège des médecins du Québec. «Actuellement, six postes sont offerts chaque année dans le réseau public de la santé, et on n'a pas de difficulté à les pourvoir, explique-t-il. Cependant, les besoins continuent d'augmenter et les spécialistes en gériatrie devraient avoir des débouchés au cours des années à venir.»

À la Fédération des médecins spécialistes du Québec, on confirme que les besoins en intervention rapides sont élevés. «Plus une personne âgée attend sur une liste, plus sa santé se détériore et plus ça coûte cher à l'État, indique le Dr Guy Lacombe. La solution est donc de traiter rapidement cette personne afin qu'elle conserve son autonomie.»

En revanche, souligne Pierre Cantin, directeur de Médi-Source, une firme spécialisée dans le recrutement et le placement des médecins, le manque de personnel n'est pas aussi criant que dans d'autres spécialités. «Divers spécialistes interviennent auprès des personnes âgées, dit-il. En fait, tous les médecins interviennent auprès d'elles, même les omnipraticiens.»

Par ailleurs, la gériatrie est une «jeune» spécialité reconnue depuis seulement 1987. Elle doit se tailler une place dans le système de santé. «Parfois, on ne pense pas à recruter un spécialiste en gériatrie, car on ne sait même pas que cette spécialité existe», signale Pierre Cantin.

Mentionnons que le nombre de places disponibles pour les étudiants dans une spécialité médicale est prédéterminé par le ministère de la Santé et des Services sociaux. En gériatrie, le contingentement s'établit à cinq places en 1999-2000.

Selon la Fédération des médecins spécialistes du Québec, le revenu moyen d'un spécialiste tourne aux alentours de 180 000 $. Le travail s'effectue selon un horaire variable le jour, le soir et la fin de semaine en période de garde.

11/99

Statistiques

Pour interpréter ces statistiques, voir en pages 22, 23 et 24.

- Nombre de diplômés : **n/d**
- Temps plein : **n/d**
- Proportion de diplômés en emploi (PDE) : **n/d**
- En rapport avec la formation : **n/d**
- Taux de chômage : **n/d**
- Salaire hebdomadaire moyen : **n/d**

Qu'advient-il des diplômé(e)s des universités?, MÉQ, 1998.

Formation universitaire

CNP 3111   CUISEP 354-210

Secteur 19

DES en néphrologie

Médecine : néphrologie

Établissements
offrant le
programme

Voir la liste des établissements de formation en annexe, page 380.

Placement

Selon le Collège des médecins du Québec, le taux de placement des diplômés en néphrologie est de 100 %. La corporation médicale estime également que pour répondre aux besoins, on devrait pourvoir à huit postes chaque année dans le réseau public de la santé. Seulement quatre le sont actuellement. «Depuis au moins cinq ans, la demande à l'endroit de ces spécialistes est en hausse constante», affirme le Dr Adrien Dandavino, directeur des études médicales au Collège des médecins.

Le Dr Jean Cardinal, directeur du programme de formation en néphrologie de l'Université de Montréal, estime que le taux de placement des diplômés s'élève à 100 % et considère que cette tendance devrait se maintenir. «On peut facilement compter cinq ans avant que tous les postes ne soient occupés au Québec, notamment en régions éloignées. Dans la grande région de Montréal, il y a une dizaine de postes à pourvoir.»

Vingt pour cent des néphrologues ont aujourd'hui plus de 60 ans et devraient bientôt prendre leur retraite, estime le Dr Jean Cardinal. Il est d'avis que les besoins du marché se chiffrent à une dizaine de nouveaux spécialistes par année. «C'est un chiffre relativement élevé qui devrait, selon moi, augmenter encore durant les prochaines années.»

Chez Médi-Source, une firme spécialisée dans le recrutement et le placement des médecins, on affirme que le nombre de diplômés en néphrologie prévu pour les trois prochaines années est de l'ordre de 16 au total. «Les données confirment ce que nous croyons depuis environ cinq ans, c'est-à-dire qu'il y a effectivement un sérieux vide à combler dans ce domaine», soutient Pierre Cantin, président.

À la Fédération des médecins spécialistes du Québec (FMSQ), on affirme que les perspectives d'emploi pour ces diplômés s'annoncent plutôt bien, en raison du manque d'effectif conjugué au vieillissement de la population. «Les néphrologues ont beaucoup de travail à cause des personnes âgées qui nécessitent un plus grand nombre de soins, notamment à cause des maladies qui attaquent les reins, souligne le Dr Adrien Dandavino. C'est le domaine réservé aux néphrologues.»

D'après les études réalisées par la FMSQ, les néphrologues n'ont pas de difficulté à décrocher un emploi, que ce soit en milieu hospitalier (là où ils pratiquent principalement leur profession) ou en milieu universitaire, où ils œuvrent en recherche et en enseignement.

Par ailleurs, le site Emploi-Avenir Québec de Développement des ressources humaines Canada indique que des besoins importants sont à prévoir dans plusieurs spécialités médicales, dont la néphrologie.

Mentionnons que le nombre de places disponibles pour les étudiants dans une spécialité médicale est prédéterminé par le ministère de la Santé et des Services sociaux. En néphrologie, le contingentement s'établit à sept places en 1999-2000. D'après la FMSQ, le revenu moyen d'un spécialiste en néphrologie est d'environ 180 000 $ par année. Le travail s'effectue selon un horaire variable, le jour, le soir et la fin de semaine, et comprend une période de garde obligatoire.

11/99

Statistiques

Pour interpréter
ces statistiques,
voir en pages 22, 23 et 24.

- Nombre de diplômés : **n/d**
- Temps plein : **n/d**
- Proportion de diplômés en emploi (PDE) : **n/d**
- En rapport avec la formation : **n/d**
- Taux de chômage : **n/d**
- Salaire hebdomadaire moyen : **n/d**

Qu'advient-il des diplômé(e)s des universités?, MÉQ, 1998.

Études de premier cycle en médecine, suivies de la spécialisation en psychiatrie   CNP 3111   CUISEP 354-430

Médecine : psychiatrie

Secteur 19

DES en psychiatrie

Établissements offrant le programme

●●●

Voir la liste des établissements de formation en annexe, page 380.

Placement

À l'Université de Montréal, à l'Université de Sherbrooke et à l'Université Laval, les services de placement s'entendent pour dire que tous les diplômés en psychiatrie décrochent un emploi dans leur branche d'activité.

D'après la Fédération des médecins spécialistes du Québec, la psychiatrie est l'une des spécialités de médecine qui connaissent une pénurie de spécialistes à l'heure actuelle.

Selon le Dr Adrien Dandavino, directeur des études médicales au Collège des médecins, on dénombre 800 psychiatres actifs au Québec. Toutefois, il mentionne qu'on aurait actuellement besoin de 122 professionnels supplémentaires sur le marché du travail.

Pour sa part, le Dr Brian Bexton, président de l'Association des médecins psychiatres du Québec (AMPQ), confirme qu'on aura besoin de médecins psychiatres dans la province, en raison notamment des nombreux départs à la retraite. «Une étude réalisée par l'Association en septembre 1998 révèle qu'il manquera près de 200 psychiatres au Québec au cours des prochaines années. Les besoins en psychiatrie sont très grands. Le gouvernement fait la gestion de l'offre et non celle de la demande. Actuellement, avec les compressions budgétaires, il coupe dans l'offre», estime-t-il.

De plus, toujours selon l'AMPQ, des besoins en pédopsychiatrie se font sentir, de même qu'en géronto-psychiatrie, à cause notamment du vieillissement de la population.

Avec le virage ambulatoire, les CLSC prennent la relève du milieu hospitalier et ouvrent leurs portes à ces professionnels. De plus en plus demandés, les psychiatres y interviennent surtout à titre de consultants et se chargent du suivi des patients.

Près de 90 % du travail en psychiatrie se fait en centre hospitalier ou en clinique externe, alors que 10 % s'exerce dans le secteur privé. «La pratique privée demeure marginale, même si certains psychiatres font du temps partiel dans ce secteur», indique le Dr Adrien Dandavino. Ainsi, il est possible de retrouver ces spécialistes dans des centres de détention, par exemple, mais toujours en nombre limité.

Mentionnons que le nombre de places disponibles pour les étudiants dans une spécialité médicale est prédéterminé par le ministère de la Santé et des Services sociaux. Pour l'année 1999-2000, le nombre de places est contingenté à 29.

D'après la Fédération des médecins spécialistes du Québec, le revenu moyen d'un psychiatre s'établit à environ 148 000 $ par an. Les horaires de travail sont concentrés le jour, mais il est possible de travailler le soir, avec une période de garde obligatoire en milieu hospitalier. En pratique privée, le spécialiste peut travailler le jour et le soir.

11/99

Statistiques

Pour interpréter ces statistiques, voir en pages 22, 23 et 24.

- Nombre de diplômés : **n/d**
- Temps plein : **n/d**
- Proportion de diplômés en emploi (PDE) : **n/d**
- En rapport avec la formation : **n/d**
- Taux de chômage : **n/d**
- Salaire hebdomadaire moyen : **n/d**

Qu'advient-il des diplômé(e)s des universités?, MÉQ, 1998.

Formation universitaire

CNP 3111   CUISEP 353-550

Secteur 19

Études de premier cycle en médecine, suivies de la spécialisation en radio-oncologie

DES en radio-oncologie

Médecine : radio-oncologie

Établissements
offrant le
programme

● ●

Voir la liste des établissements de formation en annexe, page 380.

Placement

À l'Université Laval et à l'Université de Montréal, on s'entend pour dire que le taux de placement des étudiants diplômés en radio-oncologie atteint 100 %.

La Fédération des médecins spécialistes du Québec (FMSQ) confirme que les perspectives d'emploi demeurent excellentes pour les prochaines années. «Avec 42 radio-oncologues actifs dans la province, le système de santé accuse un sérieux manque de spécialistes. C'est notamment à cause du vieillissement de la population, qui augmente le nombre de personnes atteintes de cancer et qui, en bout de ligne, accroît les besoins de spécialistes pour soigner tous ces gens», affirme le Dr Abdenour Nabid, président de l'Association des radio-oncologues du Québec.

Le Collège des médecins du Québec ajoute que les diplômés en radio-oncologie ne peuvent répondre à la demande dans le milieu hospitalier en raison des besoins trop importants qui se font sentir.

Pierre Cantin, président de Médi-Source, une firme spécialisée dans le recrutement et le placement des médecins, annonce pour sa part que le nombre prévu de diplômés en radio-oncologie pour les prochaines années se chiffre à 14 au Québec; ceci laisse présager un manque de spécialistes, les besoins de la province s'élevant actuellement à 63.

Le Dr Adrien Dandavino, directeur des études médicales au Collège des médecins du Québec, soutient que le réseau public de la santé garantit la création de vingt-cinq postes permanents, à raison de cinq nouveaux postes par an pour les cinq prochaines années. «Cela signifie que les diplômés trouvent facilement preneurs à la fin de leurs études», souligne-t-il.

Selon le Dr Abdenour Nabid, la charge de travail des radio-oncologues du Québec est deux fois plus lourde que celle de leurs collègues des autres provinces. «Nous attendons donc la relève pour répondre à la demande de plus en plus grande. Ainsi, les cancéreux pourront être traités entièrement au Québec, au lieu d'être tentés de se diriger ailleurs, comme aux États-Unis.»

Le site Emploi-Avenir Québec de Développement des ressources humaines Canada confirme que des besoins importants sont à prévoir chez les radio-oncologues entre 1997 et 2002.

Mentionnons que le nombre de places disponibles pour les étudiants dans une spécialité médicale est prédéterminé par le ministère de la Santé et des Services sociaux. Pour l'année 1999-2000, le nombre de places est contingenté à huit.

Selon la FMSQ, le revenu moyen d'un radio-oncologue est d'environ 180 000 $ par an. Le travail s'effectue selon un horaire variable, le jour, le soir, et la fin de semaine en période de garde, obligatoire pour tous les médecins.

11/99

Statistiques

Pour interpréter
ces statistiques,
voir en pages 22, 23 et 24.

- Nombre de diplômés : **n/d**
- Temps plein : **n/d**
- Proportion de diplômés en emploi (PDE) : **n/d**
- En rapport avec la formation : **n/d**
- Taux de chômage : **n/d**
- Salaire hebdomadaire moyen : **n/d**

Qu'advient-il des diplômé(e)s des universités?, MÉQ, 1998.

Formation universitaire

356

Médecine : rhumatologie

Secteur 19

DES en rhumatologie

Établissements offrant le programme

Voir la liste des établissements de formation en annexe, page 380.

Placement

À l'Université de Montréal, on soutient que les diplômés en rhumatologie se placent tous.

«Cette spécialité connaît actuellement un besoin de main-d'œuvre important et les diplômés n'ont pratiquement pas à chercher pour décrocher un emploi», affirme le Dr Adrien Dandavino, directeur des études médicales au Collège des médecins.

À l'heure actuelle, quelque 65 rhumatologues pratiquent au Québec, souligne le Dr Eric Rich, président de l'Association des médecins rhumatologues du Québec. Selon la Fédération des médecins spécialistes du Québec (FMSQ), un Québécois doit patienter environ six mois avant de pouvoir consulter un rhumatologue. Ce délai peut même atteindre un an dans certains cas. «Une situation inacceptable qui risque de dégénérer sérieusement si l'on n'augmente pas l'effectif», prévient l'Association des médecins rhumatologues du Québec dans un document rendu public à l'été 1999.

Avec le vieillissement de la population, la clientèle ne manque pas pour les rhumatologues. Selon la Société d'arthrite du Québec, l'arthrite touche un million de Québécois et représente la principale cause d'invalidité prolongée. D'après l'Association des médecins rhumatologues du Québec, 480 nouveaux cas sont diagnostiqués chaque année, d'où un besoin pressant de spécialistes dans cette profession.

Selon un article paru dans le quotidien *La Presse* du 16 juin 1999, «vu l'accroissement des cas d'arthrite, il faudrait idéalement former entre dix et quinze rhumatologues par année pour combler les besoins». Par ailleurs, la demande de rhumatologues se fait sentir à l'échelle provinciale. «Par exemple, à Laval, on aurait besoin de trois rhumatologues de plus, alors qu'en Abitibi, il en faudrait au moins deux supplémentaires, précise le Dr Eric Rich. En général, les régions ont un besoin évident de main-d'œuvre.»

Selon le Collège des médecins, la rhumatologie possède un champ d'action très large qui englobe les divers troubles musculaires et squelettiques. «Nous nous chargeons de la mécanique du dos et de ses muscles, précise le Dr Eric Rich. Actuellement, la population est de plus en plus âgée et développe ce genre de problème. Il est donc évident que tous les hôpitaux accueilleront de nouveaux spécialistes à bras ouverts!»

Chaque année, trois nouveaux diplômés peuvent obtenir leur permis de pratique. L'Association des médecins rhumatologues du Québec demande au ministère de la Santé et des Services sociaux de doubler ce nombre pour mieux répondre aux besoins de la clientèle.

D'après la FMSQ, le revenu moyen d'un spécialiste en rhumatologie est d'environ 175 000 $ par année. Le travail suit un horaire variable, que ce soit le jour, le soir ou la fin de semaine. Il s'accompagne également d'une période de garde obligatoire.

11/99

Statistiques

Pour interpréter ces statistiques, voir en pages 22, 23 et 24.

- Nombre de diplômés : **n/d**
- Temps plein : **n/d**
- Proportion de diplômés en emploi (PDE) : **n/d**
- En rapport avec la formation : **n/d**
- Taux de chômage : **n/d**
- Salaire hebdomadaire moyen : **n/d**

Qu'advient-il des diplômé(e)s des universités?, MÉQ, 1998.

Formation universitaire

CNP 0811   CUISEP 315-000

Secteur 12

Baccalauréat

Établissement
offrant le
programme **40**

Opérations forestières

Voir la liste des établissements en page 416.

Placement

Bien que les plus récentes statistiques provinciales rendent compte d'un taux de placement de 81,6 % pour la catégorie générale de formation en «Génie forestier, foresterie et sciences du bois» (1998), l'Université Laval, seul établissement à offrir cette formation, affiche un taux de placement de 100 % pour ce programme en particulier.

Chaque année, la vingtaine de diplômés de ce programme coopératif trouvent aisément du travail dans les industries forestières, notamment les compagnies de pâtes et papiers, les scieries et autres usines de transformation du bois. Les municipalités se montrent aussi une avenue intéressante, car elles s'engagent désormais dans la gestion des forêts.

La vive concurrence qui sévit sur le marché des matières ligneuses et les contraintes environnementales engendrent la nécessité d'opérations forestières rigoureuses et bien calculées. Selon Mario Lavoie, directeur des ressources humaines chez Produits forestiers Donohue, l'expertise de ces ingénieurs est au cœur des nouvelles préoccupations. «Ils sont recherchés pour effectuer des études de rendement et analyser les possibilités en milieu forestier.»

De plus en plus complexes, les plans d'aménagement forestier doivent tenir compte de critères reliés au rendement soutenu, au développement durable et à la sylviculture. Les ingénieurs forestiers agissent maintenant en concertation, ce qui n'était pas nécessairement le cas auparavant. Pierre Breton, directeur des communications à l'Ordre des ingénieurs forestiers du Québec, souligne qu'ils travaillent désormais en accord avec tous les utilisateurs de la forêt : les municipalités, les groupes environnementaux, les responsables de la faune et les autochtones.

La polémique soulevée par le documentaire *L'erreur boréale* pourrait accélérer le processus de reboisement des forêts, et les ingénieurs forestiers auront une part active dans ce processus, indique Gérard Szaraz, directeur du Regroupement des sociétés d'aménagement forestier. «Certaines pratiques, comme la coupe à blanc, risquent de changer plus rapidement que prévu. De la machinerie mieux adaptée à l'environnement doit être développée et utilisée pour la récolte du bois.»

Enfin, les industries doivent récolter et transporter le bois à des prix toujours plus concurrentiels tout en faisant en sorte de ne pas nuire au milieu naturel. De nouveaux défis, donc, pour les ingénieurs forestiers.

La porte d'entrée dans une carrière en génie forestier est souvent en région. Ces professionnels doivent faire preuve de mobilité géographique.

Formation universitaire

11/99

Statistiques

Pour interpréter
ces statistiques,
voir en pages 22, 23 et 24.

- Nombre de diplômés : **68**
- Temps plein : **100 %**
- Proportion de diplômés en emploi (PDE) : **n/d**
- En rapport avec la formation : **96,0 %**
- Taux de chômage : **18,4 %**
- Salaire hebdomadaire moyen : **631 $**

Ces données sont tirées de la catégorie «Génie forestier, foresterie et sciences du bois», *Qu'advient-il des diplômé(e)s des universités?*, MEQ, 1998.

CNP 4215   CUISEP 552-510

Orthopédagogie

Secteur 20

Baccalauréat

Établissements
offrant le
programme

⓫ ⓴ ㊶ ㊶ ⓾⓻ ⓾⓼ ⓾⓼ ⓾㉕ ●

Voir la liste des établissements en page 416.

Placement

La même tendance se remarque dans les différentes universités qui offrent ce programme : la majorité des diplômés en orthopédagogie se trouvent rapidement de l'emploi, mais généralement sous forme de suppléance ou à forfait, principalement dans les commissions scolaires, et dans une moindre mesure, dans les écoles privées.

En 1999, à l'Université de Montréal, environ 90 % des diplômés ont trouvé du travail. «Cette année, plusieurs de nos étudiants de troisième année ont aussi été pressentis pour faire de la suppléance, avant même d'avoir leur diplôme en poche. Il leur faudra toutefois compter de cinq à six ans avant d'obtenir un poste permanent», explique Michelle Comeau, directrice du département de psychopédagogie et d'andragogie de l'Université de Montréal.

À l'Association des orthopédagogues du Québec, on constate qu'à cause des départs volontaires à la retraite et de l'arrivée de la maternelle à plein temps, il y a une augmentation de l'embauche, principalement dans des écoles primaires. Pour sa part, Lison Daoust, orthopédagogue au Centre de consultation psychopédagogique, une clinique privée, signale que les restructurations en cours font en sorte que les enfants en difficulté sont intégrés aux classes régulières et requièrent un appui pédagogique particulier.

Cependant, des besoins se font aussi sentir au niveau secondaire. «Les jeunes sont de plus en plus nombreux à suivre un programme de cheminement particulier leur permettant d'accéder au marché du travail dès la fin du secondaire», souligne Jacques Fraser, coordonnateur des services de ressources humaines pour le personnel enseignant et professionnel à la Commission scolaire Marguerite-Bourgeoys.

Toutefois, restrictions financières obligent, les commissions scolaires ne prévoient pas de grandes vagues d'embauche. «L'orthopédagogue va plutôt intégrer les classes régulières à titre d'enseignant. Sa formation lui permettra d'intervenir auprès des élèves en difficulté», estime Lison Daoust. D'ailleurs, cette tendance se remarque déjà dans certaines écoles primaires et secondaires de la Commission scolaire Marguerite-Bourgeoys.

Le secteur privé est une autre voie d'avenir. Lison Daoust avance qu'il y a une grande demande de la part de parents qui désirent une évaluation exhaustive de leur enfant. «Par manque de temps et de ressources, cela se fait difficilement dans les écoles. Certains orthopédagogues offrent donc leurs services pour l'aide aux devoirs, par exemple.» Néanmoins, selon Michelle Comeau, les commissions scolaires demeurent le principal employeur, engageant près de 90 % des orthopédagogues.

Ce professionnel travaille selon l'horaire des enseignants, mais en pratique privée, il doit s'adapter aux besoins de la clientèle.

11/99

Statistiques

Pour interpréter
ces statistiques,
voir en pages 22, 23 et 24.

- Nombre de diplômés : **606**
- Temps plein : **62,8 %**
- Proportion de diplômés en emploi (PDE) : **n/d**
- En rapport avec la formation : **84,0 %**
- Taux de chômage : **6,3 %**
- Salaire hebdomadaire moyen : **576 $**

Ces données sont tirées de la catégorie «Formation des enseignants spécialistes en adaptation scolaire», *Qu'advient-il des diplômé(e)s des universités?*, MÉQ, 1998.

Formation universitaire

CNP 3131   CUISEP 353-400

Secteur 19

Baccalauréat

Établissements
offrant le
programme ●●●●●●●●●●●●●●●●●●●●●●●●●●●●●●●

Pharmacie

Voir la liste des établissements en page 416.

Placement

À l'Université de Montréal et à l'Université Laval, tous les diplômés en pharmacie réussissent à décrocher un emploi.

Manon Lambert, directrice générale de l'Association des pharmaciens des établissements de santé du Québec, craint même un manque important de main-d'œuvre dans le secteur public, notamment en raison des récents départs à la retraite. Selon Claude Giroux, directeur général de l'Ordre des pharmaciens du Québec, 200 postes de pharmaciens sont vacants dans la province, tant à Montréal qu'en région.

La multiplication des points de vente favorise aussi l'embauche des diplômés. «De plus en plus de pharmaciens décident d'avoir leur propre pharmacie, dit Normand Cadieux, directeur général de l'Association québécoise des pharmaciens propriétaires. Environ 1 410 pharmaciens sur un total de 5 400 sont propriétaires.»

Par ailleurs, Claude Giroux est d'avis que la prolongation des heures d'ouverture des pharmacies augmente le nombre de cases horaires, ce qui force inévitablement l'embauche de main-d'œuvre qualifiée.

Selon Denis Godin de l'Association des pharmaciens salariés du Québec, la proportion des jeunes pharmaciens ayant moins de 10 ans de pratique est passée de 20 à 42 % en quelques années. Toutefois, les conditions de travail ne sont pas toujours faciles en début de carrière : les pharmaciens doivent souvent travailler le jour comme le soir et parfois dans deux pharmacies à la fois pour effectuer une semaine complète de travail.

La pratique en CLSC et dans les centres hospitaliers de soins de longue durée constitue également une avenue à explorer. «En raison du virage ambulatoire, les pharmaciens sont embauchés pour voir au suivi des patients, notamment dans les CLSC», fait valoir Claude Giroux. Par ailleurs, le vieillissement de la population entraîne une plus grande consommation de médicaments et l'expertise des pharmaciens est davantage sollicitée, indique Denis Godin.

Selon le site Emploi-Avenir Québec de Développement des ressources humaines Canada, l'introduction des biotechnologies devrait également offrir des ouvertures en pharmacie industrielle. «Ce type d'industrie est en ébullition et a un besoin accru de pharmaciens pour la recherche et le développement de médicaments, de même que pour les tests et l'approbation de ceux-ci», confirme Claude Giroux.

Selon l'Association québécoise des pharmaciens propriétaires, le salaire moyen serait de 692 $ par semaine dans le secteur privé. D'après l'Association des pharmaciens des établissements de santé du Québec, il s'élèverait à 884 $ par semaine dans le secteur public.

11/99

Statistiques

Pour interpréter
ces statistiques,
voir en pages 22, 23 et 24.

- Nombre de diplômés : **201**
- Temps plein : **92,3 %**
- Proportion de diplômés en emploi (PDE) : **n/d**

- En rapport avec la formation : **100,0 %**
- Taux de chômage : **1,7 %**
- Salaire hebdomadaire moyen : **900 $**

Qu'advient-il des diplômé(e)s des universités?, MÉQ, 1998.

Formation universitaire

Physiothérapie

Établissements
offrant le
programme

40 **107** **109** **185** ●
Voir la liste des établissements en page 416.

Placement

Les services de placement de l'Université Laval et de l'Université de Montréal indiquent que le placement des diplômés en physiothérapie est de 100 %.

À l'Ordre professionnel des physiothérapeutes du Québec (OPPQ), on ajoute que la situation actuelle est très favorable et qu'une forte demande se fait sentir. «Tous nos membres trouvent du travail rapidement et les employeurs recherchent de plus en plus de candidats», indique Mariette Lanthier, présidente de l'OPPQ.

Autrefois un employeur de premier plan, le secteur public se fait aujourd'hui damer le pion par le secteur privé. Les plus récentes statistiques de l'OPPQ révèlent que 60 % des physiothérapeutes œuvrent dans le secteur privé, soit 1 800 des 3 200 membres de l'Ordre, contre 40 % dans le secteur public. Ces proportions étaient inversées il y a à peine cinq ans. À noter que seul le secteur privé offre des postes permanents à temps plein en début de carrière.

Le site Emploi-Avenir Québec de Développement des ressources humaines Canada indique que le système de soins à domicile et les cliniques externes entraînent un besoin supplémentaire de physiothérapeutes en santé communautaire.

«Avec le virage ambulatoire et le ralentissement des activités dans le secteur public, les services de première ligne en santé communautaire vont nécessiter davantage de professionnels, soutient Mme Lanthier. Les CLSC manquent de main-d'œuvre. Les physiothérapeutes y travaillent pour faire un suivi des patients après leur sortie de l'hôpital.» Elle ajoute que la gériatrie et la pédiatrie constituent des cibles importantes pour les physiothérapeutes, de même que l'orthopédie, qui regroupe le plus grand nombre d'interventions.

Par ailleurs, des besoins se font également sentir en milieu scolaire et en milieu de travail, où se pratique notamment le dépistage précoce des lésions musculaires et des troubles de la posture. Ce sont généralement des domaines où les physiothérapeutes sont embauchés en tant que consultants et éducateurs.

La prévention demeure un volet important. «Elle touche, entre autres, les activités sportives et les loisirs, soutient Linda Coulombe, propriétaire de la clinique Physio 2000. Nous travaillons aussi dans le domaine de l'ergonomie résidentielle. Par exemple, nous essayons de prévenir des blessures au dos que pourraient subir des travailleurs autonomes. Pour ce faire, nous analysons la hauteur de leur table d'ordinateur par rapport à leur chaise, l'emplacement du clavier, de la souris et de l'écran.»

L'horaire de travail peut varier selon que l'on a un poste dans le secteur privé ou dans le secteur public.

11/99

Statistiques

Pour interpréter
ces statistiques,
voir en pages 22, 23 et 24.

- Nombre de diplômés : **192**
- Temps plein : **87,6 %**
- Proportion de diplômés en emploi (PDE) : **n/d**
- En rapport avec la formation : **98,6 %**
- Taux de chômage : **0,0 %**
- Salaire hebdomadaire moyen : **719 $**

Qu'advient-il des diplômé(e)s des universités?, MÉQ, 1998.

Formation universitaire

CNP 2161 CUISEP 111-850

Secteur 1
Baccalauréat

Recherche opérationnelle / Méthode quantitative de gestion

Établissements offrant le programme **51** **104** ●

Voir la liste des établissements en page 416.

Placement

À l'Université du Québec à Trois-Rivières (UQTR), on enregistre un taux de placement des diplômés supérieur à 90 %. Kathleen Grant, directrice du service de placement à l'École des hautes études commerciales, mentionne également que les étudiants se placent très bien, et qu'il n'est pas rare que des bacheliers décident d'entreprendre une maîtrise afin de se diriger vers la recherche ou la consultation dans ce domaine d'activité.

Au service de placement de l'Université Laval, René Beaulieu précise que la formation en recherche opérationnelle est intégrée au baccalauréat en gestion des opérations et de la production. «C'est un programme multidisciplinaire qui offre davantage d'ouvertures aux finissants. Ils peuvent œuvrer en recherche opérationnelle ou dans le secteur des achats et de la production. Chaque année, la trentaine de diplômés se placent très bien, surtout dans les grandes entreprises un peu partout dans la province.»

La recherche opérationnelle est définie comme étant la modélisation par des méthodes quantitatives de problèmes de différentes natures, telles la gestion des stocks, la planification de la production, la logistique du transport, etc. «Elle vise essentiellement l'amélioration du fonctionnement des entreprises par l'application de l'approche scientifique», précise René Gélinas, professeur au département des sciences de la gestion et de l'économie à l'UQTR.

Cette formation est prometteuse, surtout quand elle est combinée avec un bon suivi des développements informatiques. «Avec l'informatisation et la complexité des problèmes de gestion et de planification dans les entreprises, il y aura une demande accrue d'aide à la décision et à la planification», indique le Dr Adel Guitouni, scientifique de la défense au Centre de recherche pour la défense à Valcartier et président de la Société canadienne de recherche opérationnelle (SCRO) section Québec.

Selon la SCRO, depuis une dizaine d'années, le champ d'application du domaine s'est élargi à l'économie, à la finance, au marketing et à la planification, à la gestion des systèmes de santé et d'éducation, de même qu'à la résolution de problèmes environnementaux. «Par exemple, explique M. Gélinas, il s'agira de planifier les meilleurs horaires possibles pour les infirmières, de trouver des itinéraires qui sont les moins coûteux pour les visites à domicile, et ainsi de suite. Du côté de l'environnement, il s'agira de mener une analyse pour le choix de sites d'enfouissement.»

Le souci des entreprises de rester concurrentielles dans un marché de plus en plus compétitif et la rapidité des changements technologiques constituent des facteurs favorables pour ces diplômés.

11/99

Statistiques

Pour interpréter ces statistiques, voir en pages 22, 23 et 24.

- Nombre de diplômés : **7**
- Temps plein : **100 %**
- Proportion de diplômés en emploi (PDE) : **n/d**

- En rapport avec la formation : **85,7 %**
- Taux de chômage : **0,0 %**
- Salaire hebdomadaire moyen : **425 $**

Qu'advient-il des diplômé(e)s des universités?, MÉQ, 1998.

Formation universitaire

CNP 2211/2221   CUISEP 312-500

Sciences et technologies des aliments

Secteur 7

Baccalauréat

Établissements offrant le programme

40 **109** ●●●
Voir la liste des établissements en page 416.

Placement

Selon Jean Amiot, directeur du programme de sciences et technologies des aliments à l'Université Laval, la situation des diplômés est plus qu'enviable. Sans avoir de chiffres à l'appui, il souligne que les offres d'emploi sont nombreuses et que le total des finissants n'est pas suffisant pour pourvoir à tous les postes. Même portrait à l'Université McGill, où les diplômés (*Food Science, Major Studies*) trouvent facilement preneurs.

L'industrie de la production, de la transformation et de la distribution des aliments recherche ces diplômés. «Les deux grands volets d'embauche sont le contrôle et la gestion de la qualité ainsi que la recherche et le développement, explique Robert Dupuis, porte-parole de l'Association des diplômés en sciences et technologies des aliments. De plus, on remarque que certains diplômés se placent dans l'industrie pharmaceutique, mais il s'agit d'un phénomène encore peu fréquent.»

Selon M. Dupuis, le marché agroalimentaire est dynamique et en constante évolution. «Actuellement, la tendance est aux regroupements d'entreprises. Ceci permet aux entreprises québécoises d'accéder à des marchés plus importants et de se placer dans une position stratégique. Plus l'entreprise est importante, plus elle consacre d'énergie à la gestion de la qualité ainsi qu'à la recherche et au développement.»

Enfin, fait-il remarquer, on assiste aussi au développement de petits commerces spécialisés dans les produits alimentaires artisanaux, par exemple des produits dérivés de la pomme (comme le cidre), ce qui crée également de l'emploi pour les diplômés.

Mondialisation oblige, la concurrence est de plus en plus forte dans le domaine alimentaire, tant sur les marchés domestiques qu'internationaux. La gestion de la qualité revêt ainsi une importance capitale. «Une entreprise canadienne qui désire exporter, par exemple, est obligée d'avoir un programme certifié de gestion de la qualité. Dans ce contexte, les compétences des diplômés sont très recherchées», avance Jean Amiot.

Pascale Williams, conseillère en ressources humaines et responsable de l'embauche du personnel cadre chez Agropur, affirme recruter plusieurs de ces diplômés. Au sein de l'entreprise, ils sont notamment agents de recherche et développement, coordonnateurs de production, responsables du contrôle de la qualité, agents de développement ou conseillers coopératifs. «C'est LA discipline universitaire qui correspond le mieux à nos attentes. On recherche du personnel de plus en plus spécialisé et ces diplômés ont des connaissances techniques utiles et bien adaptées aux besoins du marché.»

Formation universitaire

11/99

Statistiques

Pour interpréter ces statistiques, voir en pages 22, 23 et 24.

- Nombre de diplômés : **30**
- Temps plein : **100 %**
- Proportion de diplômés en emploi (PDE) : **n/d**
- En rapport avec la formation : **92,9 %**
- Taux de chômage : **8,0 %**
- Salaire hebdomadaire moyen : **550 $**

Ces données sont tirées de la catégorie «Vivres, sciences et technologies des aliments», *Qu'advient-il des diplômé(e)s des universités?*, MÉQ, 1998.

CNP 2154   CUISEP 432-100

Secteur 7

Baccalauréat

Établissement
offrant le
programme **40** ●

Sciences géomatiques

Voir la liste des établissements en page 416.

Formation universitaire

Placement

L'Université Laval est la seule institution québécoise à offrir le baccalauréat en sciences géomatiques. De la trentaine d'étudiants diplômés chaque année, 90 % entrent directement sur le marché du travail, où ils sont très attendus. Certains diplômés entreprennent aussi des études supérieures. Michel Mainville, directeur du programme, est d'avis que le marché absorberait facilement 50 finissants par année.

Des spécialisations en sciences géomatiques sont également offertes aux deuxième et troisième cycles à l'Université de Montréal, à l'Université du Québec à Montréal ainsi qu'à l'Université de Sherbrooke.

La géomatique suscite beaucoup d'enthousiasme actuellement. Elle couvre un ensemble de techniques, telles que l'arpentage, la cartographie et la télédétection. Une étude réalisée en 1997 par Geomatics Industry Association of Canada indique que le nombre d'emplois dans ce secteur a connu une progression de 70 % depuis 1990.

De plus, cette étude prévoit une croissance annuelle de 12 % dans les années à venir, principalement dans les domaines des systèmes d'information géographique (SIG), de la conception de logiciels et de la fabrication d'équipements. Selon cette même source, des gestionnaires de projets disposés à travailler à l'étranger sont très demandés, surtout dans les pays en voie de développement où les besoins en géomatique sont grands.

Claude Caron, conseiller en géomatique chez Groupe conseil DMR inc., confirme la très bonne réputation de la province dans ce domaine. «Le Québec est bien positionné pour exporter son expertise à l'étranger.»

Par ailleurs, Industries Canada souligne que le Canada est l'un des chefs de file mondiaux dans plusieurs champs d'activité en géomatique et que cette industrie évolue rapidement. Certaines entreprises délaissent les activités traditionnelles pour s'orienter vers des activités fondées sur les nouvelles technologies.

À l'Association canadienne des sciences géomatiques, Denis Parot, président de la section montréalaise, estime toutefois que cette croissance est une lame à double tranchant. «Comme les outils de géomatique sont de plus en plus faciles à utiliser, beaucoup de gens peuvent s'en servir sans avoir de formation dans le domaine. Mieux vaut donc se diriger en conception de logiciels spécialisés pour la géomatique, où les perspectives sont très bonnes.»

Le marché de l'emploi plus traditionnel des sciences géomatiques, soit l'arpentage foncier, s'est amélioré depuis un ou deux ans. «Cette profession bénéficie de plusieurs possibilités de développement grâce à l'évolution rapide de la technologie, dont ses membres sont de grands utilisateurs», ajoute Yvon Chabot, de l'Ordre des arpenteurs-géomètres du Québec.

11/99

Statistiques

Pour interpréter
ces statistiques,
voir en pages 22, 23 et 24.

- Nombre de diplômés : **n/d**
- Temps plein : **n/d**
- Proportion de diplômés en emploi (PDE) : **n/d**
- En rapport avec la formation : **n/d**
- Taux de chômage : **n/d**
- Salaire hebdomadaire moyen : **n/d**

Qu'advient-il des diplômé(e)s des universités?, MÉQ, 1998.

CNP 3151-3152 CUISEP 352-330

Secteur 19

Sciences infirmières

Baccalauréat

Établissements offrant le programme

⑪ ⑳ ㊵ (51) (61) (107) (109) (118) (125) (185) (186)

Voir la liste des établissements en page 416.

Placement

Partout au Québec, les centres de placement universitaires émettent le même son de cloche : presque tous les diplômés en sciences infirmières dénichent un emploi. Les coupes budgétaires imposées par le gouvernement il y a quelques années ont valu à cette profession une importante baisse de l'embauche. Toutefois, un pressant besoin de personnel se fait aujourd'hui sentir dans le secteur de la santé et la demande de diplômés grimpe en flèche.

Le vieillissement de la population crée évidemment de bons débouchés. «Les centres d'hébergement pour les personnes âgées emploient de plus en plus d'infirmières pour prendre soin de leur clientèle», dit Sylvie Bissonnette, coordonnatrice des services-conseils à la Fédération des infirmières et infirmiers du Québec.

Par ailleurs, le personnel infirmier des hôpitaux est vieillissant. De l'avis de Sylvie Bissonnette, la moyenne d'âge des travailleurs se situe au-delà de la quarantaine et la proportion des 45-50 ans augmente sensiblement. «Ce phénomène ouvre la porte toute grande à du nouveau personnel.» De plus, les départs à la retraite des dernières années créent des possibilités d'emploi.

Près de 80 % du personnel infirmier œuvre en milieu hospitalier. Dans ce secteur, l'embauche est à la hausse, mais le travail y est de plus en plus spécialisé. «Les soins intensifs, la cardiologie, la gériatrie et la psychiatrie sont des secteurs en émergence qui requièrent des connaissances très spécifiques», affirme Sylvie Vallières, responsable des relations avec les médias à l'Ordre des infirmières et infirmiers du Québec.

Avec le virage ambulatoire, les établissements communautaires, comme les CLSC, deviennent des employeurs importants. Puisque les séjours à l'hôpital sont écourtés, les infirmières héritent du suivi des patients. «L'avenir des infirmières sur le marché du travail dépend beaucoup du domaine communautaire. Ce secteur prend de l'expansion, notamment avec les soins à domicile et l'humanisation des traitements [soins plus personnalisés]», affirme Sylvie Vallières.

Dans cette profession, la pratique privée est en progression, mais demeure toutefois encore marginale. On souligne notamment l'émergence des soins à domicile, des cours prénatals et des suivis postnatals.

«Les conditions de travail sont cependant difficiles, surtout dans les hôpitaux, ajoute Sylvie Bissonnette. Les infirmières roulent à fond de train et doivent travailler tant le jour que le soir, en plus de cumuler des heures supplémentaires. Cependant, nous poursuivons nos revendications auprès du gouvernement afin d'améliorer cet aspect de la profession.»

11/99

Statistiques

Pour interpréter ces statistiques, voir en pages 22, 23 et 24.

- Nombre de diplômés : **715**
- Temps plein : **60,0 %**
- Proportion de diplômés en emploi (PDE) : **n/d**
- En rapport avec la formation : **93,4 %**
- Taux de chômage : **5,1 %**
- Salaire hebdomadaire moyen : **808 $**

Ces données sont tirées de la catégorie «Sciences infirmières et nursing», *Qu'advient-il des diplômé(e)s des universités?*, MÉQ, 1998.

CNP 4152 CUISEP 634-000

Secteur 20

Baccalauréat

Service social

Établissements
offrant le
programme

Voir la liste des établissements en page 416.

Placement

En 1999, à l'Université de Montréal, on dénombre une centaine de finissants en service social. Bien que la majorité des diplômés décrochent un emploi, on précise que les postes sont souvent temporaires, à temps partiel ou sur appel. À l'Université Laval, on souligne que les débouchés se trouvent principalement dans les CLSC, les hôpitaux et à la Direction de la protection de la jeunesse, par exemple.

Louise Boulanger, chargée d'affaires professionnelles à l'Ordre professionnel des travailleurs sociaux du Québec (OPTSQ), soutient que l'avenir est prometteur pour le domaine. «Les problèmes sociaux et psycho-sociaux sont de plus en plus nombreux et complexes à cause de facteurs comme la pauvreté grandissante et le vieillissement de la population. La demande de travailleurs sociaux sera favorisée.» Elle met cependant un bémol. Il est difficile pour les nouveaux diplômés de dénicher un emploi dans le secteur public de la santé. De plus, les emplois disponibles sont souvent à temps partiel ou à forfait.

D'après le site Emploi-Avenir Québec de Développement des ressources humaines Canada (DRHC), les emplois des travailleurs des services communautaires et sociaux seront soumis aux aléas des compressions budgétaires gouvernementales. Il est donc probable que la précarité d'emploi, qui caractérise bon nombre des postes occupés par ces travailleurs, se poursuivra au fil des ans.

Chez Projet Changement, organisme qui offre des services aux personnes âgées, Denis Nantel, travailleur social, explique que les mises à la retraite se font souvent plus tôt et que de plus en plus de gens se retrouvent démunis. «Ils ont besoin de nos services.»

À ce propos, DRHC souligne que le vieillissement de la population suscitera, dans les vingt prochaines années, le développement de services de gérontologie, notamment pour l'étude d'abus envers les personnes âgées (abus physiques, financiers ou autres). Les travailleurs sociaux se révèlent des professionnels de première ligne pour intervenir auprès de cette clientèle.

En raison du virage ambulatoire, les services de maintien à domicile et en santé mentale, entre autres, connaissent une véritable croissance. Les organismes communautaires embauchent les jeunes professionnels, souvent à forfait, pour offrir des services à diverses clientèles, par exemple dans les centres d'aide pour victimes d'agressions criminelles ou dans les centres jeunesse.

Louise Boulanger, de l'OPTSQ, indique également que le secteur privé offre des possibilités intéressantes, notamment en médiation familiale et dans le cadre de programmes d'aide aux employés en milieu de travail. «Pour avoir accès à ces postes spécifiques, il faut cependant avoir déjà acquis une certaine expérience de travail.» Elle ajoute que les travailleurs sociaux seront de plus en plus appelés à se mobiliser rapidement à la suite d'événements traumatiques, ici et ailleurs dans le monde.

11/99

Statistiques

Pour interpréter ces statistiques, voir en pages 22, 23 et 24.

- Nombre de diplômés : **568**
- Temps plein : **73,2 %**
- Proportion de diplômés en emploi (PDE) : **n/d**
- En rapport avec la formation : **84,8 %**
- Taux de chômage : **7,5 %**
- Salaire hebdomadaire moyen : **545 $**

Qu'advient-il des diplômé(e)s des universités?, MÉQ, 1998.

Formation universitaire

Statistique

CNP 2161   CUISEP 157-000

Secteur 1

Baccalauréat

Établissements
offrant le
programme

40 **61** **106** **109** **186** ●●●●●●●●●●●●●●●●●●●●●●●●●●●●●●
Voir la liste des établissements en page 416.

Placement

Aux universités Laval, McGill et de Sherbrooke, le taux de placement des diplômés en statistique frôle 100 %. À l'Université de Montréal, Christian Léger, professeur dans cet établissement et secrétaire de la Société statistique du Canada, affirme que le nombre d'offres d'emploi reçues dépasse le nombre d'étudiants. De plus, il précise qu'un stage en cours de formation devient souvent un emploi permanent à la fin des études.

La fonction publique est le principal employeur des statisticiens (ministères, Banque du Canada, Statistique Canada, Bureau de la statistique du Québec, Loto-Québec, CSST). Toutefois, le site Emploi-Avenir Québec de Développement des ressources humaines Canada (DRHC) mentionne que les statisticiens doivent aussi chercher du côté de l'entreprise privée.

De nouveaux horizons apparaissent donc. «Les statisticiens sont très souvent employés pour le contrôle de la qualité dans diverses industries, notamment celles de la technologie de pointe, souligne Georges Parent, conseiller au service de placement de l'Université Laval. Les microprocesseurs, par exemple, requièrent des systèmes de contrôle statistique sophistiqués.» Plusieurs diplômés se taillent donc une place dans les firmes de services-conseils spécialisées dans les technologies de pointe.

Très active au Québec, la recherche médicale se révèle également une avenue intéressante. Les instituts de recherche, les centres hospitaliers et les compagnies pharmaceutiques les embauchent pour réaliser des analyses poussées qui serviront à vérifier l'efficacité d'un vaccin, par exemple. Les maisons de sondage ainsi que les banques et les compagnies d'assurances font aussi appel à ces candidats. «De plus en plus d'organisations construisent de grandes banques de données. Le statisticien doit résumer ces informations», explique Christian Léger.

Chez Standard Life par exemple, ces bacheliers peuvent obtenir des postes en tarification, affirme Denise Gagnon, conseillère en dotation. Les candidats qui ont un stage à leur actif et de l'expérience dans les milieux financiers sont favorisés.

DRHC mentionne qu'une solide expérience dans l'un des champs d'application de la statistique (médecine, éducation, agriculture, transport, etc.) est un atout, de même qu'une bonne connaissance de l'informatique.

«Il y a une grande demande de statisticiens, mais la formation est mal connue et peu d'étudiants s'inscrivent», estime Gregg Blachford, directeur du centre de carrière de l'Université McGill. À ce propos, Christian Léger ajoute que la profession souffre d'un problème de perception. «Souvent, le seul contact des élèves avec le domaine se fait au cégep, ce qui ne rend pas justice à cette science.»

11/99

Statistiques

Pour interpréter
ces statistiques,
voir en pages 22, 23 et 24.

- Nombre de diplômés : **38**
- Temps plein : **63,6 %**
- Proportion de diplômés en emploi (PDE) : **n/d**
- En rapport avec la formation : **79,8 %**
- Taux de chômage : **n/d**
- Salaire hebdomadaire moyen : **699 $**

Ces données sont tirées de la catégorie «Probabilités et statistiques»,
Qu'advient-il des diplômé(e)s des universités?, MEQ, 1998.

Formation universitaire

CNP 5125   CUISEP 254-000

Secteur 13

Baccalauréat

Traduction

Établissements
offrant le
programme  **40 51 106 107 109 118 185 186**

Voir la liste des établissements en page 416.

Placement

«La mondialisation des marchés augmente les communications internationales et accroît les besoins en traduction», explique Gilles Bélanger, responsable des programmes de traduction à l'Université de Montréal. En 1999, dans cet établissement, 90 % des 120 diplômés de cette discipline ont trouvé du travail. À l'Université Concordia, la quinzaine de finissants du programme coopératif s'est placée en entier.

Une enquête menée par le Comité sectoriel de l'industrie canadienne de la traduction, rendue publique en 1999, révèle que les cabinets de traduction prévoient un rythme de croissance moyen de 10 % par année. De leur côté, les travailleurs autonomes envisagent un taux de 5 %.

Le site Emploi-Avenir Québec de Développement des ressources humaines Canada affiche quant à lui un taux de croissance annuel de 3,5 % pour cette profession entre 1997 et 2002, taux nettement supérieur à la moyenne.

Au Québec, les secteurs privé et public ont recours aux services des traducteurs. On traduit généralement de l'anglais vers le français, quoique l'inverse soit de plus en plus fréquent.

Le vieillissement des travailleurs favorise l'embauche des nouveaux arrivants. Louise Brunette, directrice des programmes de traduction du premier cycle à l'Université Concordia, indique que le Bureau de la traduction du gouvernement fédéral, un important employeur au pays, se retrouve aujourd'hui sans relève. «Une campagne de recrutement a récemment été lancée : on prévoit embaucher 500 traducteurs dans les prochaines années.»

Marie Gouin, présidente de l'Ordre des traducteurs et interprètes agréés du Québec, explique pour sa part qu'un besoin de relève se fait sentir dans les services de traduction internes des banques et des compagnies aériennes, par exemple.

L'avenir de la profession passe par les industries de pointe, comme le secteur pharmaceutique, les télécommunications ou l'informatique. Toutefois, pour œuvrer dans ces domaines, le traducteur doit maîtriser le jargon du milieu. Par exemple, au Service science et technologie du Bureau de la traduction du gouvernement fédéral, près de la moitié des traducteurs ont un diplôme en sciences pures et appliquées.

Les traducteurs polyglottes sont désormais favorisés. «Depuis trois ans, nous remarquons un important volume de traduction de l'anglais vers l'espagnol et du portugais vers l'anglais», indique Johanne Leclerc, directrice des services linguistiques à la compagnie d'assurances Standard Life.

Enfin, le développement de sites Internet multilingues ouvre la porte à la pratique tous azimuts de cette profession.

Une formation en traduction peut mener à une maîtrise en interprétation, une activité en plein essor actuellement selon le Comité sectoriel de l'industrie canadienne de la traduction.

11/99

Statistiques

Pour interpréter
ces statistiques,
voir en pages 22, 23 et 24.

- Nombre de diplômés : **201**
- Temps plein : **74,6 %**
- Proportion de diplômés en emploi (PDE) : **n/d**
- En rapport avec la formation : **47,0 %**
- Taux de chômage : **11,9 %**
- Salaire hebdomadaire moyen : **532 $**

Qu'advient-il des diplômé(e)s des universités?, MÉQ, 1998.

Formation universitaire

368

D'autres formations prometteuses!
À surveiller

Vous trouverez sous cette rubrique :
- des formations professionnelles et techniques qui, lors de notre recherche approfondie sur le terrain (entrevues, etc.), ont été mentionnées comme ayant un caractère prometteur : recrudescence marquée de la demande de diplômés en 1998 et en 1999, intégration possible des diplômés dans des secteurs en développement sur le marché du travail, etc.;
- quelques-unes des formations qui, en 1999, se sont classées parmi «Les 50 programmes offrant les meilleures perspectives d'insertion au marché du travail», selon la Direction générale de la formation professionnelle et technique du ministère de l'Éducation du Québec.

Ces formations ont été traitées plus brièvement pour les raisons suivantes :
- pour ces programmes, les plus récentes statistiques provinciales issues de *La Relance au secondaire en formation professionnelle* et de *La Relance au collégial en formation technique* ne correspondaient pas nécessairement à nos critères de sélection (voir en pages 22, 23 et 24). Dans certains cas, aucune statistique n'était disponible pour les programmes visés par notre enquête;

ou
- des sources consultées en milieux scolaires et professionnels peuvent avoir exprimé suffisamment de mises en garde à propos des conditions de travail ou des perspectives d'emploi offertes aux diplômés à court, à moyen ou à long terme;

ou
- aucun diplômé n'avait encore atteint le marché du travail en 1999, ce qui ne permettait pas de valider concrètement la demande actuelle de ce type de main-d'œuvre sur le marché de l'emploi.

Diplôme d'études professionnelles (DEP)

Affûtage

Secteur 12
DEP 5073

Établissements offrant le programme
2 **15** **23** **159** ●●●●●●●●●●●●●●●●●●●●●●●●●● Voir la liste des établissements en page 416.

En 1999, cette formation figure parmi «Les 50 programmes offrant les meilleures perspectives d'insertion au marché du travail», selon la Direction générale de la formation professionnelle et technique (DGFPT) du ministère de l'Éducation.

Bien que les plus récentes statistiques provinciales soient prometteuses pour les diplômés en affûtage, les perspectives d'emploi à moyen terme semblent moins reluisantes. En effet, l'introduction progressive des couteaux jetables pour couper le bois pourrait ralentir la demande de ces travailleurs. En revanche, il faudra toujours affûter les scies, ce qui nécessite l'intervention des affûteurs.

Chez Donohue et Abitibi Consolidated, deux géants de l'industrie forestière québécoise, on dit recruter peu d'affûteurs actuellement et l'on ne prévoit pas de grande vague d'embauche prochainement.

Statistiques
Pour interpréter ces statistiques, voir en pages 22, 23 et 24.

Nombre de diplômés : **42**
Temps plein : **100,0 %**
Proportion de diplômés en emploi (PDE) : **93,1 %**

En rapport avec la formation : **92,6 %**
Taux de chômage : **6,9 %**
Salaire hebdomadaire moyen : **644 $**

La Relance au secondaire en formation professionnelle, MÉQ, 1999.

Charpenterie-menuiserie

Secteur 7
DEP 1428

Établissements offrant le programme
1 **12** **23** **42** **52** **63** **120** **128** **134** **137** **143** **149** **164** **166** **171** ●●●●●●●●●● Voir la liste des établissements en page 416.

À l'École des métiers et occupations de l'industrie de la construction de Québec, on constate que les diplômés en charpenterie-menuiserie sont recherchés actuellement. On dit qu'ils sont assurés de trouver du travail s'ils consentent à se déplacer dans les régions où se développent de grands chantiers (Alcan, au Lac-Saint-Jean; Magnola, à Asbestos).

À l'École des métiers de la construction de Montréal, on explique que les perspectives d'emploi sont excellentes dans la métropole. Les diplômés reçoivent souvent deux ou trois offres d'emploi. Le vieillissement de la population active des charpentiers explique en partie le besoin de ces travailleurs. On mentionne que le grand chantier résidentiel et commercial de l'ancienne usine Angus occupera une bonne partie des ressources au cours des prochaines années.

Statistiques
Pour interpréter ces statistiques, voir en pages 22, 23 et 24.

Nombre de diplômés : **366**
Temps plein : **94,8 %**
Proportion de diplômés en emploi (PDE) : **71,7 %**

En rapport avec la formation : **79,1 %**
Taux de chômage : **20,3 %**
Salaire hebdomadaire moyen : **546 $**

La Relance au secondaire en formation professionnelle, MÉQ, 1999.

À surveiller : d'autres formations prometteuses!

Classement des bois débités

Secteur 12

DEP 5208

Établissements offrant le programme

2 15 23 126 159   ●●●●●●●●●●●●●●●●●●●●●●●●●   Voir la liste des établissements en page 416.

En 1999, cette formation figure parmi «Les 50 programmes offrant les meilleures perspectives d'insertion au marché du travail», selon la Direction générale de la formation professionnelle et technique (DGFPT) du ministère de l'Éducation.

Chez Donohue, on affirme que le classificateur de bois débités joue un rôle clé dans l'industrie. Son expertise permet notamment de tirer le maximum du bois et d'économiser de l'argent. Les clients sont de plus en plus exigeants et l'industrie a besoin de main-d'œuvre bien formée, souligne-t-on. Toutefois, on indique que compte tenu des règlements syndicaux qui régissent cette industrie, un diplômé récent sera d'abord embauché comme journalier avant de pouvoir accéder à un poste de classificateur.

Statistiques

Pour interpréter ces statistiques, voir en pages 22, 23 et 24.

Nombre de diplômés : **65**
Temps plein : **97,4 %**
Proportion de diplômés en emploi (PDE) : **78,4 %**

En rapport avec la formation : **78,4 %**
Taux de chômage : **9,1 %**
Salaire hebdomadaire moyen : **529 $**

La Relance au secondaire en formation professionnelle, MÉQ, 1999.

Conduite de machines industrielles

Secteur 11

DEP 5230

Établissements offrant le programme

54 62 65 126 143 154 165 184   ●●●●●●●●●●●●●●●●●●●●●●   Voir la liste des établissements en page 416.

En 1999, cette formation figure parmi «Les 50 programmes offrant les meilleures perspectives d'insertion au marché du travail», selon la Direction générale de la formation professionnelle et technique (DGFPT) du ministère de l'Éducation.

D'une durée de 900 heures, ce programme révisé prépare les diplômés à travailler à la fabrication de produits divers en milieu industriel. Une partie importante de cette formation est acquise en entreprise. Les diplômés pourront œuvrer dans des secteurs variés : fabrication mécanique, alimentation, bois, textile, polymères, etc., selon les besoins locaux de leur région.

En 1999, la nouvelle version de ce programme était offerte dans trois commissions scolaires. En l'an 2000, un total de huit commissions scolaires l'offriront. Bien qu'il n'y ait pas encore de données de relance disponibles, à la DGFPT, on estime que les futurs diplômés ont un bel avenir.

Statistiques

Pour interpréter ces statistiques, voir en pages 22, 23 et 24.

Nombre de diplômés : **n/d**
Temps plein : **n/d**
Proportion de diplômés en emploi (PDE) : **n/d**

En rapport avec la formation : **n/d**
Taux de chômage : **n/d**
Salaire hebdomadaire moyen : **n/d**

La Relance au secondaire en formation professionnelle, MÉQ, 1999.

Montage mécanique en aérospatiale

Secteur 11

DEP 5188

Établissement offrant le programme

63   ●●●●●●●●●●●●●●●●●●●●●●●●●●   Voir la liste des établissements en page 416.

En 1999, cette formation figure parmi «Les 50 programmes offrant les meilleures perspectives d'insertion au marché du travail», selon la Direction générale de la formation professionnelle et technique (DGFPT) du ministère de l'Éducation.

À l'aise avec les procédés de l'industrie, le monteur en mécanique aérospatiale réalise généralement le montage d'ensembles mécaniques fixés à des composantes aéronautiques.

À la DGFPT, on confirme que tous les programmes liés à l'industrie aérospatiale offrent de bonnes perspectives d'emploi. En plus d'avoir le bagage nécessaire pour œuvrer dans l'industrie de l'aérospatiale, secteur qui se porte très bien actuellement au Québec, les diplômés peuvent aussi travailler dans d'autres secteurs de la fabrication des équipements de transport.

Statistiques

Pour interpréter ces statistiques, voir en pages 22, 23 et 24.

Nombre de diplômés : **54**
Temps plein : **100,0 %**
Proportion de diplômés en emploi (PDE) : **86,8 %**

En rapport avec la formation : **63,6 %**
Taux de chômage : **5,7 %**
Salaire hebdomadaire moyen : **597 $**

La Relance au secondaire en formation professionnelle, MÉQ, 1999.

Pâtes et papiers (opérations)

Secteur 12
DEP 5201

Établissements offrant le programme

(13) (24) (54) (111) (122) (137) ● Voir la liste des établissements en page 416.

En 1999, cette formation figure parmi «Les 50 programmes offrant les meilleures perspectives d'insertion au marché du travail», selon la Direction générale de la formation professionnelle et technique (DGFPT) du ministère de l'Éducation.

À l'Association des industries forestières du Québec limitée, on estime que l'industrie des pâtes et papiers aura besoin d'environ 3 000 nouveaux employés — tous postes confondus — au cours des cinq prochaines années. De nombreux travailleurs prendront leur retraite durant cette période et devront être remplacés par la relève.

À la DGFPT, on fait valoir qu'étant donné le vieillissement des travailleurs œuvrant dans ce secteur, la demande de ces diplômés devrait se maintenir au cours des prochaines années.

Statistiques
Pour interpréter ces statistiques, voir en pages 22, 23 et 24.

Nombre de diplômés : **132**
Temps plein : **94,9 %**
Proportion de diplômés en emploi (PDE) : **77,7 %**

En rapport avec la formation : **77,3 %**
Taux de chômage : **15,8 %**
Salaire hebdomadaire moyen : **721 $**
La Relance au secondaire en formation professionnelle, MÉQ, 1999.

Réfrigération

Secteur 7
DEP 5075

Établissements offrant le programme

(12) (23) (52) (64) (134) (149) (171) (183) ● Voir la liste des établissements en page 416.

En 1999, à la Commission scolaire de la Capitale, pour 16 diplômés, on avait 24 postes à pourvoir. Le taux de placement était également de 100 % à la Commission scolaire de Laval. À condition d'être mobiles géographiquement, les diplômés de la Commission scolaire de Jonquière trouvent aussi en majorité un emploi dans leur domaine. Les employeurs sont notamment les grossistes en équipements, les hôpitaux et les entreprises de réparation commerciale et industrielle.

Actuellement, la récupération d'énergie, un marché en pleine expansion, occupe beaucoup de frigoristes. En outre, les systèmes de réfrigération et de climatisation sont de plus en plus complexes et leur entretien requiert davantage de temps. Enfin, l'augmentation du nombre de PME spécialisées dans la vente et l'entretien de ce type d'équipements stimule aussi la demande.

Statistiques
Pour interpréter ces statistiques, voir en pages 22, 23 et 24.

Nombre de diplômés : **230**
Temps plein : **92,0 %**
Proportion de diplômés en emploi (PDE) : **79,8 %**

En rapport avec la formation : **73,0 %**
Taux de chômage : **12,7 %**
Salaire hebdomadaire moyen : **506 $**
La Relance au secondaire en formation professionnelle, MÉQ, 1999.

Attestation de spécialisation professionnelle (ASP)

Matriçage

Secteur 11
ASP 5041

Établissements offrant le programme

(23) (157) (169) ● Voir la liste des établissements en page 416.

En 1999, cette formation figure parmi «Les 50 programmes offrant les meilleures perspectives d'insertion au marché du travail», selon la Direction générale de la formation professionnelle et technique (DGFPT) du ministère de l'Éducation. On fait valoir que cette formation offre généralement de très bonnes possibilités d'emploi dans le secteur manufacturier.

Les diplômés en matriçage peuvent travailler au sein d'ateliers d'usinage ou de fabrication d'outils de production. Selon la grandeur de l'entreprise, le matriceur peut être chargé du processus de fabrication de poinçons et de matrices du début à la fin, de la conception des plans, de la confection de certaines pièces ou de la supervision du processus de fabrication.

Statistiques
Pour interpréter ces statistiques, voir en pages 22, 23 et 24.

Nombre de diplômés : **7**
Temps plein : **100,0 %**
Proportion de diplômés en emploi (PDE) : **83,3 %**

En rapport avec la formation : **80,0 %**
Taux de chômage : **16,7 %**
Salaire hebdomadaire moyen : **717 $**
La Relance au secondaire en formation professionnelle, MÉQ, 1999.

À surveiller : d'autres formations prometteuses!

Diplôme d'études collégiales (DEC)

Construction aéronautique

Secteur 11
DEC 280.01

Établissement offrant le programme

179 ●●●●●●●●●●●●●●●●●●●●●●●●●●● Voir la liste des établissements en page 416.

À l'École nationale d'aérotechnique (Collège Édouard-Montpetit), on signale que la plupart des diplômés en construction aéronautique trouvent de l'emploi depuis plusieurs années. En effet, en 1995, 95 % d'entre eux se sont placés, 81 % en 1996, 84 % en 1997 et 90 % en 1998. En 1999, 36 élèves récemment diplômés ont été contactés lors d'une relance «maison». Or, 26 étaient alors au travail, 6 étaient toujours à la recherche d'un emploi et 4 poursuivaient des études universitaires.

Au Centre d'adaptation de la main-d'œuvre en aérospatiale du Québec, on mentionne que les programmes en formation collégiale liés à l'industrie aérospatiale offrent tous de bonnes perspectives d'emploi. Cette tendance devrait se maintenir au cours des années à venir.

Statistiques
Pour interpréter ces statistiques, voir en pages 22, 23 et 24.

Nombre de diplômés : **99**
Temps plein : **100,0 %**
Proportion de diplômés en emploi (PDE) : **62,3 %**

En rapport avec la formation : **97,6 %**
Taux de chômage : **4,4 %**
Salaire hebdomadaire moyen : **635 $**
La Relance au collégial en formation technique, MÉQ, 1999.

Dessin animé

Secteur 13
DEC 574.A0

Établissement offrant le programme

70 ●●●●●●●●●●●●●●●●●●●●●●●●●●● Voir la liste des établissements en page 416.

En 1999, cette formation figure parmi «Les 50 programmes offrant les meilleures perspectives d'insertion au marché du travail», selon la Direction générale de la formation professionnelle et technique (DGFPT) du ministère de l'Éducation.

Ce programme, implanté en septembre 1999, vise à former des spécialistes du dessin animé traditionnel, capables de produire des films d'animation à l'aide de séquences d'images. Le diplômé peut participer à la réalisation de films d'animation, de courts et de longs métrages, de séries télévisées, de publicités et de matériel multimédia. Le travail à forfait ou à la pige est fréquent dans ce milieu, mais des postes à temps plein sont aussi disponibles. À la DGFPT, on croit que cette formation offre des perspectives d'emploi intéressantes, notamment grâce à l'essor de l'industrie du multimédia.

Statistiques
Pour interpréter ces statistiques, voir en pages 22, 23 et 24.

Nombre de diplômés : **n/d**
Temps plein : **n/d**
Proportion de diplômés en emploi (PDE) : **n/d**

En rapport avec la formation : **n/d**
Taux de chômage : **n/d**
Salaire hebdomadaire moyen : **n/d**
La Relance au collégial en formation technique, MÉQ, 1999.

Techniques administratives : commerce international

Secteur 1
DEC 410.12

Établissements offrant le programme

35 46 49 78 81 87 90 ●●●●●●●●●●●●●●●●●●● Voir la liste des établissements en page 416.

En 1998, le taux de placement était de 100 % pour les 19 diplômés du Collège de Bois-de-Boulogne. Au cours de la même année, au Collège LaSalle, 85 % des diplômés se plaçaient sans difficulté. Au Collège François-Xavier-Garneau, on remarque que les diplômés entrent plus facilement sur le marché de l'emploi qu'auparavant; en effet, les 30 personnes qui ont reçu leur diplôme en mai 1999 ont trouvé du travail dans les mois suivant la fin de leurs études. Les principaux employeurs sont les compagnies œuvrant sur le marché international, les douanes ainsi que le ministère québécois des Transports. Ils exigent généralement des candidats bilingues.

Dans les établissements d'enseignement, on considère que l'option commerce international est actuellement fort prometteuse. Ces diplômés sont bien outillés pour participer à l'essor du commerce international dans le cadre de la mondialisation des marchés.

Statistiques
Pour interpréter ces statistiques, voir en pages 22, 23 et 24.

Nombre de diplômés : **n/d**
Temps plein : **n/d**
Proportion de diplômés en emploi (PDE) : **n/d**

En rapport avec la formation : **n/d**
Taux de chômage : **n/d**
Salaire hebdomadaire moyen : **n/d**
La Relance au collégial en formation technique, MÉQ, 1999.

À surveiller : d'autres formations prometteuses!

Techniques d'inhalothérapie

Secteur 19
DEC 141.A0

Établissements offrant le programme

17 **28** **58** **81** **102** ● Voir la liste des établissements en page 416.

À l'Ordre des inhalothérapeutes du Québec, on précise que les diplômés se placent bien. Toutefois, les conditions de travail sont généralement précaires. Les emplois à temps plein et permanents sont rares et les inhalothérapeutes doivent souvent travailler dans plusieurs établissements différents. On craint néanmoins une pénurie de candidats et on a demandé au ministère de l'Éducation de lever le contingentement qui limite les inscriptions à ce programme.

Au Cégep de Sainte-Foy, le taux de placement des 32 diplômés en 1998 est de 86 %. Au Cégep de Chicoutimi, sur les 20 personnes ayant obtenu leur diplôme en 1998, 17 ont trouvé un emploi : 9 travaillent à temps plein et 8 à temps partiel. Les hôpitaux, les compagnies pharmaceutiques et de matériel médical ainsi que les cliniques d'asthme sont les principaux employeurs.

Statistiques
Pour interpréter ces statistiques, voir en pages 22, 23 et 24.

Nombre de diplômés : **129**
Temps plein : **62,2 %**
Proportion de diplômés en emploi (PDE) : **92,8 %**

En rapport avec la formation : **89,3 %**
Taux de chômage : **0,0 %**
Salaire hebdomadaire moyen : **539 $**

La Relance au collégial en formation technique, MÉQ, 1999.

Techniques d'intégration multimédia

Secteur 13
DEC 582.A0

Établissements offrant le programme

28 **80** **160** ● Voir la liste des établissements en page 416.

En 1999, cette formation figure parmi «Les 50 programmes offrant les meilleures perspectives d'insertion au marché du travail», selon la Direction générale de la formation professionnelle et technique (DGFPT) du ministère de l'Éducation.

Les premiers diplômés en intégration multimédia entreront sur le marché du travail en mai 2002. Ce programme vise à former des gens capables de maîtriser les techniques et les méthodes de production multimédia. Ces techniciens pourront notamment devenir intégrateurs, concepteurs, directeurs de production et animateurs 2D et 3D. À la DGFPT, on estime que les futurs diplômés seront bien accueillis par les entreprises spécialisées en multimédia, un secteur en pleine effervescence au Québec.

Statistiques
Pour interpréter ces statistiques, voir en pages 22, 23 et 24.

Nombre de diplômés : **n/d**
Temps plein : **n/d**
Proportion de diplômés en emploi (PDE) : **n/d**

En rapport avec la formation : **n/d**
Taux de chômage : **n/d**
Salaire hebdomadaire moyen : **n/d**

La Relance au collégial en formation technique, MÉQ, 1999.

Techniques de génie mécanique

Secteur 11
DEC 241.06

Établissements offrant le programme

6 **18** **34** **44** **48** **53** **69** **70** **93** **115** **147** **148** **160** **175** **176** **178** ● ● ● ● ● ● ● ● ● Voir la liste des établissements en page 416.

En 1999, cette formation figure parmi «Les 50 programmes offrant les meilleures perspectives d'insertion au marché du travail», selon la Direction générale de la formation professionnelle et technique (DGFPT) du ministère de l'Éducation.

Au Cégep de Lévis-Lauzon, 26 des 28 diplômés disponibles à l'emploi en 1998 occupent des postes à temps plein reliés à leur formation. On indique que les employeurs offrent des conditions de travail de plus en plus alléchantes. Par ailleurs, au Cégep de Trois-Rivières, 104 offres d'emploi ont été affichées pour 16 diplômés en 1998. La demande semble donc importante.

Les ateliers d'usinage, les industries manufacturières et les firmes d'experts-conseils sont parmi les principaux employeurs. À la DGFPT, on souligne que les professions spécialisées liées au secteur industriel sont actuellement fort prisées sur le marché du travail.

Statistiques
Pour interpréter ces statistiques, voir en pages 22, 23 et 24.

Nombre de diplômés : **331**
Temps plein : **98,3 %**
Proportion de diplômés en emploi (PDE) : **74,0 %**

En rapport avec la formation : **92,0 %**
Taux de chômage : **3,8 %**
Salaire hebdomadaire moyen : **534 $**

La Relance au collégial en formation technique, MÉQ, 1999.

À surveiller : d'autres formations prometteuses!

Techniques de gestion hôtelière
Secteur 3
DEC 430.01

Établissements offrant le programme

34 **36** **47** **87** **97** ⚫⚫⚫⚫⚫⚫⚫⚫⚫⚫⚫⚫⚫⚫⚫⚫⚫⚫⚫⚫⚫⚫⚫ ⚫ Voir la liste des établissements en page 416.

En 1998, à l'Institut de tourisme et d'hôtellerie du Québec, 96,8 % des 48 diplômés ont trouvé un emploi lié à leur domaine d'études. La majorité occupe un emploi à temps plein. Toutefois, au Collège LaSalle, bien qu'on remarque que le nombre d'offres d'emploi augmente depuis deux ans, le taux de placement des 75 diplômés était de 74 % en 1998. Un peu moins de la moitié d'entre eux occupent un emploi relié à leur formation.

Les postes se trouvent notamment dans les Cantons de l'Est et au mont Tremblant, qui est appelé à devenir une destination touristique importante en Amérique du Nord. Les diplômés occupent différentes fonctions : gestion hôtelière, service en salle et accueil à la réception. Ils travaillent aussi dans les hôtels et les sites touristiques aux quatre coins du Québec.

Statistiques
Pour interpréter ces statistiques, voir en pages 22, 23 et 24.

Nombre de diplômés : **145**
Temps plein : **83,9 %**
Proportion de diplômés en emploi (PDE) : **92,1 %**

En rapport avec la formation : **87,2 %**
Taux de chômage : **2,1 %**
Salaire hebdomadaire moyen : **440 $**

La Relance au collégial en formation technique, MÉQ, 1999.

Techniques de tourisme
Secteur 3
DEC 414.01

Établissements offrant le programme

19 **36** **47** **56** **87** **96** **140** **152** **177** ⚫⚫⚫⚫⚫⚫⚫⚫⚫⚫⚫⚫⚫⚫⚫⚫⚫⚫⚫ ⚫ Voir la liste des établissements en page 416.

À l'Institut de tourisme et d'hôtellerie du Québec, en 1998, 95,3 % des 53 diplômés ont déniché un emploi lié à leur formation. Près de 60 % d'entre eux travaillent à temps plein. Au Cégep de Saint-Félicien, parmi les 16 diplômés de 1998, 9 ont décroché un emploi à temps plein lié à leur domaine d'études. On mentionne toutefois que les salaires sont souvent faibles et le travail saisonnier.

Les diplômés se taillent généralement une place dans les agences de voyages, les centres d'information touristique, les hôtels et, dans une moindre mesure, à l'étranger, comme à Disney World. Par ailleurs, le Conseil canadien des ressources humaines en tourisme annonce que 400 000 nouveaux emplois seront créés dans cette industrie au cours des cinq prochaines années.

Statistiques
Pour interpréter ces statistiques, voir en pages 22, 23 et 24.

Nombre de diplômés : **284**
Temps plein : **81,1 %**
Proportion de diplômés en emploi (PDE) : **83,7 %**

En rapport avec la formation : **70,8 %**
Taux de chômage : **7,6 %**
Salaire hebdomadaire moyen : **361 $**

La Relance au collégial en formation technique, MÉQ, 1999.

Technologie de la mécanique du bâtiment
Secteur 7
DEC 221.03

Établissements offrant le programme

6 **18** **34** **44** **75** **102** **115** **174** ⚫⚫⚫⚫⚫⚫⚫⚫⚫⚫⚫⚫⚫⚫⚫⚫⚫⚫⚫⚫ ⚫ Voir la liste des établissements en page 416.

En 1999, cette formation figure parmi «Les 50 programmes offrant les meilleures perspectives d'insertion au marché du travail» selon la Direction générale de la formation professionnelle et technique du ministère de l'Éducation.

D'après les plus récents chiffres disponibles, au Cégep de Saint-Hyacinthe, le taux de placement atteignait 100 % en 1998. Au Collège de l'Outaouais, chacun des neuf diplômés de 1998 a dû choisir entre deux, voire quatre employeurs. Au Cégep de Trois-Rivières, pour 14 diplômés en 1998, 51 offres d'emploi ont été affichées.

La plupart des diplômés travaillent à temps plein comme dessinateurs, concepteurs, estimateurs, surveillants de chantier ou chargés de projet. Les principaux employeurs sont les firmes d'ingénieurs-conseils, les compagnies en réfrigération et les entreprises utilisant des systèmes de régularisation automatique.

Statistiques
Pour interpréter ces statistiques, voir en pages 22, 23 et 24.

Nombre de diplômés : **96**
Temps plein : **100,0 %**
Proportion de diplômés en emploi (PDE) : **68,1 %**

En rapport avec la formation : **93,6 %**
Taux de chômage : **5,8 %**
Salaire hebdomadaire moyen : **526 $**

La Relance au collégial en formation technique, MÉQ, 1999.

Technologie de laboratoire médical

Secteur 19
DEC 140.01

Établissements offrant le programme

① **⑰** **㉘** **㊽** **㊾** **㉛** **㉝** **⑯⓪** **⑰④** **⑰⑤** ○○○○○○○○○○○○○○○○○○○○○○○○ Voir la liste des établissements en page 416.

En 1998, 80 % des 25 diplômés du Collège de Sherbrooke ont trouvé du travail. La majorité d'entre eux occupent toutefois des postes à temps partiel. Les 18 diplômés du Cégep de Rimouski en 1998 se sont également placés à 80 %. On précise que les emplois permanents sont surtout disponibles dans les secteurs de la pharmacologie et des biotechnologies. En revanche, au Cégep de Chicoutimi, bien qu'on remarque une hausse du nombre d'offres d'emploi en 1999, on affichait un taux de placement de 68 % pour ces diplômés en 1998.

On fait valoir qu'en milieu hospitalier, plusieurs technologues devront prendre leur retraite prochainement. Par ailleurs, les laboratoires privés embauchent de plus en plus de technologues. Ainsi, les diplômés se taillent une place principalement dans les laboratoires de traitement des eaux, de pâtes et papiers et de biologie moléculaire.

Statistiques
Pour interpréter ces statistiques, voir en pages 22,23 et 24.

Nombre de diplômés : **234**
Temps plein : **82,2 %**
Proportion de diplômés en emploi (PDE) : **88,4 %**

En rapport avec la formation : **87,2 %**
Taux de chômage : **5,6 %**
Salaire hebdomadaire moyen : **504 $**

La Relance au collégial en formation technique, MÉQ, 1999.

Technologie de radio-oncologie

Secteur 19
DEC 142.C0

Établissements offrant le programme

㉘ **⑦④** **㉝** ○○○○○○○○○○○○○○○○○○○○○○○○○○○○○ Voir la liste des établissements en page 416.

Au Cégep Ahuntsic, les neuf diplômés de 1998 ont trouvé de l'emploi. Cependant, seulement quatre d'entre eux occupent des postes à temps plein. Au Cégep de Sainte-Foy, en 1999, les 11 diplômés ont décroché un emploi. Toutefois, la majorité travaille sur appel ou effectue des remplacements. Ils œuvrent principalement dans les centres hospitaliers situés dans les régions de Québec, de Chicoutimi, de Rimouski, de Sherbrooke, de Gatineau et de Montréal.

À l'Ordre des technologues en radiologie du Québec, on estime que d'ici l'an 2005, on pourrait avoir besoin de 150 nouveaux technologues. Cette forte demande s'explique notamment par le vieillissement de la population, le nombre croissant de cancers détectés et l'installation de nouveaux appareils de radio-oncologie en milieu hospitalier.

Statistiques
Pour interpréter ces statistiques, voir en pages 22,23 et 24.

Nombre de diplômés : **17**
Temps plein : **84,6 %**
Proportion de diplômés en emploi (PDE) : **100,0 %**

En rapport avec la formation : **90,9 %**
Taux de chômage : **0,0 %**
Salaire hebdomadaire moyen : **573 $**

La Relance au collégial en formation technique, MÉQ, 1999.

Technologie du génie civil

Secteur 7
DEC 221.02

Établissements offrant le programme

⑥ **⑰** **㉞** **㊸** **㊽** **㊾** **㊻** **⑦④** **㉝** **⑪⑤** **⑫④** **⑬⓪** **⑭⑥** **⑮②** **⑮⑤** ○○○○○○○○○○○○○○○○ Voir la liste des établissements en page 416.

Au Cégep André-Laurendeau, la quinzaine de diplômés a été insuffisante pour répondre à toutes les offres d'emploi affichées au printemps 1999. Au Cégep de Chicoutimi, les élèves sont pratiquement tous placés avant d'avoir empoché leur diplôme. Depuis deux ans, au Cégep Beauce-Appalaches, il y a à peine une dizaine de diplômés par année, et 80 % d'entre eux trouvent un emploi lié à leur formation. Certains poursuivent des études universitaires.

Les principaux employeurs sont les firmes d'ingénieurs-conseils, les laboratoires d'inspection et d'essais, les municipalités, les arpenteurs-géomètres, les laboratoires de contrôle des matériaux et, dans une moindre mesure, les entrepreneurs spécialisés dans la réfection des ponts et des routes. Il faut noter que le technologue en génie civil peut occuper des postes saisonniers.

Statistiques
Pour interpréter ces statistiques, voir en pages 22, 23 et 24.

Nombre de diplômés : **242**
Temps plein : **96,7 %**
Proportion de diplômés en emploi (PDE) : **53,1 %**

En rapport avec la formation : **82,0 %**
Taux de chômage : **13,0 %**
Salaire hebdomadaire moyen : **532 $**

La Relance au collégial en formation technique, MÉQ, 1999.

Les grandes surprises!
À surveiller

Voici des formations professionnelles et techniques pour lesquelles les statistiques d'insertion des diplômés au marché du travail ont connu une belle progression entre 1998 et 1999, selon les plus récentes enquêtes «Relance» en formation professionnelle et technique (MÉQ, 1999).

Si, au cours des prochaines années, elles conservent leur profil statistique prometteur, peut-être passeront-elles sous notre «loupe» lors d'une prochaine édition du guide *Les carrières d'avenir au Québec*.

Figurent donc sous cette rubrique des formations qui affichent le bilan statistique suivant :

- Taux de chômage : 12 % et moins
- Proportion de diplômés en emploi : 80 % et plus
- Taux d'emploi en rapport avec la formation : 80 % et plus

Étant donné qu'aucune mention spéciale ne nous a été fournie concernant ces formations au cours de notre recherche approfondie sur le terrain et que ces nouvelles statistiques n'ont été disponibles qu'en novembre 1999, il nous a été impossible de corroborer ces nouvelles informations de façon qualitative.

DEP	Situation en 1999 (promotion 1997-1998)	Situation en 1998 (promotion 1996-1997)
Assistance aux bénéficiaires en établissement de santé DEP 5081 Secteur 19	Nombre de diplômés : **471** Proportion de diplômés en emploi (PDE) : **88,5 %** Temps plein : **55,2 %** En rapport avec la formation : **85,1 %** Taux de chômage : **6,0 %** Salaire hebdomadaire moyen : **416 $**	Nombre de diplômés : **458** Proportion de diplômés en emploi (PDE) : **81,8 %** Temps plein : **55,1 %** En rapport avec la formation : **83,9 %** Taux de chômage : **11,1 %** Salaire hebdomadaire moyen : **399 $**
Assistance familiale et sociale aux personnes à domicile DEP 5045 Secteur 19	Nombre de diplômés : **341** Proportion de diplômés en emploi (PDE) : **86,7 %** Temps plein : **56,3 %** En rapport avec la formation : **85,6 %** Taux de chômage : **5,4 %** Salaire hebdomadaire moyen : **392 $**	Nombre de diplômés : **402** Proportion de diplômés en emploi (PDE) : **78,0 %** Temps plein : **55,4 %** En rapport avec la formation : **78,4 %** Taux de chômage : **13,8 %** Salaire hebdomadaire moyen : **351 $**

Ces données sont tirées des études *La Relance au secondaire en formation professionnelle* et *La Relance au collégial en formation technique*, MÉQ, 1998 et 1999.

À surveiller : les grandes surprises!

DEP	Situation en 1999 (promotion 1997-1998)	Situation en 1998 (promotion 1996-1997)
Conduite de camions DEP 5143 Secteur 17	Nombre de diplômés : **541** Proportion de diplômés en emploi (PDE) : **87,8 %** Temps plein : **93,9 %** En rapport avec la formation : **87,4 %** Taux de chômage : **9,2 %** Salaire hebdomadaire moyen : **650 $**	Nombre de diplômés : **538** Proportion de diplômés en emploi (PDE) : **79,6 %** Temps plein : **93,2 %** En rapport avec la formation : **89,0 %** Taux de chômage : **14,8 %** Salaire hebdomadaire moyen : **608 $**
Impression et finition DEP 5156 Secteur 13	Nombre de diplômés : **154** Proportion de diplômés en emploi (PDE) : **84,3 %** Temps plein : **97,9 %** En rapport avec la formation : **82,8 %** Taux de chômage : **9,3 %** Salaire hebdomadaire moyen : **405 $**	Nombre de diplômés : **156** Proportion de diplômés en emploi (PDE) : **75,9 %** Temps plein : **90,7 %** En rapport avec la formation : **69,1 %** Taux de chômage : **18,9 %** Salaire hebdomadaire moyen : **381 $**
Mécanique de protection contre les incendies DEP 5121 Secteur 7	Nombre de diplômés : **48** Proportion de diplômés en emploi (PDE) : **80,6 %** Temps plein : **93,1 %** En rapport avec la formation : **96,3 %** Taux de chômage : **6,5 %** Salaire hebdomadaire moyen : **574 $**	Nombre de diplômés : **40** Proportion de diplômés en emploi (PDE) : **67,7 %** Temps plein : **95,2 %** En rapport avec la formation : **90,0 %** Taux de chômage : **19,2 %** Salaire hebdomadaire moyen : **547 $**
Mécanique de tôlerie aéronautique DEP 1467 Secteur 11	Nombre de diplômés : **84** Proportion de diplômés en emploi (PDE) : **85,7 %** Temps plein : **96,3 %** En rapport avec la formation : **84,6 %** Taux de chômage : **8,5 %** Salaire hebdomadaire moyen : **587 $**	Nombre de diplômés : **52** Proportion de diplômés en emploi (PDE) : **73,3 %** Temps plein : **93,9 %** En rapport avec la formation : **77,4 %** Taux de chômage : **17,5 %** Salaire hebdomadaire moyen : **567 $**
Montage d'acier de structure DEP 5175 Secteur 16	Nombre de diplômés : **19** Proportion de diplômés en emploi (PDE) : **92,3 %** Temps plein : **100,0 %** En rapport avec la formation : **100,0 %** Taux de chômage : **0,0 %** Salaire hebdomadaire moyen : **719 $**	Nombre de diplômés : **n/d** Proportion de diplômés en emploi (PDE) : **n/d** Temps plein : **n/d** En rapport avec la formation : **n/d** Taux de chômage : **n/d** Salaire hebdomadaire moyen : **n/d**
Production porcine DEP 5171 Secteur 2	Nombre de diplômés : **20** Proportion de diplômés en emploi (PDE) : **93,8 %** Temps plein : **100 %** En rapport avec la formation : **85,7 %** Taux de chômage : **6,3 %** Salaire hebdomadaire moyen : **386 $**	Nombre de diplômés : **n/d** Proportion de diplômés en emploi (PDE) : **n/d** Temps plein : **n/d** En rapport avec la formation : **n/d** Taux de chômage : **n/d** Salaire hebdomadaire moyen : **n/d**

ASP	Situation en 1999 (promotion 1997-1998)	Situation en 1998 (promotion 1996-1997)
Cuisine actualisée ASP 5159 Secteur 3	Nombre de diplômés : **51** Proportion de diplômés en emploi (PDE) : **87,5 %** Temps plein : **78,6 %** En rapport avec la formation : **95,5 %** Taux de chômage : **9,7 %** Salaire hebdomadaire moyen : **405 $**	Nombre de diplômés : **40** Proportion de diplômés en emploi (PDE) : **81,8 %** Temps plein : **88,9 %** En rapport avec la formation : **91,7 %** Taux de chômage : **15,6 %** Salaire hebdomadaire moyen : **407 $**
Pâtisserie de restaurant ASP 1057 Secteur 3	Nombre de diplômés : **25** Proportion de diplômés en emploi (PDE) : **87,0 %** Temps plein : **75,0 %** En rapport avec la formation : **80,0 %** Taux de chômage : **0,0 %** Salaire hebdomadaire moyen : **422 $**	Nombre de diplômés : **37** Proportion de diplômés en emploi (PDE) : **75,8 %** Temps plein : **76,0 %** En rapport avec la formation : **63,2 %** Taux de chômage : **16,7 %** Salaire hebdomadaire moyen : **408 $**

Ces données sont tirées des études *La Relance au secondaire en formation professionnelle* et *La Relance au collégial en formation technique*, MÉQ, 1998 et 1999.

À surveiller : les grandes surprises!

DEC	Situation en 1999 (promotion 1997-1998)	Situation en 1998 (promotion 1996-1997)
Archives médicales DEC 411.A0 Secteur 19	Nombre de diplômés : **66** Proportion de diplômés en emploi (PDE) : **86,3 %** Temps plein : **88,4 %** En rapport avec la formation : **84,2 %** Taux de chômage : **4,3 %** Salaire hebdomadaire moyen : **475 $**	Nombre de diplômés : **82** Proportion de diplômés en emploi (PDE) : **80,6 %** Temps plein : **81,0 %** En rapport avec la formation : **68,1 %** Taux de chômage : **6,5 %** Salaire hebdomadaire moyen : **406 $**
Audioprothèse DEC 160.B0 Secteur 19	Nombre de diplômés : **11** Proportion de diplômés en emploi (PDE) : **90,0 %** Temps plein : **87,5 %** En rapport avec la formation : **85,7 %** Taux de chômage : **10 %** Salaire hebdomadaire moyen : **517 $**	Nombre de diplômés : **16** Proportion de diplômés en emploi (PDE) : **93,8 %** Temps plein : **100,0 %** En rapport avec la formation : **86,7 %** Taux de chômage : **0,0 %** Salaire hebdomadaire moyen : **506 $**
Techniques d'éducation spécialisée DEC 351.03 Secteur 20	Nombre de diplômés : **829** Proportion de diplômés en emploi (PDE) : **81,6 %** Temps plein : **60,6 %** En rapport avec la formation : **82,2 %** Taux de chômage : **2,9 %** Salaire hebdomadaire moyen : **426 $**	Nombre de diplômés : **777** Proportion de diplômés en emploi (PDE) : **76,0 %** Temps plein : **60,0 %** En rapport avec la formation : **67,0 %** Taux de chômage : **7,4 %** Salaire hebdomadaire moyen : **390 $**
Techniques d'électrophysiologie médicale DEC 140.A0 Secteur 19	Nombre de diplômés : **20** Proportion de diplômés en emploi (PDE) : **87,5 %** Temps plein : **50,0 %** En rapport avec la formation : **100,0 %** Taux de chômage : **0,0 %** Salaire hebdomadaire moyen : **512 $**	Nombre de diplômés : **17** Proportion de diplômés en emploi (PDE) : **88,2 %** Temps plein : **60,0 %** En rapport avec la formation : **100,0 %** Taux de chômage : **0,0 %** Salaire hebdomadaire moyen : **528 $**
Techniques d'hygiène dentaire DEC 111.A0 Secteur 19	Nombre de diplômés : **242** Proportion de diplômés en emploi (PDE) : **93,9 %** Temps plein : **59,5 %** En rapport avec la formation : **87,0 %** Taux de chômage : **2,3 %** Salaire hebdomadaire moyen : **463 $**	Nombre de diplômés : **261** Proportion de diplômés en emploi (PDE) : **89,2 %** Temps plein : **54,1 %** En rapport avec la formation : **78,6 %** Taux de chômage : **4,6 %** Salaire hebdomadaire moyen : **430 $**
Techniques de bureautique DEC 412.A0 Secteur 1	Nombre de diplômés : **705** Proportion de diplômés en emploi (PDE) : **80,6 %** Temps plein : **91,1 %** En rapport avec la formation : **85,8 %** Taux de chômage : **10,0 %** Salaire hebdomadaire moyen : **391 $**	Nombre de diplômés : **668** Proportion de diplômés en emploi (PDE) : **77,6 %** Temps plein : **86,9 %** En rapport avec la formation : **85,2 %** Taux de chômage : **13,5 %** Salaire hebdomadaire moyen : **369 $**
Techniques de gestion de l'imprimerie DEC 581.08 Secteur 13	Nombre de diplômés : **8** Proportion de diplômés en emploi (PDE) : **100,0 %** Temps plein : **100,0 %** En rapport avec la formation : **100,0 %** Taux de chômage : **0,0 %** Salaire hebdomadaire moyen : **468 $**	Nombre de diplômés : **11** Proportion de diplômés en emploi (PDE) : **90,0 %** Temps plein : **100,0 %** En rapport avec la formation : **100,0 %** Taux de chômage : **0,0 %** Salaire hebdomadaire moyen : **460 $**

Ces données sont tirées des études *La Relance au secondaire en formation professionnelle* et *La Relance au collégial en formation technique*, MÉQ, 1998 et 1999.

À surveiller : les grandes surprises!

DEC	Situation en 1999 (promotion 1997-1998)	Situation en 1998 (promotion 1996-1997)
Techniques de santé animale DEC 145.A0 Secteur 2	Nombre de diplômés : **149** Proportion de diplômés en emploi (PDE) : **86,6 %** Temps plein : **90,5 %** En rapport avec la formation : **89,5 %** Taux de chômage : **4,0 %** Salaire hebdomadaire moyen : **366 $**	Nombre de diplômés : **135** Proportion de diplômés en emploi (PDE) : **89,1 %** Temps plein : **93,4 %** En rapport avec la formation : **91,9 %** Taux de chômage : **4,5 %** Salaire hebdomadaire moyen : **360 $**
Techniques dentaires DEC 110.A0 Secteur 19	Nombre de diplômés : **13** Proportion de diplômés en emploi (PDE) : **90,0 %** Temps plein : **100,0 %** En rapport avec la formation : **88,9 %** Taux de chômage : **0,0 %** Salaire hebdomadaire moyen : **444 $**	Nombre de diplômés : **15** Proportion de diplômés en emploi (PDE) : **93,3 %** Temps plein : **100,0 %** En rapport avec la formation : **85,7 %** Taux de chômage : **6,7 %** Salaire hebdomadaire moyen : **408 $**
Technologie de l'électronique industrielle DEC 243.06 Secteur 9	Nombre de diplômés : **344** Proportion de diplômés en emploi (PDE) : **80,2 %** Temps plein : **98,1 %** En rapport avec la formation : **81,1 %** Taux de chômage : **8,3 %** Salaire hebdomadaire moyen : **562 $**	Nombre de diplômés : **384** Proportion de diplômés en emploi (PDE) : **76,4 %** Temps plein : **96,8 %** En rapport avec la formation : **77,5 %** Taux de chômage : **10,6 %** Salaire hebdomadaire moyen : **548 $**
Technologie de radiodiagnostic DEC 142.A0 Secteur 19	Nombre de diplômés : **102** Proportion de diplômés en emploi (PDE) : **90,7 %** Temps plein : **58,8 %** En rapport avec la formation : **82,5 %** Taux de chômage : **4,2 %** Salaire hebdomadaire moyen : **478 $**	Nombre de diplômés : **84** Proportion de diplômés en emploi (PDE) : **89,0 %** Temps plein : **53,8 %** En rapport avec la formation : **80,0 %** Taux de chômage : **5,8 %** Salaire hebdomadaire moyen : **540 $**
Technologie des équipements agricoles DEC 153.D0 Secteur 2	Nombre de diplômés : **10** Proportion de diplômés en emploi (PDE) : **100,0 %** Temps plein : **100,0 %** En rapport avec la formation : **100,0 %** Taux de chômage : **0,0 %** Salaire hebdomadaire moyen : **418 $**	Nombre de diplômés : **13** Proportion de diplômés en emploi (PDE) : **53,8 %** Temps plein : **100,0 %** En rapport avec la formation : **57,1 %** Taux de chômage : **12,5 %** Salaire hebdomadaire moyen : **447 $**
Technologie des productions animales DEC 153.A0 Secteur 2	Nombre de diplômés : **51** Proportion de diplômés en emploi (PDE) : **82,1 %** Temps plein : **100,0 %** En rapport avec la formation : **96,6 %** Taux de chômage : **5,9 %** Salaire hebdomadaire moyen : **463 $**	Nombre de diplômés : **79** Proportion de diplômés en emploi (PDE) : **82,6 %** Temps plein : **98,2 %** En rapport avec la formation : **96,4 %** Taux de chômage : **6,6 %** Salaire hebdomadaire moyen : **444 $**

Ces données sont tirées des études *La Relance au secondaire en formation professionnelle* et *La Relance au collégial en formation technique*, MÉQ, 1998 et 1999.

Annexe
Liste des lieux de formation

Ces programmes sont offerts par plusieurs établissements d'enseignement au Québec. Les numéros correspondent aux établissements qui les offrent. Pour connaître ceux-ci, consultez le répertoire à la page 416.

Formation professionnelle

Santé, assistance et soins infirmiers

1•3•13•14•26•42•52•63•66•113•123•134•135•137•142•143•145•149•154•156•158 159•163•164•165•167•170•183

Soudage-montage

1•2•3•13•14•15•23•42•52•54•55•62•63•64•65•113•121•128•135•142•143•145•149 154•156•163•165•167•170•171•172•184

Techniques d'usinage

1•2•14•23•24•41•52•54•55•62•63•64•65•113•123•126•138•143•144•153•154•156 157•164•165•169•170•171•184

Vente-conseil

1•3•13•21•25•26•41•52•55•62•63•64•65•66•111•114•119•137•138•145•149•153 156•157•163•164•166•168•171•183

Formation collégiale

Techniques de l'informatique

5•6•7•16•17•18•19•28•34•35•43•44•45•48•56•57•58•68•69•70•74•75•78•80 81•84•87•88•90•93•99•102•115•116•124•131•139•140•146•147•148•152•155 160•161•174•175•176•177•178•179

Soins infirmiers

5•6•7•16•17•18•19•28•34•35•43•44•45•48•56•58•68•69•70•78•80•93•102•115 116•124•130•131•139•140•146•147•148•152•155•160•174•175•176•178•179

Formation universitaire

Enseignement au secondaire (toutes disciplines confondues)

11•20•40•51•60•61•107•108•109•118•125•185•186

Médecine (toutes spécialisations confondues)

40•61•107•109•185

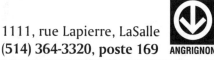

Collège de Formation des Enquêteurs et des Détectives privés

Nous sommes la seule école aussi spécialisée au Québec vous offrant un cours de niveau professionnel.

Le cours comprend 250 heures, réparties sur environ 25 semaines. Possibilité de cours de jour ou de soir. Vous bénéficiez de 60 % de théorie et de 40 % de pratique.

Pour les **employeurs**, notre collège peut établir un cours de perfectionnement sur mesure pour leurs détectives déjà en fonction; ainsi le cours répondra aux besoins spécifiques de votre entreprise.

Des formateurs sont disponibles afin d'aider les étudiants dans leur cheminement, lors de la formation.

Nos diplômés effectuant un mandat au sein d'une agence, bénéficient d'un appui en ligne en cas d'impasse.

Le collège forme des étudiants qui répondent aux exigences de l'industrie moderne. Avec plus de 30 modules offerts en 250 heures, il s'agit du cours le plus complet que l'on puisse trouver.

Nos recherches constantes dans le milieu de l'investigation font que rien n'est laissé au hasard. Le perfectionnement de la profession d'enquêteur est notre constante priorité.

OBLIGATIONS

Offrir une éducation de qualité

Dans la sphère des enquêtes et de l'investigation, le Collège dispose de l'expérience des professeurs les plus experts dans leurs domaines respectifs. Notre service personnalisé, à l'écoute des besoins des étudiants, permet de maîtriser toutes les notions nécessaires à leur réussite professionnelle. La matière académique est le fruit de l'expertise des dirigeants et des formateurs.

Permettre une formation continue

Lors d'une mise à jour académique ou technique, ou lors de la présentation d'une nouveauté, les diplômés peuvent venir assister aux cours de formation, sans frais supplémentaires, afin de parfaire leurs connaissances et de mieux répondre aux exigences sans cesse grandissantes de la clientèle.

Offrir une aide au placement

Le Collège dispose d'une importante liste d'agences et d'organismes **susceptibles** d'embaucher les diplômés. Notre conseiller guidera les diplômés dans le choix d'une entreprise et aussi, dans leur préparation d'entrevue.

Favoriser l'intégration des diplômés à l'industrie

Les entraînements, supervisés par des enquêteurs chevronnés durant la formation des élèves, permettrons à ces derniers, de mettre à l'épreuve leurs connaissances dans la réalisation d'enquête. Le nouvel enquêteur pourra être autonome dès son arrivée sur le marché du travail et disposera de tous les outils nécessaires.

COURS OFFERTS

Techniques de filature
• La filature à pied et mobile
• La vidéo et la photographie
• Les rapports écrit et verbal
• L'orientation routière
• Les communications radio
• Le droit et la loi
• Le témoignage à la Cour
• Le détective de magasin

Techniques d'infiltration
• L'infiltration corporative
• Le droit et la loi
• La prévention du crime
• La psychologie de l'agent infiltré
• L'espionnage industriel
• Le sabotage industriel
• Le crime organisé

Techniques d'enquête
• L'enquête sous toutes ses formes
• La déposition et la confession
• L'entrevue et l'interrogatoire
• La fraude
• La documentation de l'enquête
• La rédaction de rapport
• Le droit et la loi
• La recherche de preuves

Techniques de surveillance
• La surveillance électronique
• Le droit et la loi
• Le détecteur de mensonge
• Le garde du corps
• Le témoignage à la Cour
• La surveillance physique
• Les services spécialisés
• L'art du prétexte

Techniques de localisation
• Les sources d'information
• Les contacts
• La recherche de personnes
• La recherche d'antécédents
• La recherche de biens
• Le droit et la loi
• Les dossiers publics
• Le détective d'Internet

Outils technologiques
• À la découverte de la technologie
• Le droit et la loi
• Les outils technologiques

SERVICE AUX ENTREPRISES

Formation sur mesure
Si vous désirez un cours adapté à la réalité de votre entreprise, il nous fera un plaisir de vous rencontrer et de personnaliser notre formation afin de répondre à vos exigences. Un cours intensif sur mesure sera conçu spécialement pour vous.

Suivi personnalisé des étudiants
Les entreprises obtiennent un suivi de la performance et du rendement de leurs employés en formation. Cela garantit la qualité de leur investissement.

Bonification constante des connaissances
Lors des mises à jour des cours de formation, le Collège transmettra gratuitement toute matière académique susceptible d'améliorer le travail de votre employé.

EXCLUSIVITÉ

Groupes de discussions
Le Collège de Formation des Enquêteurs de Détectives privés met gratuitement à la disposition des enquêteurs et des étudiants, un groupe de discussion privé sur Internet. Ce groupe leur permettra d'échanger et d'être guidés vers des ressources utilisées par leurs pairs dans l'exécution de différents mandats. Des groupes similaire existent au État-Unis, mais aucun n'était auparavant disponible au Canada.

Centre de référence en investigation
Le Collège de Formation des Enquêteurs et Détectives privés est le seul organisme relié à l'investigation qui soit doté d'un centre de référence dédié uniquement à l'investigation. Ce centre sait où et comment dénicher un nombre infini d'organisations, d'associations et d'informations qui faciliteront la tâche des enquêteurs.

Collège de Formation des Enquêteurs et des Détectives privés
Les cours sont offerts au
125, rue Beauchamp à Sainte-Thérèse,
à l'arrière du cègep Lionel Groulx

Tél. : (450) 979-0998
Téléc. : (450) 419-9315
Courriel :
college_de_detective@videotron.ca
Site Web : http//www.cfedp.com

Carrières
professions/formation

Tous les samedis...

Je pense donc je lis

La Presse

C'EST À VOUS DE CHOISIR

C'EST LE MOMENT DE PENSER À VOTRE CARRIÈRE

... et donc à vos études. Vous devez plus que jamais perfectionner vos compétences en fonction de vos intérêts, de vos aptitudes et d'un marché du travail exigeant.

Un diplôme à la fine pointe des dernières innovations constitue un outil de choix pour entrer dans la course. À l'UQAM, vous trouverez des programmes qui répondent aux besoins de la société dans des domaines tels que l'informatique, le multimédia, le génie logiciel, les systèmes d'information géographique, le tourisme, la gestion de la mode, l'enseignement au primaire et au secondaire et les biotechnologies.

Vous y trouverez également les meilleures conditions pour assurer votre réussite : des professeurs compétents, des installations modernes et fonctionnelles, une technologie évoluée et un encadrement efficace.

Alors pourquoi ne pas mettre toutes les chances de votre côté ?

Pour en savoir plus sur tous les programmes :
Téléphone : (514) 987-3132 • Télécopieur : (514) 987-8932
Courriel : admission@uqam.ca • Internet : www.uqam.ca

UQÀM
L'avenir est ici

Il n'y a pas que l'argent dans la vie,

il y a aussi le travail.

Trouvez un emploi avec lequel vous cliquerez.

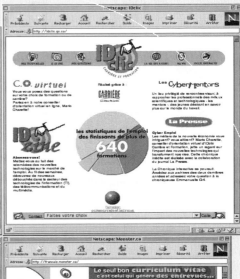

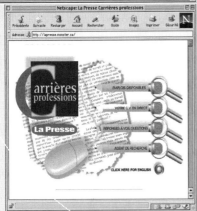

pages 392 à 410

Les
100 meilleurs
sites Internet
de la carrière et de la formation

Voici la cinquième mise à jour de cette sélection des meilleurs sites Internet portant sur la carrière et la formation.

Ce répertoire unique est le fruit d'une initiative originale destinée à aider les Québécois, particulièrement les jeunes, dans leur orientation scolaire ou professionnelle. Il vise également à les familiariser avec l'outil incontournable qu'est devenu Internet et les multiples ressources qu'il recèle.

Voici donc un document de qualité à consulter à titre de référence pour vos prochaines explorations du «réseau des réseaux».

Bonne navigation!

Le Top **100** Internet

A u cours des dernières années, plusieurs sites Internet ont vu le jour. La quantité d'informations disponibles a augmenté chaque fois qu'un site s'est ajouté ou qu'un autre a été mis à jour. Aujourd'hui, le Web rivalise sans conteste avec les autres médias et sources d'informations. Dans cette foule de renseignements, il est souvent difficile de s'y retrouver, surtout en matière d'emploi, de formation et de carrière. Pour accéder au lieu précis où se trouve l'information recherchée, le chemin peut être ardu! Pour faciliter votre recherche, lisez les pages qui suivent et, surtout, conservez-les pour les consulter au besoin.

Vous trouverez dans ce document les meilleurs sites sur les domaines de l'emploi, de la formation et de la carrière. Le répertoire ne se limite pas aux ressources produites au Québec ni à celles présentées en français. Son objectif est plutôt d'indiquer les sites les plus utiles, c'est-à-dire qui apportent des réponses aux questions souvent posées par les étudiants, les adultes en réorientation de carrière ou les chercheurs d'emploi en général. Cela implique que, dans quelques cas, des ressources de langue anglaise, canadiennes ou américaines, ont été retenues, tant pour leur pertinence que pour leur qualité. Les sites Web sélectionnés sont donc présentés en fonction de la question principale à laquelle répond leur contenu.

Chacun est brièvement commenté. On trouvera aussi fréquemment un *«Conseil»* pour l'utilisation efficace du site et/ou un *PIC*, ou Point d'Intérêt pour la Carrière, qui attire l'attention sur une page ou une section particulièrement intéressante.

Depuis la version précédente, un certain nombre de nouveaux sites ont été ajoutés. Certaines descriptions ont aussi été modifiées pour rendre compte de l'évolution des sites. Toutes les adresses étaient exactes le 15 novembre 1999. Si l'adresse qui vous intéresse n'est plus disponible, il est souvent possible de retrouver l'information désirée en naviguant depuis la page d'accueil du site. Cette dernière est indiquée lorsque nécessaire.

La recherche a été restreinte aux sites dont l'accès est gratuit. Certains, dans la section «Où trouver des offres d'emploi?», peuvent exiger des frais de la part des employeurs qui en utilisent les services.

Recherche et rédaction : **Mario Charette**, c.o. • Des commentaires? info@macarriere.net

La sélection de Mario

Les sites sont classés en fonction des dix questions suivantes :

01 - Où se former pour l'emploi?
02 - Comment chercher un emploi?
03 - Où trouver des offres d'emploi?
04 - Comment acquérir de l'expérience?
05 - Quel est le marché du travail?

06 - Comment créer son emploi?
07 - Où trouver de l'aide?
08 - Que faire pour étudier ou travailler hors Québec?
09 - Où trouver plus d'information?
10 - Quoi d'autre d'intéressant?

Une dernière section, nommée simplement «Quoi d'autre d'intéressant?» présente des ressources variées, difficiles à classer ailleurs, mais que je juge importantes.

01 Où se former pour l'emploi?

■ LES MÉTIERS ET LES TECHNIQUES

Inforoute FPT
(Formation professionnelle et technique)
http://www.inforoutefpt.org/

Vous voulez tout connaître sur les formations professionnelles et techniques? Dans la section «Programmes professionnels et techniques» de ce site, vous trouverez la description de tous les programmes offerts par les commissions scolaires et les cégeps du Québec. Les enseignants y obtiendront également de nombreuses ressources pédagogiques.

(PIC) Allez voir la liste TOP 50 des métiers et techniques d'avenir, dressée par Emploi-Québec et le ministère de l'Éducation, à http://www. inforoutefpt.org/dgfpt/superchoix/default.htm

■ TOUT SUR LA FORMATION COLLÉGIALE

Ministère de l'Éducation du Québec (MÉQ) - Établissements collégiaux

http://www.meq.gouv.qc.ca/ens-sup/ens-coll/etablis.htm

Page d'accueil : http://www.meq.gouv.qc.ca

La plupart des collèges offrent maintenant dans le Web une description de leurs programmes et de leurs services. Comment trouver le site du collège qui vous intéresse? Les collèges publics, les collèges privés subventionnés par le ministère de l'Éducation et les établissements de formation qui dépendent d'autres ministères se trouvent tous ici. Cliquez sur le nom de l'établissement, et voilà!

(PIC) Si vous voulez seulement savoir quels sont les programmes offerts par les divers établissements, allez voir à http://www.meq. gouv.qc.ca/ens-sup/ens-coll/program/treparti.htm

Répertoire des cours et des programmes de l'enseignement collégial

http://www.meq.gouv.qc.ca/ens-sup/ens-coll/Cahiers/cahiers.htm

Page d'accueil : http://www.meq.gouv.qc.ca

Si vous désirez en savoir encore davantage, vous trouverez dans ce répertoire du ministère de l'Éducation («Les Cahiers du collégial») une description des programmes de formation technique ainsi qu'une brève description de chacun de leurs cours. Les programmes préuniversitaires y seront bientôt tous décrits, mais seulement trois programmes sont présentés à l'heure actuelle.

Conseil : Votre recherche vous semblera probablement plus facile si vous utilisez d'abord la «Liste des disciplines», à http://www.meq.gouv.qc.ca/ens-sup/ens-coll/Cahiers/discipli.htm

Service régional de l'admission de Québec (SRAQ)

http://www.sraq.qc.ca/sommaire.html

Faire sa demande d'admission au cégep au moyen d'Internet? Quelle bonne idée! Durant la période d'admission, un guide vous conduit pas à pas à travers toutes les étapes de votre demande; vous n'avez plus qu'à la transmettre au SRAQ directement à partir de votre fureteur. Le SRAQ reçoit les demandes d'admission pour les cégeps des régions de Québec, de Chaudière-Appalaches, de l'Amiante et du Bas-du-Fleuve. Tous les autres renseignements importants sont inclus : les programmes offerts par les divers établissements, les conditions d'admission, les contingentements, les documents à fournir, etc.

Conseil : Pour bien remplir votre demande d'admission, suivez avec soin les liens marqués par un point orange à partir de la page d'accueil du site.

(PIC) À http://www.sraq.qc.ca/cegeprofil.html, vous trouverez une liste des responsables de l'admission et des autres intervenants des divers cégeps. Vous pouvez leur faire parvenir un courriel si vous avez une question sur leur établissement.

Service régional de l'admission de Montréal (SRAM)

http://www.sram.qc.ca

Le SRAM reçoit les demandes d'admission pour les cégeps de la région de Montréal et des environs, de la Montérégie, de l'Outaouais, de la Mauricie, de l'Abitibi-Témiscamingue et de Sherbrooke. On trouvera ici un lien menant aux sites de tous ces établissements et une liste des programmes d'études qui y sont offerts. Le site est également rempli d'informations utiles sur les procédures d'admission au collégial.

Commission d'évaluation de l'enseignement collégial (CÉEC) – Programmes d'études

http://www.ceec.gouv.qc.ca/P2S3.HTM

Page d'accueil : http://www.ceec.gouv.qc.ca

Vous avez des questions sur la formation collégiale? Vous hésitez entre deux établissements qui offrent le même programme? Le site de la Commission présente des évaluations de divers programmes collégiaux enseignés dans les établissements du Québec. Comme les travaux de cette commission sont encore jeunes, on ne trouve pour l'instant que des évaluations des programmes d'informatique, de sciences humaines, de techniques administratives et de techniques de garde. D'autres seront bientôt évalués.

Conseil : N'oubliez pas de visiter les «Nouveautés» de ce site, à http://www.ceec.gouv.qc.ca/BOUTONS/ NOUVEAU. HTM, pour découvrir d'autres informations intéressantes.

Conseil : Le langage utilisé dans les évaluations pourra peut-être poser problème aux jeunes élèves; pourquoi ne pas les imprimer et les lire avec l'aide d'un parent ou d'un conseiller?

Le Top **100** Internet

■ TOUT SUR LA FORMATION UNIVERSITAIRE

Université Laval - Moteur de recherche

http://www.ulaval.ca/Al/cherchons.html

Page d'accueil : http://www.ulaval.ca

Ce moteur de recherche très efficace vous donnera accès à tout ce que vous voulez savoir sur la formation à l'Université Laval. Pour trouver un programme de formation de premier, deuxième ou troisième cycle, tapez-en le nom dans la boîte appropriée, sélectionnez les critères de recherche pertinents (par ex. : «Programmes de premier cycle») et lancez votre recherche. Les descriptions sont très complètes; elles incluent la liste des cours, une courte description de chacun de ceux-ci, les objectifs ainsi que les critères d'admission.

Programmes d'études à l'Université de Montréal

http://www.progcours.umontreal.ca/programme/index.html

Page d'accueil : http://www.etudiant.umontreal.ca

À partir de cette page du site de l'Université de Montréal, il est possible de découvrir tous les programmes des premier, deuxième et troisième cycles. Dans la page correspondant au cycle qui vous intéresse, cliquez simplement sur le nom du programme pour en obtenir la description. Vous y trouverez également les programmes de certificat. Vous accéderez à une description complète, incluant les critères d'admission et quelques statistiques sur le nombre de candidatures acceptées. Bien utile!

(PIC) *Ceux qui s'intéressent aux études de deuxième et de troisième cycles voudront consulter http://www.fes.umontreal.ca pour en savoir plus long.*

Programmes d'études du réseau de l'Université du Québec

http://cetyunix.uqss.uquebec.ca/annuaire/depart.html

Page d'accueil : http://www.uquebec.ca

Ce moteur de recherche très efficace vous permet de retrouver la description de n'importe quelle formation offerte dans l'une ou l'autre des composantes de l'Université du Québec. Les résultats de votre recherche vous conduiront directement aux descriptions de programmes dans les sites des établissements. Vous apprendrez alors tout ce que vous devez savoir, y compris sur les incontournables exigences d'admission.

(PIC) *Au passage, vous pourrez en apprendre davantage sur l'admission en consultant le site du réseau, à http://www.uquebec.ca/~uss1104/etudes/admis/index.shtml*

Université de Sherbrooke - section Études

http://www.usherb.ca/PP/etudes.html

Page d'accueil : http://www.usherb.ca

Toutes les descriptions des programmes de formation de l'Université sont accessibles à partir de cette page. Elles sont répertoriées par grands domaines d'études (génie, santé, etc.) et par facultés. On y trouvera aussi trois listes alphabétiques des programmes, une pour chacun des cycles d'études. La description inclut toute l'information essentielle sur le programme et indique si le système coopératif est offert, le cas échéant.

(PIC) *Si vous voulez mieux comprendre le régime d'alternance travail-études (ou régime coopératif) de l'Université de Sherbrooke, visitez http://www.usherb.ca/coop/*

Le répertoire des universités canadiennes

http://www.aucc.ca/francais/dcu/universities/search.html

Page d'accueil : http://www.aucc.ca/fr/index.html

Produit par l'Association des collèges et des universités du Canada, ce moteur de recherche, très bien fait, vous permet de découvrir où est offert au Canada le programme universitaire qui vous intéresse. Vous pouvez limiter votre recherche à une province, à une langue d'enseignement ou à un type de programme. Il est particulièrement utile pour découvrir les formations courtes dans un domaine d'études (diplômes ou certificats) et les programmes de maîtrise et de doctorat.

(PIC) *Vous pouvez ensuite visiter les sites des universités qui offrent le programme qui vous intéresse en utilisant le répertoire complet à http://www.aucc.ca/fr/memberbody.html*

■ N'OUBLIONS PAS L'ARGENT

Ministère de l'Éducation du Québec (MÉQ) - Prêts et bourses

http://www.afe.gouv.qc.ca

Vous trouverez ici tout ce qu'il faut savoir sur les programmes d'aide financière aux étudiants du ministère de l'Éducation : les programmes de prêts et bourses, les prêts pour achat de micro-ordinateur, les bourses pour l'apprentissage d'une langue seconde et les programmes de remboursement différé. On peut aussi s'y tenir au courant des changements apportés au régime de prêts et bourses. Il est maintenant possible de télécharger en format PDF la plupart des formulaires nécessaires, pour ensuite les retourner par la poste. Mieux que de faire la file à l'école!

(PIC) *Vous pouvez télécharger le logiciel Aide pour Windows 95 ou 98, qui permet d'évaluer le montant de l'aide auquel vous avez droit. Allez à http://www.afe.gouv.qc.ca/Waide/default.htm*

BoursÉtudes.com
http://www.boursEtudes.com

BoursÉtudes.com est un grand moteur de recherche qui vous permettra de trouver les bourses auxquelles vous pourriez avoir droit. Les bourses sont offertes à divers niveaux d'enseignement. Il vous faudra d'abord créer un profil assez complet avant de pouvoir lancer votre recherche, mais heureusement, le site le conservera en mémoire pour votre prochaine visite et ajoutera des bourses qui y correspondent dans une «boîte aux lettres». Les descriptions complètes des bourses vous indiqueront où et comment faire une demande. On vous propose même des lettres de demande d'information toute prêtes à imprimer.

Fonds pour la formation des chercheurs et l'aide à la recherche (FCAR) - programmes pour les étudiants
http://www.fcar.qc.ca/metud.html

Page d'accueil : http://www.fcar.qc.ca

Si vous prévoyez poursuivre vos études aux deuxième et troisième cycles, ce site vous offre tout ce qu'il faut pour faire parvenir votre demande de bourse au FCAR, y compris un formulaire en ligne. Vous y trouverez aussi la description d'un certain nombre de programmes d'échanges ou portant sur des thèmes particuliers de recherche.

■ ET APRÈS LES ÉTUDES?

Relances de la formation collégiale et professionnelle
http://www.inforoutefpt.org/dgfpt/relance/relance.htm

Page d'accueil : http://www.inforoutefpt.org

Plusieurs jeunes se questionnent sur la situation des diplômés récents sur le marché du travail. Cette page vous donnera accès aux deux relances annuelles du ministère de l'Éducation. Les jeunes diplômés de la formation professionnelle et des techniques collégiales ont été interrogés en mars 1999 (diplômés de 1998). Une source d'information très importante pour votre choix de formation.

Conseil : *On trouve là de nombreux chiffres qu'il est facile de mal interpréter si l'on ne comprend pas bien leur signification. Prenez le temps de lire les explications à http://www. inforoutefpt.org/dgfpt/ relance/definition.htm et à http://www.meq. gouv.qc.ca/ens-sup/ens-coll/RELANCE/Relance98/ rel-98-def.htm. Au besoin, demandez l'aide d'un conseiller ou d'une conseillère pour être sûr de bien les saisir.*

Qu'advient-il des diplômés et diplômées des universités?
http://www.meq.gouv.qc.ca/ens-sup/ ens-univ/Relance/rel-univ.htm

Page d'accueil : http://www.meq.gouv.qc.ca

Pour ceux qui s'intéressent plutôt à la situation en emploi des diplômés universitaires, cette relance présente les chiffres portant sur les diplômés de 1995, pour l'ensemble des universités québécoises. En plus de données sur 14 grands domaines d'études, vous trouverez également des statistiques sur 134 programmes de formation, décrivant la situation en emploi environ 20 mois après les études. Les explications pour bien comprendre les chiffres se trouvent à http://www.meq.gouv.qc.ca/ens-sup/ens-univ/ Relance/termes.htm.

Relance des diplômés de l'Université de Sherbrooke
http://www.usherb.ca/sve/psyor/relance

Page d'accueil : http://www.usherb.ca/sve/psyor

Rares sont les relances universitaires qui s'adressent à la fois aux diplômés du baccalauréat et de la maîtrise. L'Université de Sherbrooke présente ici une relance comprenant toutes les données essentielles sur tous ses programmes de ces deux niveaux d'enseignement. Les diplômés de 1996 ont été interrogés quant à leur situation en avril 1997 et 1998. Les données sont claires et souvent plus détaillées que celles de la relance précédente.

LA FORMATION A DISTANCE SUR DEMANDE

■ ET LA FORMATION... CONTINUE!

CURSUS : La formation à distance sur demande
http://www.cursus.edu

Cursus est un répertoire des «produits» de formation à distance offerts au Québec et ailleurs au Canada francophone (cours, livres pour autoapprentissage, didacticiels). On peut rechercher les cours et autres produits dérivés par les champs d'activité professionnelle, les champs d'études ou les organismes qui les offrent. Le site contient également une description des étapes à suivre pour les adultes qui aimeraient compléter des études secondaires, collégiales ou universitaires. Les divers organismes de formation y sont présentés.

Conseil : *Faites votre recherche par «sujet»; c'est la méthode la plus efficace.*

Télé-université (TÉLUQ)
http://www.teluq.uquebec.ca

Le site de la Télé-université offre un ensemble de cours (avec ou sans crédits) et de programmes complets de formation dans une variété de domaines d'études universitaires. On y présente les avantages professionnels de la formation à distance, son fonctionnement, les programmes en partenariat avec d'autres établissements ou organismes. Les cours et les programmes sont répertoriés par grands secteurs d'enseignement, de façon à faciliter la recherche, et sont accompagnés d'une description.

(PIC) *On y trouve de plus en plus de formations par le moyen d'Internet, et le site les présente de façon toute spéciale, à http://www.teluq.uquebec.ca/webteluq/ etudier/portfolio.html*

Centre collégial de formation à distance (CCFD)
http://ccfd.crosemont.qc.ca

On trouvera dans ce site tout ce qui est nécessaire pour continuer ses études collégiales à la maison. Il contient la description de tous les cours offerts par correspondance et permet d'imprimer un formulaire d'inscription à retourner par la poste. Certains des cours sont aussi offerts au moyen d'Internet ou de cédéroms; d'autres suivront bientôt.

(PIC) *Il est possible, dans certains cas, de faire reconnaître ses expériences de travail pour obtenir des crédits collégiaux. Lisez la foire aux questions sur le sujet à http://ccfd.crosemont.qc.ca/ra*

Télécampus
http://cours.telecampus.edu

Produit par Téléformation, au Nouveau-Brunswick, Télécampus est un énorme répertoire de formations disponibles dans Internet. On y trouve des formations en sciences appliquées, en économie et finance, en informatique, en éducation et dans bien d'autres domaines encore. Chaque cours est décrit brièvement : objectifs, établissements, exigences informatiques, population visée, frais, etc. On peut y trouver presque tout ce qu'on cherche!

02 Comment chercher un emploi?

■ LES MEILLEURS GUIDES FRANCOPHONES

CyberStage
http://cyberstage.collegebdeb.qc.ca/candidat/ candidat.html

Page d'accueil : http://cyberstage.collegebdeb.qc.ca

C'est le meilleur site au Québec pour tout comprendre sur les exigences de la recherche d'emploi. On y trouvera des indications très utiles sur la rédaction de CV (avec exemples à l'appui), la préparation aux entrevues, la recherche d'emploi au moyen d'Internet, les attentes des employeurs. On peut aussi consulter un guide complet sur la recherche d'un emploi d'été.

(PIC) *Le site comprend également une liste des questions le plus souvent posées en entrevue. Allez la voir à http://cyberstage.collegebdeb. qc.ca/quest_6.htm et préparez vos réponses à l'avance!*

Projet Emploi
http://projetemploi.gc.ca

Projet Emploi est un site très riche. L'internaute est conduit à travers une série d'exercices et de renseignements dont le but est de l'aider à déterminer quel sera son projet personnel de recherche d'emploi. On y discute de connaissance de soi, de techniques de recherche, de services d'information sur les carrières, de travail autonome et de soutien durant la recherche d'emploi. Un moteur de recherche permet de passer en revue les emplois offerts au sein de la fonction publique et du Guichet emplois (voir en page 398).

Conseil : Pour faciliter votre navigation dans ce site de Développement des ressources humaines Canada et trouver l'information désirée, utilisez surtout le cadre intitulé «Où vous pouvez aller», dans le coin inférieur gauche (ou utilisez la version «Sans fenêtre»).

(PIC) Allez voir la section «Votre raccourci», disponible à partir de la page d'accueil. Vous y trouverez un questionnaire d'analyse de vos besoins d'information qui, une fois rempli, permettra au site de vous amener plus rapidement vers ce que vous recherchez.

Guide de la recherche d'emploi
http://www.cam.org/~emplois/guide.html

Page d'accueil : http://www.cam.org/~emplois

Un livre dans Internet portant sur tous les aspects de la recherche d'emploi! On y traite des thèmes importants : connaissance de soi, motivation, recherche, CV, préparation des entrevues. Les textes sont courts et vont directement à l'essentiel. Une bonne introduction au processus de recherche!

■ LES MEILLEURS GUIDES ANGLOPHONES

The Riley Guide
http://www.dbm.com/jobguide

Le guide de Margaret Riley est un classique du Web. On y trouve des liens conduisant à tous les sites d'offres d'emploi, y compris ceux consacrés à des secteurs d'activité spécifiques, des renseignements sur les carrières, les salaires, des sections sur le recrutement électronique, des profils de secteurs et d'employeurs, etc. La plupart des renseignements concernent évidemment nos voisins du Sud, mais si vous connaissez quelqu'un qui pense travailler aux États-Unis, faites-lui découvrir ce site.

(PIC) Si vous voulez en savoir plus sur un métier ou une profession, vous trouverez plusieurs outils intéressants à http://www.dbm.com/jobguide/careers.html

University of Waterloo Career Manual on Line
http://www.adm.uwaterloo.ca/infocecs/CRC/manual-home.html

Destiné principalement aux finissants et aux nouveaux diplômés des universités, ce site guide l'internaute à travers les étapes de la planification de carrière et de la réalisation d'une recherche d'emploi efficace. On y trouve des exercices d'autoévaluation et de connaissance de soi, des indications sur le marché du travail, des références portant sur les tendances de l'emploi, et encore davantage.

Conseil : Au lieu de simplement fureter dans ce site, suivez-en toutes les étapes dans l'ordre. Vous aurez alors en main un plan d'action personnel qui saura vous démarquer. Les conseillers pourraient même s'en servir pour animer un groupe de chercheurs d'emploi.

What Color Is Your Parachute? The Job Hunter's Bible
http://www.jobhuntersbible.com

Un autre classique du Web, ce site est celui de Richard Bolles, auteur du livre sur la recherche d'emploi le plus vendu au monde : *What Color Is Your Parachute?* Bolles présente, commente et évalue une série de sites correspondant à cinq activités de recherche d'emploi : chercher des occasions d'emploi, afficher son CV en ligne, obtenir des conseils, établir un réseau et se renseigner sur le marché. Vous y trouverez aussi de très précieux conseils de la part d'un expert de longue date.

Conseil : Les sites marqués d'un parachute sont les meilleurs parmi ceux ayant été retenus. Pourquoi ne pas prendre le temps de les visiter?

(PIC) La section sur les tests d'autoévaluation dans Internet est très intéressante et contient de nombreux commentaires judicieux. Aller la voir à http://www.jobhuntersbible.com/counseling/counseling.shtml

The Canadian Career Page - Links
http://www.canadiancareers.com/home.html

Ce site est une véritable bibliothèque virtuelle de tout ce qui concerne l'emploi au Canada. Vous y trouverez de nombreux sites d'offres d'emploi, des conseils sur la rédaction de CV et de lettres de présentation, des sites d'aide à la recherche d'emploi pour étudiants, des informations sur l'emploi dans une grande variété de secteurs, toutes les petites annonces présentes dans le Web! Un site des plus utiles!

(PIC) Vous vous demandez s'il est possible de poser votre candidature au moyen du courriel? Vous trouverez la réponse à http://www.canadiancareers.com/resandcl.html#eresumes1

03 Où trouver des offres d'emploi?

■ LES INCONTOURNABLES

Career Mosaic Québec
http://www.careermosaicquebec.com/index.html

Career Mosaic Québec est une adaptation pour la province d'un site très populaire aux États-Unis. On y trouve des milliers d'offres d'emploi, provenant de tout le Canada, des États-Unis et d'autres pays, dont au moins 107 offres d'emploi québécoises (novembre 1999). Il est également possible de déposer son CV dans une banque que les employeurs peuvent consulter. Des profils d'employeurs, des conseils pour les chercheurs d'emploi et une liste de liens utiles aux diplômés cherchant leur premier emploi complètent ce site.

(PIC) *Des analyses de possibilités d'emploi dans certains secteurs d'activité se trouvent à http://www.careermosaicquebec.com/trucs/ trucs_secrets.htm. Plusieurs de ces analyses sont tirées des guides des Éditions Ma Carrière.*

Impact Emploi
http://www.viasite.com

Impact Emploi se définit comme un centre d'emploi interactif. Il permet aux chercheurs d'emploi de poser directement leur candidature pour les offres qui s'y trouvent, de rédiger leur CV en ligne pour que les employeurs puissent le consulter dans une banque ou encore de le diffuser à tous les employeurs qui utilisent le service (approximativement 1 590 en novembre 1999). Le site offre également les services d'Alex (ou le «Chasseur de têtes»), un agent intelligent qui vous prévient par courrier électronique lorsqu'une nouvelle offre pouvant vous convenir est reçue. De plus, Impact Emploi a créé des partenariats avec plusieurs intermédiaires de l'emploi, dont des services de placement étudiant, certaines agences privées de placement, des regroupements professionnels et des services communautaires de main-d'œuvre. Les clients de ces intermédiaires peuvent avoir accès dans le site aux offres d'emploi qu'ils reçoivent.

Le Guichet emplois
http://jb-ge.hrdc-drhc.gc.ca

Ce site de Développement des ressources humaines Canada est un moteur de recherche de première importance. Toutes les offres d'emploi reçues par les Centres de ressources humaines du Canada (CRHC) se trouvent ici. Ce sont les mêmes offres d'emploi qu'on peut consulter dans les guichets emplois situés dans les CRHC, les services d'emploi et les centres commerciaux. Il est possible de faire une recherche rapide en précisant qu'on ne désire voir que les offres disponibles dans une région précise. On peut aussi restreindre sa recherche à la région et aux offres reçues depuis moins de 48 heures. La méthode de recherche la plus sophistiquée consiste à indiquer votre titre d'emploi et la région qui vous intéresse. Le site offre alors des titres précis parmi lesquels vous sélectionnez celui qui vous convient le mieux, afin de trouver les emplois disponibles les plus appropriés.

Conseil : *La première fois que vous ferez une recherche à l'aide de votre titre d'emploi, cliquez sur le bouton «Sauvegarder votre profil» sur la page des résultats de votre recherche. Le site vous fournira un mot de passe qu'il vous suffira de donner la prochaine fois pour découvrir les nouvelles offres d'emploi correspondant à votre profil.*

Système de placement électronique (SPE)
http://www.spe-ele.org

Le SPE est un système d'appariement très sophistiqué des offres et des demandes d'emploi. Il s'agit d'abord d'indiquer votre titre d'emploi dans vos propres mots. Ce site de Développement des ressources humaines Canada répondra par une liste de titres d'emploi précis. Choisissez celui qui vous convient le mieux et vous obtiendrez un profil de compétences spécifiques à ce titre. Créez votre profil personnalisé en cochant les compétences que vous avez acquises ou exercées et publiez-le : les employeurs potentiels pourront dorénavant le trouver dans le site. Il est également possible de demander de jumeler votre profil à des offres d'emploi conservées en banque.

Conseil : *N'oubliez pas de sauvegarder votre profil dès votre première visite, en cliquant sur le bouton «Sauvegarde» sous le formulaire rempli. Le système vous attribuera un mot de passe qu'il vous suffira de donner la prochaine fois pour découvrir de nouvelles offres d'emploi.*

The Monster Board - Canada français
http://francais.monster.ca/

Une autre adaptation québécoise d'un site américain populaire, The Monster Board, est extrêmement fourni. Une courte recherche permet d'y trouver plus de 280 emplois au Québec (novembre 1999). On peut aussi accéder à d'autres offres au Canada, dans les divers États américains et partout dans le monde. Une section nommée «Mon Monster» permet d'afficher son CV et d'être informé des nouvelles offres par un agent intelligent. Le site comprend aussi un répertoire d'employeurs et des conseils pour les chasseurs d'emploi et les professionnels du recrutement.

(PIC) Le répertoire d'employeurs est lié directement aux offres d'emploi de ces derniers. Vous pourrez y accéder à partir de http://profils.monster.ca

(PIC) Vous pouvez maintenant acheter les guides des Éditions Ma Carrière directement dans ce site. Vous découvrirez aussi d'autres services en ligne fort utiles à http://macarriere.monster.ca

Canada Emploi.com
http://www.canadaemploi.com

Ce site contient plus de 680 offres d'emploi (novembre 1999) et permet de les explorer de nombreuses façons. On peut rechercher par type d'emploi (permanent, temporaire), par région, par type d'employeur et même par l'échelle salariale ou grâce à la recherche d'une entreprise spécifique. Il est également possible de ne consulter que les plus récentes offres. La plupart des emplois dans le site francophone sont au Nouveau-Brunswick et au Québec, mais on peut en trouver davantage dans les provinces anglophones. Comme c'est le cas dans la plupart des services similaires, il est possible d'y afficher son CV et les travailleurs autonomes peuvent également y offrir leurs services.

(PIC) Cliquez sur «Découvrez les industries canadiennes» pour accéder rapidement à de nombreuses offres intéressantes organisées par grands domaines d'emploi.

■ LES SPÉCIALISÉS

Jobboom.com
http://www.recru-direct.com

Réservé aux professionnels du domaine de l'informatique et du multimédia à la recherche de contrats ou d'emplois permanents, ce site permet de diffuser les offres reçues, de mener des recherches dans une banque de CV et inclut un tableau d'affichage d'offres d'emploi. Notez qu'il faut s'inscrire en remplissant un formulaire pour pouvoir utiliser le service; il demeure anonyme tant que le chercheur d'emploi ne décide pas d'entrer en contact avec l'employeur.

La CVthèque
http://www.cvtheque.com

La CVthèque est une banque de CV destinée particulièrement aux chercheurs d'emploi possédant des compétences techniques ou technologiques. Les CV sont classés en une trentaine de secteurs d'activité, incluant l'informatique, l'architecture, l'administration, le génie, le graphisme et bien d'autres encore. La CVthèque contient aussi un bon nombre d'offres d'emploi, classées selon les mêmes catégories. Il est évidemment possible de rédiger son CV grâce à un formulaire prévu à cette fin.

Conseil : Afin d'éviter de consulter des offres d'emploi qui ne sont plus disponibles, cliquez d'abord sur «Nouveaux emplois» dans le cadre de gauche et cherchez le numéro de l'offre qui vous intéresse dans la liste qui vous sera présentée.

La Presse, Carrières et Professions
http://lapresse.monster.ca

Ce site est une banque d'offres d'emploi dans des domaines professionnels ou spécialisés. Vous pouvez déterminer les offres qui vous intéressent à l'aide de critères de recherche. Il est possible de postuler directement un emploi. On vous propose un formulaire de création de CV, qui pourra alors être envoyé à l'employeur. Les services de «Mon Monster» (voir Monster.ca) y sont également disponibles.

Les Affaires - Carrières et Professions
http://carrieres.lesaffaires.com/index.html

En novembre 1999, ce site du journal *Les Affaires* contenait 1 131 offres d'emploi dans une grande variété de domaines, tels que les services aux entreprises, le génie, l'immobilier et bien d'autres. On peut aussi faire une recherche des postes affichés par employeurs. Le site propose les services de Vigilance, un système intelligent qui vous prévient par poste électronique des nouvelles offres pouvant vous convenir. On y trouve également un impressionnant répertoire de sites Web pour les chercheurs d'emploi, les travailleurs et les responsables des ressources humaines.

(PIC) À http://carrieres.lesaffaires.com/cgi-bin/sitedujour.cgi?action=2&id=2, on trouvera des informations sur les conditions de travail et les salaires. Une information souvent difficile à dénicher.

■ POUR LES NOUVEAUX ARRIVANTS

La Campagne de recrutement postsecondaire par la CFP

http://jobs.gc.ca/psr-rp/index_f.htm

Page d'accueil : http://jobs.gc.ca

Vous trouverez dans ce site un certain nombre d'emplois pour lesquels le gouvernement du Canada recrute de nouveaux diplômés. Il est possible de postuler les postes disponibles directement dans le site Web. Une description complète des exigences est fournie pour chaque emploi.

Conseil : Si vous trouvez un emploi qui vous aurait intéressé, mais que la date de la fin du concours est passée, revenez visiter le site de temps à autre. Il est fort probable qu'un autre emploi similaire sera affiché dans les prochains mois.

Conseil : Comme la sélection est faite par concours, prenez le temps de bien lire les descriptions des examens à http://jobs.gc.ca/psr-rp/psr_tests_f.htm

Connexion Travail RND

http://www.ConnexionTravailRND.com

Développée par l'ASCEE et Industrie Canada, Connexion Travail RND est une banque de CV réservée aux diplômés récents des collèges et des universités. Les diplômés peuvent s'y inscrire gratuitement et inclure leur profil dans la banque grâce à un formulaire. Plus de 40 000 employeurs inscrits (selon le site) ont ensuite la possibilité d'y faire une recherche et d'y inclure les offres que les diplômés consulteront. Les services de placement des collèges et des universités peuvent aussi y afficher les offres qu'ils reçoivent et les transmettre à leurs propres diplômés. Le site propose également des profils des entreprises participantes.

■ AILLEURS AU CANADA

JobSat - OnLine Employment Database

http://www.jobsat.com

Selon le site, JobSat a publié environ 1,8 million d'offres d'emploi au cours des deux dernières années. Pour consulter la banque d'offres, vous aurez à produire un profil décrivant vos qualifications et vos attentes ; le site cherchera alors à l'apparier aux offres. Le profil peut être sauvegardé de façon à éviter de consulter deux fois les mêmes annonces et à être informé des nouvelles occasions.

Canada Jobs

http://www.canadajobs.com

Ce site répertorie les offres d'emploi canadiennes qui se trouvent dans le Web. Toutes les banques d'emplois, les compagnies qui embauchent au moyen de leur site Web ainsi que les babillards régionaux d'offres d'emploi et les *news groups* contenant des offres y sont regroupés! Cette adresse est particulièrement utile si vous cherchez un emploi dans un domaine spécifique. Les ressources dont une partie du contenu est en français sont marquées d'une fleur de lys.

---

04 | **Comment acquérir de l'expérience?**

■ PAR UN TRAVAIL D'ÉTÉ

Placement étudiant du Québec (PEQ)

http://www.placement-etudiant.mic.gouv.qc.ca/index.htm

Produit par le ministère de l'Industrie et du Commerce (Québec), ce site décrit tous les programmes d'aide à la recherche d'un emploi d'été du gouvernement du Québec : placement dans la fonction publique québécoise, dans les entreprises privées, échanges interprovinciaux pour diplômés universitaires, expériences de travail dans des secteurs stratégiques et quelques autres. Il est possible de faire une demande d'emploi directement. On y trouve également un guide pour le démarrage d'une micro-entreprise d'été. Des programmes pour nouveaux diplômés (Chantier Jeunesse, stages dans la fonction publique) sont également disponibles.

(PIC) À http://www.placement-etudiant.mic.gouv. qc.ca/trucs/trucs_f.htm, vous trouverez des pistes et des suggestions pour votre recherche d'un emploi d'été.

Programme fédéral d'expérience de travail étudiant (PFETE)

http://jobs.gc.ca/fswep-pfete/index_f.htm

Page d'accueil : http://jobs.gc.ca

Chaque année, la Commission de la fonction publique offre aux étudiants un certain nombre d'emplois d'été au sein de divers organismes du gouvernement fédéral. On trouvera ici la liste de tous les emplois et des programmes de stage d'été. Des indications précieuses, que les candidats devraient lire attentivement, sont également incluses. Il est, bien entendu, possible de remplir et d'expédier un formulaire de demande d'emploi.

Conseil : Bien que la date limite pour soumettre sa candidature varie d'un organisme à l'autre, il est préférable de l'expédier aussi tôt que possible.

■ PAR UN STAGE

Avantage Carrière
http://www.avantage.org

Avantage Carrière propose des stages rémunérés pour les jeunes diplômés de tous les niveaux d'études. On y trouve une description complète du programme et de son fonctionnement. Il est possible de proposer directement sa candidature comme stagiaire. Les entreprises qui désirent recevoir un stagiaire peuvent également remplir un formulaire en ligne. Certains stages sont disponibles au sein de la fonction publique fédérale, et d'autres sont destinés spécialement aux personnes expérimentant un handicap fonctionnel.

À la Source Québec
http://www.epi.ca/alasource/employer.htm

À la Source offre des stages aux diplômés de l'enseignement collégial et universitaire qui sont bénéficiaires de l'assurance-emploi ou qui en ont bénéficié récemment. Le site décrit le fonctionnement des stages, qui permettent d'acquérir une précieuse expérience tout en recevant des prestations d'assurance-emploi. Les candidats peuvent rédiger leur CV dans le site et l'expédier directement. Il faut prendre note que les stages ne sont offerts que dans sept domaines précis.

Expérience Canada
http://www.experiencecanada.com/french/findex.htm

Expérience Canada offre un programme de stages rémunérés dans une autre province pour les jeunes diplômés. Particularité intéressante, les stagiaires ont un mentor dans leur communauté d'accueil. Un formulaire d'inscription au programme est disponible dans le site.

Initiatives Jeunesse de Développement des ressources humaines Canada (DRHC)
http://jeunesse.hrdc-drhc.gc.ca

Développé dans le cadre de la Stratégie emploi jeunesse du Canada, ce site vous expliquera tout ce que vous avez besoin de savoir sur ses diverses initiatives de développement de l'emploi pour les jeunes : la création de stages rémunérés en entreprise (Jeunes Stagiaires Canada), les subventions aux employeurs pour la création d'emplois d'été (Objectif d'emploi d'été) et la création d'emplois dans les services communautaires (Services Jeunesse Canada).

Conseil : *Revenez voir cette page de temps à autre, car on y trouvera plus d'information sur les diverses occasions de stage ou d'emploi au fur et à mesure de leur inscription.*

05 | Quel est le marché du travail?

■ POUR UN APERÇU

Ministère de l'Industrie et du Commerce (MIC)
http://www.mic.gouv.qc.ca/index.html

Pour comprendre le marché de l'emploi, il faut souvent commencer par comprendre un peu l'économie du Québec et de ses régions. Vous trouverez dans ce site quantité de renseignements sur les secteurs d'activité et sur le développement économique des régions. Cela permettra au lecteur avisé de mettre le doigt sur bien des pistes d'emploi.

(PIC) *En cliquant sur http://www.mic.gouv.qc.ca/ menu/ secteurs.html, vous aurez l'occasion de connaître les secteurs économiques en forte croissance au Québec.*

IDclic Carrière et Formation
http://idclic.qc.ca

Destiné surtout aux adolescents et aux jeunes adultes, IDclic Carrière et Formation est le grand site de l'emploi et de la formation au Québec. L'étendue de l'information qu'on y trouve sur le marché du travail (1 500 pages Web) justifie le fait qu'on le présente ici. Il comprend des descriptions de secteurs économiques en croissance, des témoignages de travailleurs et de professionnels, des dossiers de presse portant sur l'emploi, des conseils pour les étudiants et pour les chercheurs d'emploi et encore bien d'autres choses. Ce site propose également un service expérimental de cybermentorat en plus de visites virtuelles (Bell Helicopter, École polytechnique, formation professionnelle à Montréal). Un *must*!

Le Top **100** Internet

Conseil : Pour trouver rapidement ce que vous cherchez, utilisez la carte du site à http://idclic.qc.ca/carte.html ou le menu déroulant en bas de la page d'accueil.

(PIC) Votre humble serviteur offre un service de «conseiller virtuel» dans ce site, à http://idclic.qc.ca/questions/ main _co.html. Vous pouvez m'y adresser toutes vos questions sur l'emploi, la carrière et la formation.

(PIC) Vous voulez connaître le taux de placement des diverses formations et pouvoir les comparer entre elles, même s'il s'agit de formations de niveaux différents? Visitez «Les statistiques de l'emploi», à http://idclic.qc.ca/questions/relance/main _ relance.html

Perspectives canadiennes

http://www.careerccc.org/francais/canada_ prospects_98-99/index.html

Page d'accueil : http://www.careerccc.org

Voici un site des plus intéressants, surtout pour les jeunes. Perspectives canadiennes est la version Internet d'un journal distribué annuellement. Les articles portent entre autres sur le nouveau marché du travail, sur les compétences à développer, sur la recherche d'emploi et le choix de carrière. On y trouve également des exercices utiles pour démarrer sa réflexion et des témoignages inspirants. Rempli d'idées intéressantes partagées sur un ton convivial!

Information sur les carrières - Produits

http://www.hrdc-drhc.gc.ca/hrib/hrp-prh/pi-ip/ career-carriere/products/indexf.shtml

Page d'accueil : http://www.hrdc-drhc.gc.ca/ career-carriere

On trouvera ici divers outils produits par Développement des ressources humaines Canada dont le but est de présenter aux jeunes les diverses options de carrière et de les aider à mieux comprendre le nouveau marché du travail. Par exemple, Info-Carrière décrit 160 métiers et professions accessibles sans études universitaires. Contact Avenir est un magazine pour les jeunes traitant du choix de carrière. Coup d'œil sur les carrières décrit 19 secteurs de l'activité économique et les professions qui s'y rattachent. Tous les outils trouvés se révéleront aussi utiles à ceux qui travaillent auprès des jeunes.

Développement des ressources humaines Canada (DRHC) - Bureau des ressources humaines pour les employeurs du Québec

http://www.brhe.org

Ce site s'adresse principalement aux employeurs et aux professionnels du recrutement, mais les chercheurs d'emploi y trouveront aussi des informations intéressantes sur le marché du travail. Les techniques de recrutement, les normes du travail, les indemnisations, les services de reclassement, la santé et la sécurité du travail ainsi que les salaires et les traitements comptent parmi les thèmes abordés.

Manuel d'information sur le marché du travail

http://www.gov.nb.ca/dol-mdt/amt/manuel/indexf.htm

Page d'accueil : http://www.gov.nb.ca/dol-mdt/amt /index.htm

Mais que veulent donc dire tous ces termes et ces chiffres qu'on trouve dans les sites consacrés au marché du travail? Si vous vous êtes déjà posé cette question, voici la réponse. Ce petit site du ministère du Travail du Nouveau-Brunswick démystifie l'information sur le marché de l'emploi. À visiter en premier si on veut pleinement profiter du reste!

Conseil : Si vous cherchez seulement le sens d'un terme précis, utilisez la table des matières à http://www.gov.nb.ca/dol-mdt/amt/manuel/chap4f. htm

Strategis - Réseau des entreprises canadiennes

http://strategis.ic.gc.ca/sc_coinf/ccc/frndoc/homepage.html

Connaître le marché, c'est aussi connaître les entreprises. Lorsqu'on cherche un emploi, une démarche essentielle consiste à créer une liste d'employeurs potentiels, aussi nommée «piste d'emploi». Rien de mieux pour cela qu'un répertoire d'entreprises, et celui-ci est probablement le meilleur qui soit disponible dans Internet. En utilisant la recherche détaillée, vous pouvez limiter votre exploration à une seule province, aux secteurs d'activité économique et aux villes qui vous intéressent. D'autres critères utiles sont aussi mentionnés. Vous trouverez également des liens conduisant à d'autres répertoires sur la page d'accueil.

PRENDS
TON AVENIR EN
MAIN !

Stratégie
emploi
jeunesse | Youth
Employment
Strategy

 Gouvernement   Government
du Canada   of Canada

LE SITE WEB
DE L'EMPLOI
POUR LES JEUNES

http://www.qc.hrdc-drhc.gc.ca/jeunes

VIENS VOIR
SI ÇA CLIQUE !

www.qc.hrdc-drhc.gc.ca/jeunes

VIENS VOIR
SI ÇA CLIQUE !

**POUR CHOISIR
UN TRAVAIL
INTÉRESSANT...**

**POUR REPÉRER
LES PROFESSIONS
D'AVENIR...**

**POUR DÉCROCHER
UN EMPLOI...**

**POUR OBTENIR DE
L'AIDE...**

 Gouvernement   Government
du Canada   of Canada

Canadä

TAKE ON YOUR FUTURE!

Youth Employment Strategy   Stratégie emploi jeunesse

GIVE IT A CLICK!

TO CHOOSE
INTERESTING
WORK...

TO TARGET THE
OCCUPATIONS OF
THE FUTURE...

TO FIND A JOB...

TO GET HELP...

Government of Canada   Gouvernement du Canada

THE JOB WEB SITE FOR YOUNG PEOPLE

http://www.qc.hrdc-drhc.gc.ca/jeunes

GIVE IT A CLICK!

www.qc.hrdc-drhc.gc.ca/jeunes

 Government of Canada   Gouvernement du Canada

Canadä

■ LES PROFESSIONS ET LEUR AVENIR

Emploi-Avenir Québec

http://www.qc.hrdc-drhc.gc.ca/emploi-avenir

Page d'accueil : http://www.qc.hrdc-drhc.gc.ca

Si vous voulez comprendre l'avenir d'un métier ou d'une profession au Québec, voici le site à visiter. Très bien fait et facile à utiliser, Emploi-Avenir Québec offre des informations sur environ 250 groupes professionnels, qui rassemblent encore plus de métiers et de professions. Son moteur de recherche propose plusieurs façons d'obtenir des renseignements sur l'occupation qui vous intéresse. Pour chaque groupe professionnel, vous aurez droit à des statistiques sur la demande de main-d'œuvre jusqu'en 2002 et à une analyse des tendances qui affectent cette demande. Ce sont surtout les analyses, très fouillées, qui font la qualité de ce site de Développement des ressources humaines Canada. Une nouvelle édition est prévue pour le début de l'an 2000 et les prévisions s'étendront jusqu'à l'an 2005.

Conseil : *Si vous vous intéressez à plus d'une occupation et que vous voulez les comparer, générez un «Rapport» (en cliquant sur le bouton dans le cadre du bas) pour chacune et imprimez-les. Vous aurez alors en main un outil de comparaison très intéressant.*

Careers On Line Virtual Career Show

http://www.careersonline.com.au/show/menu.html

Page d'accueil : http://www.careersonline.com.au

On trouvera dans ce site pas moins de 1 000 descriptions de métiers et de professions facilement accessibles. On peut les explorer grâce à une liste alphabétique ou à une liste par domaines d'activité. Le site contient également quelques liens intéressants permettant d'en apprendre davantage sur des carrières peu communes.

■ L'EMPLOI DANS UN SECTEUR

Développement des ressources humaines Canada (DRHC) - Études sectorielles

http://www.hrdc-drhc.gc.ca/hrdc/hrib/hrp-prh/ssd-des

Si vous savez exactement dans quel secteur d'activité économique vous cherchez un emploi, il sera bon d'en apprendre un peu plus sur ce domaine afin de vous aider à mieux vous préparer aux entrevues. Vous trouverez ici des résumés d'études menées par les comités sectoriels de main-d'œuvre de Développement des ressources humaines Canada. Ces études font le point sur les changements, les défis et les besoins de main-d'œuvre au sein de différents secteurs. Il est également possible d'obtenir les rapports d'études complets.

(PIC) *Un bon nombre de comités sectoriels ont leur propre site Web, où vous pourrez en apprendre davantage. Consultez-en la liste à http://www. hrdc-drhc.gc.ca/hrdc/hrib/hrp-prh/ssd-des/info_f.html*

(PIC) *À http://www.hrdc-drhc.gc.ca/hrdc/hrib/ hrp-prh/ssd-des/emerging/emergingx.html, vous trouverez des renseignements sur les besoins de main-d'œuvre et sur la dynamique des secteurs en émergence, dont le multimédia, l'environnement, les biotechnologies, etc.*

Strategis - Aperçu industriel (Industrie Canada)

http://strategis.ic.gc.ca/SSGF/io00201f.html

Page d'accueil : http://strategis.ic.gc.ca

Strategis est inégalé comme source de renseignements sur les secteurs industriels. Vous trouverez ici de l'information sur les activités de tous les secteurs de la transformation, les services, les ressources naturelles, incluant des statistiques sur la production et le rendement, des commentaires sur l'évolution de l'emploi et la liste des principaux employeurs. Une information complète!

(PIC) *Strategis contient également de l'information sur des secteurs en forte croissance. Allez voir la carte du site à http://strategis.ic.gc.ca/frndoc/sitemap.html, qui vous permettra d'accéder à de l'information sur ces secteurs (dans la section «Information d'affaires par secteur»).*

■ L'EMPLOI DANS UNE RÉGION

Développement des ressources humaines Canada (DRHC) - Québec

Information sur le marché du travail

http://www.qc.hrdc-drhc.gc.ca/imt/html/menu_bull.html

Ce site vous permettra de mieux comprendre le marché du travail régional. Sélectionnez la région de votre choix dans le menu déroulant proposé, et vous aurez accès à des analyses locales sur le marché du travail, à des nouvelles sur les entreprises en croissance, à des indications sur les salaires et à des descriptions des métiers et professions très recherchés dans les régions. Un service incontournable, tant pour les chercheurs d'emploi que pour les jeunes en orientation!

Conseil : *Ce site contient de nombreux liens vers d'autres ressources intéressantes. Commencez votre exploration de la page d'accueil, à http://www.qc.hrdc-drhc.gc.ca*

Développement des ressources humaines Canada (DRHC) - Site national d'information sur le marché du travail

http://lmi-imt.hrdc-drhc.gc.ca

Quels sont les emplois dans votre région? En quoi consistent-ils? Quelles en sont les perspectives d'avenir? Quels en sont les salaires et les voies d'accès? Vous trouverez dans ce site les réponses à ces questions et à plusieurs autres. À partir de la page d'accueil, cliquez sur la province canadienne et ensuite sur la région qui vous intéressent particulièrement pour obtenir une liste de ces professions et une analyse complète de chacune. Pour l'instant, douze régions du Québec sont incluses, mais d'autres s'ajouteront.

Conseil : Un bouton «Glossaire» se trouve sur la page de chaque description d'emploi. Cliquez dessus et prenez le temps de lire les définitions des termes employés, pour mieux profiter du site.

(PIC) Pour certaines des régions, vous trouverez une liste d'employeurs potentiels pour un grand nombre d'occupations. Un must *pour qui est à la recherche de pistes.*

06 Comment créer son emploi?

■ DES INFORMATIONS

EnterWeb

http://www.enterweb.org

Source d'information quasi inépuisable, EnterWeb est un répertoire de sites Web destinés aux travailleurs autonomes, aux entrepreneurs et aux PME. Les sites sont d'abord classés selon les grands thèmes abordés, soit le commerce international, l'entrepreneuriat, le développement économique, le financement, la gestion, le cybercommerce et plusieurs autres. Certains sont répertoriés selon le pays d'origine et tous sont également classés par ordre alphabétique. On peut y trouver à peu près tout ce qu'on espère!

EntreWorld

http://www.EntreWorld.org

Un centre d'information tout à fait impressionnant sur l'entrepreneuriat. On y trouve des articles et des conseils sur tous les sujets, des difficultés de démarrage jusqu'à la planification pour la croissance, en passant par l'équilibre entre vie familiale et vie professionnelle.

(PIC) Si vous êtes en train de vous questionner sur la possibilité de vous lancer à votre propre compte, vous trouverez dans la section «Entrepreneurship as a Career», à http: //www. EntreWorld.org//Content/ SYB.cfm?Topic=YouECarr, de nombreux textes et outils qui alimenteront votre réflexion.

Fondation de l'entrepreneurship

http://www.entrepreneurship.qc.ca

On trouve ici bien des informations utiles aux aspirants entrepreneurs. Le site comprend des nouvelles sur les initiatives de développement de l'entrepreneuriat au Québec, une description de plusieurs outils utiles (livres, vidéos, etc.) et un répertoire de sites Web (nommé Réseau Entrepreneurship) portant sur une grande variété de thèmes importants.

(PIC) Consultez BASE, la description d'un programme de mentorat pour jeunes entrepreneurs, à http://www.entrepreneurship.qc.ca/Fondation/ Ressources/base01.html

(PIC) Il est possible d'y remplir directement l'«Instrument de sensibilisation sur vos caractéris- tiques entrepreneuriales (ISCE)», un outil validé, et dont vous recevrez les résultats par courrier électronique. Allez à http://www.entrepreneurship. qc.ca/Fondation/Potentiel/questionnaire.html

Info entrepreneurs

http://www.infoentrepreneurs.org

Il s'agit ici du volet québécois des Centres de services aux entreprises du Canada (CSEC). On y trouvera d'abord un moteur de recherche permettant de découvrir quels sont les lois et les règlements qui concernent la pratique des affaires, ainsi que les programmes et services gouvernementaux d'aide aux entrepreneurs. On peut obtenir par ce moyen tous ces renseignements pertinents à son projet d'entreprise. Le site contient également des Info guides, qui résument certaines informations clés sur des questions souvent posées.

(PIC) Les aspirants travailleurs autonomes feront bien de consulter l'Info guide qui leur est spécifiquement consacré à http://www.infoentrepreneurs.org/ fre/6011.html

■ DES OUTILS

Québec Affaires - Comment démarrer son entreprise
http://www.gouv.qc.ca

(Cliquez sur la section Affaires)

Ce site propose une démarche en quatre étapes en vue du démarrage d'une entreprise (réflexion, planification, organisation, action). Au moment approprié en cours de démarche, on trouvera des renseignements sur les types d'entreprises, les formes juridiques, la gestion, et tous les autres thèmes pertinents. Des services ou des outils utiles sont également présentés.

Canadian Youth Business Foundation - Canadian Youth Business On-Line
http://www.cybf.ca

La Fondation est un organisme privé qui offre une aide technique aux jeunes entrepreneurs. Son site propose un ensemble d'outils facilitant la création d'une entreprise : un guide de rédaction et des modèles de plan d'affaires, un répertoire des sources de financement, un guide sur les règlements gouvernementaux, un répertoire d'intervenants dans les diverses provinces, et d'autres choses encore. Le site offre également un forum de discussion pour jeunes entrepreneurs et un service-conseil en ligne. La Fondation y présente aussi ses programmes de mentorat et de microfinancement.

(PIC) Vous voulez savoir si vous avez le profil d'un entrepreneur? Consultez la liste d'outils d'autoévaluation à http://www.cybf.ca/station/learning/equiz.htm

Atelier en ligne sur la petite entreprise
http://www.rcsec.org/alpe/workshop.html

Page d'accueil : http://www.rcsec.org/main.html

Produit par le CSEC de la Colombie-Britannique, ce site est un véritable guide complet de création d'entreprise. On y discute absolument de tout, de l'idée initiale jusqu'au démarrage, en passant par le financement, la mise en marché et la planification. Chaque section contient des renseignements précieux, des conseils et, notamment, des consignes pour préparer le mieux possible le jour béni de l'ouverture officielle. C'est si complet qu'il faut le voir pour le croire!

Conseil : Pour en profiter pleinement, suivez ce guide pas à pas du début jusqu'à la fin.

(PIC) La section sur les idées d'entreprises est une petite merveille. À voir à http://www.rcsec.org/alpe/ concepts.html.

■ DES IDÉES

Paul & Sarah Edwards' Web Site
http://www.paulandsarah.com/index.asp

Paul et Sarah Edwards sont les auteurs de plusieurs livres à succès sur la micro-entreprise et le travail à domicile. Leur site est une petite bible de ces formes d'emploi. On y trouve une grande variété de ressources, entre autres des exemples d'entreprises possibles, des idées de marketing, des informations sur la vie du travailleur autonome, etc. L'information concerne souvent les États-Unis, mais l'expertise des auteurs saura néanmoins vous être utile.

(PIC) Cherchez-vous une idée pour travailler à domicile? À http://www.paulandsarah.com/Pages/ perfwork/frame1600perf.html, vous en trouverez 1 600!

Occupez-vous de vos affaires
http://www.hrdc-drhc.gc.ca/hrib/hrp-prh/pi-ip/ career-carriere/minding/mind-fre/index-f.shtml

Page d'accueil : http://www.hrdc-drhc.gc.ca/ career-carriere

Ce petit site de Développement des ressources humaines Canada est une bonne introduction à l'entrepreneuriat. Son but est de vous aider à déterminer ce qu'il faut prendre en considération avant de se lancer dans l'aventure. On y discute des intérêts et des qualités des entrepreneurs, des choix à faire au départ et des changements qu'amène dans sa vie le travail autonome.

Conseil : *Commencez ici avant de visiter les autres sites. C'est le seul que je connaisse à discuter de la «vie» de l'entrepreneur. Cela vous permettra de savoir dès le départ si celle-ci vous convient.*

Passeport Affaires

http://www.passeportaffaire.com/main.htm

Ce site est un répertoire des sources de financement pour le démarrage et le développement d'entreprise ou le travail autonome. Les divers programmes sont classés par grands thèmes, incluant agriculture, arts et lettres, main-d'œuvre, technologies de l'information, tourisme et plusieurs autres. On trouvera pour chaque programme une brève description et le nom de l'organisme ou de la personne à contacter.

07 Où trouver de l'aide?

■ POUR SAVOIR OÙ ON S'EN VA

Ordre professionnel des conseillers et conseillères d'orientation du Québec
Où trouver un c.o.?

http://www.orientation.qc.ca/bottin/index.html

Page d'accueil : http://www.orientation.qc.ca

Vous cherchez un service d'orientation? Le site officiel de l'OPCCOQ donne des indications précieuses pour vous permettre de trouver un conseiller ou une conseil-lère d'orientation, soit dans le secteur public, le réseau communautaire ou dans la pratique privée.

Conseil : *Profitez-en pour consulter le répertoire des services d'aide à l'emploi, à http://www.orientation. qc.ca/bottin/communautaire.html*

Société de téléformation interactive (STEFI) - Trousse du choix

http://www.stefi.qc.ca/trousses/choix

Page d'accueil : http://www.stefi.qc.ca

Pour ceux qui désirent commencer à explorer leurs champs d'intérêt en vue d'un choix professionnel à venir! Cette trousse propose un ensemble d'exercices et de questionnaires, présentés dans un ordre logique, qui permettent d'amorcer une réflexion sur le choix professionnel. Une section toute spéciale est destinée aux parents qui se préoccupent de l'orientation de leurs jeunes.

Conseil : *Des exercices en ligne ne peuvent remplacer une aide professionnelle. Le processus du choix de carrière peut se révéler difficile. De plus, on peut exagérer les résultats d'un exercice, même lorsqu'il est bien fait. Ne dépendez pas seulement de ce site (ni de tout autre du même genre) pour prendre une décision finale sur votre choix de carrière ou de formation.*

■ POUR DE L'AIDE EN CHEMIN

Ministère de la Solidarité sociale (MSS)

http://www.mss.gouv.qc.ca

Ce site présente les nouveaux programmes du Ministère visant la création d'emplois, l'insertion et la préparation au marché du travail, et le maintien en emploi. On y présente également les nouveaux Centres locaux d'emploi (CLE) et leurs coordonnées. Une section est dédiée au programme de la Sécurité du revenu, et une autre, destinée aux employeurs, explique la loi du 1 %. Dans la section «Ministère», on trouvera plusieurs études sur le marché du travail québécois.

La Jeunesse du Québec - Emploi

http://www.jeunes.gouv.qc.ca/emploi.htm

Page d'accueil : http://www.jeunes.gouv.qc.ca

Vous trouverez ici un répertoire de sites Web sur tout ce qui concerne l'emploi pour les jeunes. Les sites portent sur les offres d'emploi, la recherche d'un emploi d'été, les stages à l'étranger ou au pays, les divers organismes d'aide au placement ou à la préparation au marché du travail et les techniques de recherche d'emploi. Une visite très intéressante!

Collectif des entreprises d'insertion du Québec (CEIQ)

http://www.francomedia.qc.ca/~col-ei

Les entreprises d'insertion sont de vraies entreprises qui produisent des biens ou des services, mais qui ont également comme objectif de favoriser l'insertion en milieu de travail. Elles permettent à des jeunes d'acquérir de l'expérience concrète en emploi. Vous trouverez dans ce site une liste de toutes les entreprises membres du Collectif et des informations sur leur fonctionnement.

Association des Clubs de recherche d'emploi (CRE)

http://www.cre.qc.ca

Les Clubs de recherche d'emploi sont présents au Québec depuis 1984. Ils proposent une méthode dynamique et intensive de recherche d'emploi, avec supervision et services de soutien (secrétariat, documentation, salle d'informatique). Vous trouverez ici la liste des CRE dans toutes les régions et un accès à leur site Web particulier lorsque disponible. La philosophie, les méthodes et les programmes sont également décrits.

■ QUAND ON TRACE SON PROPRE CHEMIN

Services d'aide aux jeunes entrepreneurs (SAJE)

http://www.saje.qc.ca

Au nombre de 102 à travers le Québec, les SAJE ont pour rôle d'appuyer les jeunes entrepreneurs dans leur démarche de démarrage d'entreprise. Le site décrit tous leurs programmes et services et contient la liste de leurs points de services à travers l'ensemble de la province. Sous la section «Entrepreneurship», on trouvera un petit guide à l'usage des entrepreneurs ou des aspirants travailleurs autonomes. On y discute de profil entrepreneurial, de démarrage et de financement. Le site inclut également un babillard de nouvelles et un forum de discussion.

(PIC) La liste de liens utiles propose la visite de nombreux sites Internet sur l'entrepreneuriat et les sujets connexes. Un excellent point de départ pour une exploration plus poussée du sujet!

■ POUR CHEMINER PLUS À SON AISE

Développement des ressources humaines Canada - Guide des programmes et services

http://www.hrdc-drhc.gc.ca/common/progx.shtml

Page d'accueil : http://www.hrdc-drhc.gc.ca

Pour tout savoir sur les programmes et services offerts par DRHC. On y présente en détail le programme d'assurance-emploi et tous les services de soutien à la main-d'œuvre et aux chercheurs d'emploi. Le texte est organisé en quatre grands chapitres et un index permet de trouver rapidement ce qu'on cherche.

Connexion Jeunesse

http://youth.hrdc-drhc.gc.ca/ythlink/ythlinkx.shtml

Page d'accueil :
http://youth.hrdcdrhc.gc.ca/common/ homex.shtml

Ce site propose la description d'un très grand nombre de programmes et de services destinés aux jeunes. On y trouve de tout : aide financière, programmes d'aide à l'acquisition d'expérience, programmes de travail à l'étranger, etc. La présentation de chaque programme inclut les coordonnées des responsables et un lien vers un site Web qui permet d'en apprendre davantage, lorsque disponible.

08 Que faire pour étudier ou travailler hors Québec?

■ ÉTUDIER AILLEURS AU CANADA

School Finder

http://www.schoolfinder.com

Ce site donne la liste de tous les établissements de formation postsecondaire au Canada : universités, collèges communautaires, collèges spécialisés, instituts de technologie, etc. Leur description est accompagnée de liens menant à la page d'accueil de leur site Web, à la page de description des programmes et au formulaire de demande d'admission en ligne, lorsque disponible. School Finder présente également sa propre description de chaque établissement, comprenant une liste des programmes offerts. Le moteur de recherche, facile à utiliser et bien fait, permet de dénicher toutes les institutions offrant un programme particulier. Vous pourrez aussi choisir selon divers critères, comme la taille de l'établissement, la région et la langue d'enseignement désirés ainsi que les frais de scolarité. Bien que le site soit anglophone, les descriptions des établissements qui donnent l'enseignement en français apparaissent aussi dans la langue de Molière.

(PIC) Vous y trouverez aussi un instrument d'autoévaluation de vos intérêts. Après l'avoir rempli en ligne, le site vous suggérera des formations qui correspondent à votre profil. Très intéressant pour une première exploration, mais ne basez pas votre choix d'orientation uniquement là-dessus. Allez à http:// www.schoolfinder.com/career/carquiz.htm. Il y est également possible de consulter des descriptions de carrières intéressantes.

Canadian University and College Programs
http://planetpostcard.com/uniprog

Si vous n'avez pas besoin d'un moteur de recherche aussi sophistiqué que School Finder, mais que vous voulez quand même savoir quels universités ou collèges canadiens offrent le programme qui vous intéresse, visitez ce site. Il suffit de cliquer sur un programme de formation pour obtenir la liste des établissements concernés. Cliquez ensuite sur le nom de l'université ou du collège pour accéder directement à la description du programme dans son site Web.

Conseil : Ce site est très «intelligent», mais malheureusement moins complet que School Finder. Vous préférerez utiliser ce dernier si vous voulez repérer plus d'établissements.

Choix Études interactif
http://www.canlearn.ca/francais/fra.html

Ce nouveau site touche à tout ce qui concerne la formation au Canada. La section «Options d'avenir» donne des renseignements sur tous les établissements et permet de trouver aisément ceux qui offrent les programmes qui vous intéressent. Des informations sur les frais de scolarité, les bourses et des outils de planification sont aussi proposés. Un grand répertoire des divers métiers et professions vient remplir un besoin urgent en français.

(PIC) Les adultes qui pensent à entreprendre une nouvelle formation trouveront un outil intéressant, le planificateur de l'apprentissage des adultes, à http://canlearn.ca/English/ learn/adultlearnplan/ default_fre.htm

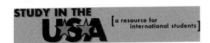

■ ALLER AUX ÉTATS-UNIS

Study in the USA
http://www.studyusa.com

Vous pensez aller étudier aux États-Unis, mais votre anglais n'est pas tout à fait ce qu'il devrait être? Vous trouverez ici une liste complète des programmes d'apprentissage de la langue anglaise destinés aux étudiants étrangers offerts dans tous les États. Également, une section «Ressources» contient des informations essentielles pour tous ceux qui désireront poursuivre leurs études au pays de l'oncle Sam. Certains renseignements sont maintenant en français.

(PIC) Ceux qui ont une bonne connaissance de l'anglais voudront simplement se préparer au TOEFL (Test of English as a Foreign Language), dont la réussite est exigée la plupart du temps pour étudier aux États-Unis. Vous trouverez de nombreux outils pour vous aider en cliquant sur la bannière de la page d'accueil, à http://www.toefl.org

Peterson's Education & Career Center
http://www.petersons.com

Ceux qui connaissent les guides Peterson's savent qu'il n'existe pas de meilleur outil d'information sur les programmes de formation américains. Comme il y a littéralement des centaines d'établissements postsecondaires aux États-Unis, le site propose des moteurs de recherche permettant de dénicher ceux offrant les programmes qui vous intéressent, au premier comme au deuxième cycles. Chaque établissement est ensuite décrit. On y trouve aussi des renseignements sur les écoles d'été, la formation continue, les écoles spécialisées, les voyages d'études et les diverses procédures d'admission. Très complet!

Conseil : Il vous sera plus facile d'accéder à l'information en cliquant sur «International Students», sur la page d'accueil, à http://www.petersons.com/ac

Embark.com
http://www.embark.com

Embark.com inclut un moteur de recherche très puissant permettant de dénicher facilement tous les collèges américains qui pourraient vous intéresser. Vous avez le choix entre plusieurs critères de sélection : la formation désirée, l'État où vous voulez étudier, la taille de l'établissement, s'il se trouve en milieu rural ou urbain, et même les activités sportives ou culturelles offertes. Une fois les établissements trouvés, vous aurez accès à leur site Web, à de l'information très complète sur chacun (historique, admission, vie étudiante), à un formulaire à remplir en ligne et qui leur sera expédié pour vous permettre de recevoir plus de renseignements, et dans certains cas, à une demande d'admission prête à être remplie et expédiée. Le site regorge d'autres renseignements sur les carrières, les procédures d'admission, etc.

Conseil : Bien que le moteur de recherche vous offre le choix parmi un grand nombre de critères, ne les utilisez pas tous, car votre recherche risquerait fort de ne rien donner!

(PIC) Visitez également http://www.embark.com/ carmaj.asp, où vous obtiendrez beaucoup d'informations intéressantes sur les carrières et les formations universitaires qui leur correspondent. On y trouve aussi un test très utilisé, L'Orientation par soi-même (Self-Directed Search), qui vous permettra de commencer à explorer vos champs d'intérêt.

American University and English as a Second Language Information Service
http://www.iac.net/~conversa/S_homepage.html

Ce site est incontournable! Si l'on désire étudier chez nos voisins du Sud, il est nécessaire de comprendre leur système d'éducation, les procédures d'admission, la façon de s'y prendre pour obtenir un visa d'étudiant, et tous les autres petits détails, tels que les assurances, le logement, etc.

U.S. News and World Reports (USNWR) - 2000 Graduate School Rankings
http://www.usnews.com/usnews/edu/beyond/bcrank.htm

Page d'accueil :
http://www.usnews.com/usnews/ edu

Vous avez déjà un bac et vous vous demandez : «Quel établissement américain offre la meilleure formation de maîtrise dans mon domaine?» Alors commencez par explorer ce site. USNWR propose tous les ans des palmarès des meilleurs programmes de maîtrise américains. Par exemple, le palmarès des études en droit, spécialisation droit d'auteur, présentera un classement des universités offrant cette spécialisation. Le site comprend aussi des renseignements utiles sur chaque établissement, y compris les critères d'admission, des informations et des articles sur les carrières.

Conseil : Prenez le temps de bien lire la méthodologie utilisée pour dresser les palmarès. Il est essentiel de bien comprendre la signification du classement, décrite à http://www. usnews.com/usnews/edu/beyond/gradrank/gbrank.htm

■ AILLEURS QU'AUX ÉTATS-UNIS?

Christina DeMello's World List of Lists
http://www.mit.edu:8001/people/cdemello/univ.html

Il faut le voir pour le croire. Si une université, quelque part au monde, a un site Web, vous trouverez ici un lien conduisant à ce site. Pour ratisser large lorsqu'on se prépare à étudier à l'étranger, il n'y a pas mieux! La France, le Maroc, l'Indonésie, wow! Un passage obligé!

AUPELF-UREF, Réseau des établissements francophones
http://www.aupelf-uref.org/rsf/fr_etab.htm

Si vous vous intéressez à poursuivre des études universitaires ailleurs dans la francophonie, vous trouverez ici une importante liste d'établissements dans tout le monde français. Chacun est brièvement décrit et l'on donne un lien menant à son site, lorsqu'il existe. Vous serez surpris de réaliser combien de pays du monde ont des universités de langue française!

Commission de la fonction publique - Programmes internationaux
http://www.psc-cfp.gc.ca/intpgm/epbf1.htm

Page d'accueil : http://www.psc-cfp.gc.ca

La Commission de la fonction publique propose des postes pertinents pour les Canadiens et les Canadiennes dans les organismes internationaux (ONU, OCDE, BIT, etc.) et conserve un répertoire de candidats qualifiés. Ces derniers doivent souvent posséder des connaissances spécialisées et de l'expérience. On trouve ici des renseignements sur la nature des postes offerts et un répertoire de tous les organismes concernés. Très intéressant si vous voulez effectuer un changement de carrière!

Agence canadienne de développement international (ACDI)
http://w3.acdi-cida.gc.ca/index.htm

Le site de l'ACDI présente diverses possibilités pour ceux qui désirent travailler dans le domaine du développement international. Les jeunes trouveront ici la description et les exigences des nombreux stages du programme Jeunes Stagiaires internationaux. Un point de repère sur la carrière en développement international qui se révélera utile à toute personne intéressée par ce domaine. On y trouvera, entre autres, la description des possibilités d'emploi aux Nations Unies.

Department of Foreign Affairs
and International Trade

Ministère des Affaires étrangères
et du Commerce international

Ministère des Affaires étrangères et du Commerce international (MAECI) - Programmes d'échanges pour les jeunes
http://www.dfait-maeci.gc.ca/youth/menu-f.asp

Page d'accueil : http://www.dfait-maeci.gc.ca

Un site à ne pas manquer si vous pensez aller faire un tour à l'étranger. Vous trouverez ici la description d'un très grand nombre de programmes (sinon tous) permettant aux jeunes d'aller faire un stage de travail ou d'études à l'extérieur du Canada. On y trouve les descriptions des programmes vacances-travail, d'échanges étudiants et bien d'autres encore.

Le Top **100** Internet

Lorsque c'est possible, un lien à un autre site Web offrant plus d'information est proposé. Les adresses et les numéros de téléphone des organismes responsables sont aussi mentionnés. Très utile!

(PIC) Ceux qui s'intéressent à une carrière au sein des Services extérieurs du Canada trouveront des informations sur le recrutement à http://www.dfait-maeci.gc.ca/francais/service/menu-f.asp

09 Où trouver plus d'information?

Info-Emploi
http://www.info-emploi.ca/cwn/francais/main.html

Info-Emploi est le grand répertoire canadien des sites portant sur la carrière, la formation et l'emploi. Les sites sont organisés selon des catégories logiques : emplois, travail et recrutement, carrières et professions, éducation, formation et apprentissage, information et perspectives sur le marché du travail, travail autonome et entrepreneurship, aide financière, milieux de travail. Il est possible de limiter la recherche aux ressources d'une province canadienne. C'est un excellent endroit où continuer votre exploration des sites Internet.

(PIC) Sur la page d'accueil de langue anglaise, jetez un coup d'œil aux «Daily Career News», tirées de Career Explorer (un site commercial), où vous trouverez régulièrement de nouveaux dossiers sur des carrières spécifiques et l'évolution du marché du travail. Voir http://workinfonet.bridges.com

Réseau d'information jeunesse du Canada
http://www.jeunesse.gc.ca

Ce répertoire spécialisé se présente comme un ensemble d'outils facilitant la transition entre l'école et le marché du travail. On y trouvera des ressources sur la formation, les stages, la recherche et les occasions d'emploi, et sur plusieurs autres thèmes. Un répertoire à utiliser si l'on cherche de l'information pertinente pour les jeunes!

10 Quoi d'autre d'intéressant?

Canadian Council on Rehabilitation and Work - WorkINK
http://www.workink.com/workink/national/default.asp

WorkINK est un site interactif consacré à l'égalité en emploi. On y trouve par exemple des articles sur les besoins des chercheurs d'emploi aux prises avec un handicap fonctionnel, des conseils particuliers pour la recherche d'emploi, des occasions de formation, un certain nombre d'offres

et des nouvelles. Le cœur du site consiste cependant en un service de mentorat interactif pour les chercheurs d'emploi expérimentant un handicap fonctionnel.

(PIC) Le site donne accès au Wide Area Employment Network WAEN, à http://209.112.26.40, une banque de CV réservée spécifiquement à cette clientèle.

The Integrated Network of Disability Information and Education (Indie)
http://www.indie.ca

Ce site est un grand répertoire de ressources pour l'intégration en emploi de personnes ayant un handicap fonctionnel. Le répertoire contient des sites Web spécialisés portant sur un très grand nombre de problématiques. On peut obtenir la liste des ressources par catégories ou faire une recherche précise. Les ressources en question proviennent de partout dans le monde et chacune est brièvement décrite. Certaines sections du site sont en français.

Centre d'information canadien sur les diplômes internationaux (CICDI)
http://www.cicic.ca

Si vous êtes nouvellement arrivé au Canada et que vous désirez vous inscrire à un programme universitaire, il vous faut vérifier si vous possédez l'équivalent des apprentissages normalement exigés pour l'admission. Vous devriez visiter ce site, car de nombreuses informations sur l'équivalence des apprentissages scolaires y sont présentées. Vous trouverez aussi des renseignements sur la reconnaissance des titres d'emploi étrangers au Canada. Un bottin vous fournira l'adresse de services susceptibles de vous aider dans votre démarche, et plusieurs sites Web où trouver davantage d'information sont mentionnés.

Association canadienne de documentation professionnelle (CCIA)
http://novatech.on.ca/ccia

Ce petit site présente cette association dédiée à la promotion d'une information de qualité sur les formations et les emplois. On y donne une description des éléments qu'on devrait trouver dans un document d'information de même qu'un guide sur l'établissement d'un centre de documentation.

Association canadienne des spécialistes en emploi et des employeurs (ACSEE) - Work Web
http://www.cacee.com

Ce site s'adresse à la fois aux diplômés récents des collèges et des universités, de même qu'aux spécialistes des services de placement. Les jeunes chercheurs d'emploi profiteront d'articles fort utiles, de renseignements sur les employeurs, de liens menant à diverses banques d'emplois et à des offres d'entreprises. On y propose un accès direct au Campus WorkLink NGR. Les spécialistes y trouveront également un groupe de discussion et des informations utiles. ∎

Êtes-vous

- à l'heure d'un choix de carrière?
- en réorientation de carrière?
- désireux de connaître les meilleures perspectives d'emploi?

Consultez **Emploi-Avenir (Québec),** un outil de référence pour vous aider à planifier votre carrière. Élaboré par Développement des ressources humaines Canada, ce site comprend 512 groupes professionnels répertoriés dans le document Classification nationale des professions (CNP). Quelque 250 groupes font l'objet d'une analyse détaillée : perspectives d'avenir, adresses utiles, formation exigée, remarques importantes.

Emploi-Avenir (Québec) permet une consultation dynamique de données sur les professions qui composent chaque groupe ainsi que leur taux de croissance prévu, les salaires, les divers secteurs économiques où oeuvrent les travailleurs et travailleuses, etc. Un site incontournable afin d'évaluer les perspectives d'emploi au Québec jusqu'à l'an 2002.

Consultez Emploi-Avenir (Québec) sur Internet, c'est faire un bon choix!

http://www.qc.hrdc-drhc.gc.ca/emploi-avenir

Canada

COMMENCEZ
LA RECHERCHE

NOS PROGRAMMES offerts en

formation professionnelle

70% DES EMPLOIS ACTUELS EXIGENT UNE FORMATION PROFESSIONNELLE DE QUALITÉ. SOYEZ PARMI CELLES ET CEUX QUI PRENDRONT EN MAIN LEUR AVENIR...

DIPLÔME D'ÉTUDES PROFESSIONNELLES

▸ CARROSSERIE*	1590 h
▸ COIFFURE	1350 h
▸ COMMERCIALISATION DES VOYAGES	900 h
▸ COMPTABILITÉ	1350 h
▸ DÉCORATION INTÉRIEURE ET ÉTALAGE	1800 h
▸ DESSIN DE BÂTIMENT*	1800 h
▸ DESSIN INDUSTRIEL	1800 h
▸ ÉBÉNISTERIE	1650 h
▸ ÉLECTRICITÉ*	1800 h
▸ ENTRETIEN GÉNÉRAL D'IMMEUBLES	900 h
▸ ESTHÉTIQUE	1350 h
▸ INFORMATIQUE (SOUTIEN AUX USAGERS)	900 h
▸ INSTALLATION ET RÉPARATION D'ÉQUIPEMENTS DE TÉLÉCOMMUNICATION*	1800 h
▸ MÉCANIQUE AUTOMOBILE	1800 h
▸ MÉCANIQUE INDUSTRIELLE DE CONSTRUCTION ET D'ENTRETIEN	1800 h
▸ MÉCANIQUE DE MACHINES FIXES	1800 h
▸ MISE EN OEUVRE DE MATÉRIAUX COMPOSITES	900 h
▸ MODELAGE	1500 h
▸ PROCÉDÉS INFOGRAPHIQUES	1800 h
▸ RÉCEPTIONNISTE BILINGUE EN HÔTELLERIE	645 h
▸ RÉFRIGÉRATION*	1800 h
▸ RÉPARATION ET INSTALLATION D'APPAREILS ÉLECTRONIQUES DOMESTIQUES*	1800 h
▸ SECRÉTARIAT (APPLICATIONS BUREAUTIQUES)	1485 h
▸ SOUDAGE-MONTAGE*	1800 h
▸ TECHNIQUES D'USINAGE*	1800 h
▸ VENTE-AUTOMOBILE	900 h
▸ VENTE-CONSEIL	900 h
▸ VENTE-PRODUITS COSMÉTIQUES	900 h

ATTESTATION DE SPÉCIALISATION PROFESSIONNELLE

▸ COIFFURE SPÉCIALISÉE	480 h
▸ ÉPILATION À L'ÉLECTRICITÉ	450 h
▸ FABRICATION DE MOULES	1200 h
▸ LANCEMENT D'UNE ENTREPRISE	330 h
▸ RÉPARATION DE MAGNÉTOSCOPES ET DE CAMÉSCOPES*	675 h
▸ RÉPARATION DE MICRO-ORDINATEURS*	450 h
▸ USINAGE SUR MACHINES-OUTILS À COMMANDE NUMÉRIQUE*	900 h

* Ces programmes sont aussi disponibles en anglais

Tous les diplômes et attestations sont décernés par le Ministère de l'Éducation du Québec

Nos centres de formation sont situés à Kirkland, Lachine, LaSalle, Verdun et Ville Saint-Laurent

Nous offrons à nos finissants(es) un service d'aide au placement personnalisé et performant qui répond aux besoins de main-d'oeuvre des employeurs

Vous désirez en savoir davantage sur nos modalités d'inscription et nos programmes? N'hésitez pas à nous contacter au

(514) 765-7500

COMMISSION SCOLAIRE MARGUERITE-BOURGEOYS

BUREAU DES ADMISSIONS MARGUERITE-BOURGEOYS
1100, 5ᵉ AVENUE
VERDUN, QUÉBEC
H4G 2Z7

METRO Jolicoeur

« entre **vos mains** se dessine **l'avenir** »

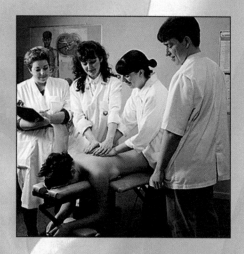

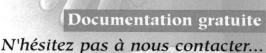

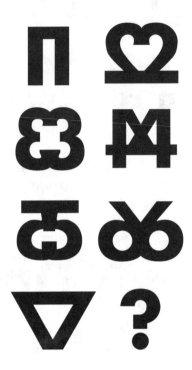

**Nous cherchons des gens
qui aiment résoudre des problèmes.**

Si vous
essayez de
trouver la solu-
tion du casse-tête
du monde des affaires,
faites-nous signe. Nous
nous intéressons aux gens qui
n'ont pas peur des défis. Pensez à
vos solutions. www.eycan.com

*DE L'IDÉE À L'ACTION*MD

Répertoire
des établissements d'enseignement du Québec

Voici la liste des établissements d'enseignement en formation professionnelle **P**, collégiale **C**, et universitaire **U** et leurs coordonnées. Chaque établissement porte également un numéro servant à indiquer où sont offertes les formations traitées dans la section du Top 160 (page 250).

L'offre des programmes peut changer en cours d'année. Vérifiez avec l'établissement concerné.

Région 1 BAS-SAINT-LAURENT

P **1** Commission scolaire de Kamouraska-Rivière-du-Loup
(418) 862-8201

P **2** Commission scolaire des Monts-et-Marées
(418) 629-6200

P **3** Commission scolaire des Phares
(418) 723-5927

P **4** Commission scolaire du Fleuve-et-des-Lacs
(418) 854-2370

C **5** Cégep de La Pocatière
(418) 856-1525

C **6** Cégep de Rimouski
(418) 723-1880

C **7** Cégep de Rivière-du-Loup
(418) 862-6903

C **8** Centre matapédien d'études collégiales
(418) 629-4190

C **9** Institut de technologie agroalimentaire de La Pocatière
(418) 856-1110

C **10** Institut maritime du Québec (affilié au Cégep de Rimouski)
(418) 724-2822

U **11** Université du Québec à Rimouski
(418) 723-1986

Région 2 SAGUENAY-LAC-SAINT-JEAN

P **12** Commission scolaire De La Jonquière
(418) 542-7551

P **13** Commission scolaire des Rives-du-Saguenay
(418) 698-5000

P **14** Commission scolaire du Lac Saint-Jean
(418) 669-6000

P **15** Commission scolaire du Pays-des-Bleuets
(418) 275-2332

C **16** Collège d'Alma
(418) 668-2387

C **17** Cégep de Chicoutimi
(418) 549-9520

C **18** Cégep de Jonquière
(418) 547-2191

C **19** Cégep de Saint-Félicien
(418) 679-5412

U **20** Université du Québec à Chicoutimi
(418) 545-5011

Région 3 QUÉBEC

P **21** Central Quebec School Board
(418) 688-8730

P **22** Commission scolaire de Charlevoix
(418) 665-3905

P **23** Commission scolaire de la Capitale
(418) 686-4040

Répertoire

P 24 **Commission scolaire de Portneuf**
(418) 285-2600

P 25 **Commission scolaire des Découvreurs**
(418) 652-2121

P 26 **Commission scolaire des Premières-Seigneuries**
(418) 666-4666

C 27 **Campus Notre-Dame-de-Foy**
(418) 872-8041

C 28 **Cégep de Sainte-Foy**
(418) 659-6600

C 29 **Centre d'études collégiales de Montmagny**
(418) 248-7164

C 30 **Centre de formation et de consultation en métiers d'art**
(418) 647-0567

  • **Centre de formation textile et reliure - est du Québec**
  (418) 647-3030

  • **École de joaillerie de Québec**
  (418) 648-8003

  • **École nationale de lutherie**
  (418) 647-0567

  • **École-atelier de céramique de Québec**
  (418) 648-8822

  • **École-atelier de sculpture du Québec**
  (418) 524-7767

  • **Institut québécois d'ébénisterie**
  (418) 525-7060

C 31 **Champlain Regional College**
(819) 564-3666

  • **Campus St.Lawrence**
  (418) 656-6921

C 32 **Collège Bart**
(418) 522-3906

C 33 **Collège de Lévis**
(418) 833-1249

C 34 **Collège de Limoilou**
(418) 647-6600

C 35 **Collège François-Xavier-Garneau**
(418) 688-8310

C 36 **Collège Mérici**
(418) 683-1591

C 37 **Collège O'Sullivan - Québec**
(418) 529-3355

C 38 **Petit Séminaire de Québec**
(418) 694-1020

U 39 **Télé-université**
1 888 843-4333

U 40 **Université Laval**
1 877-7ulaval, poste 2764
ou (418) 656-2764

Région 4 MAURICIE

P 41 **Commission scolaire de l'Énergie**
(819) 539-6971

P 42 **Commission scolaire du Chemin-du-Roy**
(819) 379-6565

C 43 **Cégep de Drummondville (voir région 17, Centre-du-Québec)**
(819) 478-4671

C 44 **Cégep de Trois-Rivières**
(819) 376-1721

C 45 **Cégep de Victoriaville (voir région 17, Centre-du-Québec)**
(819) 758-6401

C 46 **Collège d'affaires Ellis inc. (voir région 17, Centre-du-Québec)**
(819) 477-3113

C 47 **Collège Laflèche**
(819) 375-7346

C 48 **Collège Shawinigan**
(819) 539-6401

C 49 **École commerciale du Cap**
(819) 691-2600

C 50 **École québécoise du meuble et du bois ouvré (affiliée au Cégep de Victoriaville) (voir région 17, Centre-du-Québec)**
(819) 758-6401

U 51 **Université du Québec à Trois-Rivières**
(819) 376-5011

▶

417

Répertoire

L'offre des programmes peut changer en cours d'année. Vérifiez avec l'établissement concerné.

▶ Région 5 ESTRIE

P **52** Commission scolaire de la
Région-de-Sherbrooke
(819) 822-5544

53 Commission scolaire des Hauts-Cantons
(819) 832-4953

54 Commission scolaire des Sommets
(819) 847-1500

55 Eastern Townships School Board
(819) 868-3100

C **56** Cégep de Granby Haute-Yamaska
(450) 372-6614

57 Champlain Regional College
(819) 564-3666

 • Campus Lennoxville
 (819) 564-3666

58 Collège de Sherbrooke
(819) 564-6350

59 Séminaire de Sherbrooke
(819) 563-2050

U **60** Université Bishop's
(819) 822-9600

61 Université de Sherbrooke
(819) 821-7000 ou 1 800 267-UDES

Région 6 MONTRÉAL

P **62** Commission scolaire de la Pointe-de-l'Île
(514) 642-9520

63 Commission scolaire de Montréal
(514) 596-6000

64 Commission scolaire
Marguerite-Bourgeoys
(514) 855-4500

65 English-Montreal School Board
(514) 483-7200

66 Lester-B.-Pearson School Board
(514) 697-2480

C **67** Campus Macdonald
(514) 398-7814

68 Cégep André-Laurendeau
(514) 364-3320

69 Cégep de Saint-Laurent
(514) 747-6521

70 Cégep du Vieux Montréal
(514) 982-3437

 • Institut des métiers d'art
 (514) 982-3408

71 Centennial Academy /
L'Académie Centennale
(514) 486-5533

72 Centre collégial de formation à distance
(514) 864-6464

73 Centre national d'animation et de design
(514) 288-3447

74 Collège Ahuntsic
(514) 389-5921

75 Collège André-Grasset
(514) 381-4293

76 Collège April-Fortier
(514) 521-1600

77 Collège dans la cité (CDC)
de la Villa Sainte-Marcelline
(514) 488-0031

78 Collège de Bois-de-Boulogne
(514) 332-3000

79 Collège de la Chambre immobilière
du Grand Montréal
(514) 762-1862

80 Collège de Maisonneuve
(514) 254-7131

81 Collège Rosemont
(514) 376-1620

82 Collège Delta
(514) 849-1234

83 Collège français
(514) 495-2581

84 Collège Gérald-Godin
(514) 626-2666

Répertoire

L'offre des programmes peut changer en cours d'année. Vérifiez avec l'établissement concerné.

85. Collège Inter-DEC
(514) 939-4444

86. Collège Jean-de-Brébeuf
(514) 342-1320

87. Collège LaSalle
(514) 939-2006

88. Collège Marie-Victorin
(514) 325-0150

89. Collège Marsan
(514) 525-3030

90. Collège O'Sullivan - Montréal
(514) 866-4622

91. Collège Salette
(514) 388-5725

92. Conservatoire Lassalle
(514) 288-4140

93. Dawson College
(514) 931-8731

94. École de musique Vincent-D'Indy
(514) 735-5261

95. École nationale de cirque
(514) 982-0859

96. Institut de tourisme et d'hôtellerie
du Québec
(514) 282-5108

97. Institut Teccart inc.
(514) 526-2501

98. Institut Trebas
(514) 845-4141

99. John Abbott College
(514) 457-6610

100. Marianopolis
(514) 931-8792

101. Musitechnic, Services éducatifs
(514) 521-2060

102. Vanier College
(514) 744-7100

U 103. École de technologie supérieure (ÉTS)
(514) 396-8800

104. École des hautes études commerciales
(HÉC)
(514) 340-6000

105. École polytechnique
(514) 340-4711

106. Université Concordia
(514) 848-2424

107. Université de Montréal
(514) 343-6111

108. Université du Québec à Montréal
(514) 987-3000

109. Université McGill

- Campus Centre-Ville : (514) 398-4455

- Campus Macdonald : (514) 398-7925

Région 7 OUTAOUAIS

P 110. Commission scolaire au Cœur-des-Vallées
(819) 986-8511

111. Commission scolaire des Draveurs
(819) 663-9221

112. Commission scolaire
des Hauts-Bois-de-l'Outaouais
(819) 449-7866

113. Commission scolaire
des Portages-de-l'Outaouais
(819) 771-4548

114. Western Quebec School Board
(819) 684-2336

C 115. Collège de l'Outaouais
(819) 770-4012

116. Heritage College
(819) 778-2270

117. MultiCollège de l'Ouest du Québec
(819) 595-1115

U 118. Université du Québec à Hull
(819) 773-1850

Région 8 ABITIBI-TÉMISCAMINGUE

P 119. Commission scolaire de l'Or-et-des-Bois
(819) 825-4220

120. Commission scolaire de Rouyn-Noranda
(819) 762-8161 ▶

Répertoire

L'offre des programmes peut changer en cours d'année. Vérifiez avec l'établissement concerné.

▶ ⓲ **Commission scolaire du Lac Abitibi**
(819) 333-5411

⓲ **Commission scolaire du Lac Témiscamingue**
(819) 629-2472

⓲ **Commission scolaire Harricana**
(819) 732-6561

ⓒ ⓲ **Cégep de l'Abitibi-Témiscamingue**
(819) 762-0931

ⓤ ⓲ **Université du Québec en Abitibi-Témiscamingue**
(819) 762-0971

Région 9 CÔTE-NORD

ⓟ ⓲ **Commission scolaire de l'Estuaire**
(418) 589-0806

⓲ **Commission scolaire de la Moyenne-Côte-Nord**
(418) 538-3044

⓲ **Commission scolaire du Fer**
(418) 968-9901

⓲ **Commission scolaire du Littoral**
(418) 962-5558

ⓒ ⓲ **Cégep de Baie-Comeau**
(418) 589-5707

⓲ **Cégep de Sept-Îles**
(418) 962-9848

Région 10 NORD-DU-QUÉBEC

ⓟ ⓲ **Commission scolaire Cree**
(418) 923-2764

⓲ **Commission scolaire de la Baie-James**
(418) 748-7621

⓲ **Commission scolaire Kativik**
(514) 482-8220

Région 11 GASPÉSIE - ÎLES-DE-LA-MADELEINE

ⓟ ⓲ **Commission scolaire des Chics-Chocs**
(418) 368-3499

⓲ **Commission scolaire des Îles**
(418) 986-5511

⓲ **Commission scolaire René-Lévesque**
(418) 364-7062

⓲ **Eastern Shores School Board**
(418) 752-2247

ⓒ ⓲ **Cégep de la Gaspésie et des Îles**
(418) 368-2201

⓲ **Cégep de Matane**
(418) 562-1240

⓲ **Centre spécialisé des pêches**
(418) 385-2241

Région 12 CHAUDIÈRE-APPALACHES

ⓟ ⓲ **Commission scolaire de L'Amiante**
(418) 338-7801

⓲ **Commission scolaire de la Beauce-Etchemin**
(418) 228-5541

⓲ **Commission scolaire de la Côte-du-Sud**
(418) 248-2016

⓲ **Commission scolaire des Navigateurs**
(418) 839-0500

ⓒ ⓲ **Cégep Beauce-Appalaches**
(418) 228-8896

⓲ **Collège de la Région de l'Amiante**
(418) 338-8591

⓲ **Cégep de Lévis-Lauzon**
(418) 833-5110

Région 13 LAVAL

ⓟ ⓲ **Commission scolaire de Laval**
(450) 625-6951

L'offre des programmes peut changer en cours d'année. Vérifiez avec l'établissement concerné.

150 Sir-Wilfrid-Laurier School Board
(450) 668-4380

(151 Collège CDI de technologie des affaires
(450) 662-9090

152 Collège Montmorency
(450) 975-6100

Région 14 LANAUDIÈRE

P 153 Commission scolaire des Affluents
(450) 581-6411

154 Commission scolaire des Samarres
(450) 889-5531

(155 Cégep régional de Lanaudière

• **Collège constituant de l'Assomption**
(450) 589-0230

• **Collège constituant de Joliette**
(450) 759-1661

• **Collège constituant de Terrebonne**
(450) 966-0142

Région 15 LAURENTIDES

P 156 Commission scolaire
de la Rivière-du-Nord
(450) 436-5040

157 Commission scolaire de la
Seigneurie des Mille-Îles
(450) 974-7000

158 Commission scolaire des Laurentides
(819) 326-0333

159 Commission scolaire Pierre-Neveu
(819) 623-4310

(160 Cégep de Saint-Jérôme
(450) 436-1580

161 Collège Lionel-Groulx
(450) 430-3120

162 Institut d'enregistrement du Canada
(450) 224-8363

Région 16 MONTÉRÉGIE

P 163 Commission scolaire de la
Vallée-des-Tisserands
(450) 225-2788

164 Commission scolaire de Saint-Hyacinthe
(450) 773-8401

165 Commission scolaire de Sorel-Tracy
(450) 746-3990

166 Commission scolaire
des Grandes-Seigneuries
(450) 444-4484

167 Commission scolaire des Hautes-Rivières
(450) 359-6411

168 Commission scolaire des Patriotes
(450) 467-9323

169 Commission scolaire des Trois-Lacs
(450) 455-9311

170 Commission scolaire du Val-des-Cerfs
(450) 372-0221

171 Commission scolaire Marie-Victorin
(450) 670-0730

172 New Frontiers School Board
(450) 691-1440

173 Riverside School Board
(450) 672-4010

(174 Cégep de Saint-Hyacinthe
(450) 773-6800

175 Cégep de Saint-Jean-sur-Richelieu
(450) 347-5301

176 Cégep de Sorel-Tracy
(450) 742-6651

177 Champlain Regional College
(819) 564-3666

• **Campus Saint-Lambert**
(450) 672-7360

178 Collège de Valleyfield
(450) 373-9441

▶

421

Répertoire

L'offre des programmes peut changer en cours d'année. Vérifiez avec l'établissement concerné.

▶ **⑰ Collège Édouard-Montpetit**
(450) 679-2630

- **Campus Longueuil**
(450) 679-2630

- **Campus Saint-Hubert**
(450) 678-3560

⑱ École nationale d'aérotechnique
(450) 678-3560

⑱ Institut de technologie agroalimentaire de Saint-Hyacinthe
(450) 778-6504

Région 17 Centre-du-Québec

P ⑱ Commission scolaire de la Riveraine
(819) 233-2757

⑱ Commission scolaire des Bois-Francs
(819) 758-6453

⑱ Commission scolaire des Chênes
(819) 478-6700

C ㊸ Cégep de Drummondville
(819) 478-4671

㊺ Cégep de Victoriaville
(819) 758-6401

㊻ Collège d'affaires Ellis inc.
(819) 477-3113

㊿ École québécoise du meuble et du bois ouvré (affiliée au Cégep de Victoriaville)
(819) 758-6401

 Universités hors Québec

U ⑱ Université d'Ottawa
(613) 562-5700

⑱ Université de Moncton
(506) 858-4000

⑱ Université Saint-Paul
(613) 236-1393

Autres ressources

Association des collèges privés du Québec
(514) 381-8891

Association québécoise d'information scolaire et professionnelle
(418) 847-1781

Conseil interprofessionnel du Québec
(514) 288-3574

Fédération des cégeps
(514) 381-8631

Fédération nationale des enseignant(e)s du Québec
(514) 598-2241

Ministère de l'Éducation (renseignements généraux)
(418) 643-7095

Ordre des conseillers et conseillères d'orientation du Québec
(514) 737-4717

Ordre des technologues professionnels du Québec
(514) 845-3247

SRAM (Service régional d'admission du Montréal métropolitain)
(514) 271-2454

SRAQ (Service régional d'admission de Québec)
(418) 659-4873

SRAS (Service régional d'admission du Saguenay-Lac-Saint-Jean)
(418) 548-7191 ■

Index des annonceurs

Remerciements aux partenaires et aux annonceurs

Desjardins . . . . 2 et 3

Développement des ressources humaines Canada / Human Resources Development Canada . . 26, 27 et 411

PROVIGO . . . . 58, 174 et 175

FCEE FONDATION CANADIENNE D'ÉDUCATION ÉCONOMIQUE / CANADIAN FOUNDATION FOR ECONOMIC EDUCATION . . 32 et 33

La Fédération des commissions scolaires du Québec 34

monster.ca Un meilleur emploi vous y attend. . . . . 30 et 90

Québec Ministère de l'Éducation . . . . 28 et 29

Stratégie emploi jeunesse / Youth Employment Strategy . . . . 26, 27 et 411

BIOCHEM PHARMA . . 97, 220 et 221

UQTR PENSEZ ACTION / UNIVERSITÉ DU QUÉBEC À TROIS-RIVIÈRES . . . . . . 54, 387 et 426

MERCK FROSST Découvrir toujours plus. Vivre toujours mieux. . . . . 218 et 219

EMPLOI-QUÉBEC Québec . . . . 31 et 91

A Académie de massage scientifique 413

Adecco . . . . 242 et 415

B Biochem Pharma . . . . 97, 220 et 221

C Cégep André-Laurendeau 381

Cégep de Saint-Hyacinthe 240

Collège Ahuntsic 241

Collège d'affaires Ellis 427

Collège de Bois-de-Boulogne 155

Collège de Formation des Enquêteurs et des Détectives privés 383

Collège Édouard-Montpetit 55

Collège Lionel-Groulx 243

Collège Marie-Victorin 240

Collège O'Sullivan . . . . 47 et 246

Comité sectoriel de main-d'œuvre de la chimie, de la pétrochimie et du raffinage . . . . 170 et 171

Commission de la santé et de la sécurité du travail 94

Commission scolaire de la Pointe-de-l'Île . . . . 115 ▶

▶ Commission scolaire de Montréal 98

Commission scolaire Marguerite-Bourgeoys . . . . 51 et 412

CSD Construction . . . . 182 et 183

D Desjardins . . . . 2 et 3

Développement des ressources humaines Canada . . . . 26, 27 et 411

E École des Hautes Études Commerciales 249

École de technologie supérieure 42

École Polytechnique 93

Emploi-Québec . . . . 31 et 91

Ernst & Young 414

F Fédération des cégeps 25

Fédération des commissions scolaires du Québec 34

Fondation canadienne d'éducation économique . . . . 32 et 33

Fondation de l'entrepreneurship . . . . 56 et 57

I IDclic 154

Inforoute FPT 152

J Jobboom.com 388

L La Presse 384

M Merck Frosst . . . . 218 et 219

Ministère de l'Éducation du Québec . . . . 28 et 29

Monster.ca . . . . 30 et 90

O Ordre des comptables agréés du Québec . . . . 52 et 53

Ordre des comptables en management accrédités du Québec 248

Ordre des comptables généraux licenciés du Québec 96

Ordre des infirmières et des infirmiers auxiliaires du Québec 241

Ordre professionnel des conseillers et conseillères d'orientation du Québec . . . . 244 et 385

P Provigo . . . . 58, 174 et 175

S Salon Éducation Formation 245

Service régional d'admission du Montréal métropolitain 247

U Université de Montréal 246

Université de Sherbrooke 389

Université Laval . . . . 92, 243, 248 et 381

Université du Québec à Hull 50

Université du Québec à Montréal . . . . 153 et 386

Université du Québec à Trois-Rivières . . . . 54, 387 et 426

CD ISEP
Centre de développement
de l'information scolaire
et professionnelle

partenaire / coordonnateur

694, rue Pacifique-Duplessis
Boucherville (Québec)
J4B 7R6

Les éditions Ma Carrière

partenaire / concepteur

5425, rue de Bordeaux, bureau 241
Montréal (Québec) H2H 2P9
Tél. : (514) 890-1480
Téléc. : (514) 890-1456
info@macarriere.net
macarriere.qc.ca

éditeurs
François Cartier
Marcel Sanscartier

directrice des publications
Patricia Richard

développement des affaires
Corinne Bourgault, c.o.
Brigit-Alexandre Bussière
Chantal Hallé
Marilyne Morrow
Marcelle Rousseau

coordonnatrice de la production
Valérie Lapointe

adjointe administrative
Nancy Paradis

aussi offerts
Des métiers pour les filles!
Le Grand Guide des certificats universitaires
Les Carrières de l'ingénierie
*Les Carrières de l'informatique et des
technologies de l'information*
Les Carrières de la comptabilité
Les Carrières du collégial
Les Carrières du droit
Les Carrières du multimédia
Les Études supérieures au Québec
Les Métiers de la formation professionnelle
Les Métiers semi-spécialisés
Tools of the Trade 2000

Les carrières d'avenir au Québec

directrice de la publication
Patricia Richard

rédactrices en chef
Patricia-Linda Choinière (Régions)
Emmanuelle Gril (Secteurs économiques)
Annick Poitras (Top 160)

collaborateurs et recherchistes
Sophie Allard
Josée Bernard
Martine Boivin
Guylaine Boucher
Frédéric Boudreault
Mario Charette, c.o.
Tommy Chouinard
Christine Daviault
Mario Dubois
Stéphanie Filion
Chantal Legault
Sylvie Lemieux
Martine Loiselle
Koceila Louali
Noémi Mercier
Marie-Hélène Poitras
Martine Roux
Claudine St-Germain

correction des textes
Christine Dumazet
Johanne Girard
Chantal Tellier

adjointes à la recherche
Josée Bernard
Mariève Desjardins
Caroline Morin
Isabelle Tessier

conception de la page couverture
Pierre David Design

photographie
Nous remercions tous les organismes, entreprises et
établissements d'enseignement qui ont gracieusement
prêté leur matériel photographique.

date de publication
janvier 2000

dépôt légal
Bibliothèque nationale du Québec
ISBN 2-921564-48-3
Bibliothèque nationale du Canada
ISSN 1488-9552